厚德博學
經濟匡時

“十二五”普通高等教育本科国家级规划教材

国家级质量工程教材

上海市精品教材

匡时 公共管理系列

第6版

国际投资学

杨 晔 主 编
汪若君 副主编

上海财经大学出版社

图书在版编目(CIP)数据

国际投资学 / 杨晔主编. —6 版 . —上海：上海财经大学出版社，2021. 12
(匡时 · 公共管理系列)
ISBN 978－7－5642－3906－0/F · 3906

Ⅰ. ①国…　Ⅱ. ①杨…　Ⅲ. ①国际投资　Ⅳ. ①F831. 6

中国版本图书馆 CIP 数据核字(2021)第 225348 号

责任编辑：袁　敏
封面设计：张克瑶
版式设计：朱静怡

国际投资学(第 6 版)

著 作 者：杨晔　主编　汪若君　副主编
出版发行：上海财经大学出版社有限公司
地　　址：上海市中山北一路 369 号(邮编 200083)
网　　址：http://www. sufep. com
经　　销：全国新华书店
印刷装订：上海新文印刷厂有限公司
开　　本：787mm×1092mm　1/16
印　　张：33. 5
字　　数：694 千字
版　　次：2021 年 12 月第 6 版
印　　次：2023 年 8 月第 3 次印刷
印　　数：249 501—254 500
定　　价：75. 00 元

目　录

第四编 国际投资管理

第五编 中国的国际投资

前 言

当代国际投资是世界经济发展的一道亮丽景观。近 40 年来，世界经济发展最突出的特征就是“全球化”，国际投资作为国际资本流动的主要形式之一，正是推动经济全球化的主导力量。国际投资对经济全球化的推动，有赖于实业资本与虚拟资本的齐头并进。如果说国际直接投资(FDI)代表了实业资本跨国流动的主体形式，由此带动了一揽子要素的跨国转移和配置，从而推动了一体化国际生产的发展，那么，国际间接投资(FPEI)则代表了虚拟资本跨国流动的重要成分，在金融全球化的进程中扮演了重要角色。这两者，一实一虚，好似一对孪生姐妹，在经济全球化的进程中，既相互倚重，又相互影响。因此，本书以国际直接投资与国际间接投资的划分作为横向线索，同时将国际投资构成要素，即国际投资理论、国际投资主体、国际投资客体、国际投资管理和国际投资中国化等作为纵向线索，两条线索的交叉遂构成了剖析国际投资内在运行规律的逻辑框架。

国际投资是与时俱进的研究范畴。国际投资的内涵演进是与国际投资的历史发展密切相关的，因此，对国际投资内涵的把握必须着眼于特定的时代背景。第二次世界大战以前，国际资本流动是以官方为主导的，国际投资主要表现为政府操控下的资本往来，带有浓厚的政治色彩；第二次世界大战以后，跨国公司的崛起带动了 FDI 的迅猛发展，尤其是 20 世纪 70 年代以后，金融自由化浪潮又推动了 FPEI 的飞速发展，以 FDI 和 FPEI 为代表的私人资本流动逐渐成为国际资本流动的主流，国际投资恢复了追逐“利润”的非官方色彩。在“全球化”大行其道的今天，国际投资作为加强世界经济联系的重要纽带，比以往任何时候都受到更多的关注，其内涵也得到了极大的丰富和发展。无论是私人性质的跨国公司、跨国金融机构和个人投资者，还是官方和半官方机构，都成为积极的国际投资主体，并且在实物资产、无形资产和金融资产等不同形态的国际投资客体的运营中表现出各自鲜明的特点，从而凸显了当代国际投资的多元化特征。多元化的国际投资给国际投资管理带来了强有力的挑战，国际投资的“双刃剑”性质在近年来的世界经济发展中愈发显露无遗，但同时也使包括中国在内的众多发展中国家在借由国际投资推进经济开放、融入经济全球化大潮的时代趋势中迎来了更多的选择机遇。

国际投资理论是国际投资研究的基石。国际投资理论的发展始终沿着两个方面推进：一个是在国际直接投资理论方面，以西方大型跨国公司海外直接投资为参照的主流优势理论在经由微观理论和宏观理论各领风骚的发展阶段后走向了综合——折衷理论，标志着理论发展的成熟；发展中国家国际直接投资的适用性理论和中小企业国际直接投资的适用性理论研究的兴起突破了主流优势理论的分析框架，为多元化格局下的国际投资提供了全新的理论注解。另一个是在国际间接投资理论方面，金融数理在证券投资理论中的广泛运用成为一种潮流，以CAPM、APT等理论为代表的现代证券投资组合理论、期权定价理论和新兴的行为投资理论成为指导机构投资者投资行为的重要理论基础。

跨国公司是国际直接投资的最重要的主体。“价值链”理论是解析跨国公司一体化国际生产的钥匙。跨国公司的经营战略沿着职能一体化和地域一体化两个方向不断推进，随着越来越多的跨国公司实施复合一体化战略和全球战略，跨国公司的国际投资行为推动了经济全球化向深层次发展，跨国公司因而被称为“世界经济增长的引擎”。与经营战略的演变相适应，跨国公司的组织结构也不断变化，已经从初级的出口部、国际业务部等形式演变为全球性的组织结构，尤其在信息技术发展的推动下，跨国公司的组织再造显现出“变扁变瘦”的新趋势。

跨国金融机构在国际投资中的地位正逐步上升。跨国银行本身是一类特殊的跨国公司，是国际直接投资的主体；同时，它作为金融中介，为其他跨国公司的国际投资提供了强有力的金融支持、信息支持和技术支持。跨国投资银行是现代投资银行业的新发展，跨国投资银行不仅承担了多数国际证券的发行承销，还直接参与跨国证券交易，成为国际间接投资的重要主体，同时还为跨国公司提供诸如跨国购并等方面的咨询服务。融资证券化趋势推动了非银行金融机构的大发展，共同基金、对冲基金等新型机构投资者正日益成为国际间接投资的重要力量，作为特殊的金融信托安排，它们兼具国际投资主体和国际投资客体的双重性质。养老金和保险公司作为稳健型投资主体的代表，在国际投资的舞台上也扮演了重要的角色。

官方和半官方机构是特殊的国际投资主体。当代国际投资的官方色彩已日益淡薄，但官方和半官方机构的某些资产运营行为仍具有鲜明的国际投资特征。官方国际投资主要表现在政府贷款、出口信贷和国际储备运营等方面；半官方国际投资则主要表现在特定项目贷款安排方面。从国际投资的实践来看，官方和半官方机构在国际投资运行中更重要的角色应该是作为监管者。

国际投资客体是国际投资运营的载体。国际投资客体按价值形态可以分为实物资产、无形资产和金融资产三大类，无论何种形态都必须兼具价值性和增值性。实物资产和无形资产是国际直接投资的客体,而金融资产主要是国际间接投资的客体。在取得方式上,实物资产有绿地投资和跨国购并之分,近年来,跨国购并已成为主流趋势;无形资产的取得主要源于跨国公司体系内部的R&D,近年来,跨国公司R&D显现出全球化的趋势。在运营方式上,有股权联系和非股权联系之分,以战略联盟为代表的非股权联系方式正日益占据重要地位。跨国公司对实物资产和无形资产的国际化运营实质上体现了适应一体化国际生产的要素配置。作为国际投资客体的金融资产是指国际化的金融资产(国际债务证券、国际权益证券和金融衍生工具),它既包括海外发行与流通的国际证券,也包括国内发行但由外国投资者购买的国内证券。从这层意义上说,国际证券投资的发展实质上反映的是证券市场的国际化。近几十年来,世界经济全球化和一体化的发展以及通讯信息的技术进步极大地促进了证券投资的国际化,国际证券投资的发展不仅对国际资本市场结构的演变产生了巨大影响(证券化融资的比重已远远超过了信贷融资的比重),而且对世界经济格局也产生了深刻影响。

国际投资管理是国际投资运营的关键环节。对于直接实施国际投资行为的国际投资主体,在作出国际投资决策前最基础的工作是做好国际投资环境的评价,而国际投资成败的关键则要看国际投资风险的控制是否得当。鉴于国际投资对东道国和投资国的经济发展均会产生重要的影响,各国政府对国际投资的政策、法规管理均极为重视。总体来看,各国对国际投资的监管正向着自由化的方向发展。国际投资监管的另一个重要方面是国际协调,WTO等国际组织将对此发挥重要作用,尽管目前还未达成广泛的“多边投资协议”,但国际社会的努力已初见成效。创造公平竞争的国际投资环境是国际社会的共识,唯有如此,才能使国际投资运营步入规范化的轨道,也才能使国际投资真正成为世界经济发展的重要推动力。

21世纪是中国开展国际投资的新世纪。历经40多年改革开放的中国,正以“引进来”和“走出去”的双向思维实现与世界经济的接轨和融合。中国的投资环境日益为顶尖的跨国公司所青睐,进入以经济建设为中心、市场潜力巨大和发展前景广阔的中国,被誉为“21世纪最有价值的投资机会”。全球一半以上的跨国公司把中国作为长期投资的战略重点,并增资扩股构筑跨国投资系统,掀起了抢滩中国市场的大潮。坚定不移地实行对外开放政策的中国,不仅加快了充分利用国际和国内两个市场、两种资源,优化资源配置的开放步伐,积极参与国际竞争与国际联盟,努力发挥中国的比较优势,发展开放型投资经济,促使国内经济与国际经济实现互接互补,而且更坚持从实际出发,追踪知识经济社会的发展趋势,吸收国外的先进技术和文明成果,加大自主创新的力度,以资本和品牌为纽带,确立高科技和信息网络的战略地位,发展具有自主知识产权的高技术产业,实施“科教兴国”和“可持续发展”的战略。在这样的历史背景和时代要求下，探讨中国国际投资的理论问题和实践问题具有积极的现实意义，本书也因此而找到了理论与实践的最佳结合点。

本书在阐述上述观点时，先从国际投资的基本概念和总体发展趋势入手（第一章），然后介绍了国际投资理论（第二章），接着分析了三类国际投资主体及其国际投资行为特征：跨国公司（第三章）、跨国金融机构（第四章）、官方和半官方投资主体（第五章），再接着论述了国际投资客体及其运营特征：实物资产与无形资产（第六章）、金融资产（第七章），然后又从国际投资环境（第八章）、国际投资政策管理（第九章）、国际投资法规管理（第十章）和国际投资风险管理（第十一章）等方面全面介绍了国际投资的管理，最后论述了国际投资中国化的两个方面的问题：中国利用外资（第十二章）和中国对外投资（第十三章）。

《国际投资学》（第五版）是教育部安排的"十二五"普通高等教育本科国家级规划教材，也是"国家级质量工程——全球视野下的投资（2015 年）"和精品视频公开课程——国际投资学（2020 年）的指定教材。上海财经大学博士生导师杨晔教授任该书主编，汪若君博士为副主编；上海财经大学投资系刘冰毅博士、杜衡博士参与编写。杨大楷教授、杨纲教授提供了积极的帮助。从 1996 年到 2021 年，历经三代人 25 年的建设，教材主编教授和参编者们潜心问道、笔耕不赘，积极探索，使国际投资学教材先后 5 次被评为省部级精品教材和优秀教材。

国际投资学是高等院校投资学、金融学、国际经济与贸易、国际经贸规则、国际商务、国际组织与全球治理、工程管理专业的核心课程，是针对各专业本科生和研究生，乃至企业集团高管开拓国际视野、培养社会责任、树立风险意识、打造生态环境而设计的一门融"经济学、管理学、统计学、法学、环境学、社会学、地理学"跨学科知识相互渗透的复合性知识课程。该课程对学习者知识目标、能力目标、素质目标的养成起主要支撑和明显的促进作用。

与前五版不同的是，第六版教材新增了六项内容：

一是，吸取了当前国外最优秀的学术成果。修订教材将通过系统梳理联合国贸发会议自 2016—2020 系列年度《世界投资报告》关于投资与数字经济发展、投资与新工业政策调整、投资与经济特区建设，以及新冠疫情将加速国际生产方式转变的主要论断，并提出了很多富有针对性的政策建议。同时聚焦 McKinsey Global Institute 等头部机构对中国 FDI 与世界经济合作的重点关注等。这些世界级机构的参与对国际投资研究起到巨大的推动作用。因此在教材 1—2 章的修订中，将引入权威机构的观点和实证资料，培养学生的全球视野，明确形势，抓住机遇，应对挑战，努力实现中国开放经济更高质量发展。

二是，吸取了当前国内最优秀的学术成果。修订教材将通过系统梳理国家商务部（2019）《新常态下跨国公司高质量发展》报告、国家外汇管理局 2016－2020 系列年度《中国国际收支报告》关于官方国际投资和中国对外国际援助的重要判断，以及对 985、211 头部高校 FDI 教材的建设动态的追踪，和权威期刊 FDI 学者研究成果的分析，在教材 3－5 章的修订中，将较多地选择性吸取其研究要点，培养学生的跨国投资的社会责任感和中国作为一个负责任大国国际担当的价值观。

三是，基于中国企业对外直接投资已经出现以股权投资营运为主的动态性变化，修订教材将新增股权投资营运章节。国际投资主体通过特定方式获取实业资产只是手段和途径，这些实业资产必须投入运营，在运营中实现价值的增值。从这个意义上说，实业资产的营运较之实业资产的取得更能体现 FDI 的本质。在教材 3－7 章的修订中，通过九安医疗电子股份有限公司股权投资收购国际领先的医疗设备数据信息系统解决方案提供商 eDevice、控股远程健康管理解决方案提供商 Care Innovations，成为全球移动医疗开拓者、参与者和领跑者的案例；雷沃重工集团股份有限公司股权收购意大利 ARBOS（阿波斯）品牌、控股马特马克公司，创新并形成“全球研发、全球制造与分销”股权营运模式等案例，培养学生探究式学习意识和团队合作精神，提高学生交流和创新营运模式的技能。

四是，国际投资管理的根本目的是牢牢守住风险防范的底线。直面联合国贸发会议一再呼吁的基于条约的投资者与国家争端解决（ISDS）新案件数量高居不下的挑战，从《G20 全球投资政策指导原则》中国方案的创新，到中国加入 RCEP、完成中欧投资协定谈判，无不展现出宏观层面中国政府化解 ISDS 风险的智慧；而新时代中资企业对 FDI 风险防范的实践，则在微观层面提供了鲜活的答卷。通过教材 8－11 章的大篇幅修订，不仅使学生深刻领悟出“投资－风险”是一枚硬币两个面的基本原理，更重要的是努力培养他们的风险意识，牢牢守住投资风险防范的底线。

五是，中国的国际投资无疑是当代世界经济发展的一道亮丽景观。对外开放 40 年，如果说利用外资使中国发展成为世界经济强国，那么中国对外投资则已成为拉动全球跨境直接投资增长的重要引擎。从中国推动在华跨国公司向全球公司的蜕变，到中国对外投资合作进入高质量发展阶段经验的总结，通过教材 12－13 章的大幅修订，深刻揭示中国 FDI 合作高质量发展的内涵和要求，在激发学生自豪感和增强自信心的同时，着力培养学生牢固树立绿色发展的新理念，自觉以世界公民的身份打造 FDI 的生态环境，通过我们的实践把“一带一路”建设成绿色发展之路。

六是，基于现代教学载体的要求，第六版新增了与纸质教材配套的线上数字资源。同时，再次为教材配备了多媒体课件，进一步完善了教学大纲、习题集、案例集的编写，其中阅读文献 81 份(更新率 100%)、参考文献 131 份(更新率 100%)、案例 26 个(更新率 50%)、名词解释 73 个、简答题 67 题、论述题 15 题，以为师生学习提供辅助性教学工具。各章案例的资料来源均在该章阅读文献中列示。

最后，教材编写组还要感谢联合国贸易与发展会议、McKinsey Global Institute、中国外商企业投资协会、中国美国商会、中国欧盟商会、巴斯夫(中国)有限公司、AGC 集团(中国)投资有限公司、霍尼韦尔(中国)投资有限公司、中国社会科学院、浙江大学、中国人民大学、清华大学、复旦大学、新疆师范大学等政府、行业组织、科研院所和企事业单位提供的无私帮助和指导。

精品视频
公开课程

数字资源
专题、案例等

杨　晔　汪若君

于上海财经大学凤凰楼

2021 年 7 月

第一编

国际投资导论

肇始于18世纪末19世纪初，发展于20世纪60—80年代，盛极于20世纪90年代的国际投资，已成为国际资本流动的主体力量之一和国际经济交往的重要形式。近年来，随着经济全球化进程的加快，对国际投资问题的研究不仅保持了其在国际经济研究领域一贯的重要地位，而且其研究范围和视角不断得到拓展。本编开宗明义，主要阐述国际投资的基本概念、基本研究范畴，以及关于国际投资的基本理论问题。

第一章　国际投资概述

经济全球化是近年来世界经济发展中最为亮丽的景观，我们认为，其实质是一场世界范围内的资源整合运动。[①] 国际投资正是这场运动的重要推动力，因为国际投资借助于国际货币资本和产业资本的跨国界运营，实现了资本、劳动、技术、管理等一揽子生产要素的跨国流动与配置，从而增强了国际金融联系、生产联系与贸易联系。国际投资所带来的是真正意义上的深层次的经济全球化。若要理解国际投资缘何会引起如此深刻的变革，我们就必须从国际投资的基本概念、国际投资的产生与发展以及国际投资的研究范畴入手。

第一节　国际投资的基本概念

一、国际投资的定义

国际投资（International Investment）是指各类投资主体，包括跨国公司、跨国金融机构、官方与半官方机构和居民个人等，将其拥有的货币资本或产业资本，经跨国界流动与配置形成实物资产、无形资产或金融资产，并通过跨国运营以实现价值增值的经济行为。

国际投资不能简单地被视为国内投资在跨国层面上的自然延伸，国际投资除具有一般国内投资的基本特征（如盈利性、风险性）外，还有其自身鲜明、独特的内涵，其内涵可以从以下四个方面加以把握。

（一）国际投资主体的多元化

投资主体是指具有独立投资决策权并对投资结果负有责任的经济法人或自然人。国际投资主体可以分为四大类：(1)跨国公司[②]，是国际直接投资的主体。(2)跨国金融机构，包括跨国银行及非银行金融机构，是参与国际证券投资和金融服务业直接投资的主体。近年来，各类基金的发展是其中最大的亮点。(3)官方与半官方机构，包括各国政府部门及各类国际性组织，它们是某些带有国际经济援助性质的基础性、公益

① 杨大楷：《国际投资研究》，上海财经大学出版社 2003 年版。

② 为了与联合国贸发会议（UNCTAD）的《世界投资报告》的统计口径相统一，本书中提到的跨国公司如未特别说明，均指非金融类跨国公司。

性国际投资的主要承担者。(4)个人投资者,是以参与国际证券投资为主的群体。

(二)国际投资客体的多样化

投资客体是投资主体加以经营操作以实现投资目标的对象。国际投资客体包括:(1)实物资产(Tangible Assets),指以土地、厂房、机器设备、原材料等实物形式存在的生产资料;(2)无形资产(Intangible Assets),包括生产诀窍、管理技术、商标专利、情报信息、销售渠道等;(3)金融资产(Financial Assets),包括国际债券、国际股票、衍生工具等。一般来说,国际投资主体既可能采用一种客体投资形式,又可能同时采用几种客体投资形式,从而使国际投资呈现多样化和复杂性。

(三)国际投资的根本目的是实现价值增值

投资的目的是为了获取预期回报,作为"投资"范畴,国际投资也概莫能外。鉴于国际投资相对于一般投资更具多样化和复杂性的特点,国际投资预期回报的内涵可理解为价值增值,其中包括多重的价值目标,既可能是一般意义上的经济价值,也可能是政治价值、社会价值和公益价值等。经济价值是经营性投资主体所追求的主要目标,这既可能是短期的盈利性目标,如经营利润、资本利得等,也可能是长期的战略性目标,如市场份额、品牌价值、外源化网络、职能一体化等。当然,也有许多非经营性的官方或半官方投资主体所进行的国际投资则往往带有追求特定政治价值、社会价值或公益价值的目的,这也是国际投资研究中不可忽略的重要方面。

(四)国际投资蕴含资产的跨国运营过程

这是国际投资区别于其他国际经济交往方式的重要特征。国际投资不同于国际贸易和国际信贷,因为国际贸易主要是商品的流通与交换,而国际信贷则主要是货币的贷放与回收。国际投资也不完全等同于国际资本流动,因为国际资本流动是广义地泛指资本的跨国界输入或输出,而国际投资则是国际资本最重要的组成部分,即还具有经营性、获利性的特征。另外,要对一笔国际中长期贷款的性质做出规定,最主要的是看借款方对这笔资金的使用方向:如果用于进口生产要素从事经营,则该笔贷款属于国际投资范畴;如果用于进口消费品,则不属之。也正是因为国际投资蕴含资产的跨国运营过程,而国际投资又要面对更为复杂、叵测的投资环境,故国际投资较一般的国内投资具有更高的风险。

二、国际投资的类型

国际投资可按不同的标准进行分类。依据投资期限,国际投资可分为长期投资(Long-run Investment)与短期投资(Short-run Investment);依据投资主体类型,则可分为官方投资(Public Investment)与海外私人投资(Foreign Private Investment)等。在实务和理论研究中较有意义的划分方法是根据投资主体是否拥有对海外企业的实际经营管理权,将国际投资分为国际直接投资(International Direct Investment)与国际间接投资(International Indirect Investment)。

（一）国际直接投资

国际直接投资又称为海外直接投资（Foreign Direct Investment，简称 FDI），是指投资者参与企业的生产经营活动，拥有实际的管理权、控制权的投资方式，其投资收益要根据企业的经营状况决定，浮动性较强。国际直接投资根据控制方式的不同，又可以分为股权联系和非股权联系两大类。我们通常所说的独资经营和合资经营就属于以股权联系为基础的国际直接投资方式；而许可证交易、特许专营和限制性中长期贷款①等就属于以非股权联系为基础的国际直接投资方式；至于合作经营和近年来日益兴盛的战略联盟则往往介于二者之间，具有更为灵活的选择。这些具体方式在后面的章节中会详细介绍。

（二）国际间接投资

国际间接投资又称为海外证券投资（Foreign Portfolio Equity Investment，简称 FPEI），是指投资者通过购买外国的公司股票、公司债券、政府债券、衍生证券等金融资产，依靠股息、利息及买卖差价来实现资本增值的投资方式，相对于直接投资而言，其收益较为固定。将国际间接投资视为国际证券投资是一种狭义的定义，从广义上说，除国际直接投资以外的各种国际资本流动形式均可纳入国际间接投资的范畴。例如，根据 IMF 的分类，国际资本流动被划分为直接投资、证券投资和其他投资。其中，证券投资包括股权证券和债务证券、货币市场工具和金融衍生工具；其他投资包括贸易信贷、贷款、金融租赁、货币存款，主要是流动性很强的短期资产。IMF 的分类实际上是将证券投资和其他投资统称为间接投资，国际投资的外延也就被扩展为所有的国际资本流动。本书主要采用狭义的定义，重点分析国际证券投资，但对于其他投资的部分内容也会有所提及。

（三）二者的区分与比较

1.“有效控制”或“持久利益”原则

(1)在理论上区分两种投资方式的标志主要在于对企业的有效控制权。但在实际运作中，有效控制权的界限往往又是模糊的。对此，有些国家及国际组织在量上规定了不同的标准。如美国商务部 1956 年规定，若某外国公司股权的 50％由一群相互无关的美国人掌握，或 25％由一个有组织的美国人集团拥有，或 10％由一个美国人（法人）拥有，则对该公司的投资即可视为美国的国际直接投资；加拿大政府规定，当本国居民持有外国公司 50％或更多的股权时，方可在原则上认为存在控制。② 国际货币基金组织编写的《国际收支手册》认为，一个紧密结合的组织在所投资的企业中拥有 25％或更多的投资股，可以作为控制所有权的合理标准。根据我国国家统计局的定义，如果一个企业全部资本中 25％或以上来自外国或地区（包括我国港澳台）投资者，

---

① 这类国际贷款往往规定了款项的用途，甚至还有其他限制性条款，因而实际上对借款企业产生了一定程度的影响和控制。参见酒井健三著，羊子村译：《国际金融》，中国财政经济出版社 1980 年版，第 161 页。

② 参见联合国跨国公司中心：《再论世界发展中的跨国公司》，商务印书馆 1982 年版，第 378—381 页。

该企业就被称为外国(商)投资企业。不满足有效控制权标准的国际投资就被视为国际证券投资。

(2)近几年,在IMF和OECD对国际直接投资的定义中,更强调了比"有效控制权"所涵盖的范围更广的"持久利益"。根据IMF的定义,国际直接投资是指"为在一个国外企业获得持久利益而进行的投资,其目的是为了在该国外企业的管理中拥有实际发言权"(IMF,1985)。根据OECD的定义,"外国直接投资是一个国家的居民(直接投资者)对其所在国之外的另一个国家的居民(直接投资企业)进行的以获得持久利益为目的的活动。持久利益的含义是直接投资者和企业之间存在一种长期的关系,直接投资者对企业有重大的影响"(OECD,1996)。从这两个定义可以看出,"持久利益"与"有效控制"实际上是密不可分的,"持久利益"是目的,而"有效控制"则是实现这一目的的手段。由于"有效控制"的标准难以统一,因此相比之下,以"持久利益"这一终极目标来界定国际直接投资应该比"有效控制"更为贴切。

2. 关于波动性的比较

国际投资是国际资本流动的主要形式之一,国际资本流动是经济全球化和世界经济增长的重要推动力,但同时国际资本流动的波动又直接危及经济安全,近年来频发的金融危机就与此直接相关。就国际投资的波动性而言,国际直接投资与国际证券投资存在很大的差异,统计比较表明①,国际直接投资的波动性要低于国际证券投资,这主要与上文提到的国际直接投资追求"持久利益"有关。具体来说,二者之间的波动性差异基于以下几方面的原因:

(1)国际直接投资者预期收益的视界要长于国际证券投资者。通常,进行国际直接投资的跨国公司对商品和服务生产的长期利润更感兴趣,而证券投资者却更加关心其投资的快速金融收益。国际直接投资者的投资动机主要基于对受资国的市场增长潜力及结构特征的长期看法,因此如果他们所觉察到的不利情况是短期的,便不太倾向于撤资,而证券投资者更易受金融市场上影响投资者预期资本利得的短期波动影响。

(2)国际直接投资者的投资动机更加趋于多样性。国际直接投资者存在寻求市场、资源或效率等多种动机,这种动机的多样性预期会减少"羊群"行为所带来的风险;而国际证券投资者追求金融收益的单一动机更倾向于引发"羊群"行为。

(3)国际直接投资客体具有更强的非流动性。由于FDI是通过在东道国建立生产设施或收购现有企业的方式实现的,因此很难在短期内拆除或卖掉已沉淀的资产,特别当它们是一体化国际生产体系的一部分时就更加困难。通过金融市场卖出,证券

---

① 联合国贸发会议(UNCTAD)的一项研究以1992—1997年期间12个主要发展中国家和转轨国家的年度数据为基础,检验发展中国家国际直接投资是否比国际证券投资更加稳定,统计测算的结果是:FDI的变差系数为0.35,FPI的变差系数为0.43。另一项对52个东道国在1980—1995年期间净资金流入与流出正负号变化的研究(Lipsey,1999b)也证实了FDI比FPI和其他资本流动相对更加稳定:FDI方向变化的平均次数是最低的,在一个方向上持续的时间也是最长的。

投资可以轻而易举地套现，然后撤出和转投资金，而这对于 FDI 则要困难得多。

三、国际投资的性质

国际投资是世界经济发展的产物，而反过来它又是世界经济发展的主要推动力和加强世界经济联系的主要纽带。今天，当我们面临经济全球化的大潮时，这一点体现得尤为显著和深刻，这正是国际投资的性质为我们所揭示的客观规律。

（一）国际投资是社会分工国际化的表现形式

随着人类社会生产力的不断提高，世界各国间的经济联系日益密切，这些都同时伴随着社会分工领域的逐步深入。第一次工业革命后，机器大工业得以建立，新兴资产阶级极力推动商品资本在世界范围的运动，形成了流通领域内以国际贸易为主的国际经济联系。第一次科技革命后，新的工业部门不断涌现，人类生产活动的规模、广度及深度都达到了新的水平，这时生产领域内的生产要素供求乃至直接生产过程都开始突破国家的界限，走向国际化。先是以国际间接投资形式（股票、债券投资）为主提供了货币资本要素，然后是以国际直接投资形式为主实现了产业资本运营国际化；20 世纪 80 年代以来，则是两种形式相互作用、竞相发展，共同促进全球生产的一体化。

（二）国际投资是生产要素国际配置的优化

各国生产要素与生产的非比例性、一国产业中的资本供给与需求的非一致性，都产生了要素组合的非比例性，产生了要素的相对富裕和相对稀缺差别，导致了要素报酬的递减。因此，要素通过国际流动而达到较优组合的要求是客观存在的。在资本、劳动力、土地、自然资源、技术和管理诸生产要素中，资本流动是最为便利的，并且可以带动技术、管理等要素向难以流动的自然资源、土地等要素靠拢。因此，在正常情况下，国际投资总是可以带来世界较优的要素组合，从而推动世界经济总体福利水平的不断提高。在第二次世界大战后不少国家的例子中，国际投资引致了经济飞跃的奇迹和高额利润的奇迹。可以认为，这些绩效和奇迹很大程度源于要素组合的国际优化。

（三）国际投资是一把影响世界经济的“双刃剑”

在今天这样一个崭新的全球化经济格局里，国际投资扮演了比以往任何时期都更为重要的角色：跨国公司通过国际直接投资打造了其一体化的生产体系和全球网络组织，在推进世界经济一体化的同时，已成为全球经济的主导力量，跨国公司通过对全球范围内的资源整合所集聚起来的竞争优势及其在全球范围内的市场统筹能力，正在改变传统的企业经营模式和市场竞争范式，方兴未艾的跨国购并和战略联盟则加速了这一趋势；技术进步和金融创新推动了国际间接投资的兴盛，从而催发了金融自由化和金融全球化的趋势，世界各地的金融市场不仅呈现出业务上的趋同性和交易上的连续性，市场本身的重组融合也蔚然成风，这使得国际资本（主要是规模日盛的国际游资）在国际金融市场中的游走更为游刃有余，这在造就国际金融市场繁荣的同时，也埋下了连锁危机的隐患，20 世纪 90 年代以来接连发生的英镑危机、墨西哥金融危机和亚洲金融危机已向人们敲响了警钟。因而，在金融全球化的趋势下，如何加强国际金融监管以稳定国际金融秩序和防范金融危机，已成为 IMF 等国际金融机构和世界各国金融当局所面临的极具挑战性的课题。自 18 世纪后半期以来，国际投资一直是推动世界经济格局演变的重要力量，而在此进程之中，国际投资自身的形式和内涵也获得了极大的丰富和扩展。国际投资就其本质而言属于国际资本流动，而资本流动的根本动因在于寻求增值。经济全球化的趋势为国际资本流动创造了前所未有的广阔空间和多样化的路径，资本因此而具有了更为敏锐的"嗅觉"，资本流动对于监管当局而言也就变得更难以"驾驭"。由此，学术界和实务界的普遍共识是，国际投资在推动经济全球化和世界经济发展的同时，也成为世界经济中的"不安定"因素，用时下流行的话语表述，国际投资是一把"双刃剑"。

（四）国际投资是生产关系国际运动的客观载体

首先，伴随着国际投资，母国的生产关系开始实现跨国界的地理上的扩张。西方国家的对外投资，受到在世界范围内追求剩余价值欲望的驱动，往往存在着对受资国的剥削与掠夺。其次，不同意识形态国家间的国际投资，还会带来新型生产方式的发展。在投资过程中，不同的产权制度、分配方式的相互融合，都可能创造出新的经济成分，如社会主义国家的合资企业等。

（五）国际投资具有更为深刻的政治、经济内涵

首先，在宏观层面上，国际投资虽然是以全球范围内资源的合理组合与利用为核心的，但也不可避免地要受到国家、民族自身利益因素的制约。一方面，即使某项跨国投资有利于世界总体经济福利的增长，但也可能造成东道国或母国在国际收支、技术优势等方面的利益损失，因而国际投资更多地受到各国政策法规的约束。另一方面，这也使得国际投资的目的有时会超越个别经济利益的追求，而带有建构政治关系的色彩，从而为国家更为长远的根本利益奠定基础。其次，在微观层面上，国际投资的运营面临着更为复杂多变的影响因素，包括货币单位、货币制度的差异，政治、经济、法律、社会文化等多方面投资环境的差异等。这些差异要求跨国投资者在经营战略、组织结构方面采取不同于国内投资的举措。

第二节 国际投资的产生与发展

一、国际投资的形成与发展

国际投资是商品经济发展到一定阶段、生产的社会分工国际化的产物，并随着生产力的提高及国际政治、经济格局的演变呈现出特定的发展过程。从其规模及方式的发展角度分析，通常把国际投资形成与发展的历程划分为五个阶段。

（一）初始形成阶段（1914 年以前）

这一阶段从 18 世纪末 19 世纪初开始到第一次世界大战前夕。当时，第二次工业

革命推动生产力迅猛发展，国际分工体系和发达资本主义国家资本相对过剩格局初步形成，使国际投资具备了物质方面的基础。在这一个多世纪的时间里，国际投资增长了两倍多，达到410亿美元。

从投资方式上看，这一阶段是国际间接投资占主要方式。以当时世界主要国际投资输出国英国和法国为例，1913年英国（占全球投资总额的1/2）有70.5%的对外投资为证券投资；法国也是以债券资本输出为主，故而有“高利贷帝国主义”之称。直到1914年，国际投资的90%都是证券投资，生产性直接投资仅占10%。①

（二）低迷徘徊阶段（1914—1945年）

这一阶段为两次世界大战的时期。由于战争，这一期间的国际投资受到了较为严重的影响，发展历程曲折迟缓。除在战争之间的少数几年有暂时的恢复和发展外，国际投资不甚活跃。到1945年战争结束时，主要国家的对外投资总额下降到380亿美元。②

本阶段的国际投资方式依然以间接投资为主。如1920年，美国的私人海外投资中有60%为证券投资；1930年，英国的对外投资中有88%为间接投资。而资本主义国家的海外直接投资在本阶段的年增长率不足1%。③

（三）恢复增长阶段（1945—1979年）

这一阶段是从第二次世界大战后到20世纪70年代末的期间。在这段时期中，世界政治局势相对平稳，又兴起了第三次工业革命，因而促使国际投资迅速恢复并增长。发达资本主义国家的对外投资总额由1945年的510亿美元增长到1978年的6 000亿美元。④

本阶段投资方式方面的显著特征是对外直接投资主导地位的形成。国际直接投资额从1945年的200亿美元增至1978年的3 693亿美元，占国际投资总额的比重由39.2%上升到61.6%；主要发达国家的私人海外直接投资存量总额从1960年的537亿美元上升到1979年的4 472亿美元，增加了7倍多，年均递增11%（见表1—1）。

表1—1　　**主要资本主义国家私人对外投资额**　　单位：亿美元

年　份	1960	1967	1971	1973	1975	1979
金　额	537	1 063	1 580	1 965	2 590	4 472

资料来源：美国商务部《美国统计摘要》，1985年；日本贸易振兴会《海外通商白皮书》，1984年；滕维藻、陈荫枋《跨国公司概论》，人民出版社1995年版。

（四）迅猛发展阶段（1980—1999年）

在科技进步、金融创新、自由化、跨国公司全球化经营等多因素的共同作用下，20

① 王东京：《国际投资论》，中国经济出版社1993年版，第137页。

② 张中华、李荷君：《国际投资理论与实务》，中国财政经济出版社1995年版，第17页。

③ 《世界经济统计年鉴》，三联书店1974年版。

④ 叶刚：《遍及全球的跨国公司》，江苏人民出版社1989年版，第28—29页。

世纪80年代以来国际投资蓬勃发展，成为世界经济舞台上最为活跃的角色，而且出现了直接投资与间接投资齐头并进的发展局面。据世界银行统计，1989—1999年10年间，全球总国际投资流量占GDP比重由8.5%提高到18.3%，其中国际直接投资由2.0%提高到4.6%，国际间接投资由6.5%提高到13.7%（见表1—2）。

表1—2　　1989—1999年国际投资的进展（按占GDP的比重计）　　单位：%

类别	总国际投资		总国际直接投资		总国际间接投资	
	1989年	1999年	1989年	1999年	1989年	1999年
世界	8.5	18.3	2.0	4.6	6.5	13.7
低收入国家	0.8	1.2	0.2	0.3	0.6	0.9
中等收入国家	1.9	4.9	0.4	1.6	1.5	3.3
高收入国家	12.7	29.2	2.9	7.2	9.8	22.0

注：①总国际投资按内流和外流国际投资流量的总和计算，但不包括官方流量；
②总国际直接投资按内流和外流国际直接投资流量的总和计算；
③总国际间接投资按广义口径（证券投资加其他投资）内流和外流流量的总和计算；
④GDP按购买力平价汇率折算。

资料来源：World Bank, *World Development Indicators*, 2001.

在本阶段，一方面，国际直接投资继续高速增长，其增长率大大高于同期世界总产值和世界出口的增长率（见表1—3）；另一方面，国际间接投资呈现出更为强劲的增长势头，跨国证券交易规模已达GDP的数倍（见表1—4）。

表1—3　　国际直接投资和国际生产的相关指标　　单位：10亿美元，%

项目	按目前价格价值			年增长率		
	1982年	1990年	2000年	1986—1990年	1991—1995年	1996—1999年
内流FDI流量	57	202	1 271	23.0	20.8	40.8
外流FDI流量	37	235	1 150	26.2	16.3	37.0
内流FDI存量	719	1 889	6 314	16.2	9.3	18.4
外流FDI存量	568	1 717	5 976	20.5	10.8	16.4
跨国购并	—	151	1 144	26.4	23.3	50.0
外国子公司销售额	2 465	5 467	15 680	15.6	10.5	10.4
外国子公司总产值	565	1 420	3 167	16.4	7.2	11.0
外国子公司总资产	1 888	5 744	21 102	18.2	13.9	15.9
外国子公司出口额	637	1 166	3 572	13.2	14.0	11.0
外国子公司雇员数（千人）	17 454	23 721	45 587	5.7	5.3	7.8
按要素成本计GDP	10 612	21 475	31 895	11.7	6.3	0.7
固定资本形成总额	2 236	4 501	6 466	12.2	6.6	0.6
专利使用费收入	9	27	66	22.1	14.1	4.0
货物和非要素服务出口	2 124	4 381	7 036	15.4	8.6	1.9

资料来源：UNCTAD, *World Investment Report*, 2001.

表 1—4　**主要发达国家跨国债券和股票交易(占 GDP 的百分比)**　单位:%

国家 \ 年份	1980	1985	1990	1996
美　国	9.0	35.1	89.0	151.5
日　本	7.7	63.0	120.0	82.8
德　国	7.5	33.4	57.3	196.8
法　国	8.4	21.4	53.6	229.2
意大利	1.1	4.0	26.6	435.4
英　国	—	367.5	690.1	—
加拿大	9.6	26.7	64.4	234.8

资料来源:IMF(1997b)。

两种方式的投资相互促进、竞相发展,日益发挥着对国际经济活动的主导性作用。(1)就国际直接投资而言,20 世纪 80 年代以来 FDI 流量的年平均增长率在 20%以上,按当期价格计算,内流流量已由 1982 年的 570 亿美元增长至 2000 年的 12 710 亿美元,增长了 21 倍多;而同期 GDP 由 106 120 亿美元增长至 318 950 亿美元,仅增长了 2 倍多,货物和非要素服务出口由 21 240 亿美元增长至 70 360 亿美元,也仅增长了 2.3 倍。(2)就同期的国际间接投资而言,其发展速度大大超过了国际直接投资。一方面,随着融资证券化趋势的深入发展,国际证券投资作为国际证券融资的镜像,其在国际金融领域的地位不断上升,已超过了国际信贷,在 1999 年国际证券融资额已占国际金融市场融资总额的 68%(见表 1—5)。另一方面,金融衍生品交易规模的不断膨胀对国际证券投资起到了巨大的推动作用,1998 年,世界金融市场金融衍生品交易为国际直接投资额的 154 倍,是国际商品贸易额的 10.5 倍。

表 1—5　**国际金融市场构成状况**　单位:%

项目 \ 年份	1985	1989	1990	1994	1999
国际证券发行	56	61	26	62	68
国际信贷	44	39	74	38	32

资料来源:国际清算银行有关资料。

(五)创新发展阶段(21 世纪以来)

进入 21 世纪后,世界经济多元化格局日趋明显,全球对外投资也随着世界经济发展状况呈现出景气变化。经历了 2000 年的历史高点后,全球对外投资在 2003 年跌入谷底,2004—2007 年又进入高速增长阶段,世界各大经济体投资与引资量平均每年增长 37%。2008 年以来,全球外国直接投资在世界范围内遭受经济和金融危机的严重影响。危机改变了外国直接投资的格局:对发展中经济体和转型期经济体的投资骤增,使两者占全球外国直接投资流量的比例在 2008 年上升到 43%。目前,在对外投资的绝对规模上，欧美仍然继续大幅领先，但在增长速度上，发展中国家普遍高于发达国家，更多的发展中国家和地区成为投资新热点。

特别值得一提的是，联合国贸发会议（UNCTAD）发布的《2014 世界投资报告》指出，在全球经济特别是欧美经济加快复苏的大背景下，流入发展中经济体的外国直接投资（FDI）将很快见顶，而流入发达经济体中的 FDI 则有望大幅上升。这其中，受国内企业加快海外投资及拓展影响，中国可能最快在 2014 年可以由 FDI 净流入国转为 FDI 净流出国，标志其将结束过去 20 多年来作为全球主要 FDI 目的国的角色，变身为全球 FDI 的重要来源国。

疫情对国际投资的影响。在疫情危机冲击下，全球 FDI 大幅下滑。2020 年全球 FDI 流量从 2019 年的 1.54 万亿美元下降 42%至 8 590 亿美元，是自 2005 年以来首次低于 1 万亿美元。从构成来看，2020 年，新的绿地投资项目和跨境购并（M&A）同比均下降了 35%。这对于 2021 年工业领域的新投资而言会施加负面影响。在最乐观的情况下，2022 年 FDI 可能会恢复疫情前的基本趋势。全球投资前景存在高度不确定性。这取决于疫情持续时间以及经济干预政策的有效性。疫情期间的封闭隔离措施减缓了现有投资项目，疫情下收入下降带来的严重衰退的经济前景使跨国公司重新评估新项目，部分国家在疫情期间采取了新的投资限制政策，地缘政治风险上升，增加了投资前景的不确定性。

疫情对所有地区都造成严重影响，但在不同地区存在差异。2021 年初，联合国贸发会议（UNCTAD）披露的数据表明：FDI 降幅集中在发达国家。2020 年流入发达国家的 FDI 同比下降 69%至 2 290 亿美元，是过去 25 年的最低水平，与之相比流入发展中经济体的 FDI 下降了 12%至 6 160 亿美元。其中：流入美国的 FDI 同比减少 49%至 1 340 亿美元，流入英国的 FDI 从 2019 年的 450 亿美元降至－13 亿美元，流入澳大利亚的 FDI 下降了 46%至 220 亿美元。尽管流入欧洲的 FDI 下降了三分之二，降至－40 亿美元，但瑞典的 FDI 流入量从 2019 年的 120 亿美元翻番至 290 亿美元。西班牙的 FDI 也增长了 52%，这要归功于几笔大的收购交易。以色列吸引的 FDI 实现了从 180 亿美元到 260 亿美元的增长，日本吸引的 FDI 也从 2019 年的 150 亿美元增至 2020 年的 170 亿美元。

与发达国家的情况形成强烈对比的是，发展中经济体所吸纳的 FDI 创下了其占全球 FDI 创纪录份额（72%）的景象。其中：中国吸收外资全球占比大幅提升，已经高达 19%至 1 630 亿美元，踞全球之首。印度和土耳其在电子商务平台、数据处理服务和数字支付方面吸引全球 FDI 投资，也颇为亮眼。南非跨国公司成为收购非洲和亚洲各地医疗保健提供商的投资者。

疫情会对投资决策产生持久影响。一方面，在战略性产业对外国投资实行更严格准入政策的趋势加强，发达国家出于国家安全考虑，加强了对战略性产业外国投资的审查；另一方面，各经济体为从危机中复苏，加剧引资竞争，一些国家简化了投资的行政程序或扩大了投资激励措施。

二、国际投资不断发展的原因

国际投资的不断发展是多重因素共同作用的结果，其中的主导因素包括技术进步、国际金融市场的发展、政策自由化和跨国公司战略等。

（一）科技进步带来生产力的飞跃

首先，工业革命和信息革命促使世界生产力水平获得极大提高，并产生了大量相对过剩的产业资本和金融资本，使资本输出具备了物质上的基础；其次，由于世界各国普遍认识到科学技术的重要性，都采取积极态度引进先进技术和调整更新产业结构，从而为国际投资提供了政策上的动因；再次，由于计算机技术、信息技术和交通通信技术的突破与发展，为资产的跨国营运和远程金融交易提供了高效、迅捷的技术手段。

（二）国际金融市场的大发展

第二次世界大战后，国际金融市场不断发展，具体表现在：(1)市场规模迅速扩大；(2)市场日益自由化，各国对金融市场的管制放松，尤其是 20 世纪 60 年代以来各离岸金融市场的崛起，加速了国际资本流动；(3)金融创新层出不穷，期货、期权、互换等衍生证券的发展一日千里，进一步繁荣了金融市场，20 世纪 70 年代中期，金融衍生产品还只有几十个交易品种，到 90 年代末期已经发展为 1 200 多个品种；(4)融资证券化趋势（又称“脱媒”现象）不断深化，这使得国际证券的发行与交易成为国际金融市场的主流；(5)国际证券投资主体的机构化倾向日益明显，20 世纪 80 年代以来，共同基金、养老基金等机构投资者的迅速发展，对全球金融业的发展产生了深远的影响，打破了原先的专业分工格局，引发了金融结构的重大调整，国际证券投资的主体组织进入了超前大整合的时代。国际金融市场的发展，不仅直接推动了国际间接投资，而且为国际直接投资提供了更加宽阔便利的融资渠道，从而促进了国际投资的全面发展。①

（三）国际政策环境的自由化

为了在日益开放和高度竞争的世界环境中获得更利于发展的区位优势，越来越多的政府致力于推进政策的自由化。从全球范围看，政策自由化的效果是使贸易与投资壁垒在总体上不断降低，使经济全球化获得了实质性的推动。第二次世界大战以后成立的关贸总协定(GATT)对政策自由化趋势起到了关键性作用，它为全球多边贸易自由化奠定了基础。GATT 主持的 8 轮多边贸易谈判，在大幅度降低关税和非关税壁垒方面发挥了巨大作用。特别是最近一次多边贸易谈判——“乌拉圭回合”，首次将贸易谈判引入金融服务业、知识产权保护和与贸易有关的投资措施等领域。1995 年 1 月，世界贸易组织(WTO)正式取代 GATT 开始运行，这意味着多边贸易体制日益健全。2001 年 11 月在多哈启动的新一轮多边谈判，有望在贸易与投资自由化上取得新

---

① 典型的例子是，国际金融市场的发展为跨国购并创造了便利的金融条件，而跨国购并正是近年来国际直接投资中最活跃的组成部分。

的进展。就各国的国际直接投资政策而言，据 UNCTAD 统计，1991—2000 年，各国 FDI 制度共引进了 1 185 项管理上的改变，其中 1 121 项（95%）是朝着创建更有利的国际直接投资环境方向的（见表 1—6）。

表 1—6 **各国 FDI 政策的改变** 单位：项

项目 \ 年份	1991	1992	1993	1994	1995	1996	1997	1998	1999	2000
改变政策的国家数	35	43	57	49	64	65	76	60	63	69
改变的政策数	82	79	102	110	112	114	151	145	140	150
其中：有利于 FDI	80	79	101	108	106	98	135	136	131	147
较不利于 FDI	2	0	1	2	6	16	16	9	9	3

资料来源：UNCTAD，*World Investment Report*，2001.

2010 年来，各国 FDI 又进行了 1 043 项管理上的改变，其中 707 项（6%）是朝着创建更有利的国际直接投资环境方向的（见表 1—7）。近年来一些国家，特别是发达国家，出于国家安全考虑，加强了对战略性产业外国投资的审查。2018 年，约有 55 个经济体出台了至少 112 项影响外国投资的措施。其中超过三分之一的措施引入了新的限制或监管创了近 20 年来的新高，反映了对关键基础设施、核心技术和其他敏感商业资产为外国所有的国家安全关切。

表 1—7 **各国 FDI 政策的改变** 单位：项

年　份	2010	2011	2012	2013	2014	2015	2016	2017	2018	2019
改变政策的国家数（个）	54	51	57	60	41	49	59	65	55	54
改变的政策数（项）	116	86	92	87	74	100	125	144	112	107
其中：有利于 FDI（项）	77	62	65	63	52	75	84	98	65	66
较不利于 FDI（项）	33	21	21	21	12	14	22	23	31	21
中立（项）	6	3	6	3	10	11	19	23	16	20

资料来源：UNCTAD，*World Investment Report*，2014，2020.

尽管如此，吸引投资仍然是优先事项。大多数新投资政策措施仍然以自由化、促进和便利化为发展方向。许多国家取消或降低了各种行业对外国投资者的准入限制。为外国投资简化或精简行政程序的趋势仍在继续。此外，一些国家为对特定行业或地区的投资提供了新的财政激励措施。特别是疫情以来，各经济体为从危机中复苏，加剧引资竞争。2019 年大部分投资政策的改变还是朝着投资促进、自由化和便利化的方向发展。

（四）跨国公司的全球一体化经营战略

跨国公司是国际直接投资的主要承担者，目前，全球 FDI 流量的 90%以上来自跨国公司，FDI 已成为跨国公司实施其经营战略的至为重要的手段。技术进步、自由化浪潮、全球竞争加剧等诸多因素正促使跨国公司实施全球一体化的经营战略，以打造其国际化生产网络，这使得跨国公司日益成为全球经济的主导力量。UNCTAD《世界投资报告(2013)》公布的数据显示，约有8.2万家母公司及80.7万家子公司参与国际直接投资。跨国公司体系在世界经济中的重要地位可通过相关经济指标予以证实，至2013年，跨国公司外国子公司所拥有资产规模已达到86万亿美元，其商品和非要素服务的销售额已由1982年的2.4万亿美元上升到2012年的26万亿美元，其中商品和非要素服务的出口额为7.5万亿美元，占世界总出口的34.1%。

第三节　国际投资的区域与行业发展格局

在本章第二节中，我们从时间维度纵向分析了国际投资的发展阶段和各阶段的基本特征，在本节中，我们将从地理分布和行业分布①的维度横向剖析国际投资的发展格局，这实际上体现了国际投资非均衡发展的重要特征，由此也向我们揭示了国际投资在世界经济格局演变过程中发挥的重要作用。

一、国际投资的区域发展格局

(一)国际投资区域格局的变迁

1. 第一次世界大战以前

第一次世界大战前，国际投资的区域特征表现为：资本来源母国主要是欧洲老牌资本主义国家，当时，英国是最主要的资本输出国，其对外投资存量占到世界总量的50%左右，但进入20世纪后呈明显的下降趋势，法国、德国和荷兰也呈下降趋势，其中荷兰的衰落最为明显，美国是作为后起之秀出现的，其比重上升很快(见表1—8)。从投资流向来看，18世纪和19世纪早期的国际投资大部分在欧洲国家间流动，但随着殖民地属国开发进程的加快，越来越多的国际投资流向美洲、亚洲、非洲和大洋洲。其中，美洲吸收的国际投资最多，到1914年，43.6%的国际投资存量集中在美洲，而欧洲、亚洲、非洲和大洋洲则分别吸收了总存量的24.4%、17.7%、8.9%和5.3%(见图1—1)。

表1—8　　各主要投资国对外投资存量占世界总量的百分比　　单位：%

国家/年份	英国	法国	德国	荷兰	美国	总量(百万美元)
1825	55.6	11.1	—	33.3	—	900
1840	58.3	25.0	—	16.7	—	1 200

① 本节对国际投资地理分布和行业分布的分析主要是针对生产性的国际直接投资而言的，特别是对当代趋势的分析，这一方面固然是由于数据资料的可得性，而更多的是要保证分析口径的统一和避免与后面有关章节的内容重复。也就是说，对于国际间接投资的相关分析，我们会在后面相应的章节中再提及。

续表

国家 年份	英国	法国	德国	荷兰	美国	总量 （百万美元）
1855	63.9	27.8	—	8.3	—	3 600
1870	62.0	31.6	—	6.3	—	7 900
1885	55.7	23.6	13.6	7.1	—	14 000
1900	51.1	21.9	20.3	4.6	2.1	23 700
1914	44.0	19.9	12.8	2.6	7.8	45 450

资料来源：戴维・赫尔德等，《全球大变革》，社会科学文献出版社 2001 年版，第 268 页。

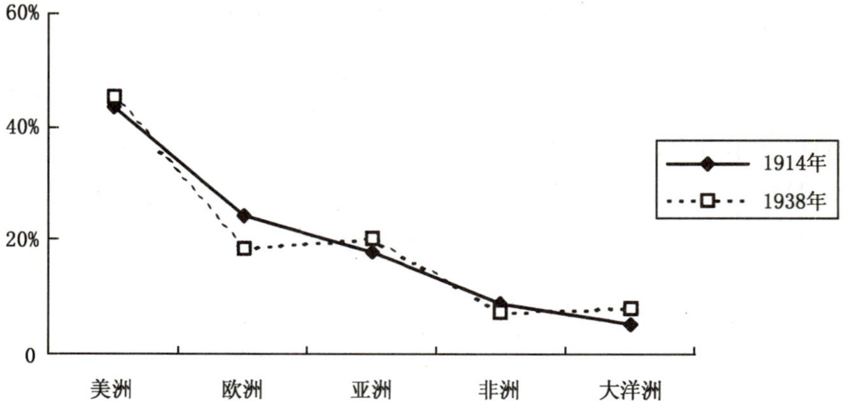

资料来源：戴维・赫尔德等，《全球大变革》，社会科学文献出版社 2001 年版，第 269 页。

图 1—1　各地区国际投资存量比重

2. 两次世界大战期间

两次世界大战期间，国际投资的区域格局发生了重大的转变：遭受巨大战争创伤的老牌欧洲列强的地位削弱，而美国在国际投资中的作用不断增强。1927 年，美国对外投资额为 172 亿美元[①]，居于英国之后；到战争结束时，它已超过英国。在本阶段，美国的资本投向主要有两个：一是对欧洲国家发放的巨额贷款；二是对拉美、亚洲进行经济扩张而发放的政治性贷款。这一阶段美洲在吸收国际投资方面仍然处于主导地位，特别是加拿大吸收国际投资存量的比重上升较快，而欧洲作为东道国区域的地位进一步下降，非洲略有下降，亚洲和大洋洲则略有上升（见图 1—1）。

3. 第二次世界大战以后

第二次世界大战后，国际投资区域格局的演变又出现了许多新的特征。

（1）在投资来源国的分布上，经历了以美国独霸一时到欧、日后起直追的过程，从而形成了“大三角”格局。第二次世界大战后至 20 世纪 70 年代，美国凭借其政治、经

① 滕维藻、陈荫枋：《跨国公司概论》，人民出版社 1995 年版，第 33 页。

济的绝对优势，大肆进行海外扩张，国际直接投资额一直占据世界总额的大部分。它在资本主义国家对外投资总额的比重1960年为71.7%，1970年仍有62.9%。[①] 但20世纪70年代后，西欧、日本的经济实力逐步恢复和发展，对外投资比重不断上升，美国的地位则相对下降。1973—1983年，美国海外投资占世界总额的比重从49%下降到43.9%，而同期英国从13%上升到17.7%，联邦德国从5.7%上升到7.2%，日本从5%上升到6.2%。[②] 这一趋势的继续发展，最终形成了投资母国方面西欧（以后逐渐形成的欧洲经济区——欧盟）、日本、美国三强鼎立的"大三角"格局（见表1—9）。

表1—9 **"大三角"国家FDI外流存量状况** 单位：10亿美元，%

类别	1980年		1985年		1990年		1995年		2000年	
	存量	比重	存量	比重	存量	比重	存量	比重	存量	比重
世界	524	100	708	100	1 717	100	2 879	100	5 976	100
欧盟	213	40.6	293	41.4	790	46.0	1 313	45.6	3 111	52.1
美国	220	42.0	251	35.5	431	25.1	699	24.3	1 245	20.8
日本	20	3.8	44	6.2	201	11.7	238	8.3	282	4.7

资料来源：UNCTAD, *World Investment Report*, 2001.

（2）国际投资在东道国的区域分布上，呈现出以发展中国家为重点向以发达国家为重点发展的趋向，并同样在"大三角"区域内集中。第二次世界大战前，资本主义国家对外投资的重心在其殖民地等发展中国家；而第二次世界大战后，这一重心逐步转向其他发达资本主义国家（见图1—2）。其中，"大三角"国家再次显现出其绝对主导地位（见表1—10）。这与前一个特征相结合，构成了当代"大三角"地区相互交叉投资为主的国际投资区域格局（见图1—3）。

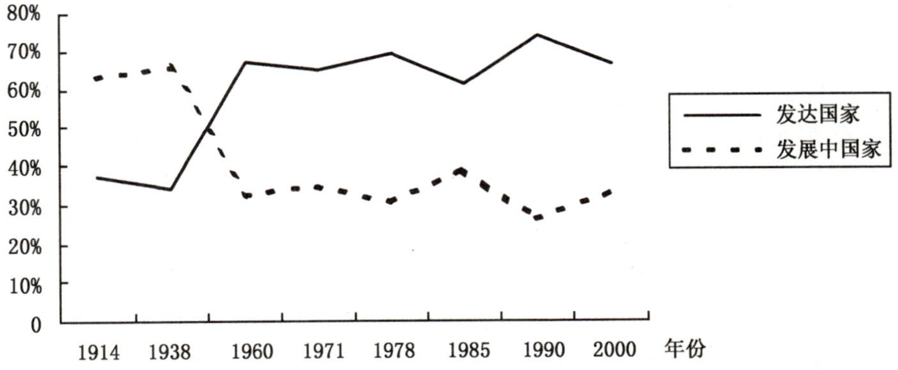

资料来源：邓宁，《国际生产的水平与结构的变化》；卡森，《国际企业的成长》；UNCTAD, *World Investment Report*。

图1—2 FDI内流存量的分配

① 美国商务部：《1984年美国的直接投资》，经济科学出版社1989年版，第45页。

② 葛亮、梁蓓：《国际投资学》，对外经济贸易大学出版社1994年版，第16页。

表 1—10 **"大三角"国家 FDI 内流存量状况** 单位:10 亿美元,%

类 别	1980 年		1985 年		1990 年		1995 年		2000 年	
	存量	比重	存量	比重	存量	比重	存量	比重	存量	比重
世界	616	100	894	100	1 889	100	2 938	100	6 314	100
欧盟	186	30.2	237	23.5	740	39.2	1 131	38.5	2 376	37.6
美国	83	13.5	185	20.7	395	20.9	536	18.2	1 239	19.6
日本	3	0.5	5	0.6	10	0.5	34	1.2	54	0.8

注:与欧盟和美国的显著不同之处是,日本的内流和外流 FDI 存量明显不平衡,这与长期以来日本外资政策的不平衡有关。

资料来源:UNCTAD,*World Investment Report*,2001.

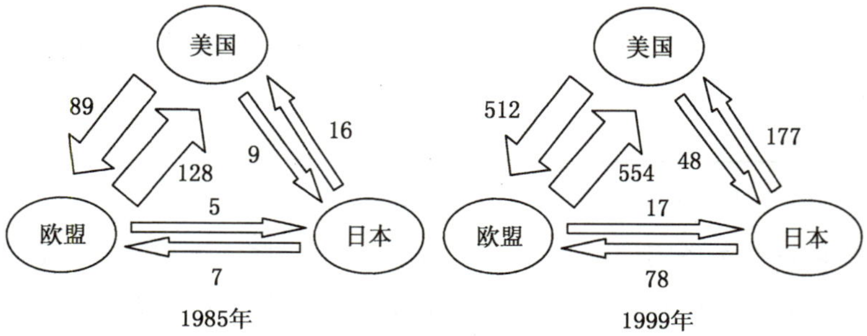

单位:10 亿美元

资料来源:UNCTAD,*World Investment Report*,2001.

图 1—3 "大三角"国家之间的交互投资

(3)20 世纪 80 年代中期以来,国际投资区域格局中产生的一个新气象是发展中国家在国际投资领域中日益活跃,但也存在区域分布上的不平衡。一方面,发展中国家吸引的外国直接投资额不断上升,到 2000 年,发展中国家吸收外国直接投资存量达 19 793 亿美元,是 1980 年的 8.2 倍,但主要集中在亚太及拉美、加勒比海地区,其中亚太地区占 63.9%,拉美及加勒比海地区占 30.7%,而最不发达国家(LDCs)(主要集中在非洲)仅占 1.8%。这说明,尽管国际投资的地理分布日益广泛,但仍有许多发展中国家日益面临"边缘化"的危险。另一方面,发展中国家的对外直接投资也取得了长足的进步,到 2000 年,发展中国家海外投资存量达 7 103 亿美元,是 1980 年的 43 倍,但母国也主要集中在亚洲新兴工业化国家,东亚和东南亚国家占了 80%。当然,总体来看,发展中国家在国际投资中的相对比重依然不高,2000 年,它们吸收的国际直接投资存量占全球总额的 31.3%,而对外直接投资存量仅占 11.9%(见图 1—4)。

4. 进入 21 世纪以来

21 世纪以来,国际投资区域格局呈现出更加多元化的趋势,发展中国家在国际投资领域占据着越来越重要的地位。全球性经济和金融危机的爆发重创了包括"大三

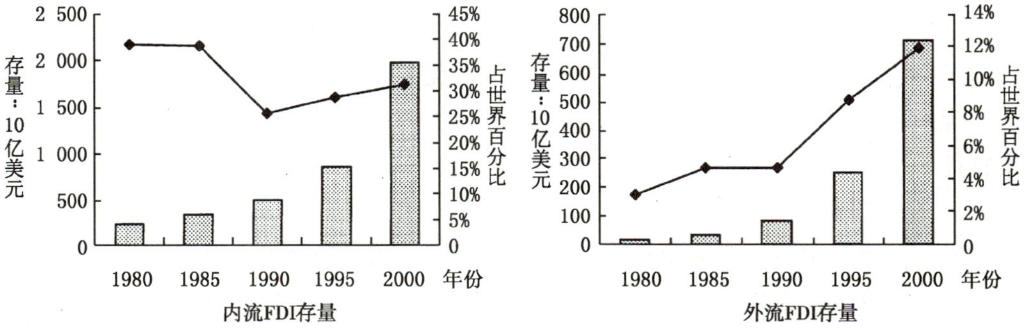

资料来源：UNCTAD,*World Investment Report*,2001.

图 1—4　发展中国家 FDI 的进展情况

角”国家在内的发达国家，2008 年流入发达国家的外国直接投资大幅下降至 28%，同期，发展中国家的外国直接投资比例却大幅上升。非洲的国际投资流入量创下历史新高，其中西非的增长速度最快（比 2007 年增加 63%）；南亚、东亚和东南亚增长 17%，达到历史最高水平；西亚的外国直接投资流入量连续 6 年增长；拉丁美洲和加勒比海地区的流入量增长了 13%；东南欧和独联体连续 8 年增长。发达国家与发展中国家在国际投资方面的差距正在逐步缩小，国际资本持有者越来越倾向于到发展中国家进行投资。

联合国贸发会议（UNTCAD）在《世界投资报告（2020）》中指出，2020 年流向发展中经济体的直接外资达到了 6 847 亿美元，占全球流入量的 44%，其中亚洲发展中国家仍然是直接外资流入量最多的地区，自 2012 年起，亚洲发展中国家外资流入量持续超过一向在全球直接外资方面占最大份额的欧盟地区；非洲下降 10%，拉丁美洲和加勒比海地区增加 10%，且不包含离岸金融中心的数额。

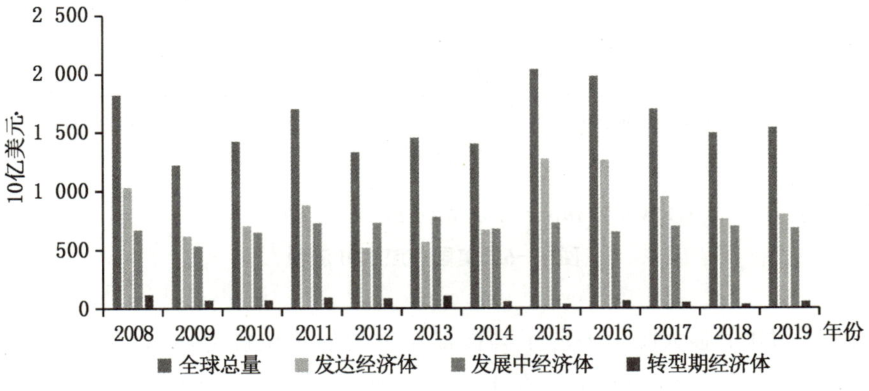

资料来源：UNCTAD,*World Investment Report*,2020.

图 1—5　2008—2019 年各类经济体直接外资流入与预测量

（二）当代国际投资区域格局

如上所述，当代 FDI 格局正在悄然发生变化。但是，发达国家在 FDI 流动中仍然占据了半壁江山，这说明发达国家仍是经济全球化的主力推动者（通过其 TNS 体系得以实现）。以下将分别介绍主要的国际投资区位在当代国际投资区域格局中呈现的基本特征。

1. 发达国家

发达国家的国际投资活动在 2001—2003 年间经历了短暂的低潮，但自 2003 年国际直接投资衰退结束之后，发达国家外流 FDI 和内流 FDI 均有了很大发展。在发达国家中，FDI 流动主要集中在“大三角”国家（欧盟、美国和日本），其中欧盟所占比重最高，其次是美国和日本。在“大三角”国家以外，加拿大、澳大利亚、瑞士、挪威等国也占有重要地位。虽然 2007 年底开始的世界性的金融危机使发达国家的 FDI 流量受到了很大影响，但 2009 年后经济逐渐回暖，发达国家 FDI 前景依然被看好。

（1）美国。近年来，美国的国际投资活动主要呈现出以下基本特征：

第一，就单一国家而言，美国是世界上最有吸引力的东道国区位。2005 年以来，美国内流 FDI 流量平稳上升，是世界总流量的重要组成，2008 年占比达 19%，接近 2000 年的巅峰水平。此后开始下降，2013 年占比约为 13%。2016 年再次达到峰值，占比高达 24%，此后再次下降，2019 年约占世界总流量的 16%。

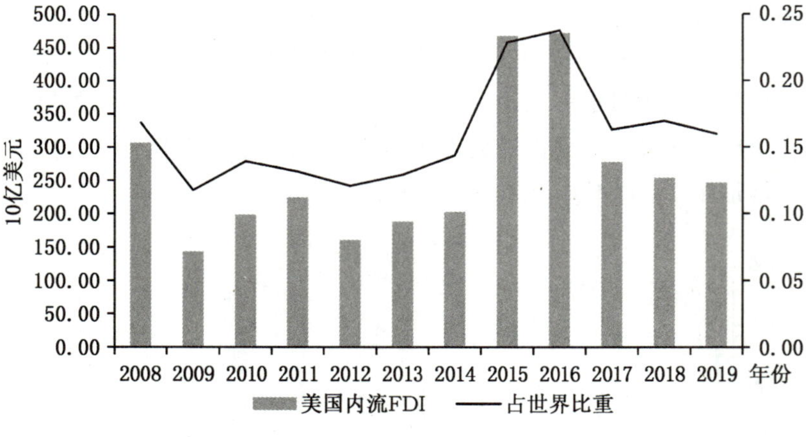

资料来源：UNCTAD，*World Investment Report*，2014，2020.

图 1—6 美国内流 FDI 流量

美国对 FDI 的强大吸引力源于其极富竞争力的区位优势，而这种区位优势不仅体现在其拥有一个巨大的市场，更在于一些结构性的竞争力因素，如富有弹性的劳动力市场、卓越的技术创新能力、发达的服务业和高超的管理技能等。世界经济论坛竞争力指数（根据相关指标和投资者预期测算）就反映了美国作为最重要的东道国区位的吸引力所在，根据 1997 年公布的指数排名，美国在工业化国家中居于首位，在所有

53个被测国家或地区中，仅有新加坡、中国香港和中国内地高于美国。就来源国而言，美国内流 FDI 流量的 90%左右来自发达国家，主要是欧盟成员国(约占 50%)，其次是日本、加拿大和瑞士等国。

第二，美国同样是世界上主要的对外投资国之一，但其地位却在逐渐下降(见图 1—7)。尽管欧洲货币联盟的发展曾一度刺激英国和法国成为世界上外流 FDI 最多的国家，但是 2003 年以后，美国一直占据着世界最大对外投资国的地位，美国外流 FDI 流量的 60%以上也是流向发达国家的(欧盟就占了 50%左右)，但发展中国家的重要性已有了明显的提高。其中，拉美和加勒比海地区是美国国际直接投资的重点区位，美国对外 FDI 流量的 20%左右投向了该地区，但应该看到，充满希望的亚洲，尤其是东亚和东南亚对美国跨国公司的吸引力正逐步增强，美国对外 FDI 流量的 10%以上已投向了该地区，而且这一趋势并未受到亚洲金融危机的影响，这体现了美国跨国公司顺应全球化趋势作出的战略转变。2017 年底美国实行税制改革后，美国跨国企业在 2018 年前两个季度将累积的国外收益大规模汇回本国。美国跨国企业大规模汇回资金转化为了外国直接投资的负流出，导致美国从 2018 年对外投资前 20 的经济体名单中消失。2019 年，美国外流 FDI 位列世界第二位。

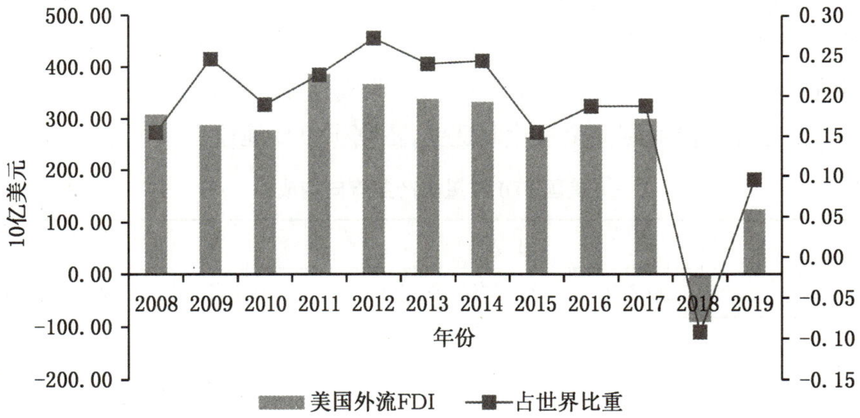

资料来源：UNCTAD, *World Investment Report*, 2014, 2020.

图 1—7　美国外流 FDI 流量

第三，从 FDI 流动的金融模式构成来看①，自 2006 年以来，美国内流 FDI 以股权资本投资为主，其主要原因有二：一是在近年来风起云涌的跨国购并浪潮中，越来越多的外国公司倾向于收购美国公司的股权资本；二是外国投资者纷纷看好美国经济的发

① UNCTAD 将以股权联系为基础的 FDI 按金融模式构成分为三类：股权资本、利润再投资和公司内借贷。股权资本是指外国直接投资者购买的本国以外国家企业的股份；利润再投资包括未被分支机构以股息形式分配掉的直接投资者的利润份额，或未汇回给直接投资者的利润，这些被分支机构留存的利润用于再投资；公司内部借贷指直接投资者(母公司)与附属企业之间的资金借入与贷出。

展前景，因而加大了对在美的子公司的股权投资以增强其控制力。同时我们也可以看到，从 2006 年到 2008 年，股权投资所占比重显著上升，而公司内借贷则在 2008 年比重急速下降，这主要是由于 2007 年底美国次贷危机引发了全球性的金融危机，市场上对美元贬值的预期上升造成的。另一方面，美国经济的阶段性衰退也使外国投资者更加谨慎地进行利润再投资，这是利润再投资所占比重下降的主要原因。在美国外流 FDI 中，利润再投资占据了最为重要的地位，其次是股权资本，公司内借贷所占比重为负(是因为美国利率相对较高的缘故)(见表 1—11)。

表 1—11　　美国 FDI 流量的金融模式构成　　单位：%

项　目	内　流			外　流		
	2006 年	2007 年	2008 年	2006 年	2007 年	2008 年
股权资本	48.5	57.2	79.1	21.9	46.3	28.8
利润再投资	26.6	16.6	16.1	87.5	57.7	74.0
公司内借贷	24.9	26.2	4.7	−9.5	−4.0	−2.8

资料来源：U. S. Department of Commerce Bureau of Economic Analysis Website.

第四，从 FDI 流动的产业流向构成来看，自 2006 年以来，制造业始终是美国吸收 FDI 较多的产业部门，但无疑其重要性正在逐步降低(见表 1—12)，而金融和保险业则表现出较为强劲的增长，2008 年，金融、保险业成为美国吸收 FDI 最多的产业；在外流 FDI 中，金融和保险业则完全取代制造业，占据了首要地位。

表 1—12　　美国 FDI 流量的产业流向构成　　单位：%

行　业	内　流			外　流		
	2006 年	2007 年	2008 年	2006 年	2007 年	2008 年
石油业	4.2	11.4	5.5	9.8	5.3	8.8
制造业	41.5	41.8	28.8	18.9	17.6	14.4
贸易业	10.0	9.7	16.9	6.5	5.1	11.6
金融、保险业	21.7	−2.4	33.2	8.7	25.2	15.3
其他	22.6	39.5	15.6	56.1	46.8	49.9

资料来源：U. S. Department of Commerce Bureau of Economic Analysis Website.

(2)欧盟。近年来，欧盟的国际投资活动主要呈现出以下基本特征：

第一，欧盟在国际直接投资领域无疑是最为重要的区位之一，而德国、法国和英国是中坚力量。21 世纪以来，无论是内流 FDI 还是外流 FDI，欧盟的地位都不容忽视，2005 年分别达到了世界总流量的 54%和 78%。此后，欧盟在世界 FDI 中的地位开始下降，2019 年，其内流 FDI 和外流 FDI 约占世界总流量的 29%和 35%。欧盟成员国在整个欧洲的 FDI 流动中居于主导地位，该地区 FDI 流量的 90%以上来自欧盟成员国，其中，荷兰、爱尔兰、英国、德国、法国、意大利、塞浦路斯、瑞典等国在内流 FDI 方面居于前列，而荷兰、德国、法国、英国、意大利、西班牙、瑞典、比利时、爱尔兰、丹麦等国在外流 FDI 方面居于前列，总体来看，荷兰、德国、英国和法国是欧盟乃至西欧地区中最大的几个东道国和母国。

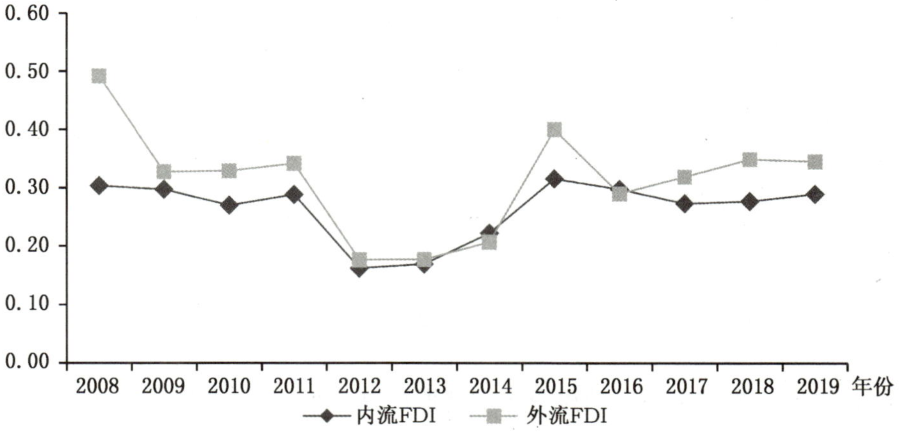

资料来源：UNCTAD,*World Investment Report*,2014,2020.

图 1—8 欧盟 FDI 流量占世界比重

第二，区域经济一体化是该地区国际投资至为重要的推动力。欧盟是当今世界上区域经济一体化程度最高的地区，随着欧盟一体化政策的深入实施，尤其是 1997 年欧洲货币联盟(ECU)的推出，欧盟成员国之间的贸易和投资壁垒正在逐步消除，基于此，欧盟成员国的 FDI 主要集中在欧盟内部，20 世纪 80 年代中期以来，欧盟内部的 FDI 流动一直呈现稳步增长的态势。

第三，英国是近年来在国际投资领域最为活跃的国家。与大多数欧盟成员国吸收 FDI 增长缓慢(甚至下降)相比，英国吸收 FDI 的增长速度令人瞩目，其内流 FDI 流量占欧盟总流量的比重由 2002 年的 5.7%增长到 2005 年的 35.7%，早在 1998 年，它就曾取代中国成为世界第二大东道国。英国吸收 FDI 的优势一方面主要得益于 20 世纪 90 年代以来实施的系列经济改革政策，尤其是劳动力市场的改革；①另一方面是由于英国尚未加入欧洲货币联盟，英国既不必接受 ECU 在利率等方面的严格规定，投资者又预期英镑相对欧元表现坚挺。英国外流 FDI 占欧盟比重始终较高，在经历了 2000 年 32.3%的高峰后，一直在 20%左右徘徊。1999 年它曾取代美国，重新成为世界上最大的母国，这主要源于英国跨国公司对美国和欧盟其他国家公司的跨国购并(见图 1—9)。2019 年在全球 20 大东道经济体中，英国排名第八，达 590 亿美元；而在全球 20 大投资经济体中，英国排名第十一，达 31 亿美元。

---

① 根据世界经济论坛的竞争力指数排名(1997)，英国在劳动力市场的灵活性居欧盟各成员国之首。

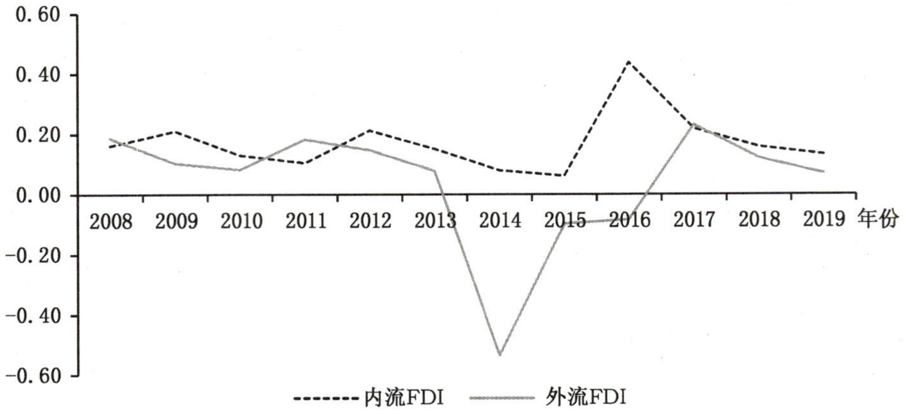

资料来源：UNCTAD,*World Investment Report*,2014,2020.

图 1—9　英国 FDI 流量占欧盟比重

第四,欧盟对发展中国家的投资热情有所提高。传统上,欧盟跨国公司对发展中国家的投资热情要明显低于美、日跨国公司,至 1995 年,欧盟对外 FDI 存量的 2/3 集中于 5 个主要发达国家(依次是美国、瑞士、澳大利亚、加拿大和日本),但目前这种状况正在逐步改变,新兴发展中国家丰富的资源、庞大的市场和无穷的发展潜力,以及美、日等跨国公司在发展中国家取得的成功,已使欧盟跨国公司无法再作壁上观,近年来,欧盟跨国公司明显加大了对发展中国家的投资力度。其一,东欧国家吸收的 FDI 主要来自欧盟成员国,尤其是德国和奥地利;其二,UNCTAD 对各国跨国公司的抽样调查结果表明(UNCTAD-ICC Survey,1998),欧盟跨国公司正在提高对亚洲的关注,34%的欧盟跨国公司表示将在中短期内增加对亚洲的投资,相比之下,仅有 19%的美、日跨国公司有所打算;其三,欧盟已成为仅次于美国在拉美的第二大投资者,英国、德国和西班牙等国的跨国公司明显加大了对拉美服务业和制造业的投资。

(3)日本。近年来,日本的国际投资活动主要呈现出以下基本特征:

第一,在经历了 2006—2007 年的低谷之后,日本对外直接投资有所增长,但总体来看,日本对外直接投资的地位正在逐步下降。2001—2008 年间日本对外 FDI 的年均流量为 52.8 亿美元,大大低于其他发达国家,结果,日本对外 FDI 流量占世界总流量的比重,由 20 世纪 80 年代中后期的 18%左右降至 2008 年的 6%左右,甚至不如其 80 年代初期的水平(见图 1—10),2013 年这一比重约为 10%。这种变化是多种因素共同作用的结果,但最为重要的原因是 90 年代初期日本"泡沫经济"的崩溃和日本经济由此陷入的长期积弱不振,1997 年亚洲金融危机之后表现得尤为明显。此后日本对外 FDI 逐渐增长,2019 年全球 20 大投资经济体中位列第一位,2019 年日本跨国公司的投资增长了 58%,达到创纪录的 2 270 亿美元,这是由于国际并购由 2018 年的 360 亿美元增长到 2019 年的 1 040 亿美元。2019 年,日本跨国公司在欧洲和北美的投资增加了一倍。

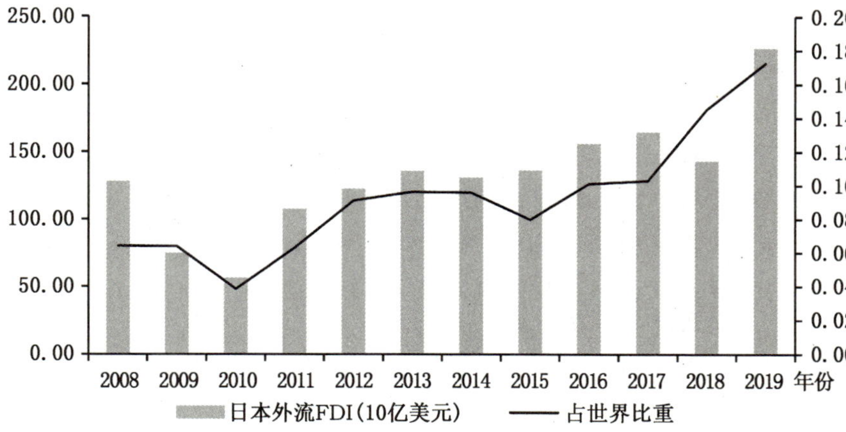

资料来源：UNCTAD, *World Investment Report*, 2014, 2020.

图 1—10　日本外流 FDI 流量

第二，为适应经济全球化的竞争，日本对外直接投资的地理分布已发生了很大的变化。欧美发达国家仍然是日本对外投资的重点，日本对外直接投资流量和存量的60%以上发生在欧美发达国家，但其所占比重有不断下降的趋势(见表 1—13)。

表 1—13　　**日本对外直接投资的地理分布**　　单位：%

国别/地区	流量					存量	
	1993 年	1994 年	1995 年	1996 年	1997 年	1985 年	1997 年
发达国家	69.8	62.0	67.3	64.9	63.1	50.5	65.9
美国	40.9	42.2	44.1	45.8	38.5	30.2	40.7
欧洲	22.0	15.2	16.7	15.4	20.8	13.2	18.5
发展中国家	30.2	38.0	32.7	35.1	36.9	49.5	34.1
非洲	1.5	0.8	0.7	0.9	0.6	4.0	1.7
拉美和加勒比海	9.4	12.7	7.5	9.3	11.7	18.7	12.3
巴西	1.2	3.0	0.6	1.8	2.2	5.5	2.3
墨西哥	0.1	1.5	0.4	0.2	0.6	1.6	0.7
南亚、东亚、东南亚	18.4	23.6	24.7	24.2	22.6	23.3	18.3
西亚	0.6	0.7	0.3	0.5	0.9	3.6	1.3

资料来源：UNCTAD, *World Investment Report*, 1998.

在对发展中国家的投资中，亚洲发展中国家是日本对外投资的传统重点区位，日本跨国公司已在亚洲建立了较为成熟的区域一体化生产网络和以此为基础的全球一体化生产网络，日本跨国公司企业内交易占其出口的比重在亚洲地区就占到了 50%左右(日本在亚洲的投资模式在理论上被称为“雁形模式”)。近年来，日本对拉美国家的投资增长较快，其中尤以巴西和墨西哥表现最为突出。日本对非洲和中东欧的投资始终处于很低的水平。

第三，日本对外直接投资的产业分布也作出了相应的调整。日本对基础设施行业的投资呈逐渐萎缩的趋势，投资存量的比重已由1985年的15.5%降至1997年的6.2%(见表1—14)。

表1—14 **日本对外直接投资的产业部门分布** 单位:%

部门	流量					存量	
	1993年	1994年	1995年	1996年	1997年	1985年	1997年
基础设施	3.0	2.1	2.5	3.9	5.3	15.5	6.2
制造业	30.9	33.6	36.8	42.2	35.8	29.2	29.7
食品	2.5	3.1	1.6	1.5	1.1	1.3	1.5
纺织	1.4	1.6	2.0	1.3	1.8	2.5	1.6
钢铁	2.1	2.5	3.0	5.1	2.6	6.2	3.4
一般设备制造	3.3	4.0	3.7	3.0	2.4	2.4	2.8
电力设备制造	7.7	6.4	10.5	13.6	12.4	4.5	7.3
运输设备制造	2.6	4.9	3.9	8.1	5.4	4.5	4.1
其他	5.5	4.5	7.2	4.1	4.0	3.5	3.9
服务业	65.4	63.4	58.8	51.8	57.8	51.8	62.2
建筑业	0.8	0.9	0.8	0.7	0.8	1.0	0.8
房地产业	16.8	12.5	11.7	12.9	10.3	3.0	13.3
金融和保险业	17.8	15.8	10.6	16.2	22.2	13.0	18.1
商贸业	14.1	10.7	10.4	10.0	8.1	15.2	10.9
运输服务业	6.0	6.3	4.5	3.7	4.3	7.1	5.5
其他	9.9	17.2	20.9	8.4	12.1	7.1	13.7

资料来源:UNCTAD,*World Investment Report*,1998.

对制造业部门的投资总体上未发生较大的变化，但对纺织、钢铁等劳动密集型产业的投资呈明显下降趋势，投资存量比重几乎降低了一半，而对电力和电力设备制造行业的投资呈显著增长，投资存量由1985年的4.5%增至1997年的7.3%。对服务业部门的投资保持了首要的位置，并略有增长，投资存量比重由1985年的51.8%增至1997年的62.2%。但1997年年底1998年年初以来(即亚洲金融危机之后)，日本金融业对外直接投资出现了大幅下降。这主要是由于日本金融企业负担了大量的不良资产而面临着大范围、大规模的结构重组。

2. 发展中国家

21世纪以来，流向发展中国家的外国直接投资一直处于创纪录水平，2008年达到了6 207亿美元的天量，2013年，其内流FDI约占全球54%(见图1—11)。发展中国家吸收FDI的增长速度明显快于发达国家，这一事实说明:发展中国家作为FDI东道国区位的重要性显著增强了。促使对发展中国家投资快速增长的主要原因是，发展中国家经济持续增长，自由化和私营化不断发展，跨国公司对外投资日益将发展中国家纳入自己的一体化计划，以及至为重要的发展中国家巨大的市场潜力。但发展中国家的对外投资仍然处于较低的水平，各年度之间起伏不定。

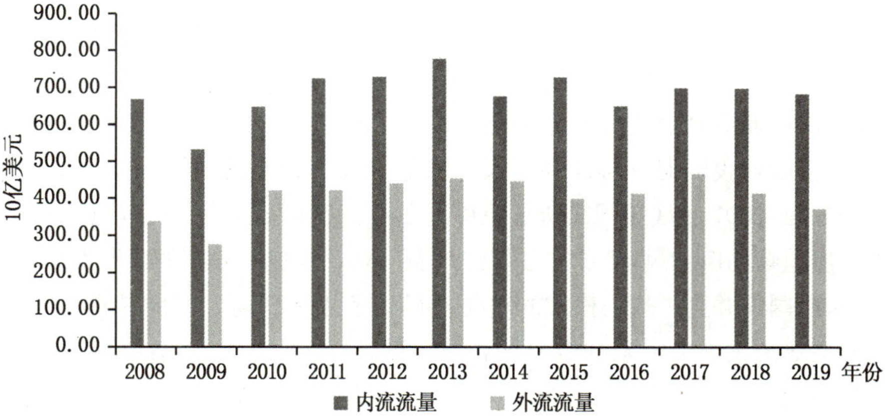

资料来源：UNCTAD,*World Investment Report*,2014,2020.

图 1—11 发展中国家 FDI 流量

(1)亚洲和太平洋地区。2013 年仅亚洲的直接外资流入总量就达到 4 260 亿美元，几乎占全球总量的 30%。近年来，亚洲和太平洋地区的国际投资活动主要呈现出以下基本特征：

第一，该地区是发展中国家中最重要的 FDI 东道国区位，但区内分布极不均衡。21 世纪以来，该地区吸收 FDI 的增长速度很快，年流量已由 2000 年的 1 438 亿美元增至 2019 年的 4 739 亿美元，约占发展中国家吸收 FDI 总量的 69%(见图 1—12)。该地区吸收 FDI 的分布极不均衡，80%以上的流量集中在南亚、东亚和东南亚，其中中国就占到 30%左右；新加坡、韩国、印度尼西亚、马来西亚、泰国、印度、中国香港是另外几个吸收 FDI 较多的国家或地区；相对而言，西亚、中亚和太平洋等国所占比重就很小了。

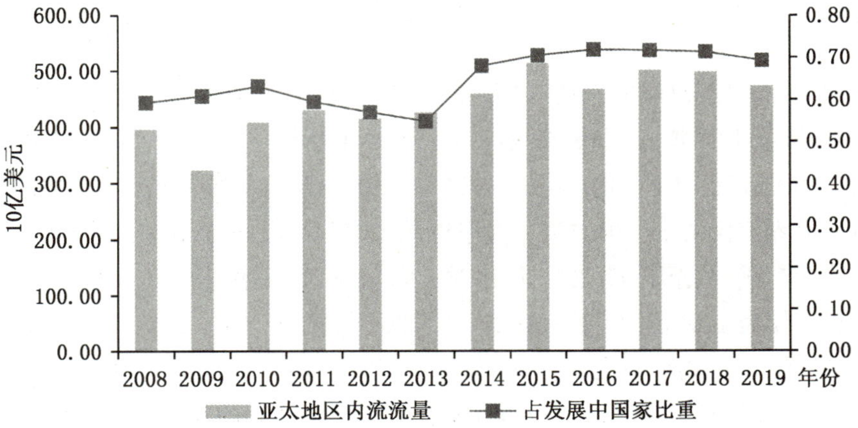

资料来源：UNCTAD,*World Investment Report*,2014,2020.

图 1—12 亚洲地区内流 FDI 流量

第二，FDI 来源正发生深刻的变化。这一地区吸收的 FDI 主要来自区内，但近年来区内 FDI 所占比重呈逐渐下降的趋势，两方面的因素对此产生了重要的影响。一方面，区外跨国公司，尤其是欧美跨国公司对亚洲的重视程度逐步提高，正积极加强对该地区的投资，亚洲金融危机更是为欧美跨国公司打入亚洲市场或扩大经营规模提供了良机，而且欧亚投资促进协议和泛太平洋地区经济合作的加强也产生了积极的作用。另一方面，2007 年底美国次贷危机引发的金融海啸也让跨国公司意识到欧美等发达国家所蕴藏的巨大风险，更加看好经济发展处于快速上升期的亚洲发展中国家。

第三，跨国购并这一进入模式的重要性得到了显著提高。与世界其他地区相比，跨国购并在亚洲发展中国家的重要性相对较低，就跨国购并（多数股权）占内流 FDI 流量的比重而言，1997 年美国为 70%左右、欧盟为 80%左右、拉美为 40%左右，而亚洲仅为 15%左右，但就亚洲自身而言，这一比重已是不小的进步了。近年来，这一比例在 10%左右波动（见图 1－13）。

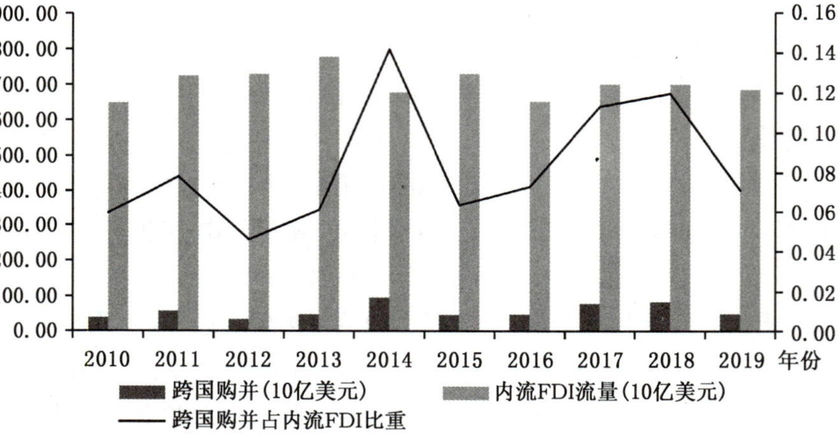

资料来源：UNCTAD，*World Investment Report*，2014，2020.

图 1－13　亚洲跨国购并的状况

第四，亚洲之所以能成为吸收 FDI 的重要区位，中国起到了关键的作用。21 世纪以来，中国吸收 FDI 增长很快，逐年上升，2008 年达到了 1 803 亿美元的最高峰，是 2000 年 408 亿美元的 4.5 倍（见图 1－14）。中国不仅是发展中国家中最大的东道国，而且也是世界上仅次于美国的第二大东道国（2012 年）。近年来，中国吸收 FDI 的增长速度明显趋缓，甚至下降，2006 年相对 2005 年的增长率为 82%，2007 年相对 2006 年的增长率仅为 14%，2008 年相对 2007 年的增长率为 24%。2008 年以后，增长率维持在 2%左右。一方面，这是由于 20 世纪 90 年代以来，中国吸收 FDI 一直在高速增长，到目前已经达到了峰值；另一方面，随着中国经济体制的完善，吸收外资更加注重产业结构的均衡发展和外资的质量。

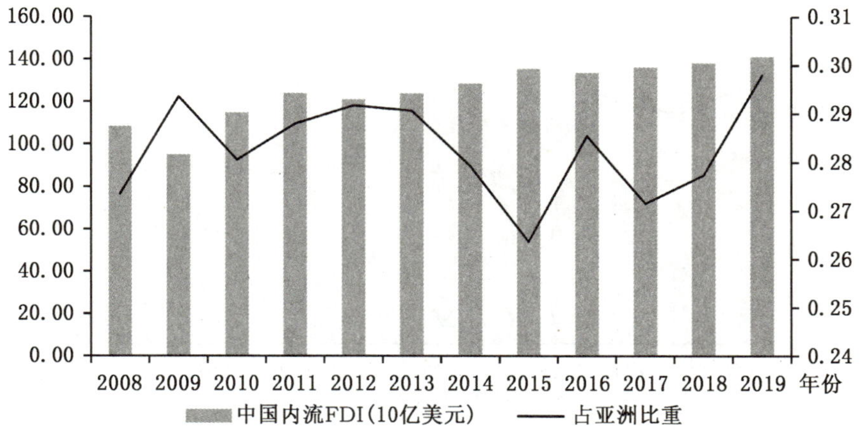

资料来源：UNCTAD,*World Investment Report*,2014,2020.

图 1—14　中国内流 FDI 流量

(2)拉美和加勒比海地区。2013 年流入该地区的直接外资总量达到 2 920 亿美元,占同期全球总量的 20%。近年来,拉美和加勒比海地区的国际投资活动主要呈现出以下基本特征:

第一,20 世纪 90 年代以来,拉美和加勒比海地区是吸收 FDI 发展较快的地区,至 1999 年,该地区吸收 FDI 流量达到了 1 102 亿美元,约占发展中国家吸收 FDI 的 50%(见图 1—15)。这一地区吸收的 FDI 主要集中在巴西、墨西哥、阿根廷、智利、委内瑞拉和哥伦比亚等国,约占地区总流量的 2/3,其中巴西和墨西哥是吸收 FDI 最多的两个国家。该地区近年来吸收 FDI 的增长主要得益于宏观经济状况得到了显著的改善,随着单位资本增长率在 10 年间由－1.0%增至 1.8%,其 GDP 年均增长率由 20 世纪 90 年代的 3.5%左右增至 2004 年以来的 5%左右;平均通胀率也由 1991—2000 年的平均 64.8%降至 2008 年的 7.9%;地区出口指数也成倍增长,由 1990 年的 100 点涨至 1999 年的 200 点。虽然前几年南美是吸引直接外资的中坚力量,2013 年后降至 1 500 亿美元左右,占发展中国家总流量的 22%左右。

第二,就个别国家而言,吸收 FDI 表现出年度间的波动不定和起伏跌宕。这与某些特定行业的具体条件和国家私营化政策是紧密联系在一起的,因为这些行业的条件和私营化政策大多带有短期性特征。例如,1994 年,流向秘鲁的外资从 1993 年的 3.71 亿美元猛增至 23 亿美元,其中主要原因是秘鲁电话公司的私营化;同样,1993 年,由于电话、空运和石油等国有企业的私营化,阿根廷吸收利用 FDI 达到 63 亿美元的创纪录水平,但 1994 年却猛跌至 12 亿美元;1991 年,同样由于电话和航空运输公司的私营化,委内瑞拉吸收利用 FDI 从 1990 年的 4.51 亿美元增加到 19 亿美元,但 1992 年又跌至 6.29 亿美元。

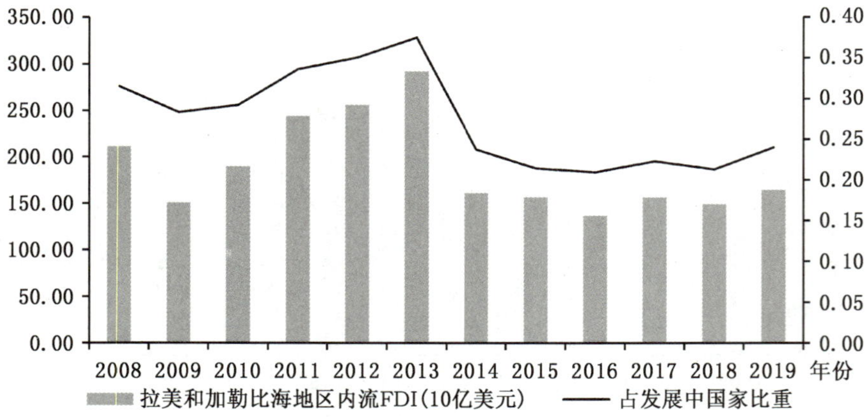

资料来源：UNCTAD,*World Investment Report*,2014,2020.

图 1—15 拉美和加勒比海地区内流 FDI 流量

第三，美国是拉美和加勒比海地区最大的投资者。2006—2008 年三年间，美国对该地区的直接投资累计达到了 1 483 亿美元，根据销售额衡量，1996 年拉美最大的 20 家外国子公司中美国就占了 9 家。仅次于美国的是欧洲。1994 年以来，欧洲对该地区的投资稳步增长，主要的投资国是德国、法国、西班牙和英国。日本对该地区的投资虽然较少，但近年来也有所增长。来自亚洲新兴工业化国家和地区（主要是韩国和中国台湾）的投资在近年中增长很快，这部分投资主要集中在服装业，且以出口美国市场为目标。

第四，区域经济一体化协议对拉美地区吸收 FDI 产生了不小的刺激作用。MERCOSUR 和 NAFTA 是与该地区有关的两个主要的区域经济一体化协议，这些协议为区内跨国公司构建区域一体化生产网络和提高区域市场份额创造了有利条件，因而有利于区内 FDI 流动的增加，美国跨国公司对墨西哥、巴西和阿根廷汽车业的投资就与此关系密切。关于区域经济一体化对区内 FDI 的影响，在欧洲和亚洲也有类似的表现。

（3）非洲。近年来，非洲的国际投资活动主要呈现出以下基本特征：

第一，在国际直接投资领域，非洲有了长足的发展，但从占全球外国直接投资比例来看，仍然显得微不足道。非洲有着丰富的自然资源和最为廉价的劳动力。2004 年以来，非洲吸收 FDI 快速增长，流量由 2000 年的 82 亿美元上升到 2008 年的 876 亿美元，其吸收 FDI 流量占发展中国家的比重也上升到 10%以上。2019 年，非洲吸收 FDI 流量为 454 亿美元，占发展中国家的 6.7%。

第二，北非已成为非洲吸收 FDI 增长最快的地区。增长的动力来自国际和本区域的市场寻求型投资和基础设施投资。新兴中产阶级持续壮大这个前景吸引直接外资进入食品、信息技术、旅游、金融和零售等消费型产业。20 世纪 80 年代中期，南非

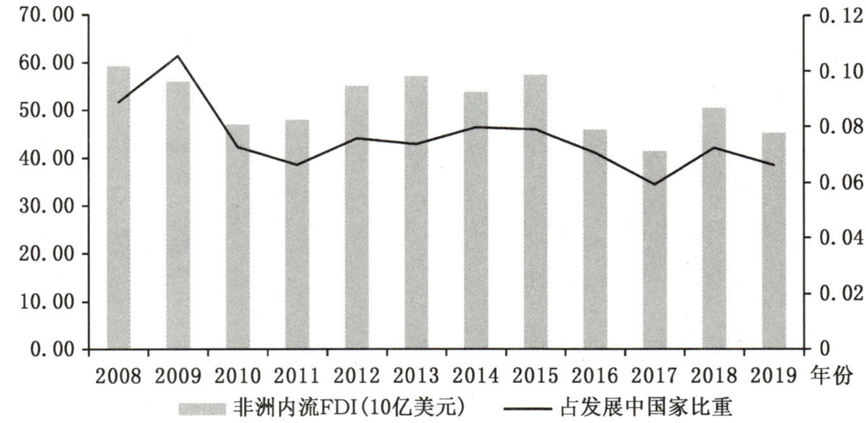

资料来源：UNCTAD,*World Investment Report*,2014,2020.

图 1—16　非洲内流 FDI 流量

占非洲吸收外资总存量的 2/3,到 1995 年,这一比重跌至不足 1/4,变化的原因主要是南非种族隔离期间外国投资者收回了投资,以及欧洲投资者将投资兴趣转向北非,欧盟与北非一些国家的结盟是促使欧洲企业增加对北非投资的主要原因。1996 年以来,非洲最大的几个接受国分别是尼日利亚、埃及、摩洛哥、突尼斯和安哥拉,它们吸收的 FDI 流量占到了非洲总体的 2/3 以上。

第三,欧盟是非洲最大的投资者,在非洲经营的大型外国子公司一大半来自欧盟。在欧盟投资者中,法国、英国、德国和意大利一直是非洲的传统投资国,近年来,荷兰、瑞士也成为重要的投资者。美国在近几年中已成为非洲第二大投资国,但其在非洲外国直接投资存量中的比重却在下降,这一比重已从 80 年代中期的 32%下降到 90 年代中期的 25%左右。

(4)东南欧和独联体国家。近年来,东南欧和独联体国家的国际投资活动主要呈现出以下基本特征:

第一,21 世纪以来,东南欧和独联体国家在吸收 FDI 方面总体上取得了较大的增长。2002 年其内流流量仅为 128 亿美元,占发展中国家比重不足 10%,截至 2008 年,其内流流量达到了 1 144 亿美元,占发展中国家的比重也上升到 18%。危机后,截至 2013 年,其内流流量达到了 1 080 亿美元,占发展中国家的比重为 14%。此后开始下降,2019 年其内流流量为 549 亿美元,占发展中国家的 8%。

第二,就个别国家而言,发展趋势极不均衡,呈现涨跌互现的态势。1995 年以前,增长最快的当属匈牙利、波兰和捷克三国,它们吸收 FDI 流量分列前三位。从 1996 年开始,除波兰还保持一定的增长外,匈牙利和捷克都出现了较大幅度的下降,而俄罗斯、罗马尼亚和乌克兰则成为后起之秀,1997 年俄罗斯已成为该地区吸收 FDI 流量最高的国家,这种优势在 21 世纪以后表现得更加明显。引起这种不均衡态势的基本因

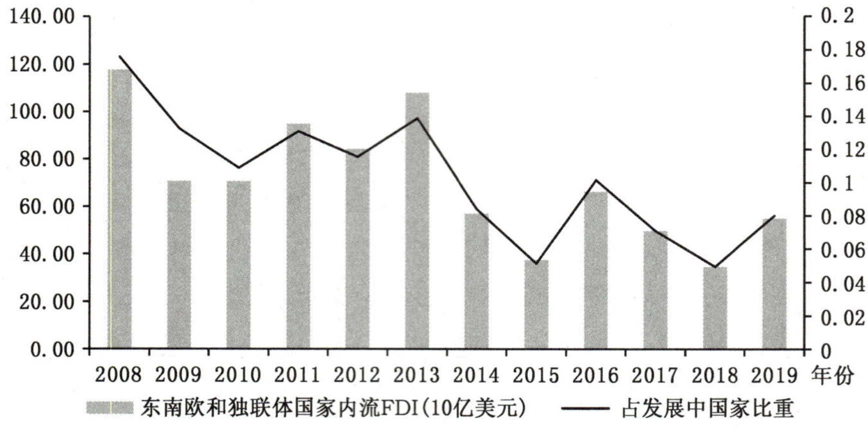

资料来源：UNCTAD，*World Investment Report*，2014，2020.

图 1—17 东南欧和独联体国家内流 FDI 流量

素是这些国家在经济转轨过程中的不同步伐，而最直接的原因则是该地区吸收的大部分 FDI 与公共企业私营化有关（见图 1—18），与私营化有关的 FDI 流量[①]带有不稳定的性质，其起伏时间与东道国的私营化计划直接联系。例如，1993 年流向匈牙利的外国直接投资中，70%与私营化有关，1995 年其吸收外国直接投资的大发展又是大型公共设施和电讯企业出让的结果；同样，1995 年捷克吸收的外国直接投资中 60%与电信企业 SPT Telecom 和大型石油提炼厂私营化有关。

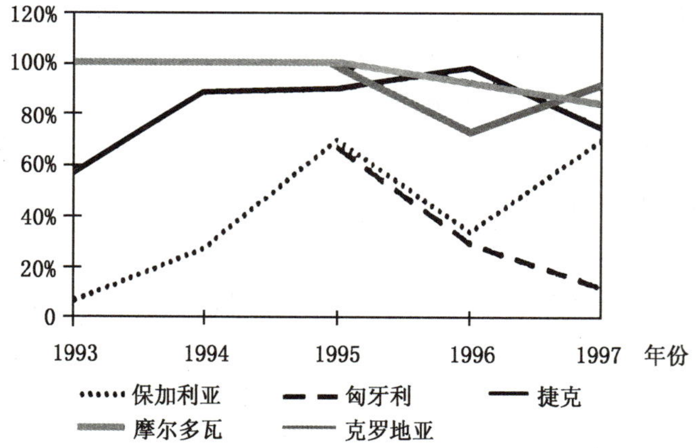

资料来源：UNCTAD，*World Investment Report*，1998.

图 1—18 东南欧和独联体国家与私营化有关的 FDI 流量占 FDI 流入总量的百分比

① "与私有化有关的 FDI 流量"这个定义在不同的国家有所不同。例如，匈牙利只包括私有化机构的收入，而不包括资本增量。捷克则包括所有的非新建投资。因此，这个数据不是严格可比的。

第三,就投资来源而言,欧盟是东南欧和独联体国家主要的外来投资者。欧盟投资占匈牙利和保加利亚 FDI 存量的 3/4 左右,占捷克、波兰、斯洛伐克和斯洛文尼亚 FDI 存量的 2/3,占波罗的海各国 FDI 存量的 50%多;即使在距离较远的独联体国家,欧盟投资在其 FDI 存量中也占有很大比重。总体而言,欧盟企业的结构性调整、国内市场和出口市场的激化竞争是促进投资流向东南欧和独联体国家的推动因素,而相对廉价的技术工人的存在、地理位置的接近、文化传统的相近、市场准入方面的考虑、经济恢复和政治趋稳,则是相应的拉动因素。然而欧盟的主导性地位在俄罗斯受到挑战,瑞士和美国的投资占俄罗斯吸收 FDI 存量的 50%以上。美国是东南欧和独联体国家第二大外来投资者。与美国相反,日本投资只占该地区 FDI 存量的 1%左右。另外,亚洲新兴工业化国家的投资者推行了旨在为欧洲市场服务的出口导向型投资战略,这些国家的跨国公司近期增加了在东南欧和独联体国家的投资,特别是在波兰和罗马尼亚设点,例如,韩国企业在罗马尼亚的投资仅次于法国。

(三)影响国际投资区域格局的因素

以上对国际投资区域格局的变迁和当代国际投资区域格局的分析使我们认识到,国际投资区域格局是多重因素共同作用的结果,但不同区位的关键影响因素有所不同,以下将分别论述影响发达国家和发展中国家国际投资区域格局的关键因素。

1. 发达国家

发达国家国际直接投资的区域格局主要受下列因素的影响:

(1)经济衰退与增长的周期性因素。实证研究表明,国际直接投资流动与经济景气度有关,21 世纪以来出现的发达国家国际直接投资从低潮到恢复性增长再到迭创新高就是与其经济衰退与增长的周期性因素密切相关的,但显然 FDI 流动的波动较整体的经济波动要剧烈得多(见图 1—19)。

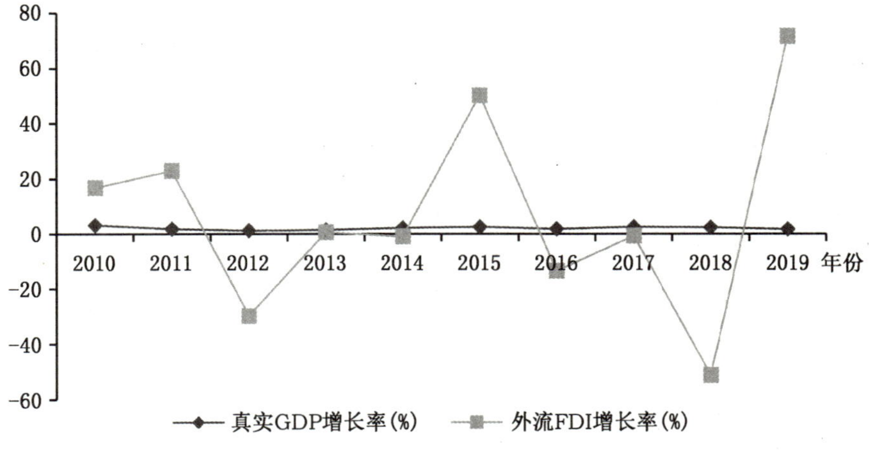

资料来源:国研网,UNCTAD,*World Investment Report*,2014,2020.

图 1—19　发达国家 FDI 与经济波动

从理论上说，一方面，衰退意味着需求降低、市场缩小，从而使有利可图的投资机会减少；另一方面，衰退还使得企业利润下降，自我融资的可能性减小，因而对外投资的能力降低。但是，对于不同地区，衰退的影响程度是不一致的。以1991—1993年的那次衰退为例，由于泡沫经济的爆裂，对于日本的影响可能是最为严重的，例如与1989年3月相比，1992年3月日本在欧美的海外子公司的利润水平只有当初的30%；1992年和1993年，其制造业海外分支机构的一半以上出现了亏损。这种状况导致了日本对外直接投资的急剧减少。对于欧盟，衰退的影响则较为温和，原因在于各国陷入衰退的时间不一致，从而削弱了整体上的不利性。而对于美国，衰退几乎没有影响其对外直接投资，这是由于美国在西欧的海外企业保持了良好的收益率。

(2)跨国公司的兼并收购战略因素。发达国家跨国公司的海外兼并与收购是快速实现国际化生产的重要战略，并成为对外直接投资的主要方式。21世纪以来，发达国家跨国收购与兼并经历了一个波浪形的发展过程，这几乎与国际直接投资的兴衰相一致(见表1—15)。在经济衰退时期，跨国公司的战略重点由收购兼并转向其内部网络的一体化和合理化调整。然而，长期存在的结构性因素将保证跨国公司收购兼并活动的日益兴盛，并由此推动国际直接投资的增长。

表1—15　　发达国家跨国购并与外流FDI的比较　　单位：10亿美元

年份 / 项目	2015	2016	2017	2018	2019
跨国购并	585.86	703.78	463.96	701.98	462.06
增长率	128.09%	20.13%	−34.08%	51.30%	−34.18%
外流FDI	1 275.59	1 103.82	1 095.16	534.028	916.879
增长率	50.36%	−13.47%	−0.78%	−51.24%	71.69%

资料来源：UNCTAD, *World Investment Report*, 2016, 2020.

(3)区域一体化政策因素。世界经济的区域一体化现象将促进发达国家的直接投资。例如，欧盟统一大市场和欧洲货币联盟的形成及其向北欧、东南欧和独联体国家的发展将带来更多的投资机会；北美自由贸易区的形成将促使美国进行更多的区域内投资。此外，国际上日益激烈的竞争因素，也将刺激跨国公司进一步国际化，获取更大的规模经济。

总之，未来一段时期内绝大多数发达国家仍将维持并巩固其在国际直接投资中的主导地位，只是其内部的地位关系可能会发生变化。

2. 发展中国家

发展中国家国际直接投资的区域格局主要受下列因素的影响：

(1)经济因素。首先，就经济增长率来说，发展中国家高于发达国家(见表1—16)；其次，就国内市场规模来说，由于经济发展和区域一体化，许多发展中国家的国内市场不断扩大；再次，就投资利润率来看，在发展中国家得到的回报高于发达国家；最后，就劳动力素质而言，发展中国家也已取得较大进步。这些都对发展中国家吸引外资发挥了积极作用。

表 1—16　　发展中国家真实 GDP 增长率　　单位：%

地区＼年份	2008	2009	2010	2011	2012	2013	2014	2015	2016	2017	2018	2019
新兴和发展中欧洲国家	4.3	−5.73	4.44	5.85	3.06	3.07	1.85	1	1.91	4.11	3.43	2.43
新兴和发展中亚洲国家	7.3	7.55	9.73	7.83	6.97	6.87	6.86	6.84	6.82	6.62	6.42	5.28
拉美和加勒比海地区	3.97	−1.97	6.13	4.6	2.91	2.92	1.34	0.38	−0.58	1.33	1.18	0.18
撒哈拉以南非洲	5.8	3.81	7	5.11	4.82	5.06	5.15	3.23	1.51	3.08	3.2	3.18
中东和中亚	4.4	1.23	4.88	4.64	5.08	3.12	3.3	2.77	4.67	2.52	2.01	1.4

资料来源：国研网(2020)。

(2)政治因素。首先，许多发展中国家加快了改革步伐，政府鼓励国内私营部门的发展并允许外国企业介入本国企业的私营过程；其次，发展中国家普遍提高了投资政策开放化的程度，推进了服务行业、金融市场的自由化；再次，发展中国家通过参与发展中国家间(如东盟、安第斯集团)或与发达国家间(如北美自由贸易协定、亚太经济合作圈)的区域经济一体化活动，扩大了自己的经济活动疆域。

(3)跨国公司战略因素。首先，发展中国家吸收的跨国公司的投资存量已具备了相当的规模，这本身就富有一定的自我繁衍的功能，同时跨国公司为维持其经营规模又会进一步增加投资流量，注入发展中国家；其次，由于国际竞争的压力，越来越多的跨国公司采取复合化发展战略，在全球有利的区域建立起一体化生产网络，从而增加了发展中国家利用发达国家直接投资的机会。

当然，我们应当看到，在世界范围内，不同区域的发展中国家所面临的影响国际投资的因素是不尽相同的(见表 1—17)。

表 1—17　　影响外国直接投资流向发展中国家和地区的因素

一、东亚、南亚和东南亚 1. 经济因素：(1)能否摆脱危机影响并恢复经济增长；(2)主要外资吸收者克服基础设施瓶颈的能力；(3)以亚洲为基础地的跨国公司的跨国化程度；(4)持续不断的低成本和技能改进的劳工供应 2. 政治因素：(1)转轨国家的经济改革；(2)进一步的投资自由化政策；(3)区域一体化增强；(4)南亚及东南亚相关地区的政局稳定及地区安全 3. 跨国公司战略因素：跨国公司合理化与一体化战略
二、拉美和加勒比海地区 1. 经济因素：(1)继续采取良好宏观政策包括债务服务政策；(2)维持和改善现有增长水平；(3)改进基础设施；(4)国内对外投资增长 2. 政策因素：(1)私营化政策；(2)区域一体化增强 3. 跨国公司战略因素：(1)一体化条件下的地区生产合理化；(2)市场渗透

续表

三、非洲
1. 经济因素:(1)生产结构进一步多样化;(2)扩大市场和提高经济增长的能力;③改进基础设施
2. 政策因素:(1)宏观经济改革;(2)相关产业投资政策自由化;(3)推进私营化计划
四、中欧和东欧
1. 经济因素:(1)经济稳定性增强;(2)提升市场潜力和经济增长能力;(3)经济结构进一步合理化
2. 政策因素:(1)市场化的经济改革;(2)进一步的投资自由化政策;(3)私营化计划;(4)参与欧洲经济一体化的程度;(5)有关国家的政局稳定
3. 跨国公司战略因素:基于市场与生产合理化的泛欧一体化战略

二、国际投资的行业趋势

(一)国际投资行业格局的变迁

第一次世界大战前,国际投资的行业重心在于英、法、德、美等发达国家对殖民地区落后国家的初级产业和基础设施投资,资金集中投向铁路运输、矿物采掘、石油开采、热带植物种植等基础部门,而对制造业的投入则很少。以美国为例,在第一次世界大战前夕,对外直接投资在矿业、石油及农业等初级产品部门为 14.2 亿美元,占其全部对外直接投资的 54%;而同时它在制造业部门的投资额仅为 4.78 亿美元,占 18%。这一时期,英国对外投资的 1/3 都用于铁路建设。

两次世界大战期间,国际直接投资对制造业的投入有所增加。例如到 1940 年时,美国对制造业的海外投资已达 19.3 亿美元,占全部对外直接投资的比重升至 27.5%,居单项行业的首位。[①] 而且这一期间向外扩张的多为技术先进的新兴工业或生产大规模消费产品的产业,如化学、军工、电气设备等。

第二次世界大战后,国际直接投资的行业重点进一步转向第二产业——制造业。以美国为例,其制造业对外直接投资存量占全部对外直接投资存量的比重 1938 年为 25%,1950 年为 32.5%,1960 年为 34.7%,1970 年为 41.3%,1980 年为 41.7%,1985 年为 44%。[②] 其他发达国家英、法、德等的基本情况也都类似。这时的制造业部门主要为电子、飞机制造、计算机、汽车、化学、机械、仪器仪表、制药、石油化工等高新技术行业。

20 世纪 80 年代中期以来,国际直接投资的行业结构发展的新动向是第三产业——服务业比重的迅速提高。70 年代初期,世界各国直接投资存量中有 25%投放在服务业,到 90 年代这一比例已增加到近 55%。[③] 以 5 个主要发达国家对外直接投资存量中第三产业所占比重的变化为例:法国从 1987 年的 46%上升到 1991 年的

① 葛亮、梁蓓:《国际投资学》,对外贸易教育出版社 1994 年版,第 25 页。

② 美国商务部:《美国对外直接投资》,第 45 页。

③ 联合国跨国公司与投资司:《1993 年世界投资报告》,对外贸易教育出版社 1994 年版,第 73 页。

47%，德国从 1985 年的 53%上升到 1992 年的 59%，日本从 1985 年的 52%上升到 1993 年的 66%，英国从 1984 年的 35%增加到 1991 年的 46%，美国从 1985 年的 41%增加到 1992 年的 51%。[①] 如今全球每年的投资流量中约有 55%—60%投向服务行业。受 2008 年金融危机影响，这一数值有所下降，随后开始回升，2013 年新增投资中约有 52.89%投入服务行业。

（二）当代国际直接投资行业发展趋势

总体来说，近几年来 FDI 的行业格局发生了不小的变化，这是东道国和母国企业的竞争优势、各个行业的自由化程度以及各个行业中企业应对全球化的战略变化的综合反映。

1. 第一产业（初级产品部门）的趋势

总体来看，自 20 世纪 80 年代后半期以来，初级产品部门在国际直接投资行业格局中的地位明显降低了。根据内流 FDI 存量统计，初级产品部门的比重从 1990 年的 9.36%降到了 2007 年的 7.47%，其中，主要发达国家从 9.59%降到 7.46%，发展中国家从 8.37%降到 6.31%（见图 1－20）。而根据绿地投资存量统计，2004—2013 年，初级产品部门的比重在发达国家为 6%、发展中国家为 11%。在初级产品部门中，矿业、采掘业和石油业无疑占有绝对的主导地位，无论是发展中国家还是发达国家，流向初级产品部门的 FDI 90%以上都集中在这几个行业。特别令人惊奇的是，矿业、采掘业和石油业还是大规模跨国公司的集中所在，这几个行业堪称最为国际化的产业。例如，2007 年按国外资产排名的世界最大 25 家跨国公司中，属于石油业的就有 7 家，占了 28%，且排名第三、第四和第五位的分别是英荷壳牌石油公司（SHELL）、英国石油公司（BP）和美国的埃克森美孚石油公司（EXXON MOBIL）。2014 年世界 500 强排名的前 25 家企业中，属于石油业的有 10 家，占了 40%，且排名二至六位均为石油企业，分别是：荷兰皇家壳牌石油公司（ROYAL DUTCH SHELL）、中国石油化工集团公司（SINOPEC GROUP）、中国石油天然气集团公司（CHINA NATIONAL PETROLEUM）、埃克森美孚（EXXON MOBIL）、英国石油公司（BP）。

2. 第二产业（制造业）的趋势

总体来看，自 20 世纪 80 年代后半期以来，制造业部门在国际直接投资行业格局中的地位正在下降。根据内流 FDI 存量统计，制造业部门的比重从 1990 年的 41.12%降低到了 2007 年的 27.05%，主要发达国家从 40.56%降到 28.07%，发展中国家从 43.58%降到 24.02%（见图 1－20）。而根据绿地投资存量统计，2004—2013 年，制造业部门的比重在发达国家为 42%、发展中国家为 46%。近几年来，制造业部门的国际直接投资出现了以下三个变化：

（1）投资流向由原来的资源、劳动密集行业转向资本、技术密集行业。资本、技术

① 联合国跨国公司与投资司：《1994 年世界投资报告》，对外经济贸易大学出版社 1995 年版，第 48 页。

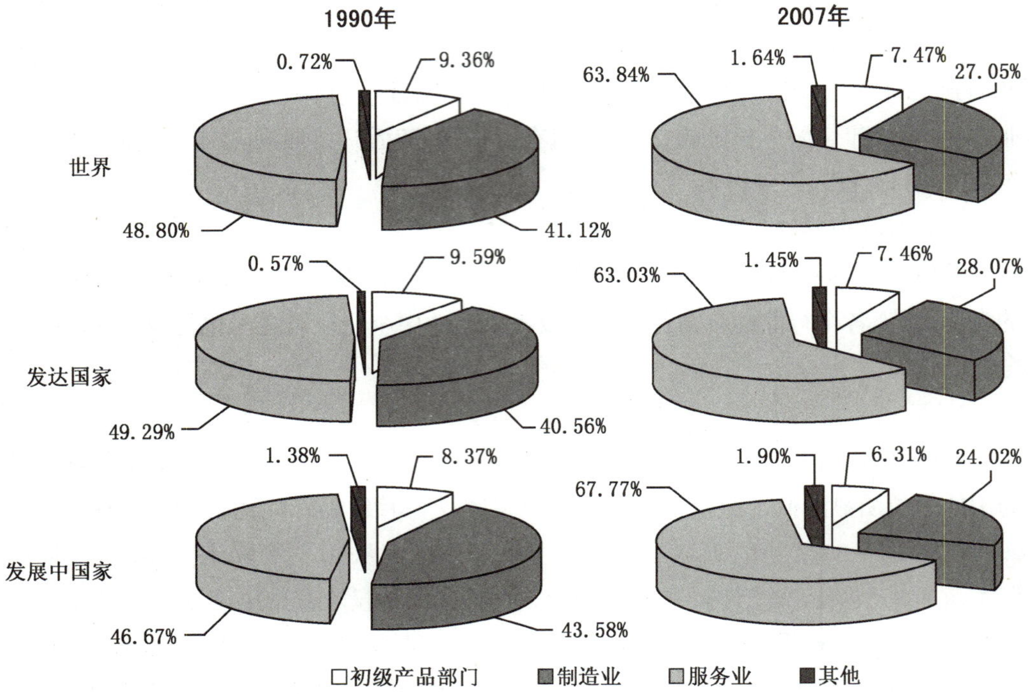

资料来源：UNCTAD，*World Investment Report*，2009.

图 1—20　内流 FDI 存量的行业构成

密集行业，如化工、电气机械和汽车，在制造业的 FDI 总量中占有相对较大的比例，化工行业还是发展中国家吸收 FDI 最多的行业。这反映了在这些行业中跨国公司努力从技术开发和国际生产的规模经济与范围经济中获益的全球战略。①

(2)投资形式上出现了低股权、非股权安排和跨国公司间的战略联盟。跨国公司对外投资时，不再全都采取建立控股子公司(或独资)的形式。在发展中国家，跨国公司倾向于使用低股权或非股权形式投资，包括技术转让、许可证协议、原设备制造安排、分包和交钥匙合同，这样做可以在较低的风险条件下行使控制权并谋取利润；而在发达国家，引人注目的是高科技产业中战略联盟的日益发展，其原因在于大型跨国公司为了共担研究开发新产品的成本和风险，以适应日新月异的新技术要求。例如，美国的 IBM 公司与日本的东芝公司、德国的西门子公司共同开发电脑芯片，法国的雷诺公司与瑞典的沃尔沃公司联合生产汽车，瑞士的雀巢公司与美国的可口可乐公司合作通过自动售货机销售罐装热饮料项目等。

(3)制造业的国际投资中还出现了带有区域性色彩的公司网络。随着各种非股权安排、合作研究的发展，跨国公司内部处于价值链不同阶段的各子公司之间及与其他

---

① 第三章将深入分析这个问题。

公司间的联系变得越来越密切和复杂，形成相互依赖日益增强的网络结构。但由于是在各种区域一体化的基础上进行强化的，如欧洲大联盟、北美自由贸易协定及亚太经济区等，因此这种网络往往带有区域性色彩。

展望未来，制造业的国际投资趋势可能会继续增强。这是因为：首先，许多发展中国家将朝着资本和技术密集型方向进行产业结构调整，为制造业的国际投资提供了机遇；其次，随着区域一体化进程的加快，区域内的制造业投资将会有更快发展；再次，新兴工业化国家的对外投资将进一步强化制造业的跨国直接投资。

3. 第三产业（服务业）的趋势

总体来看，自20世纪80年代后半期以来，服务业部门在国际直接投资行业格局中的地位有了显著的提高。根据内流FDI存量统计，服务业部门的比重从1990年的48.8%提高到了2007年的63.84%，其中，主要发达国家从49.29%提高到63.03%，发展中国家从46.67%提高到67.77%（见图1－20）。而根据绿地投资存量统计，2004—2013年，服务业部门的比重在发达国家为52%、发展中国家为43%。在过去几年中，服务业FDI的增长速度一直高于其他部门，其原因主要有以下四个方面：

（1）许多服务性行业投资与贸易的自由化，以及由于许多服务产品的不可贸易性使得向国外市场提供服务的企业必须到国外直接投资。这使得国际直接投资得以从金融服务业、与贸易有关的服务业，向运输、电信、文化、咨询、会计等服务领域不断深入。

（2）微电子技术的迅速发展使跨国提供各种新型服务成为可能。例如，过去以电机技术为基础的电信行业已发展成为以计算机、微电子、光导纤维和卫星技术为手段的现代化服务行业，而金融、广告、旅游、零售等行业也都发生了类似变化。

（3）金融服务业（银行、保险、证券和其他金融机构）始终是近十年吸收FDI最多的行业。一方面，这是由于为促进制造业和其他服务业国外子公司的业务（特别是国际贸易）需要跨国公司在金融服务领域投资，最近发达国家金融业通过跨国购并实行重组就是产生该现象的一个基本因素。另一方面，发展中国家金融业的自由化也极大地推动了金融服务业FDI的增长。

（4）一般来说，不仅服务业的跨国公司在国外建立服务业子公司，而且初级产品部门和制造业的跨国公司也在国外建立服务业子公司。例如，按照美国国外子公司的母公司所在行业来计算部门结构，1999年在美国国外子公司总资产中服务部门只占38%，而按照美国跨国公司国外子公司的行业来计算，服务部门则占63%。① 同样，对日本跨国公司来说，按母公司的行业计算，服务业国外子公司的数量占日本所有子公司总数的1/3，而按国外子公司的行业计算，则占大约一半。② 这就说明，非服务业跨国公司服务业务的扩展是促进服务业FDI增长的又一因素。

---

① 美国商务部(2000a)。

② 日本通产省(1998a)。

第四节 国际投资学的基本范畴

一、国际投资学的研究内容

国际投资学是研究国际投资主体、国际投资客体和主体对客体的营运过程，以及由此产生的对世界经济、各国经济的影响，探索其内在规律的学科。从定义可以看出，国际投资学的研究内容既包括宏观方面又包括微观方面，既包括理论总结又包括实务操作。根据本书的结构线索，本书具体内容主要有以下几个方面。

（一）国际投资的基本理论问题

这些理论问题包括：详细阐述国际投资的概念、方式及性质；国际投资的发展史、现状及趋势；分析国际投资的动因，以及国际直接投资、国际间接投资的基本理论。

（二）国际投资的主体分析

这些主体分析包括：跨国公司的发展状况、组织结构、经营战略及在国际投资中的作用；官方机构（包括各国政府和各类国际性组织等）对国际投资的直接参与和政策干涉；跨国金融机构的发展状况，及其对国际投资的直接参与和中介职能；居民个人投资者的投资行为与特点。

（三）国际投资的客体研究

这些研究包括：对直接投入固定资产、国际租赁、国际承包、劳务输出、补偿贸易等实物资产的讨论；对生产技术、管理经验、商标商誉、营销渠道、特许经营等无形资产的剖析；对国际债券、国际股票、衍生证券等金融资产的研究。

（四）国际投资的管理

这些管理包括：官方对国际投资的政策管理、法规管理，投资者对国际投资的环境分析及各类投资风险（包括政治风险、利率风险、汇率风险和经营风险）的防范与管理。

（五）国际投资在中国的发展

这些发展包括：认真总结中国利用外资和对外投资的成功经验，深入剖析发展中遇到的问题，以及探讨进一步加快发展步伐的思路，从而为我国的社会主义市场经济建设更好地服务。这也正是国际投资学科研究的根本任务。

二、国际投资学与相关学科的关系

（一）国际投资学与国际金融学的关系

国际金融学是研究货币在国家（地区）间的运动及其客观规律的科学，它与国际投资学既有密切联系，又有明确区别。

其联系在于：首先，两者的研究领域中都包括货币资本的国际转移。其次，由于国际金融活动和国际投资活动相互影响，因而在学科研究中必然要涉及对方因素。一方面，国际金融领域的利率、汇率变动将影响国际证券的价格和收益，影响国际直接投资的利润，从而进一步影响国际投资行为；另一方面，国际投资的效果好坏也将制约货币的流向，从而引起利率和汇率的变动。

其区别在于：首先，两者在研究领域方面各自具有独立部分。国际金融学仅仅研究货币领域，而国际投资学不仅涉及货币要素，还研究各种生产性要素，如设备、原料、技术、管理、专利等；在对货币的研究范围方面，国际投资涉及的主要是中长期资本的运动，而国际金融学还研究各种短期资金的流动。其次，即使在其相互交叉的共同领域，两者的侧重点也有所不同。金融学内的行为主体是国家或国际组织，着重于研究资本运动对国际收支平衡、汇率利率波动及国家长期经济贸易地位的影响等问题；而国际投资学中最主要的行为主体是企业，更着重于研究资本运动所能取得的经济收益。

（二）国际投资学与国际贸易学的关系

国际贸易学是研究商品和非要素劳务在国际的运动及其客观规律的科学。它与国际投资学同样既有联系又有区别。

其联系在于：首先，两者的研究领域都涉及商品在国际上的流动。其次，国际贸易与国际投资之间存在着相互影响：一方面，国际贸易活动往往是国际投资行为的基础和先导。例如，根据产品周期理论，企业通常首先以出口方式来开辟海外市场，当出口逐步受到竞争压力等阻碍时，就会考虑转向在海外就地生产，进行国际投资。另一方面，国际投资也会对国际贸易产生反作用。因为国际投资行为的发生会引起购买力在国际的转移，从而带动国际贸易的发展，而当国际直接投资完成、形成生产能力后，又会引起东道国进口的减少。

其区别在于：国际贸易学对商品流动的研究侧重于交换关系方面，从原则上讲，国际贸易活动是在价值相等基础上实现使用价值的交换，商品最终进入消费领域；而国际投资学则侧重于对商品生产属性方面的研究，从根本上看，国际投资活动是把商品作为生产要素投入生产领域并实现价值增值。因此，前者重在研究一国商品的国际竞争能力，后者重在研究一国参与国际生产的能力。

（三）国际投资学与西方投资学的关系

从本义上说，西方投资学的研究对象是证券投资微观理论，如证券组合理论、金融资产定价模型等，因此，它与国际投资学的区别是较为明显的。首先，国际投资学的研究范围不仅包括证券投资领域，还包括直接投资领域；其次，贯穿于国际投资学的一个核心问题在于“跨国性”的研究，即为什么不在国内而要去境外投资，而西方投资学的核心却没有体现出这一点。另一方面，两者也存在一定的联系，表现在国际间接投资理论是在西方国内证券投资理论基础上发展起来的，是证券组合理论向国际领域的延伸与发展。

三、国际投资学的研究方法

（一）实证分析与规范分析相结合

实证分析旨在研究国际投资现状如何，如果执行某项投资规划或投资政策将会达到怎样的效果等问题，其研究结果可受到将来发生的事实的验证。实证分析的意义在于我们准确地把握客观事实，了解国际投资的运行过程和结果。而规范分析旨在研究通过国际投资应该实现怎样的效果，这种效果对整体国民经济或世界福利的影响是否有利等问题，它含有一个价值评判过程。规范分析的意义在于制定合理的标准，如通过国际投资达到怎样的产业结构调整目标等。

（二）定性研究与定量研究相结合

对于国际投资活动的现象和结果，不仅需要在总体上给予定性的判断和预测，还需要进行定量的计算和分析。对此，西方长期以来形成了一套现代化管理方法，广泛深入地运用经济数学，如对投资项目进行可行性研究、对投资效果进行投入产出分析、对金融资产设立定价及风险控制模型等，使国际投资活动建立在科学精确的基础上。

（三）总量分析与个量分析相结合

对于国际投资项目，在分析它给投资者带来的微观效益的同时，还要考虑它将给国家的宏观经济总量造成的影响，从而达成最佳的政策协调状态。

（四）静态分析与动态分析相结合

对国际投资的研究，不仅要了解其现状，如投资规模存量、行业结构等，更要分析其发展趋势，如流量、投向变化等，从而及时地调整策略，取得成功。

（五）理论总结与实践操作相结合

只有通过具体的国际投资实践活动，才能探求其内在客观的联系，从而归纳成为理论，再度指导实践过程，并不断修正、发展，形成适合国情的国际投资学。

阅读文献

1. 联合国贸易和发展会议：《2020 世界投资报告》，http://unctad.org/tnc.

2. 麦肯锡全球研究所：《中国与世界——理解变化中的经济联系》，http://www.199it.com/archives/902841.html.

3. 国家商务部：《中国对外投资合作发展报告 2020》，http://www.mofcom.gov.cn/.

4. 孔淑红：《国际投资学》（第五版），对外经济贸易大学出版社 2019 年版。

5. 卢进勇、杜奇华、杨立强：《国际投资学》（第二版），北京大学出版社 2017 年版。

6. 杨晔：《〈国际投资学〉精品教材的建设与变革》，载于《河南教育学院学报》2021 年第 4 期。

7. 周经、黄凯：《研究生课程互动式教学方法探析——以〈国际投资学〉课程为例》，载于《研究生教育研究》2019 年第 5 期。

习题及案例分析

一、名词解释

1. 国际投资
2. 国际直接投资
3. 国际间接投资

二、简答题

1. 简述国际直接投资与国际间接投资的波动性差异。
2. 简述国际投资的性质。
3. 简述国际投资的发展阶段。
4. 简述影响国际直接投资区域格局的主要因素。
5. 简述国际投资学与国际金融学的联系和区别。

三、论述题

试述国际直接投资行业格局的近期趋势。

四、案例分析

巴西吸收 FDI 的成功①

自 20 世纪 90 年代初以来，流入巴西的 FDI 取得了巨大的发展，巴西已成为拉美最大的东道国。

1992 年 1 月到 1997 年期间，巴西约发生了 600 起购并，其中 61%的购买者是外国企业（主要来自北美）。服务业购并占购并总量的 1/3，其中金融与保险、电信及信息服务业是主要的受资对象。

私有化几乎占巴西 FDI 流量的 27%。1991 年 1 月至 1998 年 4 月，除去企业债务的转移，巴西获得 430 亿美元的私有化收入，仅 1997 年就占一半多。大部分收入来自出售电子业、网络蜂窝电话业、钢铁业和矿业的企业。参与私有化的外国投资者大多数来自美国，其次是西班牙、智利、瑞典和法国。

流入巴西的 FDI 的部门结构也在发生重要的变化。20 世纪 90 年代以前，只有小部分的 FDI 投向制造业，而且主要是对现有企业的合理化改造。而自 1991 年以来，随着经济增长加速和经济稳定，以服务于当地市场和地区市场为目标的制造业的 FDI 显著增加了。另外，服务业占 FDI 流入量的份额增加了，这主要是该部门私有化的结果。

试根据以上材料分析近年来巴西吸收 FDI 增加的主要原因。

华新水泥打造中国建材企业 FDI 的标杆

2013 年，在国家发出“一带一路”倡议后，华新水泥股份有限公司正式将“海外发展”定义为公司

---

① 资料来源：联合国贸发会议，《世界投资报告（1998）》，中国财政经济出版社 2000 年版，第 233—234 页。

发展四大战略之一。当年华新第一个海外项目——华新塔吉克斯坦亚湾工厂正式投入运行。截至2020年，华新海外工厂已覆盖中亚、南亚、东南亚和非洲共6个国家，运营或在建水泥工厂7家、包装袋厂1家、物流公司1家，水泥总产能1 000万吨，包装袋产能1亿只，中外员工总数约2 500人，境外资产总额超过70亿元，海外工厂年营收超过40亿元。同时，华新还实现了“投资一家，成功运营一家”的海外投资目标，每家境外工厂都做到了当年投产当年盈利，成为中国建材行业“走出去”企业的成功典范和业绩标杆。

华新FDI成功的关键因素是：第一，把最先进的技术输送到东道国，树立投资产业标杆。华新通过投资不仅将东道国水泥生产技术提升至世界先进水平，同时以洁、绿、亮、美，井然有序的花园式工厂，刷新了东道国对水泥工业的认知。第二，引领东道国产业发展，构建良好的产业结构和标准。华新投资引入了国际通行的质量检测标准，建立建筑材料检验标准，帮助政府推进产业升级，降低行业整体能耗水平，减少污染，保护生态环境，支持东道国经济发展。第三，重视企业社会责任，以新发展理念引领对外投资合作。华新在每个东道国都成立了华新慈善基金，坚持每销售一吨水泥即提取一定金额的慈善基金，以系统、持续福祉当地社会民众。第四，培养现代产业工人，促进文化融合。华新在境外的每个项目都会安排东道国员工到华新的成熟工厂进行培训，由熟练的技师手把手教导和日常工作锻炼，使他们成长为合格的产业工人，让先进生产技术真正在东道国生根发芽。

试根据以上资料总结华新FDI的经验借鉴。

参考答案

一、名词解释

1. 答：国际投资是指各类投资主体，包括跨国公司、跨国金融机构、官方与半官方机构和居民个人等，将其拥有的货币资本或产业资本，经跨国界流动与配置形成实物资产、无形资产或金融资产，并通过跨国运营以实现价值增值的经济行为。

2. 答：国际直接投资又称为海外直接投资，是指投资者参与企业的生产经营活动，拥有实际的管理、控制权的投资方式，其投资收益要根据企业的经营状况决定，浮动性较强。

3. 答：国际间接投资又称为海外证券投资，指投资者通过购买外国的公司股票、公司债券、政府债券、衍生证券等金融资产，依靠股息、利息及买卖差价来实现资本增值的投资方式。

二、简答题

1. 答：统计研究表明，国际直接投资的波动性要低于国际间接投资，其原因如下：

(1)国际直接投资者预期收益的视界要长于国际证券投资者；

(2)国际直接投资者的投资动机更加趋于多样性；

(3)国际直接投资客体具有更强的非流动性。

2. 答：国际投资的性质体现在以下五个方面：

(1)国际投资是社会分工国际化的表现形式；

(2)国际投资是生产要素国际配置的优化；

(3)国际投资是一把影响世界经济的“双刃剑”；

(4)国际投资是生产关系国家间运动的客观载体；

(5)国际投资具有更为深刻的政治、经济内涵。

3. 答：国际投资形成与发展的历程大致可划分为五个阶段：

(1)初始形成阶段(1914 年以前)：这一阶段以国际借贷资本流动为主。

(2)低迷徘徊阶段(1914—1945 年)：由于两次世界大战，这一期间的国际投资受到了较为严重的影响，发展历程曲折迟缓，仍以国际间接投资为主。

(3)恢复增长阶段(1945—1979 年)：这一阶段国际直接投资的主导地位形成。

(4)迅猛发展阶段(1980—1999 年)：这一阶段出现了直接投资与间接投资齐头并进的大发展局面，成为经济全球化至为关键的推动力。

(5)创新发展阶段(21 世纪以来)：这一阶段世界经济多元化格局日趋明显，发展中国家和地区成为国际投资新热点。

4. 答：(1)发达国家国际直接投资的区域格局主要受下列因素的影响：

①经济衰退与增长的周期性因素；

②跨国公司的兼并收购战略因素；

③区域一体化政策因素。

(2)发展中国家国际直接投资的区域格局主要受下列因素的影响：

①经济因素；

②政治因素；

③跨国公司战略因素。

5. 答：(1)它们的联系在于：首先，两者的研究领域中都包括货币资本的国际转移；其次，由于国际金融活动和国际投资活动相互影响，因而在学科研究中必然要涉及对方因素。

(2)它们的区别在于：首先，两者在研究领域方面各自具有独立部分；其次，即使在其相互交叉的共同领域，两者的侧重点也有所不同。

三、论述题(提示)

答：1. 第一产业(初级产品部门)的趋势：总体来看，自 20 世纪 80 年代后半期以来，初级产品部门在国际直接投资行业格局中的地位明显降低了。

2. 第二产业(制造业)的趋势：近年来，制造业部门的国际直接投资出现了三个变化：

(1)投资流向由原来的资源、劳动密集行业转向资本、技术密集行业；

(2)投资形式上出现了低股权、非股权安排和跨国公司间的战略联盟；

(3)制造业的国际投资中还出现了带有区域性色彩的公司网络。

3. 第三产业(服务业)的趋势：总体来看，自 20 世纪 80 年代后半期以来，服务业部门在国际直接投资行业格局中的地位有了显著的提高，其原因有以下几个方面：

(1)许多服务性行业投资与贸易的自由化，以及由于许多服务产品的不可贸易性使得向国外市场提供服务的企业必须到国外直接投资；

(2)微电子技术的迅速发展使跨国提供各种新型服务成为可能；

(3)金融服务业(银行、保险、证券和其他金融机构)始终是近十年吸收 FDI 最多的行业。

四、案例分析(提示)

1. 答:从以上材料中可以看出巴西近年来吸收 FDI 增长的主要原因是:

(1)采取了稳定宏观经济的政策,保证了经济稳定和经济增长,增强了投资者的信心;

(2)经济开放和私有化计划的顺利推进,这成为吸收 FDI 的重要推动力;

(3)巨大的市场吸引力,这对以服务当地市场为目标的服务业 FDI 构成了强大吸引力。

2. 答:根据资料总结水泥股份有限公司 FDI 的经验借鉴有:

(1)推动技术输出,树立行业标杆;

(2)深入民生,积极履行社会责任。

第二章　国际投资理论

国际投资的理论研究伴随国际投资的发展，历经了数个阶段的演化。第二次世界大战以前，国际投资是以国际间接投资为主，国际直接投资所占比重极低，因此，那时对国际投资的研究是将其纳入国际资本流动的一般性研究框架之中的，即我们本章所述的早期国际投资理论。第二次世界大战以后，尤其是 20 世纪 60 年代以后，跨国公司的崛起使国际直接投资的发展超越了国际间接投资，以西方跨国公司海外直接投资为研究对象的国际直接投资理论研究成为主流，即本章所述的西方海外直接投资的主流优势理论，其根据研究视角不同又可分为微观理论和宏观理论两大体系，最终形成了架构二者的折衷主义分析平台。进入 20 世纪 70 年代以后，在全球金融自由化和金融创新的推动下，国际证券投资迅速复苏，并呈现蓬勃增长之势，证券投资理论的发展在此过程中起到了至关重要的作用，金融数理在证券投资理论中的广泛运用成为一种潮流，以 CAPM、APT 等理论为代表的现代证券投资组合理论、期权定价理论和新兴的行为投资理论成为指导机构投资者投资行为的重要理论基础。

20 世纪 90 年代以来，随着经济全球化进程的加快，对国际投资的研究不仅保持了其一贯以来在国际经济研究领域的重要地位，而且其研究范围和视角不断拓展，研究方法也不断创新，尤其是一些针对新形势、新现象和新问题的相关研究已成为国际经济研究领域的前沿。例如，针对发展中国家海外投资行为的适用性理论研究、中小企业海外投资的适用性理论研究等。

第一节　国际直接投资理论

一、早期国际投资理论

国际直接投资最早的理论研究，是纳克斯发表于 1933 年的题为《资本流动的原因和效应》的论文。① 纳克斯是把国际直接投资作为国际资本流动来研究的，使用的完全是国际资本流动的分析范畴，而他所分析的产业资本跨国移动，实际上就是以后所称的国际直接投资。

① R. 纳克斯:《资本流动的原因和效应》，载于 J. H. 邓宁编，《国际投资》，企鹅出版公司 1972 年版。

纳克斯认为，资本的国际流动主要是由国家之间利息率(或利润率)差别所引起的，而资本利息率的差别又主要是由各国资本的不同供求关系所决定的。资本总是由利息率低的国家流向利息率高的国家，从而打破各国原有的资本供求关系，导致利息率的逆向变动，引起资本的往复运动，最终达到资本供求的国际平衡(当然这是一种动态平衡)。

纳克斯虽然没有明确提出国际直接投资的概念，但是他分析的实际对象是国际直接投资。第一，他强调资本流动的直接动因是利润动机，这是产业资本流动的动因特征。第二，他注意到引起国际资本供求关系变动的产业变动因素。第三，他虽然对国际直接投资与国际间接投资未作出区别，对直接投资的分析也很不清晰，但其关于直接投资的动因观察，却比以后很长时期以国际资本流动为依据的理论更接近地触及直接投资的本质特征，如产业活动、利润机会、技术创新、市场需求等。这些特征成为20世纪60年代后可称之为独立的国际直接投资理论的各派学说各自侧重的分析基点。

在纳克斯之后，麦克道格尔和肯普采用几何图，根据资本收益率差别引起资本流动的一般理论来解释国际直接投资的发生及其福利效果，是资本流动理论中最有影响的理论。麦一肯图式致力于将国际直接投资按国际资本流动理论框架一般化。它没有明确区分是间接投资还是直接投资，没有明确指出资本流动是通过信贷方式还是通过生产转移方式进行的，没有专门注意投资者是否控制投资经营活动，没有提及引起直接投资的产业、技术、市场等重要因素。因此，它只能分析直接投资和间接投资的一些共同性问题，以致与纳克斯相比，他们提出的理论离直接投资的特殊性质更远。

20世纪60年代以后，从不同角度、依据不同因素说明国际直接投资的理论，各执一说，学派纷起。国际直接投资的发生，不仅与国家之间资本收益率的差别有关，它更强调产业活动、技术创新、市场动态、产品差异等方面的因素。现实中直接投资的形式多种多样，各种直接投资的发生可能决定于不同的因素，这样，国际直接投资的产生机理很难在国际资本流动的一般均衡理论框架内找到令人满意的答案。

二、西方海外直接投资的主流优势理论

西方海外直接投资的主流优势理论是以西方大型跨国公司为参照的，重点探究跨国公司海外投资行为的发生机理，其中包括从产业组织理论切入的微观理论和从国际贸易学说衍生的宏观理论，以及整合二者的折衷理论。

20世纪60年代初产生了从厂商寡占行为角度来解释国际直接投资发生机理的新理论。由于这种新理论强调了直接投资过程中的经营控制问题，将直接投资与间接投资明确区分开来，直接投资理论才开始作为国际经济学研究领域中一支独立的理论分支发展起来。国际直接投资理论研究也从过去主要侧重国际资本流动的宏观角度转到了投资厂商行为及市场结构运行的微观角度，正如金德尔伯格所言：“直接投资与

其说属于国际资本流动理论，不如说属于产业组织理论。”①

新理论采用更接近现实的不完全竞争假定，即市场的不完全性、寡占者相互依赖关系及厂商垄断优势，并以此为基础，发展出了对直接投资的各种不同的解释：厂商垄断优势理论、内部化理论、产品生命周期理论及厂商增长理论等。

(一)厂商垄断优势理论

该理论是海默于1960年在其博士论文中首次提出的。海默摒弃长期以来流行的国际资本流动理论所惯用的完全竞争假定，根据厂商垄断优势和寡占市场组织结构来解释对外直接投资。这被经济学界认为是直接投资理论的突破性进展，海默也因此而被誉为国际直接投资理论的先驱。

传统的国际贸易理论是以完全竞争为假设前提的。这一理论认为，在市场完全的条件下(即市场具有效率、信息不产生费用、没有贸易障碍、公平竞争等)，国际贸易是企业参与国际市场或对外扩张的唯一方式。企业将根据比较利益从事出口活动。海默则把跨国企业对外投资动机与不完全竞争假设前提结合起来，他认为以不完全竞争为前提的市场不完全性为对外直接投资打开了大门。这种市场不完全性主要表现在四个方面：(1)产品和生产要素市场的不完全，即有少数卖主或买主能够凭借控制产量或购买量来影响市场价格的决定；(2)由规模经济引起的市场不完全；(3)由于政府的介入而产生某些市场障碍；(4)由关税引起的市场不完全。

海默认为，在市场不完全的情况下，跨国企业对投资经营过程的控制不仅是出于经营管理的需要，更可能是因寡占竞争的需要而产生。因此，海默将跨国企业视为是垄断者或寡占者，指出对外直接投资是在厂商具有垄断或寡占优势的条件下形成的。

这种垄断或寡占优势被称为“独占性的生产要素”优势，或厂商特有优势。由于跨国企业在国外经营时相对于东道国厂商处于较为不利的地位，要承担更大的风险，因此，这种优势必须至少抵消东道国厂商的特有优势并补偿在陌生环境中经营所增加的成本。

对于这种厂商特有优势，最初的厂商垄断优势论主要关心的是厂商的物质资产。例如，海默认为的厂商特有优势，主要是指大型跨国企业所具有的大规模资本以及以此为基础所形成的经营管理能力和技术开发能力。到了20世纪80年代，厂商垄断优势论把对厂商特有优势的解释重点移到了厂商拥有的技术知识、管理技能等无形资产上。凯夫斯认为跨国企业借以进行对外投资的优势，最重要的应是投资厂商所掌握的先进技术、高效率管理知识等无形资产。

根据厂商无形资产优势来说明对外直接投资的发生，是对现代直接投资发生机理的一种较好的解释。随着知识经济时代的到来，这一理论解释被赋予了更为深刻的内涵而越发显示出其生命力。厂商拥有可产生超额收益的知识资产，可通过控制知识产

---

① C. P. 金德尔伯格：《对外贸易和国民经济学》，载于C. P. 金德尔伯格编，《国际公司》，麻省理工学院出版社1970年版。

权、扩大无形资产的使用范围来实现知识资产的超额收益。由此得到的理论启示是，现代型直接投资主要通过控制知识产权进行，这与主要控制物质资产所有权的传统型直接投资有很大区别。投资厂商只要控制了驱动和支持直接投资的决定性要素——厂商特有知识资产，就可以有效地进行投资并保证获得收益。因此，可不必像先前那样对物质资产所有权保持强有力的控制。在 20 世纪 60 年代至 90 年代的直接投资中，投资厂商从注重物质产权的控制转移到注重对知识产权的控制。也可以说，随着投资厂商对知识产权控制的强化及其对知识产权收益保证程度的提高，厂商对物质产权的控制逐渐减弱，这成为传统直接投资向现代直接投资转型的重要特征。

厂商垄断优势论既可以解释发达国家企业在国外的水平式对外投资，即在各国设厂生产同样的产品；又可以解释垂直式对外投资，即把一种产品生产的不同工序分布到多国进行。在石油工业中，少数跨国公司在长期内支配着世界石油市场，就是垂直式对外投资的一个很好例子。总之，厂商垄断优势论对国际直接投资发生机理的分析重点越来越集中在"厂商特有优势"和寡占市场结构上，以这两者为基点，为后来众多的国际直接投资理论的产生与发展提供了广阔的空间。

（二）内部化理论

内部化理论的思想渊源可追溯到"科斯定理"。早在 1937 年，科斯就在一篇题为《企业的性质》的论文中提出了内部化理论的雏形。① 科斯认识到了在市场中进行交易时所发生的市场交易成本问题，他将市场成本分为四类：(1)寻找和确定合适的贸易价格的活动成本；(2)确定合同签约人责任的成本；(3)接受这种合同有关的风险成本；(4)对从事市场贸易所支付的交易成本。他认为任何企业在市场机制下活动，会发生交易成本、合同成本和合作成本，而企业的内部组织则是一种低成本的有效的生产联系方式。

1977 年，美国著名企业史学家钱德勒撰写了《看得见的手——美国企业的管理革命》一书②，对企业内部化从交易成本的角度作了进一步阐述。他认为，当管理上的协调比市场机制的协调能带来更大的生产力、较低的成本和较高的利润时，现代多单位的工商企业就会取代传统的小公司，即把以前由几个经营单位进行的活动及其相互交易内部化。这种内部化给扩大了的企业带来了许多好处，它所造成的节约，要比单纯降低信息和交易成本所造成的节约大得多。

建立在交易成本学说基础之上的内部化理论对现代工商企业的起源和成长提供了解释，英国里丁大学的经济学家邓宁、卡森等人将其运用于国际直接投资领域，将内部化理论看成是解释跨国企业的形成和跨国企业对外直接投资发生机理的核心原理。他们在解释国际直接投资的发生机理时，将讨论重点放在知识资产等中间产品市场上，而不是最终产品市场上。他们认为，厂商所具有的知识资产优势，不是形成对外直

---

① 科斯：《论生产的制度结构》（论文集），上海三联书店 1994 年版。

② 钱德勒：《看得见的手——美国企业的管理革命》，商务印书馆 1987 年版。

接投资的充分条件，厂商特有优势是在国内形成的，必须以低成本的方式转移到国外，因转移而发生的成本必须低于由转移而带来的收益。跨国企业为降低转移成本，或者说是交易成本，倾向于构造一个内部化市场以替代通常的外部化市场。所谓内部化，是指“建立由公司内部调拨价格起作用的内部市场，使之像固定的外部市场同样有效地发挥作用”①。

内部化理论认为，跨国企业保持对专有知识资产的控制，据此形成对外直接投资是由知识产品的市场机制失效所造成的。知识产品市场机制失效，是指产权知识产品价格及产权知识传播价格不能被有效确定，产品知识的模仿者可以以比产权知识的创造者较低的成本获得和运用该知识。在这种情况下，跨国企业为更好地利用产权知识，并保持其特有知识优势，就必须利用内部化市场进行对外直接投资。内部化市场是相对于外部化市场而言的。跨国企业为避免在外部化市场销售知识产权所引起的优势散失风险，便组成自己的内部化市场，使企业内跨国界的生产组织、资源调配和内部定价相互依赖且结成一体。正是这种内部化组织方式，使跨国企业能够有效使用企业产权知识，获取更高的收益。国外子公司把在国内市场开发发展起来的产品扩展到国际市场上，在国际经营中保持优势。跨国企业在所有可能的市场上开发利用知识优势，并使利用知识的收益保持在企业内部，以便补偿创造知识所花费的成本。

内部化组织可减少交易成本的原理，对跨国企业的形成及发展过程也提供了一种解释。在国内市场容量一定的情况下，厂商在国内扩张的边际收益下降，与竞争者的摩擦加剧、交易成本增加，于是便产生了向国外市场扩张的趋向。内部化交易方式使国际经营的交易成本降低，这诱使具有某种特有优势的厂商或者说是潜在的跨国企业作出对外投资的决策，形成跨国企业。

（三）产品生命周期理论

1966 年，美国哈佛大学的弗农教授在厂商垄断竞争理论的基础上提出了产品生命周期理论，对国际直接投资作出了另一种理论解释。拥有知识资产优势、具有新产品创新能力的企业，总是力图维持企业的技术优势地位，以便享有新产品创新利益。但是，新技术不可能被长期垄断，有些产品制造技术在相当短的时间内就会被仿制。新产品从上市开始，经历诞生、发展、衰退、消亡的过程。弗农把这一经验事实概括为四个连续的阶段：导入期、增长期、成熟期和衰退期。如图 2—1 所示。

第一阶段，产品导入期。新产品刚进入市场，在创新企业所在国家及其他工业发达国家里产生逐渐增加的需求。该阶段中，创新企业占据着技术垄断地位。

第二阶段，产品增长期。产品销售量上升，利润迅速增加，外国生产者开始仿制这种新产品，出现垄断竞争局面，但成功的仿制者不多，尚未构成对创新企业的威胁。

第三阶段，产品成熟期。新技术开始定型，其他厂商可通过各种技术传播途径较

---

① A. M. 格拉曼：《跨国企业的内幕：内部化市场经济学》，哥伦比亚大学出版社 1981 年版，第 28 页。

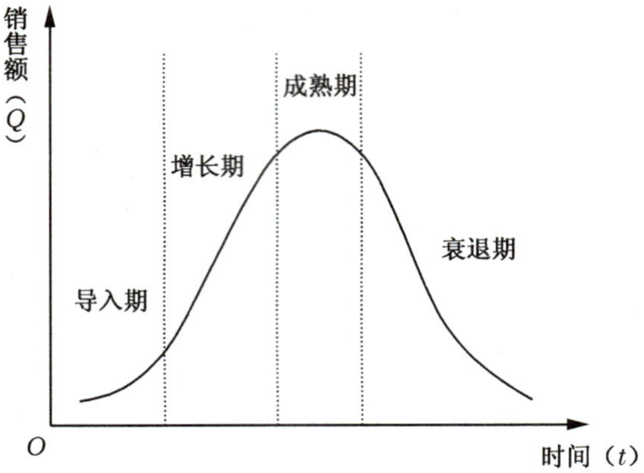

图 2—1　产品生命周期

容易地获得产品技术知识，并能生产出异质商品，这使原来的创新企业失去垄断优势地位。

第四阶段，产品衰退期。新产品成为标准化产品，更多的厂商进入新产品市场，技术在生产中的重要性降低，成本在竞争中占主要地位，厂商间展开激烈竞争，最初的创新企业的优势完全丧失。

根据产品生命周期理论，国际直接投资的产生是产品生命周期四阶段更迭的必然结果。假设世界上存在三种类型的国家，第一类是新产品的创新国，通常指发达国家，如美国；第二类是较发达国家，如欧洲各国、日本等工业化国家；第三类是发展中国家。该理论认为新产品依次经历导入、增长、成熟和衰退四个阶段，其生产将依次在上述三类国家之间转移。这种转移过程如图 2—2 所示。

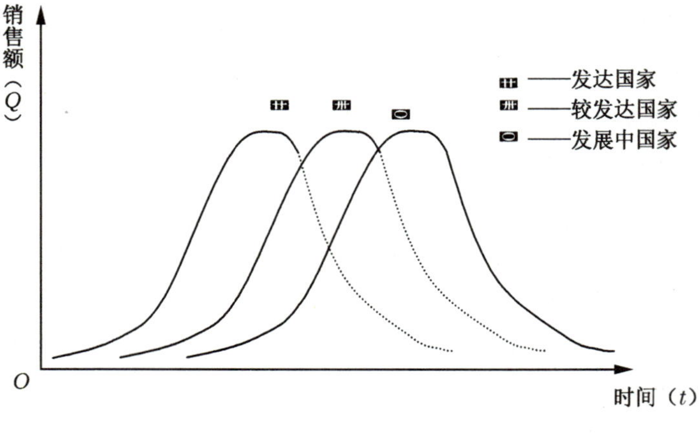

图 2—2　依据产品生命周期的转移

在第一阶段导入期，新产品在发达国家的创新企业产生并开始逐渐进入大规模生产，这一时期产品主要满足本国市场的需求，销售量不断上升，只有少量的产品出口到较发达国家。在这一阶段由于创新企业拥有技术垄断优势，因此缺乏强有力的竞争对手，基本上控制了市场份额，而且对技术密集型的新产品在国内生产将更为有利。所以在这一阶段生产未发生转移，国际直接投资也未发生。

从第二阶段产品增长期开始，出现了由寡占竞争引起的对外直接投资。较发达国家的竞争厂商开始仿制创新企业的新产品，这些国家政府也可能采取限制进口的政策，以支持本国企业发展新产品，替代进口。这时期，其他跨国企业也开始进入市场。创新企业为维持国外市场份额，以对外直接投资绕过贸易壁垒，在东道国设立子公司，当地生产和当地销售。由于技术垄断局面完全打破，创新企业也可能以有限扩散技术方式（许可证方式）获取收益。新产品产业形成垄断竞争。这时期，发达国家出口和较发达国家进口开始减少，厂商转向对发展中国家出口产品。

在第三阶段产品成熟期，较发达国家越来越多地仿制，在发展中国家里发生较发达国家在前一阶段已经历过的过程。这一阶段发达国家和较发达国家厂商都开始向发展中国家进行直接投资，发展中国家由此获得生产这种产品的能力，从而净进口量开始减少。

到了第四阶段衰退期，由于技术垄断优势的完全丧失，新产品的生产成为一种标准化生产，降低劳动成本成为第一要旨。因此，这时期“新”产品的生产完全转移到发展中国家进行，发达国家和较发达国家有限的产品需求主要通过从发展中国家进口得以满足。

事实上，弗农提出的产品生命周期理论，分析重点是跨国企业在决定进行对外投资时所面临的问题，是关于厂商垄断寡占行为分析及其所引起的商品生产配置理论。他把所有跨国企业定义为寡占者，并把它们分为三类（或三个发展阶段）：技术创新期垄断者、成熟期寡占者、开始衰退的寡占者。其含义分别是：(1)技术创新期垄断者，在生产新产品上拥有技术垄断优势由此获得垄断利润。(2)成熟期寡占者，在出现技术扩散，从而其技术优势有可能减弱，并且由于贸易壁垒等因素引起出口成本增加的情况下，进行对外投资。这种对外投资同时又是一种技术转移，技术优势企业通过自己控制的技术扩散获得寡占利润。(3)开始衰退的寡占者，技术创新优势和技术传播优势相继丧失，从而寡占利润逐渐消失。

弗农所分析的是垄断或寡占竞争情况。寡占厂商根据寡占产品的竞争情况利用对外投资使其寡占利润最大化，因此，产品生命周期理论实际上也是从寡占竞争的角度来分析对外投资问题的。

（四）厂商增长理论

前面所述的厂商垄断优势论、内部化论及产品生命周期论都是在垄断竞争理论的前提下发展起来的，而厂商增长理论则是以一般化厂商理论为依据，是最早从厂商行为角度解释对外直接投资的理论。该理论的思想始于彭罗斯发表于 1956 年的《对外投资与厂商增长》的论文。[1] 彭罗斯在这篇论文中提出，对外直接投资活动是厂商经营规模扩张的一种表现，而这种扩张倾向是任何一种企业都具有的。但这种对外扩张在很大程度上取决于厂商内部资源，如厂商内部管理经验、管理能力、技术诀窍、知识产权等。这些内部资源就是海默、凯夫斯等人在垄断优势论中所指的厂商特有优势。但是，彭罗斯及后来对这一论点作出发展的学者注意力并不在厂商对外投资所具有的垄断优势方面，而是强调厂商经营规模扩张的性质。

彭罗斯虽提出了一些思想，但并没有建立起厂商行为的一般模式。以一般化厂商理论为依据的厂商增长论，实际上是在 20 世纪 60 年代以后提出的厂商增长最大化的新古典厂商理论基础上形成和发展起来的。厂商增长最大化理论的提出者是马里斯、鲍莫尔和加尔布雷斯等人。[2] 增长最大化，是指厂商经理偏好扩大规模（以销售量或资产额衡量）而不是偏好增加净利润。在增长最大化状态时，厂商最优投资量超出利润最大化状态下边际收益等于边际成本的点。该理论主要基于如下假定：公司所有权与经营权相分离，厂商经理可以在相当独立的程度上作出决策，经理报酬与厂商规模增长的关系比与厂商利润的关系更为紧密。在上述假设前提下，厂商经理就会尽可能地扩大厂商规模，仅追求资本所有者所要求的最低利润水平。假定厂商扩大规模的新增投资全部来源于过去投资的收益，则一定量的投资收益用于再投资的部分越多，股东红利部分就越小，从而厂商股票现期价格就越低。如图 2—3 所示：从 A 点到 B 点，厂商较快的投资扩张带来较高的红利和较高的股票价格，厂商扩张到 B 点时与股本收益一致，超过 B 点之后，投资扩张的增长率超过了股本收益的增长率，即厂商经理执行的扩张战略是以降低股东红利来实现的。

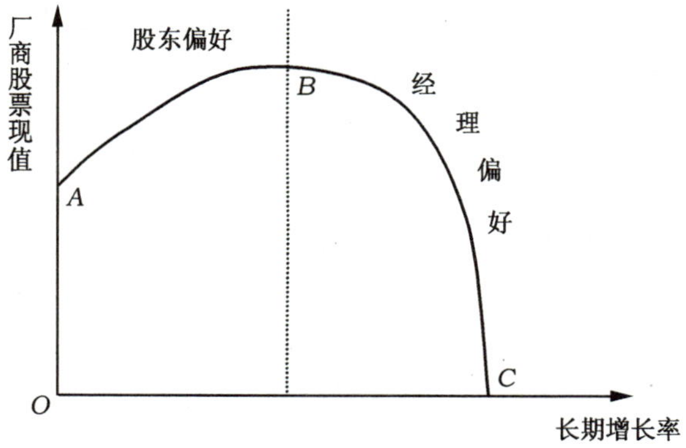

图 2—3 厂商股票现值与长期增长率相关

---

① E. T. 彭罗斯：《对外投资与厂商增长》，载于《经济学》第 82 卷，第 991—999 页。

② R. L. 马里斯：《管理资本主义的经济理论》，麦克米兰出版公司 1964 年版。W. J. 鲍莫尔：《商业行为、价值和增长》，麦克米兰出版公司 1959 年版。J. K. 加尔布雷斯：《新工业国》，霍顿出版公司 1967 年版。

厂商增长论者认为，厂商增长最大化理论所描述的情况比较符合跨国企业的一些特点：厂商经理具有独立经营权力。厂商倾向扩大国外市场销售额，赚取超额利润。所以，厂商增长理论可以作为解释厂商对外直接投资动机及跨国企业形成的理论依据。厂商增长理论提出，对外直接投资是厂商追求增长最大化的自然结果。增长最大化厂商的对外扩张一般要经历出口、许可生产、跨国企业三个阶段。这既是厂商追求增长最大化的内在要求，又是增长最大化厂商对外投资的战略体现。

厂商增长论所解释的是经理控制下的增长最大化厂商的对外直接投资，这种对外直接投资的形式与股东控制下的利润最大化厂商的情况有所不同，两者的主要不同点如图 2—4 所示：(1)在各个时点上，增长最大化厂商的销售量总是大于利润最大化厂商；(2)增长最大化厂商较早从出口转向直接投资；(3)从出口到直接投资的转折，增长最大化厂商不像利润最大化厂商那样等到市场扩大后才转向直接投资，而是在此点之前就已先行转为直接投资。

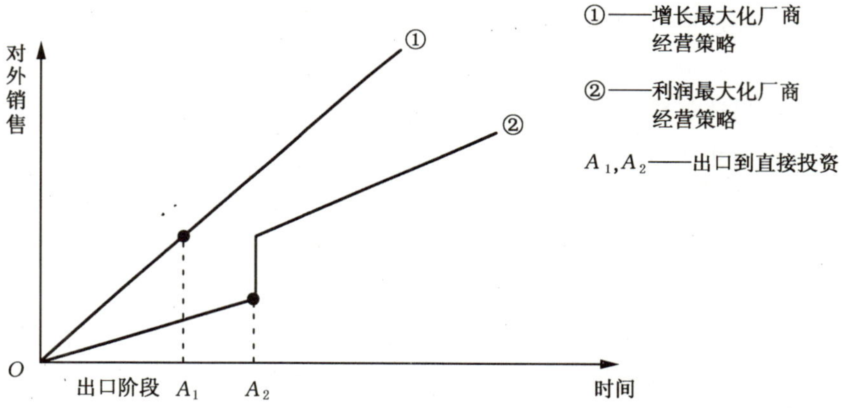

图 2—4 增长和利润最大化厂商的对外直接投资

三、国际直接投资的宏观理论

国际直接投资的宏观理论，不是根据厂商行为，而是根据不同国家的生产要素或生产环境差别来对国际直接投资起因作出解释的。我们这里所提的宏观理论，是指 20 世纪 70 年代以后出现的新理论。上面所述的各种微观理论虽然指出了厂商特定优势在国际直接投资中的关键作用，却未能指出或辨明不同国家之间各类要素的差别对于引起国际直接投资所具有的重要意义。现代微观理论从微观层次上也不能充分说明国际直接投资过程，但为新宏观理论的产生奠定了基础。新的宏观理论以厂商垄断优势理论作为其微观基础，从宏观层次上解释国际直接投资，其中具有代表性的是阿利伯的资本化率理论和小岛清的比较优势理论。

(一)资本化率理论

1970年美国芝加哥大学教授阿利伯在其《对外直接投资理论》一文中,提出了用不同国家的资本化率差异来解释国际投资活动的理论,即资本化率理论。[①] 资本化率是指使收益流量资本化的程度,用公式可表示为 $K=C/I$,其中 K 为资本化率,C 为资产价值,I 为资产收益流量。资本化率越高,表示可使同量收益流量形成较高价值的资产,也意味着资本预期收益的较快增长;反之,同量收益流量只能形成较低价值的资产,同时意味着资本预期收益的较慢增长。阿利伯注意的是由不同国家货币差别而不是由厂商融资能力差别所造成的资本化率差异,因而是一种宏观层次上的解释。

阿利伯认为,强币国的资本化率要高于弱币国。因此,跨国公司的对外直接投资是强币国向弱币国流动的。这是因为在以投标形式购买东道国有收益资产的竞争条件下,资本化率高(强币国)的外国厂商由于具有相对较低的筹资成本可以出较高的价格,因而通常由资本化率高的国家的厂商而不是东道国当地厂商接管现有产权。在这种直接投资的实现过程中,外国厂商是以较高的资本化率 K 将同量收益流量 I 资本化的。在这里,资本化率 K 的差异起着决定性作用。假定其他条件不变,强货币国家里具有较高资本化优势的厂商将向弱货币国家进行直接投资。

这里还需要特别指出的是,资本化率理论认为强货币国家所有厂商与弱货币国家所有厂商相比,在股权资本成本上具有普遍优势的原理应基于这样的假定:国外子公司获得的收益应根据投资来源国(母国)的资本化率重新转化为投资资本,而不是以东道国的资本化率来确定。这一假定非常重要,它将问题限定在国家差别的层面上,注重的是国家差别特征而不是厂商差别特征。

阿利伯的资本化率理论是根据20世纪50—60年代美国的经济状况提出来的,在一定程度上能够解释美国当时大量向国外投资的原因。但这一理论有其局限性,如对目前发达国家之间、发达国家与发展中国家之间的交叉性投资无法作出科学的解释。

(二)比较优势理论

比较优势理论是日本一桥大学教授小岛清在20世纪70年代中期根据国际贸易比较成本理论,以日本厂商对外直接投资情况为背景提出的。[②]

小岛清把对外直接投资的理论建立在比较成本原理的基础上,采用正统国际贸易理论2×2模型,即两个国家和两种产品进行分析。其基本观点是:对外直接投资应该从本国(投资国)已经处于或趋于比较劣势的产业(又称边际产业)依次进行。这些边际产业是对方国家具有比较优势或潜在比较优势的产业。从边际产业开始进行投资,可以使对方国家因为缺少资本、技术、经营技能等而未能显现或未能充分显现出来的比较优势显现出来或增强起来,可以扩大两国间的比较成本差距,实现数量更多、获益

---

① R.Z.阿利伯:《对外直接投资理论》,载于C.P.金德尔伯格编,《国际公司》,麻省理工学院出版社1970年版。

② 小岛清:《对外直接投资:跨国经营的日本模式》,普雷格出版公司1978年版。

更大的贸易。

在小岛清看来，因为一国的经济状况各有其特点，这样，根据美国对外投资状况而推断出来的理论无法解释日本的对外直接投资。他认为，美国跨国公司主要分布在具有垄断优势的制造业部门，这种投资是贸易替代型的，与比较优势原理不符。在这种投资模式下，比较投资利润率与比较成本发生背离，直接投资与比较成本指示的方向相背离，不符合按比较劣势边际产业顺序投资的原理，因而投资厂商所获高利润率不是由比较优势而是由垄断优势带来的。这种由垄断优势引导的直接投资会减少贸易，使双方国家的福利遭到损失。而日本的对外直接投资方式正好与之相反，属于贸易创造型，主要被那些具有相对优势的部门所采用，这种直接投资是根据比较劣势边际产业顺序投资的原理进行的，比较利润率与比较成本相对应。这种直接投资的结果是：双方贸易量增加，双方福利增加，而且沿比较优势指示的方向形成更合理的国际分工和贸易发展格局。

总之，小岛清的比较优势论是根据双方国家的比较优势及投资国要素禀赋比率的动态变化解释对外直接投资，因而是一种宏观理论。该理论有如下特点：(1)在产业组织论等微观理论离开国际贸易理论范畴对直接投资作出了成功论证的情况下，比较优势论仍然坚持以国际贸易理论的基本原理和方法，采用两个国家、两种产品(并可扩大到多种商品)的分析模式，不像微观理论那样是一种商品、一个产业或一个企业的分析。(2)比较优势论所分析的直接投资，主要是随着利用劳动力资源的比较优势变化，生产从高工资国转移到低工资国而发生的，经济先行发展的国家，要素禀赋比率的变化速度快于发展中国家，对发展中国家的投资是按照本国产业比较劣势的顺序进行。这种依据比较成本动态变化所作出的解释，特别适合于说明新兴工业化国家对发展中国家的直接投资。

四、国际直接投资的综合理论

(一)国际直接投资综合理论的进展

国际直接投资理论的各种不同学说是分别在产业组织理论和国际贸易理论这两个不同理论框架下发展起来的。这两个流派的理论出发点不同，侧重点也不同，产业组织理论强调微观层次上厂商行为及市场结构的决定作用，轻视国家要素禀赋差别的作用；而国际贸易理论则强调在宏观层次上国家要素禀赋差别对国际直接投资发生的决定作用，并认为依据产业组织理论所作的解释不能反映厂商进行国际经济活动所具有的不同于国内经济活动的特殊性质。针对这种两派理论各执一词的情况，许多学者开始将它们综合起来进行研究，以建立一种一般性的国际直接投资理论框架。

20 世纪 60 年代初以来，一方面出现了新要素理论、新技术理论、规模经济论等国际贸易新理论，打破了传统国际贸易理论中生产要素不能跨国流动的假设前提；另一方面则出现了以垄断优势论为代表的国际直接投资理论。到 20 世纪 70 年代初，开始出现了这两种理论相聚合的趋势，许多学者在这方面进行了卓有成效的研究。如戈登根据新要素论及与厂商拥有特定资产有关的新技术要素论解释厂商国际直接投资的区位决定原因[①]；霍斯特选取厂商经济活动规模作为关键变量，既解释国际贸易又解释直接投资[②]；马吉用厂商追求非生产利润（租金）的动机来解释国际贸易和直接投资[③]；巴克利和卡森认为直接投资的发生，一是区位优势的吸引，二是因为产权知识市场失效，主张将国际贸易论和产业组织理论结合起来解释直接投资[④]。

在所有进行理论综合工作的学者中，邓宁是最早开始并始终不断地致力于这方面研究的学者。1977年，他发表了一篇题为《贸易、经济活动的区位和跨国企业：一种折衷主义方法的探索》的论文，从厂商特定资产所有权、内部化、国家区位三个方面综合解释直接投资。[⑤] 邓宁的不断努力，使这一折衷理论（OIL理论）成为直接投资综合研究方面影响最大的理论。

（二）折衷理论

邓宁的折衷理论，即OIL理论，从产业组织理论和国际贸易理论各学说中选择了被认为是最关键的三个解释变量，即厂商特定资产所有权优势——O，内部化优势——I，国家区位优势——L，根据这三个变量之间的相互联系性来说明对外直接投资及其他各种形式的国际经济活动。该理论认为，只有当O、I、L三个条件都满足的情况下，投资厂商才愿意进行对外直接投资。

1. 厂商特定资产所有权优势

这是指厂商在国际市场上拥有的优越于其他国家厂商的特定优势。它主要包括技术优势、厂商规模优势、组织管理优势和金融货币优势等。

2. 内部化优势

这是指厂商将其特定资产所有权优势内部化的能力。内部化的条件包括签订和执行合同需较高的费用、买者对技术出售价值的不确定性、需要控制产品的使用。如果以上这些条件存在，企业将通过内部市场使用其特有优势，而不是向其他国家企业出售其特有优势。

3. 国家区位优势

这是指东道国现存厂商以内部化方式将其特定资产与当地某些资源要素结合使用的一组条件。它主要包括：东道国丰富的自然资源，低成本、有效率、有技艺的劳动力，市场较大的规模和较快的发展，限制进口的贸易壁垒，政府制定的吸引外国投资的

---

① W. M. 戈登：《生产理论》，牛津大学出版社1972年版。

② T. 霍斯特：《对外投资决策的企业和产业决定因素》，载于《经济学和统计学评论》第54卷，1972年。

③ G. P. 马吉：《信息和跨国公司——对外直接投资的报偿理论》，载于巴格瓦蒂编，《国际经济秩序》，麻省理工学院出版社1977年版。

④ P. J. 巴克利：《跨国企业的未来》，麦克米兰出版公司1976年版。

⑤ J. H. 邓宁：《贸易、经济活动的区位和跨国企业：一种折衷主义方法的探索》，麦克米兰出版公司1977年版。

政策。在邓宁看来,所有权优势、内部化优势、国家区位优势是形成国际直接投资的三个最关键因素。这三方面因素的组合,不仅可以确定各种类型的直接投资,而且可以解释厂商关于直接投资、出口销售和许可经营这三种经济活动的选择行为,如表 2—1 所示。

表 2—1　　可选择的国际经济活动方式

经济活动方式	所有权优势	内部化优势	国家区位优势
直接投资	√	√	√
出口销售	√	√	×
许可合同	√	×	×

所有权优势是厂商以各种方式参与国际市场活动的必要条件,区位优势是进行直接投资的充分条件。只具备所有权优势和内部化优势而不具备区位优势时,厂商选择出口;如果只具备所有权优势,即没有能力使之内部化,也不能利用国外区位优势,那就只能采取许可经营的方式;当三个条件同时具备时,厂商才有可能进行直接投资。

邓宁的折衷理论虽然选取了以往各种理论中重合采用的三个最关键的解释变量,并且注重各变量之间的相互关系,以弥补以往一些理论的片面性缺陷,但折衷理论仍然存在着很大的局限性,使之不能成为一种能够解释所有类型直接投资的一般理论。其局限性主要表现在以下两方面:(1)OIL 理论强调几种因素之间相互依赖、相互决定的关系,以及这种关系对直接投资的共同决定作用,但忽视了这些因素之间的分立关系、矛盾关系对直接投资的作用。例如,东道国具有较强的区位优势,外国厂商没有什么厂商特定优势照样可在这样的东道国进行投资;又如,具有很强所有权优势的厂商照样会在区位劣势的国家里进行投资。这些在不同因素之间存在矛盾关系情况下发生的直接投资显然不是 OIL 理论所能够解释的,因此这种综合理论并不具有一般解释力。(2)OIL 理论虽然是对以往各种理论的综合,邓宁将其称为一种"折衷主义"。但事实上它并不是完全意义的折衷,其基本论点仍然是有所侧重的,它主要依据的是内部化理论。在厂商特定资产优势、内部化优势和国家区位优势三者相互联系、共同决定的关系中,内部化优势起着核心作用。因此,OIL 理论适宜于解释大规模跨国企业,不适宜于解释中小投资厂商。事实上,OIL 理论仍然是以工业发达国家跨国企业为背景,没有充分注意到新兴工业化国家(20 世纪 60—70 年代的日本、20 世纪 80—90 年代的新加坡和韩国)中小投资厂商的情况,这也使其理论不能成为国际直接投资的一般理论。

五、国际直接投资理论的新进展

随着经济全球化步伐的日益加快,国际直接投资日益呈现出多样化的格局。不仅欧、美、日"大三角"国家加大了对外直接投资的广度和深度,新兴发展中国家也积极参与到国际直接投资的行列中，发展中国家的跨国公司自20世纪90年代以来取得了巨大发展，全球500强中已不乏它们的身影；中小企业对外直接投资也成为一股巨大的潮流，冲击着传统的大型跨国公司占据国际直接投资主流地位的格局。这些新形势、新特点的出现，使上述传统的国际直接投资主流优势理论越来越不能为我们提供足够的对现实的理论解释力，现实的需要推动国际直接投资理论在近几年中取得了许多新的进展，集中体现在两个方面：发展中国家国际直接投资的适用性理论和中小企业国际直接投资的适用性理论。

（一）发展中国家国际直接投资的适用性理论

占主流的西方微观投资理论强调跨国发展的企业需具有垄断性的竞争优势地位。如按照这种论断，发展中国家的大多数企业都不可能产生跨国发展的动因。因为无论从规模、资本还是技术水平和经营管理技能等方面，发展中国家企业同发达国家企业相比，存在着明显的差距。但事实上，发展中国家的大、中、小企业都分别开始走上了跨国经营道路，不少企业还直接打入了发达国家的内部市场。对于这种现实，应寻求新的理论解释。

1. 小规模技术理论

把竞争优势绝对化是传统理论的最大缺陷，美国经济学家威尔斯的小规模技术理论①弥补了传统直接投资理论的这一不足。威尔斯指出，发展中国家跨国企业的竞争优势来自低生产成本，这种低生产成本是与其母国的市场特征紧密相关的。威尔斯主要从三个方面分析了发展中国家跨国企业的比较优势：

(1)拥有为小市场需要提供服务的小规模生产技术。低收入国家制成品市场的一个普遍特征是需求量有限，大规模生产技术无法从这种小市场需求中获得规模效益，而这个市场空档正好被发展中国家的跨国企业所利用，它们以此开发了满足小市场需求的生产技术而获得竞争优势。

(2)发展中国家在民族产品的海外生产上颇具优势。发展中国家对外投资的另一特征表现在鲜明的民族文化特点上，这些海外投资主要是为服务于海外同一种族团体的需要而建立的。一个突出的例子是华人社团在食品加工、餐饮、新闻出版等方面的需求，带动了一部分东亚、东南亚国家和地区的海外投资。而这些民族产品的生产往往利用母国的当地资源，在生产成本上占有优势。

(3)低价产品营销战略。与发达国家跨国公司的产品相比，物美价廉是发展中国家产品最大的特点。当然，这一特点也自然成为发展中国家跨国企业提高市场占有率的有力武器。而发达国家的跨国公司的营销策略往往是投入大量的广告费用，树立产品形象，以创造名牌产品效应。美国学者Busjeet对毛里求斯出口加工区外国制造业公司的调查证实，发展中国家跨国公司推销产品的广告费用大大低于发达国家的同行

---

① 美国经济学家Louis T. Wells于1977年发表的题为《发展中国家企业的国际化》一文中最早提出了该理论。

公司。在被调查的企业中，96％的发展中国家公司广告费用占其销售额的比例低于1％，而在发达国家的同行公司中，21％的子公司广告费用占其销售额的比例超过2％。

威尔斯的小规模技术理论被西方理论界认为是该领域研究的具有代表性的理论之一。他把第三世界跨国公司竞争优势的产生与这些国家自身的市场特征结合起来，它在理论上给后人提供了一个充分的分析空间。世界市场是多元化、多层次的，即使对于那些技术不够先进，经营范围和生产规模不够大的小企业，参与国际竞争仍有很强的经济动力，不仅有利于实现企业的经营战略和长期发展目标，而且企业的创新活动大大增加了发展中国家企业参与国际竞争的可能性。

2. 技术地方化理论

技术地方化理论[①]是英国经济学家拉奥在对印度跨国公司的竞争优势和投资动机进行了深入研究后提出的。在拉奥看来，即使发展中国家跨国企业的技术特征表现在规模小、使用标准技术和劳动密集型，但这种技术的形成却包含着企业内在的创新活动。拉奥认为是以下几个条件使发展中国家企业能够形成和发展自己的“特有优势”。

(1)在发展中国家中，技术知识的当地化是在不同于发达国家的环境下进行的。这种新的环境往往与一国的要素价格及其质量相联系。

(2)发展中国家生产的产品适合于他们自身的经济和需求。换句话说，只要这些企业对进口的技术和产品进行一定改造，使他们的产品能够更好地满足当地或邻国市场需要的话，这种创新活动就会形成竞争优势。

(3)发展中国家企业竞争优势不仅来自其生产过程和产品与当地的供给条件和需求条件的紧密结合，而且来自创新活动中所产生的技术在规模生产条件下具有更高的经济效益。

(4)在产品特征上，发展中国家企业仍然能够开发出与名牌产品不同的消费品，特别是国内市场较大，消费者的品位和购买能力有很大差别时，来自发展中国家的产品仍有一定的竞争能力。

拉奥的技术地方化理论不仅分析了发展中国家企业的国际竞争优势是什么，而且更重要的是强调了形成竞争优势所特有的企业创新活动。在拉奥看来，企业的技术吸收过程是一种不可逆的创新活动，这种创新往往受当地的生产供给、需求条件和企业特有的学习活动的直接影响。与威尔斯相比，拉奥更强调企业技术引进的再生过程，即欠发达国家对外国技术的改进、消化和吸收不是一种被动的模仿和复制，而是技术的改进和创新，正是这种创新活动给企业带来了新的竞争优势。虽然拉奥的技术当地化理论对企业技术创新活动的描述是粗线条的，但它把对发展中国家的企业跨国经营

---

① 鲁桐:《发展中国家跨国公司理论及其思考》，载于《世界经济与政治》1998年第1期。

研究的注意力引向微观层次，以证明落后国家企业以比较优势参与国际生产和经营活动的可能性。

3. 规模经济理论

对于很多商品、服务的生产经营者来说，随着生产技术、管理技术的进步和企业生产规模的扩大，与商品、服务的市场价值增加相比，企业商品、服务的生产经营成本有递减趋势。在实践中，主要表现为大规模商品、服务生产效率的提高，统一商标的经济性、信息分享的经济性以及市场影响和控制的经济性等。

在经济全球化的今天，国内市场的有限性，企业商品、服务适度生产经营规模不断扩大及其对市场扩大的要求，使国外市场成了企业追求的重要目标。当具有规模经济效应的企业的商品、服务的生产经营具有可分性或分立性，企业在国外设立子公司、分公司就有了可能，就成了企业实现规模经营的一种形式。当企业在国外市场、国外原材料基地、国外其他生产要素供给源设立子公司、分公司可以降低企业商品、服务的生产经营成本以及体现规模经济效益时，企业在国外进行投资，设立子公司、分公司，就成为理性抉择。在这里，只要规模经济效果大于设立子公司、分公司成本，设立子公司、分公司就是可取的。当市场、原材料基地或其他生产要素源在发达国家，母企业在发展中国家时，发展中国家企业向发达国家直接投资就成了理所当然的事情了。

4. 市场控制理论

绝大多数的商品经营都需要中间服务，但每一个中间服务者的服务能力都是有限的，他们只愿意为那些利润大风险小的商品经营服务，他们在公众心目中树立自己的特有形象，确定自己的市场定位；他们有垄断倾向，倾向于独立经营排除干扰。如果一个厂商的商品或服务不能给中间商以高额利润，如果这个厂商生产经营的商品风险较大，他要在中间商那里得到良好的服务就很难；如果一个厂商要在公众心目中树立自己的形象，他就必须控制、影响中间商或自己直接与公众接触；如果中间商不予合作或合作不好，厂商直接与公众接触就成为必要，即跨国企业将开始自己的跨国经营。在这种条件下，只要具有经济、技术、法律上的可行性，只要对企业的总体发展有利，企业直接控制中间服务，把中间服务纳入自己的运行机制之中，就成了理性选择。在这种情况下，直接成本并不起决定作用，相对优势也不是前提条件。当母企业在发展中国家，中间服务在发达国家时，母企业向发达国家投资，并在发达国家建立自己的商品服务中间机构——子公司、分公司进行发展中国家企业向发达国家直接投资，就无可厚非了。这个理论在解释贸易桥头堡式的发展中国家企业向发达国家的直接投资时，具有很强的解释力；如果把“中间服务”改为“中间产品”，它也能在一定程度上解释纵向一体化型的发展中国家企业向发达国家直接投资的现象。

5. 国家利益优先取得论

从国家利益的角度看，大多数发展中国家，特别是社会主义国家的企业，其对外直接投资有其本身的特殊性。这些国家的企业按优势论的标准来衡量是根本不符合跨国经营条件的。但在世界经济一体化浪潮的冲击下，企业为了赶上世界经济发展的潮流，不得不进行对外直接投资，寻求和发展自身的优势。在这种情况下，国家支持和鼓励企业进行跨国经营活动就是在所难免的事情了。

对外直接投资不仅使投资者保持着资本的所有权，从而取得由收益率差异引起的资本收入，更重要的还在于使投资者保持着对资本运行和使用的控制权，从而获得远比货币收益更广泛的综合效益。这在投资者是国有制企业从而国家和企业利益有着更紧密的联系的情况下，更是如此。对外直接投资给国家带来的利益是综合性的，可大致概括为以下几个方面：

(1)资源转移效果。投资国通过对外进行直接投资，不但可直接从国外取得低成本的自然资源供给，间接地享受东道国当地资源供给和基础服务，还能汲取和传输国外先进技术成果和管理知识，这也是目前发展中国家鼓励和支持企业对外直接投资最基本的动因之一。

(2)产业结构调整效果。对于大多数投资国，一般东道国向国外进行"一揽子"要素转移的，也主要是国内较为成熟、产品供给相对富余甚至饱和的产业部门。通过直接投资的方式进行跨国界的转移，既保证了现有资产的应有价值，又起到了调整和优化国内产业结构的作用。

(3)国际收支效果的获得。除了麦克杜格尔模型所显示的直接国际收支影响外，跨国直接投资对投资国国际收支还产生若干间接影响。这些影响可概括为：直接创收外汇利润；带动和扩大产品出口，间接增加了国家外汇收入；带动和扩大劳务出口，增加和扩大非贸易外汇收入；境外企业进行反向投资以及联系介绍外商对投资国投资，增加了国家的收入。

(4)市场竞争效应。跨国经营企业的不断增多、规模的不断扩大，会对国内原有的竞争趋势产生不可忽视的影响。如一些率先跨国发展的企业，将会因为在国外取得了新的市场空间，或者取得了稳定的资源供给或新的技术信息，而大大增强自己的竞争实力，使自己的竞争地位发生跃升，从而使国内竞争对手感受到新的压力。这将迫使国内竞争者或者采取跨国发展的行为，或者改进经营，加强研究与开发，提高产品质量，在国内市场应付挑战。显然，无论哪种情况，都会对投资国竞争水平的提高、经济活力的增强发生积极作用。

(二)中小企业国际直接投资的适用性理论

主流优势理论将垄断优势或内部化优势视为国际直接投资发生的关键因素，这是以大型跨国公司为参照的，难以解释中小企业的国际直接投资行为。近年来，随着中小企业国际直接投资的快速发展，寻求相关的理论解释也成为必然。上述发展中国家国际直接投资的适用性理论中有很多就是以中小企业为研究对象的，如小规模技术理论和技术地方化理论，除此之外，还有几种较为成熟的解释中小企业国际直接投资的理论。

1. 防御型理论

这是通过对中国台湾中小企业海外直接投资研究后总结而得出的理论。20世纪80年代中期以后，中国台湾海外直接投资高速增长，自1988年起，每一年的投资金额均超过30年来的总和，但其海外直接投资的构成却是以中小企业为主，中小企业海外直接投资的热情要远远高于大型企业，这与“大三角”国家的发展模式迥然不同。中国台湾学者将此归纳为防御型海外投资，以区别大型跨国公司的积极型海外投资。所谓防御型海外投资，是指当国内生产条件发生变化，使部分厂商丧失国际竞争力时，转而寻求海外发展机会，利用国外廉价资源继续经营原行业。

中国台湾中小企业多以劳动密集型的加工贸易起家，在20世纪80年代初期，台湾币值低估，台湾出口导向的加工贸易具有很强的国际竞争力，但到了80年代中期，随着台湾贸易顺差的快速累积，在对应贸易国家和地区的压力下，台湾币值不得不升值，而台湾当局为避免快速升值影响岛内产业的发展，采取缓慢升值的方式，结果造成短期资金的大量流入，岛内房价、土地价格狂升，工资也水涨船高，这样企业的经营成本急剧上升，为了保持国际竞争力，很多台湾中小企业就转向海外投资，主要集中在周边要素成本较低的中国内地及东南亚国家和地区。台湾的例子说明，中小企业抵抗经营环境变化的能力较低，但经营的灵活性相当强，因而，只要条件允许(如合适的区位、当局政策支持)，较大型企业有更大的动力进行海外投资也是合理的。

2. 依附理论

这是主流优势理论的扩展，以使主流优势理论也适用于解释中小企业海外直接投资。该理论认为中小企业海外直接投资很大程度上是受到大型跨国公司的带动，即是依附于大型跨国公司的，其成功与否取决于大型跨国公司垄断优势或内部化优势外溢效应的大小。因此，该理论的核心仍是强调大型跨国公司的垄断优势或内部化优势。这一理论很好地解释了“大三角”国家跨国公司从复合一体化战略向网络战略转变过程中，带动中小企业海外直接投资发展的新趋势，即中小企业是作为跨国公司全球网络组织的一部分而参与海外直接投资的。

3. 信息技术理论

信息技术理论认为，促进中小企业海外直接投资的关键因素是信息技术的进步。中小企业本身所具有的灵活性和现代信息技术的结合，使中小企业的跨国经营显示出无与伦比的活力和优势。该理论尤其适合解释信息密集型的服务业中小企业的海外直接投资行为。

4. 国家支持理论

越来越多的国家和地区意识到中小企业对于一国经济保持活力和持续增长的重要意义，因此，很多国家都颁布了相关的中小企业促进法案，其中，促进中小企业“走出去”寻求外需往往是重要内容。由于中小企业资源获得能力和抵抗风险的能力较弱，需要政府提供相应的优惠政策予以支持，因此，中小企业海外直接投资成功与否与政府的态度和支持手段是密不可分的。上文提到了中国台湾的例子，台湾中小企业源于岛内经营环境变化的压力而被迫进行海外投资是一方面，而另一方面则得益于台湾当局放宽对外投资管制、外汇自由化、放开祖国大陆探亲，以及提供对外投资融资、保险等优惠政策的鼎力支持。

第二节　国际间接投资理论

国际间接投资是以国际债券、股票等国际证券为投资标的而进行的一种国际投资行为。因此，国际间接投资理论也就是国际证券投资理论，它源于现代西方证券投资理论，是现代西方证券投资理论在国际投资领域的延伸与拓展。

简单地说，证券投资者的投资目标就是如何以最小的风险获得最大的收益。为达到这一目标，就涉及一个证券投资组合的问题。很多证券投资者都奉行"不要把所有的鸡蛋放在一个篮子里"的格言，并按此进行投资组合，以降低风险、获取收益，但在这一经验格言基础上发展起来的早期证券投资理论却具有机械性和过分定性化的特点，不能很好地指导投资者进行操作。

20 世纪 50 年代初，纽约市立大学巴鲁克学院的经济学教授马科维茨将概率论和线性代数的方法应用于证券投资组合的研究，探讨了不同的、运动方向各异的证券之间的内在相关性，于 1959 年出版了《证券组合选择》一书，详细论述了证券组合的基本原理，提出了著名的资产选择理论，从而为现代西方证券投资理论奠定了基础。1963 年，马科维茨的学生威廉・夏普又发展了这一理论，他在其后发表的《资本资产价格：在多种风险情况下的市场均衡理论》和《在股票组合和资本预算中风险资产的估计和风险投资的选择》两篇论文中提出了"资本资产定价模型"(Capital Asset Pricing Model, CAPM)，论述了资本资产的价格是如何在市场上决定的，使证券投资理论由规范经济学进入实证经济学范畴。斯蒂芬・罗斯于 1976 年和 1977 年分别发表了《资本资产的套价理论》和《风险、收益和套价》两篇论文，从而建立了"资本资产套价理论"(Arbitrage Pricing Theory, APT)，该理论与资本资产定价理论一样，也是一个资产价格的均衡模型，只是它设想证券收益并不单纯产生于"市场组合"，而是产生于"因素模型"。1973 年，美国经济学家布莱克(F. Black)和斯科尔斯(M. Scholes)在美国《政治经济学杂志》上发表了一篇名为《期权和企业债务的定价》的文章，导出了著名的 Black-Scholes 期权定价模型，对现代金融交易和企业财务产生了广泛而深刻的影响，尤其对 20 世纪 70 年代以来衍生金融交易的发展起到了巨大的推动作用，斯科尔斯与对该理论的应用和推广发挥重要作用的默顿还因此获得了 1997 年的诺贝尔经济学奖。

一、马科维茨的证券组合理论

马科维茨的证券组合理论主要解释了投资者如何衡量不同的证券投资风险，证券投资组合的风险与收益存在什么关系，怎样使风险分散化，重点解决投资风险存在条件下的投资决策问题。马科维茨将证券投资的决策过程分为三个相互分离的阶段，即证券分析、证券组合分析和证券组合选择。

（一）证券分析

证券分析主要是对单一证券的风险、收益及证券与证券之间的相关性进行分析。

一般而言，证券投资者最关心的问题就是证券预期收益与预期风险的关系。证券收益包括两部分：一是证券买卖的差价，二是债息或股利。如果投资者要预测某种证券的未来收益，只需将该种证券的收益估值乘以不同状态下的发生概率，加总后所得出的结果便是预期收益。因此，预期收益实际是表示投资者持有某种证券在一段时间所获得的平均收益，即收益的期望值，用公式可表示为：

$$EX=\sum_{i=1}^{n}X_i \cdot P_i \tag{2—1}$$

式中：EX——预期收益；

X_i——第 i 种可能状态下的收益；

P_i——第 i 种可能状态发生的概率。

例如，投资者预计 A 证券在不同市场情况下的收益率如表 2—2 所示。

表 2—2　　一个假设的证券收益率与概率

市场情况	概率(P_i)	收益率(X_i)
行情上涨	0.30	15%
行情基本不变	0.50	8%
行情下跌	0.20	−5%

则预期收益率 $EX=15\%\times0.3+8\%\times0.5-5\%\times0.2=7.5\%$

对预期收益率加以解释和定量化较为容易，而要精确衡量持有证券的风险，即证券收益的不确定性则甚为困难。马科维茨运用统计学的方法，将不确定的收益率看作随机变量，用它们的集中趋势，即期望来表示证券预期收益（如上所述），而用它们的离散趋势，即标准差来度量证券风险的大小，用公式可表示为：

$$\sigma=\sqrt{\sum_{i=1}^{n}(X_i-EX)^2 \cdot P_i} \tag{2—2}$$

式中：σ ——标准差。

在上例中，

$$\sigma=\sqrt{(15\%-7.5\%)^2\times0.3+(8\%-7.5\%)^2\times0.5+(-5\%-7.5\%)^2\times0.2}$$
$$=6.75\%$$

单个证券的投资预期收益和投资风险可直接从概率分布中得出，而证券投资组合的预期收益和风险则必须把各种证券之间的相关关系考虑在内。证券预期收益之间的相关程度是用相关系数 ρ_{ij} 来表示的，见公式(2—3)：

$$\rho_{ij}=\frac{COV_{ij}}{\sigma_i,\sigma_j} \tag{2—3}$$

式中：ρ_{ij}——i 证券与 j 证券的相关系数；

COV_{ij}——i 证券与 j 证券预期收益的协方差；

σ_i,σ_j——i 证券和 j 证券各自的标准差。

相关系数取值总在－1 到＋1 之间，即－1≤ρ_{ij}≤1。若 $\rho_{ij}=1$，则称这两种证券完全正相关；若 $\rho_{ij}=-1$，则称这两种证券完全负相关；若 $\rho_{ij}=0$，则称这两种证券毫不相关。这种关系可用图 2—5 来表示。

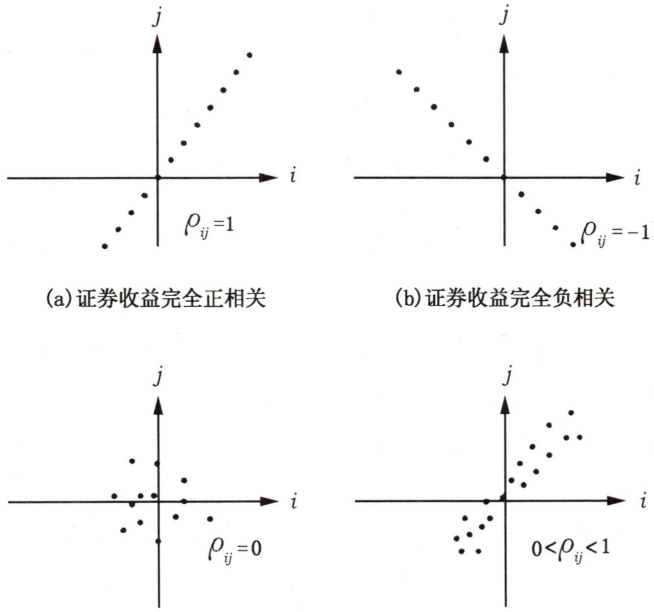

(a)证券收益完全正相关　(b)证券收益完全负相关

(c)证券收益不相关　(d)证券收益部分正相关

图 2—5　证券预期收益的相关性

(二)证券组合分析

投资者一旦确定了各种证券的预期收益和标准差以及各种证券收益之间的相关性，就可以进一步计算出每一个证券组合的预期收益和标准差。每一个证券组合的预期收益可以通过对其包含的每一种证券的预期收益的加权平均求得，其计算公式如下：

$$\bar{r}_p=\sum_{i=1}^{n}x_i\bar{r}_i=x_1\bar{r}_1+x_2\bar{r}_2+\cdots+x_n\bar{r}_n \tag{2—4}$$

式中：$\bar{r}_p$——证券组合的预期收益；

x_i——证券 i 在该证券组合总值中所占比重(权数)，$\sum x_i=1$；

$\bar{r}_i$——证券 i 的预期收益；

n ——证券组合中证券种类数。

一个证券组合的标准差的计算相对要复杂得多，它不是个别证券标准差的简单加权平均，必须通过公式(2—5)求得。

$$\sigma_p^2 = \sum_{i=1}^{n}\sum_{j=1}^{n} COV_{ij}x_i x_j \quad (2—5)$$

式中：σ_p^2——证券组合的方差(平方根即为标准差)；

COV_{ij}——证券 i 和证券 j 收益之间的协方差；

x_i，x_j——证券 i 和证券 j 的权数。

公式(2—5)可整理为：

$$\sigma_p^2 = \sum_{i=1}^{n}\sigma_i^2 x_i^2 + 2\sum COV_{ij}x_i x_j \quad (2—6)$$

公式(2—6)的前半部 $\sum_{i=1}^{n}\sigma_i^2 x_i^2$ 是指每种证券的方差乘上权数的平方加总，后半部中的 $\sum COV_{ij}x_i x_j$ 是指所有单独协方差乘上各自的权数后加总。若该投资组合中有 n 种证券，则所有单独协方差的数目可由公式$\frac{n^2-n}{2}$求得。公式中的 COV_{ij} 又可表示为 $\rho_{ij}\sigma_i\sigma_j$。

由此我们可以看出，证券组合的预期收益和风险主要取决于各种证券的相对比例、每种证券收益的方差以及证券与证券之间的相关程度。在各种证券的相关程度、收益及方差确定的条件下，投资者可以通过调整各种证券的购买比例来降低风险。

(三)证券组合选择

通过上述的证券组合分析，我们可以在一个可能的收益和风险范围内，对若干种已确认可以投资的证券，通过调整各种证券的购买比例来建立不同的证券组合。这些组合就构成了一个可行集，可行集的形状如图 2—6 所示。可行集的形状一般呈伞形，其边界上 F、E、G、A 等点以及边界内 B、C 等各点代表了所有可行的证券组合点。

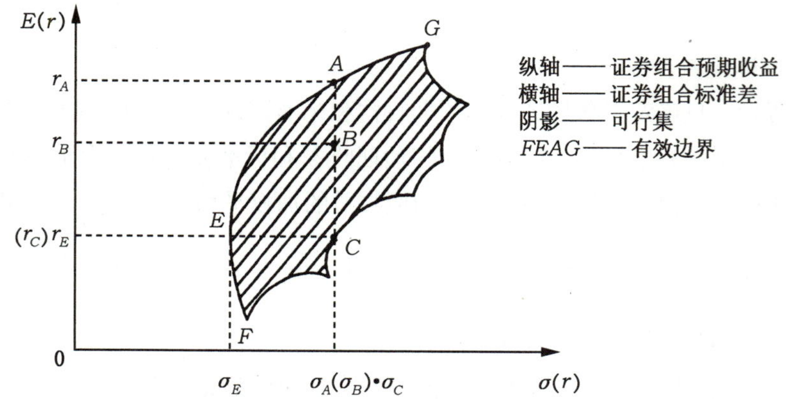

图 2—6　可行集与有效边界

在可行集提供的证券组合的所有可能方案中，投资者通过有效集定理可以找到有效集。有效集定理可以表述为：一个投资者能够从下面一组证券组合中选择到他所企望的最佳证券组合：(1)在各种风险水平条件下，提供最大预期收益率；(2)在各种预期收益水平下，承担最小风险。同时满足这两个条件的一组证券组合，我们称之为有效集或有效组合。在马科维茨的模型图中(图 2—6)，这套有效组合的位置处于一条左上方的曲线上，即曲线 *FEAG*，又称为有效边界。我们用有效边界 *FEAG* 上的点与其他证券组合点相比，可以发现此边界上的点比其他所有点在同样风险水平下收益都高，如 *A*、*B* 两点相比，二者有同样的标准差，即 $\sigma_A=\sigma_B$，但 *A* 点收益 r_A 明显高于 *B* 点收益 r_B。同样道理，有效边界上的点比其他所有点在同样收益水平下风险都低，如 *E*、*C* 两点相比，二者具有相同预期收益，即 $r_E=r_C$，但明显，$\sigma_E<\sigma_C$，即 *E* 点风险要小于 *C* 点。总之，除有效边界 *FEAG* 上的点以外，可行集中的其他组合点，相比之下不是收益太低就是风险太高，所以都不足取。投资者在证券组合选择时，都倾向于选择有效边界的 *FEAG* 上的点。有效边界以外的点，我们均称之为“无效证券组合”。

对于具体投资者而言，并不是有效集中的任何一个证券组合都是他认为的最优组合，这里还存在着一个投资者偏好的问题。对投资者偏好的分析需要引入经济学上的概念——无差异曲线来进行比较研究。投资者对同一无差异曲线上的不同证券组合具有相同的偏好，但不同的无差异曲线代表了不同的偏好水平(容易证明不同的无差异曲线不会相交)。由于在风险增加的情况下，投资者为保持相同的偏好水平必然要求更高的收益，因此无差异曲线具有正的斜率；又由于投资者大多是风险的厌恶者，投资者总是希望以最小的风险获取最高的收益，因此偏好增加的方向是由右下指向左上(见图 2—7)。

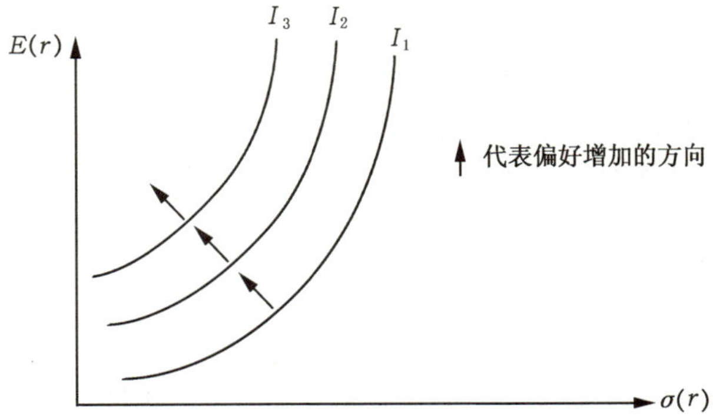

图 2—7 无差异曲线

图 2—7 中曲线 I_1、I_2、I_3 代表了三条不同的无差异曲线。它们所代表的投资者偏好是不同的，从图中我们明显可看出在相同收益情况下，风险状况依次是 $I_1>I_2>I_3$；而在相同风险状况下，收益情况依次是 $I_1<I_2<I_3$。因此，投资者偏好依次是

$I_1 < I_2 < I_3$，即投资者更偏好于 I_3 这条无差异曲线，这与上面的结论是一致的。

引入无差异曲线来衡量投资者偏好后，我们就很容易通过求出无差异曲线与有效边界的切点来取得适合投资者偏好的最优证券组合（见图 2－8）。图中 I_1、I_2、I_3 是某投资者的无差异曲线，阴影代表可行集，边界 AO_2OO_1 是有效集，图中 I_2 与 AO_2OO_1 切于 O 点。我们知道投资者偏好 I_3 甚于 I_2 和 I_1，但 I_3 与有效边界没有交点，即在 I_3 上无法找到有效的证券组合满足投资者偏好。投资者转而求其次，找到了 I_2 与有效边界的切点 O，在这一点上可得到有效可行的最优证券组合。投资者不会选择 O_1、O_2 点的证券组合。这两点虽然都是有效可行的证券组合点，但满足的偏好水平是相当于 I_1 代表的水平，投资者不满意。由此可见，可行集大部分是不重要的，重要的是有效边界，每一个理性投资者是在有效边界上而非内部选择最优组合，因为投资者在此可以确保每一单位风险下获得最大的预期收益。

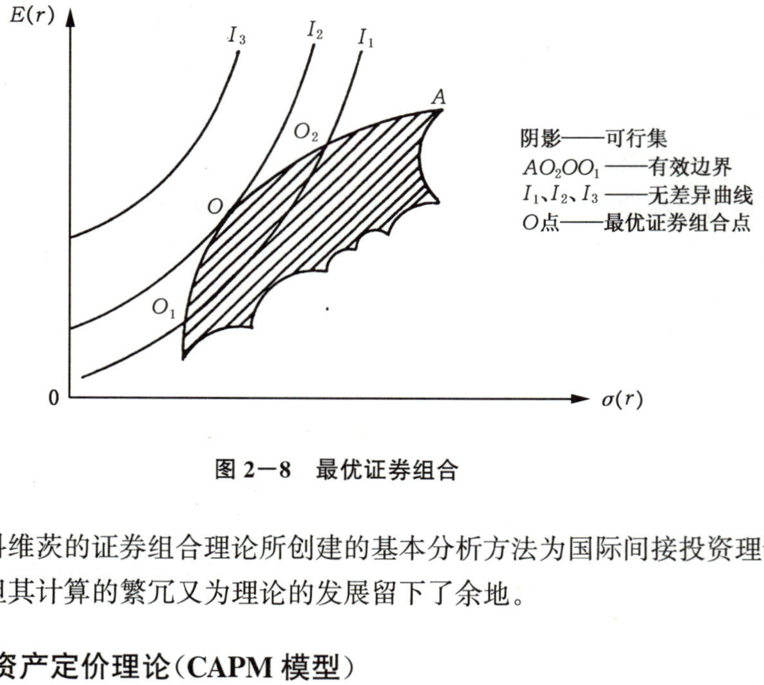

图 2－8 最优证券组合

总之，马科维茨的证券组合理论所创建的基本分析方法为国际间接投资理论设立了基本框架，但其计算的繁冗又为理论的发展留下了余地。

二、资本资产定价理论（CAPM 模型）

资本资产定价模型（CAPM 模型）是由斯坦福大学教授威廉·夏普建立的。这一模型是在马科维茨理论的基础上，着重描述了证券组合的预期收益和预期风险的关系，对证券均衡价格的确定作出了系统性的解释。这一理论模型不仅适用于金融投资，也可指导实业资本投资，因此成为现代金融投资理论的核心。

资本资产定价模型把“有效”的市场作为分析的前提，提出了这样一些假设前提条件：(1)金融市场是成熟的、完善的、充分竞争性的，投资者进入市场没有任何障碍，所有的交易成本和赋税为零；(2)金融市场上有数量众多的购买者、销售者、各种类型的金融机构以及具有各种期限和不同风险的金融工具；(3)投资者可以进行广泛选择，市场上只有单一的无风险利率;(4)单个投资者只根据对证券未来运动的预期行事,其买卖行为不足以影响证券市场总的价格水平。在这些假设条件下,资本资产定价理论试图解释在存在市场风险条件下,投资者的行为怎样推动着组合证券价格的形成。其精髓就在于概括了不确定条件下资产预期收益与风险的内在联系,通过两条重要的市场线,即资本市场线和证券市场线表现出来。

(一)资本市场线

资本市场线(Capital Market Line,简称 CML)提供了决定证券组合预期收益与风险之间关系的构架,相应地指出了如何适当度量一个组合的风险。

马科维茨模型的投资组合中的证券都是有风险的。实际上市场交易的证券中有些是无风险的,如美国的联邦政府短期国库券就被视为无风险证券。人们建立证券组合,并不一定只限于有风险证券,也可以包含一些无风险证券在内。马科维茨的理论也没有考虑另一种情况,即在证券市场上进行交易时可以借钱投资。资本资产定价模型较马氏理论进了一步,认为建立一个证券组合,可以包括有风险和无风险两种证券,而且投资者并不只限于用自己原有的资金投资,他可以无限制地借钱来增加投资,而只需支付等于投在无风险资产上所能赚到的利率一样高的利息。在这种情况下,投资者所能选择的证券组合就不仅是马氏的那条有效界线,而是变成一条资本市场线(见图 2—9)。

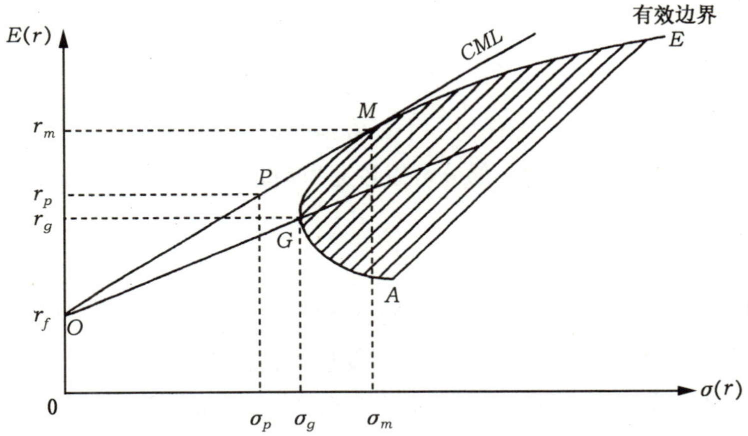

图 2—9　资本市场线

实际上资本市场线是这样得到的:假设目前市场上的无风险证券收益率为 r_f,由于是无风险证券,因此其标准差为零,即为图 2—9 中的 O 点;设市场上所有风险证券的有效组合,即马科维茨的有效边界曲线为 AGE。马科维茨的有效边界曲线实际上是运用概率论、线性代数及微积分的相关方法,通过严密的推导得出的,由于推导过程较复杂,这里不予详述,仅给出最后的结论。曲线方程如下所示:

$$\sigma(r)=\left[\frac{C}{D}\left(r-\frac{A}{C}\right)^2+\frac{1}{C}\right]^{\frac{1}{2}} \tag{2-7}$$

式中：$A=1^T\sum^{-1}\mu, B=\mu^T\sum^{-1}\mu, C=1^T\sum^{-1}1, D=BC-A^2$

而 $\underset{n\times1}{1}=\begin{bmatrix}1\\1\\\vdots\\1\end{bmatrix}, \underset{n\times1}{\mu}=\begin{bmatrix}Er_1\\Er_2\\\vdots\\Er_n\end{bmatrix}$，$\sum^{-1}$为协方差矩阵 COV$(r_i, r_j)$的逆矩阵。

在有效边界曲线 AGE 上取一点 G，连接 OG，则 r_g-r_f 表示投资者投资于风险证券所取得的超额收益，OG 的斜率$(r_g-r_f)/\sigma_g$ 就表示单位风险所取得的超额收益。对理性投资者而言，总是希望以最小风险获取最大收益，即总是希望 OG 的斜率越大越好。显然，过 O 点作 AGE 的切线 OM 即为斜率最大的直线，切点为 M，直线 OM 就被称为资本市场线，这里 M 点代表市场组合，即有风险证券的有效组合，在投资者具有理性的前提下，若将资金全投于有风险证券，他一定会选择 M 点所代表的证券组合，若投资者将资金全投于无风险证券，自然选择 O 点。那么，O 与 M 之间的点就表示投资者选择由无风险证券与有风险证券共同组成的证券组合，而从 M 点再向右延伸，则表示投资者可以无限制地借钱来投在有风险的证券上，其利率与风险贷款一样。

总而言之，由投资者混合市场组合与无风险证券的投资形成的资本市场线可用数学公式表示如下：

$$r_p=r_f+\left(\frac{r_m-r_f}{\sigma_m}\right)\sigma_p \tag{2-8}$$

也就是说，在资本市场线上任何一个证券组合的预期收益 r_p，等于无风险证券的预期收益 r_f 加上风险收益，前一部分可以说是“时间的价格”，后一部分可以叫作“风险的价格”。

（二）证券市场线

证券市场线（Security Market Line，简称 SML）提供了决定个别证券预期收益和风险之间关系的构架，同时也指出如何适当度量各种证券的风险。

夏普将证券的风险按其性质分为两部分：系统风险和非系统风险。系统风险，即市场风险，是指那些影响所有公司的因素引起的风险，如战争、经济衰退、通货膨胀等，这类风险波及所有的投资对象，不能通过多角化投资来分散，因此又称为不可分散风险。而非系统风险，即公司特有风险，是指发生于个别公司的特有事件造成的风险，这类风险可以通过多角化投资来分散，即发生于一家公司的不利事件可以被其他公司的有利事件所抵消，因此，这类风险又称为可分散风险。

根据夏普的分析，一种证券的预期收益与市场组合的收益之间的关系可以用“特征线”来概括，用公式表示如下：

$$r_i-r_f=\beta_{im}(r_m-r_f)+a_i+e_i \tag{2-9}$$

式中：$r_i - r_f$——证券 i 的超额收益；

$r_m - r_f$——市场组合的超额收益；

a_i——市场组合超额收益为零时，证券 i 的预期收益；

e_i——随机误差，一般为零，可以忽略不计；

β_{im}——贝塔系数，是表示证券与市场组合收益变动的相关性。

这个公式同样适合于证券组合，即：

$$r_p - r_f = \beta_{pm}(r_m - r_f) + a_p + e_p \qquad (2-10)$$

上述两个公式中，e_i 与 e_p 一般为零，而 a_i 与 a_p 可以为正，可以为负，也可以为零。由于 a_i 和 a_p 与市场风险无关，是随公司特有风险而发生变动，因此，可以通过证券分散化使之减为零，但分散化对于与市场组合有关的风险 β 则不发生作用。

按照 CAPM 模型，适当度量证券风险的标准是该证券与市场组合的协方差 COV_{im}。协方差较大的证券，将相对具有较高的预期收益，协方差较小的证券情况正好相反。前者引起投资者乐于购买，后者则令人迅速出卖。经过市场供需调节，价格变动，使证券在市场上处于均衡状态，即每种证券在当前市价下，所需要的数量等于所供给的数量。因此，所谓证券市场线，就是在均衡状态下所有证券的协方差风险与预期收益的关系，见公式(2－11)。

$$r_i = r_f + \frac{r_m - r_f}{\sigma_m} \cdot \frac{COV_{im}}{\sigma_m} \qquad (2-11)$$

即

$$r_i = r_f + \beta_i (r_m - r_f)$$

式中：贝塔系数 $\beta_i = COV_{im}/\sigma_m^2$。

这可由图 2－10 来说明。图中 r_f 是无风险证券收益，所以位于 β 等于零的点。从这点开始通过 M 点的直线，是一条等比的线，其斜率大小由 $r_m - r_f$ 决定。由 β 系数公式我们明显可看出市场组合 M 点的 β_m 总是等于 1.0，其他各种证券(或组合)各有个别的 β 值。若 β 值大于 1，表示其风险较大；若 β 值小于 1，表示其风险较小。所谓风险大小的意义，是指市场组合的预期收益提高或降低 1%，则某种证券(或组合)的预期收益提高的程度超过 1%，或降低的程度不到 1%。

证券市场线将每一种预期收益同相应的系统性风险连在一起。位于 *SML* 之上的每一种资产，由于在同等市场风险下，具有较高预期收益，使它成为一种吸引力较大的证券，投资者踊跃购买，形成求过于供，价格上扬，从而又使供给增加，形成供需相等，价格仍回落到原来水平。同理，位于 *SML* 之下的每一种资产，由于在同等市场风险下，具有较低预期收益，致使大量抛售，形成供过于求，价格降低，从而又使需求上升，形成供需相等，价格又升到原来水平。当所有证券都经过类似调整，处于供求平衡时，市场就处于均衡状态。在均衡状态中，各种证券的预期收益都落在 *SML* 上。

CAPM 模型在证券理论界已经得到普遍认可。投资专家用它来作资本预算或其他决策；立法机构用它来规范基金界人士的费用率；评级机构用它来测定投资管理者

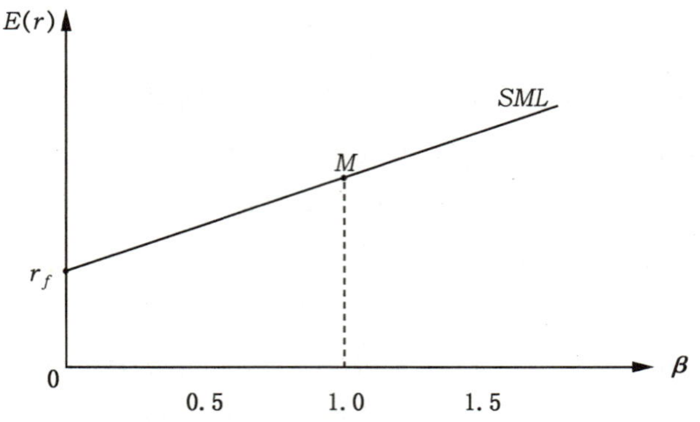

图 2—10 证券市场线(SML)

的业绩。但是,该模型主要对证券收益与市场组合收益变动的敏感性作出分析,而没有考虑其他更多的因素对证券收益的影响,因而也有一定的局限性。

三、资产套价理论(APT 理论)

马科维茨的证券组合理论和夏普的资本资产定价理论集中解决了一定收益水平下使风险最小化的问题。斯蒂芬·罗斯在 1976 年又进一步提出了资产套价理论(APT 理论)。与上述两种理论相比,资产套价理论不需要那样严格的假定条件就能分析多因素影响的证券均衡价格问题,因此,这种理论更具一般性。

APT 理论建立在一物一价法则的基础上,在一个竞争充分的市场上,相同的产品一定会以相同的价格出售。这种法则同样适用于更加复杂的资本市场。一切相同的证券都应提供相同的收益率。如果同样的证券价格不同,那么套期者就会买进价格低的证券,卖出价格高的证券,迫使价格过高的证券下跌,套期者将不断进行这种活动,直到同样的证券提供同样的收益率为止。

(一)因素模型

如果说资产定价模型着重解决的是个别证券的市场均衡问题,那么,罗斯的资产套期定价模型则要回答在更一般和更复杂的市场条件下证券价格的形成过程。罗斯认为,证券收益要受各种宏观经济因素,如国民生产总值增长率、通货膨胀率、利率等的影响,因此,证券分析的目的在于识别经济中的这些因素,以及证券收益对这些因素变动的不同敏感性。敏感性仍用贝塔系数来说明。由此,他提出了"证券收益因素模型",简称因素模型。

APT 理论的基本假定是:不同证券收益的相关性可归因于证券或多或少地对一种或多种因素的变动而产生的效应。若我们假定证券收益率和其他多种因素之间的关系是线性的,则在任一给定时期 t,证券 i 的收益率可用公式表示为:

$$R_{it}=a_i+\beta_{i1}F_{1t}+\beta_{i2}F_{2t}+\cdots+\beta_{ij}F_{jt}+e_{it} \tag{2—12}$$

式中：R_{it}——证券 i 在 t 时期中的收益率；

a_i——无风险收益率；

F_{jt}——t 时期内影响证券收益的风险因素；

β_{ij}——敏感系数，衡量证券 i 的收益对风险因素 F_{jt} 的敏感程度；

e_{it}——证券 i 在 t 时期中的特有风险。

若我们构建一个包括几种证券的市场证券组合，则其收益率可表示为：

$$R_{pt}=\sum_{i=1}^{n}x_i a_i+(\sum_{i=1}^{n}x_i\beta_i)F+\sum_{i=1}^{n}x_i l_i \tag{2—13}$$

式中：R_{pt}——t 时期证券组合 p 的收益率；

x_i——组合中各证券所占投资比重；

a_i——组合 P 中各证券的预期收益率；

β_i——组合 P 中各证券的贝塔系数；

l_i——组合 P 中各证券的特有风险。

从公式(2—13)中可以看到，由于各种因素产生的风险平均化，对各种证券的特有风险而言，该因素对每个企业并不相同，一般低于个别证券平均的标准差，再加上证券的个别收益率互不相关，市场证券组合具有良好的分散风险的功能，当 n 很大时，特有风险将大大减小，甚至为零，即 $l_p\approx 0$。

(二)套期定价模型

罗斯套期定价模型的假设条件为：(1)市场上存在无穷多种证券；(2)影响证券收益率的市场因素 F 的数量是有限的，证券组合高度多样化；(3)市场抛空交易不受限制；(4)投资者为风险厌恶型，预期收益率不一定均匀。

在完善市场上，如果证券 i 的预期收益率低于投资组合 p 的预期收益率，一个精明的套利者就会卖空证券，从抛空中取得收益，再来购买投资组合 p 的多头，以获得差额收益；反之亦然。投资组合较高的收益率吸引众多投资者的纷至沓来，从而使证券组合的均衡价格发生变动。APT 理论的核心是，如果因素系数 β 和预期收益率 $E(r)$之间的关系近似线性，那么就可以通过无穷的套利机会来增加财富。

概括地说，资产套价理论对证券组合风险与收益关系的说明最终可用公式(2—14)来表示：

$$E(r_p)=r_f+\beta_{p1}[E(r)_1-r_f]+\beta_{p2}[E(r)_2-r_f]+\cdots \tag{2—14}$$

式中：$E(r_p)$——证券组合 p 的预期收益；

r_f——无风险收益率；

β_{p1}——组合 p 对因素 1 的敏感性；

β_{p2}——组合 p 对因素 2 的敏感性；

$E(r)_1-r_f$——因素 1 的风险代价；

$E(r)_2-r_f$——因素 2 的风险代价。

公式(2—14)概括起来,可以变为:

$$E(r_p)=r_f+\beta_{p1}\lambda_1+\beta_{p2}\lambda_2+\cdots+\beta_{pi}\lambda_i+\cdots \tag{2—15}$$

式中:λ_i 即 $E(r)_i-r_f$——因素 i 的风险代价。

资产套价理论虽然建立了“因素模型”,但其本身并没有指明影响证券收益的是些什么因素,有哪些主要的因素以及数目的多寡。一般认为,诸如国民生产总值增长率、通货膨胀率、利率、公司资信、股息发放比例等因素对决定证券价格变化起重要作用,但估计总数不太可能超过 10 个。然而,这一问题至今还没有人作出肯定的解释,尚待理论界和实务界进一步深入研究。

四、国际证券组合理论

在了解了国际证券组合理论后,就不难理解现代国际证券投资理论。该理论认为:通过投资于不同国家的证券,建立国际证券组合,能够在相同的风险水平下获得比单纯的国内证券组合更高的收益率。

国际证券组合理论假设国际证券市场完全一体化,不存在任何对国际资本流动的阻碍;而且,购买力平价能够在世界范围内存在,因而证券投资没有任何价格风险。这样,把 CAPM 模型中的国内证券市场线扩展为国际证券市场线,就得到:

$$E(r_j)=r_F+[E(r_w)-r_F]\cdot\beta_{jw} \tag{2—16}$$

式中:r_F——国际证券市场上的无风险证券收益率;

$E(r_w)$——国际证券市场组合的预期收益率;

β_{jw}——证券 j 的收益率对国际证券市场指数变动的反应敏感度。

如果投资者建立了两个证券投资组合 A、B,A 为国内证券组合,而 B 则为包括外国证券的国际证券组合,但其风险水平均为 $\delta(r_o)$。若 A、B 均符合 CAPM 模型要求,则其预期收益率分别为:

$$E(r_A)=r_F+[E(r_w)-r_F]\cdot\beta_{Aw}$$

$$E(r_B)=r_F+[E(r_w)-r_F]\cdot\beta_{Bw}$$

两者的差额为:

$$E(r_B)-E(r_A)=[E(r_w)-r_F]\cdot(\beta_{Bw}-\beta_{Aw})$$

又因为有:$\beta_{jw}=\dfrac{COV(r_j,r_w)}{\delta^2(r_w)}=\dfrac{\rho_{jw}\cdot\delta(r_j)\cdot(r_w)}{\delta^2(r_w)}=\dfrac{\rho_{jw}\cdot\delta(r_j)}{\delta(r_w)}$

所以,$E(r_B)-E(r_A)=\dfrac{[E(r_w)-r_F]\cdot\delta(r_o)}{\delta(r_w)}\cdot(\rho_{Bw}-\rho_{Aw})$

由于 B 在国际证券市场线上,因此 $\rho_{Bw}=+1$;而 A 在国内证券市场线上,只要国内、国际市场组合不完全一致,ρ_{Aw} 便应小于 1,因此 $E(r_B)-E(r_A)>0$(见图 2—11)。

事实上,国际证券组合理论遵循的依然是“分散投资、降低风险”的原理。由于各

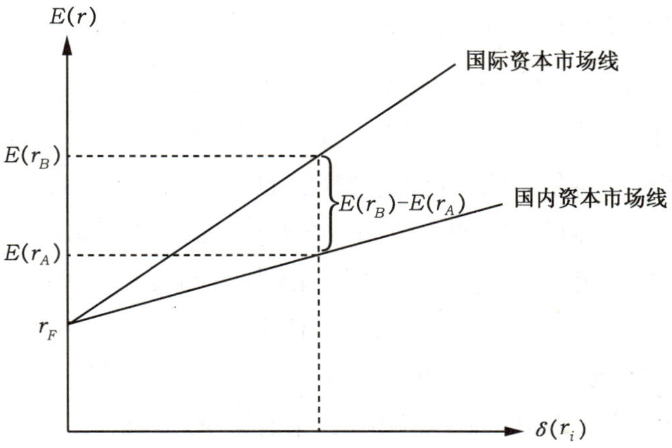

图 2—11　国内、国际证券组合的收益差

国的经济发展状况、金融市场法规政策、社会文化环境等多种因素方面都存在着差异性，各国证券市场指数之间是不可能完全相关的，即其波动是不同步的。因此，国际证券组合投资能够更为有效地分散风险。国际证券组合的风险表示为：

$$\delta^2_{(r_p)} = \sum_{i=1}^{m}\sum_{j=1}^{m} w_i w_j \mathrm{COV}(r_i, r_j) \qquad (2—17)$$

式中：$\mathrm{COV}(r_i, r_j)$——任意两种国际证券间的协方差。

但应注意的是，计算不同国家证券间的协方差时，要按汇率把各国证券的母国货币收益率折换成投资者本国货币的收益率。因此，国际证券投资理论还需考虑收益的汇率风险。一般来说，投资者可通过在外汇市场上的套期保值来有效地规避汇率风险（见图 2—12）。

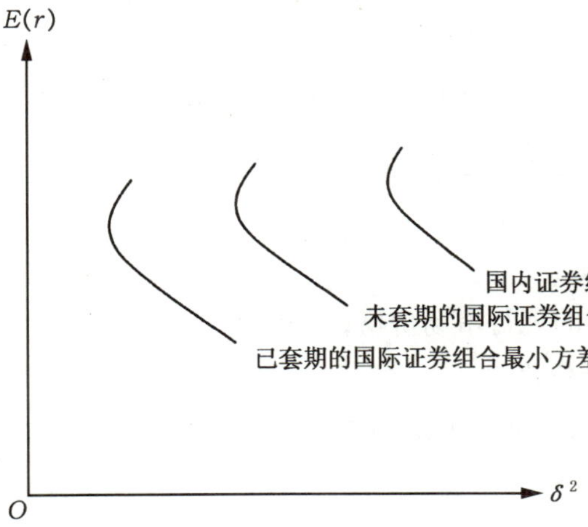

图 2—12　通过套期保值规避国际证券投资的汇率风险

五、期权定价理论(Black-Scholes 模型)

1997 年第 29 届诺贝尔经济学奖授予了两位美国学者，即哈佛商学院教授罗伯特·默顿 (M. Merton)和斯坦福大学教授迈伦·斯科尔斯 (M. Scholes)。他们创立和发展的布莱克—斯科尔斯期权定价模型(Black-Scholes Option Pricing Model)，为包括股票、债券、货币、商品在内的新兴衍生金融市场的各种以市价变动定价的衍生金融工具的合理定价奠定了基础。1973 年美国芝加哥期权交易所正式推出股票期权，布莱克—斯科尔斯公式遂成为期权投资者广泛采用的定价公式，随着利率期权、股指期权的推出，期权市场已成为金融市场中越来越重要的组成部分，布莱克—斯科尔斯公式也成为金融研究成果中对金融市场实践最有影响的理论。今天，期权定价理论已成为现代金融理论的基石之一，它不仅应用于金融交易，还广泛应用于企业债务定价和企业投资决策分析，可以说，期权定价理论涉及现代公司财务的各个领域，因为所有公司有价证券都可以视为期权的资产组合。

(一)Black-Scholes 期权定价公式

Black-Scholes 期权定价模型包含了以下假设：(1)在期权有效期内，相关资产(股票)不支付股息；(2)没有交易费用；(3)在期权有效期内，短期无风险利率是固定的；(4)有价证券投资者可以按照无风险利率借入资本；(5)允许抛空，且没有罚金；(6)期权只有在到期日才被执行①；(7)所有有价证券交易是在连续期间内发生的，股价在连续期内是随机的。

Black-Scholes 期权定价模型建立在无风险对冲(riskless hedge)概念基础上，通过购买股票并立即出售股票的期权，投资者可以达到一种无风险状况，即从股票上取得的利好可以抵消期权损失，称无风险对冲。由于投资者经常利用这种对冲机会，因而会使期权价格达到 Black-Scholes 期权定价模型所说的均衡水平。

Black-Scholes 期权定价公式为：

$$C=SN(d_1)-Ke^{-r_fT}N(d_2) \tag{2-18}$$

式中：$d_1=\dfrac{\ln(S/X)+r_fT}{\sigma\sqrt{T}}+\dfrac{1}{2}\sigma\sqrt{T}$；

$d_2=d_1-\sigma\sqrt{T}$；

S——有价证券的现行市场价格；

X——期权执行价格；

T——期权期限，若期权期限为 3 个月，则 T 取值 0.25，依此类推；

r_f——无风险利率；

---

① 期权分为欧式期权和美式期权，欧式期权只能在到期日执行，而美式期权在到期日之前均可执行。基本的 Black-Scholes 期权定价模型是针对欧式期权的，默顿后来还导出了美式期权的定价模型。

σ——有价证券预期报酬标准差；

$N(d_1)$ 和 $N(d_2)$—— 标准正态分布变量的累积概率，即 $N(d_1)=\int_{-\infty}^{d_1} f(Z)\mathrm{d}Z$；

$f(Z)$—— 均值和标准差均为零的正态分布函数。

(二)Black-Scholes 期权定价模型的应用

我们以股票看涨期权为例来说明根据 Black-Scholes 期权定价模型如何确定期权价格。假设某股票现行市场价格为 50 美元，其 3 个月期看涨期权的执行价格为 45 美元，年无风险利率为 6%，股票预期收益的年方差估计为 20%，该股票不支付股息，则有：

$$C=SN(d_1)-Ke^{-r_f T}N(d_2)$$

$$d_1=\frac{\ln(50/45)+0.06\times 0.25}{\sqrt{0.2}\sqrt{0.25}}+\frac{1}{2}\sqrt{0.2}\sqrt{0.25}=0.65$$

$$d_2=0.65-\sqrt{0.2}\sqrt{0.25}=0.426\,4$$

$$N(d_1)=\int_{-\infty}^{0} f(Z)\mathrm{d}Z+\int_{0}^{d_1} f(Z)\mathrm{d}Z=0.5+0.242=0.742$$

$$N(d_2)=\int_{-\infty}^{0} f(Z)\mathrm{d}Z+\int_{0}^{d_2} f(Z)\mathrm{d}Z=0.5+0.165\,1=0.665\,1$$

$$C=50\times 0.742-e^{-0.06\times 0.25}\times 45\times 0.665\,1=7.62$$

其他条件不变，当股票市场价格发生波动时，期权价格随之波动，由此可得期权价值表(见表 2—3)。

表 2—3　　某股票看涨期权价值

股　价	d_1	$N(d_1)$	d_2	$N(d_2)$	期权价格	参数
30	−1.63	0.052	−1.85	0.032	0.14	$T=0.25$
40	−0.35	0.363	−0.57	0.284	1.93	$r_f=0.06$
50	0.65	0.742	0.43	0.665	7.62	$\sigma^2=20\%$
60	1.47	0.929	1.24	0.893	16.15	
70	2.15	0.984	1.93	0.973	25.75	$X=45$

期权定价理论还可用于公司投融资决策和资本结构决策分析。举债经营的公司的权益可以视为公司投资者的看涨期权，公司举债(发行债券或向银行贷款)可以视为股东将资产出售给债权人，债权人向公司支付现金和看涨期权，该期权的执行价格等于负债的本息和。若公司经营成功，股东按约定的执行价格执行期权，即支付债权人的本息；反之，公司违背负债契约，放弃执行期权，将公司交给债权人。

六、投资行为金融理论

与上述正统的证券投资理论相比，投资行为金融理论属于边缘证券投资理论，该理论突破了正统金融投资理论基于证券市场有效性的假设前提，从人类投资决策的行为模式入手，注重将心理学研究与投资决策相结合，由此得出了更贴近实际和可操作性更强的证券投资模型及策略，在基金投资中得到了广泛应用。

（一）理论演进的三个阶段

1. 早期阶段

19 世纪 Gustave Lebon 的 *The Crowd* 和 *Extroordinary Popular Delusion and Madness of Crowds* 是两本研究投资市场群体行为的经典著作。凯恩斯是最早强调心理预期在投资决策中作用的经济学家。后来的 Paul、Slovic 等人陆续进行了一些人类决策过程的心理学研究。

2. 心理学行为金融阶段（20 世纪 60 年代至 80 年代中期）

这一阶段的行为金融研究以 Tversky 和 Kahneman 为代表。Tversky 研究了人类行为与投资决策模型基本假设相冲突的三个方面：风险态度、心理会计和过度自信，并将观察到的现象称为“认知偏差”。Tversky 和 Kahneman（1979）共同提出了“期望理论”，使之成为行为金融研究中的代表学说。

3. 金融学行为金融阶段（20 世纪 80 年代中期至今）

这个阶段使得期望理论得到广泛认可和经验求证，行为金融取得了突破性的进展。这个时期以芝加哥大学的 Thaler 和耶鲁大学的 Shiller 为代表。其中，Shiller 主要研究了股票价格的异常波动和股市中的“羊群效应”、投机价格和流行心态的关系等。与上个时期相比，这个时期的行为金融理论研究是从投资策略上加以完善，注重将心理学研究和投资决策结合起来。

（二）理论基石

总体来看，投资行为金融理论的理论基石主要有两个方面：

1. 期望理论

期望理论（Prospect Theory）的思想最先是 Markowitz（1952）提出的，但推动这一理论发展的是行为经济学先驱 Kahneman 和 Tversky。在 1979 年著名的“Prospect Theory：An Analysis of Decision Making Under Risk”[①]一文中，他们通过实验对比发现，与预期效用理论相反，大多数的投资者并非标准金融投资者，而是行为投资者：他们的行为并非总是理性，他们的效用不是单纯财富的函数，他们也并不总是风险规避的。行为金融投资者的“效用”反映在“价值函数”中，是一条中间有拐点的 S 形曲线，在盈利范围内通常是凹的，在损失范围内通常是凸的，而且曲线的斜度在损失范围内比在盈利范围内要陡。即根据期望理论，行为投资者在损失的情况下通常是风险偏好的，而在盈利时则往往是风险规避的，并且投资者损失时感受到的痛苦通常又远大于盈利时所获得的愉悦。这与现实的情况是基本一致的。

---

① Kahneman 教授因此获得 2002 年诺贝尔经济学奖。

2. 行为组合理论(Behavioral Portfolio Theory,简称BPT)和行为资产定价模型(Behavioral Asset Pricing Model,简称BAPM)

一些行为金融理论研究者认为将行为金融理论与现代金融理论完全对立起来并不恰当,将二者结合起来成为最新的研究方向。Statman和Shefrin提出的BPT和BAPM尤为值得关注。BPT认为现实中的投资者实际构建的资产组合是基于对不同资产的风险程度的认识以及投资目的所形成的一种金字塔型的行为资产组合,位于金字塔各层的资产都与特定的目标和风险程度相联系,而各层之间的相关性被忽略。BAPM则是CAPM模型的扩展。

(三)行为模型

行为金融理论对投资者行为的探讨往往是从对异常现象的解释开始,由此而得到相应的行为模型。

1. 正反馈投机模型

也可称为"羊群效应模型",是由德龙等人于1990年提出的,主要是对过度反应行为的解释。在《正反馈投资战略和几个不稳定的投机》一文中,他们从投资者行为的角度对噪音交易所导致的噪音价格进行了探讨。他们认为,金融市场上由于噪音的存在而出现正反馈的投资行为,即一批反应迅速的投机者在证券价格上涨时买进证券,而在价格下跌时卖出证券的行为。理性投资者由于预期到正反馈投资者这种行为,所以他们会买进比基本信息所能解释的数量更多、价格更高的股票,这又刺激了正反馈投资者的投机行为,由此产生持续的效应,即反应过度。

2. BSV模型

这是由Barberis、Shleifer和Vishny于1998年提出的,它可解释过度反应和反应不足。该模型来自认知心理学的两个判断偏向证据:(1)代表性偏向。它认为人们对近期数据模式给予了太多的权重,而对生成这些数据的总体特征注意太少。(2)保守主义。即面对新证据时较慢的更新模式。基于这两点假设,投资者对所讨论的公司有一种先验的观点,当收到关于公司回报的信息时,他们因为保守主义而倾向于不对这些信息作出反应,这种行为导致价格对收益信息和短期趋势的反应不足。与此同时,当投资者一再受到这些信息的影响时,他们不仅放弃原先的想法,而且他们会形成一种新的收益会增加的判断,他们会低估过去的那些好消息都是偶然的可能性,这导致了过度反应。

3. DHS模型

这是由Daniel、Hirshleifer和Subrahmanyam等人于1998年提出的。该模型与BSV模型有着不同的行为基础。在DHS模型里,存在有信息的投资者和无信息的投资者。无信息的投资者无判断偏向,股票价格是由有信息的投资者决定的。有信息的投资者受制于两个偏向"过分自信和自我归因"。过分自信使他们夸大关于一种股票价值的私人信号的准确性。自我归因使他们低估有关股票价值的公开信号,尤其是当公开信号与私人信号相冲突时。对私人信息的反应过度和对公开信息的反应不足往往产生短期股价趋势的持续，但当公开信息最终压倒行为偏向时就会出现长期反转。

（四）投资策略

伴随行为金融理论和行为模型的提出和不断完善，相应的投资策略开始被关注。这里面既包括反价值策略（价值策略即基于信息的投资策略），也包含技术策略，还有行为控制策略等。

1. 反向投资策略

反向投资策略就是买进表现差的股票而卖出表现好的股票来进行套利的投资方法。这种策略的提出最初是基于 Debondt 和 Thaler（1985，1987）对股市过度反应的实证研究。行为金融理论认为，由于投资者在实际投资决策中，往往过分注重上市公司的近期表现，从而导致对公司近期业绩情况作出持续过度反应，形成对绩差公司股价的过分低估和对绩优公司股价的过分高估现象，最终为反向投资策略提供了套利的机会。

2. 动量交易策略

动量交易策略即预先对股票收益和交易量设定过滤准则，当股票收益和交易量同时满足过滤准则就买入或卖出股票的投资策略。动量交易策略的提出，源于对股票价格中期收益延续性的研究。

3. 成本平均策略和时间分散化策略

成本平均策略是指投资者在将现金投资为股票时，通常总是按照预定的计划根据不同的价格分批地进行，以备不测时摊低成本的策略。时间分散化策略是指根据投资股票的风险将随着投资期限的延长而降低的信念，建议投资者在年轻时将其资产组合中的较大比例投资于股票，而随着年龄的增长将此比例不断调低的策略。成本平均策略和时间分散化策略由于与现代金融理论的预期效用最大化原则相悖，而被指责为收益较差的策略。但行为金融理论的支持者认为，不能单纯评价这两种策略的好与坏，事实上，二者体现了投资者的感受和偏好对投资策略的影响，属于行为控制策略。

阅读文献

1. 斯蒂芬·海默：《国内企业的跨国经营：对外直接投资的研究》，载于美国麻省理工学院博士学位论文，1960 年。

2. 罗纳德·哈里·科斯：《企业的性质》（中文版），百度文库，https://wenku.Baidu.com/view/c8633e5980c758f5f61fb7360b4c2e3f56272538.html。

3. 拉奥：《新跨国公司：第三世界企业的发展》，百度文库，https://baike.Baidu.com/item/%E6%8A%80%E6%9C%AF%E5%9C%BO%E6%96%B9%E5%8C%96%E7%9O%86%E8%BA/9。

4. 埃德温·J. 埃尔顿：《现代投资组合理论与投资分析（原书第 9 版）》，机械工业出版社 2017 年版。

5. 乔治·彭纳齐：《资产定价理论》，东北财经大学出版社 2009 年版。

6. 赵蓓文:《国际投资学理论前沿》,上海社会科学院出版社 2017 年版。

7. 田素华、李筱妍:《中国国际直接投资双向发展的内在机制——基于人均 GDP 视角》,载于《复旦学报(社会科学版)》2021 年第 2 期。

习题及案例分析

一、名词解释

1. 内部化
2. 产品生命周期
3. 资本化率
4. 有效边界
5. Black-Scholes 期权定价模型

二、简答题

1. 简述厂商垄断优势理论。
2. 简述增长最大化厂商与利润最大化厂商对外直接投资的区别。
3. 简述小岛清的比较优势理论。
4. 简述中小企业海外直接投资的适用性理论。
5. 简述资本市场线的主要特征。

三、论述题

1. 试述邓宁 OIL 理论的理论贡献及其局限性。
2. 试述发展中国家海外直接投资的适用性理论。

四、案例分析

欧洲迪士尼乐园的教训

1984 年,美国的沃特·迪士尼集团在美国加州和佛罗里达州迪士尼乐园经营成功的基础上,通过许可转让技术的方式,开设了东京迪士尼乐园,获得了巨大的成功。东京迪士尼的成功,大大增强了迪士尼集团对于跨国经营的自信心,决定继续向国外市场努力,再在欧洲开办一个迪士尼乐园。在巴黎开设的欧洲迪士尼乐园与东京迪士尼乐园不同,迪士尼集团采取的是直接投资方式,投资了 18 亿美元,在巴黎郊外开办了占地 4 800 公顷的大型游乐场。但奇怪的是,虽然有了东京的经验,又有了由于占有 49%股权所带来的经营管理上的相当大的控制力,欧洲迪士尼乐园的经营至今仍不理想,该乐园第一年的经营亏损就达到了 9 亿美元,被迫关闭了一家旅馆,并解雇了 950 名雇员,全面推迟第二期工程项目的开发,欧洲迪士尼乐园的股票价格也从 164 法郎跌到 84 法郎,欧洲舆论界戏称欧洲迪士尼乐园为“欧洲倒霉地”。

试用邓宁的 OIL 理论的有关原理分析欧洲迪士尼乐园失败的原因。

警惕"比较优势陷阱"

一些发展中国家崇拜比较优势理论，在国际分工中过于偏重劳动密集型产品，虽然依旧能获得些许利益，但在长期中却会面临贸易结构不稳定的问题，陷入总是落后于人的"比较陷阱"。这一陷阱一般以两种方式出现：一是发展中国家由于长期在国际分工中处于低附加值环节，使得贸易利润下降，缺乏改善贸易结构的物质基础，并形成了对劳动型产品生产的路径依赖；二是发展中国家在发展高新技术产业贸易时过于依赖发达国家的技术引入，进而缺乏创新能力，以至于长期陷于技术跟进状态，被迫受制于人。

根据以上材料并结合国际直接投资理论，请分析中国现在应采取什么方法才能免陷于"比较优势陷阱"？

参考答案

一、名词解释

1. 答：内部化是指厂商为降低交易成本而构建由公司内部调拨价格起作用的内部市场，使之像固定的外部市场同样有效地发挥作用。

2. 答：产品生命周期是指新产品从上市开始依次经历导入期、增长期、成熟期、衰退期的周期变化过程。

3. 答：资本化率是指使收益流量资本化的程度，用公式表示为：$K=C/I$，这里 K 为资本化率，C 为资产价值，I 为资产收益流量。

4. 答：有效边界是马科维茨证券组合可行集左上方边界的曲线，又称有效集或有效组合，位于该边界上的证券组合与可行集内部的证券组合相比，在各种风险水平条件下，提供最大预期收益率，在各种预期收益水平下，提供最小风险。

5. 答：Black-Scholes 期权定价模型以无风险对冲概念为基础，为包括股票、债券、货币、商品在内的新兴衍生金融市场的各种以市价变动定价的衍生金融工具的合理定价奠定了基础，它已成为金融研究成果中对金融市场实践最有影响的理论，不仅应用于金融交易实践，还广泛应用于企业债务定价和企业投资决策分析。

二、简答题

1. 答：(1)厂商垄断优势论以市场不完全性作为其基本理论前提；

(2)该理论认为跨国企业拥有厂商特有优势是形成对外直接投资的首要条件；

(3)厂商垄断特有优势是作为垄断者或寡占者的跨国企业的垄断或寡占优势，因此，厂商垄断优势论是寡占竞争理论；

(4)厂商垄断特有优势不仅体现在物质资产上，而且越来越多地体现在厂商所拥有的技术知识、管理技能等无形资产上。

2. 答：经理控制下的增长最大化厂商与股东控制下的利润最大化厂商的对外直接投资的不同点主要表现在以下三个方面：

(1)在各个时点上，增长最大化厂商的销售量总是大于利润最大化厂商；

(2)增长最大化厂商较早从出口转向直接投资；

(3)从出口到直接投资的转折，增长最大化厂商不像利润最大化厂商那样等到市场扩大后才转向直接投资，而是在此点之前就已先行转为直接投资。

3. 答：(1)小岛清的比较优势论建立在比较成本原理的基础上，采用正统国际贸易 2×2 模型；

(2)该理论以日本厂商对外直接投资情况为背景，其基本观点是：对外直接投资应该从本国已经处于或趋于比较劣势的产业依次进行，而这些产业是对方国家具有比较优势或潜在比较优势的产业，因此，该理论注重的是一种区位特征，属于宏观理论；

(3)该理论依据比较成本动态变化所作出的解释，特别适合于说明新兴工业化国家的对外直接投资。

4. 答：以厂商垄断优势或内部化优势为核心的主流优势理论难以解释中小企业的海外直接投资行为，由此发展了若干中小企业海外直接投资的适用性理论，主要有：

(1)防御型理论。该理论解释了中国台湾中小企业为适应岛内经营环境变化而向周边国家和地区进行海外直接投资的现象。

(2)依附理论。该理论很好地解释了“大三角”国家跨国公司从复合一体化战略向网络战略转变过程中，带动中小企业海外直接投资发展的新趋势。

(3)信息技术理论。该理论认为促进中小企业海外直接投资的关键因素是信息技术的进步。

5. 答：(1)CAPM 模型中的证券组合可以包括有风险和无风险两种证券，而且投资者可以借钱投资，这样投资者所能选择的证券组合就由马氏理论的有效边界变为一条资本市场线；

(2)资本市场线是一条过(O,R_f)点并与有效边界相切的直线，切点称为市场组合，即有风险证券的有效组合；

(3)投资者投资于资本市场线上的证券组合，在单位风险下可取得最大的超额收益。

三、论述题(提示)

1. 答：(1)邓宁 OIL 理论的理论贡献主要在于从产业组织理论和国际贸易理论各学说中选择了被认为是最关键的三个解释变量，即厂商特定资产所有权优势——O，内部化优势——I，国家区位优势——L，根据这三个变量之间的相互联系性来说明对外直接投资及其他各种形式的国际经济活动，由此而成为国际直接投资综合研究方面最有影响的理论。

(2)OIL 理论的局限性主要表现在：

第一，忽视各因素之间的背离关系对国际直接投资的影响；

第二，OIL 理论并未做到真正意义上的“折衷主义”，它在所选取的三个决定变量中仍有所侧重，主要偏重于内部化优势的核心作用，这使得该理论更适宜于解释大规模跨国企业的国际直接投资，而不适宜于解释中小投资厂商的投资行为，因而该理论不能成为国际直接投资的一般理论。

2. 答：(1)小规模技术理论。该理论主要从三个方面分析了发展中国家跨国企业的比较优势：第一，拥有为小市场需要提供服务的小规模生产技术；第二，发展中国家在民族产品的海外生产上颇具优势；第三，低价产品营销战略。

(2)技术地方化理论。该理论认为以下几个条件能使发展中国家企业形成和发展自己的“特有优势”。第一，在发展中国家中，技术知识的当地化是在不同于发达国家的环境下进行的，这种新的环境往往与一国的要素价格及其质量相联系。第二，发展中国家生产的产品适合于他们自身的经济和需求。第三，发展中国家企业竞争优势不仅来自其生产过程和产品与当地的供给条件和需求条件的紧密结合，而且来自创新活动中所产生的技术在规模生产条件下具有更高的经济效益。第四，在产品特征上，发展中国家企业仍然能够开发出与名牌产品不同的消费品，特别是国内市场较大，消费者的品位和购买能力有很大差别时，来自发展中国家的产品仍有一定的竞争能力。

（3）规模经济理论。对于很多商品、服务的生产经营者来说，随着生产技术、管理技术的进步和企业生产规模的扩大，与商品、服务的市场价值增加相比，企业商品、服务的生产经营成本有递减趋势。在实践中，主要表现为大规模商品、服务生产效率的提高，统一商标的经济性，信息分享的经济性，市场影响、控制的经济性等。该理论认为只要规模经济效果大于设立子公司、分公司成本，设立子公司、分公司就是可取的。当市场、原材料基地或其他生产要素源在发达国家，母企业在发展中国家时，发展中国家企业向发达国家直接投资就成了理所当然的事情了。

（4）市场控制理论。该理论在解释贸易桥头堡式的发展中国家企业向发达国家的直接投资时，具有很强的解释力；如果把"中间服务"改为"中间产品"，它也能在一定程度上解释纵向一体化型的发展中国家企业向发达国家直接投资的现象。

（5）国家利益优先取得论。该理论认为，从国家利益的角度看，大多数发展中国家，特别是社会主义国家的企业，其对外直接投资有其本身的特殊性。这些国家的企业按优势论的标准来衡量是根本不符合跨国经营的条件。但在世界经济一体化浪潮的冲击下，企业为了赶上世界经济发展的潮流，不得不进行对外直接投资，寻求和发展自身的优势。在这种情况下，国家支持和鼓励企业进行跨国经营活动就是在所难免的事情了。

四、案例分析（提示）

1. 答：邓宁 OIL 理论为跨国经营中出口、许可贸易和国际投资三种方式的选择提供了一种解释。在本案例中，欧洲迪士尼经营失败的原因主要是进入模式的选择错误，关键是未仔细考虑在区位优势是否具备的情况下，就贸然通过直接投资方式进入。在欧洲迪士尼开办的 1992 年，欧洲大多数国家收入已经很高，闲暇时间的支配方式和娱乐习惯已经形成，因此，不管是游客人数还是人均游乐开支均低于预计水平，在此种情况，根本不具备国际直接投资所必需的区位优势，贸然进入终将导致失败。如果欧洲迪士尼采取的是东京迪士尼的技术转让方式，迪士尼集团的损失也不会这么大。可惜的是，迪士尼集团在高客流、高支出的日本采取了低风险、低收入的技术转让方式，而在低客流、低支出的欧洲采取了高投资、高回收、高风险的直接投资方式，恰好是张冠李戴、南辕北辙。

2. 答：避免"比较优势陷阱"的关键，是要把中国的比较优势转换为竞争优势，并坚持做好以下四点：

（1）继续发挥比较优势的作用，但必须要重新进行市场定位，以世界市场需求为导向，着力于新型化、多层次化、精细化产品开发，提高传统劳动密集型产业的质量和技术层次，使出口产品从初加工向精加工转变，提高其附加值。

（2）进行技术创新，建立保持竞争优势的基础。进一步增加技术创新投入，落实科技强国战略，加快人力资本积累，强化本国技术创新的动力。

（3）调整产业结构，确立新的主导产业。必须大力发展高新技术产业，加强"高技术"、"高附加值"产品的出口。通过高新技术开发区建设，形成技术产业集群，培养一批高技术出口重点企业，通过资本市场综合政策扶持高新技术产业发展。

（4）重视政府在形成竞争优势中的引导作用。政府对一些关键性的高技术产业和新兴产业出台的积极政策，其最终目的在于形成具有竞争优势的产业。

第二编

国际投资主体

国际投资主体就是国际投资的参与者，这种参与既可以是国际投资运行全过程的参与，也可以是运行过程中某个环节的参与。根据参与方式和参与程度的不同，国际投资主体可分为跨国公司、跨国金融机构、官方与半官方投资主体等。跨国公司通过灵活多样的直接投资方式，不仅在国际投资运行过程中扮演了最重要的角色，而且其影响力正日益渗透到世界经济领域的各个层面；跨国金融机构通过其广布的国际网络不仅广泛地介入金融资产的投资运行，而且作为一种投资中介，也为其他各类主体的国际投资运行提供优质的金融服务；世界各国政府和国际金融机构在国际投资运行过程中也不再仅仅以政策制定者和行为约束者的身份出现，而是越来越多地亲涉国际投资运营，以便不断凸显其作为国际投资参与者的主体身份和主体意识。

总之，随着世界经济的不断发展，各类主体参与国际投资运行的方式不断趋于多样化，程度不断趋于深刻化。本编在把握这种总体趋势的前提下，将分别剖析上述三类国际投资主体在国际投资运行过程中的角色特征和影响力。

第三章　跨国公司

在经济全球化迅猛发展的今天，跨国公司无疑已成为世界经济中最具影响力的一股势力。跨国公司作为最重要的国际投资主体，是国际经济活动特别是国际直接投资活动的主要承担者。跨国公司的对外直接投资和全球性经营战略给世界经济发展带来了深刻的影响，传统的以商品贸易为主的国际经济交往格局被打破，国际分工逐步深入渗透到产业内部和企业内部。跨国公司通过从事以高级的公司内部劳动分工为特征的国际生产活动日益成为将各国经济结合在一起的重要力量，无论是在发达国家还是在发展中国家，跨国公司对其经济发展所发挥的作用都是不容低估的。因此，有人将跨国公司称为"经济增长的引擎"，也是不无道理的。本章将对跨国公司的内涵、形成和发展、组织结构的变化、投资战略的演变、管理创新的最新进展，以及其国际投资行为对世界经济的影响进行具体的阐释。

第一节　跨国公司的产生与发展

一、跨国公司的内涵

（一）跨国公司的概念界定

跨国公司，顾名思义是指跨国经营的企业。长期以来，由于判定的角度不同，跨国公司的概念一直没有统一的标准，甚至对跨国公司描述的术语也不统一。比较常见的两个英文名词是 Multinational Enterprises（简称 MNEs）和 Transnational Corporations（简称 TNCs），前者中文译为多国公司，后者译为跨国公司。在使用上，学术界比较喜欢用 MNEs，而联合国正式文献中均使用 TNCs 一词。此外，国外还有各种名称，如国际公司（International Corporations）、国际企业（International Business）、全球公司（Global Corporations）和宇宙公司（Cosmoscorp）等。名称使用上的不同，并不影响我们对跨国公司的概念从内涵的深度加以界定，不同的角度可以有不同的界定方式。概括而言，界定跨国公司的概念主要有以下四类方式。

1. 地理范围上的界定

这是从跨国公司经营活动的地理跨度特别是国别跨度的角度对跨国公司的具体内涵予以界定的。这是一种最简单的语义学上的界定方式，即跨国公司就是跨越国界且在国外经营业务的企业组织。

英国里丁大学从事跨国公司研究的著名学者邓宁认为:“国际的或者多国的生产企业的概念……简单地说,就是在一个以上的国家拥有或者控制生产设施(例如工厂、矿山、炼油厂、销售机构、办事处等)的一个企业。”①联合国秘书处起草的研究报告也认为,广义的跨国公司“适用于凡是在两个或更多的国家里控制有工厂、矿山、销售机构和其他资产的企业”。

那么,从统计标准的角度来看,跨国公司的地理跨度或者国别跨度到底要多大,或者说究竟需要多大的跨国性才能算作跨国公司呢?最开放的观点认为,只要在两个或两个以上的国家从事生产经营活动的企业,就可称为跨国公司。而最保守的观点则以在六个以上国家设有子公司、分公司及其他形式的分支机构的大型跨国企业才能算作跨国公司。一般较为折衷的态度认为,最低限度要扩展到四国或五国才能称其为跨国公司。

从跨国公司经营活动所处地理范围来界定跨国公司的概念,并未涉及跨国公司经营管理的具体内涵和本质特征。因此,这只能是一种较浅层次的流于表象的界定方式,如果要全面、系统、科学地透析跨国公司这一概念,我们就必须从其他角度、更深的层次进一步去把握。

2. 所有权标准上的界定

这是以所有权的法律基础来限定跨国公司的属性,即以跨国公司的股份拥有、管理控制所依据的法律基础作为划分企业是否为跨国公司的标准。这实际上包含了两方面的含义。

(1)这是指跨国公司通过直接投资形成的对国外分支机构拥有实际控制权的股权比重大小。目前,国际上对这一股权比重的最低限额并没有统一标准。国际货币基金组织出版的《国际收支手册》认为,在所投资企业中拥有25%或更多的投票股份,可以作为控制所有权的合理标准。美国商务部则将此标准定为10%以上。加拿大和日本把持有50%或更多的投票股份才视为“存在控制”。其他如英、法、德、意等工业国家的法律对此也有类似的规定。一般的国际惯例是取10%为标准。

(2)这是指跨国公司自身股票所有权的多国性,即认为跨国公司的所有权必须被一个以上国籍的法人或自然人所掌握。持这种观点的学者实际上是将“无国籍性”或“国籍模糊性”作为界定跨国公司的一个标准。但也有一些学者并不赞成这种观点。他们认为,跨国公司股权确有某些分散和日趋相互渗透的现象,但股票持有的分散只是跨国企业母公司以其股票在外国交易所挂牌出售的结果。总体来说,出售到国外或者外国持有的股票仅占很小的百分比,而且由两国以上人员分享所有权和控制的跨国公司,如英荷壳牌石油公司、尤尼莱佛公司,为数并不多。据此,他们认为将“无国籍

① 约翰·邓宁:《多国企业》,1971年,转引自联合国秘书处《世界发展中的多国公司》(中译本),附录Ⅱ。

性”作为跨国公司的一个显著特征是过于偏颇的。

实际上到目前为止，大型跨国公司主要还是为少数发达国家所拥有，管理控制权也仍操纵在以这些国家为基地的跨国公司总部手中，多次的购并浪潮也没能使跨国公司达到多国籍甚至无国籍的程度。因此，跨国公司所有权的“国际化”并不是针对其自身而言的，而主要是指跨国公司对其国外分支机构所有权控制的有效渗透与拓展。

3. 经营管理特征上的界定

这是从企业具体的经营理念和经营行为来判定划分跨国公司的标准。首先，企业经营管理的最高决策层必须具备全球性的经营理念，最高主管不能只关注某一国家或地区中该企业的活动，而应关注所有的国家或地区，即作为“国际企业家”来平等对待世界各地为该企业提供的最佳机会，完全以世界性的经营态度来规划企业的生产经营活动。其次，企业的经营管理层必须按一体化和全球战略的要求来统一规划企业的各项经营活动，实现以高级的公司内劳动分工为特征的职能一体化和区域一体化。应该说只有满足上述两个要求的全球型企业才是真正的跨国公司。基于这一点，我们只有把握了跨国公司经营管理上的“全球性”这一特征，才能真正领会跨国公司的具体内涵，我们对跨国公司的概念界定也只有在这一层次上才是最具有意义的。

4. 诸因素综合分析界定

上述三种界定方式分别从不同的角度、不同的层次去把握跨国公司的具体含义，判定划分跨国公司的标准，如果我们只取其中之一二，是有悖于全面、系统、科学的原则的，但这其中的任何一种界定方式毕竟给我们提供了从不同视角全面、系统地审视跨国公司的机会，据此我们认为，真正意义上的跨国公司至少应具备以下三方面的特征：(1)生产经营活动跨越国界；(2)在多个国家拥有从事生产经营活动的子公司，并对子公司能达到有效控制；(3)具有全球性的经营动机和战略，并将其所有经营活动都置于该战略的指导之下。

为了将以上三方面的特征都涵盖于跨国公司的概念中，我们需要采取诸因素综合分析的界定方式。在1983年联合国跨国公司中心发表的第三次调查《世界发展中的跨国公司》的报告里，对跨国公司的定义就采取了这样一种界定方式，他们认为跨国公司应是指这样一种企业：(1)包括设在两个或两个以上国家的实体，不管这些实体的法律形式和领域如何；(2)在一个决策体系中进行经营，能通过一个或几个决策中心采取一致对策和共同战略；(3)各实体通过股权或其他形式形成的联系，使其中的一个或几个实体有可能对别的实体施加重大影响，特别是同其他实体分享知识资源和分担责任。

应该说这个定义既抓住了跨国公司的外部表征，又反映了跨国公司的深刻内涵。它特别强调了跨国公司内部一体化的经营策略，因而也更体现出了它的深度。如果我们再进一步将上述几点归为一句话，跨国公司就是指具有全球性经营动机和一体化的经营战略，在多个国家拥有从事生产经营活动的分支机构[①]，并将它们置于统一的全球性经营计划之下的大型企业。

以上四种界定方式，无论是从不同的侧面着眼，还是结合诸因素综合分析，都只是对目前跨国公司现有的状况、性质、特征的不同理解，这些概念所涵盖的广度和所透析的深度都是极为有限的。因为跨国公司毕竟是一个不断演进的动态范畴，我们只有在深刻领会了跨国公司产生、发展的过程和以发展的眼光洞悉了跨国公司未来发展趋势的基础之上，才能真正对跨国公司的概念予以更深层次的理解。

（二）跨国公司国际化经营的度量

从上述概念可以看出，跨国公司具有国际化经营的本质特征，对于如何度量跨国公司国际化经营的程度一直是学术界关注的重要问题之一，最常使用的是以下五个指标。

1. 跨国经营指数（Transnationality Index，简称 TNI）

这是根据一家企业的国外资产比重、对外销售比重和国外雇员比重这几个参数所计算的算术平均值。

$$\text{TNI}=\left(\frac{\text{国外资产}}{\text{总资产}}+\frac{\text{国外销售}}{\text{总销售}}+\frac{\text{国外雇员}}{\text{雇员总数}}\right)\div 3$$

2. 网络分布指数

这个指数是用以反映公司经营所涉及的东道国的数量。

$$\text{网络分布指数}=\frac{N}{N^*}\times 100\%$$

式中：N——公司国外分支机构所在的国家数。

N^*——公司有可能建立国外分支机构的国家数，即世界上有 FDI 输入的国家数，实际运算中，从已接受 FDI 输入存量的国家数目中减去 1（排除母国）即可得出 N^*；根据《世界投资报告（1997）》提供的数据，$N^*=178$。

3. 外向程度比率（Outward Significance Ratio，简称 OSR）

$$\text{OSR}=\frac{\text{一个行业或厂商的海外产量（或资产、销售、雇员数）}}{\text{一个行业或厂商在其母国的产量（或资产、销售、雇员数）}}$$

4. 研究与开发支出的国内外比率（R&DR）

$$\text{R\&DR}=\frac{\text{一个行业或企业的海外 R\&D 费用开支}}{\text{一个行业或企业的国内或国内外 R\&D 费用开支总额}}$$

---

① UNCTAD 的《世界投资报告》中将子公司、附属企业和分公司统称为国外分支机构。子公司是指投资公司拥有超过一半的股东表决权，有权指派或撤换大多数行政、管理和监督人员设在东道国的联合企业。附属企业是指投资公司拥有总数最少 10%但不超过 50%的股东表决权的东道国的联合企业。分公司是指投资公司拥有或部分拥有的设在东道国的非联合企业，如外国投资者的常设机构或办事处、外国投资者在一个或一个以上第三方的非联合合作企业或合资企业、外国投资者在其本国以外的国家经营了至少一年的可移动设备（如船舶、飞机和油气开采设备等）。

5. 外销比例(Foreign Sales Ratios,简称 FSR)

$$FSR=\frac{\text{行业或厂商产品出口额}}{\text{行业或厂商产品海内外销售总额}}$$

以上指标反映了公司国际化经营的不同方面,其中前两项指标(跨国经营指数和网络分布指数)最常使用。由跨国经营指数所反映的国外资产、销售额以及雇员人数的重要性可由反映地理分布多样化程度的网络分布指数予以补充。应该指出的是,TNI 和网络分布指数都不能完整和全面地说明公司国际化经营的"深度"。要了解国际化进程的"深度",还需要其他指标的配合,例如第四项指标 R&DR 就非常关键。

研究表明,跨国公司规模与其经营的国际化程度呈现一定的负相关关系。例如,在全球最大的 100 家跨国公司中,海外资产规模排名前 10 位的跨国公司的 TNI 指数排名却大多在 30 名以外。根据 UNCTAD 的统计资料,2013 年,排名第一的美国通用电气公司(GE)和排名第二的荷兰皇家壳牌集团(RDSA)的 TNI 排名分别仅为 81 和 34。在发展中国家最大的 50 家跨国公司中也有类似情况,例如国有控股的十大非金融类跨国公司的 TNI 排名大多落后于其海外资产规模排名。

表 3—1　　2016 年世界最大 10 家非金融类国有控股跨国公司的国际化经营程度

公司名称	海外资产规模	海外资产排名	TNI 指数(%)	TNI 排名
大众集团	197 254	1	60.3	7
意大利国家电力公司	111 240	2	55.3	12
意大利埃尼集团	106 408	3	58.8	10
德国电信	102 176	4	60.2	8
法国电力公司	84 508	5	22.5	23
法能集团	77 809	6	53.9	13
中国海洋石油总公司	66 673	7	23.8	22
空客集团	66 490	8	62.9	4
法国电信	62 623	9	51.3	15
日本电报电话公司	59 580	10	26	21

资料来源:UNCTAD,*World Investment Report*,2017.

二、跨国公司的产生与发展

跨国经贸活动具有悠久的历史。两千多年前中国古代的"丝绸之路"就将中国的丝绸、瓷器等商品源源不断地输往欧亚各国,换回的是毛毯、黄金、钻石、象牙、珠宝、香料,乃至玻璃器皿;古希腊、古罗马人在地中海沿岸各国所从事的海上贸易也是源远流长的;阿拉伯帝国的兴起在一定程度上也是建立在阿拉伯商人所进行的广泛商贸活动的基础之上的。当时这些在欧、亚、非三大洲之间所进行的跨国经贸活动虽没有直接导致跨国公司的产生，但它们在促进世界各国、各民族之间文化交融的基础上，为现代跨国公司的出现奠定了久远的历史文化基调。

到了16世纪，随着地理大发现，欧洲主要的资本主义国家为实现促进资本主义大发展所必需的资本积累，在全球范围内开展了3个多世纪野蛮残酷的殖民掠夺，而这种殖民掠夺除了直接的巧取豪夺之外，很大一部分是通过殖民贸易进行的，正如英国东印度公司总裁、晚期重商主义代表托马斯·孟所言，发展对外贸易(主要是不平等的殖民贸易——作者注)，实现贸易出超是积聚财富的最主要最行之有效的方式。在这一时期，跨国经营活动虽然在全球范围内获得广泛的开展，但其涉及的领域却仅限于商品交换为主的贸易领域，无论是重商主义理论还是随后的亚当·斯密、李嘉图的国际分工理论，都为这种跨国贸易行为提供了有力的理论支持，但应该说，从事这些跨国贸易的跨国经营企业与现代意义上的跨国公司是有着本质区别的。真正现代意义的跨国公司是随着国际直接投资引致跨国生产制造活动的产生而出现的，因此，真正意义上的跨国公司的雏形是直到19世纪后半期才形成的。

(一)第一次世界大战以前跨国公司的雏形

18—19世纪，殖民时代的海外经营活动已开始从商品贸易向生产经营转变。但这一时期，英、法、美列强的资本输出是以间接投资为主的，尤其是购买铁路证券及政府公债，有限的直接投资也主要是投向落后国家的铁路修建和矿业开采，制造业投资虽数量极少，但却很有特点。这直接导致了早期跨国公司的出现。

当时制造业投资是由市场导向的。自它产生之时起就和经济发展水平有着密切的联系，因此不同于其他类型直接投资的是，它主要投资于比较发达的国家和地区，而且从投资主体上看，早期制造业投资和其他直接投资以英国为主体的情况不同，是以美国为主体的。1914年以前，美国制造业海外子公司有122家，而英国只有60家，美国当时还主要是接受外国投资的债务国，但它的制造业对外直接投资占直接投资总额的比重却比英、法等国高。这说明制造业直接投资和投资国资本是否富裕并没有直接联系。一般来说，刺激早期跨国公司出现的因素主要有以下三个方面。

1. 技术垄断优势的保护

美国最先从事跨国经营的制造业直接投资，是那些产品首先在国内发明，或虽在欧洲发明但在美国经过重大革新的部门。正是这些掌握技术垄断优势的公司，首先到海外进行投资以占领市场，并防止别的厂商伪造。美国第一家以追求全球市场为特色的跨国公司是胜家缝纫机公司，也是第一家在全世界同时生产和大量销售同一种产品的公司。它于1851年取得缝纫机发明专利权，1867年在英国格拉斯哥建立缝纫机装配厂，并于1880年在伦敦和汉堡设立销售机构向欧洲推销格拉斯哥生产的产品，从而垄断了欧洲市场。此外如电话、重型机器设备、汽车、电灯、照相机等也都是首先在美国发明，逐渐形成新兴工业，经历了和胜家缝纫机公司类似的发展过程。例如，西方联合电报、贝尔电话、爱迪生电灯、伊斯曼·柯达、国际收割机、奥的斯兄弟电梯公司等。

2. 避开保护性贸易限制

避开保护性贸易限制，到海外销售市场建立制造业跨国公司，以便就地生产和供应，是刺激早期跨国公司出现的另一个重要原因。1902 年英国油脂、肥皂业巨头莱佛兄弟“肥皂帝国”奠基人威廉·莱佛，感到其产品对荷、比出口所交关税太高，不如到那里建厂合算，后来就和荷兰人造牛油公司集团合并，成为著名跨国公司尤尼莱佛公司。同样，1887 年俾斯麦为了保护农业，对进口食物征收高额关税的政策，刺激了荷兰人造牛油公司在德国建立了多家分厂。又如，法国铁路公司规定空气刹车必须由当地厂商供应，于是刺激了美国威斯汀豪斯空气刹车公司到法国设厂。

3. 各国对外国制造企业到本国设厂的刺激或鼓励

例如，当时加拿大采取高关税的目的，就是为了鼓励外国制造企业到加拿大投资设厂，以加速国内经济的发展，这就推动了美国企业向加拿大的渗透。如 1876 年杜邦公司到加拿大兼并了两家动力机械厂，1883 年爱迪生公司也到加拿大建厂，享受了国民待遇。

总之，到第一次世界大战爆发前，在美国以及欧洲英、法、德等国已出现了以对外直接投资为特征的早期跨国公司。虽然这一阶段对外直接投资的主要方向是开发资源和交通运输业，制造业投资相对较少，如美国制造业部门投资额为 4.78 亿美元，只占对外直接投资总额的 18%，但这些部门的跨国公司已初步具备了以“全球市场”为目标的特征，可以认为是真正具有现代意义跨国公司的雏形。

（二）两次世界大战之间跨国公司的发展

在这一时期发达国家的对外投资数额增长不快，基本处于徘徊的状况。1913—1938 年，主要资本主义国家对外投资总额增长了 70 亿美元，增长幅度达 16%。但是，跨国公司的成长过程还是有其特色的。

1. 美国跨国公司发展较快

据统计，全世界对外直接投资由 1914 年的 143 亿美元增至 1938 年的 213.5 亿美元。其中，英国由 65 亿美元增至 105 亿美元，虽仍居第一位，但比重已经由 45.5%降至 39.6%；美国由 26.5 亿美元增至 73 亿美元，而比重由 18.5%增至 27.7%。可见在此期间，美国对外直接投资增加较快，1927 年它已稍逊于英国而居世界第二位。美国 187 家制造业大公司在海外的分支机构由 1913 年的 116 家增到 1919 年的 180 家、1929 年的 467 家和 1939 年的 715 家。美国还大举向英国势力范围渗透，1922 年在加拿大的外国投资中美资已超过英资，在拉美的外国投资中，美资所占比重也接近英国。第一次世界大战结束后，美国资本还乘机打入德国，控制了那里的汽车、石油、有色金属等部门，尤其是通用汽车公司和福特汽车公司向欧洲及其他地区的扩张更为迅速，石油公司也追随汽车工业乘机扩展了跨国销售网络。

2. 在部门结构上，制造业跨国公司发展最为迅速

以美国为例，第一次世界大战前夕，它在国外的制造业直接投资占对外直接投资

总额的18%，其金额只相当于它在国外生产初级产品行业（矿业、石油业和农业）直接投资额的33%。到1940年，美国在国外制造业的直接投资额已达19.3亿美元，居单项行业首位，在全部对外直接投资金额中的比重已上升为27.5%。据统计，美、英及其他主要欧洲国家的制造业跨国公司在两次世界大战期间共建立了1 400多家国外子公司，是各行业中建立子公司数量最多的。

3. 跨国公司之间已展开了激烈的竞争

如化学工业方面的帝国化学公司康采恩在国际市场上和德国的法本公司展开了激烈的争夺；英伊石油公司、英荷壳牌两家大石油公司在1939年控制了中东石油生产的76%，成为美孚石油公司的最大竞争对手。

以上情况说明，在跨国公司发展的第二阶段，以进行国际直接投资为显著特征的现代跨国公司已经成形并具备了一定的规模。

（三）冷战时期跨国公司的推进

第二次世界大战使美国的国力和经济实力得到了令人瞠目结舌的增强。美国许多私人企业乘着英、法、德、日等国十分微弱的机会和美国军事、经济援助涌向世界的强劲之风，纷纷向海外投资设立子公司和制造工厂。这一时期，可以说是美国跨国公司称雄于世的阶段。当然，战后美国国内资本竞争激烈、平均利润率下降也是促使美国企业大量对外投资的一个原因。1960年发达资本主义国家对外直接投资总额中，美国占了71.7%，处于绝对霸主的地位。

第二次世界大战后，美国利用战争期间发展起来的新兴科技，将之应用于民用部门，在国内发展了一系列新兴工业部门，如电子、飞机制造、计算机、汽车、化学、机械、石油化工等。由于这些新兴制造业拥有垄断优势、规模大、效率高，因而向海外扩展的势头很大，而采矿、农业等初级产业的投资则相对减少。1960年美国投放于制造业直接投资的比重已达到32.5%。此外，跨国公司在服务业领域的拓展速度也很快。

进入20世纪60年代后，欧洲各国和日本在美国的大力扶持下，从战争的废墟上崛起，经济开始起飞。一些新兴大企业开始进军国际市场，特别是在美国较好投资环境和高科技领域的吸引下，对美国的直接投资发展很快，从而出现了发达国家"双向投资"的现象。在这一时期，欧洲国家和日本的跨国公司虽得到了扩展，但无论是在数量上还是规模上，与美国跨国公司仍然相去甚远。

从跨国公司发展的广度和深度来说，这一阶段是当代大型跨国公司发展的关键阶段。

（四）20世纪60年代末至90年代初跨国公司的大发展

20世纪70年代后，随着欧洲、日本跨国公司的兴起，不仅跨国公司的整体规模和数量得到了前所未有的大发展，跨国公司世界的总体格局也发生了重大变化，跨国公司自身的经营战略和组织结构也向着"全球化"的目标演进。这一时期的主要特点可归纳为以下几个方面。

1. 跨国公司数量、规模上的大发展

这20年间，跨国公司的数量稳步增长，以14个发达国家为母国的跨国公司增加了近两倍多，从1969年的7 000多家增至1990年的近24 000家。据联合国贸发会议(UNCTAD)估计，20世纪90年代初，世界跨国公司的母公司约有37 000家，它们在国外控制的分支机构约有170 000家。① 与此同时，跨国公司的规模也急剧扩展，出现了一些巨型的跨国公司，使它们日益成为一个高度集中的世界。根据有关母国的数据，约1%的跨国公司母公司拥有其母国对外直接投资总存量的一半左右(见表3—2)。最大的100家跨国公司1990年时在全球共拥有3.2万亿美元的总资产，其中37.8%的资产投放在本国以外(见表3—3)。根据对100家最大跨国公司中53家公司所提供的数据进行分析，100家公司的对外直接投资约占世界投资总存量的1/3。这里要特别指出的是，跨国公司规模的扩大与20世纪80年代初开始的数次全球性购并浪潮有着直接的关系，很多公司已日益将跨国购并作为向新产业、新市场迈进的最便捷的一种方式。

表3—2　　国外子公司资产所有权的集中化

国　家	年　份	母公司数	母公司比重(%)	国外子公司比重(%)
奥地利	1990	41	6	65
		95	14	84
		312	46	98
德国	1990	10	0.1	32
		20	0.3	42
		50	0.7	69
意大利	1989	3	—	51
		5	—	76
		10	—	84
瑞典	1991	18	0.5	51
		51	1.5	75
美国	1990	22	1	45
		44	2	57
		109	5	75
		218	10	86
		437	20	94
		546	25	96
		1 091	50	99

资料来源：联合国跨国公司与投资司，根据各国和其他官方渠道提供的未发表的数据计算。

① 这一数字，仅包括在国外企业拥有50%以上股权的公司，而未包括各种非股权联系的资产控制公司和那些通过缔结战略联盟联系在一起的公司。如果把这些有股权联系的公司都计算在内，世界范围的跨国公司总数有可能超过50 000家。

表 3—3　国外资产和销售额最大的 100 家跨国公司的跨国化和集中化(1990 年)　单位:%

项　目	占 100 家总资产比重	占 100 家国外资产比重	占 100 家总销售比重	占 100 家国外销售比重	国外资产占总资产比重	国外销售占总销售比重
最大 10 家	25.8	33.5	23.2	29.4	49.1	61.2
最大 25 家	50.0	54.4	46.0	49.2	41.1	51.7
最大 50 家	70.9	76.3	68.7	70.9	41.0	49.9
最大 100 家	100.0	100.0	100.0	100.0	37.8	48.4

资料来源:联合国跨国公司与投资司,《1993 年世界投资报告》,对外贸易教育出版社 1994 年版。

2."大三角"国家跨国公司"三足鼎立"之势的形成

20 世纪 70 年代后日本和欧共体(现为欧盟)成员国跨国公司的大发展打破了战后美国跨国公司一统天下的单极化格局,形成了日本、美国和欧共体成员国"大三角"国家的三足鼎立的态势。1960 年,发达国家对外直接投资最大五个国家的顺序是:美国、英国、荷兰、法国和加拿大;到 1981 年,该国别顺序已改为:美国、英国、联邦德国、日本和瑞士;到 1991 年,这一顺序则变为:日本、美国、德国、法国和英国。日本和德国跨国公司的异军突起对现存格局的形成起到了决定性作用。根据 1990 年的统计,世界最大的 100 家非金融跨国公司中,有 3/4 来自"大三角"国家中的美国、日本、德国、法国和英国,其中美国有 27 家,占国外资产的 1/3,英、法、德三国共有 33 家,日本有 12 家。

3. 从产业部门分析,跨国公司向服务业的拓展速度最快

美国对国外服务行业(主要是运输、商业、银行、保险、旅游等)的直接投资比重,由 1970 年的 12%上升到 1980 年的 28.2%和 1985 年的 28.3%,其他国家也有类似趋势。根据德国、日本、美国跨国公司产业部门的分布情况(见表 3—4),属于服务业的子公司占其总数的 60%左右,而制造业只占 36%,初级产业所占比重就更小,这一格局表明,服务业在世界经济和对外直接投资中的重要性日益增加。

表 3—4　主要投资国分部门的国外子公司

国　别	初级产业	制造业	服务业	总　数
德国(联邦德国)				
①1984 年				
数量(个)	558	4 936	9 163	14 657
比重(%)	4	33	63	100
②1990 年				
数量(个)	422	5 729	13 201	19 352
比重(%)	2	30	68	100
日本				
①1980 年				
数量(个)	194	1 587	1 786	3 567
比重(%)	5	45	50	100

续表

国　别	初级产业	制造业	服务业	总　数
②1990 年				
数量(个)	194	3 408	4 384	7 986
比重(%)	2	43	55	100
美国				
①1982 年				
数量(个)	995	7 005	10 339	18 339
比重(%)	6	38	56	100
②1989 年				
数量(个)	785	7 552	10 562	18 899
比重(%)	4	40	56	100

资料来源：联合国跨国公司与投资司，根据 1992 年德意志银行、1983 年和 1992 年日本通产省以及 1985 年和 1992 年美国商业部的资料计算。

4. 跨国公司国际投资行为日益多样化

为了适应日趋复杂的国际市场和激烈的国际竞争环境，顺利贯彻公司的一体化战略和全球战略，跨国公司的国际投资行为日显多样化，除了常见的股权安排形式（主要是独资经营和合资经营方式）外，合作生产、技术转让、分包、许可证生产、特许专营等非股权安排形式正得到广泛地运用，甚至还出现了跨国公司间的战略联盟（主要从事研究开发合作）。跨国公司国际投资行为多样化实际上是跨国公司经营战略转变和组织结构演化的必然要求，也是跨国公司在世界经济中日益趋于主导地位的重要体现。这些我们将在第二节、第三节中作较为详尽的阐释，这里不再赘述。

（五）20 世纪 90 年代以来跨国公司的最新进展

进入 20 世纪 90 年代以来，跨国公司获得了前所未有的大发展，这不仅表现在发达国家跨国公司上，也同时表现在发展中国家跨国公司上。信息技术的进步和金融自由化趋势为跨国公司推行复合一体化战略和全球战略提供了更为便利的条件。在这几年中，跨国公司整体的国际化程度得到了很大的提高，跨国公司已成为推动经济全球化的中坚力量。尽管 1997 年由于亚洲金融危机引发了全球性的经济衰退，但有关调查的统计数据显示，大多数跨国公司的投资信心并未发生动摇，甚至对东南亚地区的投资信心也丝毫未减。这场危机的发生反而使跨国公司看到了全球化趋势背后所隐含的巨大风险，许多跨国公司纷纷采取措施加强实力和提高国际竞争力，以增强抵御风险的能力。近年来大规模跨国购并的风潮迭起就是这一情况的深刻写照。总体来看，20 世纪 90 年代以来跨国公司的最新进展主要表现在以下几个方面。

1. 跨国公司数量急剧增长

进入 20 世纪 90 年代，经济全球化趋势迅猛发展，企业跨国经营成为不可阻挡的潮流，为数众多的中小企业也加入跨国经营的行列，跨国公司的数量遂成指数级增长。20 世纪 90 年代初，世界跨国公司母公司约有 37 000 家，其海外分支机构约有 1 700 000 家，而到 2008 年，世界跨国公司母公司达到 82 000 多家，其海外分支机构达到 800 000 多家。其中,发达国家和地区有跨国公司母公司 58 000 多家、海外分支机构 366 000 多家,发展中国家和地区以及东南欧和独联体国家有跨国公司母公司 23 000 多家、海外分支机构 440 000 多家(见表 3—5)。

表 3—5　不同国家和地区跨国公司母公司和外国子公司的数目(2008 年)　单位:家

国家和地区	以该国或地区为基地的母公司数	设在该国或地区的外国子公司数
发达国家和地区	58 783	366 881
欧洲	47 765	347 771
北美	3 857	9 389
其他发达国家	7 161	9 721
发展中国家和地区	21 425	425 258
非洲	476	6 084
拉美和加勒比海	3 533	39 737
亚洲	17 124	378 996
大洋洲	22	441
东南欧和独联体国家	1 845	15 224
世界	82 053	807 363

资料来源:UNCTAD,《世界投资报告(2009)》,中国财政经济出版社 2010 年版。

2. 集中化趋势更加明显

这一时期,在国际直接投资领域唱主角的仍是发达国家,美国、德国、英国、日本和法国这五大对外直接投资国的对外直接投资约占世界对外直接投资的 2/3,而它们对外直接投资的绝大部分又主要是由为数不多的数家大型跨国公司作出的,这使得跨国公司体系的集中化趋势更加明显。另外,规模不断扩大的跨国购并也加剧了这一趋势。到 2019 年,世界最大的 100 家跨国公司的海外资产约为 9.5 万亿美元,约占所有跨国公司海外资产的 8.5%;世界最大的 100 家跨国公司的海外销售额约为 5.8 万亿美元,约占所有跨国公司海外销售的 18.5%;世界最大的 100 家跨国公司的海外雇员约为 946.6 万人,约占所有跨国公司海外雇员的 11.5%(见表 3—6)。

表 3—6　世界最大 100 家跨国公司在跨国公司体系中的重要性(2019 年)

项　目	海外资产(10 亿美元)	海外销售额(10 亿美元)	海外雇员(千人)
世界最大 100TNCs	9 535	5 796	9 466
所有跨国公司	112 111	31 288	82 360
世界最大 100TNCs 的比重	8.5%	18.5%	11.5%

资料来源:UNCTAD,*World Investment Report*,2020.

3. 国际化经营程度更高

这是跨国公司推行全球战略的必然结果。自 1990 年以来,跨国公司 TNI 指数基本上呈不断上升的趋势。世界最大的100家跨国公司的平均TNI指数由2007年的62.4%上升到2012年的64.6%(见图.3—1),发展中国家最大50家跨国公司的TNI指数由2007年的50.7%上升到2012年的55.3%。从行业上看,国际化程度最高的是电子、电气设备与计算机,制药,食品、饮料与烟草,电信,化工,机械与工程,金属加工,在世界最大的100家跨国公司中,它们的平均TNI指数在65%以上(2012年);而国际化经营程度较低的是零售行业,在世界最大的100家跨国公司中,它的平均TNI指数在50%以下(2012年)(见表3—7)。从发展中国家最大的50家跨国公司来看,国际化经营程度较高的行业是食品与饮料、建筑和房地产、电子与电气设备、电力与供电服务等行业,它们的平均TNI指数在65%以上(2012年);而国际化经营程度较低的行业是石油开采、精炼、分销、运输、化工与制药,它们的平均TNI指数在50%以下(2012年)(见表3—8)。UNCTAD的研究还表明国际化经营程度较高的跨国公司其总部大多设在较小的国家或地区,如在世界最大的100家跨国公司中,国际化经营程度较高的跨国公司(TNI指数80%以上)很大一部分来自瑞典、瑞士、荷兰等小国,而美国跨国公司的TNI指数基本上都比较低;在发展中国家最大的50家跨国公司中,国际化经营程度较高的跨国公司(TNI指数70%以上)主要来自中国香港。

表3—7　　2019年世界最大100家非金融类跨国公司的行业分布及国际化经营程度(按TNI指数)

行　业	最大100家企业数量	最大100家企业平均TNI(%)
第一产业		
农业	0	62
采掘业	6	68
制造业		
食品和饮料	6	83
纺织	1	78
制药	11	67
化工	13	62
汽车	12	63
机械设备	2	62
电子	10	68
服务业		
批发和零售	6	60
交通和物流	2	69
金融服务	0	11
商务服务	15	63

资料来源:UNCTAD,*World Investment Report*,2020.

表 3－8　　发展中国家最大 50 家跨国公司的行业构成及分行业 TNI 指数

行　业	上榜公司数				行业的平均 TNI 指数			
	2012 年	2007 年	2000 年	1993 年	2012 年	2007 年	2000 年	1993 年
多样化	5	6	11	12	52.7	60.1	40.5	25.6
食品与饮料	4	2	6	7	75.2	59.4	35.6	15.6
建筑和房地产	1	2	2	4	71.1	45.7	50.1	28.8
石油开采、精炼、分销	10	7	6	3	26.4	28.1	21.5	3.1
电子与电气设备	5	10	7	7	67.6	58.8	42.1	28.1
电力与供电服务	4	2	2	1	73.8	41.6	7.3	2
金属及金属制品	4	3	3	5	52.0	53	21.6	11.6
运输	1	3	4	1	48.9	55.9	54.6	23.2
化工与制药	1	2	1	1	20.6	36.3	36.6	17
纸浆与造纸	—	1	1	2	—	67.2	57.9	26
旅游与旅馆	—	—	—	3	—	—	—	33.1
汽车	2	2	1	—	42.4	35.6	10.4	—
其他	13	10	6	4	66.8	56.2	32.8	23.6
总计/平均数	50	50	50	50	55.3	50.7	34.2	19.8

资料来源：UNCTAD，*World Investment Report*，2013.

在过去的三十年中，跨国公司变得越来越国际化，其用 TNI 指数衡量的国际化程度不断上升。然而从 2015 年开始，前 100 名企业的平均 TNI 指数一直停滞在 65%左右，这与全球外国直接投资的势头下降有关（见图 3－1）。停滞不前的部分原因是前 100 名企业的构成发生了变化，而新的进入者的国际化程度较低。此外，前 100 名跨国公司中很少有跨国公司 TNI 指数超过 65%。

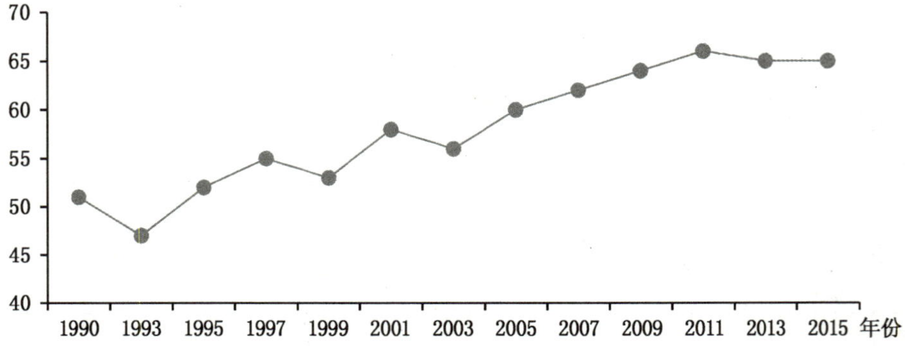

资料来源：UNCTAD，*World Investment Report*，2017.

图 3－1　世界最大 100 家跨国公司平均 TNI 指数的变化

4. 跨国购并已成为跨国公司对外直接投资的主要手段

面对竞争压力、自由化浪潮和新投资领域的开放，越来越多的跨国公司将跨国购并作为自己参与全球化竞争的核心战略，以保护、巩固和增强自己的国际竞争力。尽管 20 世纪 90 年代初，全球跨国购并额一度回落，但自 90 年代中期以来，跨国购并再度大幅增长，又进入了一个高潮期。据 UNCTAD 的统计，1998 年全球跨国购并额为 4 000 亿美元，1999 年达到 7 200 亿美元，增长了 80%，2000 年达到了创纪录的 11 000 亿美元，2001—2003 年，受"9·11"事件的影响，全球跨国购并额再度出现回落，2004 年以后，全球跨国购并额一直维持在较高水平(见图 3－2)。1999 年，全球跨国购并额在 FDI 流量中所占比重已超过 80%，成为 FDI 的绝对主导模式。正因为如此，跨国购并在推动国际化生产的过程中发挥了重要作用。从行业分布来看，大型跨国购并大多发生在能源、电信、医药和金融服务行业；同时，20 世纪 90 年代以来的这次跨国购并高潮还充分体现了"新经济"时代的特征，一些传统产业的大公司纷纷"触网"，通过购并手段积极涉足网络经济，而信息业、网络业的购并重组之势汹涌澎湃，成为购并潮中的一大热点。跨国购并的个案金额也屡创新高，大型跨国购并多属业内兼并(横向兼并)，并且主要发生在一些市场集中度本来就较高的行业，如制造业中的汽车、医药、石油化工等，服务业中的金融、电信、能源等。值得注意的是，跨国购并不再是大型企业独有的投资手段，中小企业在跨国购并中也日益发挥重要作用，特别是在电子、商业服务、保健、经销、建筑和工程等领域，中小企业发挥的作用更大。

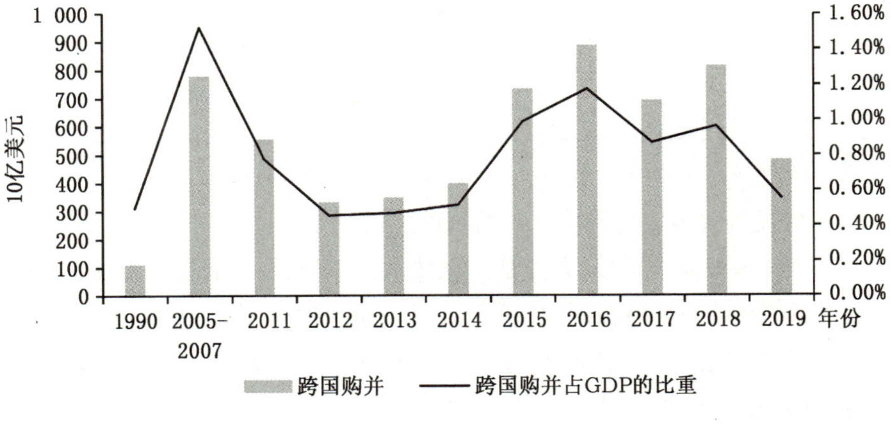

资料来源：UNCTAD，*World Investment Report*，2014－2020.

图 3－2 跨国购并额和跨国购并占 GDP 的比重

5. 发展中国家的跨国公司取得长足的进步

进入 20 世纪 90 年代以来，随着发展中国家经济实力的不断增强，尤其是东亚、东南亚以及拉丁美洲一批新兴工业化国家的兴起，发展中国家跨国公司也取得了长足的进步，它们日益成为世界经济领域不容忽视的重要的竞争力量。据 UNCTAD 的统计，到2018年，按海外资产排名的发展中国家和地区100家最大跨国公司海外资产总额达到了25 810亿美元，海外销售总额达到了25 590亿美元，海外雇员达到了4 693 000人，分别较2011年增长了95%、55%和18%(见表3—9)。发展中国家和地区100家最大跨国公司排行榜一直由少数几个国家和地区的企业所占据，其中主要是中国香港、中国内地、中国台湾、韩国、新加坡、南非。尽管1997年发生的亚洲金融危机对发展中国家的跨国公司，尤其是韩国等东南亚国家的跨国公司产生了极为不利的影响，在高速发展中所积聚的许多内在矛盾都在此次危机中突出地暴露出来，但这都是发展过程中必不可少的挫折，只有在不断的磨砺中，发展中国家的跨国公司才能真正成长起来。综观发达国家跨国公司的发展历程，也莫不如此。2007年底以来的世界金融危机给发达国家经济带来了极大的打击，但这对发展中国家而言却是一次发展的契机，更多发展中国家的跨国公司开始涉足欧美等发达国家市场。可以预见，经受了此次危机的洗礼，发展中国家跨国公司将更加成熟，它们将成为发展中国家参与全球化竞争的排头兵。

表3—9　　发展中国家和转型期经济体50家最大跨国公司的发展　　单位：10亿美元，千人

年　份	海外资产	海外销售	海外雇员
2011	1 321	1 650	3 979
2012	1 506	1 690	4 103
2013	1 632	1 806	4 226
2016	1 886	1 559	4 603
2017	2 434	2 224	4 691
2018	2 581	2 559	4 693

资料来源：UNCTAD, *World Investment Report*, 2014—2020.

6. 知识型投资日益成为跨国公司的制胜之道

近20年来，基于技术进步，尤其是信息技术、互联网技术的飞速发展，全球经济出现了一些崭新的特征，这些特征与传统经济形态相比发生了质的变化，由此而产生了"后工业社会"、"信息经济"、"新经济"、"网络经济"、"虚拟经济"等一系列新概念。1996年，经济合作与发展组织明确定义了"以知识为基础"的经济(Knowledge Based Economy)，第一次提出了这种新经济的指标体系和测度。经合组织发表的《以知识为基础的经济》报告指出，知识经济是指建立在知识和信息的生产、分配和使用上的经济。这反映了全球经济正在经历一场变革：我们正在进入一个以智力资源与知识的占有、配置、生产和消费为基本要素的经济时代。经济形态的转变使跨国公司的经营观念与行为发生了深刻的变革。跨国公司国际直接投资正逐渐改变传统的以寻求自然资源或廉价劳动为导向的初级形式和以寻求规模扩张和市场渗透为导向的中级形式，而代之以寻求知识创新为导向的高级形式，即知识型投资将成为未来跨国公司国际投

资的主流趋向。这主要表现在:(1)在产业分布上,知识型产业,如制造业中的信息技术产业(计算机、通信产品等)、生化、医药和服务业中的电信、软件开发、系统集成、金融、保险、会计、咨询等已成为跨国公司投资的新热点(服务贸易领域的跨国投资已占到投资总额的近 50%)。(2)在区位选择上,跨国公司越来越倾向于选择能够提供丰富人力资源和具备知识创新潜能的区位进行投资,即在知识型投资的趋势下,区位优势的内涵应体现为知识创新的能力和作为知识载体的人才,以及对此提供足够支持的政策和制度取向,如美国的硅谷。(3)在投融资机制上,风险投资机制和企业孵化机制的引入为知识型投资的迅猛发展提供了至为重要的推动力,这也正是知识型投资与传统投资模式相区别的重要创新之处。(4)在投资环节上,跨国公司日益重视加大研究开发(R&D)和人力资源开发与培训的投资比重。

总之,跨国公司是一个巨大的、多样化的和不断扩展的世界性经济组织。它通过全球一体化的公司战略和错综复杂的跨国组织结构对世界经济的发展产生日益深远的影响。

第二节 跨国公司经营战略与组织结构演变

跨国公司实质上就是一种以对外直接投资为主要手段,实现公司内部(更确切地说是公司网络)的国际分工的架构。跨国公司形成与发展的过程就是逐步推动世界经济一体化的过程,它冲击和打破了基于传统国际贸易的世界经济格局。从跨国公司经营战略与组织结构的演变中,我们可以洞悉跨国公司发展与世界经济一体化进程的互动关系。

一、"价值链"与跨国经营战略

跨国公司从内部构成上来说是一个复杂化、系统化、综合化的有机整体。如果我们把跨国公司这个"黑匣子"打开,可以将跨国公司创造价值的过程分解为一系列互不相同但又相互关联的经济活动或"增值活动",其总和就构成了"价值链"。"价值链"为我们理解跨国公司基于对外直接投资的国际经营活动提供了有力的分析工具。[①]

(一)"价值链"的内涵

"价值链"是一种解构主义的分析工具。"价值链"是指企业组织和管理与其生产和销售的产品与劳务相关的各种价值增值行为的链节总和,每一价值增值行为构成了价值链上的一个链节。从图 3—3 可以看出,"价值链"可以分成两个部分:下部为企业的基本增值活动,即一般意义上的"生产经营环节",如材料供应、产品开发、生产运行、

① "价值链"是企业或产业分析的重要工具,它是美国经济学家迈克尔·波特在《竞争战略》中提出的。

成品发运、市场营销和售后服务。这些活动都与商品实体的加工流转直接相关。上部列出的是企业的辅助性增值活动，包括组织建设、人事管理、技术开发和采购管理。对于不同企业，价值链上各链节的重要性是不同的。企业的竞争优势往往是体现在某几个链节上，企业确定并开拓那些与经营关系重大的活动及联系的能力经常被视为成功的因素之一。另外，构成价值链的活动可以通过不同的形式联系起来，并且可以有不同的紧密程度。一个公司的经营战略和组织结构在很大程度上决定了联系的形式和紧密程度。

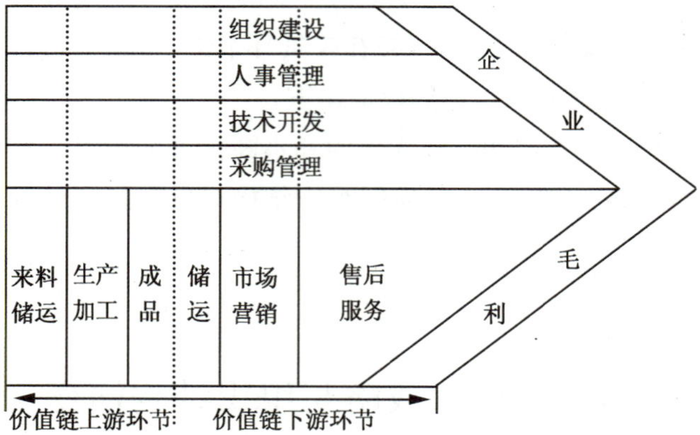

图 3—3 企业“价值链”及其构成

（二）“价值链”和国际分工

“价值链”每个环节所要求的生产要素相差很大。比如，产品的开发环节所要求的主要是受过高等教育、具有专业技术和首创精神的科技人员，宽松自由的组织环境和鼓励创新、提倡独立思考的企业文化，而产品的装配环节则需要大量的普通工人和严格的劳动纪律、全面质量管理和成本控制。由于世界各国的生产要素构成比例不同，国与国之间的比较成本有时就体现为在价值链上某一特定环节的优势，从而导致国与国之间按不同的价值链环节分工的现象。

既然不同的生产经营环节需要不同的生产要素，而不同的国家要素结构又不同，考察一个国家的比较优势应当以价值链的具体增值活动环节为分析工具。例如，汽车作为一种最终产品来说，属于资金密集型，但是汽车生产的装配环节却是劳动密集型的。因此，与其说中国企业在劳动密集型产品的生产上有比较优势，不如说在劳动密集型的经营环节或价值活动有优势来得贴切。一个企业要走向世界，也并不需要在所生产的产品的一切价值活动上领先。图 3—4 显示了西欧、日本、韩国造船业的成本构成。从图中可以看出，韩国在世界造船业的优势主要来自国内低成本的人力资源在船舶总成阶段得到充分利用；在企业的综合管理上，韩国企业并不先进，公司管理费用高达船舶造价的 11%，而西欧和日本的管理费用均低于船价的 1%。

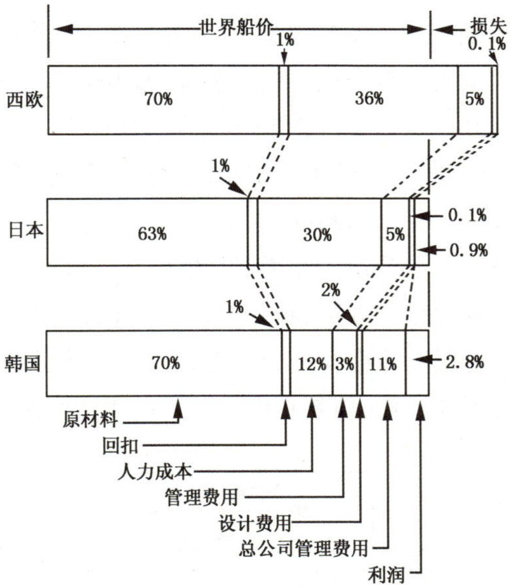

资料来源：梁能，《跨国经营概论》，上海人民出版社 1995 年版，第 47 页。

图 3—4　西欧、日本、韩国造船业的成本构成

(三)"价值链"和跨国经营战略

"价值链"理论的基本观点是，在一个企业众多的"价值活动"中，并不是每个环节都创造价值。企业所创造的价值，实际上来自企业价值链上特定的价值活动；这些真正创造价值的经营活动，就是企业"价值链"的"战略环节"。企业在竞争中的优势，尤其是能够长期保持的优势，说到底，就是企业在价值链某些特定的战略价值环节上的优势。企业要保持自身的垄断优势，关键要保持"价值链"战略环节上的垄断优势，并不需要在所有的价值活动上都保持垄断优势。因此，企业跨国经营战略的安排问题实质上就是战略环节的控制问题，它可以从职能和地域两个维度的安排来分别考察。

二、跨国公司经营战略的演变

跨国公司经营战略是指对其不同价值增值活动的国际区位选择和对企业所控制的各类实体所进行的一体化程度选择。以下将从职能和地域这两个不同的维度对跨国公司的战略演变进行分析。

(一)职能一体化战略演变

所谓职能一体化战略就是跨国公司对其价值链上的各项价值增值活动，即各项职能所作的一体化战略安排。这里的一体化是指跨国公司整体价值链的综合协调性，它是战略演变的目标。职能一体化战略演变主要经历了以下三个阶段。

1. 独立子公司战略

跨国公司战略的一个普遍形式是设立独立的子公司，即在东道国经济环境中比较独立运作的子公司。母公司与子公司之间的联系主要通过所有权来控制，其他联系还包括转移技术和提供长期资本。只要子公司是盈利的，母公司对它可行使很少的控制。虽然子公司可能大量发展与当地供应商和分包商的联系，但独立支持的子公司对它运作的价值链的大部分自负其责。它也可能雇用当地工人和管理者，通过当地金融中介进行借贷，并从事和其他国家的国际贸易。大的跨国公司可以控制许多独立支持的子公司，每个子公司服务于一个独立的东道国。

独立子公司可以被看作母公司的缩影（见图3—5），这种情况可能出现在制造业，尤其是东道国可以提供资源投入以及原料和零件的进口很困难或很昂贵的地区。但这种独立支持的子公司在服务业中却最为普遍。因为许多劳务是不可交易的，子公司必须像一个独立的单位那样运作，仿效它们母公司的生产组织。

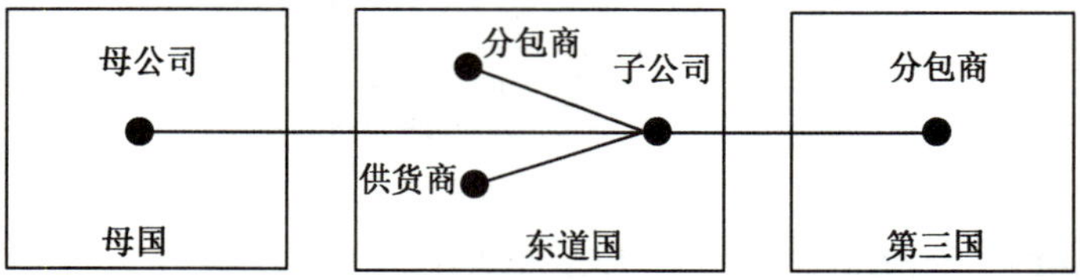

图3—5　独立子公司战略

2. 简单一体化战略

在这种战略下，跨国公司主要通过寻求外源来参与国际化生产，一些活动在东道国进行，这些活动被放在别处，主要是与母国所进行的工作联系起来（见图3—6）。制造业和服装业提供了许多外源化国际生产的实例，Montgomery Ward（美国）和 Spencer（英国）等大的零售连锁公司，主要依靠发展中国家的外源化生产。在服务业，一些跨国公司也利用国外子公司或分包商加工数据或开发软件，随着电信和计算机技术的发展，这些服务变得可以交换。

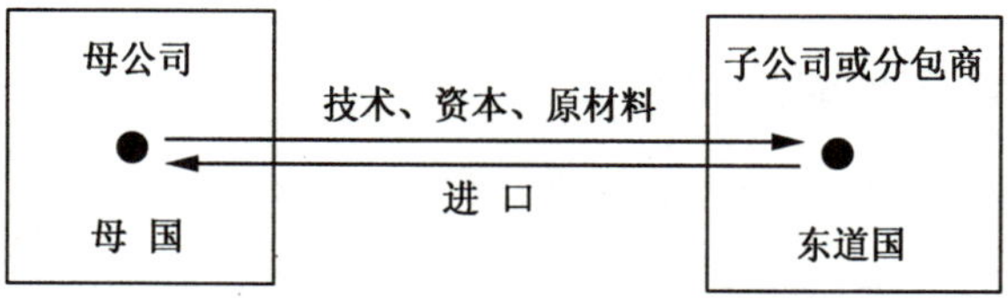

图3—6　简单一体化（寻求外源）战略

外源化国际生产表明价值增值活动向非母国、非初始国或非最后销售国转移。外源化的主要动机是利用东道国与跨国公司价值链有关部分的区位优势。母公司通过对子公司的所有权或通过与当地公司的非股权安排使跨国公司能集中于价值链的某些部分。组织外源化国际生产要求公司职能实现一体化。

在很大程度上，外源化是由成本驱动的。比如，耐克公司（美国）把运动鞋和服装的生产分包给了40个不同的地区，主要是南亚和东南亚，设计和市场营销由母公司负责，而更新的设计则通过卫星转由中国台湾一个拥有计算机辅助设计和计算机辅助生产设施的分包商进行。原构想经过修改后，最后的方案通过传真发给所有地区的分包商，并且一些耐克公司的职员会亲临现场，监控质量，并负责产品在世界范围内销售。因为单个分包商依靠母公司提供设计、标准和市场，所以它们无法独立存在。

近几年，耐克公司已在中国、印度尼西亚和泰国扩展，这些地方能节约较多的劳动力成本，但许多韩国分包商尽管已大大提高了生产效率，却因成本上扬已不能维持耐克公司的业务了。耐克公司在许多价格敏感市场引进了新的产品和操作，因此，它有机会也有必要持续地寻找更低成本的供应者。

3. 复合一体化战略

复合一体化战略的前提是公司具有将生产或供应转移到任何一个更能获利的地点的能力。在复合一体化下，在任何地方运营的任一子公司都可以独自地与其他子公司或母公司一起，为整个公司行使职能。每一步经营的价值依据其对整个价值链的贡献来评判。复合一体化要求有将各种职能行为(不仅仅是生产，还包括研究和开发、金融、会计等)安排到各自能更好地实现公司全盘策略的地方的意愿。在复合一体化下，虽然不是价值链的每一因素都要被同一程度地一体化，但在不同的过程和不同的地区之间有相当程度的职能一体化(见图3－7)。

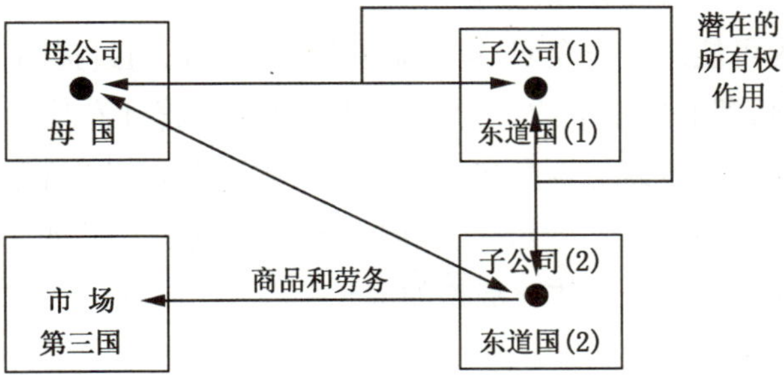

图3—7　复合一体化战略

从理论上说，跨国公司的复合一体化战略可以发生在价值链的任何一个环节上(以上所选取的例子只是其中的部分环节)，不同的跨国公司根据自身的特点与优势对环节(职能)及其一体化程度的选择会有所不同。但越来越多的跨国公司趋向于复合一体化战略的运用却是一个不争的事实，促使跨国公司采取复合一体化战略的动因主要有三个方面：

第一，信息技术的进步。信息和通讯方面的进步能提高处理和交流信息的能力，并且降低成本。例如，每分钟处理450万个指令的计算机价格，从1980年的450万美元降至1990年的10万美元，而到2000年只需1万美元。这样的变化使信息技术能在跨国公司内分享和供整个价值链使用。这就为新型生产技术、管理和研究开发活动的传播铺平了道路。信息技术对整个价值链的协调至关重要。正像多部门和多类型策略产生了更多的协调和更大的管理结构的需要一样，复合一体化策略增强了跨国公司管理其跨国网络的需要。信息技术还使不同所有权公司间的价值链变得更为完整一体。例如，一个公司的运输部门可能与另一公司的购买部门通过电子联系起来，从而加快它们之间的商品流动。运用通信技术，跨国公司可以把主要要素组合起来追求某一战略目标。

第二，需求的作用。一些跨国公司要实现服务于世界市场的一体化，而不断增长的消费者需求和一些消费者偏好跨国界的融合又促成了这一趋势。结果，越来越多设计相似或完全相同的产品在许多市场同时销售，如服装、电器、音像制品等。需求类型的融合部分是由于第二次世界大战后许多发达经济国家收入水平的趋同，这导致了消费模式的进一步相近；部分是由于通信技术的传播及旅游、教育和文化交流的发展，这提高了各国消费类型的跨国可见性；还有部分是由于跨国公司的营销努力。

第三，激烈化的竞争。国际竞争的激化是推动复合一体化的强大压力。在过去的50年里，关税壁垒的减弱和生产力的发展激化了跨国竞争，并把许多新的竞争者推到了世界舞台。发达国家的跨国公司将它们的对外直接投资集中于其他发达国家，这就形成了一个包括大量行业间交叉投资的跨国公司网络。这一趋势驱使跨国公司寻求赢得国际竞争优势的新方式。为了降低成本，跨国公司加强了在国外建厂和密切注意整个价值链上各种因素节约方面的努力，其中例子之一就是集中采购。信息技术的创新使集中采购成为可能。研究表明，集中采购的跨国公司通过提高质量和缩短产品开发计划，可以取得长期的成本节约。为了实现及时存货管理和质量控制目标，日本跨国公司在把供应商和分包商与生产和装配紧密联系起来方面走在了前面。现在，跨国公司正加强与供应商的联系，以形成技术创新的双向流动。正是这种压力，加上信息技术提供的机会促进了复合一体化战略的成长。

（二）地域一体化战略演变

所谓地域一体化战略，是指跨国公司对其所控制的各类实体在地域范围和地理联系上所作的一体化战略安排。这里的一体化同样是战略演变的目标。它一般是指跨国公司国际化生产在地理范围上的扩展和跨国公司内部各实体间在地理联系上的紧密。地域一体化战略的演变经历了以下三个阶段。

1. 多国战略

在多国战略下，一个子公司主要服务于一国的东道国市场，而跨国公司母公司则在不同的市场控制几个子公司。贸易壁垒的存在常常促使跨国公司采取多国战略，以进入特定东道国市场。在一些产业中，因为难以获得规模经济效应和为满足特定国家需求偏好和习惯要求，也会采用多国战略。许多服务业跨国公司采取多国国内战略，是因为它们所销售的一般都是非贸易性劳务。此外，中小型企业常常倾向于靠近母国的市场服务，这又促使它们与母公司连成一体。

2. 区域战略

许多跨国公司拥有根据区域划分而形成的生产网络。区域战略是适应区域化国际生产要求的，区域化国际生产体系包括在某一地区各东道国设置的子公司和作为供应商与分包商的非本系统公司。产品最终组装可以安排在该地区的任何国家，其主要市场也是同一地区。在欧洲(包括中欧、东欧与西欧)、北美(包括墨西哥)和东亚，跨国公司都有自己的地区网络，国际直接投资存量和"大三角"国家对发展中国家的投资也反映了这种特征，从而说明了国际直接投资的区域集约化趋势。美国跨国公司是许多拉美和加勒比国家的主要投资者，日本跨国公司在亚洲日益占有主导地位，而欧盟跨国公司在中欧、东欧和非洲占有最大比重。

政策变化是刺激跨国公司采取区域战略的主要原因，在欧洲和北美尤其如此。关税壁垒的减轻，外国投资政策的自由化，许多产业部门(尤其是服务行业)管理的放松和国有企业的私营化都促进了外国直接投资。包括欧盟统一市场、欧洲经济区和北美自由贸易协定在内的贸易、投资区域一体化协议的签订与加强，使跨国公司采取区域战略的兴趣增加。在东亚，虽然政府间没有签订协议，但这些国家都致力于减轻区域内的贸易壁垒，增强东亚国家竞争力，所有这些也促使跨国公司实施区域战略。

3. 全球战略

跨国公司一直被形容具有全球战略。根据彼得·迪肯的定义，全球化是更高级和更复杂的国际化，全球化意味着跨国经济行为在更广泛的地理范围内扩展。全球化还包括跨国公司为利用经济增长和需求趋同而与其他公司进行有效竞争打进所有世界大市场的方法。

跨国公司常常可以用它集中于区域或次区域基础上的网络来为全球市场服务。这里突出的例子是日本汽车工业中最大的跨国公司。本田、日产和丰田在"大三角"主要地区都设有汽车生产和销售网络。每一地区网络都通过所有权和技术与母公司联系在一起，并从其他地区的子公司和非本公司的公司获得原材料和零件，所有的地区网络都向其他地区销售产品，不同地区所生产的产品极为相似，然而，附加价值总额归原地区网络经营所有。这样，这些跨国公司通过其价值链的区域组织来达到自己的全球目标。

随着时间的推移，不断增加的竞争压力可能会促使跨国公司在全世界范围内更广泛地扩展自己的业务，但是，就目前来说，还很少有公司跨地区进行一体化生产。在跨地区贸易壁垒存在的条件下，区域经济安排可能会限制全球战略的发展。

总之，从母公司与其国外子公司间简单的职能与地理联系到更广泛、更复杂形式的一体化，由于跨国公司力图保持自己现有的竞争优势和开发新的竞争优势，这一过程仍将继续下去。但这一发展并不循着相似或精确制定的道路前进，这里所描述的职能和地域一体化种类仅根据进行过程中主要情况予以划分。这些过程非常复杂，任何一种分类法都难以全面概括；而且跨国公司的战略发展和组织结构的变化又是紧密联系在一起的，这将在下面进行讨论。

三、跨国公司组织结构的演变

从广义上说，组织结构设计本身就是经营战略安排的有机组成，跨国公司组织结构的演变是与其经营战略变化密切联系的，通过对其组织结构的演变的分析，我们能从另一角度理解跨国公司经营战略的发展脉络。总体来看，跨国公司组织结构的演变主要经历了以下几种形式。

（一）出口部

早期的跨国公司在国外活动的规模比较小，又以商品输出为主，通常采取在总公司下设立一个出口部的组织形式，以全面负责管理国外业务。当时国外业务在整个企业的经营活动中占的比重不大，因此，母公司对子公司很少进行直接控制。母公司与子公司之间的联系比较松散，主要限于审批子公司的投资计划，子公司的责任仅是每年按控股额向母公司支付股东红利，母公司实际只起控股公司的作用，子公司的独立性很大。

（二）国际业务部

随着跨国公司业务范围的扩大，国外子公司数目增多，公司内部单位之间的利益矛盾日渐显露。母公司需加强对子公司的控制，出口部的组织形式已不能适应。继而许多公司采取在总部下面设立国际业务部的组织形式（见图 3－8）。

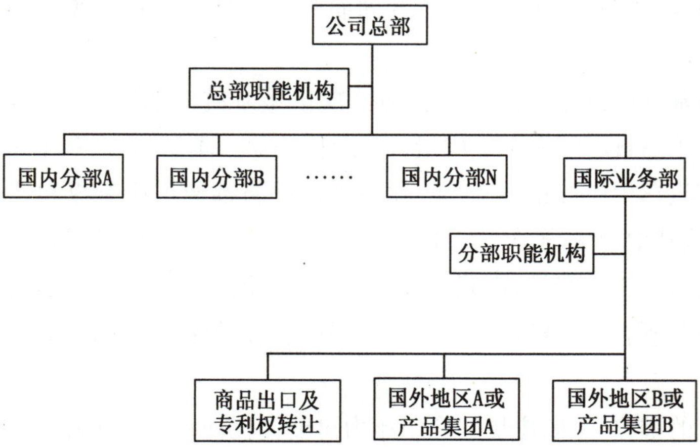

图 3－8 国际业务部

国际业务部总管商品输出和对外投资，监督国外子公司的建立和经营活动。国际业务部的作用表现在以下几个方面：(1)为跨国公司筹划国外业务的政策和战略设计；(2)为子公司从国际市场取得低息贷款；(3)为子公司提供情报，提供更好的合作、配合和协调；(4)可通过转移定价政策减轻或逃避纳税负担；(5)为子公司之间划分国外市场，以免自相竞争。

(三)跨国公司全球性组织结构

20 世纪 60 年代中期以后,越来越多的跨国公司采用全球性组织来代替国际业务部。全球性组织结构从公司的整体利益出发,克服了国际业务部将国内和国外业务隔离的弊端,并大大加强了总部的集中决策作用,它适应了跨国公司一体化战略的发展需要。

全球性组织结构意味着跨国公司要建立更加复杂化的内部结构,跨国公司可以分别按职能、产品、地区设立总部,也可以将职能、产品、地区三者作为不同的维度建立矩阵结构。在矩阵结构基础上,跨国公司通过与外界的非股权安排,结成战略联盟,建立网络结构。下面将分别加以讨论。

1. 职能总部

公司内负责特定职能的单位称作职能总部,负责跨国公司某一特定的行为,否则,这类行为将在国内和国外分别进行。国际性的采购机构、协调销售和营销的子公司或者负责售后服务的分支机构都属于职能总部。在母国总部之外再建立职能总部,减少了母国总部的责任范围,使母国总部能够集中精力全面协调所有分散职能。反过来,每个特定职能总部承担着执行那种职能并且直接向母国总部报告的责任(见图 3—9)。

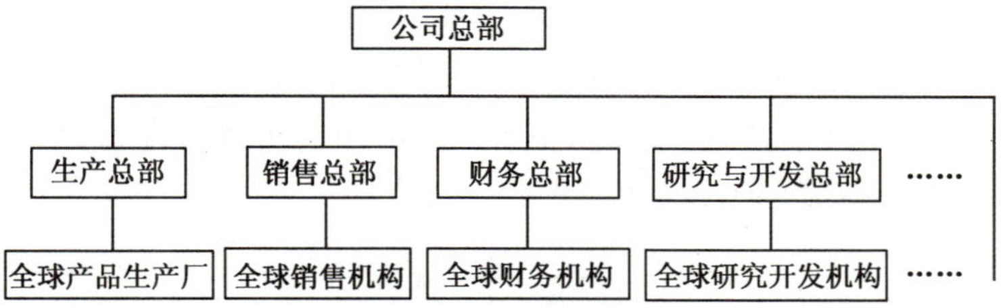

图 3—9　职能总部

2. 产品线总部

跨国公司按产品种类或产品线设立总部,只要同一类产品,都同归有关的产品线总部领导。这种组织形式适合于产品系列复杂、市场分布广泛、技术要求较高的跨国公司。产品线总部组织形式的优点是把国内和国外的业务活动统一起来,同时使销售和利润的增长与投资的增长更接近同步。不足之处是产品线总部之间缺乏联系,使产品知识分散化(见图 3—10)。

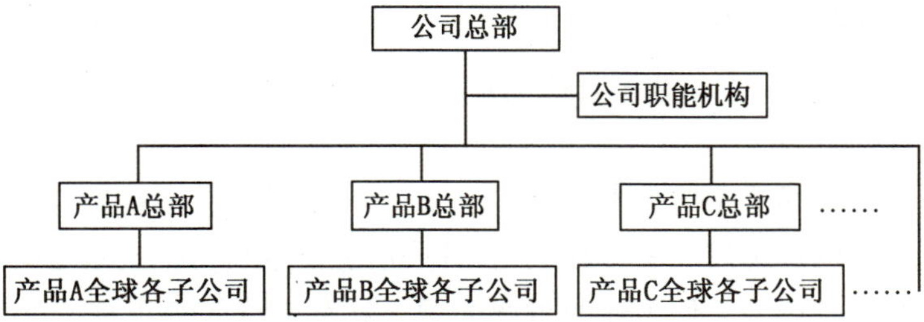

图 3—10　产品线总部

3. 地区总部

跨国公司按地区设立总部，负责协调和支持一个地区所有分支机构的所有活动。在这种组织形式下，由母国总部及所属职能部门进行全球性经营决策，地区总部只负责该地区的经营责任，控制和协调该地区内的所有职能（见图3—11）。

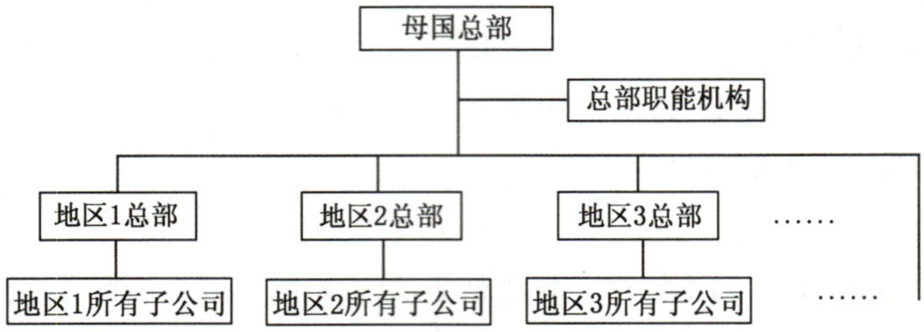

图3—11　地区总部

4. 矩阵结构

职能总部、产品线总部、地区总部三种组织形式虽然加强了总部的集中控制，把国内和国外业务统一起来，但是这些形式是一个部门（总部）负责一方面业务的专门负责制，不能解决和协调各职能、各地区和各产品部门之间的相互联系，特别是单渠道信息传递，不利于竞争。为了解决这一问题，不少巨型跨国公司采用将职能、产品线、地区三者结合起来设立矩阵式的组织结构（见图3—12）。

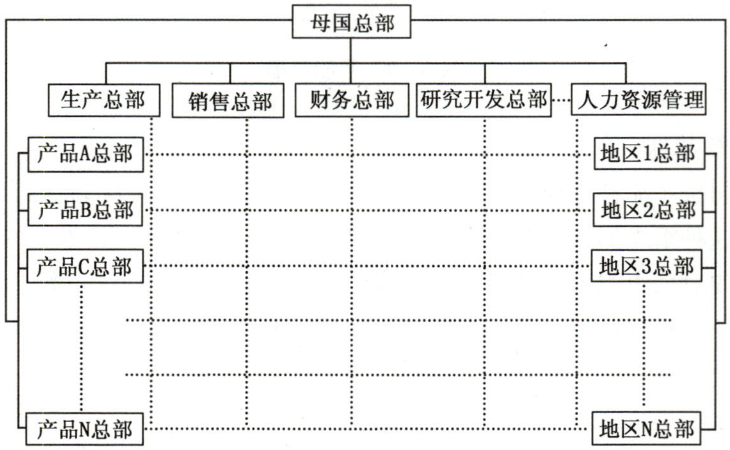

图3—12　矩阵结构组织形式

（四）跨国公司组织变革的最新进展

随着信息技术的迅速发展和广泛应用，有关信息技术与组织变革之间的关系已成为信息系统和组织理论中人们关注的重要问题。被称为现代组织理论之父的巴纳德（Chester I. Barnard）在计算机诞生之前就最早地认识到信息传递对于组织的重要意义。20世纪西方跨国公司曾经历过以减人增效为特征的组织变革热潮，20世纪90年代以来，基于信息革命的组织结构调整再掀热潮，其发展趋势表现在以下两个方面。

1. 变“扁”和变“瘦”

信息时代微电子技术的发展、信息处理技术的进步，使得公司中工人与管理人员的职责不再分明，这就对传统金字塔形管理组织结构提出了挑战。信息技术的进步，通过计算机与决策的管理，加快了信息的收集、传递和处理，缩短了组织结构的高层与基层之间的信息传递距离，提高了决策的速度。而不是像在传统的公司中，工人仅仅是执行自金字塔顶层下达的命令。据《财富》杂志对1 000家大企业进行调查发现，几乎一半的企业已经拟好彻底改革传统纵向管理体制的计划，以最新信息技术为后盾，为寻求低成本、高效率、重人性、讲团队、精干、灵活、机动而又能实现规模经济优势的新体制，让传统的组织结构变“扁”、变“瘦”。具体表现为：(1)所谓变“扁”，是指形形色色的纵向结构正在拆除，中间管理阶层被迅速削减。据预测，美国现在一般公司的管理层有11—13层，今后将会减少1/3左右。而中间层管理人员将会削减10%—14%。比较理想的组织是，在最高层只保留一个精干的高级经理小组，以发挥在财务、人事等方面的辅导作用。目前，世界上许多跨国公司都在进行着这方面的组织改造，力求压缩中间和管理层次，使信息流更加快捷、通畅。1994年6月，美国阿莫科公司宣布公司组织重造方案：取消三个子公司和总公司直接领导下面的十几个企业单元，大大压缩了管理层次。(2)所谓变“瘦”，是指组织部门横向压缩，将原来企业单元中的服务辅助部门抽出来，组成单独的服务公司，使各企业能够从法律事务、文书等各种后期服务工作中解脱出来。在阿莫科公司1994年组织机构重建中，总公司和个人企业单元的服务支持关系，如环境、健康、安全、采购、公关、设备服务、企业设计、企业咨询等，全部被抽出来，成立一个共享的服务部门，使企业服务专业化。

2. 全球网络组织

伴随着组织结构重造的进程，现代跨国公司的组织结构，正在逐步转向横向管理体制的网络型结构。如果说金字塔形结构是制造业时代代表性企业结构，那么网络型结构则是信息时代的代表性组织结构。网络组织的最大特色是流程短，流程不重合而使信息充分、失真度小。网络组织结构由两个部分组成：一是战略管理、人力资源管理、财务管理与其他功能相分离，从而形成一个由总公司进行统一管理和控制的核心；二是根据产品、地区、研究和生产经营业务的管理需要形成组织的立体网络，这一网络具有柔性，即网络中机构的重要性顾及项目性质而变化。在这种组织结构下，核心控制点的设置主要是为了使管理的网络流程路径变短，使其有适当的集中性。网络型组织结构虽然由矩阵型组织结构发展而来，但在内部关系处理上简单得多，它保持了单向的责任链，一个核心控制点只有一个经理，从而保证了整个系统运行的效率。特别是它着眼于建立丰富的有感召力的公司远景目标，着眼于有效的管理过程而不仅仅是结构上的设计，更关注于发展员工的能力。现代公司网络化组织结构，意味着一个个大公司正成为小企业的集合，它的中心负责全局战略计划的制定和提出，并将各个部门、子公司联络起来。网络上的各个联络点，往往具有充分的自由权，可以视如一个个小企业，它们又与其他网络建立着某些经营业务上的关系。于是就全球范围来看，没有公司的"内"、"外"之分，只是距离公司战略中心地理上的远近之别而已。如此联系又扩展到另外的战略中心，后者又同其他集团相联系，正以不可阻挡的力量冲击着传统的金字塔的组织结构。这意味着现代公司的组织结构，正由稳定的金字塔形的组织结构转向适应性强的网络化组织结构，以顺应全球化和信息化对经营管理的更高要求。

第三节　跨国公司投资与世界经济

跨国公司作为国际直接投资的主要承担者，伴随着经营战略向复合一体化和全球战略的转变，以及组织结构向网络形式的演化，其广布而敏锐的国际一体化生产正日益渗透到世界经济领域的方方面面，从而对世界经济的发展产生日益深远的影响。

跨国公司国际一体化生产，是指企业通过在统一控制下将不同的经济活动与两个或多个国家结合起来实现的扩展过程。这种企业层次上的一体化包括三种形式：同一价值增值链上的连续活动（垂直一体化）、不同价值链上的平行活动（水平一体化）、多种价值链上的多种活动（多样化）。跨国公司这种一体化国际生产体系是通过具体的国际投资行为建构起来的。

一、跨国公司的国际直接投资行为

由于这部分内容将在第三篇国际投资客体中作详尽阐述，故这里仅列示跨国公司国际直接投资行为的具体形式，而不展开作深入的探讨。

（一）股权安排下的国际直接投资行为

股权安排下的国际直接投资行为包括：(1)独资经营；(2)合资经营。这两种主要形式其资产取得途径既可以是绿地投资，也可以是兼并收购。

（二）非股权安排下的国际直接投资行为

非股权安排下的国际直接投资行为包括：(1)合作经营；(2)许可证安排；(3)特许专营；(4)交钥匙工程；(5)跨国公司战略联盟等。

传统上，跨国公司一直都是通过所有权关系的扩张（股权安排）来形成一体化所必需的各种联系。然而，随着世界经济的发展，国际竞争环境的复杂化，各种非股权联系，特别是跨国公司战略联盟正日益受到青睐，并被逐步用于独立企业的经济活动一体化。总的来说，跨国公司的国际投资行为正日趋多样化，也正是这种多样化才导致了跨国公司对世界经济影响的多面性。

二、跨国公司投资对世界经济的影响

今天,跨国公司被誉为“世界经济增长的引擎”,跨国公司在世界经济中扮演了至为重要的角色。据 UNCTAD 最新公布的统计数据,到 2013 年世界 FDI 存量超过了 254 640 亿美元,跨国公司海外分支机构的资产总额接近 97 万亿美元,海外分支机构的总产出接近 75 000 亿美元,约占世界 GDP 的 10%,海外分支机构的出口额达到 77 210 亿美元,占世界出口额的 33%(见表 3—10)。

表 3—10 **跨国公司一体化国际生产的相关指标** 单位:10 万亿美元

项目 \ 年份	1982	1990	2008	2013	2019
FDI 流入量	58	207	1 697	1 452	1 540
FDI 流出量	27	239	1 858	1 411	1 314
FDI 内存流量	790	1 942	14 909	25 464	36 470
FDI 外存流量	579	1 786	16 206	26 313	34 571
海外分支机构的销售额	2 530	6 026	30 311	34 508	31 288
海外分支机构的总产出	623	1 477	6 020	7 492	8 000
海外分支机构的总资产	2 036	5 938	69 771	96 625	112 111
海外分支机构的出口额	635	1 498	6 664	7 721	—
海外分支机构的雇员(千人)	19 864	24 476	77 386	70 726	82 360
世界 GDP	11 936	22 121	60 780	74 282	87 127
固定资产形成	2 795	5 099	13 824	17 673	21 992
货物和非要素服务出口额	2 395	4 414	19 990	23 160	—

注:以上指标均按当前价格计算。

资料来源:UNCTAD,*World Investment Report*, 2006—2020.

这些数字表明了跨国公司国际化生产对世界经济的重要影响,但跨国公司通过其国际投资行为对世界经济所带来的影响,要比这些直观的数字所显示的结果深刻得多。跨国公司通过国际投资行为依其价值链增值的方向进行全球区位的选择以构筑起一体化的国际生产体系,促进了资本、人力和技术等生产要素在全球范围的合理流动和配置,突破了国际贸易加强世界经济联系的传统架构,使整个世界在日益紧密的联系中走向进步和繁荣。具体而言,跨国公司通过国际投资对世界经济的影响主要表现在以下几个方面。

(一)加速生产与资本国际化

跨国公司是生产与资本国际化的结果,但跨国公司的发展又反过来促进了生产与资本进一步国际化。跨国公司的发展使国际分工更加深化,甚至可以说是已经发展到一个新的阶段,即以产品多样化为特征的企业间分工和零部件及生产工艺专业化为特色的企业内部分工。生产国际化不仅表现在把整个世界作为经营决策的对象、生产和销售面向国际市场，从而使得资源配置在一定程度内能够优化；同时还表现在通过将某产品的生产过程分散到不同的国家和地区子公司去完成，组成跨国界的生产线，合理安排子公司的生产、销售活动，以取得规模经济，提高劳动生产率，节约社会劳动，促进生产力水平的提高。

从世界经济总体看，跨国公司的国际投资行为确实在一定程度上带来了经济增长与发展。实证研究表明，世界 GDP 的增长与 FDI 存量的增长存在高度的正相关性。就局部国家或地区的经济增长而言，跨国公司的作用更加突出。例如，第二次世界大战后初期西欧的经济恢复。当时西欧的不少新兴工业，如电子计算机、汽车、石油化工、合成纤维、人造橡胶，都是由美国的跨国公司最先投资建立起来的。加拿大、澳大利亚这些资源丰富、人口稀少国家的经济开发，也与发达国家跨国公司的国际投资行为有关。20 世纪 70 年代以后，亚洲、拉美地区新兴工业化国家的经济起飞，也得益于外资和跨国公司的积极投资。我国改革开放以来所创造的经济增长奇迹也与积极引进外资密不可分。

（二）推动技术创新与推广

跨国公司的竞争优势在很大程度上取决于它所拥有的先进科学技术。科学技术的特点就是不断创新。跨国公司要在国际竞争中保持和扩大自己的阵地，就需要不断进行大规模的研究与开发，将先进技术用于新产品，提高原有产品质量。大型跨国公司往往把占销售额相当大比例的资金投入研究与开发，唯恐落后。随着研究与开发成本的不断上升，为了降低成本、分散风险并取得协同经济效益，许多跨国公司已改变了过去那种单独依靠自己的研究开发网络的做法，而越来越倾向于通过非股权安排下的战略技术合伙（战略联盟的一种）来建立公司间共同的研究开发网络，以实现技术知识共享。自 20 世纪 70 年代后期以来，跨国公司战略联盟发展迅速：1970—1982 年，全球共有战略联盟 1 546 个；1980—1989 年，升至 4 182 个。1990 年，全球除战略研究与开发联盟外的其他跨国结盟协议有 1 760 项，1995 年，这一数据升至 4 600 项，成为全球注目的“风景线”。例如，IBM 公司和 Thomson-CSF（法国）联合开发微处理芯片，和东芝合作开发静态随机记忆芯片，和西门子一起研究动态随机记忆芯片，与东芝和西门子一起开发新的 256 兆位存储芯片。跨国公司通过战略联盟的形式来进行联合研究开发，固然是从自身的经济利益着眼，但由此所产生的协同效应却大大推动了科学技术的进步。

尽管跨国公司的研究与开发活动仍主要集中于母国，但面对技术进步和日益增强的竞争压力，跨国公司研究与开发活动有不断分散化的趋势。跨国公司致力于在最有利的区位安排其研究与开发活动，并将技术优势实现内部共享，以保持整个公司系统创新的活力和内部化的整体竞争优势。20 世纪 90 年代以来，跨国公司专利使用费的支付 70％以上集中在跨国公司内部充分说明了这一点。诚然，跨国公司技术创新与转移主要集中在体系内部，但技术转移过程中的溢出效应仍使跨国公司担当了主要的技术传播者的职责。实证研究也表明，在许多国家和地区（例如中国），外资对东道国经济增长的贡献很大程度上源于产业技术升级。此外，跨国公司对外转让技术既可以通过许可证贸易、特许经营等非股权安排形式，又可以通过将专利、专有技术等工业产权折价入股的股权安排形式。无论采取哪一种方式，一般来说都有助于国际技术交流，加速技术扩散，从而促使世界生产力发展。

然而，我们也必须清醒地看到，跨国公司并非总是科技的热心传播者，它们往往对新技术采取种种利己措施，尽可能延长技术领先时间，维持技术的垄断，在技术贸易中设置种种限制性条款，限制专利权购买者对技术的充分利用，甚至列入有损购买者权益、限制设备采购的来源等条款。这对技术的传播起了阻碍作用。技术进步的好处，也很少以降低产品或劳务价格的形式转移给消费者，而是以提高利润的形式，被跨国公司享用。

（三）促进国际贸易的发展

已有的研究成果表明：绝大多数跨国公司，尤其是制造业跨国公司的跨国经营都经历了从国际贸易向国际直接投资演变的线性次序，依据这种传统的线性观点，跨国公司对外投资通常被视为替代贸易。到国际投资在替代贸易的同时，国外子公司通常还会创造对其他产品，如资本品、中间产品或劳务的需求。这些产品或劳务可能会来自母公司的其他部门、母国供应商、母国其他独立公司或第三国公司。这可能会扩大母国与东道国之间的贸易。这说明，跨国公司国际投资在具有贸易替代效应的同时还具有贸易创造效应。另外，随着跨国公司日益推行全球战略，跨国公司在某一东道国的生产往往并不是仅仅服务于东道国市场本身的，东道国政府也往往鼓励跨国公司的“出口导向型”安排，这从另一方面扩大了贸易创造效应。

另一方面，随着跨国公司体系内部的分工越来越细，公司内贸易的重要性和比重都显著提高。例如，跨国公司母公司和外国子公司的企业内出口占日本总出口的20%多，瑞典是30%多，而公司内进口占总进口的比重，日本是15%左右，美国高达40%多。从通常传统的表述来看，内部贸易既非“国际”，又非“贸易”，其流量、流向、价格等并不完全取决于市场力量，而是总公司有计划安排的结果。内部贸易的发展，对跨国公司来说，当然是趋利避害、提高利润的手段，但对东道国（尤其是发展中东道国）和母国、国际贸易协调的组织来说，要了解它、管理它却是更复杂和更困难了。

（四）推动国际金融的发展

跨国公司的国际投资行为作为国际资本流动的一种重要形式，也促进了国际金融一体化的趋势。由于跨国公司国际投资的资金规模越来越大，跨国公司出于资金成本的考虑，日益选择多样化和灵活的融资方式。跨国公司已改变了主要依靠自有和自我积累的产业资本进行投资的传统做法，越来越多地依赖金融资本进行国际投资。跨国银行等国际性金融机构在为跨国公司国际投资进行全球性资金融通与安排的同时，也促进了自我经营网络的全球性拓展。

跨国公司国际投资还加强了各国证券市场的联系，促进了国际证券市场的一体化。一方面，跨国公司利用其广泛分布的外国子公司在世界各国证券市场进行筹资活动，再利用其内部网络，实现资本的国际流动；另一方面，跨国公司旨在保护、巩固和增强自己的全球竞争地位，越来越倾向于采取购并的形式实现国际投资。由于跨国购并多以换股的形式实现，这将大大加强各国股票市场的关联度。总之，跨国公司日益灵活多样的资本运作将给国际金融的发展注入不竭的动力。

（五）推进世界经济一体化

在过去数十年中，世界经济发展的一个主要特征是世界经济的一体化趋势，即各国经济联系的日益紧密。跨国公司以公司内劳动分工为特征的一体化国际生产对世界经济的这种一体化进程起到了至为关键的推动作用。

世界经济一体化，是指消除不同国家之间商品劳务以及生产要素流动的障碍并相应建立不同程度、不同地理范围的国际联系。依据一体化程度的不同，可将其分为两种形式：浅度一体化和深度一体化。浅度一体化主要通过商品和劳务贸易以及国际资本流动表现出来；而深度一体化则延伸到商品和劳务的生产，并使有形和无形贸易增长。

跨国公司的一体化国际生产正加深国际经济一体化的程度，从而加强各国经济之间的联系。在浅层次的简单一体化中，不同国家独立厂商之间的国际分工导致了国际贸易的产生（见图 3－13a）。这种浅度一体化只涉及有限几种性质相对简单的关系，其相互之间的关系只发生在国际市场上，买卖双方均对市场价格作出反应，而市场通常都处于一种多边法规框架的控制下，有时还会受控于一些区域性安排（如欧盟）。

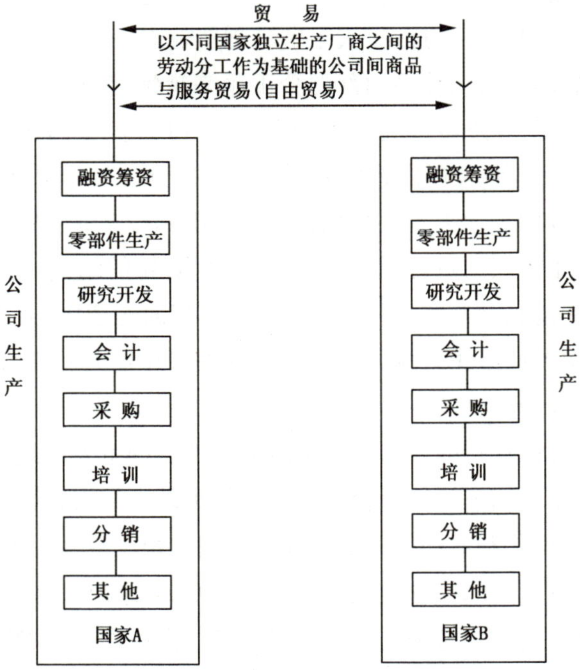

图 3－13a　经济一体化——源于贸易的浅层次一体化

跨国公司以股权和非股权安排方式所进行的跨国生产加深了国与国之间的一体化程度，从而推动了浅度一体化向深度一体化的演进。因为它涉及围绕国际直接投资一揽子内含要素所建立起来的多种关系(见图3－13b)。即使在单一结构和单独国外定位的简单形式下，母公司与其海外子公司也会通过所有权、经营管理、技术转移以及利润分配等方式建立起多种联系。在深度一体化中，跨国公司的一体化国际生产将上述联系沿着价值链延伸到了更加广阔的区域，结果在跨国公司的母公司与子公司、子公司与子公司之间建立了一种密集的生产关系网络(见图3－13c)。当越来越多的国际生产被逐步纳入建立在这种生产关系网络基础之上的国际一体化生产体系时，越来越多的世界经济活动也正在经历着一种根本性的结构变化——走向更深层次的经济活动一体化。

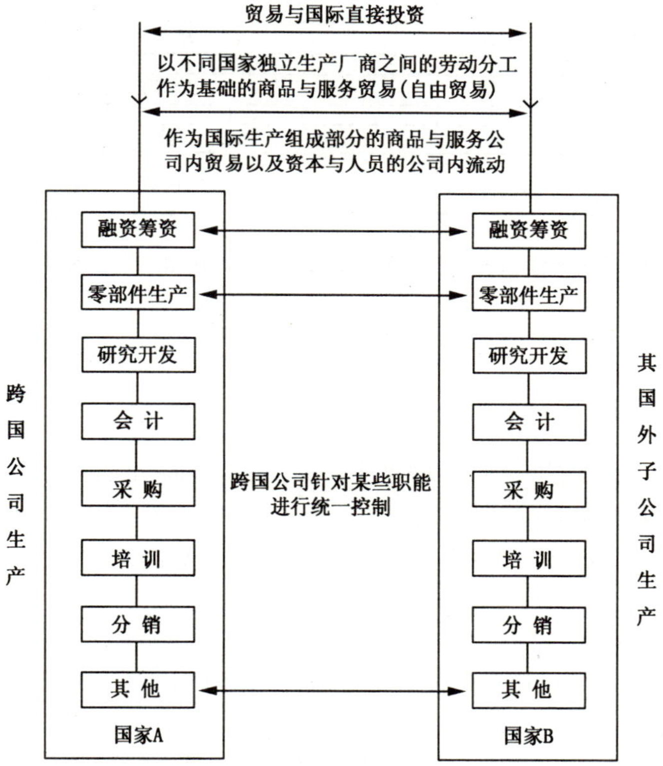

图3－13b　经济一体化——源于跨国公司国际化生产的深层次一体化

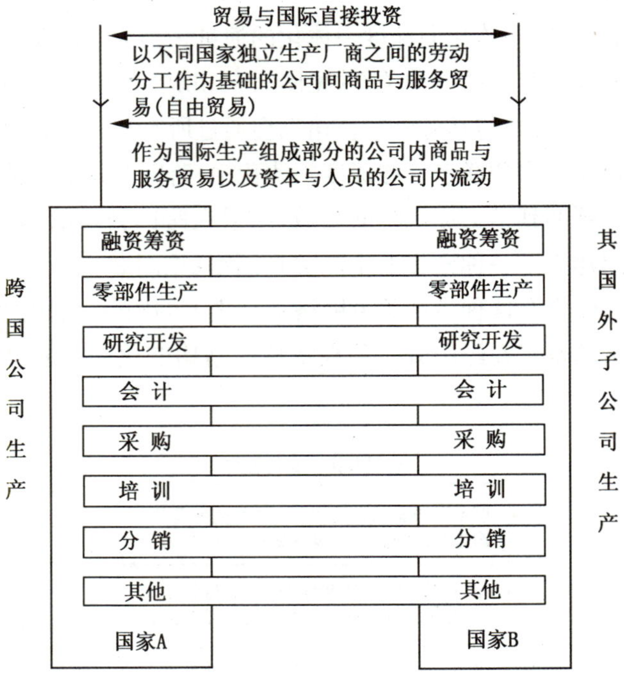

图 3－13c 经济一体化——源于跨国公司职能一体化国际生产的深层次一体化

阅读文献

1. 联合国贸易和发展会议:《2020 世界投资报告》,http://unctad.org/tnc。

2. 朱智洺、符磊、丁绪辉:《跨国公司经营与管理》,清华大学出版社 2018 年版。

3. 史丹、余菁:《全球价值链重构与跨国公司战略分化——基于全球化转向的探讨》,载于《经济管理》2021 年第 2 期。

4. 徐民辉:《“一带一路”背景下跨国公司主体作用发挥研究》,载于《时代金融》2021 年第 2 期。

5. 郭宏、伦蕊:《新冠肺炎疫情下全球产业链重构趋势及中国应对》,载于《中州学刊》2021 年第 1 期。

6. 闫云凤:《中美两国内资和外资企业在全球价值链中的演进路径》,载于《西安交通大学学报(社会科学版)》2020 年第 12 期。

习题及案例分析

一、名词解释

1. 跨国公司

2. 价值链

3. 职能一体化战略

4. 跨国经营指数
5. 网络分布指数
6. 世界经济一体化

二、简答题

1. 简述 20 世纪 90 年代以来跨国公司发展的主要特点。
2. 简述跨国公司经营战略的演变。
3. 简述跨国公司组织结构的变化。

三、论述题

试述跨国公司投资对世界经济的影响。

四、案例分析

“耐克”的奥秘

耐克公司是美国著名的运动鞋公司，它是 1964 年由美国俄勒冈大学的长跑运动员费尔和他的教练波曼合伙组建的，两人初始投资是各 300 美元，委托日本的一家鞋厂按波曼的设计试制了 300 双球鞋。最初的球鞋储存在费尔父亲家的地下室里，每逢比赛，由费尔和波曼带到田径运动场上去推销。1972 年，奥运会田径预赛在美国俄勒冈举行，费尔和波曼说服了部分马拉松跑运动员穿着耐克鞋参赛。结果，其中有四名进入预赛前七名，费尔和波曼乘机大做广告，耐克运动鞋从此声名大振，不断发展壮大。耐克公司 1994 年的销售额已经达到 38 亿美元，产品销往 81 个国家。但特别值得我们注意的是，从耐克公司的最初发迹到以后的成长发展，耐克公司本身并不制造球鞋，97%以上的耐克球鞋的生产采取在第三世界国家合同承包、加工返销的形式进行，其中 2/3 是在韩国生产的，然后由耐克公司收购，由耐克公司独家在发达国家销售。

试用“价值链”的有关原理分析耐克公司成功的奥秘。

九安医疗：全球移动医疗的开拓者

天津九安医疗电子股份有限公司是一家专注于健康类电子产品和智能硬件研发生产的高新技术企业。通过搭建移动互联网“智能硬件＋移动应用＋云端服务”个人健康管理云平台，与海内外多家知名专业机构展开合作，在美国、新加坡的糖尿病“O＋O”诊疗新模式落地，为全球医疗机构提供移动医疗解决方案，全球用户数量已经超过 380 万，iHealth 数据库总量突破了 1.58 亿条，涵盖血压、血糖、血氧、体重等重要人体指标。被誉为全球移动医疗的开拓者和领跑者。

九安医疗成功的关键因素是：第一，创新研发，转型升级。公司通过“硬件＋APP＋云服务”的软硬件一体化创新服务模式，先后与中国、美国、欧洲等地的专业医疗机构展开合作，创立出一个全新的“三一照护”糖尿病慢病管理新模式。第二，投资并购，强强联手。公司先后收购了国际领先的医疗设备数据信息系统解决方案提供商 eDevice，投资了远程健康管理解决方案提供商 Care Innovations，使服务贯通了健康系统的 7 个主要参与方——医疗服务付费方、医疗服务提供方、责任制医疗组织、政府、养老机构、临终关怀机构和制药企业。第三，物美价廉，渠道为王。公司坚持极致性价比产品策略，注重用户体验，物美价廉，并继续保持全球各大营销渠道的畅通，被评为2019年全球50家热门科技公司。

试根据以上资料，总结九安医疗成功的经验借鉴。

参考答案

一、名词解释

1. 答：跨国公司是具有全球性经营动机和一体化的经营战略，在多个国家拥有从事生产经营活动的实体，并将它们置于统一的全球性经营计划之下的大型企业。

2. 答：价值链是企业组织和管理与其生产、销售的产品和劳务相关的各种价值增值行为的联结总和。

3. 答：职能一体化战略是跨国公司对其价值链上的各项价值增值活动（即各项职能）所作的一体化战略安排。

4. 答：跨国经营指数（Transnationality Index，简称 TNI），这是根据一家企业的国外资产比重、对外销售比重和国外雇员比重这几个参数所计算的算术平均值，是衡量跨国公司国际化经营程度的重要指标之一。计算公式：

$$TNI=\frac{\text{国外资产/总资产}+\text{国外销售/总销售}+\text{国外雇员/雇员总数}}{3}$$

5. 答：网络分布指数是用以反映公司经营所涉及的东道国数量的指标，是公司国外分支机构所在的国家数与公司有可能建立国外分支机构的国家数之比，也是反映跨国公司国际化经营程度的重要指标之一。

6. 答：世界经济一体化是指取消不同国家之间商品、劳务以及生产要素流动的障碍并相应建立不同程度、不同地理范围的国际联系，是经济全球化的重要体现。

二、简答题

1. 答：20世纪90年代以来跨国公司发展的主要特点是：

（1）跨国公司数量急剧增长；

（2）集中化趋势更加明显；

（3）国际化经营程度更高；

（4）跨国购并已成为跨国公司对外直接投资的主要手段；

（5）发展中国家的跨国公司取得长足的进步；

（6）知识型投资日益成为跨国公司的制胜之道。

2. 答：跨国公司经营战略的演变沿着职能一体化和地域一体化两个维度推进。

（1）职能一体化战略演变：

①独立子公司战略；

②简单一体化（寻求外源）战略；

③复合一体化战略。

（2）地域一体化战略演变：

①多国战略；
②区域战略；
③全球战略。
3. 答：跨国公司组织结构主要经历了以下变化：
(1)出口部。
(2)国际业务部。
(3)全球性组织结构：
①职能总部；
②产品线总部；
③地区总部；
④矩阵结构；
⑤网络结构。

三、论述题(提示)

答：跨国公司国际投资对世界经济的影响主要表现在以下几个方面：
1. 加速生产与资本国际化；
2. 推动技术创新与推广；
3. 促进国际贸易的发展；
4. 推动国际金融的发展；
5. 推进世界经济一体化。

四、案例分析(提示)

1. 答：耐克公司赖以成长壮大的秘密不在于制造环节，而在于其对产品设计和广告营销环节的控制，这用“价值链”的原理很容易解释。因为在运动鞋行业，其制造环节料重工轻，规模经济效益有限，生产工艺成熟，而其研究开发和广告推销环节，固定成本高，产品的广告边际成本低，经济规模效应高，是应关键控制的战略环节。耐克球鞋在市场上主要靠其“最佳设计”和高档名牌为号召，不惜重金聘请了迈克·乔丹等顶级明星在美国电视节目收视率最高的黄金时间做广告，成功地塑造了耐克球鞋的高档名牌形象。耐克这种“抓住设计、营销、外包生产制造”的价值链战略是其成功的奥秘所在。

这个案例给我们的重要启示是：通过“价值链”分析来剖析企业竞争优势，从而确定正确的经营战略是企业成功的关键之一。

2. 答：九安医疗成功的经验借鉴有以下四点：

(1)响应国家号召积极转型，化挑战为机遇实现跨越式发展。移动互联产业的发展对传统行业带来巨大冲击，许多产品需要重新定义，九安医疗及时抓住移动互联网带来的行业洗牌机会，制定了“以可穿戴设备及智能硬件为入口进入移动医疗和健康大数据领域，进而围绕用户建立健全个性化生态系统”的战略，重点发展 iHealth 系列产品和自主品牌产品。

(2)加强国内外学术交流与合作，努力强化产品核心竞争力。九安医疗与北京、天津、深圳等十余家专业医疗机构合作设立糖尿病共同照护门诊，其血糖控制优于国内外其他医疗机构平均达标水平一倍以上，得到了国内外权威医院和行业专家的认可。

(3)参与海外投资并购，整合行业资源，扩大海外版图。通过并购或投资两家海外优质服务供应商，九安医疗开启了“iHealth＋eDevice＋CI”三引擎驱动的全新阶段，形成业务上的协同效应。

(4)与时俱进，创新运营管理模式。

第四章　跨国金融机构

在世界经济全球化进程中，金融业不可避免地要实现从国内向国外的扩张。早在20世纪初，主要资本主义国家便通过其在殖民领域内的银行网络实现货币资本输出职能。近一个世纪以来，随着各国金融行业的发展，新的金融机构不断产生，并加入跨国经营的体系中，成为重要的国际投资主体。[①] 当代的跨国金融机构包括各种在国际范围内进行业务经营及机构设置的营利性金融组织。其中，占主导地位的是跨国商业银行，即人们通常所说的跨国银行(Transnational Bank)；此外，还包括各类非银行金融机构，如跨国投资银行、共同基金、套利基金、养老基金、保险公司等。从广义上说，跨国金融机构也是跨国公司的一类，只是其经营对象——货币及金融商品——具有特殊性。跨国金融机构在国际投资中的作用主要体现在三个方面：通过在海外设立分支机构而进行国际直接投资；通过对国际证券买卖而进行国际间接投资；通过为跨国公司提供融资、信息等服务而发挥对国际直接投资的中介作用。本章着重阐述跨国银行的发展状况，并对其他跨国金融机构进行扼要的分析。

第一节　跨国银行

一、跨国银行的定义

跨国银行，是指以国内银行为基础，同时在海外拥有或控制着分支机构，并通过这些分支机构从事多种多样的国际业务，实现其全球性经营战略目标的超级银行。对这一定义内涵的理解，可从以下四个方面加以把握。

(一)跨国银行具有派生性

跨国银行是国内银行对外扩展的产物，因而它首先具有商业银行的基本属性和功能。从这个意义上讲，跨国银行具有派生性。跨国银行的发展史表明：跨国银行必须先在国内成为处于领先地位的重要银行，然后才能以其雄厚的资本、先进的技术等优势为基础实现海外扩张和经营。世界著名的跨国银行如英国的汇丰银行、美国的花旗银行、法国的农业信贷银行、日本的东京—三菱银行等在各自国内也都是最为主要的

---

① 实际上，跨国金融机构也是跨国公司，但鉴于其业务性质的特殊性和在国际投资中的特殊作用，我们将其单独列出进行详细分析。

银行之一。

（二）跨国银行的机构设置具有超国界性

跨国银行的根本特征之一是在海外广泛地建立各种类型的分支机构。联合国跨国公司中心认为，只有在至少5个国家或地区设有分行或附属机构的银行才能算作是跨国银行。在第二次世界大战前，英、法等国的跨国银行就在其殖民地设立了众多的分支机构。这些分支机构大多采取分行形式，没有多少自主权，经营活动完全听从总行的决定。第二次世界大战后一段时期内，跨国银行分支机构数曾大为减少。直到20世纪60年代末，跨国银行分支机构开始再度迅速发展。到1981年，全球已有海外分支机构5 018家①，形式也多种多样。这些分支机构主要分布于发达国家及新兴工业化地区，在重要的国际金融中心尤为集中。近几年来，由于国际银行业竞争日益激烈，加上许多发展中国家和经济转轨国家的开放程度不断提高，跨国银行分支机构在这些地区的数目迅速上升。

（三）跨国银行的国际业务经营具有非本土性

跨国银行从事国际业务经营，主要通过其海外分支机构直接出现在当地市场或国际市场上进行，而且业务范围往往包括一些在本国国内被限制的项目。在这一点上，跨国银行体现了与国内银行属性的区别。首先，在经营方式上，国内银行的国际业务必须委托其国外代理行（Foreign Correspondent Bank）来进行，委托行与代理行之间是平等的业务往来关系；而跨国银行的国际业务则由自己的分支机构直接在国外履行，总行与分支机构之间是与所有权或控制权相联系的隶属关系。其次，在经营范围上，国内银行通过代理行从事的国际业务主要局限在信用证融资、托收、汇兑等简单的传统业务方面，对一些开拓性的业务或与代理行本身利益有竞争关系的业务则不能通过委托代理来进行；跨国银行由于在世界各地拥有一个高效有机的网络体系，因而在上述业务的基础上，还广泛开展各种欧洲货币市场业务，乃至证券包销、企业兼并、咨询服务、保险信托等非银行金融业务（这些业务项目中有些在国内是对商业银行禁止的）。

（四）跨国银行的战略制定具有全球性

一方面，作为特殊的一类跨国公司，跨国银行制定全球性战略目标具有必要性。近年来的国际金融自由化趋势和金融创新浪潮，为银行的跨国经营提供了机遇，但也带来了更为激烈的竞争和更大的风险。只有从全球性目标出发，在世界范围内实现分支机构及经营资源的合理配置，才能跟上国际银行业务创新的步伐，更为有效地为世界范围内的客户服务，才能在最大限度内分散风险，并保持一定的盈利能力。另一方面，电子通信技术的飞速发展，为保证跨国银行的总行与分支机构之间信息交流和业务往来的快捷性与密切性提供了技术手段，从而使其实施全球性经营管理战略具备了可能性。

---

① M. K. Lewisand, K. T. Davis, *Domestic and International Banking*, 1987, p. 252.

二、跨国银行的产生与发展

跨国银行的产生与发展过程大致可分为以下五个阶段。

(一)萌芽产生阶段(15世纪—20世纪初)

早在中世纪的欧洲便已经出现了主要为国际贸易服务的国际银行业。当时,最为典型的如意大利的麦迪西银行(Medici Bank)以佛罗伦萨为总部,在西欧8大城市设有分行。而自16世纪以来,德国、荷兰、英国的国际银行业依次各领风骚。到1910年,仅总部在伦敦的32家英国银行便在其殖民地拥有2 100多家分行。虽然这些银行的海外分支机构的业务范围还十分有限,国际业务占业务总量的比重也不大,但应当说,它们已经具备了跨国银行的雏形。其中,米德兰银行(Midland Bank)、香港上海汇丰银行(Hongkong & Shanghai Banking Corp.)、标准渣打银行(Standard Charted Bank)等至今依然存在。此外,当时法国与德国的跨国银行在海外也拥有500多家分行。

(二)逐步形成阶段(20世纪20—60年代)

从20世纪20年代开始,随着国际贸易的进一步发展和西方国家跨国公司的对外扩张,跨国银行的国际业务量明显上升,业务范围也不断扩大,突破了以往的商业融资、外汇交易等传统业务,开始开展批发业务及投资银行业务,如向跨国公司提供融资等各项服务。至此,真正意义上的现代跨国银行开始形成。这一时期具有代表性的跨国银行有英国的巴克莱银行集团(Barclays Bank Group)、渣打银行(Charted Bank)、法国的印度支那银行(Banque de IndoChine)等。此外,美国、日本等新兴资本主义国家的跨国银行也开始起步。例如,美国的第一国民银行等8家银行的海外分行从1914年的26家上升到1920年的181家。

第二次世界大战之后,由于战争的破坏和新兴独立国家的国有化运动,原先主要资本主义国家跨国银行的海外机构网络基本消失。而唯一实力增强的美国对银行业的限制非常严格,其跨国银行发展也较为缓慢。因此,跨国银行的发展长期处于停滞状态。这一局面直至20世纪60年代才发生转机。

(三)迅速发展阶段(20世纪60—80年代)

随着西方国家经济实力的恢复与增长,世界跨国公司迅猛向海外扩张,加之欧洲货币市场的形成,为跨国银行的迅速发展创造了条件。在20多年的时间里,各国跨国银行重建了密布全球的海外分支机构网络。而且,这些分支机构的业务量及业务范围迅速扩张。如美国跨国银行的海外资产在1965年时为89亿美元,1980年则为397.5亿美元,其占美国银行总资产的比重也由2.4%提高到23.3%;业务范围也转向以批发业务、欧洲货币业务及投资银行业务为主导。

这一阶段的国别特征是美国银行的对外扩张及日本银行的后来居上。1960年,美国的跨国银行数目为8家,到1970年已发展到79家,1980年增至139家,1986年为158家。在日本，跨国银行从20世纪70年代末起大举向海外扩展。1979年底，共有23家日本跨国银行在海外设立分行127家；到1987年底，已有70多家日本跨国银行及其海外分行441家。20世纪80年代后期，日本跨国银行的实力甚至一度超过了美国（见表4—1）。

表4—1　　世界最大50家银行中美、日的情况比较

项　目	美国			日本		
	1969年	1979年	1987年	1969年	1979年	1987年
入选世界50大银行的数量（家）	15	7	4	10	13	21
入选银行的资产总额（亿美元）	1 676	4 305	4 651	679	7 214	34 237
入选银行资产额占50大银行资产额的比重（%）	40.2	15.6	6.8	16.3	26.1	50.1

资料来源：任映国，《国际投资学》，中国金融出版社1996年版，第139页。

（四）调整重组阶段（20世纪90年代初—90年代中期）

20世纪90年代初，欧美各国相继进入经济衰退期，日本泡沫经济破裂，使西方银行陷入经营效益滑坡的困境；而金融自由化的发展及非银行金融机构的竞争，又使银行所面临的风险与日俱增。在这样的背景下，主要资本主义国家的跨国银行进入大规模的调整和重组阶段。这次重组呈现出两大趋势特征：一是通过银行间兼并风潮向巨型化发展；二是着力于银行内部机制调整及业务创新。

1. 银行间兼并、联合活动频繁，向大型化发展以增强实力

以美国为例，仅在1995—1996年间，全国共有1 176件银行购并案，涉及交易金额825亿美元。全美国银行家数由1985年的14 417家减至1996年的10 168家。[①] 国际银行业的兼并风潮也广泛波及欧、日等国。在这次兼并风潮中，有两点尤其值得注意：首先，在合并中往往出现大型银行间的“强强联合”，从而构筑出一批超大型跨国银行。据英国《银行家》杂志对世界1 000家大银行的统计，仅1995年前10个月就有8起涉及拥有千亿美元资产的银行兼并事件。其中典型的有日本的三菱银行与东京银行合并成东京—三菱银行，美国的化学银行收购大通曼哈顿银行组成“新大通曼哈顿银行”等（见表4—2）。其次，这次兼并风潮中出现了跨国银行收购投资银行以拓展业务的现象。如荷兰国际集团（ING）收购了亏损破产的英国巴林银行，瑞士银行收购了英国华宝银行，德国德累斯顿银行收购了英国的克林沃·本森银行等。

① 刘长发：《国际银行业的重组趋势》，载于《国际金融导刊》1996年第5期。

表 4—2　世界大型银行的兼并(1995 年 1—10 月)　单位:亿美元

所属国家	银行名	1995 年世界排名	资本金	资产
日本	三菱银行	6	198	5 477
	东京银行	14	125	2 712
美国	化学银行	27	100	1 714
	大通曼哈顿银行	37	82	1 140

资料来源:英国《银行家》,1995 年 10 月。

2. 跨国银行业在本阶段还着力于内部机构的调整与改善

许多银行采取了削减机构和裁减员工的举措。如英国的西敏寺银行在 5 年内关闭了 1 000 家分行,裁减了 16 000 名职员;又如法国里昂信贷银行近年来在全球裁减员工 3 500 名,约占总人数的 10%。此外,银行内部机构的调整还表现在业务部门的改革。例如,德意志银行根据银行业务性质改革内部管理体制,将该行分为 4 个管理部:对私银行业务部、机构及商业银行业务部、投资银行业务部、团体服务部,各部都设有自己的管理层,管理层则由"集团执行委员会"统一控制。

(五)创新发展阶段(20 世纪 90 年代中期至今)

近年来,金融自由化浪潮和信息技术的迅猛发展使国际银行业的竞争更趋激烈。为了应对日益加剧的竞争压力,跨国银行一方面延续了 20 世纪 90 年代初以来的购并风,通过规模效应、资源整合和优势互补来巩固和增强竞争优势;另一方面则加强了业务创新和技术创新,以创新来寻求新的竞争优势,可以说,国际银行业未来发展的主基调将始终是创新。总的来看,跨国银行的最新发展呈现出重组化、全能化和电子化三大趋势。

1. 国际银行业的购并重组愈演愈烈

20 世纪 90 年代中期以来,国际银行业的购并之风达到了前所未有的水平,而且有不断升级的趋势,这股在北美率先刮起的银行购并之风迅速席卷欧洲、日本。追求规模扩张,强强联合是这次购并浪潮的最大特点(见表 4—3)。例如,花旗与旅行者的合并报价高达 820 亿美元,新成立的花旗集团总资产 7 000 亿美元,排名美国第二。在这次购并中,还出现了银行购并证券公司、保险公司等其他非银行金融机构的新局面,体现了国际银行业趋向全能型的新趋势,这在下面将详细介绍。在这次购并潮中,跨国购并占了相当大的比重,体现了跨国银行顺应金融全球化趋势而作出的新的战略选择。例如,荷兰银行 Fortis 击败了 ABNAMRO,将比利时最大的银行 Generale 纳入自己的旗下,Fortis 遂成为一家荷兰—比利时跨国金融集团。

表 4—3 **全球大银行的购并** 单位:亿美元

年　份	被出售方	收购方	报　价
2010	Sal Oppenheim jr & Cie SCA	Deutsche Bank AG	1.9
2011	Turkiye Garanti Bankasi AS	Banco Bilbao Vizcaya Argentaria SA (BBVA)	3.8
2011	Bank Zachodni WBK SA	Banco Santander SA	5.6
2012	ING Bank of Canada	Bank of Nova Scotia	3.2
2012	Korea Exchange Bank	Hana Financial Group Inc	3.5
2012	Denizbank AS	OAO "Sberbank Rossii"	3.9
2013	National Societe Generale Bank SAE	Qatar National Bank SAQ	2.0
2013	HSBC Bank (Panama) SA	Bancolombia SA	2.1
2013	BNP Paribas Fortis SA/NV	BNP Paribas SA	4.4
2013	Bank of Ayudhya PCL	Bank of Tokyo-Mitsubishi UFJ Ltd	5.3

资料来源:*Global Financial Stability Report*, 2011—2014.

2. 跨国银行向全能化发展

来自非银行金融机构的竞争是跨国银行向全能化发展的直接动因。传统上,西方国家金融业的发展存在两种模式:一是英、美的分业经营模式;二是德国的混业经营模式。随着金融创新的不断发展,传统的银行业务受到了来自证券、保险、基金等非银行金融机构的强烈冲击,尤其是融资证券化趋势(即金融脱媒现象)使银行传统的信贷业务受到极大的挤压。为应对新的挑战,跨国银行纷纷拓展业务范围,向"金融百货公司"的方向发展,而各国纷纷放松金融管制的金融自由化风潮,为银行全能化消除了制度壁垒。目前,跨国银行拓展的主要新业务有:信托业务、投资银行业务、现金管理业务、保险业务、房地产业务、共同基金的经营与管理、金融咨询业务、信用担保业务。另外,跨国银行越来越多地参与金融衍生品市场的交易,通过金融期货、期权、利率互换、外汇买卖等交易对银行资产负债的风险进行管理。跨国银行全能化发展的模式主要有三种,即德国的全能银行模式、英国的金融集团模式和美国的金融控股公司模式,它们各自的特点见表 4—4。

表 4—4 **德、英、美三国跨国银行全能化发展模式的比较**

项　目	德国全能银行	英国金融集团	美国金融控股公司
银行能否在银行集团内提供所有的金融服务和合同	能	能	不能
对金融服务结构有无分开的监管要求	无	有	有
银行在公司客户中有无控股权	有	无	无
银行有无能力选择组织结构	有	无	无

续表

项　目	德国全能银行	英国金融集团	美国金融控股公司
有无内部防火墙	无	有	有
有无外在防火墙	无	有	有
信息优势	能够完全实现	如果不能共享信息，可能降低信息优势	由于各业务单位之间限制信息交流，严重减少信息优势
规模与范围经济	能够完全实现	由于业务隔离，不能完全一体化	由于要求不同业务部门的业务隔离，因此减少了规模和范围经济
收入流的多元化	能够完全实现	由于利润归银行，因此收入流多元化在银行层次能够实现	由于证券活动所获得收入归证券部门，因此受到限制
通过交叉销售产品增加收入	可以完全实现	由于只有银行才能利用其出口，交叉销售产品受到一定程度限制	有限
利益冲突	有限保护	可能减少	可能减少

3. 电子化推动跨国银行的创新

计算机及电子信息技术在银行业的应用取得了巨大的发展，由此引发了银行的业务创新和技术创新。在批发银行业务方面，银行已借助电子技术向公司客户有效地提供了现金管理方面的大量服务，如支付账户的控制、账户调整、电子资金转账、支票存款服务、信用证的电子签发等；在零售银行业务方面，电子技术的运用已为银行创造出一些非常重要的付款方式，如ATMs、销售点借记卡、家庭银行、电话票据支付等。美国最大的银行花旗银行（现在的花旗集团）电子技术的发展过程很大程度上代表了跨国银行电子化发展趋势。在20世纪80年代，花旗银行发展了100个独立的私人网络，覆盖了92个国家。从1992年1月起，这些独立的电子信息网络被合并成为一个全球信息网络（GIN），其目标是技术综合、跨国界服务以及成本的降低。GIN具有声音、图像、数据功能，连接局域网（LANs）和广域网（WANs），并支持增值服务如电子数据交换。20世纪90年代以来，花旗银行还积极开拓网络银行业务。目前，花旗银行已在网上提供了基本交易功能服务、开户、金融信息服务、花旗金融专家与客户的访谈服务等。电子化不仅促使花旗银行等传统银行积极发展网络业务，更激发了一批新兴的纯粹网络银行的迅速崛起，美国富国银行（Wells Fargo）就是典型的代表。美国富国银行是美国最早从事网络银行业务的银行，这家资产达1 000亿美元的大银行从1995年开始通过一种发达的室内系统提供网上银行业务，其网上银行的客户迅速地从2万人增加到40万人，到2002年增加到150万人。

4. 后危机时代跨国银行面临更严峻的外部环境

2008 年金融危机以后，对大型跨国银行的监管增强，监管框架得以强化，银行体系变得更加稳健。全球金融危机以来，若干发达经济体的银行部门面临盈利能力持续走弱的挑战，因此，各国中央银行采取了宽松货币政策帮助维持了经济增长，且在一定程度上支持了银行利润，美国商业银行利润率在 2018 年达到了历史新高，但极低的利率压缩了银行净息差。同时，对于大型跨国银行而言，特别是全球系统重要性银行，在危机后面临着更加严格的监管，使得商业银行的资金成本和合规成本不断攀升。此外，商业银行间的风险传染性更强，虽然监管部门制定了更严格的监管框架，并且建立起更加密切的监管合作机制，但是由于商业银行之间通过股权及债权构建起更加紧密的联系，导致商业银行之间的传导机制构成了全球金融体系脆弱性的根源之一。新冠疫情爆发以来，各国政府迅速采取了一系列政策来支持经济活动和银行贷款能力。然而，由于疫情冲击规模巨大且企业和家庭违约的可能性上升，银行的盈利能力和资本状况可能面临挑战。

三、跨国银行发展的原因

20 世纪 60 年代末以来，跨国银行发展十分迅速，其原因是多方面的。作为一种金融企业，对利润的追逐自然是跨国银行进行跨国经营的根本内在动因；同时，也应该看到，还存在以下几个方面的外部条件。

（一）世界经济形势的发展造就了一批具有优势的跨国银行主体

20 世纪 60 年代以后，西欧、日本的经济实力得到了恢复与增强，其国内银行开始具备了跨国经营的实力，与美国银行在国际金融领域展开竞争。20 世纪 70 年代后，部分发展中国家的经济也有所发展，如一些石油输出国和新兴工业化国家，在这些国家中也产生了一些较大的银行，能够积极参与国际银行业务。这些跨国银行具备了所有权优势、内部化优势等竞争优势，从而得以在与东道国银行的竞争中保持不败。如其拥有先进的金融业务处理技术和金融产品创新技术；拥有雄厚的资金实力，具有良好的国际声望和遍布全球的信息网络；可以利用系统内部渠道划拨资金、调剂外汇等以降低成本。

（二）全球跨国公司的扩张要求银行跟随到海外继续提供服务

跨国公司是跨国银行的最大客户，其在世界范围的投资生产、国际贸易活动都离不开跨国银行的金融媒介及信息咨询服务等。当美国的许多跨国公司在 20 世纪 50 年代开始建立全球业务网络时，便引起了一阵美国银行随之在海外建立分行的高潮。20 世纪 70 年代中后期，日本的制造业跨国公司为了扩大原料及产品销售市场，努力向国际化发展，而它的跨国银行对此提供了重要的融资支持。例如，当时的日本第一劝业银行就向 920 家企业提供了较大的贷款额。

（三）各国对银行业的政策激励银行开展跨国经营

许多国家对银行业的政策体现了对其国内业务的限制和对其海外活动的鼓励。

一方面，政府往往对银行国内业务采取各种管制。首先表现在对本币的存款准备金要求，这增加了银行本币业务的经营成本，从而加强了银行经营欧洲货币业务的倾向性；其次表现在资本管制上，如美国政府在20世纪60年代中期制定了对外直接投资方案、利息平衡税和银行自愿对外信贷限制方案三项资本管制措施，使得美国银行的大批客户转向国外市场，从而也促使银行走向国外；最后表现在利率管制方面，如20世纪60年代美国政府的Q字条例、70年代瑞士和联邦德国政府对非居民本币存款的利率管制、日本政府对国内存款利率的管制推动了欧洲货币市场的发展，从而刺激了银行的跨国进程。另一方面，各国政府对银行海外活动往往给予鼓励。如美国1919年的"爱治法案"准许联储给符合条件的公司颁发执照以经营国际银行业务；20世纪70年代时联储鼓励国内银行在境外建立"空壳"分行(Shell Branches)开展国际银行业务；1981年的"国际银行设施法案"(IBFs)允许美国银行从国内总行指导境外业务活动，从而实现了"境内跨国经营"。又如日本通过1982年《日本银行法》所确认的外国银行在日本的国民待遇，使日本银行在海外获得了同等待遇而迅速发展。

(四)国际金融市场的发展为跨国银行的业务拓展开辟了新天地

首先，20世纪50年代末期开始产生并不断发展的欧洲货币市场，是第二次世界大战后国际金融市场的最大创新。欧洲货币市场的基本特征在于其不受任何国家的银行法规的限制，并由此降低了融资的成本。因此，它逐渐成为资本主义世界最重要的融资渠道。而且随着欧洲短期信贷市场的发展，欧洲证券市场也发展起来。欧洲金融市场的发展为跨国银行提供了大量的新型业务。其次，不断创建和发展的新的国际金融中心促进了跨国银行营业网的扩大。第二次世界大战后，除了原有的发达国家的老牌金融中心如伦敦、纽约、巴黎、苏黎世等以外，在一些新兴发展中国家(地区)出现了许多新的国际金融中心。例如，1971—1976年期间，世界最大50家银行的国外分支机构增加了60%以上，其中以在发展中国家(地区)扩展的速度最快。这些新兴金融中心的形成原因多种多样，如新加坡是由经营亚洲美元兴起的，中国香港是以其高度自由化的经济政策吸引了大量外国银行，加勒比海地区的巴哈马等地是作为著名的"避税港"及欧洲美元转账中心而发展起来的。

(五)20世纪90年代以来跨国银行业的重组和新发展有着特定的时代背景

首先，金融全球化趋势是促使跨国银行重组和调整的主要动因。"金融全球化"是建立在金融自由化和金融创新基础之上的，全球金融联系日益深化的过程，这种联系是涉及金融市场、金融工具、金融交易和金融监管等各个方面的立体架构。上文提到的近年来跨国银行出现的购并重组、全能化、电子化发展的新动向，均与金融全球化趋势有着直接联系。而跨国银行的发展又进一步推动了金融全球化。其次，金融自由化加剧了跨国银行的竞争和风险。20世纪70年代以来，国际金融业的发展呈现出日益自由化的趋向，主要西方国家及一些新兴工业化国家逐步取消了利率管制；有些国家开始放宽业务领域的限制(如加拿大政府于1987年6月取消了银行、证券业务分离制)；越来越多的国家开放了本国的金融市场等。金融自由化一方面加剧了跨国银行间及其与其他金融机构之间的竞争，另一方面也增大了跨国银行经营中的风险。近年来，国际金融市场一直动荡不安，不时出现区域性金融危机(如墨西哥金融危机、亚洲金融风暴等)。在上述形势下，各跨国银行力图通过调整与重组以实现增强实力及抗风险能力、取得业务互补的竞争优势、降低经营成本等目标。事实上，这些举措已经显现出初步成果。例如，据国际清算银行(BIS)的 1995—1996 年度报告计算的 1995 年度全球银行资产回报率，美国由上一年的 1.81%上升为 1.87%，英国由 1.22%增加到 1.27%。只有日本由于国内泡沫经济破裂带来的不良债务等问题积重难返，银行业复苏乏力，当年 21 家大银行的资产回报率为－0.75%；其跨国银行的发展也出现停滞，如 1997 年其在瑞士营业的 28 家银行中有 5 家倒闭(5 家银行为 La New Japan Bank、OKASAN、Yasuda Trust、Takugin、Nippon Credit Bank)。①

四、跨国银行的组织形式

跨国银行的组织形式包括跨国银行母行与其海外分支机构的组织结构关系及这些分支机构的具体形式。就母行与分支机构的组织结构关系而言，主要有三种类型：分支行制、控股公司制和国际财团银行制。就这些海外分支机构的具体形式而言，又可分为代表处、经理处、分行、附属行或联属行、财团银行等多种形式。跨国银行组织形式的选择是受到各种因素影响的。

(一)母行与海外分支机构的组织形式

1. 分支行制

跨国银行的分支行制是指母行在海外设立和控制各种类型的分支机构，通过这些分支机构来开展跨国经营活动的组织结构形式。这些分支机构根据不同的级别构成一个金字塔形的网络结构(见图 4—1)。

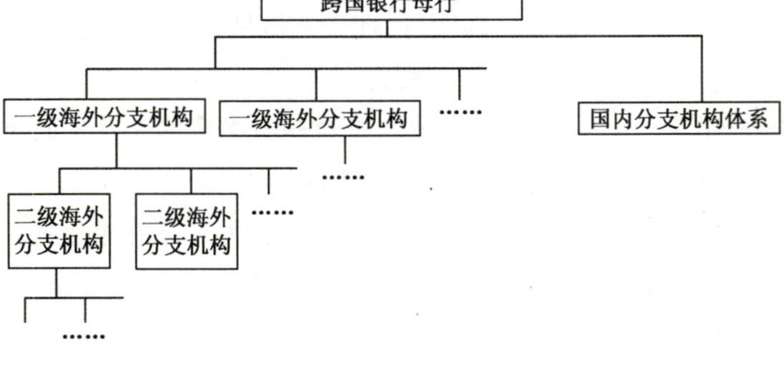

图 4—1 分支行制跨国银行的组织结构

① 《上海证券报》，1997 年 11 月 26 日。

2. 控股公司制

控股公司制又称集团银行制，是指银行通过“银行持股公司”(Bank Holding Company)建立海外分支机构网络。这种组织方式以美国最为典型。美国跨国银行的海外分支机构可以由银行或其持股公司直接设立，而更多的是通过其附属机构——“爱治法公司”(Edge Act Corporation)设立的(见图 4—2)。

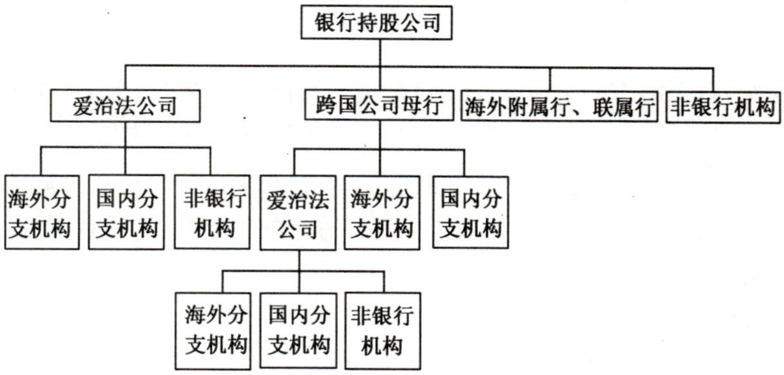

图 4—2 控股公司制跨国银行的组织结构

3. 国际财团银行制

国际财团银行制是指由来自不同国家或地区的银行以参股合资或合作的方式组成一个机构或团体来从事特定国际银行业务的组织方式。它与为某项贷款而由多家银行组成的贷款辛迪加(Loan Syndicate)不同，辛迪加是不具备法人资格的临时组织，而国际财团银行是正式注册的法人。

(二)跨国银行海外分支机构的形式

1. 代表处

代表处(Representative Office)是跨国银行最低层次的海外分支机构，工作人员很少。它并不直接经营银行业务，主要工作是代表母行与东道国客户联系，与东道国政府、企业进行接触，为母行招徕业务，收集当地的经济政治情报等。

2. 经理处

经理处(Agency)的作用与跨国银行在东道国的代理行类似，如为进出口贸易融资、代客买卖外汇等。经理处与经理行的区别在于前者是母行的隶属部分，而后者仅与母行存在业务委托关系。

3. 分行

海外分行(Branch)是跨国银行根据东道国法律规定设立并经营的境外机构，是母行的一个组成部分，而不具备独立的法人地位。其资产和负债要合并到母行的资产负债表上，母行则需为其承担无限责任。

4. 附属行或联属行

这两种形式都是作为独立法人在当地注册的经营实体，是由跨国银行与东道国有关机构共同出资设立或对当地银行兼并、收购而成立的，跨国银行因持股关系而承担有限责任。两种形式的区别在于：附属行(Subsidiary)的大部分股权为跨国银行所有，而联属行(Affiliate)的大部分股权由东道国机构掌握，两者一般以50%为界限进行区分。它们往往可以经营许多分行所不允许经营的业务，在较大限度内进入东道国市场。

5. 爱治法公司

爱治法公司(Edge Act Corporation)是美国跨国银行根据1919年修订的联邦储备法允许设立的最为重要的、经营国际银行业务的海外分支机构形式(虽然其地理位置可能在美国国内)。爱治法公司存在两种类型：银行爱治法公司及投资爱治法公司。前者是美国跨国银行经营国际业务及设立海外分行的主要机构，后者则主要通过对国外金融机构投资为母行建立附属行等。

6. 财团银行

财团银行(Consortium Bank)又称"银行家银行"(Bankers' Bank)，是由两家以上银行共同出资组成的、在特定地区开展特定业务活动的银行，是在东道国注册和纳税的独立的法人实体。按英格兰银行统计标准应是出资者至少有一家是海外银行，而且没有一家银行持有50%以上的股份。财团银行的主要业务在于安排巨额贷款，此外还兼营证券发行、欧洲货币市场以及企业兼并收购等业务。其本身一般不吸收存款，资金由各参股银行提供。

(三)跨国银行组织形式选择的影响因素

1. 就跨国银行母行与其分支机构的组织结构设立的形式选择而言，起决定作用的是其国内银行业的发展状态。例如，大多数国家的跨国银行采取分支行制，是由于其在国内的发展形式即分支行制，因而自然地在银行跨国化过程中向海外延伸；而美国的国内银行业是从单一银行制度逐步发展为控股公司制，其跨国银行采取控股公司制也就不足为奇了。此外，国际财团银行制的产生则是出于分散巨额业务风险的特殊目的。

2. 就跨国银行海外分支机构的具体形式选择而言，主要取决于东道国及母国的政策和法规限制。例如，有的国家(主要是发展中东道国)禁止外国银行在本国设立分行乃至附属行、联属行，跨国银行便只能采取代表处等低级形式。又如，有的母国对不同类型海外分支机构采用不同的税收递延或抵免条款，从而也影响着跨国银行海外分支机构的类型选择。

五、跨国银行在国际投资中的作用

作为金融类跨国企业，跨国银行在国际投资中的作用首先体现在设立海外分支机构而进行的国际直接投资。正如第一章所述，当前国际直接投资的行业趋势之一是服务业所占比重的快速上升，其中包括金融服务业。跨国银行在国外设立分支机构时为购租场地、添置设备、雇用人员等投入都可视为其国际直接投资。其次，通过对跨国公司的股权参与，跨国银行还间接地介入了国际直接投资活动。如日本的第一劝业银行就持有包括食品、纤维、石油化工、钢铁、电机等多家大型跨国公司的股份。这种控股关系一般都存在于跨国银行的总行与跨国公司的总公司之间，海外分支机构间的股权结合尚不多见。这种银行资本与工业资本在国际上的融合生长，体现了金融资本的国际化。最后，作为金融服务性部门，跨国银行在国际直接投资中发挥着中介枢纽的作用，这是跨国银行最为基本、最为重要的作用。这种作用主要体现在跨国银行对跨国公司等国际直接投资者的各种支持和服务方面。

（一）跨国银行是国际直接投资者跨国融资的中介

跨国公司在进行国际直接投资时，往往会产生巨大的资金需求；同时，国际上又存在众多的间接投资者或短期信贷提供者，产生了巨大的资金供应。但资金需求与资金供应往往存在数额、期限、币种等方面的差异，这就需要跨国银行发挥信用中介作用予以调整。跨国银行可以通过汇集小额、短期的资金向资金需求者提供大额、长期的信贷，并且通过商业票据的承兑、贴现等为其创造出流动性。随着经济的发展，这种传统的信贷业务出现了证券化的趋势。如跨国银行在负债业务方面，凭借自身的声誉和资信优势，通过发行自己的债务凭证——银行债券等，能够以较低的成本聚集起大量资金；在资产业务方面，通过把对借款人的债权转化为股权或债券，增强了流动性，从而能够更好地发挥中介功能。

值得一提的是，随着跨国银行开始介入投资银行的传统业务——直接证券的发行和包销，其中介作用已扩展到直接融资领域。

（二）跨国银行是投资者跨国界支付的中介

由于跨国银行拥有分布广泛的海外分支机构和代理行网络，因而能为投资者在世界范围内办理转账结算和现金收付业务，充当其国际支付的中介。国内银行在执行国际支付中介时是通过与外国银行之间的代理行关系间接地进入对方的国内支付系统。而跨国银行则更多地通过海外分支机构直接进入东道国支付清算系统，然后通过母行与分支机构及分支机构相互间的支付清算形成一个国际支付清算网络，如美国的银行间同业支付清算系统 CHIPS；或由多家跨国银行及其分支机构直接组成完全用于国际资金调拨的支付清算系统，如环球银行间财务电讯协会 SWIFT、伦敦外汇清算 ECHO 等。SWIFT（Society for Worldwide Interbank Financial Telecommunication）向客户提供的是一种可任意选择的双边差额结算服务相联系的电信服务，截至 1996 年 5 月，27 家金融机构使用这种差额结算系统，一天可处理 1 000 个指令。ECHO 是一个多边差额结算系统，支持全球 24 小时的差额结算。到 1996 年 5 月，13 家银行使用 ECHO，另外 7 家银行正准备加入这一系统。①

（三）跨国银行是为跨国投资者提供信息咨询服务的中介

由于跨国银行拥有覆盖全球范围的机构网络和广泛的客户及同业关系，因而掌握有大量的信息，承担起信息中介的作用。例如上述的融资中介行为，实际上就是在掌握众多的资金供求信息的基础上进行的。此外，由于跨国银行汇集了许多财务管理、投资分析方面的专家人才，因而可以向投资者提供多方面的咨询、顾问方面的服务，帮助公司把握风险，更为有效地拓展海外业务。这些服务在对跨国公司产生裨益的同时，也为跨国银行扩大了利润来源。在如今来自传统贷款业务收益不断降低的情况下，银行的收费性服务能够在无风险的基础上创造较高的收益。据美国纽约市第一曼哈顿咨询集团的一项调查报告，美国银行对大公司贷款的资本收益率仅为 5%—7%，而收费服务的资本收益率可达 40%—80%。

六、中国商业银行国际化进程

我国商业银行国际化经营总体上可以分为三个阶段。第一阶段是以五大国有商业银行为代表的国际化经营。目前，我国五大国有商业银行已经完成了全球五大洲布局，其中，国际化程度最高的是中国银行，全球排名 28。开展跨国并购最多的是工商银行，共有 17 起并购案例，占海外分支机构的 15%左右。农业银行尚未开展海外并购，通过绿地投资布局全球五大洲。大型股份制商业银行处于海外经营的第二阶段，如招商银行、中信银行、浦发银行、光大银行等以港澳台为依托，均已在港澳台地区设立分支机构；另外招商银行 2008 年以 46.4 亿美元收购香港永隆银行 53.12%的股份，中信银行 2018 年率先完成收购“一带一路”沿线国家哈萨克斯坦的阿尔金银行，可以看出我国商业银行新建投资与跨国并购并举，正积极布局亚洲市场和“一带一路”沿线国家。我国中小银行的海外经营处于第三阶段，这些银行的特点是没有在海外设立分支机构，主要为跨国企业提供跨境金融服务。这些业务包括存贷转账等基本服务，也包括提供保险、咨询、外汇衍生品等增值服务。比如，中国银行浙江省分行以做浙商“走出去”首选银行为角色定位，从资金融通、信用担保等多个方面为浙江企业跨国发展提供支持，还有中国银行新疆分行、河北分行等（王元伟，2016），都积极结合本地客户优势，为企业走出去提供创新性业务服务，全面服务跨国企业，从而拓宽自己的业务渠道，让国际化经营成为新的利润增长点。根据浙江大学金融研究所和中国人民大学国际货币研究所发布的《2019 全球银行业国际化报告》，中资银行国际化榜单见表 4—5。

① 国际货币基金组织：《国际资本市场》，中国金融出版社 1996 年版。

表 4—5　　2019 年中国银行国际化榜单

名次	名称	亚洲排名	全球排名
1	中国银行 BOC	9	28
2	中国工商银行 ICBC	11	34
3	交通银行 BoCom	16	43
4	中国建设银行 CCB	18	46
5	中国农业银行 ABC	20	48
6	中信银行 CITIC	25	53
7	上海浦东发展银行 SPDB	27	55
8	招商银行 CMB	30	59
9	中国光大银行 CEB	33	62
10	兴业银行 CIB	35	64
11	广发银行 CGB	37	66
12	上海银行 BOS	39	68

资料来源：浙江大学金融研究所、中国人民大学国际货币研究所：《2019 全球银行业国际化报告》。

第二节　非银行跨国金融机构

金融自由化趋势已经促进了非银行金融机构的大发展，非银行金融机构已经成为金融创新的主体。在国际投资领域，非银行金融机构正日益显示出其非凡的活力。

一、跨国投资银行

(一)投资银行

要了解跨国投资银行首先要知道投资银行。投资银行是以证券承销、经纪为业务主体，并可同时从事兼并与收购策划、咨询顾问、基金管理等金融服务业务的金融机构。它在各国的名称各异，如在美国称为投资银行(Investment Bank)，在英国称为商人银行(Merchant Bank)，在日本从事投资银行业务的机构是证券公司(Security Firms)。此外，在法国称为实业银行，在澳大利亚称为货币市场公司，在我国香港地区称有限制牌照银行，在印度尼西亚称为投资金融公司等。

投资银行的起源，最早可追溯到 3 000 多年前的美索不达米亚地区。当时，一些富有的商人不仅为贵族、教会提供贷款，而且还帮助他们管理财产、制定策略，这非常类似于今天投资银行的基金管理、咨询服务等职能。现代意义上的投资银行是 18 世纪后在欧洲产生的，主要是由众多的销售政府债券和贴现企业票据的商号演变而来。当时，以生产资料私有制为基础的资本主义生产关系已经确立，推进了以股份制为特征的企业制度的形成和发展。而资本主义国家政府为行使其政治统治、对外扩张等职能也常常面临入不敷出的境地，需要发行债券予以弥补。这就在客观上需要有专门机构来从事证券发行、推销。而证券交易所的诞生和发展更为投资银行业注入了催化剂。1773 年在英国伦敦建立了伦敦证券交易所，1792 年美国成立了纽约证券交易所，1878 年日本成立了日本东京证券交易所。投资银行以证券承销、经纪为业务核心，逐步确立了在证券市场上的突出地位。此后，随着世界经济活动的日益丰富多彩，投资银行不断发展起企业兼并重组、金融工程、基金管理、风险资本等新型业务（见图 4—3）。

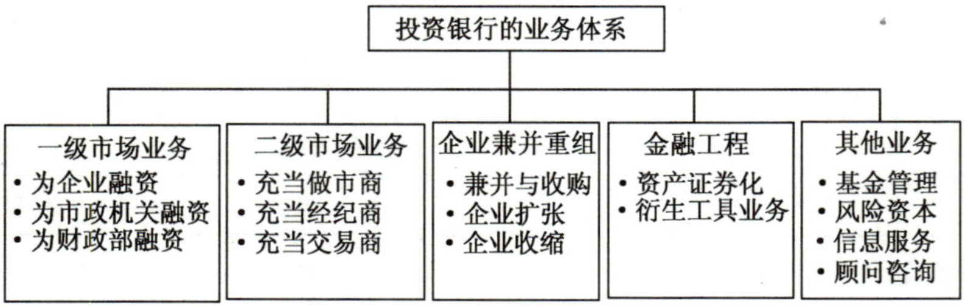

图 4—3　现代投资银行的业务体系

考察投资银行 20 世纪以来的发展历程，可以从它与商业银行的关系变迁角度进行。在 1929 年之前的一段时期，资本主义世界经济的持续繁荣造就了证券业的异常高涨。当时，投资银行与商业银行并没有分离，商业银行凭借其雄厚的资金频频涉足证券市场，甚至参与证券投机。1929 年 10 月 28 日，西方世界爆发了股市大跌，并引发了持久而深刻的经济危机。事后，有关国家政府总结认为，这次危机的重要原因之一在于作为国民经济核心的商业银行卷入了风险较大的证券市场，而一旦其在股市崩溃引起的亏损影响下破产（1930—1933 年间美国有 7 763 家银行倒闭），便会不可避免地影响整个经济。因此，英、美等国政府颁布法令将商业银行与投资银行业务截然分开，如美国的《格拉斯・斯蒂格尔法案》(Glass Steagall Act)、日本的《证券交易法》等。但也有德国、瑞士等欧洲银行并没有实施这种分离，而继续实行《全能银行制度》(Universal Banking System)。20 世纪 70 年代以来，由于金融业竞争的加剧，分业经营制度下的商业银行面临不利的局面。在金融自由化、放松管制的强烈要求下，分业经营模式日益向混业经营模式靠拢，英、美等银行业务和证券业务的分水线逐渐被打破。不过，尽管投资银行与商业银行之间业务交叉与融合已发展到相当程度，但分别从其本源等实质性方面探析，两者之间还是存在一定差异的（见表 4—6）。

表 4—6　　投资银行与商业银行的区别比较

项　目	投资银行	商业银行
(1)本源业务	证券承销	存贷款
(2)融资功能	直接融资,且侧重长期融资	间接融资为主,侧重短期融资
(3)利润来源	佣金	存贷利差
(4)业务概貌	无法用资产负债表反映	分为表内业务与表外业务
(5)经营方针	在控制风险前提下更注重创新与开拓	坚持稳健原则,注重“三性”结合
(6)保险制度	投资银行保险制度	存款保险制度

注:表中“三性”是指收益性、安全性和流动性。

(二)跨国投资银行

跨国投资银行是指在世界各地设立分支机构进行跨国经营的大型投资银行,是投资银行业在国际范围内的延伸。它不仅是国际证券市场的经营主体,而且其活动范围与影响已超出证券业,与跨国商业银行并列成为当代国际金融资本的重要组成部分。

1. 跨国投资银行的发展过程

跨国投资银行的发展大致可分为以下几个阶段:

(1)在 1960 年之前,出现了投资银行开展跨国业务的萌芽。如英国巴林银行曾帮助许多美国铁路债券在伦敦上市。但这并不算形成了现代意义上的跨国投资银行。因为当时投资银行的国际业务主要通过其在国外的代理行进行,很少有投资银行在海外设立分支机构;其业务种类也较为单一,主要是进行外国债券的推销,并没有形成今天投资银行丰富多彩的业务体系;其开展业务的地区也还存在局限性,主要在欧洲。

(2)20 世纪 60 年代和 70 年代,是跨国投资银行的起步发展阶段。在这一阶段,世界大型投资银行纷纷设立海外分支机构,纽约、伦敦、巴黎、东京、日内瓦等金融中心汇集了许多跨国投资银行的分支机构;其国际业务也出现了综合化、一体化的趋向,并致力于开发欧洲债券业务和欧洲股票业务。如第一次典型的欧洲债券发行是在 1963 年 7 月由英国的华宝银行(S. G. Warburg Bank)设计并主承销的。

(3)进入 20 世纪 80 年代以来,跨国投资银行进入前所未有的迅猛发展阶段。许多跨国投资银行已基本上在世界上所有的国际或区域金融中心设立了分支机构,建立并完善了其全球业务网络;其国际业务体系日益完善,不仅包括国际证券的承销、分销、代理买卖和自营买卖等传统业务,而且还包括全球范围内开展兼并收购、资产管理、财务咨询、风险控制等活动;其国际业务规模也急剧扩张,在各重要的国际金融市场上,许多跨国投资银行证券交易量已超过本地金融机构。此外,其国际业务管理机制不断完善,许多大型跨国投资银行建立了负责协调管理全球业务的专门机构,如美国摩根士丹利(Morgan Stanley)银行的“财务、管理和运行部”、高盛(Goldman Sachs)公司的“全球协调与管理委员会”等。

(4)近年来,国际投资银行业的竞争日趋激烈,跨国投资银行的创新力度显著增强,以此来提高自身的竞争力。其创新主要体现在:第一,融资方式多样化。投资银行除发行不同期限的浮动利率债券、各种抵押债券外,还采用BOT、TOT、ABS(资产支持的证券化融资)等形式进行融资。第二,购并业务推陈出新。投资银行在企业购并浪潮中日趋活跃,业务不断创新,不但为企业担任财务顾问、制定收购和反收购措施、进行票据交换等,还为购并企业提供资金支持。第三,创造新的金融产品。各大投资银行挖空心思,迎合市场需要。例如,巴林银行倒闭后,洛希尔银行发现美国资金市场上闲置的资金数目庞大,但对资产安全性要求高,希望更好地分散风险,针对这种情况,洛希尔银行推出名为“五箭现金管理基金”的投资工具,结果吸引了大量资金。投资银行还为企业制定定期投资计划、定期退股计划,组建各种基金,并利用现代金融工程学技术,对期权、期货、商品、债券、利率、汇率进行计算机系统的关键技术和关键设备安全防御能力,使得从用户的电脑端开始,资料传送就受到层层保护。

2. 跨国投资银行发展的原因

跨国投资银行的发展,既有自身的主观动因,又有国际经济发展所提供的客观条件。就主观上而言,不外是为了突破国内市场相对狭小的限制,在全球范围内追逐利润最大化目标,尤其是在亚洲新兴工业化地区等迅速发展的发展中国家市场可以获取超额的利润;同时,通过在世界不同地区进行业务投资组合,达到分散风险的目的。就客观上而言,大致存在如下条件:

(1)从20世纪70年代末起,各国相继在不同程度上拆除了金融壁垒,为跨国投资银行全面开拓国际市场提供了可能。如1979—1980年间,英国及瑞典相继放弃了外汇管制;1980年,日本修订了《外汇管制法》,并批准外国投资银行进入本国市场设立分支机构;1981年联邦德国取消了对非居民购买本国债券时征收的利息预提税等。尤其是1986年英国推出放松金融管制的“大爆炸”(Big Bang)举措,极大地推动了国际金融市场的自由化。

(2)世界经济的一体化进程促进了跨国投资银行的发展。全球国际贸易、国际投资的发展,为跨国投资银行提供了众多的业务机会。如国际直接投资的主要承担者——跨国公司在进行跨国经营时,必然需要跨国投资银行为其提供国际融资、财务分析、信息咨询等系列服务。

(3)国际证券业的发展也为跨国投资银行的扩张创造了契机。进入20世纪80年代以来,国际融资“非中介化”(Disintermediation)的趋势不断增强,越来越多的筹资者通过发行证券的手段进行直接融资。如1980年,国际信贷占国际融资总额的85%,国际证券仅占15%;而到了1994年,国际信贷仅占38%,国际证券的比例已达62%。此外,国际证券市场也日益融为一体。例如1980—1989年,外国投资者对美、日、德的股票投资额分别增长了9倍、8.6倍和23倍;同期三国的对外股票投资额则分别增长了47倍、20倍和5倍。近年来,各国证券市场本身的一体化进程也获得了实质性的进展，这种一体化进程已经不仅仅局限于区域层面，这方面最典型的例子是跨区域交易所的合并。2006年5月22日纽交所集团并购泛欧交易所集团、2007年4月30日欧洲期货交易所并购国际证券交易所控股公司、2007年5月25日纳斯达克股票市场公司并购OMX集团。见表4－7。

表4－7　　**全球资本市场规模**　　单位：10亿美元

项目	GDP	总储备减去黄金	股票市场资本化	债券总额	银行资产	债券、股票和银行资产	债券、股票和银行资产（占GDP比重）
2012年	72 216.4	11 403.5	52 494.9	99 134.2	116 956.1	268 585.2	371.9
2013年	74 699.3	12 129.7	62 552.0	99 788.8	120 421.6	282 762.4	378.5

资料来源：*Global Financial Stability Report* (Oct. 2013, Oct. 2014).

（4）购并浪潮为跨国投资银行的发展创造了大好机遇。20世纪90年代兴起并延续至今的第五次购并浪潮为跨国投资银行提供了大展身手的大好时机，也促进了跨国投资银行的大发展，在购并交易，尤其是大型跨国购并中，跨国投资银行发挥了至关重要的作用。

3. 跨国投资银行在国际投资中的作用

对于跨国投资银行在国际投资中的作用，可以从国际直接投资和国际间接投资两方面进行考察。在国际直接投资方面，跨国投资银行除了像跨国商业银行一样要在国外设立分支机构而进行直接投资外，其作用也突出表现在对跨国公司跨国直接投资活动的支持和帮助，如策划跨国收购与兼并，对跨国投资行为提供信息、咨询服务等。在国际间接投资方面，跨国投资银行发挥着营造国际证券一级市场并积极参与二级市场的作用，如国际证券的发行承销和分销、金融衍生工具的创造和交易、国际证券自营买卖及基金管理等。具体有以下几个方面：

（1）支持跨国兼并与收购（Merger & Acquisition）。跨国投资银行可以为跨国公司物色收购目标，并加以分析，帮助建立一个可行的资金财务计划，必要时可以通过发行债券等手段提供融资帮助，从而完成兼并或收购活动。这大大加快了全球资产存量调整的步伐。

（2）对跨国投资的信息、咨询等服务。由于跨国投资银行拥有全球分支机构网络，掌握着一个巨大的信息资源库；同时，其还具有人才、技术方面的优势，因而可以为企业的跨国投资活动提供各种服务，如投资组合设计、现金管理、风险管理、财产估价等。

（3）国际证券的发行承销。如前所述，证券承销是投资银行最本源、最基础的业务，国际证券业务是其向国际范围的扩张和延伸。跨国投资银行不仅替各国企业、各国政府进行证券承销，同时还给国际金融组织如世界银行、亚洲开发银行等承销证券。这些活动不仅营造了国际间接投资的一级市场，同时又推动了二级市场的发展。

（4）金融衍生工具的创造和交易。跨国投资银行是创造和交易金融衍生工具的重要机构。日新月异的金融衍生工具不仅为投资者提供了有效规避利率、汇率等金融风险的可能，而且推动了国际投资对象的创新和改革。

(5)国际证券的自营买卖及基金管理。跨国投资银行自身进行国际证券的自营买卖，以期获得价差收入。这是其参与国际间接投资的行为。同时，许多跨国投资银行还管理着各种基金，代理基金进行国际证券二级市场的交易。这些活动推进了全球证券交易二级市场的深化和发展。

二、其他非银行金融机构

20 世纪 80 年代以来，在各国证券市场上发生了一个主要现象，即个人投资者不断将自己的证券投资事务委托给各类金融机构，从而使得机构投资者的份额和地位日益上升。如日本在 50 年代时的上市公司持股比率为个人 70%、机构 20%；到 80 年代，个人持股比率已下降到 20%，机构则上升到 70%。美国的机构投资者所占市场比重在 1965 年为 16%，1992 年已高达 48%。这些机构包括各种共同基金、对冲基金、养老基金、保险公司等(见表 4—8)。同时，随着国际证券市场的发展，这些机构的证券投资也日益向海外发展，成为国际证券投资的重要主体。

表 4—8　　**主要工业国机构投资者资产***　　单位：万亿美元

年　份	1995	2000	2005	2006	2007	2008	2009
机构投资者	21.9	33.5	49.0	56.6	62.8	52.5	60.3
投资基金**	6.3	12.1	18.2	21.5	24.9	20.6	24.0
保险公司	8.0	10.4	16.3	18.1	19.9	18.3	20.0
养老基金	7.2	10.8	14.3	16.5	17.7	13.3	15.9
其他机构投资者	0.5	0.5	0.5	0.6	0.7	0.6	0.7

注：* 主要工业国这里包括澳大利亚、奥地利、比利时、加拿大、丹麦、芬兰、法国、德国、希腊、日本、卢森堡、荷兰、挪威、西班牙、土耳其、英国和美国。

** 投资基金包括封闭式基金、投资管理公司、共同基金以及单位投资信托。

资料来源：*Global Financial Stability Report* (2011).

(一)共同基金

共同基金(Mutual Fund)是指通过信托、契约或公司的形式，通过公开发行基金证券(如“受益凭证”、“基金单位”、“基金股份”等)将众多的、零散的社会闲置资金募集起来，形成一定规模的信托资产，由专业人员进行投资操作，并按出资比例分担损益的投资机构。在美国它被称为“共同基金”、“互惠基金”，在英国被称为“单位信托基金”(Unit Trust)，在日本则被称作“证券投资信托基金”。共同基金的种类众多，但根据其投资战略不同，大致可分为两大类：一类是投资于长期资产，如股票、债券乃至实业资产的基金；另一类是主要投资于短期金融资产，如可转让大额存单、商业票据、短期国库券的基金。

1. 共同基金的全球格局

20 世纪 80 年代以来，共同基金的发展十分迅速，被引进到许多发达国家和发展中国家，这标志着它已步入到全球发展阶段。根据国际金融市场一体化与区域化并存的特征，全球共同基金市场可大致分为北美市场、欧洲市场和以亚太为核心的新兴地区市场三大部分。2018 年末，共同基金净资产规模为 50.37 万亿美元，其中：北美市场占比 52%，欧洲市场占比 35%，新兴地区市场占比 13%。

(1)北美共同基金市场。它主要包括美国和加拿大的共同基金，其中美国占据约 80%的市场规模。在美国，1981—1986 年间共同基金资产以年均 50%的速度扩充。到 1993 年，美国共同基金资产已达 2 万亿美元①，而 1996 年底，其资产规模又进一步达到 3.5 万亿美元②。到 2000 年，美国共同基金的资产规模已达到 7 万亿美元，超过商业银行成为美国第一大金融机构。到 2009 年，这一资产规模进一步扩展至 9.6 万亿美元，2013 年达到 13 万亿美元，2017 年突破 15.9 万亿美元，基金的投资者结构为：居民和非营利机构占比 54.3%；金融企业占比 38.2%；国外部门占比 5.1%；非金融公司占比 1.7%；地方政府占比 0.7%。共同基金的资产配置结构为：股票占比 68%；公司债占比 13.3%；国债占比 9.5%；现金占比 5.0%。从资产增长的构成来看，近一半的增长额来自基金的运作，包括资产增值加上再投资红利和资本利润分配，而 46%的增长来源于投资者的新增资金流入，其余来源于一些新基金。据保守估计，美国共同基金的管理费用收入已超过 8 650 亿美元，超过了出版、航空、医药业，成为美国的第八大产业。③

(2)欧洲共同基金市场。欧洲是仅次于北美的第二大共同基金市场，其中最重要的国家包括法国、德国、卢森堡和英国。欧洲共同基金的跨国一体化程度较高，这得益于 1985 年 11 月 18 日欧洲理事会通过的有关投资基金组织发行的资金单位自由交易的两个指令，其内容主要包括：协调成员国间有关法律规定的大致框架，创造平等的竞争条件；投资基金组织的申请范围、准入条件和结构及其投资政策；应提供给投资者的信息；监管机构的权利、义务以及设立成员国共同组成的联系委员会等。

欧洲共同基金主要分为两类：UCITS 基金（占比 60%）和 AIF 基金（占比 40%）。前者是欧盟可转让证券集合投资计划的简称。UCITS 管理公司必须获得卢森堡金融业监管委员会（CSSF）批准，并受 CSSF 监管。UCITS 可以投资的资产：可转换证券、封闭式基金、货币市场工具、开放式的基金、金融衍生工具、嵌入式衍生工具、存款、其他专业的投资工具等。2016 年，中国银行在卢森堡成立了 BOC（Europe）UCITS SICAV，以该基金公司作为在卢发行 UCITS 基金的平台。AIF 基金是欧盟另类投资基金的简称。AIF 可以投资的资产：包括传统的股票、债券和现金之外的金融和实物资

---

① 国际货币基金组织：《国际资本市场》，中国金融出版社 1995 年版，第 162 页。

② 谢荣兴：《同舟共济，为百亿规模而努力》，载于《中国证券报》1997 年 11 月 7 日。

③ 余庆瑜、蔡明超：《90 年代美国共同基金发展的动因分析》，载于《科学与科学技术管理》2002 年第 1 期。

产，如房地产、证券化资产、对冲基金、私人股本基金、大宗商品等，其中证券化资产就包括了次级房贷为基础的债券以及这些债券的衍生金融产品。由于监管要求较为宽松，AIF 基金有近一半投向为保险公司、养老金等定制的专项基金。

（3）新兴地区共同基金市场。20 世纪 80 年代后期以来，以新兴市场国家为主要投资对象的共同基金不断发展，其主要形式为国家基金。国家基金有许多种类，包括投资于任何新兴市场的全球基金、集中投资于特定地区的基金或专门投资于一国的基金（见表 4－9）。2019 年全球基金的总规模达到 6.9 万亿美元，主要投向股票、债券、信贷资产、另类资产。

表 4－9　　**新兴市场地区的共同基金资产净值**　　单位：10 亿美元

年份		2009	2010	2011	2012	2013	2013		2014	
							Q3	Q4	Q1	Q2
债券		88.6	162	183.3	301.8	326.2	336.8	326.2	319.6	348.5
	全球	76.2	141.9	157.3	264.7	265.5	277.9	265.5	260.3	288.5
	亚洲	7.8	14.5	20	28.7	30.3	30.8	30.3	28.7	30.5
	欧洲/中东/非洲	3	3.2	3	4.5	6	6.2	6	6.1	6.3
	拉美	1.5	2.4	2.9	4	24.5	21.9	24.5	24.4	23.2
股票		709.4	950.2	774.1	1 016.9	1 071.2	1 055.3	1 071.2	1 027.4	1 117.8
	全球	334.7	476.8	416.4	562.4	580.1	569.8	580.1	559.3	618.6
	亚洲	264.4	329.7	262.6	343.9	385.1	372.8	385.1	369.9	394.9
	欧洲/中东/非洲	42.7	62.6	40.1	52.2	55.3	57.1	55.3	52.1	55.2
	拉美	67.6	81.1	55	58.4	50.7	55.7	50.7	46.1	49.1

资料来源：IMF，*Global Financial Stability Report*（Oct. 2013，Oct. 2014）.

2. 共同基金发展的动因

美国是共同基金发展最快的国家，美国共同基金的发展最具代表性，下面就以美国共同基金为例简要阐述共同基金发展的动因。

（1）内在需求的增长。首先是家庭对共同基金的投资需求不断增长。20 世纪 90 年代，由于股票和其他金融产品的较高投资回报率使美国家庭从投资房地产和其他有形资产转向投资金融资产。在这一转变中，家庭投资显现出了对共同基金投资的偏好而非直接投资于证券。通俗地说，美国人更愿意“把钱交给别人，让别人替自己炒股”，而不愿“自己替自己炒股”，这又与现代信托观念在美国的普及是联系的。20 世纪 90 年代初，投资于共同基金的家庭数还只是 2 340 万，到 2000 年已发展至 5 060 万。这个数字表明，美国有近一半的家庭现在投资于共同基金。国际证券投资是促使家庭增加对共同基金需求的重要原因。由于个人直接购买不在美国证券交易所上市的股票既困难又要花许多费用，因此对投资者来说，共同基金不失为一种重要的、理想的购买国外股票的工具。有数据显示，1999 年有 110 亿美元的净现金流入国际股票基金，到

2000 年，此价值已达 500 亿美元。其次是机构对共同基金的需求也增长很快。这种增长归因于企业等机构投资者在现金管理上更依赖于共同基金而不是直接拥有流动资产，通过利用共同基金，这些机构可以享受规模经济带来的好处，而这种好处是靠自身对流动资产的管理所不能实现的。资料显示，机构投资者持有美国近一半的基金资产，并且呈逐年增长之势，表明机构投资者对美国共同基金的成长起到了极大的促进作用。最后是退休金对共同基金的需求。近年来，随着美国明确捐助型退休计划的流行，共同基金把范围扩大到了私人养老金系统。在 20 世纪 90 年代初，大多数共同基金中的退休资产都由个人退休账户（IRAs）控制，随后雇方赞助的明确捐助计划成为共同基金新增现金流的重要来源，它或者直接通过计划赞助，或者间接流入 IRAs 来增加共同基金的现金流。计划出资者越来越多地选择共同基金作为投资选择，原因是共同基金比其他募集性投资产品提供更多服务。2000 年底，明确捐助型退休计划和 IRAs 占共同基金的份额已大致持平。

（2）发达的分销渠道。随着市场对共同基金的需求日益上升，基金公司和分销公司在扩大传统销售渠道的同时，致力于开发新的渠道。总的来看，直接向散户投资者销售的新的长期基金预期份额从 1990 年的 23%下降至 2000 年的 16%，而同时，通过机构投资者和第三方向散户投资者的销售份额从 77%增长至 84%。许多原先直接销向投资者的共同基金渐渐转变策略，向第三方或中间商寻找分销渠道（第三方销售渠道包括雇主赞助的退休计划、共同基金超市、有偿顾问、共同基金一揽子账户计划和银行信托部门）。

（3）市场细分策略丰富了投资品种。美国共同基金的繁荣，与其丰富的可供投资者选择的基金数量和品种是密不可分的。20 世纪 90 年代供不应求的共同基金促使更多新基金的诞生。基金数量从 1990 年的 2 900 个上升至 2000 年底的 8 200 个。其中股票基金占了这些新基金的半数以上。由于股票基金成长迅速，基金规模仍不大。20 世纪 90 年代初，半数股票基金只有不足 5 000 万美元的资产。虽然股票基金整体成长迅速，但到 2000 年为止，中等基金的发展使如今基金品种繁多，并且有发展趋势。根据投资目标分类，共同基金就有 33 种类型。基金品种的不同，除了体现在投资对象上，还体现在投资地域、风险控制手段、封闭期限、资金来源和发行网络等要素的区分和组合上。例如，一些国内基金通过提供多种投资目标，加快了自身多样化发展进程。他们通过股票市值、行业、技术和其他因素分类构造合适的投资组合。

（4）规模效应明显降低投资成本。随着对共同基金需求的增长，基金的服务也越趋完备，投资者拥有基金的成本在各主要基金中都明显降低了。1990—1998 年，股东拥有股票基金成本下降了 25%，债券基金成本下降了 36%，货币市场基金成本下降了 21%。其原因是共同基金这种集体投资方式在如今信息技术发展、管理水平提高的情况下，降低了交易成本、信息成本、风险管理成本等各种费用，实现投资管理的规模经济效应。例如,美国的货币市场基金的经营成本只是其总资产的 0.4%,是银行零售业务成本的 1/10。

(二)对冲基金

对冲基金 (Hedge Fund),又称套头基金、套利基金和避险基金,意为“风险对冲过的基金”,20 世纪 50 年代初起源于美国。其操作的宗旨就是利用期货、期权等金融衍生产品以及对相关联的不同股票进行实买空卖、风险对冲的操作技巧,在一定程度上可规避和化解证券投资风险。经过几十年的演变 ,对冲基金已失去其初始的风险对冲的内涵,成为一种新的投资模式的代名词,即基于最新的投资理论和极其复杂的金融市场操作技巧,充分利用各种金融衍生产品的杠杆效用,承担高风险、追求高收益的投资模式。发展到今天,全球已有大约 10 000 个对冲基金,管理着 1.5 万亿美元的资产,成为国际证券市场上重要的机构投资者(见表 4—10)。

表 4—10　　全球十大离岸注册对冲基金(2009 年 1 月)　　单位:10 亿美元

名次	基金名称	资产总值
1	Bridgewater Associates	38.6
2	JPMorgan	32.9
3	Paulson & Co.	29
4	D. E. Shaw Group	28.6
5	Brevan Howard	26.8
6	Och-Ziff Capital Management	22.1
7	Man AHL	22
8	Soros Fund Management	21
9	Goldman Sachs Asset Management	20.6
10	Farallon Capital Management	20
10	Renaissance Technologies	20

资料来源:IFSL,*Hedge Fund Report*,2009.

1. 对冲基金的特点

(1)对冲基金比其他机构投资者受到较少的管制。由于对冲基金都是不到 100 人组成的私人公司,按美国《1940 年公司法》规定,不足 100 人的私人基金不必遵守 SEC 关于信息披露和注册的要求。而且往往在境外注册,从而能够逃避管制。例如,其不必向股东报告财务状况和交易行为。这使得对冲基金经理在报告运作上拥有很高的自由度,可以灵活地安排其投资品种组合、期限组合、地区结构组合及资金结构组合等,而共同基金在这些方面往往受到较严格的限制。对冲基金运作中的主要约束因素在于自身的风险管理行为。

(2)对冲基金的投资者多为高收入者,对风险具有较高的承受力。美国的对冲基金一般要求其股东拥有 100 万美元以上的净财产,或前一年收入在 25 万美元以上。

绝大多数对冲基金都有最低入股额要求，一般在 35 万美元到 1 000 万美元之间不等。因此，对冲基金可以较为大胆地承担较高的市场风险以博取更高的回报率。事实上，20 世纪 90 年代中期以前对冲基金的经营业绩在大多数情况下都要高于其他机构投资者，表 4—11 反映了 1990—2011 年期间美国对冲基金与其他投资机构的收益率差别。

表 4—11　　**对冲基金与其他投资机构收益率的比较**　　单位：%

年　份	1990	1991	1992	1993	2009	2010	2011
对冲基金	10.9	25.4	15.8	23.2	19.98	10.25	−5.25
共同基金	−3.1	30.4	7.7	10.1	—	—	—
标准普尔 500	−3.8	36.1	6.8	14.3	23.45	12.78	−0.003

资料来源：Bloomberg.

(3)对冲基金往往大规模地使用财务杠杆，从而大大增强了其市场影响力。据统计，对冲基金资本的杠杆率在 5—20 倍之间，它采用的手段主要是通过抵押借款在回购市场上投资于政府债券。正是因为对冲基金的高杠杆运作，使得它能够在短时间内聚集巨额资金操纵市场，甚至能够与某些国家的官方相对抗。从这种意义上说，对冲基金的投资行为具有一定的投机性，因而常常造成国际金融市场的动荡。有人认为，1992—1993 年欧洲货币风暴、1995 年墨西哥金融危机、1997 年亚洲金融危机都与对冲基金的操纵有关。此外，对冲基金的高财务杠杆比率可能会带来的另一个问题是信贷风险。对冲基金的贷款者多为大银行或大证券公司，因此一旦基金受到巨额损失而无法清偿债务，就会影响整个经济的稳定。

(4)对冲基金的收益分配机制更具有激励性，从而汇集了投资界许多尖端人才。一般的共同基金中，经理人的收入主要来自根据交易规模固定比例而收取的管理费用。但对冲基金在固定比例管理费的基础上，常常要把基金净投资收益的一定比例作为激励费支付给经理人员。这种分红有时可高达数亿美元。因此，对冲基金行业中汇集了众多的金融人才，甚至包括诺贝尔经济学奖的某些得主。

2. 对冲基金面临的挑战

长期以来，大型对冲基金在国际金融市场上可谓是呼风唤雨，但随着国际经济和金融环境的变化，大型对冲基金已不再像往日那般风光。1999 年美国长期资本管理公司 (LTCM)出现 40 亿美元的亏损而濒临倒闭，美国联邦储备局史无前例地匆匆出面，筹措挽救计划，美国和欧洲 15 家大的商业银行、经纪公司和证券公司成立财团对之进行注资 36.5 亿美元，接管其债权。这一消息传出，不仅引发了全球金融市场的恐慌，同时也触发了对冲基金多米诺骨牌式的崩溃。1999 年前 9 个月，索罗斯基金集团的几大对冲基金均未盈利，资产亏损 13%—31%不等。2000 年 3 月底，世界第二大对冲基金老虎基金宣布倒闭，时隔一个月，索罗斯的“左膀右臂”两员投资大将均挂冠而去。而与此同时，投资信息和生物科技等增长领域的小型基金明显增长，并都取得了不错的业绩。投资者拥向小型、专门化的对冲基金，如科技股基金，而不是在所有市场均有投资的对冲基金。引起大型对冲基金发生危机的原因是多方面的，归根结底是国际经济和金融环境的变化。

(1)全球债券和货币市场不断完善，减少了对冲基金的可乘之机。由于债券和货币市场的改进，对冲基金已很难再找到市场欠缺效率之处进行狙击。欧元面世后，各国汇率的反常现象减少，炒家也少了大获其利的机会。此外，由于许多国家的通货膨胀率普遍走低，近年全球债券的利率趋向一致，进一步减少了投机机会。

(2)对冲基金的影响力减弱。以往，大型投资基金的投资消息传出市场，会促使其他投资者跟随，产生“羊群效应”，使对冲基金如虎添翼。但随着对冲基金的影响力减弱，它们左右市场的能力也相应下降。

(3)股市波动也打击了很多对冲基金。近年来，股市波动加剧，即使大型对冲基金使用了先进风险管理技术也派不上用场。索罗斯手下投资大将德鲁肯米勒无奈地说：“市场的大幅度波动原本是一年发生一次，但现在十天就来一次。”

(4)大型宏观对冲基金对科技股投资欠缺资源和专业知识，例如，索罗斯在1999年下半年才沾手科技股，这方面的知识远不及一些小型、专以科技股为主的对冲基金。老虎基金的掌门人罗伯逊也不讳言地称自己失败的重要原因是根本看不懂“新经济股”。

3. 对冲基金的前景展望

对冲基金面临日益严峻的市场挑战是必然的，但随着市场的不断发展，对冲基金仍然大有希望，它仍将是国际金融市场上一支重要的影响力量。原因如下：

(1)对冲基金是优越的投资工具。对冲基金的业绩表现优于共同基金和广泛的市场指标。因为在收益率、收益—风险比、度量期，以及被定义为损失可能性的“真正风险”等方面，某些类型的基金和许多个体基金的业绩表现更是远优于共同基金和权益市场。马尔奇尔的“随机漫步”假说可能不适用于对冲基金，因为对冲基金有能力去加强市场收益和减缓市场风险。

(2)对冲基金的生存环境是客观存在。对冲基金与其生存环境的关系，如同苍蝇与蛋的关系，俗话说，苍蝇不叮无缝的蛋。从亚洲金融危机的发展来看，被对冲基金等国际游资冲击的国家和地区，其“蛋”上往往有这样或那样的缝隙，如对短期国际资本依赖性太强、国内储蓄率偏低、资本市场开放度过高等。亚洲一些国家在20世纪90年代初为吸引外资都已实现资本自由化，本国证券市场对外资开放，但金融监管能力及反投机能力还跟不上，这给了对冲基金以可乘之机。

(3)加强监管不影响对冲基金的生命力。对冲基金之所以能兴风作浪，主要靠钻各国金融市场的漏洞。亚洲金融危机之后各国金融机构纷纷制定更加有效的监管政策，加大了对非法市场炒作的打击力度。随着国际金融市场制度和规则的不断完善，对冲基金的活动空间必将受到限制，其活动也必须更加规范，它对市场的杀伤力必将大大减弱。但是，只要金融衍生产品市场仍然存在，那些稳健运作的对冲基金便会有继续生存的机会和空间，并且得到更健康的发展。

(4)对冲基金正逐渐被主流机构接受。近年来，欧美一流的投资机构纷纷设立了对冲基金业务。主流机构进军对冲基金的原因：一是传统对冲基金的客户，如私人银行、富有人士、家庭捐赠基金，能为它们带来庞大的收入；二是认为在股市充满不确定性的情况下对冲基金能获得最佳回报；三是对冲基金诱人的收费结构，除每年约1.5%的管理费用外，许多对冲基金还收取投资收益20%的提成。

(5)对冲基金可作为检验金融体系是否完善的"试金石"。将对冲基金视为金融危机的主要原因是不客观的，亚洲金融危机是自身经济状况不健康造成的。由于大量资金进入房地产等容易产生经济泡沫的领域，加上缺乏有效的监督和管理的金融体系，不良贷款的比例剧增，导致经济基础变得极其脆弱，经济大厦漏洞百出，索罗斯的对冲基金就是利用了这些漏洞，按照现行的金融游戏规则而兴风作浪。从某种角度上说，对冲基金是利用、检验金融体系是否完善的"试金石"。

（三）养老基金和保险公司

养老基金和保险公司传统上一直是工业化国家金融市场的重要投资者，它们控制着相当规模的证券投资。如目前在美国参加养老基金的人数已达5 400多万人，资产总额4.5万亿美元[①]，根据美联储统计，截至2011年第三季度，养老基金总规模达到12.53亿美元；英国的养老基金总资产在1993年底也已达4 910亿英镑[②]；2020年，日本养老基金规模达到1 506 332亿日元(约合9.8万亿元人民币)，加拿大养老金资产规模达到4 096亿美元(约合2.8万亿元人民币)。

随着养老基金和保险公司的投资组合向国际化发展，它们已成为重要的国际间接投资参与者。20世纪80年代以来，其持有的外国证券比重有所上升。这一点在养老基金方面表现得较为明显，而保险公司的行为则尚不明朗(有些国家保险公司的外国证券持有比重甚至有所下降)。比较典型的例子是加拿大，1993年时其保险公司的外国资产比重只是养老基金的1/6。此外，从总体上看，养老基金和保险公司的国际投资多样化程度要远远低于共同基金(见表4—12)。

表4—12　　机构投资者所持有的外国证券占其资产的百分比　　单位：%

年份	1980	1988	1990	1991	1992	1993
养老金						
加拿大	4.1	5.3	5.8	8.5	10.2	10.3
德国	—	3.8	4.5	4.5	4.3	4.5

① 王经训：《美国养老基金分类和投资》，载于《上海投资》1996年第1期。

② 沈建忠：《英国养老金不动产投资透视》，载于《上海投资》1996年第4期。

续表

年份	1980	1988	1990	1991	1992	1993
日本	0.5	6.3	7.2	8.4	8.4	9.0
英国	10.1	16.5	18.0	20.8	22.0	19.7
美国	0.7	2.7	4.2	4.1	4.6	5.7
人寿保险公司						
加拿大	3.3	1.9	1.6	1.9	2.3	1.8
德国	0.6	0.6	1.0	1.0	—	—
日本	2.7	14.2	13.5	12.5	11.4	9.0
英国	5.5	9.5	10.8	12.4	12.7	11.6
美国	4.1	3.6	3.6	3.6	3.6	—
共同基金						
加拿大	19.9	19.5	17.5	16.2	16.7	17.1
德国	—	—	56.3	53.5	47.6	45.2
日本	—	9.1	7.9	13.0	9.9	—
英国	—	—	37.1	39.2	37.9	36.0
美国	—	—	—	6.6	—	10.1

资料来源：国际货币基金组织，《国际资本市场》，中国金融出版社 1995 年版。

可以看出，尽管上述几种机构投资者已呈现出投资国际多样化的基本趋势，但其投资组合中外国证券的比重仍然较小。按照现代组合投资理论的一个著名经验标准，投资者的最佳多样化的投资组合应使国家权重与该国家市场资本占世界市场资本的比重相对应。以此衡量，机构投资者的国际多样化程度大大低于标准。① 对这一点作出解释的原因大致有以下几个方面：

(1)由于对外国经济和金融市场的不了解，许多工业国的最终投资个人明显表现出“本地资产倾向”。有些基金经理把持有外国资产比例较小的原因之一归结为委托人的过于保守。产生这种倾向的因素包括交易成本、外汇风险、预计收益的不定、不熟悉外国市场和税制等。

(2)对养老基金和保险公司而言，其稳健原则及不平衡的风险、收益分担机制使得经理人员也倾向于避险偏好。出于社会保障的基本功能，养老基金和保险公司更加倾向于低风险，例如一个养老计划往往要求在计划期间内保持固定的收益率，经理人员的酬金也相对具有固定性。如果经理比委托人承担更多的市场下跌风险而不能相应享受到市场上升的潜在收益，那么他们宁愿把投资组合放在较为安全的国内资产上。

(3)在机构投资者持有的外国资产方面存在外部强加的具体额度限制。例如，加

① 使用国际金融公司的市场资本衡量，1993 年世界市场组合投资应该有 37%在美国、21%在日本、8%在英国、22%在其他工业化国家、12%在新兴市场。

拿大政府对养老基金的外国投资限额为20%；日本规定私人养老基金要遵守30%的外国资产限额的规定；美国州保险法允许保险公司投资于外国证券的比例上限为10%。

（四）主权财富基金

主权财富是指由一国或地区政府通过特定税收与预算分配、可再生自然资源收入和国际收支盈余等方式积累形成的，由政府控制与支配的，通常以外币形式持有的公共财富。政府为管理和运作主权财富而成立的基金就是主权财富基金，它既不同于传统的政府养老基金，也不同于那些简单持有储备资产以维护本币稳定的政府机构，而是一种全新的专业化、市场化的积极投资机构。

目前，设立主权财富基金的国家既包括一些发达国家和自然资源丰富的国家，也包括一些新兴市场国家和资源贫乏国家。主权财富基金通常由独立于央行和财政部的专业投资机构进行管理，其资金来源主要有三类：外汇储备盈余、自然资源出口的外汇盈余、国际援助基金。

1. 主权财富基金的发展状况

主权财富基金设立的历史可以追溯到1953年，科威特设立科威特投资局，利用其石油出口收入投资于国际金融市场。1956年，英属吉尔伯特群岛利用其富含磷酸盐的鸟粪出口收入创建了一只主权财富基金，如今这只基金的价值已经超过该岛GDP的9倍。虽然主权财富基金成立时间较早，但在20世纪90年代以前，发展一直比较缓慢，据估计，1990年末，全球主权财富基金规模只有约5亿美元。

20世纪90年代以后，由于国际油价上涨以及新兴市场经济体外汇储备的增加，主权财富基金的规模迅速膨胀。根据伦敦国际金融服务局（IFSL）的统计数据①，2008年全球主权财富基金管理的资产达3.9万亿美元，比2007年增长18%，中东产油国拥有全球主权财富基金的45%，亚洲其他地区占大约33%。主要资金来源是石油等资源类商品出口，总额为2.5万亿美元；来自官方外汇储备、政府预算盈余、养老金储备和私营化收入的资金为1.4万亿美元。2021年，全球100大主权投资基金总规模已达8.3万亿。全球十大主权财富基金排名见表4—13。

表4—13　　全球十大主权财富基金排名（2021年4月）　　单位：10亿美元

名次	名　称	设立国家（地区）	基金规模
1	挪威政府全球养老基金	挪威	1 289.46
2	中国投资有限公司	中国	1 045.72
3	阿布扎比投资局	阿联酋	649.18
4	香港金融管理局	中国香港	580.54

① 《IFSL：全球主权财富基金增至3.9万亿美元》，载于《经济参考报》2009年3月。

续表

名 次	名 称	设立国家(地区)	基金规模
5	科威特投资局	科威特	533.65
6	新加坡政府投资有限公司	新加坡	453.20
7	淡马锡控股公司	新加坡	417.35
8	公共投资基金	沙特	399.45
9	全国社会保障基金理事会	中国	372.07
10	迪拜投资公司	阿联酋	301.53

资料来源:Sovereign Wealth Fund Institute.

2. 主权财富基金的前景展望

(1)主权财富基金规模将不断增大。截至2013年12月,各国中央银行外汇储备已经超过12万亿美元(见表4—14),此后2015年底开始下跌,而2020年四季度,全球外汇储备升至纪录新高12.7万亿美元。外汇储备是主权财富基金的重要资金来源,伴随着外汇储备规模的增大,主权财富基金的规模也将快速增长。

表4—14　　排名前20位的国家(地区)的外汇储备状况

名 次	国家(地区)	外汇储备(百万美元)	增长率(%)
1	中国	3 216 522	3.49
2	日本	1 312 160	4.53
3	瑞士	1 013 283	26.96
4	印度	542 157	27.00
5	中国香港	475 266	12.25
6	沙特	441 178	—9.64
7	俄罗斯	438 082	2.17
8	韩国	429 492	8.12
9	新加坡	358 890	29.79
10	巴西	332 000	—2.16
11	欧元区	316 625	6.49
12	泰国	245 323	14.69
13	墨西哥	186 152	9.17
14	以色列	171 357	37.78
15	捷克共和国	161 973	10.29
16	英国	160 192	11.21
17	波兰	138 523	19.59
18	印度尼西亚	127 709	4.62
19	马来西亚	99 727	2.63

续表

名 次	国家(地区)	外汇储备(百万美元)	增长率(%)
20	菲律宾	84 410	31.90
	20 国总计	10 251 022	8.6

资料来源:IMF,Data Template on International Reserve and Foreign Currency Liquidity (IRFCL).

(2)主权财富基金将加大对外直接投资。近年来,越来越多的主权财富基金开始涉足全球对外直接投资。主权财富基金用于对外直接投资领域的资金在 2008 年达到了创纪录的 200 亿美元。截至 2008 年底,主权财富基金在过去的 20 年间用于跨国并购的投资总额累计达 650 亿美元,其中 570 亿美元仅仅是过去 4 年的新增数。尽管目前对外直接投资规模仅占主权财富基金总资产的 1.7%,但对外直接投资在主权财富基金投资组合中将扮演越来越重要的角色。主权财富基金的对外直接投资主要集中在英国、美国、加拿大等发达国家,例如仅 2008 年,主权财富基金通过跨国并购在美国和瑞典的资本市场分别投资了 48 亿美元和 46 亿美元。表 4—15 列示了部分主权财富基金投资领域的情况。

表 4—15　　2019 年各国主权财富基金投资领域比较

序号	主权财富基金名称	投资地区	投资行业
1	挪威全球养老基金	投资偏好于亚洲、北美和欧洲三大区域的企业,2012 年前后,NBIM 开始进军非洲和中东市场。	金融(23.7%),工业(12.9%)、科技(12.6%)、消费品(11.9%)、医疗保健(11.4%)、服务(10.8%)、油气(5.9%)、材料(5%)、通信(3%)、公用事业(2.8%)。
2	中国投资有限公司	美国股票(53.5%),其次是非美发达股票(33.2%),最后是新兴股票及其他(13.3%)。	金融(18.2%)、信息科技(15.2%)、医疗卫生(13%),工业(10.1%)、弹性消费品(10.1%)、电信服务(9.8%)、非弹性消费品(6.7%)、能源(5.2%)、原材料(3.9%)、公共事业(3%)。
3	阿布扎比投资局	新兴市场(15%—25%)、北美(35%—50%)、欧洲(20%—30%)及亚洲的发达地区(10%—20%)。	发达市场股票(32%—42%)、新兴市场股票(10%—20%)、小盘股(1%—5%)、政府债券(10%—20%)、信贷资产(5%—10%)、另类资产(5%—10%)、房地产(5%—10%)、私募股权(2%—8%)、基础建设(1%—5%)、现金(0%—10%)。
4	新加坡政府投资公司	美国(32%)、日本(12%)、亚洲除日本外(20%)、欧元区(12%)、中东,非洲和欧洲其他地区(7%)、英国(6%)、拉丁美洲(3%),世界其他地区(18%)。	发达市场股票(19%)、新兴市场股票(18%)、名义债券及现金(39%)、通胀挂钩债券(5%)、房地产(7%)、私人股本(12%)。

续表

序号	主权财富基金名称	投资地区	投资行业
5	新加坡淡马锡控股公司	新加坡(26%)、中国(26%)、北美洲(15%)、亚洲不含新加坡与中国(14%)、欧洲(10%)、澳大利亚及新西兰(6%)、非洲,中亚及中东(2%)、拉丁美洲(1%)。	金融服务(25%)、电信,媒体与科技(20%)、消费与房地产(17%)、交通与工业(16%)、生命科学与综合农业(7%)、能源与资源(3%)、多行业基金(8%)、其他包括信贷(4%)。

资料来源:孙野:《国内外主权财富基金投资运营比较研究》,载于吉林大学硕士学位论文,2020年。

阅读文献

1. 浙江大学金融研究所、中国人民大学国际货币研究所:《2019 全球银行业国际化报告》,http://www.aif.zju.edu.cn/achievements/detail/1634.html。

2. 清华大学国家金融研究院:《2019 全球证券投资基金行业年度回顾》,载于《清华金融评论》2019 年第 12 期。

3. 中国人民银行金融稳定分析小组:《2020 中国金融稳定报告》,中国金融出版社 2020 年版。

4. 杨达利:《我国商业银行国际化进入路径分析》,载于《商场现代化》2020 年第 6 期。

5. 杨晔、吴丽娜:《发展金融科技 助力上海国际金融中心建设》,载于《河南财政税务高等专科学校学报》2018 年第 2 期。

习题及案例分析

一、名词解释

1. 跨国银行
2. 国际财团银行制
3. 投资银行
4. 共同基金
5. 对冲基金
6. 主权财富基金

二、简答题

1. 跨国银行发展的原因有哪些?
2. 简述跨国银行在国际投资中的作用。
3. 跨国投资银行发展的条件有哪些?
4. 对冲基金存在哪些特征?
5. 简述共同基金发展的动因。

三、论述题

试述当前跨国银行的最新发展动态。

四、案例分析

花旗银行与旅行者集团的合并

1998 年 4 月 6 日，在全球金融界享有盛誉的花旗银行宣布同专长于保险业务和投资银行业务的旅行者集团合并，合并涉及的资本总额达 820 亿美元，是当时世界上最大的金融合并案。花旗银行与旅行者集团合并后，将新公司定名为“花旗集团”，但沿用旅行者集团的商标——一把小红伞，因为这是美国保险服务行业最有信誉的商标之一。用花旗之名，用旅行者之商标，这样的结构安排体现出两大公司的合并是平等的合并，是“双赢”的合并。合并后的花旗集团的总资产为 7 100 多亿美元，年净收入为 500 亿美元，年营业收入为 750 亿美元，股东权益为 440 多亿美元，股票市值超过 1 400 亿美元。其业务遍及全球 100 多个国家和地区，客户达到 10 000 万个以上，全公司的雇员为 162 000 多名，成为全球规模最大、服务领域最广的全能金融集团。这次合并未受到美国司法、法院和国会的反对，这对美国银行业务范围的进一步拓展，开展实质性的混业经营具有开创性的重大意义，也为不久以后美国银行法的修订埋下了很好的伏笔。

试根据以上案例分析近年来跨国银行购并趋势的背景和动因。

参考答案

一、名词解释

1. 答：跨国银行是指以国内银行为基础，同时在海外拥有或控制着分支机构，并通过这些分支机构从事多种多样的国际业务，实现其全球性经营目标的超级银行。

2. 答：国际财团银行制是指由来自不同国家或地区的银行以参股合资或合作的方式组成一个机构或团体来从事特定国际银行业务的组织方式。

3. 答：投资银行是指以证券承销、经纪为业务主体，并可同时从事兼并与收购策划、咨询顾问、基金管理等金融服务业务的金融机构。

4. 答：共同基金是指通过信托、契约或公司的形式，通过公开发行基金证券将众多的、零散的社会闲置资金募集起来，形成一定规模的信托资产，由专业人员进行投资操作，并按出资比例分担损益的投资机构。

5. 答：对冲基金，又称套头基金、套利基金和避险基金，意为“风险对冲过的基金”，20 世纪 50 年代初起源于美国。其操作的宗旨就是利用期货、期权等金融衍生产品以及对相关联的不同股票进行实买空卖、风险对冲的操作技巧，在一定程度上可规避和化解证券投资风险。

6. 答：主权财富基金是指政府为管理和运作主权财富而成立的基金，它既不同于传统的政府养老基金，也不同于那些简单持有储备资产以维护本币稳定的政府机构，而是一种全新的专业化、市场化的积极投资机构；主权财富基金主要来源于外汇储备盈余、自然资源出口盈余和国际援助基金等。

二、简答题

1. 答：跨国银行发展的原因有：

(1)世界经济形势的发展造就了一批具有优势的跨国银行主体；

(2)全球跨国公司的扩张要求银行跟随到海外继续提供服务；

(3)各国对银行业的政策激励银行开展跨国经营；

(4)国际金融市场的发展为跨国银行的业务拓展开辟了新天地；

(5)20世纪90年代以来跨国银行业的重组和新发展有着特定的时代背景，金融全球化和金融自由化趋势是促使跨国银行重组和调整的主要动因。

2. 答：跨国银行在国际投资中的作用表现在以下几个方面：

(1)跨国银行是国际直接投资者跨国融资的中介；

(2)跨国银行是投资者跨国界支付的中介；

(3)跨国银行是为跨国投资者提供信息咨询服务的中介。

3. 答：跨国投资银行发展的条件是：

(1)从20世纪70年代末起，各国相继在不同程度上拆除了金融壁垒，为跨国投资银行全面开拓国际市场提供了可能；

(2)经济全球化进程促进了跨国投资银行的发展；

(3)国际证券业的发展也为跨国投资银行的扩张创造了契机；

(4)购并浪潮为跨国投资银行的发展创造了大好机遇。

4. 答：对冲基金的主要特征是：

(1)对冲基金比其他机构投资者受到较少的管制；

(2)对冲基金的投资者多为高收入者，对风险具有较高的承受力；

(3)对冲基金往往大规模地使用财务杠杆，从而大大增强了其市场影响力；

(4)对冲基金的收益分配机制更具有激励性，从而汇集了投资界许多尖端人才。

5. 答：共同基金发展的动因是：

(1)内在需求的增长；

(2)发达的分销渠道；

(3)市场细分策略丰富了投资品种；

(4)规模效应明显降低了投资成本。

三、论述题(提示)

答：近年来，跨国银行的发展呈现以下趋势：

(1)国际银行业的购并重组愈演愈烈；

(2)跨国银行向全能化发展；

(3)电子化推动跨国银行的创新。

四、案例分析(提示)

答：(1)金融全球化和自由化的趋势使得跨国银行面临日益强烈的外部压力，尤其是来自非银行金融机构的竞争，为了应对竞争，跨国银行纷纷拓展业务领域，向全能化的方向发展，购并成为跨国银行实现快速拓展的有效途径。案例中，通过与旅行者集团合并，新花旗集团成为集银行、保险、投资银行等多项业务于一体的全能金融集团，综合竞争力大大提升。

(2)跨国银行的购并不再是单纯的大吃小，而更多的是追求强强联合和优势互补，花旗银行与旅行者集团的合并就是典型，不仅实现了资产规模上的强强组合和业务上的互补，在无形资产的利用上也达到了“双赢”的效果。

第五章　官方和半官方投资主体

官方和半官方是与私人部门相对应的范畴。官方是指一国政府机构，半官方则是指超国家的国际性组织。早在18世纪，官方资本以战争补贴的雏形出现，为资本输出国谋求政治上的利益。第二次世界大战至今，官方与半官方的国际投资有了长足发展，根据国际货币基金组织提供的数据，1995年发展中国家的国际投资资本已达1 664亿美元，其中官方已占16.7%。

第一节　官方国际投资

一、官方国际投资的含义与内容

（一）官方国际投资的含义

官方国际投资是一国政府机构使用国库资金进行跨国界投资的经济行为。这种国际投资具有很强的政策导向，其具体内容丰富、执行机构各异，因此不同于通常意义上的私人国际投资。

（二）官方国际投资的内容

(1)基础性、公益性国际投资。官方是国际经济援助性质的基础性、公益性国际投资的主要承担者，尤其在双边资本援助中发挥了重要作用。政府机构行使国家职能，在基于共同发展的宗旨上以援助方式输出国家资本，也从中获得了经济和政治上的利益。这种双边援助的类型很多，包括捐款赠款、财政和技术援助、项目和非项目援助、政府贷款等，其内涵互有交叉，政府贷款是双边援助中的重要内容。

(2)出口信贷。出口信贷是一国政府为鼓励大型资本货物出口而给予出口商、进口商或进口商银行的中长期优惠贷款。该种中长期贷款限定了款项的用途，明显的政策性为出口国的对外商品输出开辟了有力途径。因此，出口信贷与上述的政府贷款由于授信政府对受信政府或企业构成了某种程度的控制而具备了国际投资的内涵。

(3)国际储备运营。外汇储备是一国国际储备最主要的构成，在储备多元化的国际趋势下对外汇资产的保值和增值是储备运营管理的一大目的。这种官方资产的投资组合策略不同于一般私人证券投资，稳健性将是最主要的原则。

二、官方国际投资的特点

（一）官方国际投资行为带有鲜明的国家色彩和深刻的政治内涵

政府行为不同于追求利润最大化的微观企业行为，政府行为更多地体现了国别差异和国别利益，因此官方国际投资能反映出国际经济和政治关系的层面。第二次世界大战期间的双边援助以战争借债和宗主国给予殖民地附属国的援助形式出现，战后初期，美、苏两个超级大国是最主要的资本输出国，以后的国际援助则呈现出多样化的格局。一国外汇资产的投放也反映出该国的国际关系导向，交往密切国家的货币通常在储备资产中占有一席重地；不同国家对于最关键的储备货币——美元的投放也因政治关系不同而各异，如第二次世界大战后苏联的美元储备为防止被美国冻结而存放于伦敦，成为欧洲美元（Eurodollar）的重要来源。

（二）官方国际投资为低货币盈利

政府行为所追求的国别利益有时是无法以货币计量的，出于外交或外贸等原因，政府中长期贷款往往是优惠性质的，如政府贷款依照国际惯例需要不少于 25%的赠与成分，等等。一国外汇资产的投资管理也是以安全性、流动性为前提，而非一味追求盈利。

（三）官方国际投资具有中长期性

政府贷款、出口信贷都属于中长期贷款，而外汇资产的组合投资则是在确定了一级储备和二级储备之后才能进行长期性投资，这是由于外汇储备资产的功能不同于政府贷款和出口信贷资金之故。

（四）官方国际投资具有直接投资和间接投资的双重性

政府贷款和出口信贷都是带有限制性用途的贷款，资本贷出国政府意图以此带动本国资本、生产性货物的出口。政府贷款国对于所援助的受信国内的项目或企业往往能造成一定程度的影响，实质上对生产经营活动有所控制，无疑具有生产性国际投资的性质。然而，中长期贷款与跨国界购买债券的行为并无实质上的区别，只是这种“债券”的利率较低而已，因此，政府贷款、出口信贷也具有国际间接投资的部分性质，逐渐形成的贷款证券化的趋势也说明了两者在投资上的通性。至于国际储备运营虽不同于一般证券投资，但仍具有国际间接投资的特性。

三、官方国际投资业务分述

政府贷款代表官方基础性、公益性国际投资。以下将分别介绍政府贷款、出口信贷和国际储备运营这三种官方国际投资业务。

（一）政府贷款

1. 政府贷款的特点

政府贷款（Government Loan）是一国政府利用财政金融资金向另一国政府提供

的优惠性贷款。政府贷款具有“官方发展援助”①(Official Development Assistance,简称 ODA)的性质,因而又是一种软贷款。政府贷款的特点有三:(1)立法性。政府贷款的能力和规模受制于资本输出国的国民经济状况、财政状况和国际收支状况,往往需经过各自国家的立法机构通过,完成应具备的法定批准程序。(2)政治性。带有双边援助性质的政府贷款是在两国政治、外交、经济关系良好的情况下得以进行的,为一定的政治外交目的服务。(3)优惠性。政府贷款是期限长、利率低的优惠性贷款,宽限期通常可达 5—10 年,贷款期可长达 30 年。按照国际惯例,优惠性贷款必须含有 25%以上的赠与成分(Grant Element,简称 GE)。赠与成分是贷款中的赠送部分,是根据贷款的利率、偿还期限、宽限期和收益率等数据,计算出的衡量贷款优惠程度的综合性指标。“赠与”无需付息和还本,是国际间资金的单方面转移。国际通用的计算赠与成分百分比的公式为:

$$GE=100\times\left(1-\frac{r/a}{d}\right)\left[1-\frac{\dfrac{1}{(1+d)^{aG}}-\dfrac{1}{(1+d)^{aM}}}{d(aM-aG)}\right] \tag{5-1}$$

式中:GE——赠与成分,即按贷款面值赠与因素所占百分比;

r——年利率;

a——每年偿付次数;

d——贷款期内贴现率,一般按综合年利率 10%计算(是 OECD 在长期内的惯例);②

G——宽限期;

M——偿还期。

2. 政府贷款的类型

政府贷款按是否计算和支付利息可分为无息贷款和计息贷款;按贷款使用标的不同可分为现汇贷款、商品贷款和与项目结合的贷款(Project Tied Loan);而政府贷款与出口信贷混合贷放以满足同一设备的融资需求方式则被称为混合贷款(Mixed Loan)。

3. 政府贷款的执行机构

政府贷款的执行机构大致由贷款国的财政部或政府授权的经济部、外交部主管,多数设有官方机构负责对外贷款和援助工作。例如,日本海外协力基金(Overseas Economic Cooperation Fund,简称 OECF),隶属于日本政府经济企划厅。美国

---

① “官方发展援助”最初出现于 1965 年 OECD 下属的发展援助委员会文件中,1972 年该委员会规定了 ODA 三个条件:(1)包括中央和地方的政府部门及其执行机构向发展中国家或国际金融机构提供的援助;(2)以推动发展中国家的经济和社会发展为主要目的;(3)赠与成分在 25%以上。早在 20 世纪 70 年代初,联大曾议定先进工业国援助总额应达到占国民生产总值的 1%,其中 ODA 要达到 0.7%。

② 自 1987 年 7 月起实行区别贴现率(DDR),从 1988 年 7 月起计算 DDR 的方法改为从固定 10%的贴现率减去商业参考利率(CIRR)除以 4,然后再加上商业参考利率,计算公式为:$DDR=\frac{10\%-CIRR}{4}+CIRR$。

国际开发署(Agency for International Development，简称 AID)，是隶属于国务院的半独立机构。这种机构具体执行政府间的双边贷款协议，根据具体的贷款合同对贷款的使用进行审批和管理。因这种机构不具有金融职能，所以贷款的资金操作和支付、计息等通常以借贷两国指定的外汇银行作为代理行，通过代理行进行资金的划拨清算。

4. 政府贷款的条件

政府贷款的条件主要有五项：(1)政府贷款的标的，通常是以贷款国货币表示的货币金额，以示政府贷款的规模，有时也可用第三国货币。在实际支付时的标的则可采取不同方式，如商品及其计价总值、建设项目及资金规模等。(2)政府贷款的利息和利率，计息政府贷款的年利率一般在 1%—3%。(3)政府贷款的费用，主要有两种，即承担费和手续费，各国收法不一，但费率都较其他贷款为低。无息或低息贷款有时需支付一定比例的手续费(或称管理费)，按贷款总额计算在规定时间内一次性支付，其费率可分为 0.1%、0.4%和 0.5%，不超过 1%。对于计息的政府贷款，有的需缴纳一定百分比的承担费，其费率一般为年率 0.125%—0.25%，一般每半年交付一次。多数国家不收取费用。(4)政府贷款的期限，可具体划分为用款期、宽限期和偿还期。政府贷款属于中长期贷款，偿还期平均在 20—30 年之间，有的可长达 50 年之久，宽限期则一般规定 5—7 年，最长可达 10 年。(5)政府贷款的采购限制，商品贷款或与项目结合的贷款通常规定采购限制条件，即借款国的借款必须购买贷款国的资本货物或某些商品，或用于支付贷款国提供技术或劳务的费用；或者要求贷款国以国际指标方式，或在“合格资源国”进行采购等更具竞争性的条件。前一种在贷出国内采购的限制最为严格，盛行于 20 世纪 60 年代至 70 年代，自 80 年代开始逐渐放松而采用规定采购方式的条件即后者。表 5－1 中列举了 1992 年与 1993 年发达国家政府贷款的财政条件。

表 5－1　　发达国家政府贷款的财政条件

国　别	赠与成分(%)		偿还期(年)		宽限期(年)		利率(%)	
	1992 年	1993 年	1992 年	1993 年	1992 年	1993 年	1992 年	1993 年
奥地利	59.7	52.5	26	23	8	7	2.3	2.8
比利时	82.7	83.8	30	30	11	11	—	—
加拿大	84.2	84.5	39	38	11	11	0.4	0.3
芬兰	46.5	44.6	55	16	3	10	4.8	5.3
法国	49.0	51.2	24	24	9	12	3.4	3.3
德国	62.5	64	28	28	10	12	2.0	2.0
意大利	61.8	58.8	21	21	9	7	1.6	1.7
日本	59.9	57.1	29	28	9	9	2.6	2.7

续表

国　别	赠与成分(%)		偿还期(年)		宽限期(年)		利率(%)	
	1992年	1993年	1992年	1993年	1992年	1993年	1992年	1993年
荷兰	50.8	—	20	—	7	—	2.7	—
挪威	27.4	26.7	10	9	3	2	3.8	3.1
葡萄牙	40.8	—	15	—	10	—	4.0	—
西班牙	66.2	65.3	29	27	10	9	1.8	1.7
英国	53.4	53.4	10	10	8	8	0.8	0.8
美国	58.6	—	29	30	6	7	2.7	2.7
平均	59.7	57.6	27	27	9	10	2.4	2.7

注:此表不包括债务重新安排。

资料来源:经济合作与发展组织《1994年发展与合作报告》。

5. 政府贷款的发展

政府贷款在第二次世界大战后,以国际经济援助的形式得到了长足的发展。战后的西欧各国和日本急需恢复经济所必需的资金,美国以马歇尔计划、占领地区救济基金与占领地区复兴基金等方式,分别向西欧和日本等国提供巨额政府贷款,为美国的资本、商品和军用物资寻找到出路,具有浓厚的政治色彩。20世纪50年代后,西欧与日本实力已开始恢复,一系列亚洲国家获得政治独立而迫切需要发展民族经济,因此政府贷款的对象转移至发展中国家。20世纪90年代以来,国际形势发生巨变,俄罗斯和东欧国家由援助国转为授受国,中东产油国家援助减少3/4以上,发达国家在援助问题上基本垄断了发言权。同时,导致官方发展援助总额趋于减少,政治和其他附加条件增多。

6. 日本政府贷款

日本政府贷款,是日本政府对发展中国家进行的援助性贷款。其执行机构是成立于1961年3月的"海外经济协力基金",归日本政府经济企划厅领导。该基金本身无权决定对外贷款数额,而只能根据政府间签订的双方贷款协定,同受援国金融部门签订具体贷款协议,履行上述协定。该基金的资本全部来自日本政府的国库拨款。

该基金的贷款具有经济援助性质:利率低,期限长。利率一般在3.5%左右,期限一般为20年左右。贷款的清偿方式可采取分期偿还方式,也可以采取一次偿还方式。在分期偿还时,一般在8—10年的宽限期。

日本国向外国政府提供贷款的形式。最主要的有:

(1)项目贷款。主要是提供给能源、交通、电信、工业、农业、社会公共事业等行业的特定开发项目采购设备、材料、技术服务等必需的资金。

(2)设备供应贷款。主要提供国家开发计划中特定部门和地区开发项目采购设备所需资金。

(3)商品贷款。提供借款国进口各种双方同意的商品清单所需资金。其主要目的是改善借款国国际收支状况。

(4)两步贷款。通过发展中国家的官方开发金融机构,向某项开发计划提供资金。

(5)技术服务贷款。主要提供为工程准备阶段咨询服务(包括可行性研究的修改和补充以及采购标书的准备工作等)所需的资金。

到2015年底,日本海外经济协力基金会已办理的政府贷款国别达70个,向发展中国家累计提供政府援助开发金额达到122亿美元。在2015年度已敲定的政府贷款应用中,直接与助推日本企业"走出去",在海外获取招标项目挂钩的比例,从2014年的占比11个百分点,猛增到44个百分点。

日本政府对外贷款的基本程序是:

第一步,受援国提出申请。任何要求进行经济技术合作的国家都要首先通过外交渠道向日方提出正式申请。日方收到申请之后才进行审查、批准等后续程序。

第二步,日方的审查和批准。外务省首先对援助申请初步筛选,一般来说有助于受援国经济开发和提高国民生活水平的援助项目易于得到批准。再由"四省厅"(外务省、大藏省、通产省、经济企划厅)组成的协商会议讨论。其中:大藏省依据政府财政预算的支付能力,考虑事业规模是否得当;通产省从扩大对外贸易和确保资源供应的角度,考虑对日本经济利益和经济安全保障的影响;经企厅基于宏观经济政策,考虑项目的实施对发展国内产业、优化经济结构的意义和作用;外务省主要考虑通过实施该项目,是否有利于国家对外政策目标和战略意图的实现以及国家利益的最大化。

第三步,提交内阁会议讨论决定。

第四步,双方的协商、交换公文与签订合同。外务省向受援国政府正式表明援助意向。受援国派出本国政府代表,与日方代表就日方提出的援助方案进行充分的协商,达成一致后形成书面的正式公文。

7. 政府贷款的意义

尽管政府贷款可能带有浓厚的政治色彩,但在客观上有着积极意义:(1)扩大贷款国的商品输出。商品贷款和与项目结合的贷款在支付贷款时通常规定了借款国购买贷款国商品和劳务,从而扩大贷款国商品尤其是机电设备等资本货物的出口。(2)带动贷款国的资本输出。20世纪80年代以来,政府贷款常以混合贷款的形式出现,从而带动了出口信贷的发展。通过受信国政府或其指定的转贷机构,将贷款转贷给受信国企业作为股本,贷款国企业可再投入一定比例资本合资兴建项目;或者直接将优惠贷款转贷于当地注册的合资企业,这些方式无疑也促进了贷款国的对外直接投资,带动了非官方资产的输出。(3)从受信国角度促进了其经济开发,推动了发展中国家的民族经济的发展。无论是西欧、日本还是亚洲四小龙的起飞,大多离不开政府贷款的"输血",其低成本借款能有效促进国民经济发展。最近调查证实,受信国有着良好的政策导向,经济援助将促进其经济增长,已成为一项有效的投资,成为经济中有效的漏入量。① (4)政府贷款对于国际社会调节利益、协调关系以及促进各国在平等互利基础上发展互助合作关系也发挥了重要作用。

(二)出口信贷

1. 出口信贷的含义

出口信贷(Export Credit),又称对外贸易中长期贷款,是出口国政府为了鼓励本国商品出口,加强本国商品的国际竞争能力所采取的对本国出口给予利息补贴并提供信贷担保的中长期贷款方式。这种融资方式着重于本国资本货物的出口,利率收取与信贷条件和本国金融市场上类似贷款方式相比有明显区别,并在不同程度上受国际惯例约束。出口信贷是集国际贸易、国际投资及间接融资为一体的中长期信贷,官方主体不仅在国际市场上为本国商品开辟出捷径,也为官方资金提供了良好的投资渠道。

2. 出口信贷的特点

出口信贷的特点有四个:(1)出口信贷不同于一般与贸易有关的融资。出口信贷是官方支持的中长期信贷,而其他各种融资是带有抵押性质、期限较短的贷款。(2)出口信贷的利率一般低于相同条件资金贷放的市场利率,利差由国家补贴。因为大型机械制造业在国民经济中占有重要地位,其产品价值高、金额大,加强这些资本货物的出口对国内生产和就业影响甚大。所以为了扩大销路,官方资金支持竞相以低于市场的利率对外国进口商或本国出口商提供贷款。(3)作为官方资助的政策性贷款,许多国家设有专门的信贷部门或机构负责。美国的官方资助的主要机构是进出口银行,其次是海外私人投资公司、商品信贷公司。法国则为法兰西银行和半政府机构法兰西外贸银行(BFCE),BFCE 提供 7 年以上到期日的出口信贷。德国则是通过出口信贷有限公司(AKA)和复兴信贷银行(KFW)两家机构执行。日本政府通过日本输出入银行,提供 6 个月以上直接出口信贷,并与私人商业银行合作贷款。(4)出口信贷与信贷保险相结合,并由国家担保。出口信贷由于偿还期长、金额大而存在较大的信贷风险,各国均有专门的信贷保险公司。在国际政治经济和货币信用动荡的形势下,政府直接出面成立国家保险机构或指定原私人保险公司代理国家经营,其一切亏损均由国家负担。1919 年英国官方首先成立了出口信贷担保部(Export Credit Guarantee Department,简称 ECGD),直属于英国商务部。此后,主要西方国家先后建立了国家信贷保险机构,如 1934 年瑞典政府的"出口风险保险部",1949 年联邦德国重建海尔梅斯出口信贷保险公司,1946 年法国成立法国外贸保险公司,等等,美国则由进出口银行承做该项业务。

3. 出口信贷的类型

出口信贷可以分为以下四种:

---

① 参见"Aid Spurs Growth in a Sound Policy Environment",*Finance & Development*,December 1997。

(1)买方信贷(Buyer's Credit)。买方信贷是由出口方所在国的银行在出口信贷担保机构担保下,直接向进口商或进口商银行提供贷款,用于支付进口所需贷款的一种出口信贷方式。买方信贷的形式有两种:一种是贷给进口方银行,再由进口方银行转贷给出口商;另一种是直接贷给进口商,通常需要进口商银行担保。第一种形式使用较广泛,两种形式买方信贷程序略有不同,如图5—1、图5—2所示。

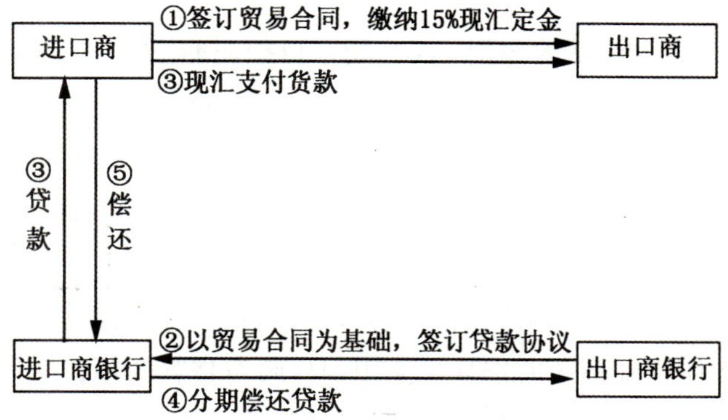

图5—1 第一种形式买方信贷

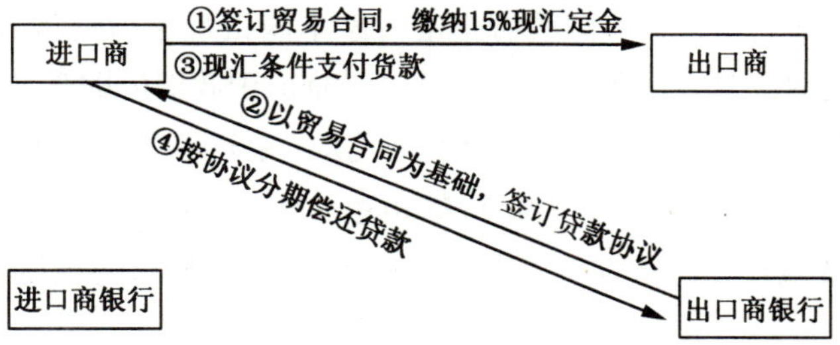

图5—2 第二种形式买方信贷

买方信贷的关系较为复杂,涉及各方当事人,他们之间的关系以合同形式确定:第一,买卖双方签订商业合同,商业合同中除一般价格、期限等内容外,还要明确买方向出口信贷机构缴纳保费的义务,一般是由出口商把保费计入价格作为报价的一种;第二,贷款银行或银团、出口信贷机构和进口商银行签订贷款协议;第三,贷款银行和出口信贷机构签署担保合同,由出口信贷机构在借款人无法偿还时向贷款银行赔偿损失,赔偿率可达100%;第四,贷款银行和出口信贷机构签署利息补贴合同;第五,出口信贷机构与出口商之间签订保费支付合同。根据“君子协定”的规定,无论是卖方信贷还是买方信贷形式,进口商在签订买卖合同到装船前这段时间内必须付相当于合同金额15%的现金。

近年来买方信贷得到迅速推广,其主要原因是买方信贷属于银行信用,具有卖方信贷所没有的优点。第一,它便于买主分辨货价和信贷费用,可进行同类商品报价的比较。第二,它便于卖方进行财务管理,无需涉及分期付款事宜,以利于其扩大再生产和开拓市场。第三,它更适用于金额较大、较复杂的出口交易。因为这种信贷方式往往牵涉到提供贷款的金融机构的直接利害关系,使银行对合同审查更为仔细,又具有买方银行担保,故风险大为降低。第二次世界大战后,由于银行业务的加强和上述的种种优点,国际融资中买方信贷的领域自 20 世纪 60 年代以来大大超过了卖方信贷。

下面来看一个买方信贷的案例：G 公司进口挖泥船。

G 公司是我国国内从事长江港口、河湖疏浚工程的专业公司。为增强自身竞争能力,G 公司决定委托 N 国一家造船公司 H 公司设计并生产一艘新型挖泥船。然而,银行贷款难以实现。因为 H 造船公司价格不菲,耗资 8000 万美元。国内银行贷款利率高达 8%。因此,走上了买方信贷的道路。

第一步:获得外债指标。由国家外债管理部门列入外资计划。

第二步:获准使用国外政府贷款。使用国外政府贷款的项目必须取得借贷双方政府的认可。提供政府贷款的国家一个重要的动因就是促进本国企业出口。H 造船公司是 N 国规模最大的企业之一,N 国政府最终批准了项目,中国政府也积极促成此事。

第三步:委托银行筹资。N 国政府指定一家本国银行作为贷款的执行银行,负责贷款发放、本息收取等具体事务。政府贷款享受贷款国政府的财政补贴及借款国政府的主权担保,收益较高、风险较低,是抢手的业务,A 银行正是 N 国的这样一家商业银行。中方同样需要一家银行承担借款行的角色。于是,G 公司与 B 银行已经建立银企合作协议,由 B 银行充当借款行的角色。B 银行对 G 公司的项目风险进行严格的评估。

第四步:借款协议谈判。借款协议实质上是借贷双方利益的妥协,贷款人追逐的是对借款人严格的控制以及丰厚的资本回报,而借款人所向往的却是尽可能宽松的融资环境和低廉的融资成本,双方的利益永远是矛盾的。

B 银行充当了 G 公司对外筹资的代言人,G 公司也在四处奔走,利用卖方 H 造船公司急于出售商品的心理,与出口商 H 造船公司进行了反复的协调。历经近半年的努力,G 公司挖泥船项目终于有了落实。再经过一年的建设期,挖泥船顺利下水启航。

(2)卖方信贷(Supplier's Credit)。卖方信贷是银行对本国的出口商提供信贷,再由出口商向进口商提供延期付款信贷的一种方式。卖方信贷合同在出口厂商与银行之间签订,通常用于成套设备、船舶等出口,以便于出口厂商加速资金周转。按照卖方信贷的安排,出口商把货物装船后,凭出口单证去他的约束银行取得装船后信贷,从而补偿他的周转资金,而银行则可以代替出口商按期向国外买主收取货款(一次或数次付清)。这样,出口商得到由银行垫付的出口货款,进口商则可以延期支付。若发生意外，未能从国外收到款项，银行对出口商保留追索权，即仍由出口商承担银行所垫付的全部金额或国外买主未付清金额。出口商向银行获得卖方信贷时，要承担信贷期间的利息、保险费、手续费等有关费用。这些费用均要附加于商品货价中，因此商品报价要高于现汇支付货价。

再来看一个卖方信贷的案例：Y 公司承建缅甸 B 电站。

缅甸水资源丰富，但由于发展较慢，电力供应一直处于极度匮乏状态。很多年以来，缅甸的 B 水电站在缅甸被称为"缅甸的三峡电站"，该水电站装机容量为 28MW（兆瓦），B 电站的承建也一直成为许多发达国家知名企业争夺的对象。

中国 Y 公司于 1993 年及时提出利用出口信贷方式向缅甸 B 电站出口成套设备和技术的申请并全面开始推动落实。

通过系列从当地政府到各相关机构的逐项工作，1998 年两国政府优惠贷款框架协议签订的基础上，达成在缅甸国家主权担保项下的出口卖方信贷审批，于 1998 年 10 月签订合同，并通过中国进出口银行完成出口卖方信贷 10 亿元的发放，正式启动了项目的实施。

这是一个具有里程碑意义的项目。这个项目的成功告诉人们：充分发挥我国的工程成套能力，特别是利用出口信贷优势，解决最主要的资金问题，在众多国外公司中后来居上，在激烈的竞争中获取了该项目。经过认真实施，有效管理，该项目于 2005 年发电，获圆满成功，被缅甸政府评为优质样板工程。

该项目的核心成就：是应用卖方信贷，盘活了国内一批大型设计、生产和安装单位的存量资源，并为日后承建海外大型项目打下了良好的基础。中国企业由此大规模进入缅甸市场，参与承建数亿美元规模的水电建设，在很长一段时间内占据了缅甸市场，锻炼了队伍，在东南亚地区形成对外工程承包的大规模推动和发展。

(3)混合贷款(Co-financing)。混合贷款是由政府和民间商业银行联合提供的一揽子贷款，是既包括出口信贷又包括政府贷款混合贷放的融资方式，这是国家官方间进行出口信贷竞争的产物。在 20 世纪 70 年代混合贷款只占全部援助预算和出口信贷的一小部分，20 世纪 80 年代中期后得到较大发展。这种贷款一方面可以降低贷款利率，增加本国商品出口，另一方面因含有赠与成分，贷款项目具有援助性质，以扩大两国的友好合作关系。近年来，这种贷款已成为中国利用外资的一个新渠道。

混合贷款的形式基本有两种：第一种为政府和信贷机构分别为某一项目提供政府贷款和买方信贷，两者各占一定的比例。这种形式必须同时签署两个不同的贷款协议，分别规定不同的贷款利率、费率和期限等融资条件。第二种形式为混合形式，即一笔出口融资既包括一定比例的政府贷款又包含一定比例的出口信贷，两者混合在一起，根据赠与成分的比例计算出平均利率和平均贷款期限。因此，尽管项目的资金来源性质不同，但用款的渠道及方式相同，较为简便易行。第一种形式为法国、意大利等国采用，第二种形式则有英国、瑞典等国采用。第二种混合形式中平均利率和平均期限的计算公式为：

$$V_m=\frac{C_1V_{m1}+C_2V_{m2}}{C_1+C_2} \tag{5-2}$$

$$\overline{R}=\frac{C_1i_1V_{m1}+C_2i_2V_{m2}}{C_1+C_2} \tag{5-3}$$

式中：V_m——混合贷款的平均借款期限；

C_1——政府优惠贷款本金额；

C_2——出口信贷的本金额；

V_{m1}——政府贷款的平均借款期限；

V_{m2}——出口信贷的平均借款期限。

V_{m1} 和 V_{m2} 是贷款第一次偿还本金所需月数与最后一次偿还所需月数之和除以24个月。其公式如下：

$$V_{mn}=\frac{F_t+F_l}{24} \tag{5-4}$$

式中：F_t——第一次偿还所需的月数；

F_l——最后一次偿还所需月数。

这是一个混合贷款的案例：某石化厂引进聚丙烯成套设备。

1987年初中国某石化总厂为30万吨乙烯工程项目拟引进年产7万吨的聚丙烯成套设备，在竞争条件下有可能与意大利供应商泰克尼蒙特签订购买合同。

建设银行作为30万吨乙烯工程的筹资银行，建议采用意大利的出口买方信贷，并争取获得意大利的混合贷款。当时由于建行系统从未办理过这种业务，于是委托花旗银行向意大利中央银行信贷局提出信贷申请。经过4个月的历程，意大利央行信贷局于1987年11月正式批准该项贷款协议。

由于当时建设银行尚未批准可以办理政府间贷款业务，因此由中国银行总行代表中方政府与意大利央行信贷局签订了软贷款协议。意政府提供了合同金额40%的政府软贷款，计2628万美元，贷款期限13.25年，利率7.4%。满足了该石化厂引进设备的急需。

(4)出口信贷君子协定。为了约束和防止各国官方竞相降低贷款利率，1976年7月西方七国政府代表在巴黎就长期出口信贷条件达成“一致同意”(Consensus)，包括进口商应支付的最低现金额(货价的15%)、最低利率、最长的偿还期等。1978年2月又达成了《官方支持的出口信贷指导原则协议》(Arrangement on Guidelines for Officially Supported Export Credit)，简称OECD国家的“君子协定”，于1978年4月1日起生效。现几经修改，最后一次修订为1994年8月通过的“一揽子”方案，主要对国家类型划分和出口信贷主要条款的约束性规定进行了修订。

4. 出口信贷的发展

国际出口信贷市场是国际资本市场的一个重要组成部分。20世纪80年代初、中期由于拉美等国的严重债务危机，包括出口信贷在内的大量债务重议和拖欠使出口信贷市场持续收缩，1988年度新增贷款为240亿美元，仅为1982年的42%。进入20世纪90年代后，国际出口信贷业务开始活跃，出口信贷总额逐年增加，这些资金主要流向发展中国家和经济转型国家，以支持这些国家调整产业结构、发展国民经济。随着国际资本市场利率水平下降、贷款条件的放宽，以及出口信贷机构建立起的一套较完善的评估风险和分散风险的办法，出口信贷更灵活地适应了国际资本市场的需要，对企业投融资更具吸引力。

（三）国际储备运营

1. 国际储备的构成

国际储备是一国货币当局持有的用于国际支付和维持本国汇率稳定的资产，储备资产管理的对象是一国储备资产的构成，其内容随着历史发展不断变化。国际金本位时期，黄金是国际储备的主体，英镑则在19世纪作为一种国际货币与黄金并存为国际储备资产。第二次世界大战后，布雷顿森林体系确立了美元关键货币（Key Money）的地位，美元与黄金构成了国际储备的主体。20世纪70年代以后，浮动汇率合法化使汇率风险增大，黄金的非货币化进程又日益加速（见图5－3、图5－4），由此形成外汇储备占主体、外汇储备货币多元化的格局（见表5－2）。按照IMF的计算口径，目前的国际储备包括：(1)黄金储备，即一国官方所持黄金；(2)外汇储备，即一国官方所持有的可兑换的外汇资产；(3)在国际货币基金组织的储备头寸，即一国在IMF中的储备头寸加上债权头寸；(4)特别提款权（SDRs），即IMF创设的用于补充原储备资产的一种国际支付手段。

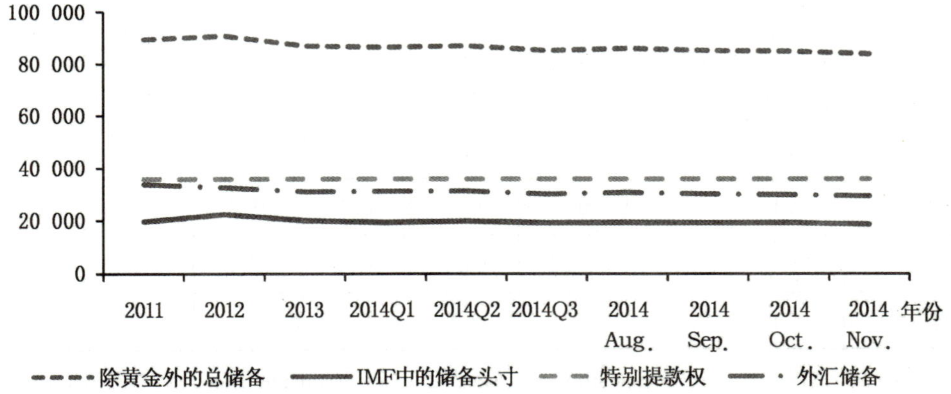

资料来源：*International Financial Statistics*，2014.

图5－3　总储备的构成（除黄金）——储备量（单位：百万特别提款权）

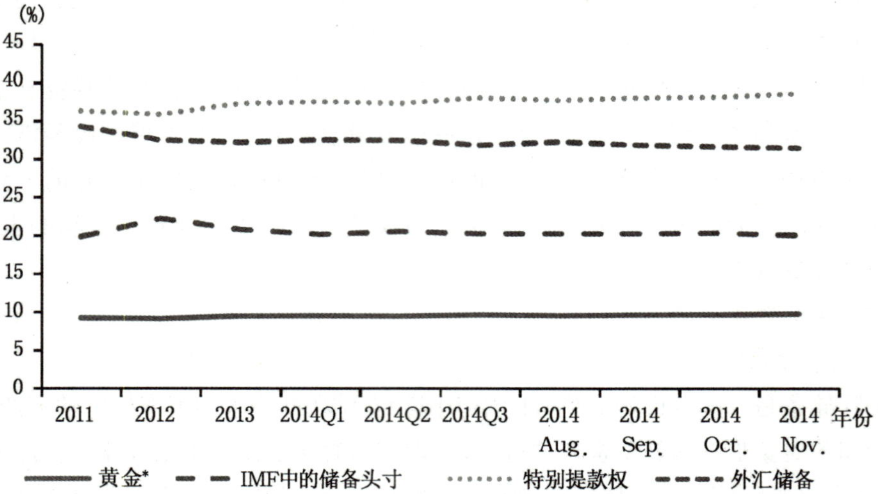

注：* 黄金以每盎司等于35SDR计价。

资料来源：*International Financial Statistics*，2014.

图 5—4　总储备的构成——构成比重

表 5—2　外汇储备币种结构　单位：%

币种＼年份	2019Q1	2019Q2	2019Q3	2019Q4	2020Q1	2020Q2	2020Q3	2020Q4
澳元	1.7	1.7	1.7	1.7	1.6	1.7	1.7	1.8
加元	1.9	1.9	1.9	1.9	1.8	1.9	2.0	2.1
人民币	1.9	1.9	2.0	1.9	2.0	2.1	2.1	2.3
欧元	20.3	20.5	20.2	20.6	20.1	20.2	20.5	21.2
英镑	4.5	4.5	4.5	4.6	4.4	4.5	4.5	4.7
瑞士法郎	0.1	0.1	0.1	0.1	0.1	0.2	0.2	0.2
美元	61.7	61.3	61.6	60.7	61.8	61.3	60.5	59.0
其他货币	2.4	2.5	2.4	2.5	2.3	2.5	2.5	2.7

资料来源：IMF Currency Composition of Official Foreign Exchange Reserves (COFER).

2. 国际储备的管理

国际储备管理包括规模管理和运营管理，分别体现了管理战略和具体管理的问题。最适度国际储备是规模管理的核心，它是基于国家宏观经济各个相关层面分析的结果。国际储备运营是对国际储备的结构安排，尤其是外汇资产在币种和资产形态上的安排。它通常遵循安全性、流动性和盈利性原则。在多种货币储备的体系下，各国货币当局必须认真管理其储备资产，这是因为：(1)浮动汇率制使汇率波动相对频繁、汇率风险增大，与金本位制相比，储备资产管理上稍有疏忽便有可能导致巨额外汇损失，在对外投资等活动中处于被动地位。(2)各国利率、汇率的变化，国际资本的流动都是密切相关的，预测各国利率及通胀的变化趋势，采取措施调整储备货币结构方能保证储备资产的安全性和盈利性。(3)国际收支和外债的规模与结构是储备规模管理和运营两大因素，良好的资产投资以及充足的储备规模能在客观上体现一国经济的实力，在心理上增强对该国的信心。

3. 外汇储备的币种结构

由于外汇储备是储备资产中的主要构成，因而各国对国际储备的具体管理一般着眼于外汇储备资产中的币种结构以及同一货币的资产组合。外汇储备资产的币种结构包括货币币种的选择及其在储备资产中的比重。随着美国和其他国家经济形势的变化，世界经济多元化的格局也使储备货币呈现多元化趋势，因此储备的币种结构安排日益重要。币种结构安排取决于很多因素，这是由储备的职能所决定的。主要有：(1)一国对外投资、贸易和其他金融性支付所使用的币种，进出口商品的支付习惯；(2)一国外债的币种结构，包括引进外资的来源流向、数量和偿付要求；(3)国际货币体系中主要货币的地位，以及资本市场的深度；(4)一国的经济政策以及外交特点；(5)储备货币的汇率、利率所导致的收益率的变动及其对外汇资产保值和增值的影响。因为储备资产在保证安全性、流动性的前提下仍要兼顾盈利性，而币种问题也不失为一个投资问题。

以美元、日元、欧元、英镑和瑞士法郎为考察对象，综合其 2000—2006 年的汇率变动和利息收益，可以得出各货币多年来的平均收益率，即平均收益率为平均汇率变化率与平均利率之和。从表 5－3、表 5－4 中可以看到，收益率最高的货币为欧元，其次为英镑。

表 5－3　　主要货币真实有效汇率指数(基于相对加权核价因子)

年份 币种	2001	2002	2003	2004	2005	2006	年平均变化率(%)
美元	105.6	105.4	98.7	94.1	92.7	92.4	－2.60
日元	89.0	83.0	83.6	84.5	79.4	72.0	－4.06
欧元	101.0	105.5	118.8	122.9	121.2	120.9	3.78
英镑	97.8	98.7	96.1	101.8	101.3	103.1	1.10
瑞士法郎	102.6	106.3	106.4	105.6	104.0	101.7	－0.16

资料来源：*International Financial Statistics*，2007.

表 5—4 三个月存款伦敦同业拆借率 单位:%

币种＼年份	2001	2002	2003	2004	2005	2006	年平均利率 ②	平均收益率 ①+②
美元	3.78	1.79	1.22	1.62	3.56	5.19	2.86	0.26
日元	0.15	0.08	0.06	0.05	0.06	0.30	0.12	－3.94
欧元	4.26	3.32	2.33	2.11	2.18	3.08	2.88	6.66
英镑	5.04	4.06	3.73	4.64	4.76	4.85	4.51	5.61
瑞士法郎	2.49	1.18	0.33	0.47	0.80	1.52	1.13	0.97

资料来源:*International Financial Statistics*,2007.

4. 同一币种的资产组合

为了分散外汇汇率变动的风险,在外汇储备中各种货币要占一定的比重。而在同一货币储备中,现金和有价证券应根据风险—收益考察法(The Risk-Return Approach)确定适当的比例,把资金分散在多种资产上。当储备存量一定时,在流动性和盈利性之间就有一个权衡(Trade Off)依据问题,系统地积累资料和分析长、中、短期各种资产及投资方式的风险和收益,外汇资产的流动性和盈利性可用图 5—5 表示。X 和 Y 的组合轨迹表示盈利性和流动性的负相关的关系,在这条轨道上选择何种组合要参照具体情况而定,如该国生产季节性出口、国际证券市场发达程度、证券投资的对象、该国的资信度等。

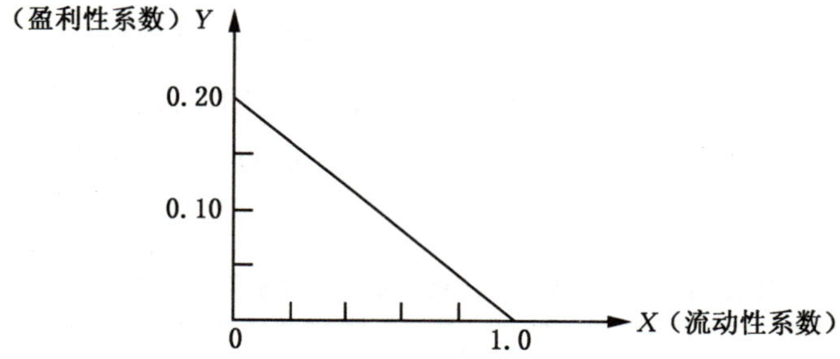

图 5—5 同一存量下盈利性与流动性组合

按照流动性的大小通常可将外汇资产分成三个部分:(1)一级储备,是指现金或储备金,如活期存款、短期国库券、商业票据(CPs),这类储备流动性最高但收益最低;(2)二级储备,是指投资收益高于一级储备而变现能力也较强的资产,如中期债券;(3)三级储备,是指长期投资工具,这类资产高风险高收益但流动性较差。由于外汇储备的主要职能是维护国际收支的平衡,因此中央银行一般是在确定了一级储备和二级储备之后,才将盈余外汇进行长期性投资。很多国家都尽可能选择信誉度高的政府债券和欧洲债券为投资对象,面对高风险的公司债券和有国家风险的债券几乎不予考虑,这是储备资产管理不同于一般证券投资管理之处。许多国家的中央银行利用美国商业银行和投资银行买卖美国政府债券，一些发展中国家甚至雇佣西方商业银行和投资银行管理它们的部分储备。

第二节　半官方国际投资

国际金融组织、经济合作援助机构是当代重要的国际投资主体。按地理分布划分，这些组织可分为全球性金融及合作组织以及区域性金融及合作援助机构。前者包括国际货币基金组织、世界银行集团、经济合作发展组织等，由于国际货币基金组织的主要任务是向成员国政府提供短期贷款以弥补临时性国际收支不平衡，故不属于本书讨论范围；后者包括各区域性开发银行，如亚洲开发银行、非洲开发银行等。

一、半官方机构的产生及其组织机构

（一）半官方机构的产生

两次世界大战和 1929—1933 年的资本主义世界经济危机后，国际金本位制度彻底崩溃，形成了英镑区、美元区、法郎区三个相互对立的货币集团。第二次世界大战后，美国经济实力迅速上升，其工业制成品占世界工业制成品总额的一半，对外贸易占世界的 1/3 以上，黄金储备约占资本主义世界总额的 59%。而英国在战前一直保有着世界经济的主导权，战后英镑地位虽有所下降，但仍是重要的国际货币。IMF 和世界银行事实上便是在英美的斗争中产生的。早在 20 世纪 40 年代初，英、美两国政府按各自利益筹划战后的国际金融关系，英国财政部名誉顾问凯恩斯提出了凯恩斯计划，美国财政部副部长怀特则草拟了怀特计划。之后，就两者计划进行了针锋相对的讨论。美国凭借其经济实力，最终于 1944 年 7 月在美国新罕布什尔州布雷顿森林华盛顿山大旅社召开国际金融会议，即布雷顿森林会议，通过《联合国货币金融会议最后决议书》和以怀特计划为基础的《国际货币基金协定》、《国际复兴开发银行协定》两个附件，确立了以美元为中心的国际货币体系，并由此建立国际货币基金组织和国际复兴开发银行。1956 年和 1959 年，国际金融公司和国际开发协会作为世界银行的补充相继成立，因此合称这三个机构为世界银行集团（World Bank Group）。多边投资担保机构作为世界银行的一个附属机构则成立于 1988 年。

区域性金融机构的建立也是战后国民经济、政治形势发展的产物。20 世纪 60 年代以后，许多殖民地国家纷纷独立，迫切需要资金发展技术和国民经济，而发达国家则正处于资本输出时期和技术更新换代时期。为了改善融资环境，增加国际投资，建立国家间、政府间的区域性组织已成当务之急。同时，由于多边性的全球性机构因成员国众多而难以满足不同区域国家不同的资金需求，因此区域性金融机构作为全球性金融机构的重要补充，并在国际关系演变的过程中形成。从 20 世纪 50 年代末开始，欧

洲投资银行(1958 年)、泛美开发银行(1959 年)、非洲开发银行(1964 年)、亚洲开发银行(1966 年)等区域性银行相继成立。其发展目标一般以促进所处地区的社会经济发展为基础,针对相关地区制定特殊政策。

(二)半官方机构的组织结构

半官方机构一般采取由会员国入股的组织形式,由决策机构和行政管理机构两个部分构成。

1. 决策机构

理事会是国际性金融机构的最高权力机构,由每一成员国委派理事和副理事各一名组成。各种半官方机构的成员国资格不尽相同,世界银行规定会员国资格是以只加入国际货币基金组织为前提,而国际开发协会和国际金融公司的会员资格又以世界银行会员资格为前提。那些区域性组织在各自章程中也各有规定,如亚行的会员资格是“不负责处理自己的国际关系的联合国亚洲及远东经济委员会的联系会员,其加入亚行的申请由负责其国际关系的亚行成员提出……”,因此目前亚行的成员国包括少数非主权地区。作为最高权力机构,理事会拥有若干特定权力,包括接纳新会员、决定份额、决定会员国资格的停止等。理事通常由成员国的财政部长或央行行长等高级官员担任,其投票权分配与各国所缴股份有一定关系。

在理事会闭会期间,一般由执行董事会负责日常事务。执行董事会负责对行长提议的信贷进行审议并作出决定;负责在理事会的年会上提出年度决策、行政预算、有关该机构的业务和政策的年报,以及其他需提交审议的事项。世界银行的执行董事有 21 人,5 人由持股最多的美、英、德、法、日 5 国委派,其余 16 人由其他成员国推选。

2. 行政管理机构

半官方机构的行政管理机构由行长(总裁)、副行长(副总裁)以及内部机构组成。行长(总裁)是最高行政负责人,为机构的合法代表,其职权是在执行董事会的指导下处理机构的日常事务,负责工作人员的组织、任命等。行长(总裁)的产生方法各异,如 IMF 和世界银行首脑均是由执行董事会选举,亚洲开发银行的行长则由理事会选举。行长(总裁)一般兼任执行董事会主席,但不具备执行董事的投票权。副行长(副总裁)一般由执行董事会或行长(总裁)推荐产生。各种半官方机构的内部机构各有差异,内部机构一般设有地区部门、职能部门和提供特殊服务的部门等,各司其职、相互配合。此外,还可在不同地区或国家设立办事处或代表处,如世界银行就设有欧洲、伦敦、日内瓦、纽约、东京等代表处,地区代表处的主要任务是帮助本地区各国选定和准备使用世界银行贷款的项目。亚洲开发银行则在一些借款较多的国家和地区设立常驻代表处。

二、半官方机构的功能

(一)半官方机构的资金来源

虽然各个半官方机构的资金来源并不完全一致,但主要渠道有以下五个:

1. 会员国缴纳的股份

这部分资金构成了半官方机构的自有资本，如世界银行最初核定资本为100亿美元(按1994年美元的含金量与成色计算)，每股10万美元，分为10万股由会员国认缴，以后几次增资。亚洲开发银行法定资本为10亿美元，其中美国和日本各承担2亿美元。会员国的份额确定一般包括人口、税收、出口额、GDP等各种因素，可分为实缴股金和待缴股金，股份缴纳时一般可使用黄金、SDRs、可兑换货币和会员国本国货币等。

2. 借款

一般借款渠道为两个：一是从官方机构借款，如从会员国财政部和中央银行借款；二是从私人渠道借款，如向国际商业银行筹资。由于半官方机构实为政府组成的机构，具有高度的国际资信，故能以较低融资成本方便地取得商业银行的借款资金。

3. 发行债券

发行债券的方式也主要为两种：一是直接向会员国政府机构或中央银行出售债券；二是通过投资银行、商业银行包销出售，这种方式已成为半官方国际机构的主要融资方式，其国际证券的发行也是国际间接投资的一大客体。

4. 会员国捐赠

对于半官方机构而言，该方式无疑为最理想的筹资方式。国际开发协会的资金来源主要是第一类会员国(较发达国家或收入较高国家)政府定期提供的捐赠以及世界银行每年从盈余中拨出的款项。

5. 业务经营的盈余

虽然半官方机构的首要宗旨并非营利，但却讲究投资项目的效益，其贷款的利息、承诺费和手续费却在客观上形成机构的收入。事实上，1996年国际复兴开发银行存在净收益128.5亿美元，国际金融公司的净收益则为43.19亿美元。①

(二)半官方机构的属性

半官方机构的属性：第一，组织形式的企业性，以股份公司形式组成，具有明显的企业特征。第二，国际性，表现在成员国的众多以及资金来源和投放的国际性。第三，政策性，把该类机构定为半官方便源于此，半官方机构的业务具有显著的政策倾向，资金投放的开发性质、经营目标的非营利性都说明了这一点。第四，超国家性，表现为不受任何国家管辖的无国籍性以及不应对成员国国内政治事务进行干预。

(三)半官方机构的功能

半官方机构作为政府间的组织日益发挥着其功能：第一，半官方机构是国际信用中介机构，可促进资本的国际流动，其组织的项目贷款、开发援助等能使官方资金转移至发展中国家和迫切需要资金的地区，是多边开发的主要组织者；第二，可以调整经济

---

① 《世界银行1997年度报告》。

结构，实质上是将国际资本包括生产和金融资本在国际范围内重新配置的过程，因此能在国际、国内的范围内调整经济；第三，协调国际经济关系，成为会员国的国际讲台，促进相互间的沟通。

三、世界银行集团

（一）世界银行的投资管理

1. 投资管理的宗旨

根据世界银行年度报告，世界银行是一个多边发展机构。“世界银行”一词系指两个在法律地位和财务上独立的实体：国际复兴开发银行（IBRD）和国际开发协会（IDA）。国际复兴开发银行和国际开发协会具有三个有关的职能：（1）提供贷款；（2）经济咨询和技术援助；（3）对其他来源的投资起催化作用。按照《国际复兴开发银行协定》，国际复兴开发银行的宗旨是：第一，通过对生产事业的投资，协助成员国的复兴与建设，恢复被战争破坏的经济，使战时经济平稳过渡到和平时期经济；第二，通过担保或参加私人贷款及其他投资方式，促进私人的对外投资；第三，鼓励国际投资，协助成员国提高生产能力，促进成员国国际贸易的平衡发展和国际收支状况的改善。国际开发协会的宗旨是：对欠发达国家提供比世界银行条件更宽厚、期限较长、负担较轻并可用部分当地货币偿还的贷款，以促进它们经济的发展和居民生活水平的提高，从而补充国际复兴开发银行的活动，促进世界银行目标的实现。

2. 贷款类别

世界银行的主要业务活动是为成员国中的发展中国家提供经济发展所必需的长期贷款。世界银行的贷款按用途可分为与项目结合的贷款和非与项目结合的贷款，按贷款的来源可分为自行发放贷款和与其他金融机构的联合贷款。国际开发协会的贷款不同于国际复兴开发银行的硬贷款，是一种软贷款。

3. 贷款管理的条件

（1）国际复兴开发银行对贷款条件的管理主要有七项：第一，必须是成员国政府或经成员国政府担保的私人企业。第二，一般要有工程项目计划，经该行审查确属经济上应优先考虑者。第三，该项目确实不能以合理条件从其他来源获得资金。第四，专款专用，并受世界银行监督，以保证到期偿还。第五，贷款的使用不能限定在某一特定成员国中进行采购，而要通过国际招标，以保证贷款不被挪用，并保证所有的成员国和非成员国都有参加招标的机会。第六，属于中长期贷款，短者 5 年，长者可达 30 年。从 1976 年 7 月起，实行浮动利率，一般低于市场利率进行定期调整。从 1980 年 1 月起贷款利率高于借款费用 0.5%。此外，对已订立合同但尚未支用部分按年征收 0.75%的承诺费。1982 年 1 月开始，对所批准的贷款征收手续费。第七，贷款货币呈多元化趋势，但以美元计值，由借款国承担汇率风险。

（2）国际开发协会对贷款条件的管理一般为：第一，按人均收入衡量的受信国的贫困程度；第二，受信国从传统来源借款的信誉有限；第三，受信国的经济成就，包括有效利用资金的能力以及适合的项目；第四，贷款免收利息，但需收年率为 0.75%的承诺费。贷款期限可长达 50 年，前 10 年不必还本，从第二个 10 年起每年还本 1%，其余 30 年每年还本 3%，贷款可部分或全部用本国货币偿还。

4. 世界银行贷款的发展

20 世纪 50 年代末至 60 年代中期，世界银行的贷款主要集中在特定项目贷款上，要求申请的项目在经济上和技术上都必须是可行的，日后应能由项目盈利来偿还贷款，并且对该国发展而言是优先的。所以，这个时期的世界银行贷款主要投向了电力、运输和工业项目等主导部门。同时创立的国际开发协会实施"外部资金投资"，以提高受信国的储蓄率。从 20 世纪 60 年代后半期至 80 年代初，减少贫困是世界银行的业务核心，因此世界银行大幅度增加贷款额度，从 1968 年的 9.54 亿美元增加到 1981 年的 123 亿美元，成为世界上最主要的开发机构。这一时期的世界银行贷款越来越多地投向亚洲、非洲和拉丁美洲贫困国家和欠发达国家，自 1966 年向日本提供最后一笔贷款后几乎停止向发达国家贷款。同时，贷款投向由工业部门转向农业部门，并越来越重视对教育、人口和卫生等方面的帮助。而 20 世纪 80 年代至今，帮助发展中国家调整经济结构和政策改革，促进建立有机的市场体制成为世界银行的业务重心。因此，在贷款方式上世界银行从项目贷款逐渐转向调整贷款，以支持国内政策调整和体制改革，而且贷款的对象开始强调私人部门，支持国际金融公司的业务活动，1988 年成立了多边投资担保机构。在表 5—5 中，可以看到世界银行贷款的重点是法律、司法和公共管理，卫生与其他社会服务，能源与采矿，交通运输等部门。

表 5—5　　**2016—2020 财政年度世界银行的贷款趋势**　　单位：百万美元

年份	2016	2017	2018	2019	2020
农业、渔业与林业	538	1 352	1 301	1 717	1 432
教育	865	960	1 285	1 143	3 064
能源与采矿	1 708	1 618	3 100	3 288	2 406
金融	234	124	261	774	560
卫生	940	594	1 143	1 353	2 733
工业贸易与服务	465	961	1 327	1 252	1 708
信息和通讯技术	44	274	226	471	765
公共管理	1 005	1 360	3 945	1 855	3 556
社会保障	2 294	774	1 433	1 515	2 639
交通	720	2 130	660	651	630
水、环卫与防洪	552	1 694	1 850	1 004	1 333

续表

年份	2016	2017	2018	2019	2020
总计	9 365	11 842	16 530	15 022	20 826
其中:IBRD	669	1 163	1 120	820	1 725
IDA	8 696	10 679	15 410	14 202	19 101

资料来源:世界银行:《2020 年世界发展报告》。

(二)国际金融公司的投资管理

1. 投资管理的宗旨

国际金融公司(IFC)虽然在法律上和财务上是独立的国际金融机构,但仍是世界银行的一个重要的附属机构,成立于 1956 年。它是世界银行集团对发展中国家私人部门投资的窗口,也是联合国的专门机构之一。国际金融公司的宗旨是:通过对发展中国家尤其是欠发达地区的重点生产性企业提供无需政府担保的贷款与投资,鼓励国际私人资本流向发展中国家,支持当地资金市场的发展,推动私人企业的成长,促进成员国经济的发展,从而补充世界银行的活动。

2. 投资管理的原则

国际金融公司认为,在市场经济条件下,私人部门可以并且应当发挥重要的作用。但是,市场不可能总是完美的,私人企业经常会遇到种种障碍和风险。国际金融公司业务的一个重要目标就是帮助私人企业提高效益、促进竞争。因此,公司业务遵循三个原则:(1)催化原则。公司一般只在以下情况下才决定对某一企业投资,该企业大部分投资由私人资本承担,但若没有国际金融公司的参与就无法得到必需的私人资本。因此,公司在某一项目中的出资比例一般不超过项目所需总投资的 25%,且项目的领导和管理责任必须主要由私人部门承担。公司每投入 1 美元所带动的其他私人投资之间的比例叫资金动员率,历史上一般为 1∶4 左右,但进入 20 世纪 90 年代以来,公司的资金动员率对东亚和拉美已达 1∶6。(2)商业原则。《国际金融公司协定》规定,公司不接受任何形式的政府担保,因此公司一旦对某一项目投资便必须与其他私人投资伙伴共同承担投资风险。公司的宗旨是促进私人部门发展,同时也应该重视利润,公司认为在市场条件运行下私人企业成功的标志便是盈利。(3)特殊贡献原则。《国际金融公司协定》规定,公司不应对那些其认为可以在合理条件下获得足够私人资本的企业进行资助。所以公司对一般私人投资者的作用是补充,表现为:帮助私人投资者克服国别风险,提供比市场条件优惠的资金,作出技术咨询和帮助。公司在选择和设计项目时,常超出项目本身而扩展到帮助成员国发展一个健全的私人部门。

3. 投资管理的内容

国际金融公司的投资(包括股本投资和贷款),是公司最主要的业务方式。就投资数量而言,公司在项目中只能算作较小的投资伙伴,但它发挥的资金动员和催化作用却是不容忽视的。由于国际金融公司在项目中采取对外国投资者和东道国投资者都不偏不倚的态度,故被称为“中立的第三方”。在参股的基础上,公司还向项目企业提供贷款,这种贷款可分为两种:A 种贷款,公司自身提供的贷款;B 种贷款,在公司本身贷款不能满足项目需要时,由公司出面组织国际商业银行的银团贷款。A、B 两种贷款一般期限都较长,可达 10—14 年,宽限期可有 2—4 年,且无政府担保,利率一般在伦敦同业拆借率上加一定百分点。国际金融公司在作出一项投资决策前,对项目涉及的各方面都进行全面严格的评估,包括国别和行业风险、产品市场分析、原材料、技术、其他股东、管理状况,等等。国际金融公司除上述的投资及资金动员业务外,咨询服务也是一项重要业务方式,主要包括私有化和企业改组、资本市场发展、技术援助等。

(三)多边投资担保机构和解决投资争端国际中心

1. 多边投资担保机构

多边投资担保机构(The Multilateral Investment Guarantee Agency,简称 MIGA)成立于 1988 年,并在 1990 年开始运行。机构的宗旨是鼓励生产性的外国私人直接投资向发展中国家流动以及资本在发展中国家之间的相互流动,从而促进发展中国家的经济增长,并以此补充世界银行集团其他成员的活动。MIGA 的主要业务是承担非商业性风险(Noncommercial Risks)。主要包括货币转移险(Currency Transfer Restrictions)、征用险(Expropriation)、违约险(Breach of Contract)、战争和内乱险(War and Civil Disturbance)以及其他非商业性风险。此外,MIGA 还向其发展中国家成员国提供外国投资促进及咨询服务,以帮助成员国创造良好的环境,吸引外国私人直接投资。

2. 解决投资争端国际中心

解决投资争端国际中心(International Centre for Settlement of Investment,简称 ICSID)是世界银行集团的另一个投资促进机构,与 MIGA 是彼此独立的两个机构。ICSID 成立于 1965 年,根据世界银行《关于解决各国和其他国家国民之间投资争端的公约》而成立,其宗旨是为了创立一个为解决国家和外国投资者之间的争端提供便利的机构,促进投资国与东道国之间的互相信任,从而鼓励国际私人资本向发展中国家流动。自中心成立以来,其实际受理业务有限。

(四)国际项目贷款

世界银行集团对会员国的项目贷款是一个非常严密的工作,项目周期(Project Cycle)实质上就是发放项目贷款的过程,程序比较复杂。

1. 项目的选定(Identification of Project)

这是项目周期的第一个阶段,主要由申请贷款国选定符合贷款条件的项目,收集必要的数据,从技术上、经济上进行综合分析,编制详细的项目文件。不同的项目需收集不同的资料,此外尚需提供本国的主要经济资料,如生产情况、市场情况和国民收入等。

2. 项目的准备(Preparation of Item)

其首要工作是进行项目的可行性研究,一般包括技术可行性、财务可行性、经济可行性、组织体制可行性和社会可行性。在此基础上进行全面的成本—效益估价，编制项目报告(Project Report)。

3. 项目的评估(Appraisal of Project)

这是世界银行进行审查的阶段。贷款者派出工作组进行实地考察，对项目投资的必要性、技术适用性、经济合理性和建设可能性五大要素综合分析论证，是项目决策科学化、民主化的重要环节。

4. 项目的谈判(Negotiation of Project)

这是就项目的金额、期限、偿还方式等进行协商，并提出为保证项目顺利进行双方都应采用的措施。

5. 项目的执行(Implementation of Project)

这是借款方负责项目的执行和经营，贷款方负责对项目监督的过程。

6. 项目的总评估(Evaluation of Project)

这是在项目贷款发放完毕后一年左右，贷款者向世界银行对其资助项目的总结阶段。由世界银行的"业务评议局"(OED)对"项目完成报告"(Completion Report)进行全面审查，有时还派专人进行实地考察。最后业务评议局提出"审核报告"(Audit Report)送交执行董事会主席。

由上可见，世界银行的项目贷款过程虽复杂，但却体现出贷款的严密性和科学性，因而能保证项目的良好收益和完成，使贷款风险降至最低。综观其六个阶段，每个阶段都不可或缺，选定和准备工作是最初的项目分析，尤为重要。

四、金砖国家新开发银行

2014 年 7 月 15 日，由中国、俄罗斯、印度、巴西和南非在巴西福塔莱萨签署协议，决定成立启动资金为 500 亿美元(五个创始成员国平均出资)、初始资本为 1 000 亿美元、总部设在中国上海的金砖国家新开发银行，为金砖国家、其他新兴市场和发展中国家的基础设施和可持续发展项目筹集资金，作为现有全球多边和区域金融机构的补充。同时，由中国出资 410 亿美元，俄罗斯、印度和巴西各出资 180 亿美元，南非出资 50 亿美元，建立总额为 1 000 亿美元的应急储备基金，在成员国出现金融紧急情况时提供援助。银行主席在五国之间轮值，五年为一个任期。

五、区域开发银行

区域开发银行是指一个规模性的区域所设立的开发银行，这里以亚洲开发银行和亚洲基础设施投资银行为例，介绍区域性开发银行的贷款业务。

(一)亚洲开发银行

亚洲开发银行是向亚洲及太平洋地区发展中国家提供贷款资金的区域性金融机构，总部设在菲律宾马尼拉。根据亚洲开发银行章程，凡亚洲及太平洋经济社会委员会成员和准成员、亚太地区的其他国家以及该地区外的联合国所属专门机构的成员均可加入。其宗旨是:向亚太地区的成员国提供贷款,发展项目和发展计划方面的技术援助,促进公私资本对本地区的投资,以促进本地区的经济发展与合作,加速发展中国家的经济发展进程。

1. 资金来源管理

亚洲开发银行的资金来源有四项:(1)普通资金,包括股本、借款、普通储备金、净收益、特别储备金、预交股本,主要用于硬贷款;(2)亚洲开发基金,主要用于优惠贷款,一般来自发达成员国的捐赠;(3)技术援助特别基金;(4)日本特别基金,日本政府出资设立。

2. 投资管理

亚洲开发银行提供的贷款可分为普通基金贷款和特别基金贷款。前者期限一般为10—30年,宽限期为2—7年;后者的偿还期为40年,宽限期为10年,无息,仅收1%的手续费,亚洲开发基金下的计划贷款,偿还期在40年以上(包括10年宽限期),只限于对某一借款国预期贷款总额的20%。其贷款用途主要为农业、能源、工业及交通运输业、城市发展、教育卫生和人口控制等。除贷款外,亚洲开发银行还提供技术服务,与各国或国际组织进行合作,协助拟订和执行开发计划等。

(二)亚洲基础设施投资银行

亚洲基础设施投资银行(简称:亚投行)是一个政府间性质的亚洲区域多边开发机构,重点支持基础设施建设,成立宗旨是为了促进亚洲区域的建设互联互通化和经济一体化的进程,并且加强中国及其他亚洲国家和地区的合作,是首个由中国倡议设立的多边金融机构,总部设在北京,注册资本1 000亿美元。亚投行于2016年开始运营,拥有57个创始会员(37个地区会员和20个非地区会员)。到2020年底,亚投行已经有103个已获批准的会员,分别代表全球人口的79%和全球GDP的65%。

1. 资金来源管理

在股权安排上,域内成员和域外成员的出资比例分别为75%和25%,由于域内外成员仍在不断扩容,实际上域内成员与域外成员的出资比例在不断变化之中,2020年底46个域内成员总认缴额为738.57亿美元,占总认缴额(967.55亿美元)的76.33%,39个域外成员总认缴额为228.98亿美元,占认缴总额的23.67%。此外,还有18个成员因出资还未到位目前还不是有投票权的正式成员。

2. 资金投向

截至2021年4月,亚投行累计批准119个贷款项目,总额241.5亿美元,贷款领域涉及能源、金融、公共卫生、交通、水务、城市和乡村基础设施建设等多个领域。同时为了因对疫情亚洲基础设施投资银行(AIIB)建立了危机恢复基金,以支持AIIB的成员和客户缓解和缓解COVID-19带来的经济,财务和公共健康压力。在2020年4月至2021年10月16日期间,危机恢复基金将向面临或有可能遭受疫情严重影响的任何亚投行成员国的公共和私营部门实体提供高达130亿美元的融资。

阅读文献

1. 世界银行:《世界银行2020年度报告》,http://creativecommons.org/licenses/by/3.0/igo。

2. 王红茹:《世行贷款支持贵州发展农村交通缩小城乡差距》,载于《中国经济周刊》经济网2015年9月28日,http://www.ceweekly.cn/2015/0928/128324.shtml。

3. 郑青亭:《亚投行2020年投资规模翻番》,载于《21世纪经济报道》2021年1月14日。

4. 黄梅波、张博文:《政府贷款与对外直接投资:日本经验及启示》,载于《亚太经济》2016年第6期。

5. 胡锦萍:《利用出口信贷和项目融资推进对外经济合作——就对外承包工程案例探讨融资对东南亚地区"走出去"项目经济的发展》,载于《经济观察》2014年第13期。

6. 胡智:《国际金融学》,http://www.doc88.com/p-903280911803.html。

习题及案例分析

一、名词解释

1. 政府贷款
2. 出口信贷
3. 赠与成分
4. 资金动员率

二、简答题

1. 简述官方国际投资的特殊性。
2. 简述政府贷款的特点。
3. 简述出口信贷的特点。
4. 简述国际储备的主要构成。
5. 外汇储备的币种结构主要受哪些因素影响?
6. 简述半官方机构的资金来源。
7. 简述金砖国家开发银行成立的意义。

三、论述题

试述国际金融公司在私人直接投资中的作用。

四、案例分析

铁路特许经营权①

世界银行的会员国为各自的铁路进行了大规模投资,但有很多是效率低下的,它们正在丧失市

① 此案例内容摘自《世界银行1997年度报告》。

场份额和收入。世界银行通过有目标的咨询服务和混合金融投资，在过去 7 年中促进了各类特许权授予工作的开展，从而增加了由私营部门解决铁路效率低下问题的可能。迄今已有 18 个国家（绝大多数为拉丁美洲和非洲国家）成功地实施了特许权制度，在不可能进行彻底私有化时，扩大了私营部门的作用。

成功地进行铁路特许权授予工作取决于政府与铁路和工会领导人，与包括世界银行和国际金融公司在内的捐助者和私营部门之间形成的伙伴关系。由世界银行组织并有国际金融公司参加的圆桌会议一向是将各主要有关方面召集在一起的有效措施。

特许权提高了生产率和服务质量，降低了消费者的支出和政府的赤字。世界银行通过它为特许权提供的援助，还首先尝试了为多余劳动力和相关“社会服务”特许权提供贷款。

世界银行为阿根廷、科特迪瓦和布基纳法索等国铁路部门提供的支持具有典型性。在阿根廷，总额为 3.25 亿美元的世界银行贷款和两笔国际金融公司业务导致了 6 条货运铁路中的 5 条、7 条郊区客运线路和布宜诺斯艾利斯地铁线路实现了特许经营。其结果是，年亏损额减少了大约 10 亿美元，或 GDP 的几乎 1%，货运量和客流长期下降的形势已被扭转。世界银行的贷款间接地为逐渐变少的多余劳动力的费用提供了融资。工人的数量从 9 万减少到 2 万以下，但产出却增加了，劳动生产率提高了 3 倍。

世界银行支持了第一笔非洲的和第一笔双国的铁路特许权经营，即连接科特迪瓦和布基纳法索的铁路。在它开始特许经营的第一年中，16 年来运量下降的局面就得以扭转，劳动生产率和资产生产率都翻了一番多。

结合该案例，分析世界银行集团发挥的投资推动作用。

贵州铜仁市农村交通项目

铜仁市位于贵州省东北部，人口 427 万人，有 29 个少数民族，2015 年人均 GDP 不到 2 000 美元，四分之一居民的收入水平在国家贫困线之下。世界银行贷款项目落地贵州省铜仁市西部较为落后的德江、思南两县。项目总投资 2.317 9 亿美元。建设内容：包括 86 条农村公路、30 座桥梁、2 个农村公路养护站，以及技术援助和培训 300 人。项目建设期为 2015—2020 年。通过项目设施，德江和思南两县的乡镇道路铺装率将从目前的 33%和 53%分别提高到 100%和 62%；村寨道路铺装率将从目前的 34%和 25%分别提高到 46%和 31%。

试根据上述资料，分析该世行贷款项目的意义。

参考答案

一、名词解释

1. 答：政府贷款是一国政府使用财政金融资金向另一国政府提供的优惠性贷款，是有官方发展援助的性质，因而又是一种软贷款，通常需大于 25%的赠与成分。

2. 答：出口信贷又称对外贸易中长期贷款，是出口国政府为了鼓励本国商品出口，加强本国商品的国际竞争能力，所采取的对本国出口给予利息补贴并提供信贷担保的中长期贷款。

3. 答：赠与成分是贷款中的赠送部分，是根据贷款的利率、偿还期限、宽限期和收益率等数据，计算出的衡量贷款优惠程度的综合性指标。

4. 答:资金动员率是国际金融公司对项目每投入1美元所带动其他私人投资之间的比例。

二、简答题

1. 答:官方国际投资的特殊性表现在:

(1)官方国际投资行为带有鲜明的国家色彩和深刻的政治内涵;

(2)官方国际投资为低货币盈利;

(3)官方国际投资具有中长期性;

(4)官方国际投资具有直接投资和间接投资的双重性。

2. 答:政府贷款的特点有:

(1)立法性;

(2)政治性;

(3)优惠性。

3. 答:出口信贷的特点有:

(1)出口信贷不同于一般与贸易有关的融资;

(2)出口信贷的利率一般低于相同条件资金贷放的市场利率,利差由国家补贴;

(3)作为官方资助的政策性贷款,许多国家设有专门的信贷部门或机构负责;

(4)出口信贷与信贷保险相结合,并由国家担保。

4. 答:国际储备的主要构成有:

(1)黄金储备,即一国官方所持黄金;

(2)外汇储备,即一国官方所持有的可兑换的外汇资产;

(3)在国际货币基金组织的储备头寸,即一国在IMF中的储备头寸加上债权头寸;

(4)特别提款权(SDRs),即IMF创设的用于补充原储备资产的一种国际支付手段。

5. 答:外汇储备的币种结构主要受以下因素影响:

(1)一国对外投资、贸易和其他金融性支付所使用的币种,进出口商品的支付习惯;

(2)一国外债的币种结构,包括引进外资的来源流向、数量和偿付要求;

(3)国际货币体系中主要货币的地位,以及资本市场的深度;

(4)一国的经济政策以及外交特点;

(5)储备货币的汇率、利率所导致的收益率的变动及其对外汇资产保值和增值的影响。

6. 答:半官方机构的资金来源有:

(1)会员国缴纳的股份;

(2)借款,包括从官方机构借款和私人渠道借款;

(3)发行债券;

(4)会员国捐赠;

(5)业务经营的盈余。

7. 答:金砖国家开发银行成立的意义在于:金砖国家开发银行不仅为中国带来经济利益,同时也带来一种长远的战略利益。中国已成为世界第二大经济体,到底如何在国际舞台上展现一个新兴大国的形象,关系到中国自身发展,也关系到国际社会共同的利益。中国推动设立金砖国家开发银行,做出实实在在的贡献,是彰显中国大国责任的好机会。同时,在基础设施建设方面,中国积累了大量经验和优势。设立金砖国家开发银行,可推动其他国家的基础设施建设,也是分享中国经验的好机会,与中国"走出去"战略相符合。

三、论述题(提示)

答:可从国际金融公司本身的投资及贷款、资金动员、投资咨询这三方面业务出发,并结合国际金融公司的宗旨和业绩去论述。

四、案例分析(提示)

1. 答:(1)当国内投资率不高,储蓄无法转向投资时,如何利用外部资金加以推动。

(2)世界银行集团的权威性和技术性帮助的作用。

2. 答:该世行贷款项目的意义是:

(1)改善农村交通条件,缩短城乡之间的交通出行时间,提高道路桥梁的可靠性,为当地居民赶集、上学、看病、创业提供便利。

(2)它的建设为德江、思南两县"减贫摘帽"和"确保 2020 年与全国实现同步小康"打下坚实基础。

第三编

国际投资客体

国际投资客体，即国际投资对象，是一定的国际投资主体的国际投资行为赖以运行的物质载体和价值承担者，在具体运行过程中主要表现为实物资产、无形资产和金融资产等各种形态的资产。无论何种形态的资产都具有价值性和增值性，这是它们的共同点。其中价值性属于静态属性，任何资产如果没有一定的价值构成，就不能称其为资产；而增值性则属于动态属性，即一定形态的资产在特定的动态运营过程中可实现价值的增值，这个动态的运营过程实际上就是一个投资过程。因此，价值性和增值性这两方面的共同特征也就决定了实物、无形、金融等不同形态的资产能够成为国际投资客体，即国际投资运行的价值依托和价值增值的工具。

一般而言，实物资产和无形资产主要是作为国际直接投资的客体，而金融资产更多的是作为国际间接投资的客体。

第六章　实物资产与无形资产

国际投资是投资资金(既包括货币形态,也包括非货币形态)转化为各类形态的资产和投资主体为取得预期收益而将各种资产投入运营的双重动态过程。因此,作为国际直接投资客体的实物资产和无形资产必然在两个层面上与国际投资行为发生紧密联系:一为资产的取得,与此相对应的是国际投资行为中资产的取得方式;二为资产的运营,与此相对应的是国际投资行为中资产的运营方式。本章将对实物资产和无形资产分别从这两个层面加以阐释。

第一节　实物资产

顾名思义,实物资产即具有实物形态的资产。从法学意义上说,其价值形态表现为动产和不动产。其中动产为广义上的动产,即有形动产,包括船舶、航空器、机器设备、商品存货、货币资金及人力资源等;而不动产主要是指土地、建筑物和营建中的楼宇等。

实物资产作为国际直接投资的最主要的客体,其取得和运营涉及国际直接投资的各个领域和层面。近年来,随着国际直接投资方式的不断创新,所涉及的实物资产的广度和深度也不断得到扩展。

一、国际投资中实物资产的取得方式

所谓实物资产的取得方式,是指国际投资主体(主要是跨国公司)通过特定的国际投资行为获取一定实物资产的具体方式。一般有两种基本形式,即收购兼并东道国现有企业和设备(跨国购并)以及创建新企业(绿地投资),前者是取得东道国原有的实物资产,后者则是创造新的实物资产,二者各有利弊。跨国公司在对外直接投资时,必然要在收购和创建这两种方式之间进行比较和选择。

(一)跨国购并及其优缺点

跨国购并是指跨国公司等国际投资主体通过一定的程序和渠道,并依照东道国法律取得东道国某现有企业的全部或部分资产所有权的行为。这里的资产主要是指经营性资产,形态上表现为实物资产或无形资产,而且某些跨国购并正是以获取特定无

形资产作为其基本动机的，这将在第二节中作较为详尽的阐述，本节首先探讨实物资产。

从 19 世纪末开始，西方发达国家依次经历了数次购并浪潮。在第二次世界大战以前，这些购并行为大多发生在国内，并为西方各国造就了一批大型的垄断组织。真正意义上的大规模跨国购并则发生在第二次世界大战以后，由此孕育而生的一些巨型跨国公司在世界经济中日益占据主导地位。进入 20 世纪 90 年代以后，跨国购并得到进一步发展，已成为跨国公司对外直接投资的主要方式。据 UNCTAD 的统计，1998 年全球跨国购并额为 4 000 亿美元，1999 年达到 7 200 亿美元，增长了 80%，2000 年则突破了 10 000 亿美元。1999 年，全球跨国购并额在 FDI 流量中所占比重已超过 80%，成为 FDI 的绝对主导模式。

跨国购并的结果是使跨国公司获取一定数额的经营性资产，但其具体动机往往是多元化的，可能是下列一种或几种的混合：多角化经营、地区多元化、保证原材料供应或者获取特定的无形资产（专利、专有技术等）。

1. 跨国购并的类型

跨国购并的种类很多，按不同的分类标准可划分为许多不同的类型。

（1）按购并双方所处的行业关系，可分为以下三种：一是横向购并。当购并与被购并公司处于同一行业，产品处于同一市场，则称这种购并为横向购并。由于这种购并减少了竞争对手，容易破坏竞争，形成垄断的局面，因此横向购并常常被严格限制和监控。二是纵向购并。若被购并公司的产品处在购并公司的上游或下游，是前后工序，或生产与销售之间的关系，则称这种购并是纵向购并。纵向购并可以使企业节约交易费用，有利于企业内部协作生产。一般来说，纵向购并不会导致公司市场份额的大幅提高。因此，纵向购并一般很少会面临反垄断问题。三是混合购并。若购并与被购并公司分别处于不同的产业部门、不同的市场，且这些产业部门之间没有特别的生产技术联系，则称这种购并为混合购并。混合购并是企业实现多元化经营战略、进行战略转型和结构调整的手段。

（2）按购并是否在购并双方互愿互利基础上进行，可分为以下两种：一种是善意收购。它是指收购公司直接向目标公司提出拥有资产所有权的要求，双方通过一定的程序进行磋商，共同商定条件，根据双方商定的协议完成资产所有权转移的做法。善意收购是发生在双方互愿互利的基础上的，也称为协议收购或直接收购。善意收购成功率较高。另一种是恶意收购。它是指收购公司并不向目标公司提出收购要约，而是通过在股票市场中购买目标公司已发行和流通的具有表决权的普通股，从而取得目标公司控制权的行为。恶意收购不是建立在双方共同意愿基础之上的，往往引起双方激烈的对抗，因此又称为敌意收购或间接收购。

（3）按购并所采取的基本方法，又可分为现金收购和股票收购。前者是指凡不涉及发行新股票的收购兼并都可以被认为是现金收购，即使是购买方以发行某种形式的票据所进行的购买也属于现金收购。现金收购的性质很单一，购买方支付了议定金后即取得被收购企业的所有权，而被收购企业的股东一旦得到对所拥有股份的现金即失去其所有权。后者是指收购方增加发行收购方企业的股票，以新发行的股票替换被收购公司的原有股票，则称为股票收购。股票收购的特点是被收购公司的股东并不会失去其所有权，而是被转移到了收购企业，并随之成为收购企业的新股东。目前，也出现了收购方不增发股票的纯粹的换股收购。

2. 跨国购并的优缺点

(1)跨国购并方式在实际操作中具有以下优点：

第一，资产获取迅速，市场进入方便灵活。由于购并方式是直接获取东道国原有企业的资产，可以大大缩短项目的建设周期和投资周期，从而使跨国公司可以迅速获取资产，目标市场的进入也更加机动灵活。

第二，廉价获得资产。跨国公司以购并方式获取资产的出价往往低于目标公司资产的真实价值。造成目标公司资产价值低估可能是出于三种情况：第一种是收购公司比目标公司更清楚地了解目标公司资产潜在的真实价值；第二种是目标公司在经营中陷入困境而使收购公司可以压低价格收购；第三种是收购公司利用东道国股市下跌时低价购入目标公司股票。

第三，便于扩大经营范围，实现多角化经营。近年来，跨国混合购并发展迅速，跨国公司在超越自己原有的经营范围，在缺乏有关新行业生产和销售等方面的技术和经验时，收购东道国现有企业是实现多角化经营行之有效的途径。

第四，获得被收购企业的市场份额，减少竞争。跨国购并不仅可直接获得被收购企业的原有资产，还可直接占有被收购企业原有的销售市场，利用被收购企业的销售渠道。

(2)跨国购并方式存在的缺陷和不足：

第一，价值评估存在一定的困难。对目标企业的价值评估是跨国购并最关键而又最复杂的环节，如何正确评估目标公司的价值，尤其是在恶意收购方式下如何取得目标公司第一手的价值资料，都给收购公司的价值评估工作造成很大的困难。价值评估上的困难是跨国购并首先遇到的障碍。

第二，原有契约及传统关系的束缚。被收购企业同其客户、供货商和职工已具有的一些契约上或传统上的关系，往往成为收购方企业继续经营管理的障碍。

第三，企业规模和地点上的制约。购并方式往往受到被收购企业的规模、地点等原有条件的限制，有时并不完全符合跨国公司战略布局的需要。

第四，容易导致较高的失败率。实际统计数字表明，跨国购并方式的经营失败率远远高于新创企业的经营失败率。

除了上述几方面的原因之外，主要是与购并企业和被购并企业之间企业文化上的冲突有关，在跨国购并中，由于双方企业文化背景、价值观念等方面的巨大差异，往往使得购并后的整合困难重重，最终导致失败的案例不在少数。

3. 近年来跨国购并的最新趋势

在最近的这次跨国购并高潮中，有一些显著的特征和新动向值得关注。

(1)跨国购并主要集中在发达国家，但发展中国家占比正在提高。跨国购并额的2/3以上发生在发达国家(见表6－1)，金额超过30亿美元的大型购并案也主要是发达国家跨国公司之间的杰作，购并额占发达国家GDP比重和它们的FDI流量呈并行上升之势。美国近年来持续成为最大的跨国购并目标国，跨国购并案的数量占总购并案数量的1/5，跨国购并已成为外国资本打入美国市场的主要渠道。欧盟跨国公司在跨国购并中表现日趋活跃，由于受到欧洲货币一体化的推动，它们的活动主要集中在欧盟内部。在经历了持续下降之后，近年来日本跨国公司的对外购并有明显回升势头，尽管总体上日本跨国公司仍青睐绿地投资(尤其是对发展中国家投资)；而另一方面，由于对购并的管制放松，外国公司对日本公司的购并取得了显著的增长。在发展中国家，绿地投资仍然是主导模式，但跨国购并增长迅速，其占发展中国家FDI流入量的比重已由20世纪80年代末的1/10左右提高到目前的1/5。尤其值得关注的是，亚洲金融危机反而极大地刺激了跨国购并在该地区的发展(主要源于产业层面上的自由化和对跨国购并的开放政策)，发生在受危机影响最严重的5国的跨国购并额在1999年达到了150亿美元的创纪录水平。20世纪以来，发展中国家保持了跨国购并金额增长的势头，占世界跨国购并金额的比重也逐渐上升到目前的15%左右。在拉美、东南欧和独联体国家，跨国购并则是同私营化紧密联系在一起的，因而在年度间起伏波动较大，但总体上呈上升趋势。疫情以来，发展中国家FDI下降幅度最大，因为其对全球价值链(GVC)密集型和采掘业的投资依赖度更高，这些产业受到严重打击，而且发展中国家无法采取与发达国家相同的经济支持措施。

表6－1　　**按地区划分的跨国购并金额**　　单位:10亿美元

地区(经济体)	销售额					购买额				
	1990年	2000年	2013年	2018年	2019年	1990年	2000年	2013年	2018年	2019年
发达国家	88.8	869.2	239.6	688.859	411.080	84.8	895.1	151.8	701.976	462.055
包括：										
欧盟	38.9	491.2	120.8			52.8	659.0	－1		
美国	35.5	252	60.0			12.1	111.5	58.9		
日本	0.0	11.5	4.3			13.5	3.1	55.1		
发展中国家	9.6	89.5	113			8.6	60.4	129.5		
包括：										
非洲	0.4	2.4	3	1.570	5.312	1.3	3.2	3.0	3.651	－33.445
亚洲	0.5	52.9	47.5	87.769	48.819	6.1	53.2	107.9	89.256	42.961

续表

地区（经济体）	销售额					购买额				
	1990 年	2000 年	2013 年	2018 年	2019 年	1990 年	2000 年	2013 年	2018 年	2019 年
拉美和加勒比海	8.7	34.2	61.6	39.148	23.854	1.2	3.6	18.5	3.469	6.023
东南欧和独联体	—	0.6	−4	2.602	1.392	—	0.3	57.0	1.914	−4.193
总计	98.4	959.3	348.8	816	483	98.4	959.3	348.8	816	483

资料来源：UNCTAD,*World Investment Report*，2014，2020.

（2）跨国购并的个案金额屡创新高，这些大型跨国购并多属业内兼并（横向兼并），并且主要发生在一些市场集中度本来就较高的行业，如矿产资源开发行业，制造业中的汽车、医药、石油化工等，服务业中的金融、电信、能源等。跨国公司间实施大规模购并的根本诱因在于全球经济环境的迅猛变化，技术进步、金融创新和自由化浪潮等因素在创造全新商业的同时，亦激化了全球市场的竞争，极大地增加了全球经营风险。在这样的全球市场环境中，跨国购并无疑是跨国公司迅速调整其全球竞争战略和全球资源配置，提高其全球市场竞争力的重要手段。这也正是为什么近年来的跨国购并多为长期战略性，而非短期金融投机性的重要原因（参见图 6—1）。或许是历史的循环，抑或是巧合，19 世纪末 20 世纪初，发生在美国国内的那次购并高潮同样是源于技术、金融和政策三大因素的推动，不过那次购并高潮仅仅促进了美国国内市场的一体化，而这次却是“全球化”的。

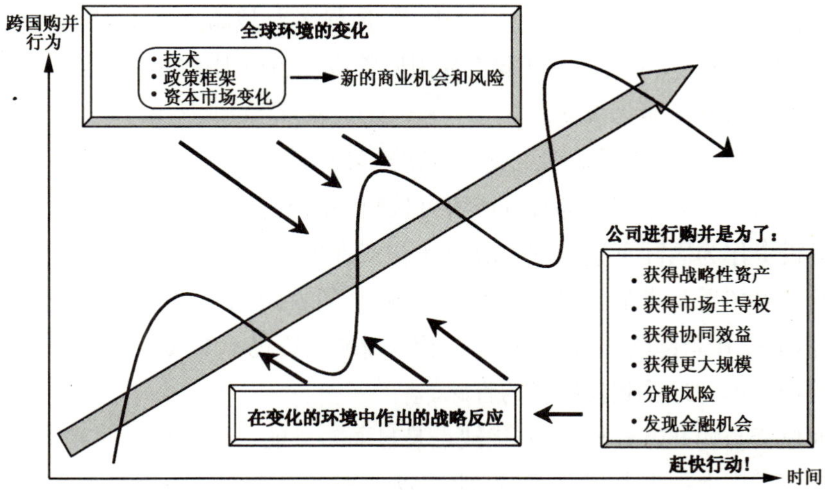

图 6—1　跨国购并的外在诱因和内在动因

全球经济目前仍处于缓慢的复苏过程中，受此影响，全球并购活动也出现了一定程度的下降。即便如此，全球大型跨国并购依然不断涌现。汤森路透发布的数据显示，截至2013年7月，全球跨国兼并和收购交易量比2012年下降了近1/3，是2009年以来发展最缓慢的一年。然而，全球大型跨国并购依然不断涌现。以美国为例，2013年，美国目标并购业务总额达到5 057亿美元，比上年同期上升26%，是自2011年上半年以来的最高点，不过交易活动却下降了27%。这表明每笔并购交易的金额相比以往大大增加。

(3)金融创新推动了跨国购并的发展。传统时期，银行信贷是购并的主要融资渠道，但在近年的购并潮中，金融创新之举屡见不鲜。可以说，金融创新是跨国购并的重要推动力。增发普通股、股票互换、发行公司债等金融工具的运用层出不穷。最令人关注的是，风险基金积极参与跨国购并，已成为近年来跨国购并的重要融资来源，尤其是大力支持新兴企业或中小企业(SMEs)参与购并，为推动新兴行业的发展和中小企业的成长发挥了至关重要的作用。

(4)横向购并仍是主要形式。在跨国购并中，横向购并始终是主要形式，购并额的70%和购并案数量的50%左右来自横向购并，其次是混合购并，纵向购并所占比重最低，但近年来纵向购并的数量有上升之势。

(5)大多数跨国购并是非敌意的。据UNCTAD统计，在1999年的全球跨国购并中，敌意收购仅占购并额的5%和购并案数量的0.2%。与20世纪80年代末期相比，敌意收购已大幅度减少，这反映了跨国公司购并动机已发生重大转变。大多数跨国公司都不太注重短期的资本增值(这是20世纪80年代末跨国购并的重要动机)，而是更多地关注长远的战略利益。因此，跨国公司越来越倾向于以平等和优势为基础的善意收购，这样购并双方的基础稳定，成功率更高，也更符合跨国公司的长远发展需要。然而近年来，几乎全部发达国家出于安全考虑，加强了对战略性产业外国投资的审查。2019年，至少有11宗大型跨境并购交易因监管或政治原因被撤销和阻止。

(二)绿地投资及其优缺点

绿地投资，即在东道国新创企业，是指跨国公司等国际投资主体在东道国境内依照东道国的法律设立全部或部分资产所有权归外国投资者所有的企业。

绿地投资作为国际直接投资中取得实物资产的重要方式是源远流长的。早期跨国公司的海外拓展基本都是采取这种方式，后来随着跨国购并的兴起，它所占的比例有所下降，但就在跨国购并大行其道的今天，绿地投资仍不失其重要性，仍以购并所无法具备的特点不时地受到投资者的青睐。

绿地投资与购并方式相比，其优缺点是显而易见的。绿地投资的突出优点是投资者能在较大程度上把握其风险性，并能在较大程度上掌握项目策划各个方面的主动性；而其突出的缺点是需要大量的筹建工作，建设周期长、速度慢、灵活性差，因而整体投资风险较大。

由于绿地投资和购并两种方式各有其优缺点，而且从某种程度上说，这两种方式又可相互替代，因此跨国公司等国际投资主体为获取实物资产在某项特定的投资决策中往往要在这两种方式中作出选择。

（三）购并方式与绿地投资方式的选择

国际投资主体在这两种方式中作出选择，它的直接结果是获取一定的实物资产，但其真正涵盖的意义远远不止于此，它往往影响到公司整体的经营决策和战略布局，因此，跨国公司在对这两种方式作出选择时，不仅要考虑这两种方式本身的特点，还必须结合公司的内在因素和外部环境因素。

1. 跨国公司的内在因素对选择的影响

这些内在因素包括：

（1）技术等企业专有资源的状况。一般来说，拥有最新技术、知名商标等重要企业专有资源的跨国公司，从节省交易费用、防止垄断优势丧失的角度出发，更多地选择绿地投资方式。

（2）跨国经营的经验积累。由于购并方式相对绿地投资风险和不确定性都较小，跨国经营经验积累较少的企业往往偏向以购并方式进行对外直接投资。

（3）经营战略和竞争战略。采取混合多元化战略的跨国公司，为了使其产品多样化和经营地域多样化，往往采用购并方式，以便迅速进入目标市场，获取市场份额。

（4）企业的成长性。一般来说，新兴的、成长迅速的跨国公司较之历史悠久、成长缓慢的跨国公司更倾向于采用购并方式。这里的原因主要有二：一是企业的经营信息和经验随经营时间而增加，对于规模相当的跨国公司来说，成长性高的企业在信息和经验上要弱于成长慢的企业，因而更多地采取购并方式；二是购并现有企业可以克服人力资源的短缺，以适应跨国公司的迅速发展。

2. 外部环境因素对选择的影响

这些环境因素主要有：

（1）东道国对外国购并行为的管制。如前所述，绿地投资是新创企业，一般意味着东道国资产存量的增加，能为东道国经济发展带来新的增长点，便于东道国增加就业人数；而购并东道国现有企业，只是实现资产产权的转移，并不增加东道国的资产总量，因而不能完全具备绿地投资所具有的作用。这样，东道国政府都比较欢迎外国投资者以绿地投资方式对本国进行投资，而对购并方式则往往采取一些限制性措施，如反托拉斯法、反垄断法等法规。

（2）东道国的经济发展水平和工业化程度。一般来说，跨国公司在工业化程度高的国家或地区较多地采取购并方式，而在工业化程度较低的国家或地区则倾向于采取绿地投资方式。这主要是因为经济发达、工业化程度高的国家和地区的现有企业的管理体系、技术水平比较符合跨国公司的发展要求，利于购并后迅速进入正常生产轨道。

（3）目标市场和母国市场的增长率。在增长较快的目标市场上，跨国公司为迅速抢占市场往往采用购并方式；同样，母国市场的快速增长使该国管理人员和技术人员缺乏，也促使跨国公司采取购并方式以便节省人力资源。

二、国际投资中实物资产的运营方式

实物资产的运营方式是指跨国公司等国际投资主体通过特定的国际投资行为将其所拥有的实物资产投入运营以获取收益的具体方式。国际投资主体通过特定方式获取实物资产只是手段和途径，这些实物资产必须投入运营，在运营中实现价值的增值，使投资主体获得收益，从这一意义上说，实物资产的运营较之实物资产的取得更能体现国际投资的本质。当然离开了资产的取得也就无所谓资产的运营，取得是运营的前提和保证，运营是为了更好地取得，二者是辩证统一的。

国际投资中实物资产的运营方式主要采取两种基本形式，即股权参与下的运营方式和非股权参与下的运营方式。

（一）股权参与下实物资产的运营方式

股权参与下实物资产的运营方式是指以所有权（股权）为基础，以经营决策权为前提，通过对企业的有效控制来实现实物资产运营的直接投资方式。按股权拥有程度的不同，这种股权参与方式又可分为全部股权参与方式和部分股权参与方式两大类。

1. 全部股权参与下的运营方式

（1）全部股权参与下的运营方式的特点。全部股权参与下的运营方式也称单一的资本方式，是指外国投资者按照东道国法律，经东道国政府批准，在东道国境内举办资本全部为外国投资者所有的企业的一种经营方式。这种企业被称为独资企业，这种经营方式被称为独资经营。独资经营既是最简单、最古老的企业经营形式，又是国际直接投资的传统典型形式，至今仍在国际直接投资中占有较大比重。这种与全部股权参与下实物资产运营方式紧密联系的经营形式具有四个特点：第一，外国投资者提供全部资本，拥有绝对的经营决策权。投资者在全部控股的情况下，在经营过程中拥有绝对的控制权，不受他人的制约，真正实现自主经营，处理问题迅速、果断，企业经营管理体现出特别的灵活性，当然企业的盈亏也由投资者一人承担，具有较大的风险性。第二，便于投资者保守技术诀窍与商业秘密。独立出资和全部所有的性质决定了独资经营的排外性质。一方面，企业的研究开发、生产组织、市场销售及资金、人事管理等重大问题只对单一的所有者负责，便于保守秘密；另一方面，独资企业除在所得税表格中需要填写的项目以外，其他方面都可以保密。第三，对东道国而言，既吸引和利用了外资，自己又不必出资，不承担投资风险，而且东道国政府还可通过征收各种税收、土地使用费、公共基础设施管理费等增加净收入。第四，独资经营企业往往能引进比较先进的技术、设备和管理方法，从而能生产出更具竞争力的产品。

（2）全部股权参与下的运营方式的类型。国际投资主体在独资经营的具体运作过程中又有两种形式可供选择，一为国外分公司，二为国外子公司，二者各有不同的特点，投资者往往结合多方面因素在二者中作出选择。首先讨论国外分公司及其特点。国外分公司是指总公司为扩大生产规模或经营范围而在东道国依法设立的，并在组织和资产上构成母公司的一个不可分割部分的独资企业。它本身在法律上和经济上没有独立性，即不具备法人资格。国外分公司一般具有三个特点：第一，分公司没有自己独立的公司名称和公司章程，而只能使用与总公司同样的名称和章程；第二，分公司的主要业务活动完全由总公司决定，分公司一般是以总公司的名义并根据它的委托进行业务活动；第三，分公司所有资产全部属于总公司，因此，总公司要对分公司的债务承担无限责任。其次讨论国外子公司及其特点。国外子公司是指由母公司投入全部股份资本，依法在东道国设立的独资企业。它虽然受母公司控制，但在法律上具有独立的法人资格。国外子公司具有四个特点：第一，子公司具有自己独立的公司名称和公司章程；第二，子公司具有自己独立的行政管理机构；第三，子公司具有自己的资产负债表和损益表等财务报表，具有独立的财产，进行独立核算、自负盈亏；第四，子公司可以独立地以自己的名义进行各类民事法律活动，包括进行诉讼。

外国投资者进行独资经营，在以上两种形式中作出选择时，除考虑它们本身的特点外，还必须结合多方面的因素。这些因素最主要的有四项：一是注册程序。一般来说，在国外设立分公司的注册程序较之设立子公司来得简便。通常情况下，一个企业在国外设立分公司只需在东道国注册即可。在国外设立分公司只需向当地行政机关提交关于总公司的业务范围、性质、注册资本、资产负债表和授权书等文件即可。授权书主要说明总公司授权分公司经理可以从事的业务和行政职权。二是所得税因素。许多国家的税法规定，对于来自国外分公司的所得或者亏损是并入总公司的盈亏额一起计算应纳所得税额的；而国外子公司的盈利或亏损则不能并入。根据这种规定，由于在对外投资的初期风险较大，可能出现亏损，相关企业以建立分公司方式较为有利，分公司的亏损额可起到抵免税负的作用；反之，当国外企业的经营状况进入良性循环，不断获利时，则应采取子公司形式。三是东道国法律因素。某些东道国的法律明文规定外国投资者须以何种方式进行独资经营。例如，尼日利亚和印度等国的法律禁止任何外国投资者设立分公司。但也有些国家的法律鼓励在当地设立分公司而不是子公司，希腊的法律便规定，如果外国企业在希腊设立的分公司之职责仅在于监督总公司在希腊以外地区的业务活动，该分公司便可以享受到免税待遇。四是注册费用。一些国家的法律规定，外国投资者需依其投资的金额缴纳注册费。在此情况下，如果外国投资者采用分公司的方式，其应缴纳的注册费须依照总公司的注册资本计算，数额可能很大；然而，如果采用设立子公司的方式，注册费按照子公司注册资本的比例缴纳，数额便可能较小。

2. 部分股权参与下的运营方式

(1)部分股权参与下运营方式的特点。这种方式通常又称为国际合资经营方式，它是指来自两个或两个以上国家的投资者在东道国境内，经东道国政府批准，依照东道国法律设立合资各方共同投资、共同经营、共负盈亏、共担风险的合资企业的股权式合营方式。这种国际合资经营方式具有以下四个特点：第一，合资各方至少来自两个或两个以上的国家，并且至少一个投资方的主要业务所在地不在东道国的领土；第二，合资各方共同出资组建独立的公司实体，并且取得法人地位；第三，合资各方共同投资、共同经营，并按所占股份额分享利润，分担亏损，体现出股权式合营的特点，这是国际合资经营方式最显著的特征；第四，合资者签订公司协议和章程，建立企业的决策和管理机构，共同管理企业。

(2)部分股权参与下运营方式的类型。国际投资主体在合资经营的具体运作过程中有三种主要的组织形式：有限责任公司、股份有限公司和股份两合公司。有限责任公司是指两个以上股东组成的、仅以投入企业中的资本额为限承担债务的公司，股东之间不负连带责任。有限责任公司的股东人数较少，各国法律中对股东人数一般都有最高限额的规定。有限责任公司不得公开发行股票，股份不允许在证交所公开出售，不得任意转让。股份有限公司是指依照法定程序，通过向公众发行股票筹集资本，股东的责任仅限于出资额的一种公司企业组织。股份有限公司股东人数众多，没有最高限额，企业规模也较大，股东持有的股份可自由转让。股份两合公司则是由一部分负无限责任的股东和一部分负有限责任的股东共同组成的合资企业，它可以通过出售股票来筹集资本。这种形式的合资企业目前已为数不多，远不如有限责任公司和股份有限公司那样普遍。

(3)国际合资经营企业的组织机构。国际合资经营企业可以采取以上三种组织形式中的任意一种，在国际上较为常见的是有限责任公司，我们这里就以有限责任公司为例来剖析国际合资经营企业的组织机构。董事会是合资经营企业的最高权力机构，有权决定企业的一切重大问题，包括企业经营战略、发展规划、投资决策、生产经营活动方案以及总经理、副总经理、总工程师、总会计师等重要人员的任命和聘请。董事会的组成是合资各方都非常关心和重视的问题，董事会成员一般是由合资各方参照出资比例协商确定。董事长是合资经营企业的法定代表，董事长和副董事长由各方协商确定或由董事会选举产生，一般一方任董事长时，则由合资他方任副董事长。董事长主要负责定期召集和主持董事会议，董事会根据平等互利的原则，协商解决有关问题，必要时采取投票表决。合资经营企业的日常经营管理实行的是董事会领导下的总经理负责制。经营管理机构一般设总经理一人，副总经理若干人，副总经理协助总经理工作。正副总经理都由董事会任命和聘请，一般由合资一方出任总经理，其他方出任副总经理，或由合资各方共同委派第三人担任总经理一职。在董事会授权范围内，总经理对外代表企业，对内任免下属人员，行使董事会授予的其他职权。

(4)国际合资经营企业的出资比例。出资比例是组建国际合资经营企业所涉及的一个重要问题，出资比例反映了投资各方在合资企业中拥有股权的大小，一般来说，一方合资者在企业中投资比例越大，其对企业的控制权就越大。因此，各东道国在投资法中对外国投资者在合资经营企业中的出资比例限额都有明文规定。有的国家为加强本国投资者对合资企业的控制权，一般规定外国投资者的出资比例不能超过50%。

我国为大力吸引外资，对外国投资者的出资比例无上限规定，但规定了下限，即外国投资者的出资比例不能低于企业注册资本的25%。

(5)国际合资经营企业的出资方式。如果说出资比例反映了投资者的投资份额和投资规模，那么出资方式则反映了投资者的投资工具和投资构成。根据资产的存在形态不同，出资方式分为两大类，即实物资产和无形资产。这里的实物资产是广义上的实物资产，既包括以厂房、机器设备、土地、原材料等折价入股，又包括直接的现金出资。这里之所以将现金作为一种实物资产出资方式，是因为直接的现金投入最终需要一定的实物作为其物质载体和价值依托。因此，现金出资实际是一种隐性的实物资产出资。现金出资方式是合资经营中最主要的一种出资方式，一般是按规定的比例由双方共同投入。东道国为解决本国经济发展中资金不足的困难，一般鼓励外国投资者多以现金出资，有的国家甚至明文规定了外国投资者投资总额中现金出资比例的下限。以机器设备、厂房等具体实物折价入股也是一种重要的出资方式，在此种方式中较重要的一个问题是资产的价值评估，一般是参考国际市场的公允价格来确定的。东道国政府对外国投资者的此种出资方式一般都有限制性规定，如出资比例限额、技术先进性、价格合理性，以及东道国无法替代性等，而对于本国投资者，则鼓励应用此种方式，以解决资金不足的问题。无形资产出资方式在合资经营中也占有重要地位，因为将在下一节中作详尽阐释，这里不再赘述。

总之，股权参与下实物资产的运营方式，无论是全部股权参与的独资经营方式，还是部分股权参与的合资经营方式，都离不开特定公司实体的整体运作，投资主体收益的取得、风险的承担，都以股权为基础，这是与下述的非股权参与方式最为显著的区别。

(二)非股权参与下实物资产的运营方式

1. 非股权参与下运营方式的特点

非股权参与下实物资产的运营方式，是指在不以股权为基础的前提下，国际投资主体将实物资产投入运营的直接投资方式。非股权参与方式和股权参与方式相比，主要特点有四个：

(1)非股权性。在非股权参与方式下，资产的运营是完全脱离股权关系的，投资者不以股权作为其参与控制的依据，投资者收益取得和风险分担往往是建立在契约关系之上的。

(2)非整合性。在股权参与方式下，资产的运营过程实际上是一个公司实体的整体运作过程，投资者要实现资产价值的增值，必须将公司实体中的各种要素加以整合；而在非股权参与方式下，资产的运营具有相对独立性，除国际合作经营外，多数情况下是独立于公司整体运作之外的。

(3)非长期性。非股权参与方式由于受到契约关系的制约，资产运营的期限一般较短，通常随合同的履行完毕或到期而终止。

(4)灵活性。非股权参与方式与股权参与方式相比,形式更加多样,资产的运营也更具灵活性;直接投资与间接融资、国际贸易等相互交叉混合,投资者的选择余地更大,相应承担的风险也更小。

2. 非股权参与下实物资产运营方式的类型

(1)国际合作经营。国际合作经营是指两国或两国以上的投资者在东道国境内,依平等互利原则,以合同形式约定合作条件,并经东道国政府批准设立以营利为目的的合作经营企业的契约式合营方式。国际合作经营企业可以是法人式的,也可以是非法人式的。法人式合作经营企业拥有独立的法人地位,具有完全的民事行为能力和民事权利能力,合作各方按合同规定建立独立的公司组织,而非法人式合作经营企业不具备法人资格,只是通过契约组成的松散的合作经营联合体。

● 国际合作经营中的出资比例和出资方式。在国际合作经营中,合作各方的出资比例和出资方式都是合同契约中明确规定的,出资方式不外乎实物资产和无形资产出资,这与合资经营大抵相同。只是由于合作各方的权利义务都是以契约关系为基础,而不是以股权关系为基础,因此,实物资产和无形资产除货币资金外,均不需要严格的价值评估和货币计价。

● 国际合作经营的组织管理形式。由于国际合作经营方式本身比较灵活,因此国际合作经营的组织管理形式也较为灵活,具体选择何种组织管理形式,须由合作各方协议确定。在实践中,国际合作经营的组织管理形式主要有三种:一种是董事会管理制。一般具有独立法人资格的合作经营企业都采取这种组织管理形式。董事会为最高权力机构,董事会下设经营管理机构,任命总经理负责企业的日常经营管理,实行董事会领导下的总经理负责制,这与合资经营相似。另一种是联合管理制。非法人式合作经营企业一般采取联合管理的组织管理形式,即由合作各方选派代表组成统一的联合管理机构作为企业的最高领导班子和决策机构,决定企业的重大问题。在这种形式下,合作各方把其参加合作经营的资产交联合管理机构管理和使用,但他们仍分别对资产拥有所有权。第三种是委托管理制。即由合作经营企业委托合作一方或合作双方以外的第三方对合作经营企业进行管理。

● 国际合作经营与合资经营的比较。按联合国工业发展组织编写的《发展中国家工业合营企业协议手册》,它将合营分为两种基本类型:股权式合营与契约式合营。股权式合营即合资经营,契约式合营即合作经营。国际合作经营与合资经营既有相同的一面,也各有其鲜明的特点。二者的共同点是参与合作或合资的有关各方,对企业共同投资、共同管理、共享利润和共担风险;二者都要考虑投资项目的利润水平、投资的安全保障以及东道国投资环境等各方面因素;二者的投资目的也大致相同,都是为了实现资产运营中的价值增值,获取投资收益。

国际合作经营与合资经营的区别主要表现在:第一,合作经营是契约式合营,合资经营是股权式合营。合作经营中合作各方依照合作合同的约定享受权利、承担义务,合作者的投资或提供的合作条件不必折成比例。合资经营中合营者根据其出资比例分享利益，承担风险，实现对企业的控制。第二，合作经营企业可以是法人，也可以是非法人；而合资企业则必须是法人。合作企业的组织比较灵活，可以组成法人型的，也可以组成非法人型的，其组织管理形式可分为董事会制、联合管理制和委托管理制。合资企业的组织形式多为有限责任公司，实行董事会领导下的总经理负责制。第三，由于国际合作经营形式更加灵活多样，因而审批手续较合资经营更为简便。

(2)国际工程承包。国际工程承包是指一国具有法人地位的从事国际建设工程项目的企业，在国际市场上通过投标或接受委托等方式，与国外业主签订合同，根据合同要求承担某项工程的建设任务，以取得一定报酬的国际经济活动方式。国际工程承包是第二次世界大战后兴起的一种新兴的非股权参与下实物资产运营的直接投资方式。它主要有以下特点：第一，在此种方式下，作为国际投资客体投入运营的实物资产不仅包括一般的物质资料，如原材料、机械设备等，还包括人力资源，即国际工程承包与劳务的输出输入的结合。因此，国际工程承包有时也被看成是国际劳务合作的重要方式。第二，国际工程承包日趋激烈。由于许多国家和地区都将国际工程承包作为赚取外汇、解决就业的重要手段，因此纷纷采取措施鼓励对外工程承包，如给予承包公司延期付款、商业信贷等优惠措施，争取获得承包项目，从而加剧了国际工程承包市场竞争的激烈性。第三，国际工程承包涉及面广，呈现多样化特征。国际工程承包涉及楼房建筑、公路、桥梁、厂房、电站、水坝、基建工程、地质勘探、机场和港口建设等多重领域；在提供劳务员工方面既有劳力输出输入，也有智力输出输入。第四，国际工程承包的技术构成不断提高。当代国际工程承包已逐步由“劳动密集型”向“技术密集型”转化，国际劳务市场对参与国际工程承包的劳务人员的技术要求也越来越高。

国际工程承包的主要方式有以下三种：

第一，总包。是指一家承包商独家充当总承包人与业主签订合同，对整个工程项目全面负责。

第二，分包。是指总承包商将工程的一部分转包给其他承包商，分包商与项目业主没有直接联系，只向总承包商负责。分包方式对于发挥承包商各自的优势、减少风险起重要作用。

第三，联合承包。又称分项承包，是指项目业主将整个工程分为若干部分，由几家承包商根据各自的专业特长和优势，联合起来，共同承包。承包商仅就自己负责的部分，与项目业主签订合同。这种方式特别适用于规模巨大、技术复杂的工程项目。

(3)补偿贸易。补偿贸易是出口方在进口方外汇资金短缺的情况下，不以收取现汇为条件，向国外输出机器设备和转让技术，待工程建成投产后再以产品形式分期收回其价款的一种集投资、贸易、间接融资为一体的非股权参与下资产运营的直接投资方式。补偿贸易涉及的投资客体既包括实物资产(主要是机器设备)，又包括无形资产

(主要是专有技术和专利等)。但二者的运营过程及特点大体相同。补偿贸易的主要特点有:第一,出口方不仅是贸易主体,同时又是投资主体。由于补偿贸易是以产品作为偿付价款的主要手段,设备输出或技术转让与价款的偿付有一定的时间间隔,出口方在输出设备或转让技术后,对这些资产在进口方企业的实际运营效果要予以关注,以保证收回的产品满足其特定要求,保证投资收益的取得,这时的出口方已超出了单纯的贸易主体范畴,兼具投资主体的性质。第二,具有赊销易货贸易性质。补偿贸易中,进口方一般不必动用现汇支付价款,而是待投产后再分期以产品偿付其价款,因此它具有明显的易货贸易性质。第三,是一种特殊的间接融资方式。补偿贸易中,进口方是先利用引进的设备和技术进行生产,再用生产出的产品偿付价款,这之间有较长的时间间隔,一般少则一二年,多则几十年,这对进口方实际起到了一种间接融资的作用。第四,具有对等贸易性质。补偿贸易中用产品偿付的对象是引进的设备或技术,而用于偿付的产品一般都是引进设备、技术的直接产品,并且是以直接产品的出口来补偿进口设备等的价款,所以它又具有对等贸易的性质。

根据偿付设备价款形式的不同,目前国际上常见的补偿贸易主要有以下三种形式:

第一,直接补偿。又称产品返销或回购,指进口方用引进的设备或技术所生产的全部产品分期偿还进口合同的价款。为此,出口方在签订合同时必须承担按期购买一定数量直接产品的义务。这是当前补偿贸易的基本形式,在国际上广为应用。

第二,间接补偿。是指进口方引进的设备或技术不生产有形产品,或生产的有形产品出口方并不需要,或进口方对产品有较大需求,那么经双方协商一致,也可以用其他指定产品来分期偿还进口合同的价款。

第三,部分补偿。又称综合补偿,是指补偿贸易中进口设备、技术等的价款,部分用直接产品或间接产品偿付,部分可用现汇或贷款偿付。

第二节　无形资产

无形资产指的是企业为进行生产经营活动而取得的,能给企业带来未来经济利益的,但不具有实物形态的资产。无形资产是人类脑力劳动创造出来的精神财富,因此又称智力成果。它在企业生产经营过程中发挥重要作用,是企业的一项重要的经营资源,它不仅能为企业自身的经营活动带来经济利益,还能作为一种重要的投资工具,使企业在对外投资活动中取得收益。

无形资产按其是否受法律保护,可分为受法律保护的无形资产和不受法律保护的无形资产。前者主要指专利权、商标权、土地使用权等工业产权,后者主要指专有技术、技术诀窍等。按其是否可辨认,又可分为可辨认无形资产和不可辨认无形资产。

那些具有专门标的，可以单独取得和单独转让的无形资产，称为可辨认无形资产，大多数无形资产都属此类；那些不具有专门的标的，既不能单独取得，也不能单独转让的，称为不可辨认无形资产，这主要是指企业作为整体买卖，以及企业合并时所确认的商誉。无形资产是跨国公司在跨国经营活动中垄断优势的重要体现，也是跨国公司进行投资所要特别考虑的重要因素。

一、国际投资中无形资产的取得方式

无形资产的取得方式是指跨国公司等国际投资主体投入一定的人力、物力以取得特定无形资产的方式。这里的无形资产主要是指跨国公司的专利、专有技术以及与此相联系的发明能力和技能。技术、发明能力和技能是影响企业竞争力的关键因素，随着知识经济的发展、全球竞争的激化、产品生命周期的缩短、技术进步的加快，企业发明降低成本新工艺的能力日益成为增强企业竞争力的重要决定性因素。跨国公司从保持垄断优势和市场竞争力的连续性角度出发，主要通过研究和开发(R&D)取得无形资产，R&D 被视为跨国公司形成核心竞争力的源泉之一。这里的研究和开发有两条途径：一条是跨国公司体系内部的 R&D，另一条是跨国公司体系外部的 R&D。

(一)跨国公司体系内的 R&D

1. 概况

跨国公司体系内的 R&D，是指跨国公司体系内的母公司与国外分支机构共同承担技术、技能的研究与开发。目前，全球民用 R&D 开支的 70%—80%集中在跨国公司体系内部。从专利发明情况看，世界最大的 700 家工业企业(其中多数是跨国公司)的专利发明占世界商业专利发明的 50%左右。在全球竞争压力下，跨国公司还在不断增加自己 R&D 的开支，如 20 世纪 90 年代以来，美国跨国公司体系内 R&D 的开支增加了 2 倍多。

跨国公司体系内位于母国的部分(母公司及其国内分支机构)，传统上一直是进行 R&D 的主要区位，特别是那些基础性、高科技的研发活动大都集中在公司总部或母国进行。据统计，1992 年美国跨国公司体系内 R&D 的支出，87%是花在美国本土，只有 13%是花在国外分支机构。然而，这一状况从 20 世纪 90 年代中期开始发生变化：跨国公司体系内的 R&D 活动正日益朝着国际化、全球化的方向发展。

2. 跨国公司 R&D 全球化

跨国公司 R&D 全球化是指跨国公司为了充分利用不同东道国在人才、科技实力以及科研基础设施上的比较优势，在全球范围内有组织地安排科研机构，以从事新技术、新产品的研究开发。

(1)跨国公司 R&D 全球化的特征。众多的统计数据表明，跨国公司 R&D 全球化已成为一股强大的趋势，其主要特征是：

第一，跨国公司海外 R&D 支出占总 R&D 支出的比例不断上升。加大海外

R&D的投入已成为近年来发达国家跨国公司实施全球经营战略的一个重要组成部分。根据2011年欧盟工业研发投资报告，2010年1 400强企业研发投入为4 560亿欧元，占全球研发投资比重的51.8%。2018年，联合国贸发会议指出：百强企业中的跨国公司在研发方面的投资超过3 500亿美元，占所有企业研发投资的1/3以上。技术、制药和汽车业的跨国公司研发支出最多。发展中国家跨国公司百强的研发强度（较销售额而言）要低得多。全球对研发活动的绿地投资额相当可观，而且还在增长。2013—2018年，跨国公司宣布了5 300个本国市场之外的研发项目，占所宣布绿地投资项目总数的6%以上，而2008—2012年则只有4 000个本国之外的研发项目。发展中经济体和转型期经济体获得了其中45%的项目。大多数与研发有关的外国直接投资项目都是附加值相对较低的设计、开发和测试活动，而不是基础研究。

表6—2　　2018年世界最大100家跨国公司中研发投入前20名企业

排　名	企　业	国　家	研发支出（10亿美元）	研发强度
1	亚马逊	美国	28.8	12.4
2	谷歌	美国	21.4	15.7
3	三星	韩国	16.5	7.5
4	华为	中国	15.3	14.1
5	微软	美国	14.7	13.3
6	苹果	美国	14.2	5.4
7	英特尔	美国	13.5	19.1
8	罗氏	瑞士	12.3	20.3
9	强生	美国	10.8	13.2
10	丰田	日本	10.0	3.6
11	大众	德国	9.6	3.4
12	诺华制药	瑞士	9.1	16.5
13	博世	德国	8.7	9.2
14	福特	美国	8.2	5.1
15	辉瑞	美国	8.0	14.9
16	通用汽车	美国	7.8	5.3
17	戴姆勒	德国	7.5	3.9
18	本田	日本	7.3	5.1
19	赛诺菲制药	法国	6.7	16.0
20	西门子	德国	6.4	6.7

资料来源：UNCTAD, *World Investment Report*, 2019.

第二,跨国公司海外R&D分支机构数量不断增加。建立海外R&D机构是跨国公司R&D国际化最主要和最直接的形式。为了更好地给参与国际竞争的海外子公司提供技术支持以及更充分地利用全球技术资源,跨国公司越来越多地将R&D机构的区位配置于海外。首先看,500强中跨国公司的研发海外化比率:荷兰、瑞士、德国、英国和意大利的跨国公司的研发海外化比率分别高达81%、78%、66%、60%和50%;美国为31%;日本最低,为8%(见表6—3)。其次看,外国公司在本国所设研发机构占本国研发机构总数的比率:加拿大和意大利为62%,荷兰为55%,英国为50%,美国为39%,日本为3%。

表6—3　　500强跨国公司研发海外化比率　　单位:%

国别	荷兰	瑞士	德国	英国	意大利	美国	日本
比率	81	78	66	60	50	31	8

资料来源:杜军、费卉卉、李沫、焦媛媛,《跨国公司海外R&D机构区位选择过程影响因素研究》,载于《管理学报》2011年第5期。

第三,跨国公司海外R&D分支机构的专利日益增多。专利是测度R&D产出的重要指标,因而也是衡量R&D国际化程度的基本指标之一。统计资料和大量研究表明,跨国公司在专利中海外R&D机构获得的专利的比重正在不断上升,并已达到相当高的比重。据Patel和Vega对世界上500家最大的跨国公司中的359家公司的考察,1992—1996年,美国、日本和西欧的跨国公司海外附属公司获得的专利数占其专利总数的12.6%,这一比重已高于其同期海外R&D支出的比重。欧洲一些国家,如比利时、荷兰和英国,海外附属公司的专利比重已占到50%以上。同时还发现,从20世纪80年代早期到90年代中期,这些公司的海外专利件数增加了2.4%,其中欧洲公司的海外专利增加最快,达3.3%,而日本公司略有下降。西欧各国间的差异很大,海外专利发展最快的是法国,这期间增加了12.9%。纽约科学院的报告也显示,在几乎所有的OECD国家,外国公司申请专利的数目都比10年前增长了好几倍;OECD国家的科学家和科研机构在该组织之外的国家申请专利的数目也在不断增加。

第四,海外研发活动对跨国公司的技术开发与创新的贡献度不断提高。与海外研发投资不断增加的趋势相符合,跨国公司的海外研发机构的作用也不断增强,海外研发机构对跨国公司的技术创新与开发的贡献也越来越大。目前,美国跨国公司研发的重点是制药与生物科技、技术硬件与设备、软件与计算机服务、汽车与配件四大产业,研发投入占比70%。欧盟跨国公司研发的重点是汽车与配件、制药与生物科技、航天航空与国防、化工五大产业,研发投入占比62%。日本跨国公司研发的重点是汽车与配件、技术硬件与设备、制药与生物科技、电子与电器设备、休闲产品五大产业,研发投入占比72%。

(2)跨国公司R&D全球化的动因。促进跨国公司R&D全球化趋势的动因主要有三：

第一，全球化带来的竞争压力。竞争压力增加了跨国公司对世界范围知识、专业人才和技能的需求，发达国家、经济转轨国家，以及越来越多的发展中国家存在着巨大的科学、技术人才库，这类人才的世界可供性促进了跨国公司体系内研究与开发活动的分散化。

第二，技术进步。通讯与信息技术的进步允许将研究与开发分解成许多自成体系的研究活动，这些活动可以在不同地理位置上进行，然后进行合成；同时，现代化通讯信息技术甚至可以允许进行一体化流水作业的跨国研究与开发活动。

第三，管理框架的变化。外国投资者股权参与或与当地大学、科技中心合作，知识保护增强等都促进了跨国公司体系内研究、开发活动的分散化。此外，一些国家建立科学园区之类的政策行为也对跨国公司将研究与开发活动安排到国外分支机构去的决策产生了积极的影响。

总之，为了保持和增强自己的竞争能力，利用其他地方存在的科学技术能力，利用不同国家的研究、开发成本差异，获得研究、开发的规模经济与地域效益，跨国公司通过其体系内的研究、开发活动在全球内更广泛地开展，所获得的好处越来越大。

（二）跨国公司体系外的 R&D

1. 概况

跨国公司不仅使用自己体系内的资源和技术能力来进行研发活动，它们还与体系外的企业建立起广泛的研发合作关系。这类合作安排包括：跨国公司间的研发战略联盟、跨国公司体系与其他企业间的技术合作、跨国公司体系与大学或研究机构之间的合作安排。这类合作安排允许资料共享、共同攻关和合作资源共享，这类合作对增强跨国公司的竞争能力有重要作用。

2. 跨国公司研发战略联盟

20 世纪 70 年代后期以来，跨国公司战略联盟作为跨国公司之间竞争与合作的“双赢”范式，因其具有灵活、快速、非正式和经济性等优势而备受青睐。据统计，1970—1982 年，全球共有战略联盟 1 546 个，而 1995 年，这一数据升至 4 600 个，到 1998 年，这一数据已经超过 10 000 个。

(1)跨国公司战略联盟类型。跨国公司战略联盟以实现的战略目标来区分，可分为三类：一是战略研究开发(R&D)联盟，主要是集合各自的技术优势，以专项技术为突破口的联合及委托研究，目标在于缩短技术开发周期、分担技术开发成本，共享技术领先优势；二是战略生产联盟，以行业为依托，集合各自的产品生产优势形成的联合制造网络，目标在于集合联盟各方的生产技术优势，降低开辟新的生产线和改装生产线时的风险；三是战略营销联盟，主要是供应与外部销售方面的协议，目标在于集中联盟各方的市场销售力量，降低保持市场地位或进入新市场的成本与风险。其中，战略研究开发联盟是一种普遍的形式，半数以上的战略联盟属于研究开发战略联盟，在高技术行业，特别是信息技术业与生物技术业更是如此。例如，IBM 公司与众多的电脑公司、网络公司、软件公司、数据通信公司等建立了广泛的研究开发战略联盟(见图 6—2)。表 6—4 显示了新技术领域内全球跨国公司研究开发战略联盟的发展情况。

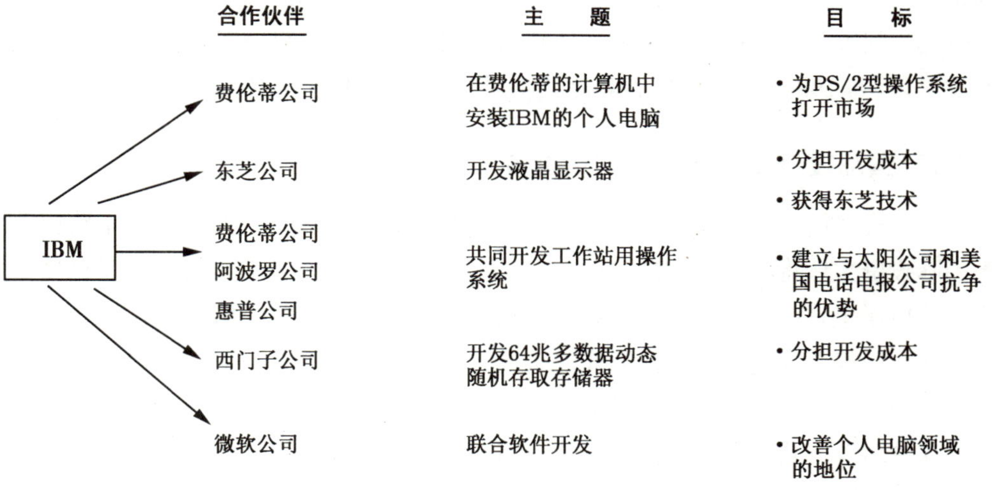

图 6—2　IBM 公司利用研究开发战略联盟加强其业务系统的情况

表 6—4　　**新技术领域缔结研究开发战略联盟统计**　　单位：项

核心技术	1980—1982 年	1983—1985 年	1986—1988 年	1989—1991 年	1992—1993 年	总　计
新材料	58	104	198	111	100	571
信息技术	275	544	674	717	496	2 706
生物工程	193	258	363	173	248	1 235

资料来源：UNCTAD，根据 MERIT-CATI 数据库的资料整理。

(2)跨国公司研究开发战略联盟发展的动因。促使跨国公司研究开发联盟发展的主要动因有三：第一，消费者需求和偏好的趋同。全球各地的消费者，不论国籍如何，日益接受同样的消息，追求同样的生活方式，渴望得到同样的产品，限定 IBM 公司计算机和东芝笔记本型计算机市场的不是地理国界，而是产品对用户的内在吸引力，而不论这些用户住在哪里。第二，技术进步和技术扩散速度的加快，使多数大公司不再能在所有技术领域都保持尖端优势。没有哪项技术可能长时间保持专有，没有哪个公司可能掌握一切技术，全球经营意味着跨国公司必须与合作伙伴携手并进，而这反过来又意味着技术的进一步扩散。正如我们在上文中看到 IBM 公司的例子那样，IBM 公司之所以能在个人计算机方面取得巨大的成就，核心就在于它决定并有能力使开发工作成为管理多重外部供货商的过程。第三，全球化的各种力量彻底颠覆了完全击败竞争对手的纯粹竞争逻辑，跨国公司日益发现实现全球经营，在全球舞台上竞争，要面临巨大的成本压力。战略联盟，甚至是与竞争对手的战略联盟，可使跨国公司在全球经营中有效分担成本，从而增强其全球竞争力。

3. 其他

跨国公司还与母国和东道国当地研究中心和研究机构间建立联系。例如，瑞典Astra公司在印度的分支机构既与瑞典的研究机构合作，又与印度科学院合作；美国福特公司与中国政府合作，建立了160万美元的研究与开发基金；在美国，跨国公司与联邦化工研究院、能源部、国家标准与技术研究所和国家保健研究所签订合作研究与开发协议，到1994年7月底，签署此类协议的成员公司达1 646家之多。

二、国际投资中无形资产的运营方式

无形资产的运营方式，即通常所说的国际技术转让或转移方式，它是指跨国公司等国际投资主体将其所拥有的专利、专有技术等无形资产以有偿转让或转移的形式实现其价值增值，获取投资收益的直接投资方式。与实物资产一样，它也主要包括股权参与和非股权参与这两种基本形式。

（一）股权参与下无形资产的运营方式

这种运营方式又包括全部股权参与和部分股权参与两种形式。

1. 全部股权参与下的无形资产运营方式

这种方式是跨国公司母公司与其国外独资经营的分支机构之间的国际技术转让方式，是纯粹的跨国公司体系内的技术转移和流动。如前所述，跨国公司体系内技术的研究与开发越来越具有分散化的趋势，因此，跨国公司体系内的技术流动不仅包括母公司向国外分支机构的转移，还包括国外分支机构向母公司的转移，带有双向流动的特征。

虽然母公司和国外分支机构在跨国公司国际技术转让中享有特权，但这并不意味着这种跨国公司体系内的技术流动是以无偿方式进行的，跨国公司母公司与其国外独资经营的分支机构间的国际技术转让仍是一种有偿转让。跨国公司体系内专利使用费的支付可以成为衡量跨国公司体系内技术转让的重要指标。一般地，公司体系内专利使用费的支付在整个专利使用费的支付中占有相当大的比重。例如，1992年美国跨国公司体系技术转让费收支总额达到27 711万美元，其中体系内技术转让费收支就达到了20 255万美元，约占总额的73%。

跨国公司通过全部股权参与实现体系内的技术流动，在一定程度上可以保守技术秘密，防止技术垄断优势的丧失，但通过跨国公司母公司与国外分支机构的溢出效应和外在效应，仍会对东道国和母国当地企业的技术能力产生影响，这种溢出效应和外在效应主要来自有经验和受过训练的人才的流动。

2. 部分股权参与下的无形资产运营方式

这种方式是跨国公司等外国投资者以其拥有的专利、专有技术等无形资产作为出资并与东道国投资者合资经营的直接投资方式。对于东道国而言，这是引进先进技术、增强技术力量以及带动相关产业技术进步的重要途径，但为了保证引进技术的进步性，东道国政府对外国投资者所投入的专利等无形资产一般都有较为严格的限制。例如，我国《中外合资经营企业法》规定，外国合营者所投入的工业产权或专有技术必须符合下述条件之一：一是能生产我国急需的新产品或出口适销产品；二是能显著改进现有产品的性能、质量，提高生产效率；三是能显著节约原材料、燃料、动力。

此外，还需特别指出的是，在合资经营中，东道国投资者也可以土地使用权等无形资产作为出资方式，以节约投资资金。

（二）非股权参与下无形资产的运营方式

非股权参与下无形资产的运营方式是指跨国公司等国际投资主体在非股权参与的情况下（主要是通过特定的合同安排）实现国际技术转让的方式。这种非股权参与下的合同安排形式是日本企业从跨国公司获得技术的主要方式，同时也是跨国公司向亚洲和拉美一些发展中国家转让技术的重要途径。对这种技术转让方式产生影响的因素主要包括技术成熟程度和复杂程度、技术和人力资源发展水平、产业特征、特定产业公司发展战略、东道国企业家精神等。一般来讲，跨国公司不太愿意通过非股权安排提供高级技术，除非它们可以通过这类安排获得研究与开发所需的技术人员之类的互补性资产。具体来说，非股权参与下的国际技术转让主要有如下几种方式。

1. 许可证安排

许可证安排是指跨国公司将其所拥有的专利、专有技术等无形资产的使用权，以许可证合同的形式向国外其他企业出售转让。许可证合同有时限定领取许可证的外国企业只能在某一市场上使用这些特有资产，以保证发放许可证的企业的竞争优势或其经营战略的安排。许可证的有效期一般在3—10年或更长。

在许可证安排中，技术转让价款可以用货币补偿，也可以用实物补偿。前者主要是以提成费的形式每年从总销售收入中按一定比例（3%—8%）逐步提取，而后者主要是以运用该项技术生产出的产品直接补偿，这也就是上节中所述及的补偿贸易的一种形式。

2. 特许专营

特许专营又称管理合同，与许可证安排相似，但在动机、服务及期限方面有所区别。在特许专营中，许可方不但授权被许可方使用其企业名称、商标及技术，而且在组织、营销及总的经营管理方面协助被许可方，以保证被许可方企业的质量控制和特有知识的有效使用。

3. 国际合作开发

国际合作开发是资源国通过招标方式与中标的一家或几家外国投资开发公司签订合作开发合同，明确各方的权、责、利，联合组成开发公司对资源国石油等矿产资源进行开发的一种非股权参与国际技术转让方式。

随着现代化大工业的发展，世界各发达工业国对能源及其他矿产资源的需求量日益增长，同时，矿产资源丰富的发展中国家又迫切需要外国资金、技术对资源进行开发，出于双方的需要，合作开发越来越成为重要的国际技术转让方式。在合作开发中，国外合作者为了尽快收回其全部投资并获得较高的利润，往往采用最先进的技术和管理方法，主管开发作业和生产作业，并向资源国转让技术，传授经验，乃至资源国按合同规定在条件具备的情况下接替作业，国外合作者则按合同规定，从开发出的矿产资源中回收其投资和费用并取得报酬。

总之，随着世界经济的不断发展，国际投资方式的不断创新，国际投资主体的不断多元化，实物资产和无形资产将会以更加灵活的方式，更为深刻地融入国际投资运行的过程之中。

阅读文献

1. 联合国贸易和发展会议：《2020 世界投资报告》，http://unctad.org/tnc。

2. 王坤：《跨国公司研发国际化的动因分析》，载于《企业管理与改革》2013 年第 2 期。

3. 杜军、费卉卉、李沫、焦媛媛：《跨国公司海外 R&D 机构区位选择过程影响因素研究》，载于《管理学报》2011 年第 5 期。

4. 曹德旺：什么是福耀走向全球的秘诀？https://www.sohu.com/a/1974 75_352084。

5. 杨晔、陈蓉、邱知奕：《风投机构联盟网络演变与联合投资行为研究》，载于《科技进步与对策》2021 年第 5 期。

习题及案例分析

一、名词解释

1. 绿地投资
2. 横向购并
3. 混合购并
4. 许可证安排
5. 国际合作开发

二、简答题

1. 简述国外子公司的主要特点。
2. 简述跨国购并的最新趋势。
3. 非股权参与方式和股权参与方式相比有何特点？
4. 试比较国际合作经营与国际合资经营的不同之处。
5. 简述跨国公司战略联盟的类型。
6. 简述跨国公司研究开发战略联盟发展的动因。
7. 简述跨国公司 R&D 全球化的特征。

三、论述题

试述收购兼并与绿地投资的选择。

四、案例分析

IBM、西门子和东芝的战略技术联盟

IBM(美国)、西门子(德国)和东芝(日本)于1992年为在20世纪末开发256兆位芯片而结成战略技术联盟。来自3个公司的200位工程师在IBM高级半导体技术中心共同工作,并向东芝的管理人员汇报,所有开发256兆位芯片所需的基本投入先由IBM投资,然后把发票寄给西门子和东芝,账单和支出由每一公司安排在其他两家公司的雇员控制。这三家公司共同研制新产品的机构包括IBM技术中心和西门子、东芝在美国的总部。

试用本章所学的有关知识对该案例作简要分析。

福耀集团:中资企业"美国工厂"名片

福耀集团是中国最具规模、技术水平最高、出口量最大的汽车玻璃生产供应商。经过2年施工,2016年,由福耀集团投资的全球最大汽车玻璃单体工厂正式在美国俄亥俄州竣工投产。该项目投资6亿美元,是该州历史上最大的一笔中国投资。该项目建筑面积约14.3万平方米,新上马4条生产线,形成了年产汽车玻璃300万套的规模能力,可为奔驰、宝马、宾利、奥迪、通用、克莱斯勒、大众、丰田、本田、路虎等全球几乎所有汽车制造商提供汽车玻璃及产品解决方案。企业不仅直接创造了2 800个就业岗位,还带动相关产业3 800个就业岗位。2017年,福耀玻璃在美国已经实现了扭亏为盈。实现营业收入31 899.67万美元,净利润75.45万美元。奥巴马夫妇以此为主线投资出品的纪录片《美国工厂》,荣获第92届奥斯卡最佳纪录片奖。俄亥俄州州长称福耀玻璃是俄亥俄州与中国的联系的"民间大使",希望福耀能带动更多中国企业前来投资。各大汽车制造企业称其为中资企业"美国工厂"的一张名片。

试根据以上资料,总结福耀集团是中资企业"美国工厂"一张名片的经验借鉴。

参考答案

一、名词解释

1. 答:绿地投资是指跨国公司等国际投资主体在东道国境内依照东道国的法律设立全部或部分资产所有权归外国投资者所有的企业。

2. 答:横向购并是指当购并与被购并公司处于同一行业,产品处于同一市场时的购并方式。

3. 答:混合购并是指购并与被购并公司分别处于不同的产业部门、不同的市场,且这些产业部门之间没有特别的生产技术联系时的购并方式。

4. 答:许可证安排是指跨国公司将其所拥有的专利、专有技术等无形资产的使用权,以许可证合同的形式向国外其他企业出售转让。

5. 答:国际合作开发是指资源国通过招标方式与中标的一家或几家外国投资开发公司签订合作开发合同,明确各方的权、责、利,联合组成开发公司对资源国石油等矿产资源进行开发的一种非股权参与国际技术转让方式。

二、简答题

1. 答:国外子公司的主要特点是:

(1)子公司具有自己独立的公司名称和公司章程;

(2)子公司具有自己独立的行政管理机构;

(3)子公司具有自己的资产负债表和损益表等财务报表;

(4)子公司可以独立地以自己的名义进行各类民事法律活动,包括进行诉讼。

2. 答:跨国购并的最新趋势是:

(1)跨国购并高度集中在发达国家;

(2)跨国购并的个案金额屡创新高,这些大型跨国购并多属业内兼并(横向兼并),并且主要发生在一些市场集中度本来就较高的行业;

(3)金融创新推动了跨国购并的发展;

(4)横向购并仍是主要形式;

(5)大多数跨国购并是非敌意的。

3. 答:非股权参与方式和股权参与方式相比有以下特点:

(1)非股权性;

(2)非整合性;

(3)非长期性;

(4)灵活性。

4. 答:国际合作经营与国际合资经营的不同之处有:

(1)合作经营是契约式合营,合资经营是股权式合营;

(2)合作经营企业可以是法人,也可以是非法人,而合资经营企业均为法人;

(3)合作经营审批较合资经营更为简便。

5. 答:跨国公司战略联盟的类型有:

(1)战略研究开发联盟,主要是集合各自的技术优势,以专项技术为突破口的联合及委托研究,目标在于缩短技术开发周期、分担技术开发成本,共享技术领先优势;

(2)战略生产联盟,以行业为依托,集合各自的产品生产优势形成的联合制造网络,目标在于集合联盟各方的生产技术优势,降低开辟新的生产线和改装生产线时的风险;

(3)战略营销联盟,主要是供应与外部销售方面的协议,目标在于集中联盟各方的市场销售力量,降低保持市场地位或进入新市场的成本与风险。

6. 答:跨国公司研究开发战略联盟发展的动因是:

(1)消费者需求和偏好的趋同;

(2)技术进步和技术扩散速度的加快,使多数大公司不再能在所有技术领域都保持尖端优势;

(3)全球化的各种力量彻底颠覆了完全击败竞争对手的纯粹竞争逻辑,跨国公司日益发现实现全球经营,在全球舞台上竞争,要面临巨大的成本压力。

7. 答:近年来,跨国公司 R&D 全球化发展的特征是:

(1)跨国公司海外 R&D 支出占总 R&D 支出的比例不断上升;

(2)跨国公司海外 R&D 分支机构数量不断增加；

(3)跨国公司海外 R&D 分支机构的专利日益增多。

三、论述题(提示)

答：1. 把握收购兼并与绿地投资各自的优缺点；

2. 考虑影响收购兼并与绿地投资选择的外在因素。

四、案例分析(提示)

1. 答：随着国际竞争环境的日益复杂和竞争压力的不断增大，跨国公司为了获取保持其具有垄断优势的技术资源，不仅通过其自身体系内的研究与开发，还通过体系外的合作与交流，跨国公司研究开发战略联盟就是一种重要的体系外合作方式。IBM、西门子和东芝都是半导体行业的巨头，也是主要的竞争对手，他们能“心平气和”地走到一起来合作研究、开发，除了宏观环境因素外，主要与半导体行业的微观特征有关。一方面是产品生命周期短，工艺革新率较高；另一方面是研究与开发需要承担高额成本和风险。这三家公司缔结联盟的主要目标就是分担在设计新型芯片中涉及的高额成本(估计要 10 亿美元)及其风险和实现知识共享，保持关键技术的独占性，从而排挤新的竞争者，形成寡占竞争的态势。

2. 答：福耀集团是中资企业“美国工厂”一张名片的经验借鉴是：

(1)走出去要符合战略需要，行动伊始，战略先行。不能为了“走出去”而“走出去”，走出去要有明确的全球战略目标，根据企业的中长期战略规划，海外布局要围绕企业的战略发展和转型需要开展。

(2)提前布局、充分调研，产品先行，防范风险。实施海外布局一定要了解当地市场、法律法规、文化差异，走出去风险大，既要敢于冒险、不错过机会，又要周密策划、防范风险。为此，福耀集团在产品先行、了解并适应客户需求的基础上，对美投资研究了 19 年，对俄投资研究了 17 年。

(3)技术过硬，持续研发，融合文化，根植本土。

第七章　金融资产

国际投资客体除了包括实物资产与无形资产，还包括金融资产。如果说实物资产与无形资产是国际直接投资的主要客体，那么金融资产则是国际间接投资的主要客体。作为国际投资客体的金融资产是指国际化的金融资产，它既包括海外发行与流通的国际证券，同时也包括国内发行但由外国投资者购买的国内证券，从这层意义上说，国际证券投资的发展实质上反映的是证券市场的国际化。近几十年来，经济全球化的发展和通信信息的技术进步极大地促进了证券投资的国际化，国际证券投资的发展不仅对国际资本市场结构的演变产生了巨大影响（证券化融资的比重已远远超过了信贷融资的比重），而且对世界经济格局也产生了深刻影响。从目前的发展形势看，以金融资产为代表的虚拟经济的发展速度远远超过了实体经济的发展速度。1970—1997年，发达国家对外直接投资额增长了32倍，全世界投资额从152亿美元增加到6 400亿美元，增长了41倍；世界国际商品贸易额（出口额）从3 151亿美元增加到60 888亿美元，增长了183倍；而同期国际证券投资净额增长了265.6倍。1998年，世界金融市场金融衍生品交易为国际直接投资额的154倍，是国际商品贸易额的10.5倍。本章将分别对国际债券、国际股票和金融衍生工具进行阐述。

第一节　国际债券

如上所述，作为国际证券投资客体的债务证券既包括海外发行与流通的国际债券，也包括国内发行但由外国投资者购买的国内债券，本节重点介绍国际债券，同时也将简要介绍国内债券国际化的发展情况。

一、国际债券概述

（一）国际债券的概念

债券作为投资工具，其本质是一种债权债务关系的凭证。债券投资者有权在债券发行后的特定日期向债券发行人收回本金，并在债券有效期内按规定收取一定数额的利息。关于债券历史的记录，可上溯到公元12世纪末期意大利的威尼斯、热那亚等城市共和国，当时的主要目的是筹集军饷。到了19世纪，随着资本主义工商业的迅猛发展和国家机构开支的日益增加，债券开始成为资本主义工商企业和政府广泛使用的筹资手段。20 世纪初，一些债券的发行和流通超出了本国的国界，国际债券由此产生。

所谓国际债券，是指各种国际机构、各国政府及企事业法人遵照一定的程序在国际金融市场上以外国货币为面值发行的债务融资凭证。国际清算银行(BIS)是按照国际债务证券(International Debt Securities)的大概念来界定国际债券的，其中既包括一般的中长期债务融资工具——狭义的国际债券(International Bonds and Notes)，也包括短期的(3 个月以内的)国际货币市场债务融资工具(International Money Market Instruments)。

(二)国际债券的分类

理论上和实务上对国际债券有很多的分类方式，主要有以下两种分类方式。

1. 理论上国际债券的分类

理论上国际债券通常是按照发行国、发行地国、发行面值货币之间的关系来分类的，按这种方法，国际债券(狭义的)可以分为外国债券、欧洲债券和全球债券三类。

(1)外国债券。外国债券(Foreign Bonds)是发行人在外国发行的，以发行地所在国的货币为面值的债券。比较著名的外国债券有外国筹资者在美国发行的以美元为面值的扬基债券(Yankee Bonds)，在日本发行的以日元为面值的武士债券(Samurai Bonds)等。近年来，随着亚洲经济的快速发展，又出现了一种龙债券(Dragon Bonds)，它是以非日元的亚洲国家货币为面值发行的外国债券。

(2)欧洲债券。欧洲债券(Euro Bonds)是欧洲货币出现之后的产物，是指筹资人在债券面值货币的发行国以外的第三国或离岸金融市场上发行的国际债券。欧洲债券产生于 20 世纪 60 年代，最初出现的是欧洲美元债券。20 世纪 70 年代以来，以日元、德国马克、瑞士法郎以及后来的欧元为面值的欧洲债券所占比重逐步增加。目前，欧洲债券在国际债券中占据主导地位。

(3)全球债券。全球债券(Global Bonds)是 20 世纪 80 年代末产生的新型金融工具，是指在世界各地的金融中心同步发行，具有高度流动性的国际债券。与欧洲债券类似，全球债券也同时在许多国家进行销售。但与欧洲债券不同的是，全球债券是记名债券，经常在美国注册，有时也在其他国家注册。全球债券被存放在共同的存托中心(如票据交换中心、欧洲银行票据交换中心或者美国的存款信托公司)，这些存托中心加强了当地市场及不同地区投资者之间的二级市场交易。全球债券策略是为大量资金需求的发行者设计的，它们通过获得尽可能多的投资者而从中受益。发行规模及与此相联系的大范围的分配，以及二级市场交易机会，提供了吸引投资者的流动投资。这样，即使全球债券发行策略引起了附加发行成本，发行人也可享有较低的筹资完全成本。正是由于全球债券的发行成本较低，近年来全球债券市场发展较快。世界银行在 1989 年首次发行了这种债券，并一直在该领域占主导地位。其发行面值有美元、欧元及日元等。有些国家也发行过全球债券，如瑞典在 1993 年 2 月发行了 20 亿美元的全球债券；而意大利在1993年9月发行了55亿美元的全球债券，1994年1月又发行了3 000亿日元的全球债券[①]。到目前为止，规模最大的全球债券发行是2000年6月底德意志电信公司发行的145亿美元的全球债券。全球债券在国际债券市场所占份额在1988—1991年间约为4%—5%，而在1992—1994年5月间已达7%—8%。[②] 世界银行在2000年1月19日发行的30亿美元的全球债券是创新中的创新，被称作电子债券或E-债券。这种5年期债券的发行完全通过互联网销售和分配。E-债券形式潜在地为发行者和投资者提供了好处。首先，它允许世界银行适时监督订单的流向，从而估计发行需求。其次，它允许所有投资者在初级市场上以同一交易费用购买债券，这使潜在的发行需求最大化。[③]

2. 实务上国际债券的分类

实务上国际债券的分类主要以国际清算银行的分类方法为标准，因为目前国际债券市场的有关统计数据是由国际清算银行定期统计公布的，运用国际清算银行的分类方法便于数据的分析。如上文所述，国际清算银行首先按照期限长短将国际债务证券分为(狭义的)国际债券和国际货币市场工具，然后对于(狭义的)国际债券和国际货币市场工具又有进一步的细分。

(1)(狭义的)国际债券(International Bonds and Notes)的分类。按利率结构可以分为固定利率债券、浮动利率债券和与股权相联系的债券。第一，固定利率债券(Fixed Rate Bonds)又称直接债券(Straight Bonds)，其期限、利息率固定，且不可转换，是传统的国际债券品。直接债券在国际债券市场上一直占主导地位，(狭义的)国际债券中大约75%左右属于这类债券。第二，浮动利率债券(Floating Rate Bonds)是借款利息率在整个债务期间定期(如每3个月)按市场利率水平进行调整的债券。浮动利率债券产生于20世纪70年代上半期，目的在于更为合理地在发行者与投资者之间分摊风险。其利息调整方法一般以当时的银行间同业拆借利率(Interbank Offer Rate)为基础，再根据发行人的信用等级状况加上一个利差(Spread)。浮动利率债券一般占(狭义的)国际债券的20%左右。第三，与股权相联系的债券(Equity Related Bonds)是一种新型金融产品，它向投资者许诺可按约定条件向发行者换取某些股份或其他证券，或有权购买某些资产。这种债券于1981年首次发行，在20世纪80年代后期的有些年份，发行额曾一度超过浮动利率债券。例如在高峰时的1989年，发行额达833亿美元，而当期浮动利率债券发行额仅为178亿美元。究其原因主要是因为日本跨国企业在1987—1989年间大规模地发行与股权相联系的债券。但1990年日本股票市场的下跌和日本随后的经济不景气，使得该种债券的发行有所减少。目前，与股权相联系的债券一般仅占(狭义的)国际债券的5%左右。按发行主体可以分为金

---

① 国际货币基金组织：《国际资本市场》，中国金融出版社1994年版，第54页。

② 黄亚钧：《现代投资银行的业务和经营》，立信会计出版社1996年版，第108页。

③ M. 列维奇：《国际金融市场》，机械工业出版社2003年版，第293页。

融机构(Financial Institutions)债券、公司(Corporate Issuers)债券、政府(Governments)债券。金融机构包括商业银行和其他非银行金融机构;公司是指非金融性的私人部门;这里的政府是一个宽泛的概念,既包括一国的中央政府,也包括国有部门,还包括国际组织。从近几年的发展趋势看,金融机构债券在国际债券中占据主导地位,发行额一般占到国际债券的70%左右,其次是公司债券,政府债券所占比重最低。

(2)国际货币市场工具(International Money Market Instruments)的分类。对于短期的国际货币市场债务融资工具则一般分为商业票据(Commercial Paper)和其他工具(Other Instruments)两大类,以商业票据为主,发行额要占到60%左右。按发行主体则包括金融机构债券、公司债券、政府债券和国际组织债券四类,同样是金融机构占主导地位。

二、国际债券市场的发展

国际债券市场是指由分散在世界各主要金融中心的债券市场联系在一起的市场,虽然目前它在空间上还不可能是一个统一的市场,但金融全球化的推进和信息技术的进步使得国际债券市场在运作上已成为一个实质上的整体,或者说整个国际金融市场已经进入一体化时代了。

(一)国际债券市场大发展的原因

20世纪80年代中期以来,国际债券市场获得了飞跃式的发展。据统计,国际债券市场总余额在1986年仅为7 000亿美元,1990年达到了14 725亿美元,1995年达到了28 033亿美元,2002年激增到92 189亿美元,2014年则达到了300 000亿美元,20多年间增长了40多倍(见图7—1)。从净发行额[①]的角度来看,20世纪90年代初年净发行额仅为1 000多亿美元,21世纪初的2009年已增长到23 000多亿美元,增长了23倍多(见图7—2)。

综合来看,促进国际证券市场迅速发展的原因是多方面的,具体包括:

(1)近十几年来,全球经济总体上保持了较快的增长。尽管从短期来看,商业周期的波动依然存在,但20世纪90年代初以来,世界经济总产出(真实GDP)的增长率基本保持在2%—4%(见图7—3),正是由于不断增长的世界经济规模,为国际债券市场的扩张创造了持续的资金需求,也提供了丰富的资金来源和雄厚的物质基础。

(2)国际金融市场利率长期处于较低水平。众所周知,20世纪80年代上半期曾是国际金融市场的高利率时代,以1981年为例,3个月期存款的LIBOR利率英镑为14.32%,美元为16.87%,法国法郎则高达18.16%。直至1985年,美、日、英、德、法五国财长会议签订了“广场协议”后,各国联手逐步降低利率。到1992年,3个月期存款的LIBOR利率降低为英镑7.17%、美元3.63%、日元3.81%。此后,国际金融市

---

① 净发行额=新发行额-偿还额。

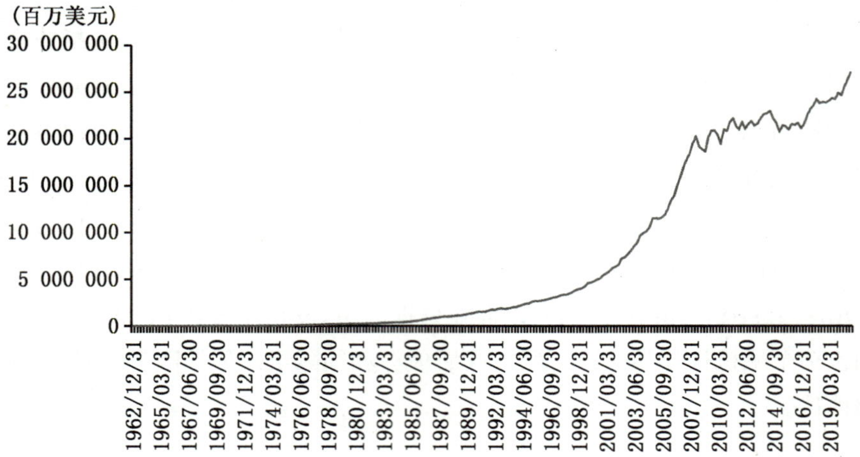

资料来源:BIS Statistics.

图 7—1 国际债券总余额的增长

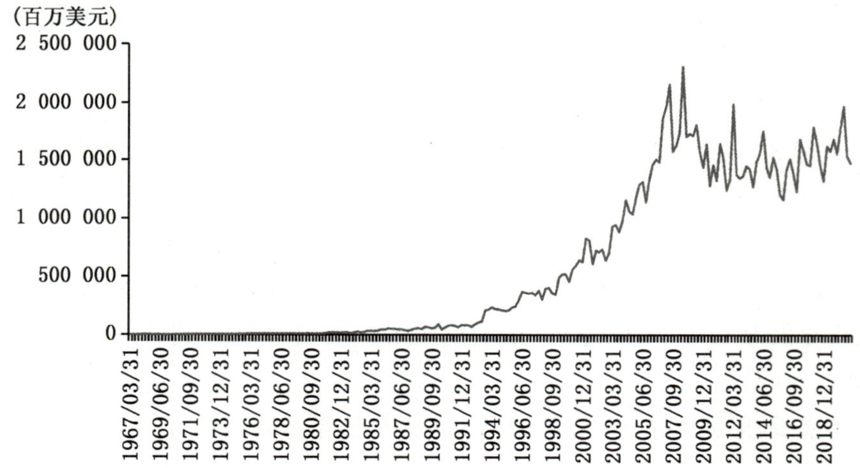

资料来源:BIS Statistics.

图 7—2 国际债券发行额(季度)

场的利率一直处于较低的水平(见图 7—4),从而促使投资者更为踊跃地进入国际债券市场。

(3)国际金融机构的实力增强及职能转变。近十几年间,以跨国银行为主体的国际金融机构的资产规模急遽增长,同时随着融资证券化趋势的发展,国际信贷在国际金融市场中所占比重不断降低,跨国银行越来越多地介入国际债券市场的活动,成为重要的国际债券发行人和投资者,国际金融机构在国际债券市场上已占据绝对主导地位。

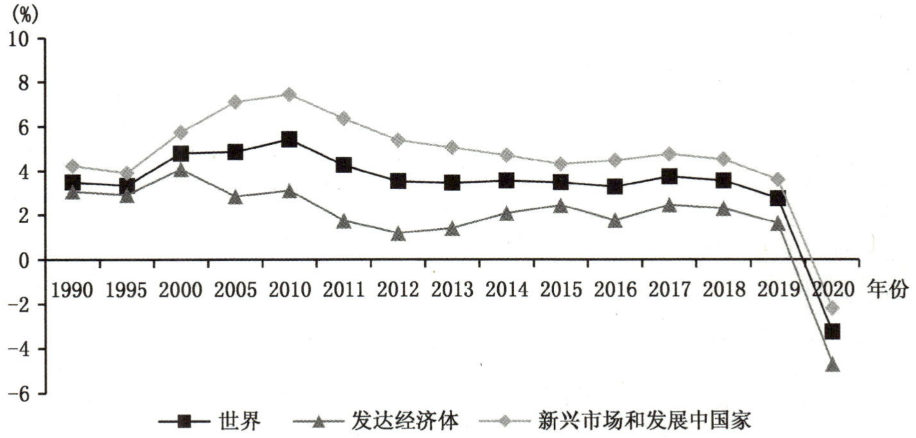

资料来源：国研网。

图 7—3　世界经济总产出的增长率

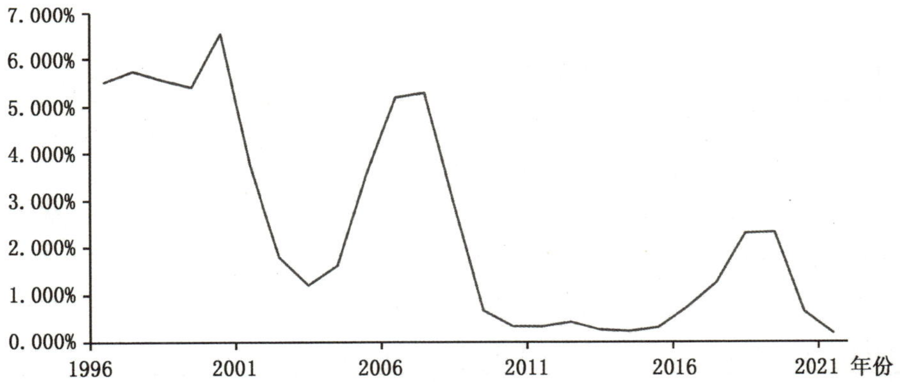

资料来源：LIBOR，https://www.global-rates.com/en/interest-rates/libor/libor.aspx.

图 7—4　3 个月期美元 LIBOR 利率

此外，促进国际债券市场发展的因素还有全球范围的产业和金融部门的重组引发了大量与购并相关的国际债券发行、世界各国较高的储蓄率、主要工业国较低的通货膨胀率、欧元发行过程中基准利率的形成、各国政府融资增加等。见图 7—5。

(二)国际债券市场的最新进展

近年来，国际债券市场的发展不仅体现在发行规模的急遽扩张上，还体现在发行品种、币种结构等的变化上。具体表现在以下方面：

1. 从期限结构看，以中长期的国际债券为主，货币市场工具所占比重较低

到 2009 年底，总发行余额中，中长期的国际债券占 96.5%，货币市场工具仅占 3.5%；从净发行额看，总规模的增长主要源于中长期的国际债券的增长，货币市场工具变化微弱(见表 7—1)。

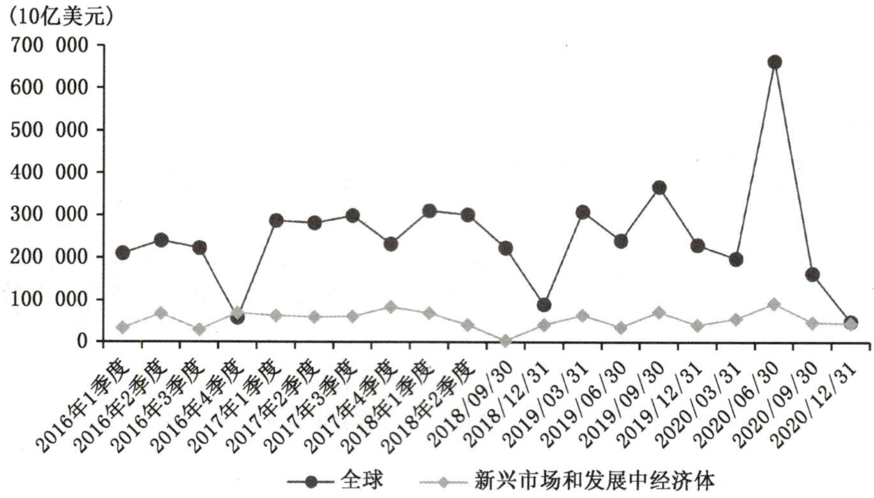

资料来源：BIS Statistics.

图 7—5 国际债券净发行额(季度)

表 7—1 **近年国际债券市场的期限结构** 单位：10 亿美元，%

项 目	总发行余额				净发行额			
	2008 年		2009 年		2008 年		2009 年	
	金额	比重	金额	比重	金额	比重	金额	比重
全部	23 859.5	100	27 010.3	100	24 27.4	100	2 335.7	100
债券	22 721.8	95.2	26 078.2	96.5	2 346.4	96.7	2 573.4	—
货币市场工具	1137.7	4.8	932.1	3.5	81.0	3.3	−237.7	—

资料来源：BIS，*Quarterly Review*，March 2010.

2. 从发行主体的国别构成看，发达国家总体上占绝对优势

20 世纪 90 年代中期以来，来自发达国家的净发行额占全球净发行总额均在 80%以上，美国和欧洲又占了发达国家中的 80%左右(见表 7—2)。就美国而言，受其国内经济持续强劲增长和企业大规模购并重组等积极因素的推动，美国的机构和公司对国际债务证券市场表现出了浓厚的兴趣，1994 年以来保持了强劲的增长势头，从 1994 年的 229 亿美元增长至 2009 年的 7 079 亿美元，增长了 30 多倍，虽然 2007 年底爆发的金融危机严重影响了美国经济，但净发行额的增长并没有受到太大影响。至于欧洲，伴随着欧盟成员国不断增加、欧元启动等有利因素，1993 年以来，欧洲的发行者在国际债务证券市场上一直十分活跃，发行净额稳步上升，1999 年达到 4 940 亿美元，比 1993 年增长了 3 675 亿美元，翻了近 2 倍。随着欧元应用越来越广泛，欧洲的发行增长势头明显。与美国和欧洲形成鲜明反差的是日本，由于国内银行体系的巨额坏账及经济持续的积弱不振，日本的发行者在国际债券市场不得不面临高得多的风险贴

水，因而不少发行者转向了国内债券市场，1993 年以来日本持续处于负的净发行地位(即偿还额超过新发行额)，20 世纪末、21 世纪初一度转为正值，但随后又持续处于负的净发行地位。对于发展中国家来说，尽管其借款人对于通过国际债务证券市场筹集资金怀有强烈的欲望，但由于国内经济的不稳定带来了很高的系统风险，导致国际投资者信心的波动。因此，发展中国家借款人国际债务证券的发行额在年度间，甚至季度间，都有着很大的变化。

表 7—2 **发达国家国际债务证券净发行额(季度)** 单位：10 亿美元

季度 地区(国家)	2016Q1	2016Q2	2016Q3	2016Q4	2017Q1	2017Q2	2017Q3	2017Q4	2018Q1	2018Q2
全球	210 354	240 049	222 738	58 011	286 716	281 373	298 721	232 315	310 206	300 838
发达国家	125 692	105 823	163 395	−36 595	125 515	111 101	145 037	68 625	94 642	120 586
美国	31 483	30 421	43 257	1	13 864	7 680	−6 054	−21 415	−26 384	−14 039
日本	8 581	16 371	12 494	8 795	12 096	14 753	41 971	16 279	3 292	6 254
新兴市场和发展中经济体	33 761	68 454	29 649	69 872	63 038	60 016	61 512	84 563	69 743	41 669

季度 地区(国家)	2018Q3	2018Q4	2019Q1	2019Q2	2019Q3	2019Q4	2020Q1	2020Q2	2020Q3	2020Q4
全球	223 426	90 526	308 314	240 645	366 954	230 200	198 721	662 719	163 559	49 467
发达国家	108 982	−17 953	172 592	86 813	198 243	93 448	53 359	444 734	−4 916	−105 734
美国	10 652	−10 700	2 231	10 015	13 377	−7 421	19 899	30 000	−26 546	−3 883
日本	17 850	20 403	2 572	2 320	21 988	11 232	−3 174	−1 947	39 582	−9 032
新兴市场和发展中经济体	4434	41 916	64 899	36 204	72 741	41 324	56 403	93 146	47 712	45 256

资料来源：BIS Statistics.

3. 从发行主体的性质看，金融机构发行者占据主导地位

尽管近年来持续受到新兴市场金融动荡的冲击，金融机构的资产质量受到很大影响，因而投资者对这类主体发行的证券显得较为谨慎，但金融机构发行者占据主导地位的格局始终没有改变，而且 1999 年后，由于金融危机的阴影不断消散和欧元的登台，金融机构的净发行额出现了大幅上涨，2007 年达到了创纪录的 29 811 亿美元。政府发行者基本保持平稳的态势，疫情以来，政府发行者债务规模持续攀升，2020 年的净发行额达到了 3 735 亿美元的新高，这反映了投资者追求良好资信、高流动性证券的心态，2020 年 3 季度，美国政府债券存量已经接近 24 万亿美元。1996 年以后非金融机构发行者的净发行额上涨较快，2020 年净发行额 4 999 亿美元，约占总额的 25%，但非金融机构发行者的发行额受世界经济因素、公司自身因素等各类因素的影响，所以年度间波动较大(见表 7—3)。

表 7—3 **各类发行主体净发行额的变动** 单位：10 亿美元

项　目	1995 年	2000 年	2005 年	2006 年	2009 年	2013 年	2017 年	2020 年
总计	297.98	771.02	423.56	3124.68	1 986.80	736.78	2 458.49	2 154.63
金融机构	216.00	620.00	542.61	2 783.92	1 383.66	195.36	1 571.43	1 024.91
非金融机构	3.16	119.70	−79.41	192.46	286.53	397.81	483.09	499.91
政府	57.83	27.63	−28.93	105.95	166.15	52.93	209.18	373.56

资料来源：BIS Statistics.

4. 从发行的币种结构来看，美元和欧元的竞争格局形成，日元地位衰微

在近年来国际债券市场的发展中，欧元逆转了美元的强势地位，但美元与欧元的竞争仍然十分激烈。以美元计值的国际债券的发行余额在总余额中所占的比重在 2008 年下降到了 36%（见表 7—4），而同年欧元所占比重为 47.74%，两者相差较大。此后几年，美元占比小幅回升，与欧元均保持在 40%左右，两者竞争格局形成。相比之下，日元的地位逐渐衰微，到 2012 年 3 月，仅占总余额的 2.5%。

表 7—4 **近几年国际债券市场的币种结构** 单位：10 亿美元，%

计值货币	2008 年		2009 年		2010 年		2011 年		2012 年 3 月	
	金额	比重	金额	比重	金额	比重	金额	比重	金额	比重
总余额	23 853.5	100	27 010.3	100	26 783.9	100	27 579.7	100	28 613.7	100
美元	8 588.3	36.00	9 748.8	36.09	10 506.3	39.23	11 313	41.02	11 672.2	40.79
欧元	11 386.5	47.74	12 828.7	47.50	11 799.6	44.05	11 723.2	42.51	12 250.2	42.81
日元	779.4	3.26	707.8	2.62	760.4	2.84	758.1	2.75	714.3	2.50
其他货币	3 099.3	13.00	3 725.0	13.79	3 717.6	13.88	3 785.4	13.73	3 977	13.90

资料来源：BIS，*Quarterly Review*，June 2012.

三、欧洲债券市场

按照理论上对国际债券的分类方法，可以认为国际债券市场是外国债券市场、欧洲债券市场和全球债券市场的综合。其中，欧洲债券市场的发展最具典型意义。因此，这里将作较为详细的介绍。

（一）欧洲债券市场的产生和发展

欧洲债券市场产生于 20 世纪 60 年代，促使其形成的直接原因是当时美国的金融政策。由于当时美国政府对国内及外国债券市场实施严格管制，如 1967 年它决定对投资于外国证券的美国居民征收利息平衡税，这使得筹资者与投资者将兴趣转向欧洲债券市场。20 世纪 60 年代的欧洲债券市场规模尚小，最高年份发行额也不过为 40 亿美元。70 年代起，欧洲债券市场开始迅速发展，发行总额达 1 012 亿美元，已接近传统的外国债券市场规模（1 100 亿美元）。进入 20 世纪 80 年代，欧洲债券市场逐步占据了国际债券市场的主导地位。1980—1984 年间，欧洲债券发行额占国际债券发

行总额的66%；到1985—1989年间，这一比例上升到80%。从增长趋势看，1980—1992年间，欧洲债券发行量年均增长率达22%；而同期外国债券的增长率为12%。[①]到1999年，欧洲债券的发行量达到10 514.25亿美元，其中欧洲美元债券达到5 054.12亿美元，占了50%左右，而同期外国债券的发行量只有2 899.15亿美元。1970—1999年间，欧洲债券发行量的复合增长率为20.31%，外国债券是17.94%，国际债券整体是19.64%(见表7—5)。

表7—5　　欧洲债券、外国债券、国际债券总体的发行量　　单位：百万美元

年　份	欧洲债券		外国债券	国际债券总体
	总量	欧洲美元债券		
1970	2 908	1 775	1 595	4 503
1971	3 491	2 221	2 644	6 135
1972	5 936	3 908	3 412	9 348
1973	3 931	2 447	3 646	7 577
1974	1 955	996	4 723	6 678
1975	8 130	3 738	11 346	19 476
1976	14 036	9 276	18 190	32 226
1977	17 222	11 627	16 205	33 427
1978	13 590	7 290	20 154	33 744
1979	18 256	12 565	22 264	40 520
1980	23 724	16 427	17 950	41 674
1981	31 427	26 830	21 369	52 796
1982	51 499	43 959	26 397	77 896
1983	48 196	38 428	27 828	76 024
1984	78 937	63 593	27 953	106 890
1985	130 766	96 822	31 229	161 994
1986	180 944	118 096	39 359	220 303
1987	127 040	58 070	40 252	167 292
1988	166 428	74 539	48 274	214 702
1989	212 800	117 500	42 900	255 700
1990	180 100	70 000	49 800	229 900
1991	258 100	81 600	50 600	308 700
1992	276 100	103 200	57 600	333 700
1993	394 600	147 700	86 400	481 000
1994	368 400	149 400	60 200	428 600
1995	371 300	144 400	96 000	467 300
1996	589 800	268 700	119 000	708 800
1997	735 100	361 700	96 500	831 600
1998	768 488	396 313	100 883	869 371
1999	1 051 425	505 412	289 915	1 341 340
复合增长率	20.31%	19.49%	17.94%	19.64%

资料来源：M. 列维奇，《国际金融市场》，机械工业出版社2003年版，第279页。

欧洲债券市场迅速发展的原因与欧洲债券本身的特点有关。第一，欧洲债券作为逃避官方政策管制的产物，其发行不受各国金融法规的限制，发行手续简便，机动灵

① 郭世贤：《世界证券市场》，中国金融出版社1994年版，第56页。

活，适应性强。第二，欧洲债券无须注册登记，是一种不记名持票人债券。这一点不同于全球债券，因而对那些希望保密的投资者具有吸引力。再次，投资于欧洲债券的利息收入经常是免税的，这进一步增强了其吸引力。第三，欧洲债券的单笔发行金额巨大，一般都在1亿美元以上，5亿美元以上的发行数据也屡见不鲜。第四，欧洲债券的发行承销由实力雄厚的跨国银行辛迪加进行，其发行利率可不受国内市场利率的限制。这不同于外国债券，一般由国内辛迪加承销，发行利率与国内市场利率密切相关。

（二）欧洲债券一级市场

欧洲债券一级市场（The Eurobond Primary Market），即欧洲债券发行市场，其发行机制、发行程序、发行币种是这个市场的重要内容。

1. 币种结构

欧洲债券按发行面值的币种划分，种类十分繁多，其中常见品种有欧洲美元债券、欧洲日元债券、欧洲德国马克债券、欧洲英镑债券、欧洲法国法郎债券和欧元诞生后的欧洲欧元债券（1999年之前是欧洲埃居债券）等（见图7—6）。欧洲美元债券在欧洲债券市场中一直占据主导地位，在1998年份额超过了50%。1998年，欧元重新作为欧洲债券市场上的重要货币，并占到了12%的份额。1999年欧盟成立，欧元的份额扩大到39%，因为欧元替代了德国马克、法国法郎、意大利里拉等原欧洲国家货币的传统份额。总之，目前大约95%的欧洲债券是以美元、欧元和英镑计价发行。

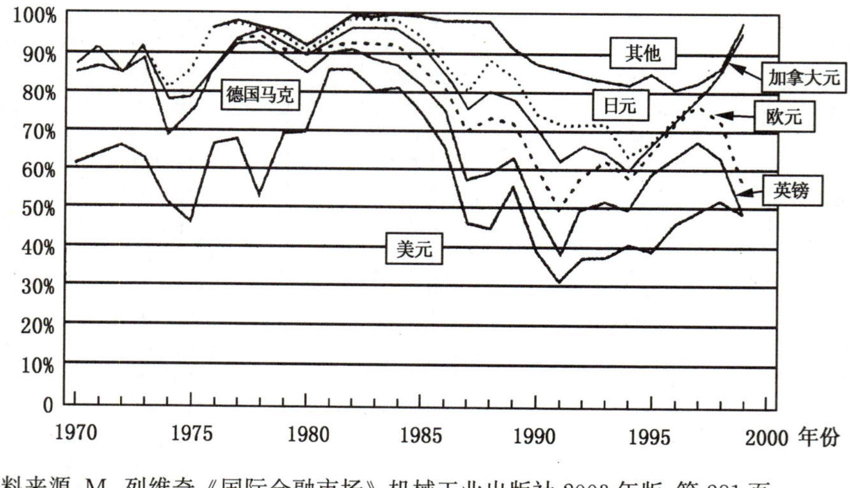

资料来源：M. 列维奇，《国际金融市场》，机械工业出版社2003年版，第281页。

图7—6 欧洲债券的币种结构（市场总份额为100%）

2. 发行程序

欧洲债券的发行通常是由一组跨国投资银行和经纪人组成的承销辛迪加（Underwriting Syndicate）来承担。该辛迪加一般由牵头经理行（The Lead Manager）、协同经理行（The Co. Managers）、承销行（The Underwriters）及销售集团（The Selling Group）组成。具体发行程序大致包括6个步骤：

(1)由牵头经理行与借款人初步接触，达成合作意向。牵头经理行与借款人讨论欧洲债券发行的各项条件，产生初步协议。这时的协议条款是临时性的，可以在公布日后的“灰色市场时期”内进行修改和调整。

(2)在公布日(The Announcement Day)，发布欧洲债券的发行通告。

(3)公布日之后，即进入“灰色市场”(The Grey Market)时期。在这一时期，债券潜在的销售商和承销商通过订购意向形成一定的市场供求信息，从而指导初步协议中条款的修正。

(4)在欧洲债券的正式发行日(The Offering Day)，各方确定并签署最终条款，此后便不能修改发行条件了。

(5)辛迪加稳定债券价格的时期。债券正式发行后，承销辛迪加还要进行稳定债券价格(Stabilization)的工作，即根据供求状况逆向买入或卖出欧洲债券。

(6)发行结束日(The Closing Day)，销售集团成员支付债券，借款者获得资金。

3. 欧洲债券的发行机制创新

随着国际投资银行在欧洲债券发行市场上竞争的日益加剧，出现了一些新的发行机制，预先定价销售和先购成交是其中有代表性的两种：预先定价销售(Pre Priced Deals)，这种方法在公布日之前就可以确定发行价格，从而大大缩短了发行期。在这种方式下，发行集团所承担的风险相应增加。先购成交(Bought Deal)，这种方法由包销商首先从发行人处购入全部欧洲债券，然后再转售。这种做法使承销集团的作用大为减弱，而新债券进入市场的时间较快。

(三)欧洲债券二级市场

欧洲债券二级市场(The Euro Bond Secondary Market)是已发行的欧洲债券的流通市场。与主要西方国家的国债市场相比，欧洲债券二级市场的流动性相对较低。虽然欧洲债券的品种丰富，但许多投资者在购买了中意的品种后往往便持有至到期，从而使每一种欧洲债券的日交易量都相对较小。20 世纪 80 年代以来，随着投资主体的机构化，欧洲债券的单笔发行规模扩大，其流动性有所增强。

欧洲债券市场在 20 世纪 60 年代发展到一定规模后，产生了交易商专业组织“国际证券交易商联合会”及清算系统“欧洲清算系统”和“塞德尔”。国际证券交易商联合会(the Association of International Bond Dealers)由欧洲债券二级市场上一些主要的证券公司发起成立，其作用主要包括：建立起一套规范市场行为的准则，为成员提供信息等方面的服务，与国际组织及各国金融管理机构保持联系等。欧洲清算系统(Euro Clear)由摩根保险信托公司在布鲁塞尔建立，塞德尔(Cedel)则是由美国花旗银行在卢森堡建立。随着电子信息技术的发展，这些清算系统于 1981 年正式联为一体。清算系统的功能主要是通过电子网络进行账户处理，完成欧洲债券交易后的所有权转移和确认，从而减少交易的实物转移次数。此外，还能为欧洲债券交易商提供融资担保。

四、国内债券的国际化

随着金融全球化趋势的发展，各国国内证券市场的开放度日益扩大，除了国际债券是国际证券投资的客体之外，各国的国内债券也吸引了众多的国际投资者，国内债券的国际化已成为强大的发展潮流，尤其是国债市场的国际化发展最为迅速，20 世纪 80 年代以来，西方主要发达国家如美、日、德等国的国债市场国际化程度已达到了很高的水平。

（一）全球国内债券市场的最新进展

与上述的国际债券市场相比，全球国内债券市场是一个规模庞大的市场，到 2009 年 9 月，全球国内债券市场的总余额为 644 481 亿美元，是同期国际债券市场余额的 2.49 倍。其近两年发展的主要特点是：

1. 主要发达国家占据主导地位

按总余额统计，美国、日本、意大利、法国、德国的国内债券市场规模排名前五位，到 2009 年 9 月，它们国内债券市场的总余额占到全球的 72.29%（见表 7—6），美国就占了将近 40%，其他一些发达国家，如英国、加拿大、荷兰、西班牙、瑞典等国则仅次于这五国，规模也比较大。一些新兴国家，如韩国、巴西、中国等的国内债券市场发展也很快，到 2009 年 9 月，分别达到了 10 713 亿美元、12 267 亿美元和 24 127 亿美元的规模，其中中国超过英国跃居国内债券市场规模第六位。

表 7—6　　全球国内债券市场的国别结构　　单位：10 亿美元，%

国别	2007 年 12 月		2008 年 12 月		2009 年 9 月	
	余额	比重	余额	比重	余额	比重
全球	56 028.8	100	59 415.1	100	64 448.1	100
前六位国家	42 259.6	75.42	46 506.6	78.28	49 004.1	76.04
美国	23 314.3	41.61	24 530.2	41.29	25 104.5	38.95
日本	8 855.7	15.81	11 052.1	18.60	11 601.7	18.00
意大利	3 033.9	5.41	3 248.0	5.47	3 769.9	5.85
法国	2 734.7	4.88	28 74.7	4.84	3 188.5	4.95
德国	2 633.7	4.70	2 592.1	4.36	2 926.8	4.54
中国	1 687.3	3.01	2 209.5	3.72	2 412.7	3.75
其他国家	13 769.2	24.58	12 908.5	21.72	15 444.0	23.96

资料来源：BIS，*Quarterly Review*，March 2010.

2. 国债市场是主导市场

与国际债券市场上金融债券占据主导地位不同，政府发行的主权债券（即国债）在国内债券市场上占据主导地位，其次才是金融债券，最后是公司债券。按总余额统计，到 2009 年 9 月，政府发行的主权债券规模达到 339 770 亿美元，占全球国内债券市场总规模的 52.72%（见表 7—7）。

表 7—7　　全球国内债券市场的发行主体结构　　单位:10 亿美元,%

发行主体	2007 年 12 月		2008 年 12 月		2009 年 9 月	
	余额	比重	余额	比重	余额	比重
总体	56 028.8	100	59 415.1	100	64 448.1	100
政府	26 629.7	47.53	29 697.2	49.98	33 977.0	52.72
金融机构	23 247.5	41.49	23 172.3	39.00	23 438.5	36.37
公司	6 151.6	10.98	6 545.6	11.02	7 032.6	10.91

资料来源:BIS,*Quarterly Review*,March 2010.

(二)国债市场的国际化

国债市场不仅是国内债券市场规模最大的构成,同时也是国内债券市场中流动性最强、国际化程度最高的市场,国际货币基金组织甚至将国债市场视为国际债券市场的"脊梁"。国债市场国际化的发展既反映了国际投资者,尤其是以养老基金为代表的稳健型机构投资者对高信用度、低风险、稳定收益的投资品种的需求的增长,同时也反映了以美国为代表的主要发达国家政府实现政府财政赤字投资的需要。根据国际货币基金组织提供的资料,仅美国国债就占了经合组织国债总和的 40%左右,许多经济学家认为,美国通过建立外国金融投资者完全开放的国债市场,实现了通过国债对政府财政赤字的投资,并且在建立世界性的、对所有国家都产生一定程度直接或间接影响的"债权人专政制度"中起到了关键性作用。

1. 国债市场的国别构成

20 世纪 80 年代初以来,工业化国家的国债发行有了极为明显的增加,债务规模占国内生产总值的比重也不断上升。以主要工业国家作为一个整体,政府债务占 GDP 的比重从 20 世纪 80 年代初的 40%左右上升到 90 年代后期的 60%以上。从国债发行的国别结构看,以美国和日本为代表的主要发达国家占据主导地位,中国成为跻身国债市场规模前八位的唯一发展中国家。到 2009 年 9 月,国债发行总余额最高的是日本,达到 97 048 亿美元,日本近两年国债发行规模增长很快主要是受到经济重组的影响;其次是美国,达到 91 519 亿美元,它们分别占全球国债发行总余额的 28.56%和 26.94%;再次是意大利、法国、德国、中国、英国、加拿大等国(见表 7—8)。

表 7—8　　国债市场的国别构成　　单位:10 亿美元,%

国　别	2007 年 12 月		2008 年 12 月		2009 年 9 月	
	余额	比重	余额	比重	余额	比重
全球	26 629.7	100	29 697.2	100	33 977.0	100
前八位国家	11 114	79.18	11 128	82.48	12 598.4	81.19
日本	7 145.1	26.83	9 113.2	30.69	9 704.8	28.56
美国	6 592.4	24.76	7 883.6	26.55	9 151.9	26.94
意大利	1 772.4	6.66	1 779.7	5.99	2 053.6	6.04
法国	1 405.3	5.28	1 436.8	4.84	1 691.7	4.98

续表

国别	2007年12月		2008年12月		2009年9月	
	余额	比重	余额	比重	余额	比重
德国	1 393.0	5.23	1 364.3	4.59	1 560.6	4.59
中国	1 136.7	4.27	1 416.5	4.77	1 415.8	4.17
英国	902.1	3.39	8 25.8	2.78	1 141.8	3.36
加拿大	739.0	2.78	675.1	2.27	865.5	2.55
其他国家	5 543.7	20.82	5 202.2	17.52	6 391.3	18.81

资料来源：BIS，*Quarterly Review*，March 2010.

2. 国债投资者结构

国债市场国际化的显著标志就是外国投资者在国债投资者结构中所占比重不断提高。20世纪80年代以来，主要工业国的国债投资者结构中国外投资者的持有比重增加很快。例如，德国国债的国外投资者持有份额由1980年的9.14%上升到1992年的26.28%，同期英国由8.89%上升到17.43%，瑞典由28%上升到45.75%（见表7—9）。

表7—9　部分发达国家国债的国外投资者持有比例　单位：%

国家	1980年	1986年	1992年
美国	21.04	16.44	19.36
德国	9.14	20.22	26.28
法国	—	0.84	42.61
意大利*	53.42	59.16	73.73
英国	8.89	9.78	17.43
加拿大	13.87	17.61	24.51
瑞典	27.97	28.00	45.75

* 包括国内私营部门。

资料来源：国际货币基金组织，《国际资本市场》，中国金融出版社1994年版，第42页。

（三）中国国债市场的国际化

改革开放以来，我国国债市场经历了快速的发展，但与西方发达国家相比，我国的国债市场仍然是一个完全封闭的市场：参与国债市场的投资者全部为国内投资者，参与国债市场的资金全部为国内资金。我国加入WTO以后，整个金融领域的开放都进入了实质性的启动，国债市场无疑也将面临重大挑战，我国国债市场的国际化进程将不可避免地来临。我国国债市场的国际化进程首先将遵循我国入世的有关金融领域的协议条款，因此，首先简要介绍一下我国加入WTO的有关金融领域的协议条款。

1. 我国加入WTO后应遵循的有关金融领域协议条款

（1）WTO的《金融服务贸易协议》。《金融服务贸易协议》于1997年12月签署，并在1999年初开始执行。102个WTO成员作出了开放市场的承诺，全球95%的金融服务贸易随之纳入自由化进程。该协议的签署意味着WTO的管辖范围已经延伸到金融服务业。根据该协议，各国允许外国在国内建立金融公司并按竞争原则运行；外国公司享受同国内公司同等的进入市场的权利；取消跨边界服务限制；允许外国资本在投资项目中所占比例超过 50%。70 个国家（欧盟以 15 国计）和地区同意开放各自的银行、保险、证券、金融信息市场。

(2)中国和美国、欧盟签署的双边协议中有关金融领域的条款。在 1999 年我国与美国、欧盟签署的双边协议中，我国承诺开放金融领域的条款是：第一，银行业。中国加入 WTO 两年后，外国银行将可以与中国企业进行人民币业务往来。在准入后五年，外国银行将可以与中国居民进行人民币业务往来。外国银行可与中国公司开展人民币业务，分支机构不受地域限制；五年后对外资银行实行国民待遇，外资银行进行人民币业务不受地域限制，可吸纳人民币存款，可从事零售银行业务。加入 WTO 后外国非银行金融机构可提供汽车消费信贷融资业务。第二，保险业。允许外国财产和人寿保险公司进入中国市场，五年内取消地域限制并逐步扩大外国保险商的业务范围，使之包括人寿保险和养老保险；以审慎原则为基础对外资保险公司发放营业执照，取消数量限制；两年内，允许非人寿保险外国保险商在保险机构中持有 51%的股权和建立独资附属机构；五年内，外资在保险公司中持股比例最多可达 50%；第六年起，外资股份可超过 50%。第三，证券业。允许外商合作企业参与基金管理，外资证券公司可以承销国内证券，参与以外币计算的证券（债券或股票）的发行与交易。3 年内，外资可持有基金管理公司 33%的股份；3 年后可增至 49%。外资券商可持有证券公司 33%的股份。

2. 我国国债市场国际化的具体途径

中国加入 WTO 后，国债市场自我封闭的状态将被打破，外资将以多种途径进入我国的国债市场。具体而言，我国的国债一级市场和二级市场都将有外资机构进入。

(1)国债一级市场。目前，我国国债发行主要有两个品种：凭证式国债和记账式国债。凭证式国债由商业银行承销后通过自身的营业网点向国内居民销售；记账式国债由国债一级自营商经过国债利率或国债价格竞标后，在证券交易所内挂牌分销。我国加入 WTO 后，外资机构将逐渐成为一级市场的重要参与者。从外资进入一级市场的具体途径分析，可能有以下几种情况：第一，中外合作基金。目前，中外合作基金的设立已提上了议事日程，作为基金资产组合管理的重要部分，国债无疑将成为中外合作基金的一个重要投资领域。第二，外资参股证券公司。我国加入 WTO 以后，允许外资持有证券公司 33%的股份，外资参股的证券公司和其他国内的证券公司一样，不但可以参与国债的承销，还可以参与国债二级市场的交易。第三，外资参股保险公司。境内保险公司吸收境外资本后，理应享有其他保险公司应当享有的权利，为确保保费收入的保值增值，其最主要的保费投资渠道将首选国债市场。第四，外资银行。根据《金融服务贸易协议》以及我国与美国、欧盟签署的有关协议，外资银行在规定的保护期限以后，无须采取合资、合作的方式，就可以直接进入中国的金融市场。外资银行将运用国债作为调节资金头寸的灵活手段，直接参加国债一级市场的承销，并在银行间债券交易市场交易。

(2)国债二级市场。上述凡能够参与国债一级市场的外资参与者，自然能够参与国债二级市场，除此之外，还有两类外资主体可以逐步进入到国债二级市场的交易中。第一，“三资”企业。在国内资本市场尚未向外资开放以前，一些“三资”企业由于没有合适的获取稳定收益的投资渠道，纷纷利用内部转移定价将利润转移到境外，造成我国税收严重流失，也容易影响我国外汇收支平衡。国债市场对“三资”企业开放将有利于这一问题的缓解。第二，合格境外机构投资者(QFII)。我国国债二级市场的收益率要远远高于大多数西方发达国家，对境外机构投资者(如养老基金)有很大的吸引力，随着“QFII”制度的推出和完善，境外机构投资者将可能有机会进入中国的国债市场，直接参与国债二级市场的交易。

(3)外资进入我国国债市场的资金来源分析。中外合作基金、外资参股证券公司、外资参股保险公司、外资银行、“三资”企业以及 QFII 等六类外资进入中国的国债市场，都有一个共同的特点，就是在人民币汇率体制仍然保持资本项目下不可兑换的情况下，这些投资者都需要将外汇进行结汇处理，兑换成人民币，才可进行国债的承销或交易。从六类外资主体对国债市场投资的资金来源分析，存在一定的差异，例如，中外合作基金、外资参股证券公司、外资参股保险公司都是通过外资投资入股形成资本后再取得人民币进行国债市场的投资，另外其资金来源还包括机构在境内开展业务吸收的境内资金，如中外合作基金发行时筹集的资金，外资参股保险公司吸收的保费收入。外资银行由于必须遵守《巴塞尔协议》中关于资本充足率的规定，其投入国债市场的资金主要来源于境内人民币存款。QFII 的资金则完全是自有资金(详见表 7—10)。

表 7—10　　外资进入中国国债市场的资金来源

外资主体	资金来源
中外合作基金	外资入股资金、基金募集资金、投资收益
外资参股证券公司	外资入股资金、利润
外资参股保险公司	外资入股资金、保费收入、利润
外资银行	境内人民币存款
“三资”企业	外资入股资金、利润
QFII	自有资金

3. 外资进入我国国债市场的相关影响

外资进入我国国债市场，直接打破了“投资主体”和“资金”两个要素全部在国内的封闭格局，我国的国债市场将随之产生重大变化。

(1)对国债价格形成机制的影响。我国国债市场利率形成机制将日益趋向于国际化和市场化，国债市场利率的决定，将由国内资金供求决定逐步由国内资金和国外资金的供求共同决定，国际上利率和汇率的波动，都可能直接影响我国国债市场的利率价格水平。

(2)对国债市场整体交易规模的影响。外资进入国债市场,将显著扩大国债市场的容量和交易规模,国债市场交易额占整个证券市场交易额的比重将逐步提高,国债的流动性要求也将得到更为充分的体现。

(3)对国债市场结构的影响。第一,参与者结构。投资主体全部在境内的历史将宣告终结,而且将进一步提高机构投资者的比例,有利于国债市场的发展。第二,市场结构。有利于我国国债市场尽快结束分割状态,建立统一的国债市场,以便形成统一的利率价格并和国际接轨。第三,交易品种结构。目前,我国的国债市场交易品种比较单调,只有国债现券和国债回购两种形式。外资的进入、交易规模的扩大、流动性的提高、国债市场的统一,都将为我国推出国债市场的衍生品种奠定基础。

第二节 国际股票

一、国际股票概述

(一)国际股票的概念

股票作为一种投资工具,是由股份公司发给投资者用以证明投资者对公司的净资产拥有所有权的凭证。投资者凭此有权分取公司的股息和红利,并承担公司的责任和风险。股票是商品经济发展到一定阶段的产物。企业作为独立的商品生产者和经营者,其组织形式由独资、合伙发展到股份公司,是适应工业化大生产要求的结果。随着社会化大生产程度向国际范围内深入,股票的发行与流通也超出了各国的国界,国际股票由此产生。

国际股票是指世界各国大企业公司按照有关规定在国际证券市场上发行和参加市场交易的股票。这些公司往往是信誉卓著、实力雄厚的跨国公司,如美国的通用汽车公司、国际商用机器公司等。随着世界经济的发展,越来越多的国家的企业开始在国际上发行股票筹集资金。尤其是一些发展中国家企业的国际股票开始崭露头角,并吸引了众多的国际投资者。中国企业也已通过发行 H 股在香港上市、发行 N 股在北美上市等方式向国际股票市场进军。

国际股票不同于国际债券的一点在于,在国际证券市场上发行和交易的股票一般与其国内市场上的股票并无区别,都是由同一公司发行的企业所有权凭证,享受同等权利;而国际债券则与国内债券迥然不同,在币种、利率等各种条件方面,具有一套比较独立的运行机制和特征。

(二)国际股票发行的动机

发行国际股票的动机大致有四:第一,国际股票可以在更具深度和广度的国际资本市场上筹集资金。随着国际股票市场的发展和完善,各国企业可以在全球范围内实现募集股本资金多样化，降低筹资成本；此外，国际股票筹资对 20 世纪 80 年代西欧各国的私有化改革也起到了一定的作用。第二，发行国际股票能够扩大投资者的分布范围，分散股权。这不仅可以提高公司股票的流动性，有利于股价的稳定和提高，而且可以减弱国内机构投资者的控制。第三，发行国际股票可在世界范围内提高公司的知名度，从而有利于企业未来的发展。第四，满足跨国购并发展的需要。近年来，跨国购并的发展一定程度上刺激了国际股票的发行，因为目前的跨国购并主要是以股票购并的形式实现，现金购并所占比重极低。

（三）国际股票的分类

一般来说，国际股票可大致分为直接海外上市的股票、存托凭证和欧洲股权三类，后面将会分别对其进行介绍。

（四）国际股票发行的最新进展

20 世纪 80 年代后期到 90 年代末，国际股票发行经历了较快的增长。据 BIS 统计，1988 年全球国际股票发行仅有 80 亿美元的规模，1995 年达到了 410 亿美元，到 2000 年达到峰值 3 170 亿美元，较 1988 年增长了 38 倍多(见图 7—7)。国际股票发行的波动主要受到全球股市，尤其是发达国家股市波动的影响。20 世纪 90 年代以美国为代表的发达国家股市经历了长期的强劲增长，带动了国际股票发行的快速增长。2001—2002 年，随着“新经济”泡沫的破碎，全球经济增长速度放慢，加上“9·11”事件和安然事件等不利因素的影响，以美国为代表的发达国家股市开始出现持续下跌，国际股票发行随之大幅下降。2003 年以后，全球经济平稳增长，国际股票发行也随之增长，直到 2007 年底爆发全球金融危机，导致 2008 年国际股票发行下滑至 3 922 亿美元。2009 年，随着全球经济逐渐回暖，国际股票发行又出现了新一轮的强劲增长，创下了 7 336 亿美元的峰值。

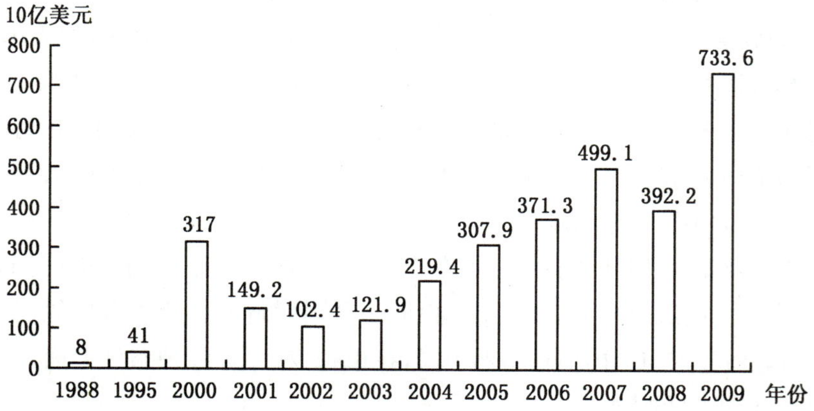

资料来源：BIS.

图 7—7 国际股票发行的变化

二、直接海外上市的国际股票

许多大企业在成熟的海外证券市场上直接发行股票上市。据统计，到 2008 年底，在日本东京证券交易所上市的外国公司有 16 家，在美国纽约证券交易所上市的有 415 家，在英国伦敦证券交易所上市的有 681 家，在德国证券交易所上市的有 90 家，在加拿大多伦多证券交易所上市的有 86 家，在澳大利亚证券交易所上市的有 85 家，在新加坡证券交易所上市的有 312 家。

中国企业自 20 世纪 90 年代初开始赴海外发行股票，开辟了利用外资的新渠道。中国企业海外上市主要集中在中国香港特别行政区和美国，分别在香港联合交易所、美国纽约证券交易所和美国纳斯达克上市交易，创造了国际证券市场中的中国概念股，成为中国经济的形象代表。以下就分别介绍中国企业海外上市的情况。

(一)香港联合交易所上市

1. 香港联合交易所(HKSE)的上市条件

香港联合交易所颁布的《上市规则》主要要求包括：(1)上市公司必须向联交所证明其业务性质"符合联交所致力维系的正当行业标准"；(2)申请上市的公司一般必须具备 3 年营业记录；(3)公众持有股票的预期市值至少为 5 000 万港元，而公司股票预期市值必须在 1 亿港元以上；(4)公司执行的会计标准必须符合国际会计准则(IAS)。

2. 中国企业香港上市的类型

在港上市的中国内地企业来自各个行业，公司类型也多种多样。按上市方式不同，可以分为红筹股公司和 H 股公司，红筹股公司的注册地在中国境外，但公司的主要业务资产在内地；红筹股即由内地机构持股 35%以上的上市公司发行的股票。H 股公司的注册地在内地，在港发行股票须经中国证监会许可。按上市市场不同，可分为主板上市公司和创业板上市公司。

3. 中国企业香港上市的发展

中国内地企业正式赴港上市始于 20 世纪 90 年代初。1993 年，在中国证监会、香港证监会、香港联交所和深沪交易所正式确定合作关系后，1993 年 7 月，青岛啤酒正式发行 H 股，首次在港上市。自此，香港正式成为中国内地企业海外融资的重要窗口。对于中国内地企业来说，香港市场作为本土市场的一部分，同内地经济联系紧密，并有着与内地相近的文化背景，便于投资者的了解。同时，香港作为活跃的国际金融中心，聚集着众多国际性的金融机构，金融基础设施完善。香港交易所是亚洲除日本之外最大的股票交易所，是包括恒生指数等在内的重要的国际性指数的中心市场，在港上市能提升企业的国际形象。因此，赴港上市一经启动，便吸引了众多的内地企业。十多年来，香港股票市场已成为中国概念股海外上市的重要集聚地。根据官方统计，香港股票市场至 2009 年末已为内地企业集资约 10.4 万亿港元，内地在港的 H 股企业、红筹股企业、非 H 股内地民营企业共有 524 家，其中红筹股 97 家，H 股 156 家，非

H 股内地民营企业 271 家；市值占市场总量的 58.4%。香港回归以来，香港股市对内地企业的吸引力有增无减。根据中国证监会的统计，2009 年共有 59 家内地企业以 H 股、红筹股或非 H 股内地民营企业的形式在香港上市。2003—2009 年间，在香港上市的内地企业数目增加超过 1 倍，IPO 融资额为 1.3 万亿港元，再融资额为 1.7 万亿港元。

（二）美国纽约证券交易所上市

1. 美国纽约证券交易所（NYSE）的上市条件

美国纽约证券交易所对海外上市公司规定的条件包括：（1）必须首先向美国证券交易委员会（SEC）登记；（2）公众持股量不少于 250 万股；（3）股东人数不少于 5 000 名；（4）公众持股市值不少于 6 000 万美元；（5）公司的有形资产净值不少于 6 000 万美元；（6）公司必须在最近 3 个财务年度中连续盈利，且在最后 1 年不少于 250 万美元，前 2 年每年不少于 200 万美元，或最后 1 年不少于 450 万美元，3 年累计不少于 650 万美元；（7）公司执行的会计标准必须符合美国一般会计公认标准（US GAAP）。

2. 中国企业在美国纽约证券交易所上市的情况

中国企业在美国纽约证券交易所上市（这里仅指初始发行上市，不包括买壳上市）最早是 1993 年的上海石化，以后的三年里，每年仅有 1 家企业上市。1997 年是上市最集中的年份，共有 4 家企业初始发行。2001 年以来，由于受美国经济不景气和“9·11”的影响，上市速度放缓；“9·11”以后上市的公司，只有中国铝业一家。至 2002 年 9 月，中国企业在美国纽约证券交易所初始上市的共有 14 家，其中，石油、化工企业 6 家，航空和铁路运输企业 3 家，通讯服务企业 2 家，电力、煤炭和铝业企业各 1 家（见表 7—11）。2003 年以后，在纽约证券交易所上市的中国企业不断增加，截至 2014 年 9 月，这一数字达到 78 家，近年来，在纽交所上市的中国企业有相当一部分为互联网类新型业态企业。

表 7—11　　在 NYSE 初始上市的中国企业一览表（部分）

企业名称	代码	上市日期	所属行业	证券种类	上市方式
上海石化	SHI	1993/7/26	石油和天然气运营	普通股	初始发行
华能国际	HNP	1994/10/6	电力	普通股	初始发行
吉林化工	JCC	1995/5/22	石油和天然气运营	普通股	初始发行
广深铁路	GSH	1996/5/13	铁路	普通股	初始发行
东方航空	CEA	1997/2/4	航空	普通股	初始发行
燕山石化	BYH	1997/6/24	化工	普通股	初始发行
南方航空	ZNH	1997/7/30	航空	普通股	初始发行
中国移动	CHL	1997/10/22	通讯服务	普通股	初始发行
兖州煤业	YZC	1998/3/31	煤炭	普通股	初始发行
中国石油	PTR	2000/4/6	石油和天然气（综合）	普通股	初始发行

续表

企业名称	代码	上市日期	所属行业	证券种类	上市方式
中国联通	CHU	2000/6/21	通讯服务	普通股	初始发行
中国石化	SNP	2000/10/18	石油和天然气(综合)	普通股	初始发行
中海油	CEO	2001/2/27	石油和天然气运营	普通股	初始发行
中国铝业	ACH	2001/12/11	铝(制造)	普通股	初始发行
易车网	BITA	2010/11/17	汽车互联网	普通股	初始发行
当当网	DANG	2010/12/8	互联网	普通股	初始发行
优酷网	YOKU	2010/12/8	互联网	普通股	初始发行
阿里巴巴	BABA	2014/9/14	互联网	普通股	初始发行
简普科技	JT	2017/11/16	互联网金融	普通股	初始发行
尚德	STG	2018/3/23	教育	普通股	初始发行
虎牙	HUYA	2018/5/11	游戏直播	普通股	初始发行

资料来源:纽约证券交易所。

(三)美国纳斯达克上市

1. 美国纳斯达克(NASDAQ)市场的特点

纳斯达克是英文缩写"NASDAQ"的音译名,全称是美国"全国证券交易商协会自动报价系统"。它创建于1971年,是由美国全国证券交易商协会建立并管理的全球最著名的场外交易市场,也是世界上第一个电子化的证券市场。纳斯达克市场区别于作为主板市场的纽约证券交易所,可被看成为第二板市场。NASDAQ交易额以年平均超过100%的速度增长,从1994年开始,市场交易量就超过了伦敦和东京证券交易所,成为纽约交易所之外全球成交量最大的股票交易市场。除市场交易量和市值之外,在上市公司数量、成交股数、市场表现等方面,NASDAQ甚至都超过了纽约证券交易所。NASDAQ在短短30年的时间里,一跃发展成为世界最大的证券市场之一,主要由于其具有以下几个方面的特点:

(1)技术上的先进性。NASDAQ从1963年开始研究制定NASDAQ方案时,就率先提出了电子交易的设计思路,1971年成功采用计算机、电子通信技术组建了NASDAQ市场,1984年12月正式启用完整的自动交易系统进行证券交易,NASDAQ交易技术的创新,大幅度提高了交易效率和降低了交易成本。

(2)独特的做市商制度。做市商制度不仅成为纳斯达克的核心,也是它与其他股票市场的主要区别所在。所谓做市商(Market Maker)也就是"庄家制度",是一些独立的股票交易商为投资者承担某一种股票的买进或卖出,买卖双方不必等同出现,只要一方同做市商交易即可。目前在纳斯达克从事做市商的包括美林、高盛、摩根士丹利等著名证券公司。做市商制度帮助在纳斯达克上市的公司提高了知名度,提高了市场的流通性,保证了市场不间断的交易活动,对于市值较低、交易次数少的股票尤为重要。

(3)上市标准的宽松性。NASDAQ市场分为两个层次,一个层次是全国市场(NMS),另一个层次是小型资本市场(SOES),相对于NYSE,这两个市场的上市标准要低得多,这也是NASDAQ成为中小企业上市的沃土的主要原因。

(4)全球化的发展战略。NASDAQ从建立之日起就提出了全球性发展目标,并为此不断努力。一是积极吸引国外的证券机构、投资者加盟NASDAQ的市场运作,目前NASDAQ的交易终端遍布世界60多个国家和地区,来自国外的投资者几千万人,几百家新闻媒体播报NASDAQ的市场信息;二是积极吸引国外公司到NASDAQ发行股票并上市。目前,在NASDAQ上市的本国公司只占1/3,其余的2/3都是国外公司。

2. 美国纳斯达克的上市条件

纳斯达克两个市场的上市标准有所不同,通常规模较小的公司选择在纳斯达克的小型资本市场上市,因为上市标准较为宽松,而规模较大的公司则大多在纳斯达克全国市场上市。虽然两个市场的监管范围无异,但是纳斯达克全国市场规定的上市标准较高。

(1)纳斯达克全国市场的上市要求。这一市场对有盈利的公司和尚未获利但具有发展潜力的公司均开放,但这些公司必须根据《1934年证券交易法》第12(g)条或具备同等效力的法规注册。其最低财务要求见表7—12(A类为有盈利的公司,B类为有发展潜力的成长型公司)。

(2)纳斯达克小型资本市场的上市要求。在这一市场上市的企业仍需根据《1934年证券交易法》第12(g)条或具备同等效力的法规注册。其最低财务要求:资产400万美元,股东股本200万美元,公众持股量10万美元,发行市价100万美元,股东数量300名,最低递盘价3美元,做市商数量2名。

表7—12　纳斯达克全国市场的上市条件

项　目	A类公司	B类公司
净有形资产	400万美元	1 200万美元
净收入(最新会计年度或前3个会计年度的两个会计年度)	40万美元	未要求
税前收入(最新会计年度或前3个会计年度的两个会计年度)	75万美元	未要求
公众持股量	50万股	100万股
经营年限	未要求	3年
发行市值	300万美元	1 500万美元
每股最低递盘价	5美元	3美元
股东人数		
如果公众持股量在50万—100万股	800名	无
如果公众持股量在100万股以上	400名	400名
做市商数量	2名	2名

3. 中国企业在美国纳斯达克上市的情况

1999 年，侨兴移动通讯有限公司成为第一家赴美国纳斯达克上市的中国企业。2000 年，搜狐、网易、新浪等 4 家中国公司相继在纳斯达克上市，此后的 2 年间，由于全球经济的波动，中国企业在纳斯达克上市的脚步放缓。2003 年以后，随着经济形势的好转，中国企业掀起了在纳斯达克上市的新一轮热潮，其中 2005 年 8 月上市的百度公司，在短短几年间实现了惊人的高速成长，成为中国在纳斯达克最大的上市公司，并成功入选纳斯达克 100 指数。截至 2013 年底，共有超过 170 家中国公司在纳斯达克交易所上市。其中，仅 2010 年就有创纪录的 45 家中国公司在纳斯达克挂牌上市，位列美国各证券交易所之首。

三、存托凭证

（一）存托凭证的概念

存托凭证（Depositary Receipts，简称 DR）是国际股票的一种创新形式，是由本国银行开出的外国公司股票的保管凭证。1927 年，JP 摩根首先发明了存托凭证，以方便美国人投资英国零售商 Selfridge 的股票。当时，英国法律禁止本国企业在海外上市，Selfridge 公司为了获得海外资本，便引入了 DR 这种金融工具。具体做法是：由美国一家商业银行作为存托人（或存托银行，Depositary Bank），Selfridge 公司把股票存入该银行的海外托管银行，该存托银行便在美国发行代表该公司股票的可流通票证。DR 实际上是境外公司存托股票的替代证券，本质上仍然是股票。但是，存托凭证有比外国股票更为便捷等方面的优势。首先，存托凭证以本国（地区）货币为结算单位，可以避免投资者因汇率波动引起的外汇结算风险，也省却了其换汇和结算方面的麻烦。其次，在美国，一些机构投资者被限制不得购买外国股票，如美国退休基金、保险公司不得购买外国股票，却可以购买在美国上市且向美国 SEC 登记的美国存托凭证。

（二）存托凭证的类型

根据不同的划分标准，DR 可以分为不同的类型。

1. 参与型与非参与型

按照发行主体的不同，可以分为参与型（Sponsored）存托凭证和非参与型（Unsponsored）存托凭证两种。参与型存托凭证是由股票发行公司与存托机构签订存托契约（Depositary Agreement），发行公司依约参与发行 DR，并定期提供公司财务与服务资讯（如新股认购、股东会召集、配发股利股息等通知和公告）。由于参与型存托凭证更有利于本国投资者对境外公司信息的及时、全面了解，为投资者提供了较为畅通的信息渠道，很受投资者欢迎，故为大部分公司所采用。非参与型存托凭证是投资银行、信托公司或股票发行公司大股东为使其持有的发行公司的股票在海外市场流通，以自己的名义（非发行公司名义）将该股票存入本国保管机构，并委托外国存托机构发行海外存托凭证，因发行该股票的发行公司并没有参与存托凭证的发行程序，故其仅需出具无异议(No Objection)文件即可。

2. 全球型和国际型

按发行公司募集资金的范围不同也可以分为两类。如果公司在发行存托凭证时，其股票已经或同时在国内发行上市，则该种存托凭证称为全球型存托凭证(Global Depositary Receipts，简称 GDR)；如公司只在海外募集资金并发行 DR，则该种 DR 称为国际型存托凭证(International Depositary Receipts，简称 IDR)。

3. 按发行地点分类

按照存托凭证的发行地点进行分类，如在美国发行的存托凭证被称为美国存托凭证(ADR)，在中国台湾发行的则称台湾存托凭证(TDR)，若在中国内地发行则称为中国存托凭证(CDR)，等等，习惯上还把同时在美国之外的两个以上国家发行的 DR 称为全球存托凭证(GDR)。

4. 美国存托凭证的分类

美国是存托凭证发行交易规模最大的市场，美国 SEC 也对存托凭证的发行交易制定了最为规范、严格的规则，根据适用规则的不同，美国存托凭证(ADR)可以分为两大类，即公募的 ADR 和私募的 ADR，公募的 ADR 又分为三级(Level Ⅰ、Level Ⅱ 和 Level Ⅲ)，它们各自的适用规则见表 7—13。

表 7—13　美国存托凭证的分类、分级规则

项目	公募的 ADR			私募的 ADR
	Level Ⅰ	Level Ⅱ	Level Ⅲ	
描述	公开发行的但不正式挂牌上市的 ADR	在交易所挂牌上市或 NASDAQ 报价交易，非首发上市无融资功能的 ADR	在交易所挂牌上市或 NASDAQ 报价交易，首发上市具有融资功能的 ADR	根据 144A 号细则向合格机构投资者私募发行的 ADR
注册规则	F-6 号规则	F-6 号规则	F-1 和 F-6 号规则	免除
报告要求	按 12g 3-2(b)规则免除	20-F 规则	20-F 规则	按 12g 3-2(b)规则免除
交易场所	场外交易市场(OTC)	AMEX、NASDAQ、NYSE	AMEX、NASDAQ、NYSE	private placement market

资料来源：http://www.adr.com。

(三)存托凭证的发展

存托凭证发明初期，其目的主要在于绕开发行公司所在国(地区)法律关于本国(地区)企业海外融资的禁止性规定或者境外各国(地区)关于本国(地区)投资者投资海外公司股票的限制性规定。时过数十年以后，这些禁止或限制性规定在西方几乎所有国家以及许多新兴发展中国家早已不复存在，但是其制度的生命力却依然存在，且呈日益繁荣之势。

1. 地区格局

从地区格局来看,目前存托凭证发行交易最为活跃的地区以欧美为主,美国存托凭证发行交易量仍遥遥领先。20 世纪 90 年代以来,美国存托凭证的发行量呈逐年增长的趋势(见图 7—8)。2000 年,来自 32 个国家和地区的公司和政府通过在美国和欧洲市场发行预托证券 115 次,筹资 290 亿美元,筹资额比 1999 年增加 32%。欧洲国家,如英国、卢森堡近年来存托凭证的交易量也呈上升趋势。2000 年,英国伦敦证券交易所挂牌上市的前 5 家公司存托凭证总筹资额达 30.7 亿英镑(约 47.2 亿美元),超过其 1999 年 12 月 31 日以前所发行上市的外国公司存托凭证的总市值 29 亿英镑(约 46 亿美元)。卢森堡证券交易所由于其较低的上市门槛以及廉价的上市费用而颇得亚太地区发展中国家中小公司的青睐。截至 2001 年 6 月 30 日,在卢森堡证券交易所及其报价系统(Quotation Line)上市的外国(地区)公司股票及存托凭证总数为 574 只,其中有 160 只来自亚太地区,如印度、韩国、中国台湾和香港等新兴市场经济国家(地区)。

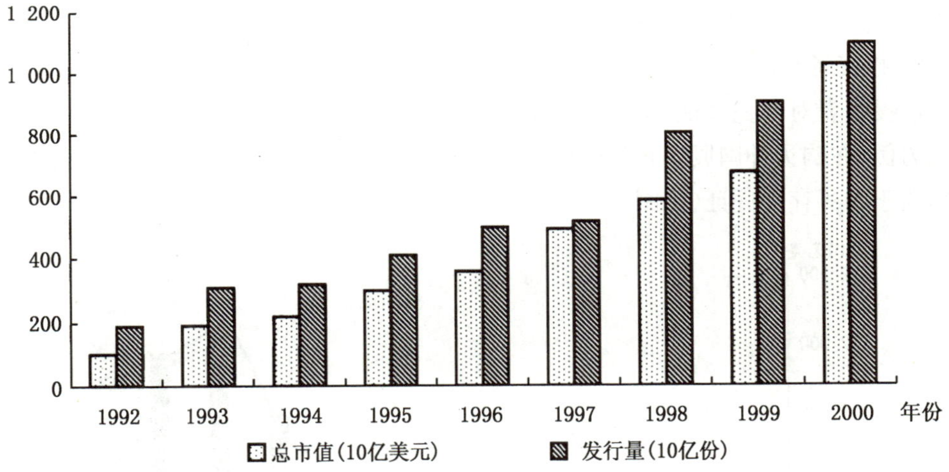

资料来源:http://www.adr.com。

图 7—8　美国 ADR 发行增长情况

亚洲各国(地区)证券市场发行存托凭证的情况远远不及欧美,日本东京证券交易所是目前亚洲地区最吸引外国(地区)公司挂牌交易的去处,其外国(地区)公司挂牌交易的股票、DR 数目在 1989—1991 年期间达到巅峰,最多有 127 家外国(地区)公司的股票或存托凭证在该交易所上市。但在 1992 年以后,由于日本经济的衰退和日本市场对外资吸引力的下降,外国公司纷纷撤离,加上 20 世纪 90 年代中后期掀起的购并热潮,使得在日本上市的外国(地区)公司数目锐减。至 2001 年 6 月 20 日,在东京证券交易所挂牌上市的外国(地区)公司仅 39 家,不到 1990 年年底的 1/3,亚洲其他国家(地区)较为吸引外国(地区)企业的要数新加坡和中国香港,目前新加坡证券交易所、香港联合交易所均与美国 NASDAQ 签有证券相互挂牌上市协议,其外国公司数也呈逐年递增趋势。我国台湾地区自1995年即开始着手准备台湾存托凭证的法律规范制定工作，至1997年，基本完成了对其证券交易法的修改，并通过了一系列规章制度。1997年，首只TDR——新加坡福雷电——在台湾发行上市，但是此后台湾证券交易所及台湾柜台交易系统再未接纳第二只境外公司的TDR上市交易，且根据台湾证券交易所的统计资料，新加坡福雷电的交易量亦呈逐年递减之势。

2. 发行公司

从DR发行公司的角度看，自20世纪90年代中期以来，亚太地区公司发行存托凭证的数目较此前大为增加，美国学者Karl Lins等曾作过一个统计，1986—1995年间，美国纽约证券交易所和NASDAQ市场共发行上市ADR 107只，其中来自加拿大、英国等欧美发达国家的达82只，美国的邻国墨西哥发行了8只ADR，而整个亚太地区国家(地区)仅发行了17只。但是自1995年以来，亚洲新兴市场经济国家(地区)在美国及欧洲地区存托凭证的发行量明显增加。以中国台湾为例，台湾企业1996—2000年共发行存托凭证45只，其中ADR和GDR分别为11只和33只，企业募集资金的数量也从1995年的15.4亿美元增加到2000年的30.7亿美元。中国内地企业从1993年广深铁路发行ADR以来，陆续有27家公司在美国发行存托凭证。

3. 投资者意向

从投资者对存托凭证的投资情况来看，存托凭证日益受到海外投资者的青睐。以美国为例，在购买外国股票和外国公司的存托凭证的选择方面，越来越多的美国投资者倾向于购买存托凭证(见图7—9)。

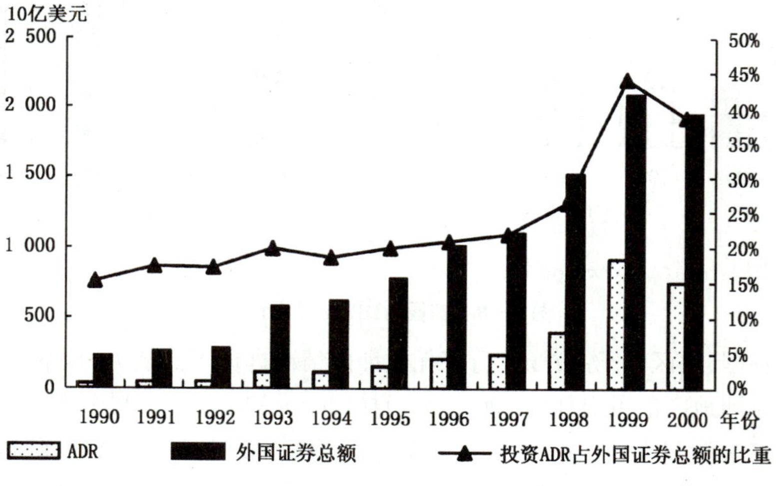

资料来源：http://www.citisb.com。

图7—9 美国投资者投资ADR和外国股票的对比情况

四、欧洲股权

欧洲股权(Euro Equities)是20世纪80年代产生于欧洲的特殊的国际股票形式，

是指在面值货币所属国以外的国家或国际金融市场上发行并流通的股票。因此这里的词头“欧洲”的含义同欧洲货币、欧洲债券一样，不是地理学意义上的，而是国际金融学意义上的。最早的欧洲股权是英国于 1983 年在伦敦证券交易所发行的欧洲美元股权。

欧洲股权的产生与欧洲债券市场的发展密切相关。在上一节中曾提到，20 世纪 80 年代初欧洲债券市场出现了与股权相联系的债券，这种债券可在一定期限内按一定条件转化为股票。因此，这直接促成了欧洲股权的产生。此外，欧洲股权在 20 世纪 80 年代的发展还具有一定的时代背景。当时，以英国撒切尔政府为代表的西欧各国奉行自由化、私有化的经济政策，这需要大量的资金和分散的股权。由于各国积极采用了欧洲股权的方式，从而促进了其发展。据统计，1986 年上市的欧洲股权已有 444 种；到 1987 年又扩大到 582 种（当年的欧洲股权发行总额达 155 亿美元）。英国成为欧洲股权的中心市场。之后，欧洲股权市场曾伴随着全球股市的涨落经历了衰退或繁荣。根据世界经济的总体发展趋势和西欧的一体化进程，欧洲股权的发展前景仍然非常广阔。

与直接在海外上市的国际股票相比，欧洲股权的发行具有自己的特点。一般来说，前者往往是企业在国内股票市场上市的基础上，选择某一国外金融中心的证券交易所上市国际股票部分；而后者则一般在多个国家的市场上同时发行，由跨国投资银行组成的国际辛迪加进行跨境承销。

与欧洲各国的国内股票相比，欧洲股权的发行方式也有所创新。前者所使用的传统方法是固定价格发行，目的在于保证现有的股票持有人的优先购股权（Pre Emptive Rights）。这种方法在一定程度上限制了股票真实市场价格的实现及投资者结构的变化。因此，欧洲股权的发行采用了在国际范围内竞价发行（Tender Pricing）的方式，即按估计的市场状况预定发行底价，由各国投资者自行出价，报价在最终确定的认购价格以上的投资者即可获得欧洲股权。

五、中国证券市场的国际化

中国加入 WTO 以后，作为金融市场支柱之一的证券市场的渐进开放已不可逆转，前面我们已经谈到了中国加入 WTO 后开放金融领域的相关承诺和中国国债市场国际化的途径问题，这里我们将进一步探讨中国证券市场整体，尤其是作为发展核心的股票市场的国际化的相关机制问题。此前根据国泰君安证券研究所的预测，2002—2020 年期间，中国股市市价总值的平均增长率约为 13.5%，到 2012 年，中国股市的市价总值将达到 3.2 万亿美元，而到 2020 年，中国股市的市价总值将达到 7.7 万亿美元。目前来看，2012 年的目标基本实现，而中国学界、业界对于 2020 年中国股市的市价总值预期约为 100 万亿元人民币。根据最新数据，截至 2014 年 11 月，中国股市的市价总值已达 4.48 万亿元，暂时成为仅次于美国的全球第二大证券市场。但中国证券市场得以长期发展的一个前提就是中国证券市场必须走国际化的发展道路。从海外证券市场开放的经验看，中国证券市场的开放将分为三个层次，首先是证券中介机构的开放，其次是外资主体发行上市，最后是二级市场的开放。预计在今后一段时期内，合资的证券公司、合资的中外合作投资基金将大量出现，同时，外企 A 股的上市将在短期内实现。而二级市场的开放则包括两个方面：一是走出去，二是引进来。在我国资本项目不能自由兑换的外汇管制体制下，QFII 和 QDII 的“双 Q”机制将成为目前最为可行的方式。

(一)QFII 制度

2002 年 11 月 7 日，中国证券监督管理委员会和中国人民银行联合发布了《合格境外机构投资者境内证券投资管理暂行办法》(以下简称《办法》)，正式启动 QFII 制度，这标志着我国证券市场的对外开放进入实质性阶段，是我国证券市场发展的重要里程碑。

1. QFII 制度的概念

QFII(Qualified Foreign Institutional Investor)是指“合格境外机构投资者”，QFII 制度即合格境外机构投资者制度，是指在资本市场完全开放之前，允许经核准的合格境外机构投资者在一定规定和限制下汇入一定额度外汇资金，并转换为当地货币，通过严格监管的专门账户投资当地证券市场，其资本利得、股息等经审核后可转为外汇汇出的一种市场开放模式。QFII 制度是在资本项目未实现货币自由兑换的情况下，有限度地开放资本市场的过渡性制度，其主要目的是引进外资，对外资的进入进行必要的限制和引导，并抑制境外投机性游资对本国经济的冲击。这种制度要求外国投资者在进入一国证券市场时，必须得到该国有关部门审批通过，审批的主要内容有：资格条件、投资登记、投资额度、投资方向、投资范围、资金的汇入和汇出等。2019 年 9 月，国家外汇管理局宣布，经国务院批准，决定取消 QFII 投资额度限制。

2. 其他国家和地区实施 QFII 制度的经验

巴西、泰国、韩国、马来西亚、印度和中国台湾等国家和地区均在 20 世纪 90 年代开始实施 QFII 制度，逐步开放了本国的证券市场，从这些国家和地区实施 QFII 制度的经验来看，主要可以概括为这样几点：(1)引进 QFII 制度的直接目的大都是借助外资激活国内市场，优化境内证券市场投资者结构。以中国台湾为例，1990 年 2 月至 10 月，由于岛内岛外各种因素的影响，台湾股市行情急剧下挫，加权指数由 12 682 点高位降至 2 485 点，跌幅超过 80%，而当时台湾证券市场是一个典型的散户市场，个人投资者占 96%以上。散户为主的市场波动幅度与频率较大，系统性风险较高。为了拯救股市，台湾当局决定实施外国专业投资机构(QFII)投资台湾股市。(2)绝大多数国家和地区的 QFII 制度均是由紧到松逐步放宽的。例如，韩国自 20 世纪 90 年代初实施 QFII 制度以来，对于境外投资者的投资限制越来越宽松，在 1997 年亚洲金融危机以后，该国政府决定进一步放松外汇管制，对境外投资者投资于境内市场的限制几乎完全取消;智利在1996年以前一直规定,境外投资者投资任何一家上市公司的股票总额不得超过其总股份的25%,但1996年以后则完全放开。(3)从各国家和地区QFII制度的具体内容来看,对于境外投资者的限制不外乎三个方面。第一,对主体资格的限制,一般而言,许多国家和地区在最初引进境外投资者时总是要考虑境外机构的风险承受能力,对于银行、保险公司、养老基金这类"风险回避者"往往较为欢迎,而对于境外券商、私募基金等"风险爱好者"则较为谨慎。第二,对境外投资者投资额度的限制。包括对单个的境外投资者投资额度的限制以及对所有境外投资者投资境内证券市场总额的限制。第三,对境外投资者投资行业的限制。在QFII制度实施之初,一般作笼统性规定,限制境外机构投资于任何一家上市公司的股票总比例,同时对于基础性、事关国民经济命脉的行业则禁止境外投资者购买其股票。1996年以后,许多新兴市场国家和地区纷纷立法放宽了这一限制,但是,对于广播电视、新闻传媒、农业等行业仍保留着不同程度的限制性规定。

(二)QDII制度

一国证券市场的开放理应包括两个方面:一是允许外资进入本国市场;二是允许内资走向境外市场。随着QFII制度的正式实施,中国证券市场的开放设想已从过去单一的讨论"引进来",转向"引进来"和"走出去"并重考虑。2006年4月13日,中国人民银行发布2006年第5号公告,允许符合条件的银行、基金管理公司等证券经营机构、保险机构投资于境外资本市场,这标志着我国QDII制度开始启动。2007年6月,证监会发布了《合格境内机构投资者境外证券投资管理试行办法》以及《关于实施〈合格境内机构投资者境外证券投资管理试行办法〉有关问题的通知》,进一步确立了我国的QDII制度。

1. QDII制度的概念

QDII(Qualified Domestic Institutional Investors)是指"合格境内机构投资者",QDII制度即合格境内机构投资者制度,与QFII制度一样,是在外汇管制下资本市场对外开放的权宜之计,即指在资本项目未完全开放的国家,允许本国投资者通过特许的机构投资者投资境外资本市场的一种制度。QDII制度实质上是在外汇管制中所建立的特殊通道,可成功解决在外汇管制下对国内投资者开放境外资本市场的难题。这种特殊通道,实际上是在不可自由兑换的资本账户下,开立特别可自由兑换的、进出数额相互关联的子账户,各个获认可的机构投资者再在各子账户下开设二级账户,并接受账户的实时监管。

2. QDII制度的框架

从《合格境内机构投资者境外证券投资管理试行办法》来看,我国QDII制度的框架主要涉及以下几个方面:

(1)投资者的资格认定。为了严格控制风险,本着稳妥渐进、宁缺毋滥的原则,获准进入境外证券市场的国内机构投资者只能是综合类证券公司或基金管理公司,且必须满足以下条件：第一，财务稳健，资信良好，资产管理规模、经营年限等符合中国证监会的规定。基金管理公司的净资产不少于2亿元人民币，经营证券投资基金管理业务达2年以上，在最近一个季度末资产管理规模不少于200亿元人民币或等值外汇资产；证券公司的各项风险控制指标符合规定标准，净资本不低于8亿元人民币，净资本与净资产比例不低于70%，经营集合资产管理计划业务达1年以上，在最近一个季度末资产管理规模不少于20亿元人民币或等值外汇资产。第二，拥有符合规定的具有境外投资管理相关经验的人员。第三，具有健全的治理结构和完善的内控制度，经营行为规范。第四，最近3年没有受到监管机构的重大处罚，没有重大事项正在接受司法部门、监管机构的立案调查。第五，中国证监会根据审慎监管原则规定的其他条件。

(2)资金进出的监控。可能采取的方法是：第一，在资本项目下设立专门的QDII账户，并为每一个通过QDII资格认定的国内投资机构建立二级账户，该账户资金流程接受外汇管理局的监控。第二，国内投资机构在通过审批半年内，按批准的规模在境内公开发行外汇基金，并将资金汇出境外。为了避免投机行为，首批资金在汇出后的一年之内，没有正当理由，不得回流国内投资。一年以后，可以根据实际情况返回一定比例资金投资国内B股市场，但必须事先报经中国证监会和外管局审批，并接受外汇管理局专门部门和证券监管部门的监控。第三，投资机构的资金必须汇往事先报国内外管局备案的境外银行资金往来账户，而投资机构的股票买卖则必须通过国内券商设在境外的分支机构代理，并在事先报经中国证监会备案的镜外交易所的股东账户进行，投资机构的上述银行资金往来账户、股东账户要相互连接，并与其在国内资本账户下的特别账户形成相互对应的关系。第四，外汇管理部门的QDII专门机构进行QDII下的资金规模控制，每年公布许可的输出资金规模，然后由证监会审批当年认可的QDII数量和相应可募集基金的份额。目前，我国对于证券经营机构境外证券投资资金的管理参照国家外汇管理局2009年9月29日发布的《国家外汇管理局关于基金管理公司和证券公司境外证券投资外汇管理有关问题的通知》执行。

(3)许可投资的证券品种和比例限制。原则上国内监管机构不对此做出规定，而遵从所在国的相应交易法规，但考虑到中国的特殊国情，为了切实保护境内居民投资者的利益，银监会2007年5月11日颁布的《关于调整商业银行代客境外理财业务境外投资范围的通知》规定，商业银行发行投资于境外股票的代客境外理财产品时，需满足六个条件：一是所投资的股票应是在境外证券交易所上市的股票；二是投资于股票的资金不得超过单个理财产品总资产净值的50%，投资于单只股票的资金不得超过单个理财产品总资产净值的5%；三是单一客户起点销售金额不得低于30万元人民币(或等值外币)；四是客户应具备相应的股票投资经验；五是境外投资管理人应为与中国银监会已签订代客境外理财业务监管合作谅解备忘录的境外监管机构批准或认可的机构；六是商业银行应选择在与中国银监会已签订代客境外理财业务监管合作谅解备忘录的境外监管机构监管的股票市场进行股票投资。在QDII初始阶段，只允许

QDII 投资香港证券市场上的国企、红筹股和蓝筹股，同时对每个 QDII 持有单个上市公司股份的比例也做出了一定的限制。单个 QDII 不得购买上市公司 5%的股份，或持有同一上市公司股票按成本价计算的总市值不得超过 QDII 净资产的 10%。目前，QDII 的投资范围已经扩大到美国、英国、新加坡等国家的成熟资本市场。

3. QDII 制度的影响

尽管 QDII 制度的提出直接源于香港金融局为解决“北水南调”、引内地资金活跃香港证券市场、重振香港经济的设想，但其实际影响已远不止于此。(1)实施 QDII 制度有利于支持香港经济发展，而维持一个经济繁荣和社会稳定的香港，不仅有着现实的经济意义，而且有着重大的政治意义。由于特定的地缘关系，香港和中国内地之间的经济联系向来十分密切，中国实行改革开放以来，两地的经济往来更是日趋密不可分，形成了一种相互依托、共同受益的良好互动关系。香港股票市场的平均市盈率由 2000 年的 14 倍左右上升到 2008 年的 18 倍左右，显然 QDII 推出后，香港股票较高的投资价值被激活，既吸引了国际游资回流香港，增加驻港国际金融机构的数量、扩大金融服务业的就业规模，也促进了香港居民的金融资产增值，刺激消费，进而稳定香港的楼市。实施 QDII 制度，中国内地居民得以买卖香港股票，从而提升了香港投资者的信心，这正是在人民币资本项下不可自由兑换时，内地刺激香港股市的一种较稳妥和有效的政策安排。(2)实施 QDII 制度有利于推动内地券商走向国际市场，给有实力的内地券商更多的发展空间和积累国际业务经验的机会，促进内地券商做大做强。随着中国加入 WTO，中国内地券商与国际投资银行的比拼时刻日益临近，为此，中国不少券商已做了不少准备，但考虑更多的似乎总是怎么样在主场应敌。事实上，要解决内地券商与国际投资银行的竞争问题，关键是解决内地券商怎么与国际接轨的问题。券商要同国际接轨，首先要从管理、技术手段、风险控制、人才培养、文化理念上同国际接轨。在入市后的过渡期内，管理层出台有关政策，让国内的券商先“走出去”，与实力强大的对手在真实的自由竞争环境中面对面地切磋技艺，不断发现和调整自身在竞争中的不利状况，促使国内券商在这段时间内寻找机会壮大自身实力。(3)实施 QDII 制度有利于引导国内居民通过正常渠道参与境外证券投资，减轻资本非法外逃的压力，将资本流出置于可监控的状态。QDII 制度的实施，使国内居民投资海外证券市场的需求合法化，既能有效分流一部分国内居民储蓄，又可引导需要投资境外股市的国内资本走正常渠道出去，这样通过清晰的渠道控制国内资金流向，有利于控制金融风险。(4)实施 QDII 制度有利于提升中国企业在国际资本市场的形象，恢复和增强国内企业到国际资本市场的融资能力。可以通过 QDII 制度，引导国内投资者把资金投向海外的中国企业股票，比如说香港的 H 股、红筹股，必然大大激发其交投，从而吸引场外的其他热钱，推动 H 股、红筹股股价向其合理价位回归，进而恢复这些企业的再融资功能，同时新的内地企业到香港发新股的融资计划也将顺利进行。(5)实施 QDII 制度有利于通过迂回的方式，引导国内证券市场逐步缩小泡沫。实施 QDII 制度之后，由于国内投资者买卖境外股票已间接成为合法的投资行为，为了满足投资者了解境外市场信息的需求，证券研究机构、舆论媒体将加大对境外市场的研究和介绍，更多的投资者将发现其实这世界上不仅仅是只有一个A股市场可供自己选择。通过对不同市场同类同质(或不同质)股票的比较，投资者最终会对证券品种的投资价值做出正确的判断。届时，市场对股票价格的认可将不完全由资金量决定，而是由公司的真实价值决定。这样，有助于改变我们的一些研究部门忽视市场价值来推断股市走向的研究方法，也有助于决策部门在解决一些市场历史遗留问题时，设计出更客观、公正、符合价值取向的方案。

第三节 金融衍生工具

从20世纪70年代起，以金融资产为标的物的金融衍生工具应运而生且发展迅猛，已成为令人瞩目的国际投资客体。究其原因，是由于当时国际金融领域中固定汇率体制的崩溃以及各国普遍实行浮动利率制度，使各国的生产经营者面临着巨大的汇率和利率风险。金融衍生工具就是旨在把这类风险从生产经营活动的正常利润中分离出来，以一定的价格出售给具有风险偏好的投资者，而使生产经营者能够专心致力于自己熟悉的领域。自1972年5月美国芝加哥交易所(CBOT)推出第一份外汇期货交易合约以来，在短短二十多年的时间里，金融衍生工具无论是在品种开发还是在规模扩张方面都取得了飞跃式的发展。可以说，没有金融衍生产品的迅猛发展就没有今日全球金融蒸蒸日上之局面，金融衍生产品在为全球金融市场注入新的活力、创造新的机会、开拓新的空间的同时，也引发了潜在的巨大风险，这种“双刃性”在近年来全球金融状况的演变过程中日益表现真切。

一、金融衍生工具的基本概念

(一)金融衍生工具的含义

金融衍生工具(Financial Derivative Instrument)亦称“金融衍生产品”。衍生工具一词源于“衍生”，它起源于原生性金融产品或基础性金融工具，这种原生性金融产品包括货币、外汇、存单、债券、股票等。基础性金融工具主要有四种形式：其一，利率或债务工具的价格；其二，外汇汇率；其三，股票价格或股票指数；其四，商品期货价格。简单地说，金融衍生工具是指从传统金融工具中衍生而来的新型金融工具。从理论上讲，金融衍生工具是根据某种相关资产的预期价格变化而进行定值的金融工具。这种相关资产可以是货币、外汇、债券、股票等金融资产，也可以是金融资产的价格。实际上，金融工具又是反映借贷双方之间债权债务关系的一种合约证明文件。这种合约文件一般使用书面的形式，以避免因口头协议而引起的争执或纠纷。金融衍生工具的出现，是在国际金融市场上金融资产价格发生剧烈波动、原生市场交易的利差变化的情况下，满足人们寻求赚取有关资产差价、投机或保值需求的结果。因此，金融衍生工具是通过预测股价、利率、汇率等金融工具在一定时期内的市场行情走势，以支付少量保证金签订远期合约或互换不同金融商品的衍生交易合约。

（二）金融衍生工具的特点

与债券、股票等原生性金融产品相比，金融衍生工具具有如下特征：

（1）金融衍生工具价格受基础资产价格变动的影响。金融衍生工具要成为基础资产的生产经营者转移、规避风险的工具，其价格必然受制于该种资产的价格变化。

（2）金融衍生工具交易过程具有杠杆效应。金融衍生工具的交易一般采用保证金制度，从而使得投资者只需以少量资金即可获得数额巨大的交易合约。当然，这在提高投资者资金利用率的同时，也使投资风险倍增。近年来，一些大型跨国金融机构就因为在金融衍生工具交易中的失误导致破产或被收购，如英国的巴林银行。

（3）金融衍生工具设计灵活、种类繁多。金融衍生工具的创造具有很大的灵活性，以满足各种偏好投资者的不同需要。如在初级金融衍生工具的基础上可构造出“再衍生工具”期货期权、互换期权等。在国外，专门从事金融衍生工具品种开发的投资银行家被称作“火箭科学家”，他们设计出的许多特种金融衍生工具的性能极为复杂，往往令金融业内人士也难以理解。

（三）金融衍生工具的功能

1. 套期保值

套期保值（Hedging）也称“抵补保值”或“海琴”。套期保值这一术语，最初是指商品期货市场买进或卖出一笔期货商品，以抵补现货商品之缺，使其不受该商品价格变动的影响，后来这个术语扩展用于外汇市场。套期和套利一样，是外汇市场上重要的交易活动，套利主要取决于各国之间的利率差异，只要利率差异存在，套利也总是存在的；而套期是使各国货币利率和汇率在期限结构上形成一种有机联系，两者互相影响、制约，推动了国际金融市场的一体化，利用金融期货，可在现货市场基础上，在期货市场做一笔买卖方向相反、期限相同的交易来套期保值；而利用金融互换，可使有浮动利率负债的交易者把支付浮动利率换为支付固定利率，从而避免利率上升的风险。

2. 投机

投机（Speculation）一般是指一种在预测价格将要上升时先买后卖，在预测价格要下跌时先卖后买以赚取利润的行为。金融衍生工具除了用于规避风险外，客观上也能成为一种投机者投机获利的工具。应该说，在国际金融市场上的投机活动也属于一种正常的交易行为，有其存在的必要性和合理性，但是过度的投机容易扰乱金融秩序，引起金融市场的动荡和不安。

（四）金融衍生工具的分类

1. 按性质进行划分

按性质的不同,金融衍生工具可以划分为金融远期、金融期货、金融期权、金融互换和再衍生金融工具5种。

(1)金融远期。金融远期是指合约双方同意在未来日期按照固定资产交易金融资产的合约。金融远期合约规定了将来交易的资产、交易的日期、交易的价格和交易的数量,合约条款因合约双方的需要不同而不同。金融远期合约主要有远期外汇交易合约和远期利率协议。

(2)金融期货。金融期货是指买卖双方在有组织的交易所内以公开竞价的形式达成的,在将来某一特定时间交收标准数量特定金融工具的协议。金融期货主要包括货币期货、利率期货和股票指数期货三种。

(3)金融期权。金融期权又称为金融选择权,是指持有期权合约的买卖方享有的契约期满日或在此之前按合同的约定价格购买或出售约定数量的某一种金融工具的权利。金融期权包括现货期权和期货期权两大类。

(4)金融互换。金融互换是指两个或两个以上的当事人按共同商定的条件,在约定的时间内交换一系列支付款项的金融交易。金融互换主要有货币互换和利率互换两种。

(5)再衍生金融工具。再衍生金融工具是指在金融远期、金融期货、金融期权、金融互换之间组合形成的新型金融工具(见图7—10)。

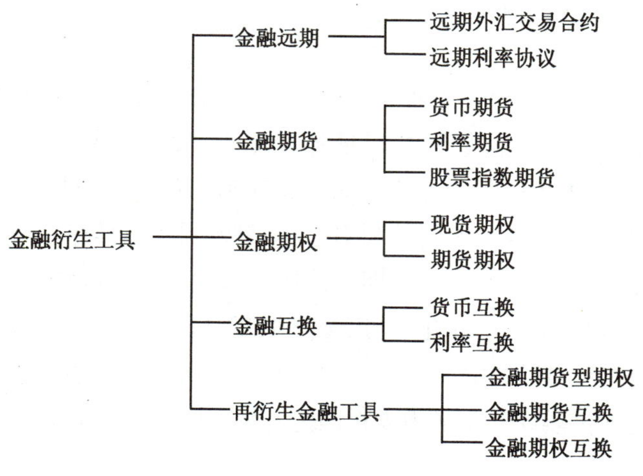

图7—10 金融衍生工具类型——按性质划分

2. 按基础工具划分

按基础工具的不同,金融市场衍生工具可划分为货币衍生工具、利率衍生工具和股权式衍生工具。

(1)货币衍生工具。货币衍生工具是指以各种货币作为基础工具的金融衍生工具,主要包括远期货币协议、货币期货、货币期权、货币互换以及上述合约的混合交易合约。

(2)利率衍生工具。利率衍生工具是指以利率为基础工具的金融衍生工具，主要包括远期利率协议、利率期货、利率期权、利率互换以及上述合约的混合交易合约。

(3)股权式衍生工具。股权式衍生工具是指以股票或股票指数为基础工具的金融衍生工具，主要包括股票期货、股票期权、股票指数期货、股票指数期权及上述合约的混合交易合约(见图 7—11)。

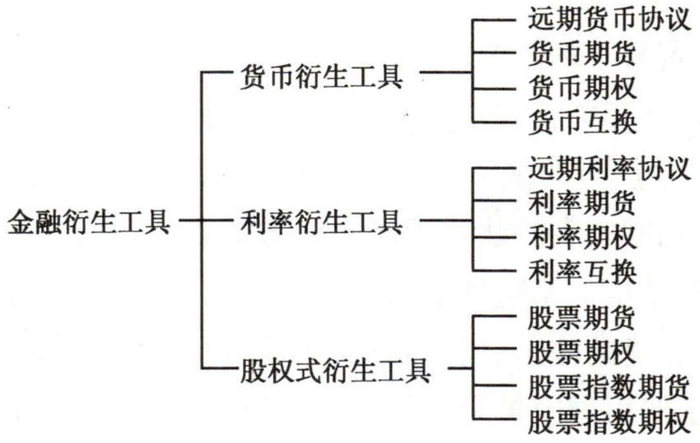

图 7—11　金融衍生工具类型——按基础工具划分

3. 按交易所划分

按交易场所的不同，金融衍生工具可分为场内交易金融衍生工具和场外交易金融衍生工具。

(1)场内交易的金融衍生工具。主要有利率期货、外汇期货、股票价格指数期货、利率期权、外汇期权、股票期权等。目前，世界各地专门从事金融衍生交易组织很多，大多数交易所的模式均仿照美国而设立，因此，世界各地对金融衍生工具的场内交易的结构差异并不大。

(2)场外交易的金融衍生工具。它是指交易所以外进行的交易，场外交易是在众多的金融机构、中间商和千千万万顾客之间，通过个别磋商而进行的无形的、组织松散的交易，这种无固定场所的交易主要通过电讯设备联系来完成。它们的交易对象主要是在证券交易所上市的股票、债券以及不在期货、期权交易所中规定的数量、日期和品种范围之内的金融资产。如远期利率或汇率合约、利率或货币互换、利率封顶期权等。

二、金融衍生工具发展的国际经济背景

(一)浮动汇率制度的形成

第二次世界大战后，西方各国经济力量之间的对比发生了极大的变化，美国在经济、政治、军事等方面成为整个资本主义世界的霸主，美元成为最坚挺的货币。1944 年 7 月，“联合国货币金融会议”通过了《国际货币基金组织协定》。1945 年 12 月，“国际货币基金组织”成立，确定了美元与黄金直接挂钩、各国货币与美元挂钩、以美元为

中心的固定汇率制度。从 20 世纪 50 年代开始，随着德、日等国经济实力不断增强，美国在世界经济中所占的地位不断下降，美国国际收支出现逆差，美元不断外流，美国对外短期债务超过黄金储备，引来了一次美元危机。1971 年 8 月 15 日，美国尼克松政府被迫宣布实行新经济政策，美元与黄金脱钩。

进入 70 年代，西方资本主义国家纷纷摆脱固定汇率制度实行浮动汇率制度。1973 年，美元的第二次贬值导致以美元为中心的固定汇率制度崩溃。到 1975 年，已有 18 个主要资本主义国家正式宣布实行浮动汇率制度，而这 18 个国家的贸易总额已占整个资本主义国家贸易总额的 70%。1978 年 3 月 31 日，国际货币基金组织正式宣布从 1978 年 4 月 1 日起有关肯定浮动汇率制和取消黄金条款的决议正式生效，至此，1944 年布雷顿森林会议产生的国际货币基金组织所制定的布雷顿森林国际货币维持了 34 年，经过它的原则制定者的法定程序而宣布结束。

浮动汇率的实施，使得汇率随外汇供求关系自动升降，在一定程度上减少了国际金融市场上游资对硬通货的冲击。各国政府无需维持货币在国际金融市场上的汇率稳定，因而有效防止了弱币国家黄金与外汇储备的流失。同时，在浮动汇率制度下，国内经济政策受到外部因素的约束力较小，各国政策可根据各自的实际情况，选择对本国有利的经济政策。但浮动汇率制度同样也带来了一些负面影响：其一是增加了国际贸易、国际投资及国际借贷的汇率风险；其二是助长了国际市场上的投机活动。到了 80 年代，由于发展中国家发生债务危机，不少国家为了在金融风险增大的国际金融环境中加强对外资产与负债的管理，寻求防范汇率风险的途径和办法，这就为以规避风险为主要目的的衍生工具创新提供了强大的需求。

（二）石油、债务危机的爆发

20 世纪 70 年代初给世界经济以重要影响的事件莫过于 1973 年爆发的石油危机及与其相伴而产生的国际债务危机。1971 年和 1973 年，美元两次贬值，使以美元为计价单位的石油输出国的贸易收支处于不利地位。以第三次中东战争为导火线，石油输出国组织（OPEC）宣布原油大幅度提价，由每桶 3 美元提高到 12 美元。1979 年第二次提价后，1981 年达到每桶 34 美元。石油提价使石油输出国的石油收入猛增，国际收支经常项目出现巨额顺差——石油美元。这些石油美元中的相当一部分成了西方发达国家大银行吸收的存款。这些大银行为寻求资金出路，获取最大限度利润，纷纷加大了对拉丁美洲等发展中国家的贷款量，它们提供的巨额贷款，甚至超出了接受国的偿还能力。这又为拉丁美洲国家爆发债务危机埋下了祸根。在石油价格暴涨时，非石油发展中国家由于进口原油费用急剧增加而出现国际收支经常项目的巨额逆差。为了弥补这个差额，不得不大量举债。进入 80 年代，由于西方货币市场利率上升，发展中国家债务利息负担加重，加之世界经济不景气，各国贸易保护主义抬头，导致债务危机爆发。

石油美元使国际金融市场规模空前扩大。浮动利率又使短期金融资产在国际间快速流动。国际债务危机客观上促进了西方大银行对运用衍生工具转移信用风险的巨大需求，迫使银行必须根据新的国际经济环境，从保证银行盈利安全性、流动性的目的出发，不断开发新的金融工具和业务。

（三）金融自由化浪潮

浮动利率制度、石油和债务危机，一方面使金融机构为了自己的生存和发展，要突破传统的金融工具与金融管理规则的限制，发展可以回避和转移风险的金融工具；另一方面也使西方发达国家不得不重新审视和调整原来的经济金融理论和政策。受货币主义学说和新古典经济学的影响，以自由竞争和金融自由化为基调的创新浪潮席卷西方世界，从 20 世纪 70 年代到 80 年代初西方国家实行“放松管制”政策，从而为金融衍生工具的发展创造了良好的环境。这股金融自由化浪潮体现在两个方面：一是利率自由化。放宽或取消贷款机构的最高利率限制。如美国国会 1980 年通过《对存款机构放松管制与货币控制法》。1982 年又通过《加斯特·杰梅存款机构法》。1996 年废除联邦储备法案及条款所规定的存款利率上限。二是金融业务自由化。逐步放松各种金融机构业务范围的限制，允许多种金融机构业务交叉，在金融市场开展自由竞争。

金融自由化使得利率、汇率等金融市场价格频繁波动，投资者借贷风险增大，各种金融创新业务受到广泛的认可和使用。如筹资者鉴于货币汇率和利率频繁而剧烈的波动，难以确定资金成本。为了将损失减少到最低限度，便通过市场寻求一种新的金融工具，在资金流动性和收益性之间选择平衡点来实现资金保值或获取高收益。货币互换、远期协议、票据发行便利、承诺低循环信贷、期货、期权、备用信用证等创新业务应运而生，在这种金融创新业务中又派生出许多复合式金融工具，它们开辟了金融创新业务的新领域，也在市场上发挥着对冲保值的功能。

（四）金融电子化趋势

以电子计算机为代表的新技术革命，在 20 世纪 70 年代以后迅速发展。通信技术和计算机信息处理技术的发展，为金融衍生工具的发展提供了坚实的技术支持。电子通信技术的进步，使大量信息的处理与传播变得十分便捷。一方面打破了银行业垄断金融信息的局面，大幅度降低了市场交易成本；另一方面扩大了金融工具的交易范围并突破了地域性限制，使全国乃至全球金融市场连为一体，促使投资者的交易部位得以迅速抛补，市场运作更具效率。1973 年，路透交易信息系统首先在金融交易中使用。该系统通过计算机终端提供各种信息资料和服务，包括金融交易行情、各类图表分析、模型分析及对市场趋势的预测，使交易规模迅速扩大。此外，GLOBE 全球交易系统的形成使全天候 24 小时交易成为可能。信息革命对金融衍生市场的技术支持还体现在另外两个方面：一是伴随着计算机及数据处理自动化技术的广泛应用，新兴的金融分析理论和新兴的信息处理技术设备将理论与实践结合起来，为开发和推广金融工具奠定了坚实的技术基础；二是一些纯数字研究人员，如火箭科学家投身于金融衍生工具设计的组合，使金融工程技术得以发展和广泛应用。

（五）金融全球化趋势

20 世纪 70 年代以前，由于政府政策、规则的影响，世界主要发达国家的金融市场仍然是在分离的状态下发展的。70 年代初期，由于国际经济环境的变化，国际金融市场迅速发展起来。发达国家政府大量财政赤字与借债的主要方式是发行政府债券。为此，各国政府普遍放松对国内外金融机构和各国投资者的限制，放松甚至取消外汇管制。发展中国家的债务危机恶化，使其再借款的筹资能力下降，因此，也从银行借款转为利用证券市场筹资，从而促成了证券市场的国际化。金融市场的全球化，使金融业之间的竞争更为激烈，金融机构必须参与到各种金融创新中去，不断研究企业和客户的要求，设计和提供新的金融产品和金融技术。在这一金融创新浪潮中，涌现出了各种“共同基金”，尤以国家基金、地区基金和国际基金的发展最为突出。在外汇、证券、黄金市场中，以基金形式的投资者在金融业务创新的过程中，不断寻求创新工具来取代一些传统金融业务，以加速资金的周转。

三、全球金融衍生工具市场的新发展

全球金融衍生工具市场在近年来的发展中主要表现出以下显著特征。

（一）金融衍生工具市场竞争进一步加剧

1. 场内交易与场外交易之间的竞争加剧

（1）近年来，场外交易市场获得了迅速发展，抢占了更大的市场份额，而交易所却在节节败退，增长速度下降。表 7－14 提供了全球场外交易衍生金融产品的数据（1995 年 3 月至 1998 年底），由此可看出其发展速度的数量级。1995 年 3 月名义（National）的未平仓总额达到了 47.5 万亿美元，是 1990 年底的 4 倍，到 1998 年底此数字增长到 80 万亿美元，此时场外交易已占金融衍生产品总市场的 86%。1995 年以来在场外交易市场中增长最快的是股权关联合约（Equity-linked Contracts），其次是利率合约，商品合约的增长则显得微不足道。金融衍生工具的交易所交易尽管也有所增长，但其增长速度显然与场外交易不可同日而语，名义未平仓总额从 1995 年 3 月的 10.9 万亿增长至 1998 年底的 13.5 万亿美元，仅略长了 20%。

表 7－14　　全球金融衍生工具场外交易的进展（按未平仓数量计算）　　单位：10 亿美元

交易品种	1995 年 3 月底		1998 年 12 月底	
	名义数量	总市场价值	名义数量	总市场价值
外汇合约	13 095	1 048	12 063	491
直接远期和外汇互换	8 699	622	12 063	491
货币互换	1 957	346	2 253	200
期权	2 379	7	3 695	96
利率合约	26 645	647	50 015	1 675
远期利率协议	4 597	18	5 756	15

续表

交易品种	1995 年 3 月底		1998 年 12 月底	
	名义数量	总市场价值	名义数量	总市场价值
互换	18 283	562	36 262	1 509
期权	3 548	60	7 997	152
股权关联合约	579	50	1 488	236
远期和互换	52	7	146	44
期权	527	43	1 342	192
商品合约	318	28	415	43
黄金	147	10	182	13
其他商品	171	18	233	30
其他	6 893	432	10 371	490
合计	47 530	2 205	80 300	3 230
备注:交易所交易	10 900		13 549	

注:① 表中所有数字都对重复计算进行了调整。

② 总市场价值用正的市场价值之和加上负的市场价值之和的绝对值得到。

资料来源:Alfred Steinherr,《衍生金融产品:机会与风险》。

金融衍生工具场外交易的发展快于交易所交易的原因主要在于两方面:第一,技术上的原因。信息技术和交易技术的进步促成了全球电子交易网络和自动清算系统的发展,这使得场外交易便利性大大增强,而交易成本却大为降低,场外交易相比交易所更易于发展成为全球性市场的优越性凸显无疑。第二,制度上的原因。交易所交易正在步入其生命周期的成熟阶段,管制遏制了创新,例如其保证金要求远远超过场外交易,风险在交易所里几乎被完全规避,而且在任何时候都包括在保证金的支付里,当一个交易所的会员不能对追加保证金(Margin Call)的通知作出反应时,他的位置就会被立即出售。相形之下,场外交易的创新动力依然活跃,当然,场外交易还得益于增加的抵押机制和大的美国交易商的信用评级的显著提高。

(2)为了应对不利的竞争局面,近年来各衍生工具交易所进行了一系列的创新以增强竞争力,适应市场需求。其具体方式体现在以下几个方面:第一,开发新的衍生产品,更好地满足客户需求。同时,还对合约进行改造,使之具有场外合约的灵活性和交易所合约价格透明及金融业担保的优点。如美国主要衍生工具交易所推出的"弹性"期权和用净额结算取代总额结算的"美元计值交货"等合约。第二,为交易所或场外客户提供新服务。许多衍生工具交易所延长了营业时间,简化了合约的交割程序以提高交易与结算的效率。第三,进行合理化改革,增强交易所的地位。具体措施主要有:撤销缺乏竞争力的产品、改革现有合约的某些条款和交易所之间进行兼并等。如伦敦国际金融期货交易所撤销了 3 个月期欧洲美元期货和德国马克中期债券期货合约,并与伦敦商品交易所进行了合并。而 1997—1998 年上半年,荷兰、丹麦、法国、芬兰和瑞士的一些衍生工具交易所纷纷与股票交易所合并,也反映了欧洲大陆金融衍生市场竞争加剧的趋势。

2. 各场内交易所之间的竞争加剧

经历二十多年的发展后，金融衍生市场步入成熟期，基本品种的衍生工具已相当普及，与大量金融机构参与提供衍生产品，市场竞争加剧，部分衍生工具的利润下降。特别是1994—1995年以来，在遭受了巨大损失后，市场参与者的行为更加谨慎，争夺客户的竞争更加激烈。1996年，按衍生合约数量排列的世界最大的衍生工具交易所中，芝加哥交易所、芝加哥商业交易所和芝加哥期权交易所位居前三位，但其地位已遭到了来自伦敦国际金融期货交易所的强劲挑战。由于欧盟利率趋同前套利交易的大幅度上升，伦敦国际期货交易所的合约数量在1996—1997年增长了24.7%，一举超过芝加哥商业交易所和芝加哥期权交易所，成为世界上仅次于芝加哥交易所的第二大衍生工具交易所。同时，德国证券交易所以流动性更强的中期德国政府债券期货吸收市场参与者，1997年底的合约数量在前一年的基础上增长了45.1%，取代了法国国债交易所，成为欧洲第二大、世界第五大衍生工具交易所。

（二）金融衍生交易电子化

传统的交易业务是在交易大厅以公开喊叫的方式完成的，它保证了交易的公开性和价格的透明度，但交易所在交易场地内管理方面也付出了较高的成本。因此，近年来，新建的衍生工具交易所大多放弃了大厅交易方式，转而投资建立电子交易系统，而老牌的交易所在保留大厅交易特色的同时，也积极引进电子交易系统，使市场参与者能在正常的经营时间外通过电子屏幕进行交易，如德国证券交易所在国外安装了电脑终端，扩大了电子交易系统的远程途径，芝加哥交易所也正制定加快电子化的发展战略，法国债券交易所已于1998年4月实现了所有的衍生合约在大厅和电子屏幕进行交易。电子交易系统方便、灵活，交易者只需将他要买入或卖出的衍生合约品种、数量和价格等信息输入电脑，电脑就会自动寻找与上述条件吻合的卖单或买单，并自动两两成交。这种方式大大加快了成交速度，减少了错单，降低了成本，受到市场参与者的欢迎。

（三）金融衍生市场国际化

20世纪90年代以来，国际金融系统规模进一步扩大，金融市场全球化的趋势大大加强，加上各国金融管制的进一步放松，尤其是欧盟取消成员国之间对证券投资和衍生交易的限制，以及电子交易系统的普及，极大地推动了金融衍生市场国际化的发展。

1. 场外市场

场外金融衍生市场已发展成为各类金融产品市场中国际化程度最高的市场。据统计，在金融衍生产品的场外交易中有50%左右的交易属于跨国交易（见表7－15），相比之下，债券、股票等基础产品的跨国交易比例要低得多，全球股票市场跨国交易的平均程度大约在20%，债券市场更低一些，这就更说明了金融衍生产品交易在国际间接投资中所占据的重要地位。

表 7—15　　金融衍生工具场外交易的跨国交易比率　　单位:%

交易品种	1995 年		1998 年	
	跨国交易	国内交易	跨国交易	国内交易
外汇合约	54.5	45.5	55.8	44.2
利率合约	51.7	48.3	49.8	50.2
合　计	54.0	46.0	54.5	45.5

资料来源:Alfred Steinherr,《衍生金融产品:机会与风险》。

2. 场内市场

(1)各衍生工具交易所纷纷上市外国衍生合约,或推出具有国际化性质的衍生合约,这是走向国际化的初级阶段,它使国内市场参与者有机会参与国外衍生产品的交易,使国内衍生产品的价格与国际上相似产品的价格紧密联系在一起。这方面突出的例子有,新加坡国际交易所上市日经 225 种股指期货、期权合约,芝加哥商业交易所上市法国债券交易所利率合约和伦敦国际金融期货交易所的三个月欧洲马克合约,香港期货交易所上市费城交易所的货币期权,以及东京、新加坡、芝加哥、伦敦等地交易所签订的衍生产品交叉上市协议;1995 年芝加哥期权交易所推出拉美 15 种指数以现金结算的欧式期权,伦敦国际金融期货交易与阿姆斯特丹交易所还将同时上市根据欧洲流动性最强的 100 种而设计的金融时报 100 种最佳股指期货,该合约将以欧洲货币单位计值,1999 年以后改为用欧元计值。

(2)国际化发展的高级阶段是交易所之间的联网交易清算。现在,越来越多的交易所建立了双边或多边联网,市场参与者可以在网上的任意交易所买卖上网的衍生产品。例如,芝加哥商业交易所与新加坡国际货币交易所签订了欧洲美元的长期互相冲销的协议,两个交易所同时在大厅和互联网上市这些合约,1997 年 2 月,瑞典斯德哥尔摩期权交易所、伦敦证券与衍生工具交易所和挪威奥斯陆股票交易所共同推出电子联网交易系统,以上三个交易所还与芬兰证券与衍生工具交易所四个交易所衍生合约的清算进行结算。德国证券交易所、瑞士衍生工具交易所和法国债券交易所于 1998 年 10 月为它们的基础与衍生产品开发电子平台——欧洲交易系统(EUREX),使所有衍生利率合约都在这一系统进行交易,到 2002 年还将建成清算公司,用于清算所有电子网络上交易的产品。欧洲交易系统已经宣布它将与美国芝加哥交易所联网,以后将扩大到北欧和亚洲,最终实现建立全球电子交易市场的目的。

四、中国金融衍生工具的发展

(一)中国金融衍生工具发展试验的失败——发展金融期货的经历

中国对金融期货的认识最先从开展境外外汇期货交易开始。1984 年,中国银行率先接受国内外贸公司、借用外债项目单位的委托,代理客户从事境外外汇期货交易。

1992 年 7 月，上海外汇调剂中心建立了新中国第一个合法的外汇期货市场，买卖人民币兑美元、日元、德国马克的外汇期货合约，当时交易并不活跃，从开业到 1992 年年底，共交易标准合约 10 813 张，交易金额仅仅为 21 626 万美元，同时还伴随了高度的投机、经验不足导致的大量资金外流和各种不具有境外资格的机构坑害客户的各种行为。为此，上海外汇调剂中心于 1993 年停止了人民币外汇期货交易，并一直对境外外汇期货交易采取了严格的管制措施。1996 年 6 月，由于中国中信、中国石化联合公司等国有企业参与国际货币期货交易失败的教训，人民银行发文明令禁止国内金融机构随意开展境外衍生工具交易业务。1996 年 3 月，人民银行和国家外汇管理局宣布禁止外汇期货业务。

1993 年 3 月，海南证券交易中心针对深圳综合指数 A 股指数和 6 个合约推出深圳股票指数期货交易。经过几个月的运作，呈现 A 股指数期货无人涉足、综合指数成交清淡、投机性日益增强等情况。同年 9 月，深圳平安保险公司福田证券部在开通两天海南深指交易后，出现大户联手打压股指的行为，交易被迫暂停；9 月底，有关方面宣布全部平仓，停止交易。

国债期货首先于 1992 年 12 月 28 日由上海证券交易所推出，开始阶段交易十分清淡，到了 1993 年 10 月，交易金额只有 5 000 万元。1994 年，国债一级市场改革，带动了国债期货交易的发展；上海证券交易所也重新设计国债期货合约品种，交易规模逐步扩大，1994 年交易量突破 19 000 亿元，占整个国债市场交易量的 97.4%，最高一天交易可达 600 亿元。这个时期，全国其他证券交易中心、深圳证券交易所也相继开办国债期货交易，尤以广州、武汉最为活跃，开办场所共有 14 家。1994 年下半年至 1995 年初，国债期货交易进入了火爆阶段，而且深圳债券市场迅速崛起，成为全国第二，国债期货市场基本形成了上海、深圳、武汉三分天下的局面。1995 年 2 月 23 日，发生了“3・27”国债期货事件，同年 5 月 17 日，证监会宣布中止国债期货交易。

（二）中国金融衍生工具发展试验的教训

中国金融衍生工具的历史以金融期货从试点到夭折为代表，它留给了我们许多深刻的教训，总结教训和认真反思是进一步发展的前提。

（1）基础资产市场还没有发展壮大，不足以支撑衍生工具市场的发展。如果基础资产市场规模有限，就很容易出现操纵基础资产市场从而操纵衍生品价格的问题。在上述试验性发展中，就出现了由于深圳交易所仅仅只有几十家上市公司，投资者可以很容易操纵股指在股票指数期货中获利的情况。在国债期货交易中，同样由于国债市场规模小、品种少，很容易发生多头逼空头等市场操纵情况，导致市场的崩溃。

（2）不根据市场需求而由其他目的推出衍生品，衍生品市场的发展偏离正轨。当时推出金融衍生品的目的更多是为了发展市场经济进行的试验，盲目学习外国，而很少考虑当时中国的实际情况。在利率尚未市场化、人民币不可以自由兑换的情况下，投资者对系统风险的避险需求并不很明显，因而，当金融衍生品市场发展时，金融衍生品并不能得到合理的利用并最后沦为投机的工具,导致了市场的混乱。

(3)管理经验缺乏,法律规范不健全。当时中国刚刚开放,金融管理方面的经验尚十分缺乏。同时国有银行、企业和资本市场有关的各个方面都刚刚起步,人才和管理手段都相当原始,发展市场化的金融制度和手段应用都还有许多顾虑。由于时机不成熟,衍生品在市场本身的发展中产生了各种当时没有事先预计到的风险和困难。而政府并不是通过立法和设立规范加以有力引导,而是强行关闭,给社会造成了不良的影响。政府不能独立于市场进行监管,而是各级政府和同政府有各种关系的机构直接或者间接参与市场,并且有时从根本上影响市场的价格。

(三)中国金融衍生工具发展面临的挑战

随着中国经济的发展、金融市场的日益壮大成熟和国际化进程的加快,中国已产生了发展金融衍生工具的需求,但所需的各种条件尚不完备,所面临的挑战仍然是客观存在的。

(1)随着中国加入 WTO,中国金融市场对外开放压力变大,金融市场制度和市场的不确定因素增加。因此,建立和发展中国的金融衍生工具市场将随着对外开放的程度提高而重新提上日程。一般来说,社会对金融衍生工具的需求是伴随着经济的深入发展而逐步产生的,金融衍生工具出现的顺序可能是股票指数期货、股票指数期权、可转换债券、认股权证、利率期货、债券期货、利率掉期、债券期权、利率期权、外汇期货与期权。

(2)资本市场发展迅速,机构投资者对系统风险的避险要求日益强烈。近年来,上市公司数目不断增加,资本市场市值占 GDP 的比率越来越大(参见表 7—16),但同时证券市场的系统风险也显著提高。对于机构投资者,特别是迅猛发展的各类基金,其资产组合后面临的风险将主要是系统风险。因此,他们迫切地需要通过金融衍生工具来达到避险的要求。

表 7—16　　中国资本市场状况

时　间	境内上市公司数目(家)	股票市价总值(亿元)	国债发行额(亿元)	企业债券发行额(亿元)	证券基金规模(亿元)
2001 年	1 160	43 522.20	4 884.00	147.00	804.23
2002 年	1 224	38 329.13	5 934.30	325.00	1 318.85
2003 年	1 287	42 457.72	6 280.10	358.00	1 614.67
2004 年	1 377	37 055.57	6 923.90	327.00	3 308.79
2005 年	1 381	32 430.28	7 042.00	2 046.50	4 714.18
2006 年	1 434	89 403.89	8 883.30	3 938.30	6 220.67
2007 年	1 550	327 141.0	2 3139.1	5 058.50	22 339.8
2008 年	1 625	121 366.4	8 558.20	8 435.40	25 741.79
2009 年	1 718	243 939.1	17 927.24	15 864.40	26 767.05

续表

时　间	境内上市公司数目(家)	股票市价总值(亿元)	国债发行额(亿元)	企业债券发行额(亿元)	证券基金规模(亿元)
2010 年	2 063	265 422.6	19 778.30	10 043.38	24 228.35
2011 年	2 342	214 758.1	17 100.00	20 143.0	26 510.37
2012 年	2 494	230 357.6	16 154.2	37 366.0	31 708.41
2013 年	2 489	239 077.2	20 230.0	4 752.30	31 180.00
2014 年	2 613	372 547.0	20 247.0	6 908.50	42 033.00
2015 年	2 827	531 462.7	58 226.0	3 421.02	76 674.00
2016 年	3 052	507 685.9	89 886.0	5 925.70	88 428.00
2017 年	3 485	567 086.1	82 243.0	3 730.95	110 182.1
2018 年	3 584	434 924.0	77 063	2 418.38	128 961.3
2019 年	3 777	592 934.6	83 715	3 624.39	136 937.4

数据来源:国家统计局。

(3)金融机构正广泛地吸取国外的经验,研究金融衍生工具的交易策略。2010 年 4 月 16 日,我国酝酿已久的股指期货终于推出,各金融机构都相应制定了和以往不同的投资策略和产品创新来吸引客户,股指期货的交易活跃,这对于机构投资方来说是一个很大的机会。同时,大量留学和学成归来人员、外国专家和国内开放程度的提高都为金融机构规范化发展衍生工具提供了条件。历史经验表明,只要金融机构对衍生工具的需求存在,金融衍生工具就会有很大的发展空间。

(4)制度环境还不能完全满足发展金融衍生工具的要求。目前我国金融衍生工具的种类少、参与门槛高,其发展还处于起步阶段,与金融衍生工具发展相关的政策法规并不完善,监管机构对金融机构金融创新的监管也缺乏具体的判断原则。金融创新用于规避现有法律等问题没有得到很好的重视,法律还缺乏弹性和适应性,执法中存在的问题得不到及时的解决。随着股指期货等金融衍生工具的陆续推出,与我国金融衍生工具市场相适应的法律法规也将逐步完善。

阅读文献

1. 朱民:《2021:全球金融的震荡变局》,载于《国际金融》2020 年第 12 期。

2. 钟红:《国际债券市场发展的现状和趋势》,载于《国际金融》2017 年第 8 期。

3. 王泽:《国际股票市场间的风险动态传播模式识别及预警研究》,载于中国地质大学学位论文,2020 年。

4. 吴长凤、魏佳:《债券市场对外开放的演进与启示》,载于《中国外汇》2020 年第 12 期。

5. 袁沁、张璨:《银行间债券市场对外开放的历程及意义》,载于《银行家》2015 年第 9 期。

6. 郝毅:《数字金融新发展》,载于《国际金融》2019 年第 12 期。

习题及案例分析

一、名词解释

1. 国际债券
2. 外国债券
3. 全球债券
4. 欧洲债券
5. 存托凭证
6. 欧洲股权
7. QFII
8. QDII
9. 红筹股

二、简答题

1. 简述近年来国际债券市场大发展的原因。
2. 简述近年来国际债券市场发展的主要特征。
3. 简述国际股票发行的动机。
4. 简述纳斯达克市场的特征。
5. 简述金融衍生工具的特点。
6. 简述近年来全球金融衍生工具市场发展的特点。

三、论述题

试述中国证券市场的国际化。

四、案例分析

德国 MG 集团的教训

1993 年，德国的 MG 金融矿物集团在衍生证券的交易中蒙受了巨大损失。当时，MG 公司在美国以固定价格向客户卖出 5 年期和 10 年期的石油产品期权合约，赋予其客户在现货价格高于远期价格时终止合同的权利。为给这两个期权交易避险，MG 公司在近期期货合同中持有多头，进行滚动套期保值。只要市场上现货价格高于期货和远期价格，这种策略就是有利可图的。但在 11 月底，市场价格转为期货高于现货，使 MG 损失惨重。当时纽约商品期货交易所要求 MG 公司补缴保证金，损失已达 8 亿马克，后来又进一步损失了至少 15 亿马克。MG 公司的税前亏损到 1994 年 1 月时达 19 亿马克，它的贷款银行同意通过参股和债务股权互换予以 34 亿马克的援助。

MG 公司在期货交易中的损失说明了什么？

高质量推进债券市场对外开放

根据中国人民银行 2021 年 7 月披露，内地与香港证券市场互联互通的债券通与原有的直接入市及 QFII、RQFII 等多种渠道并存的开放模式互为补充，较好地满足了境外投资者的需求，推动我国债券市场对外开放进一步高质量发展。目前，中国债券市场余额为 108 万亿元人民币，位居世界第二。截至 2020 年 6 月末，共有近 900 家境外法人机构进入银行间债券市场，覆盖全球 60 多个国家和地区，持有人民币债券规模约 2.6 万亿元，2017 年以来每年以近 40％的速度增长。境外机构持债规模占我国债券总量的比重为 2.4％，持有国债规模占比达 9％。

试依据上述资料，试分析我国积极推进债券市场对外开放的原因。

参考答案

一、名词解释

1. 答：国际债券是指各种国际机构、各国政府及企事业法人遵照一定的程序在国际金融市场上以外国货币为面值发行的债务融资凭证。

2. 答：外国债券是发行人在外国发行的，以发行地所在国的货币为面值的债券。

3. 答：全球债券是 20 世纪 80 年代末产生的新型金融工具，是指在世界各地的金融中心同步发行，具有高度流动性的国际债券。

4. 答：欧洲债券是欧洲货币出现之后的产物，是指筹资人在债券面值货币的发行国以外的第三国或离岸金融市场上发行的国际债券。

5. 答：存托凭证是国际股票的一种创新形式，是由本国银行开出的外国公司股票的保管凭证。

6. 答：欧洲股权是 20 世纪 80 年代产生于欧洲的特殊的国际股票形式，是指在面值货币所属国以外的国家或国际金融市场上发行并流通的股票。

7. 答：QFII 是指“合格境外机构投资者”，QFII 制度即合格境外机构投资者制度，是指在资本市场完全开放之前，允许经核准的合格境外机构投资者在一定规定和限制下汇入一定额度外汇资金，并转换为当地货币，通过严格监管的专门账户投资当地证券市场，其资本利得、股息等经审核后可转为外汇汇出的一种证券市场开放模式。

8. 答：QDII 是指“合格境内机构投资者”，QDII 制度即合格境内机构投资者制度，与 QFII 制度一样，是在外汇管制下资本市场对外开放的权宜之计，即指在资本项目未完全开放的国家，允许本国投资者通过特许的机构投资者投资境外资本市场的一种制度。

9. 答：红筹股是指注册地在中国境外，但主要业务、资产在中国内地的公司在香港发行上市的股票。

二、简答题

1. 答：近年来，国际债券市场大发展的原因是：

(1)近十几年来，全球经济总体上保持了较快的增长，为国际债券市场的扩张创造了持续的资金需求，也提供了丰富的资金来源和雄厚的物质基础；

(2)国际金融市场利率长期处于较低水平，从而促使投资者更为踊跃地进入国际债券市场；

(3)国际金融机构的实力增强及职能转变，国际金融机构在国际债券市场上已占据绝对主导地位。

2. 答：近年来国际债券市场发展的主要特征是：

(1)从期限结构看，以中长期的国际债券为主，货币市场工具所占比重较低；

(2)从发行主体的国别构成看,发达国家总体上占绝对优势;
(3)从发行主体的性质看,金融机构发行者占据主导地位;
(4)从发行的币种结构来看,美元和欧元的竞争格局形成,日元地位衰微。
3. 答:国际股票发行的动机有:
(1)国际股票可以在更具深度和广度的国际资本市场上筹集资金;
(2)发行国际股票能够扩大投资者的分布范围,分散股权;
(3)发行国际股票可在世界范围内提高公司的知名度,从而有利于企业未来的发展;
(4)满足跨国购并发展的需要。
4. 答:纳斯达克市场的主要特征是:
(1)技术上的先进性;
(2)独特的做市商制度;
(3)上市标准的宽松性;
(4)全球化的发展战略。
5. 答:金融衍生工具的主要特点是:
(1)金融衍生工具价格受基础资产价格变动的影响;
(2)金融衍生工具交易过程中具有杠杆效应;
(3)金融衍生工具设计灵活、种类繁多。
6. 答:近年来全球金融衍生工具市场发展的主要特点是:
(1)金融衍生市场竞争进一步加剧。
①场内交易与场外交易之间的竞争加剧;
②各场内交易所之间的竞争加剧。
(2)金融衍生交易电子化。
(3)金融衍生市场国际化。

三、论述题(提示)

答:中国证券市场的开放实质上包含作为行业的服务市场的开放和作为投资场所的二级市场的开放两层含义。

(1)作为行业的服务市场的开放要在 WTO 相关协议和承诺的范围内逐步展开。

(2)作为投资场所的二级市场的开放在现行制度框架下宜推行 QFII 和 QDII 的双 Q 机制,CDR 也是可供考虑的方案。

四、案例分析(提示)

1. 答:(1)当前衍生证券投资的发展非常迅速,并表现出明显的跨国化趋势。
(2)国际衍生证券交易中蕴藏着巨大的风险,亟待有关各方加强监督与管理。
2. 答:我国积极推进债券市场对外开放的原因是:
(1)债券市场对外开放是我国经济体制改革的重要内容。
(2)债券市场对外开放是我国新常态下促进经济增长的重要助力。
(3)债券市场对外开放是人民币国际化的重要前提。
(4)债券市场对外开放也是促进我国金融市场自身发展壮大的重要力量。

第四编

国际投资管理

国际投资管理可分为在进行国际投资之前对国际投资环境的分析以及国际投资进行之中运用有关政策和法律对其进行的管理。对国际投资风险的管理，也可根据进行管理主体的不同分为国际投资者对国际投资进行的管理和国际投资的东道国与母国对国际投资的管理。本编将沿用前一分类对国际投资管理进行阐述。首先介绍的是国际投资环境分析，主要内容为国际投资环境的因素分析和对国际投资环境进行评价的方法，然后是国际投资政策管理与国际投资法规管理的介绍，需要说明的是，国际投资有关法律与政策往往交织在一起，学习时宜对其相互参照。国际投资面临的风险要比国内大得多，对国际投资的风险分析及其控制方法的研究也是本编的一个重要内容。

第八章　国际投资环境

所有投资都有一个投资环境问题。投资环境作为保证实现投资目标的外部条件是针对投资的流动性而提出的。投资总要落实到一定的区域，然而，投资若不能在区域间相互转移，就不会存在投资环境问题。因为同一投资在不同地域内可取得各不相同的经济效益，所以投资者进行决策时，必须对面临的投资环境进行分析，以求获得一个良好的投资环境。对于国际投资者而言，进行投资环境分析尤为重要，因为国际投资所可能遭遇的风险要比国内投资大得多，东道国的投资环境与投资者所熟悉的本国投资环境有很大差异，其变化程度也有更大的不确定性，加上国际投资行为必然包含的民族差异意识对投资可能产生损害。本章主要从国际直接投资的视角来介绍国际投资环境，首先介绍国际投资环境的一般内涵，然后逐一分析国际投资环境的构成因素，在此基础上，最后介绍几种主要的国际投资环境评价方法。

第一节　国际投资环境概述

一、国际投资环境的分类

（一）国际投资环境的概念

如果说投资环境是对投资者的预期目标产生有利或不利影响的外部条件的总和，那么，国际投资环境就是指东道国对国际投资产生有利或不利影响的各种条件因素相互依存、相互制约所构成的有机整体。

（二）国际投资环境的分类

1. 国际环境和国内环境

从影响国际投资行为的外部条件形成和波及范围的角度，国际投资环境可以划分为国际环境和国内环境。前者是指与东道国所处的国际环境状况相联系的超国别性因素总和，如所处经济区域、国际政治地位、与其他国家关系等；后者则指东道国本身的国别性因素总和，如自然条件、经济发展状况、政治状况等。

2. 硬环境和软环境

从影响投资的外部条件本身的性质角度，国际投资环境可以划分为“硬环境”和“软环境”。前者是指与投资直接相关的物质条件，如自然资源、基础设施等；后者则指各种非物质形态的社会人文方面的条件，如政策法规、教育水平、办事效率等。

3. 自然因素环境、人为自然因素环境、人为因素环境

从各种影响因素的稳定性角度，国际投资环境可以划分为三类：自然因素环境、人为自然因素环境和人为因素环境，详见表 8—1。其中，人们通常认为 B 类的因素对影响国际投资较为关键。如果东道国的 B 类因素较为缺乏优势，就必须增强 A 类和 C 类因素作为弥补。

表 8—1　　按稳定性分类的国际投资环境

A. 自然因素环境	B. 人为自然因素环境	C. 人为因素环境
自然资源 地理条件 人力资源 自然气候 ⋮ （相对稳定）	实际增长率 经济结构 劳动效率 市场完备性 ⋮ （中期可变）	开放进程 投资刺激 政策连续性 贸易政策 ⋮ （短期可变）

二、国际投资环境的特点

（一）综合性

国际投资环境是由众多因素构成的有机整体，它不仅包括经济因素，还有不属于经济范畴的政治、法制、管理、物质技术、社会文化、自然地理等广泛因素，而每一方面的因素又是包含着若干要素的一个系统，并且所有因素都以其特有方式作用于投资。这种综合性特点，要求人们在改善或评价投资环境的实践中，必须全面顾及所有的因素及其系统；要全盘考虑有利因素、主要因素和关键因素，以及不利因素、次要因素和非关键因素；同时，要努力探求和优选国际直接投资环境因素的最佳组合方式。

（二）先在性

国际投资环境是先于投资行为而客观存在的。不但自然环境和地理位置这些不可变因素如此，而且政治、经济、物质技术、社会文化等可变因素也如此。正是这种先在性特点，国际投资环境影响和决定着投资者的投资决策、投资方向、投资规模以及投资者的收益。因此，东道国和地区为卓有成效地吸引外资，须提前创建良好的投资环境。

（三）差异性

国际投资环境在不同国家或地区之间以及对不同投资行业适应性的差异，是绝对的、显而易见的。因此，在一定时期内，一些国家或地区会成为国际投资的热点地区，而另一些国家或地区就成为投资者的冷落地。即使是一个既定的投资环境，因其构成因素或结构方式的特殊性，也不可能对所有行业或项目的投资具有同等的作用。例如，有的投资环境适于农业或畜牧业投资，有的适于水产业投资，有的适于旅游业投资，有的适于工业投资；适于工业投资的环境，也有适于原材料工业、能源工业、加工工

业等投资的区别，或者有适于知识和技术密集工业与劳动密集工业投资之分；等等。

（四）动态性

国际投资环境本身及其评价观念都在变化之中。一般来说，在投资环境的构成因素中，除自然条件和地理位置等不可变动外，其他因素如政治、经济、法律、管理、社会文化、物质技术等都将随着时间的推移而程度不同地发生变化。诸多因素的变化势必导致东道国投资环境结构的相应调整，从而使投资环境总体发生变动。与此同时，评价投资环境的标准和观念，也随世界政治、经济和科技的发展而发生变化和调整。例如，国际形势从战争、政局不稳转变为和平与发展的世界主流；制约投资及经营条件逐步向发达的社会经济条件转变；科学进步及其在生产中的加速应用，使偏重自然资源变为注重人力资源标准。认识这种动态性特点，可以使我们明确投资环境优劣不是绝对的而是相对的，改善投资环境是无止境的。重视研究目前和预测未来的评价投资环境的标准与观念，以及提高改善投资环境的自觉性和预见性，也都具有重要意义。

（五）主观性

国际投资者具有按照自己需要评价和选择环境的权威性。相对于国际投资主体而言，任何东道国的投资环境都是客观存在的。东道国的投资环境到底是优是劣，是否能吸引外商前去投资，是不依东道国和地区的评价及意愿为转移，而是取决于国际投资者的评价标准及决策。东道国的投资环境是为吸引国际投资而“设置”的，它必须具有获得投资者青睐和好评、激发投资者欲望、诱使投资者作出投资决策的足够魅力。只有国际投资者是评价投资环境的最具资格的权威。

第二节　国际投资环境因素分析

国际投资环境是东道国的自然、政治、经济、法律、社会文化等多因素构成的综合体，每一项因素又有其具体的内涵，对每一项因素进行细致的分析是确立国际投资环境评价方法和标准的基础环节。

一、自然地理因素

国际投资环境的自然地理因素主要包括东道国的地理位置、国土面积、人口状况、地形、地貌、自然风光，以及至为重要的自然资源状况等。对于国际投资者来说，这些因素哪种更为重要主要取决于投资的行业或项目类别。一个以采矿为主业的跨国公司，为开发利用或控制某一东道国特有的矿产资源，往往是不会顾及该国的人口、气候和自然风光的；而一个商品销往世界各地的制造业跨国公司，在选择投资地时就不能不考虑地理位置因素；同样，一家发展旅游业的公司在进行国际投资决策时，各国的自然风光及气候条件便成了十分重要的因素。下面重点分析一下地理位置和自然资源这两个对国际投资影响最为直接的因素。

(一)地理位置

地理位置是指某一国家或地区对于外在的客观事物在方位上和距离上的空间关系,是投资环境中一个十分重要的因素。在理论上,根据不同的研究目的,一般将地理位置区分为数理地理位置、自然地理位置、经济地理位置、政治地理位置四种。这些地理位置概念是相互关联的。经济地理位置和政治地理位置是以自然地理位置为基础发展起来的。我们这里主要研究的是经济地理位置,即在自然地理位置基础上结合人文因素作用而形成的某一国家或地区对具有经济意义的其他事物的空间关系,其具体内涵包括:与投资国的距离、与重要国际运输线的距离、与资源产地的距离和与市场的距离等。

1. 与投资国的距离

东道国与投资国地理上接近是优越地理位置的一个基本方面。距离近节省运输时间、降低运输成本。而且,毗邻国家间往往语言相通、文化相近、历史相似、有着长期交往的传统,这无疑给投资者管理企业、了解当地市场以及熟悉与此密切相关的文化习俗、消费习惯等提供了方便。据有关的统计资料显示:美国战后各时期对外直接投资的主要对象国始终是其邻国加拿大和拉美各国;西欧各工业国对外直接投资的地区分布则更具有区域内部流动的特点;日本对外直接投资在美国和西欧的数额虽不小,但受地理因素的影响,很大部分仍流向亚洲(主要是东南亚)国家。发展中国家对外直接投资也往往首选邻近国家和地区。

2. 与重要国际运输线的距离

接近重要国际贸易航线是优越地理位置的重要构成因素。优越地理位置的表现之一就是具有方便、经济的运输条件。接近国际运输线,可降低原材料运进和产成品运出的成本;相反,交通不便则既会增加运输和存货成本,又会因原材料不能及时运进而使企业生产难以为继,或造成大量产成品积压。因此,国际投资者在进行投资项目的可行性研究和做出投资决策时,十分重视投资地点的运输条件。目前,世界上建立了许多国际贸易运输线及国际运输中心,它们拥有齐备的运输工具、完善的运输设施和先进的管理技术,不仅运输成本相对较低,而且运输效率极高。接近或地处这些国际航线,往往可成为一国或一地区能否吸引大量外资的关键因素。最典型的例子是新加坡和中国香港,在某种程度上,正是由于其优越的地理位置、良好的运输条件,才弥补了其地域狭小、资源贫乏等缺陷,而备受跨国公司的青睐。

3. 与资源产地的距离

与资源产地的距离是构成优越地理位置的一个必要条件。资源是生产的重要物质条件。距离资源产地的远近,影响着企业生产所需的原材料和燃料的运输成本。因此,一国或一地区距离外商投资所需资源产地的距离,必然影响外商是否在该地投资的决策。尤其是那些需要大量消耗原材料或原材料体积和重量较大的行业,与资源产地距离的远近直接关系到产品成本的高低，因而会对吸引外资有重要影响。在接近资源产地的地方投资，既可以减少运输成本，同时原材料、燃料的价格比较低廉，供应也比较稳定，从而有利于保证生产的正常进行和提高投资效益。

4. 与市场的距离

东道国与目标市场的距离是优越地理位置应具备的重要因素。东道国与目标市场的距离对于国际投资极为重要，其原因是：(1)与目标市场的距离远近，会影响企业产品从生产地点到目标市场的运输成本。(2)与目标市场接近可以及时得到市场信息。有些产品市场竞争激烈，需求变化快，对产品质量、款式、规格、包装等方面的要求变化多，市场的信息反馈对企业来说至关重要，这类行业往往要求投资地点以接近市场为佳。(3)有些行业耗用原材料较多，产成品重量较大，或者容易破损、体积大、易腐烂造成运输困难，这些行业的投资也倾向于投在接近市场的地方。例如，西欧 1986 年石油消费约 70%依赖进口。但是，世界石油业吸收美国直接投资额中，西欧却占了绝大多数，其最重要的原因在于西欧本身就是容量极大的石油消费市场，可以就地进行开采、生产和销售。

(二) 自然资源

自然资源指天然存在的，对人类生存和发展起着重要作用的各种资源，包括矿产资源、水资源、各种原材料等。依据自然资源的再生性能，可将其划分为可再生资源和不可再生资源。前者如太阳能、风、水力、动植物资源等，后者如矿产资源、土地资源等。

东道国拥有丰富的自然资源尤其是与经济发展密切相关而又十分稀缺的战略资源(如石油和冶金矿物等)，可以成为该国的巨大优势，并可弥补投资环境其他方面的不足(如技术落后、基础设施欠发达等)而吸引大量的国际直接投资。一般来说，东道国资源条件对引进外资的作用，主要取决于以下几个因素。

1. 资源本身的条件

资源本身的条件是决定东道国对外资吸引力大小的根本因素。所谓资源本身的条件，指的是一国拥有的自然资源的数量、质量、品种、分布状况、开采价值和开发成本。就矿产资源来说，只有达到一定的可采储量，具有较高的矿产品位以及理想的开发条件，投资者才能以较少的投资、较大的生产规模、较低的生产成本获得较高的投资利润。因此，东道国资源条件的优劣是资源导向型投资者进行区位选择的最基本因素。

2. 投资国对国外自然资源的依赖程度

各国对国外资源的依赖程度取决于其本国资源供给与需求之间的差幅。特别是对那些工业高度发达的国家来说，资源的巨大需求已远远超出了其自身供给能力。例如，美、日、西欧的矿物原料生产不到世界的 25%，但消费却高达 60%以上；石油生产约占世界产量的 30%，而消费却占世界的 70%以上。这便产生了某些国家(主要是工业国)对外国(主要是发展中国家)资源的严重依赖,这种依赖性深刻影响着国际直接投资的发展。

第二次世界大战后,西方发达国家纷纷采取"投资资源进口"战略,通过控制资源生产和销售来达到一方面保证生产所需的资源供应,另一方面还对资源在世界市场上的价格施加影响。

3. 其他因素

资源条件对外资引进的作用还要受到其他一些因素的制约,诸如东道国的经济发展水平、基础设施状况、社会文化状况等,都会给一定资源条件下的外资引进带来影响。发达国家中以资源丰富著称的加拿大和澳大利亚等国历来是国际投资较为集中的国家。此外,东道国对资源开发的政策、法律也深刻制约着外资对该国资源开发业的投资。

最后需特别说明的是,自然地理因素固然对国际投资有很大影响,但在科学技术飞速发展的今天,它对国际投资的影响已呈下降趋势,如通信技术的发展和运输工具的改进导致运输成本的降低,使地理位置的远近已不再是决定性因素。新资源(如核能)的发明和可替代天然原材料的人造材料技术的发展也大大降低了自然资源在国际投资决策中的地位。

二、经济环境因素

经济环境是影响国际投资最重要的环境因素。投资作为一种经济活动,它必然同东道国的经济环境直接发生关系,经济环境对国际投资的影响也最广泛、最直接。经济环境中包含的内容也很多,主要可分为国内经济因素和涉外经济因素两大类。前者主要包括经济制度和经济体制、经济发展水平、经济稳定性、市场环境和产业环境等方面的因素,后者则主要包括国际收支状况、国际贸易状况、国际金融状况和引进外资状况等方面的因素,下面逐一进行分析。

(一)经济体制

经济体制是一个社会实现其经济目标和基本原则所借助的手段体系。它广泛涉及国民经济的组织管理形式、国家与企业的关系、生产要素的配置形式,以及由此而形成的特定经济机制。构成经济体制的主要因素包括所有制结构、国家干预经济生活的方式、企业内部的组织和管理、商品流通体系、金融保险体系、对外经济体制、劳动就业体制、资源管理体制、财政税收体制以及与此密切相关的法律体系等。经济体制对外资的影响,可以从两个方面入手:一是投资国与东道国经济体制的近似度;二是东道国经济体制的完善度。一般来说,国与国之间,经济体制越近似,相互间的资本流动就越易于进行。

发展中国家国际投资地位不稳固的重要原因就在于经济体制存在基础性缺陷,严重阻碍着经济发展和外资进入,主要表现在:政府过度干预甚至操纵经济,国有经济行政化，私营经济效率低下，生产要素流动难以有效实现。因此，发展中国家改善投资环境的首要任务是要积极进行经济体制的改革。20 世纪 80 年代以来，发展中国家较普遍地进行了经济体制的改革，其核心就是缩小国有经济的规模，扩大私营经济的经营范围；减少政府的过度干预，逐步放松市场管制，更广泛地利用市场机制调节经济；重塑对外经济政策和开放体制，让外资更自由地出入等。

(二)经济发展水平

一国的经济发展水平，是指该国一定时期内的经济技术开发能力、人民的生活质量以及经济活力，是决定该国对国际资本吸纳能力的基本制约因素。

1. 经济技术开发能力

所谓经济技术开发能力，是指在特定区域内人们有效利用各种人力和物质资源为社会生产和人民生活提供各种有用的商品及劳务的能力。它表明一个社会能够超越传统农业经济的程度以及致力于工业化经济发展的水平。国际上通常利用如下四个指标来衡量一国的经济技术开发能力：(1)人均能源消费量。主要指煤炭、石油、天然气、水和核能等五类能源的人均消费水平。一国或地区人均能源消费量的多少，反映经济发达程度的高低，工业化、科技和管理水平越高，人均能源消费量越大。(2)人均收入水平。通常用人均国内生产总值或人均国民生产总值来反映。它是衡量经济发展水平的最具综合性的指标，还可用作大致衡量购买力或市场潜力的尺度。故在各国所进行的大量的投资环境评估中，人均国民生产总值实际上成了必不可少的主要指标。(3)非农业部门雇佣劳动力的比例。它从人力资源的分布和利用角度反映出一国或地区工业化程度。(4)非农业部门的产值占国内生产总值的比例。它综合反映一国或地区的工业化水平。运用上述指标，便可大体弄清一国或地区所处的经济发展阶段、经济结构和工业化水平，以及由此决定的经济技术开发能力。

一般来说，经济技术开发能力强的国家，不仅工业化水平高，经济开发与技术创新的机制完备，能够充分有效地利用各种资源，而且还能够提供广泛的投资和获利的机会。因为，在这样的国家中，各种经济活动的水平较高，工商发展的潜力大，有可能为外国投资者提供大量可资进一步利用和开发的资源与市场。

2. 人民的生活质量

人民生活质量，即人们在健康、信息、交通等方面的一般条件和消费水平，是一国经济发展水平高低的重要标志之一。考察人民生活质量，国际上通常采用以下六个指标：每千人医生数、人均摄取热量、幼儿成活率、中学入学率、每千人客车数以及每千人报刊发行数。

生活质量因素是从需求方面发挥作用的。居民生活质量高，对商品和劳务的需求就大。随着对商品和劳务的需求扩大，相应的投资获利机会便不断地产生。然而，在很多情况下，各国本身的经济资源往往不足以保持和提高人们的生活质量。很显然，当一国市场需求增加，而国内可利用的经济资源又相对不足时，则该国为外商提供的投资机会就有可能增加。因此，一般来说，一国的生活质量越高，该国所可能吸引的外资规模就越大；反之亦然。

3. 经济活力

经济活力是指一国一定时期内经济中总供给和总需求的增长速度及其潜力。从投资角度，主要涉及国民生产总值的增长率（经济增长率）、固定投资率（资本积累率）和储蓄率及其变化等。国民生产总值增长率反映总产出和总消费的增长速度；固定投资率反映用于新设施、新工厂和新机器的投入水平；储蓄率代表实现固定资本投资、维系经济增长的基本资金来源。它们相互作用，决定和反映着一国的经济实力。根据国际经验，利用外资的资金配套率，即本币与外资的投入比，较为合理的是 2.5∶1。这一比率说明，要使引进的外资真正形成生产力，东道国必须在能源、交通及设备、厂房、土建等方面安排巨额的基本建设投资。这种资金配套能力的强弱将直接决定东道国利用外资的水平及规模。而支撑这笔巨额配套资金的基本力量，就是国内强有力的经济增长能力。

（三）经济稳定性

经济的稳定性取决于社会总供给和总需求之间的平衡状况。一国一定时期内的物价稳定状况、财政赤字规模、货币供应量变化以及信贷膨胀程度可以大体反映出该时期总供给和总需求的平衡状况。不过，投资者主要是通过考察通货膨胀率及其变化趋势和财政金融状况，来评价和预测东道国经济的稳定性，因为通货膨胀率和财政赤字规模等资料比较容易获取。

1. 通货膨胀率

通货膨胀率即一般物价水平持续上升的幅度，是一国经济稳定与否的首要标志。它对外资引入的影响是多方面的，集中表现在：生产要素价格的上涨直接加大生产成本；高通货膨胀可能刺激商业过度膨胀，导致生产资料供应紧张；货币贬值最终引起汇率波动，增大外商投资的汇率风险。这些都给外商投资带来了更大的不确定性，增加了生产经营的困难。加之东道国实行不切实际的财政政策、货币汇率政策，还会导致资本出逃。这不仅会降低积累能力和减少投资机会，还会带来经济秩序的混乱，甚至影响社会安定。因此，稳定物价和降低通货膨胀是投资环境稳定的基础。

2. 财政金融状况

东道国宏观经济稳定与否，首先要看它是否实施一套稳妥有效的财政货币政策。一国一定时期内的财政货币政策在很大程度上决定了通货膨胀的高低。无论在理论上还是在实践中都已证明，财政和货币政策的“松”或“紧”对货币供应量、物价水平、市场利率、投资水平、贸易平衡乃至就业水平都会产生深远影响。因此，国际投资者要全面了解和预测东道国的财政金融状况及其变化趋势，就有必要对东道国的财政政策和货币政策进行综合考察。

东道国财政金融状况，可以用两个基本指标来衡量。一是预算赤字占国民生产总值的比重；二是货币发行量占国民生产总值的比重。根据各国的经验，在经济适度增长的情况下，预算赤字占国民生产总值的比重大体保持在1%—3%的水平，超过这个水平达到5%—6%以上，势必对经济造成不良影响。事实上，一些经济环境曾一度恶化的发展中国家，往往就是由于存在巨额预算赤字。关于货币发行率，历史数据表明，发达国家的平均货币发行量约占国民生产总值的1%，发展中国家大约占2.5%。如果这一比率超过2.5%，就可能引起经济波动，一般来说，只有在经济高度增长的情况下才有可能维持这样高的发行率。

如果我们把通货膨胀率、预算赤字率和货币发行率作为衡量一国投资环境中经济稳定性的主要指标的话，应该说符合如下三个经验比率的经济就是相对较为稳定的经济，即通货膨胀率低于5%、预算赤字率在3%以下、货币发行率在2.5%以下。

（四）市场和产业环境

在分析特定的国别和地区的国际投资环境时，影响投资意愿和投资决策的最直接的环境因素，就是与具体投资项目相联系的市场和产业环境因素，主要包括市场的一般环境特征、产业结构和产业政策、同行业发展水平和专业化协作水平、行业竞争状况等。

1. 一般市场环境

外国投资者考察东道国的市场环境是否适应跨国企业的生存和发展是至关重要的。各国的市场环境在诸多方面呈现出不同的特征：(1)生产要素流动的市场化程度及运行特征；(2)投资行业的市场规模及变化趋势，具体包括有关行业所处的商业周期，市场的地理分布、市场潜量及增长趋势等；(3)顾客特征，诸如消费习惯、收入的阶层分布、社会及宗教信仰以及居民对外国产品的评价等；(4)商品流通渠道的特征，主要包括商业组织结构的完善程度、批发与零售企业的规模和水平以及商业经营习惯等；(5)政府对市场活动的管理，主要涉及价格管制、反倾销法规、反垄断法规、商标及专利制度等；(6)同行业竞争状况以及相关产品的市场占有率；(7)市场开放度，它直接表现为东道国政府对外商投资企业产品所规定的内销比例，从一个侧面反映着东道国的国际经济贸易政策（特别是外交政策）的特征。

良好的东道国市场环境应该是：生产要素流动的市场化程度高，供应渠道畅通，存在着一个规模大或增长势头强劲的市场，居民不歧视外国商品，商业组织结构完备，商业企业效率高，政府对市场活动的行政管制少且已规范化和法制化，东道国对国内市场的保护适度，并逐步扩大市场开放度。

此外还应看到，由于各市场环境因素与行业类别相关，它们对于不同行业的投资者来说侧重点也就不同。例如，市场导向型投资者最关心的是市场规模和市场开放度；生产要素利用型投资者则最关心要素市场的完善程度，对于那些以利用东道国廉价劳动力和土地为主的专事出口加工工业的投资者，东道国市场环境因素往往是不重要的。

2. 产业环境

外商投资一般都会具体到某一行业，对于特定投资项目来说，直接决定和影响外商生产经营成本和效率的因素，是产业环境。产业环境既包括属于宏观经济条件的产业关联状况（即产业结构）和行业政策，又包括实际属于内部经营因素的关联产业发展水平、行业竞争状况以及生产要素供应水平。

（1）合理的产业结构是良好产业环境形成的基础。良好的产业环境是建立在合理的产业结构基础之上的。在开放经济系统下，所谓合理的产业结构，不仅是指国内三次产业及其各自内部关联比例的协调，还包括国内产业与国际产业结构的衔接。对于利用外资来说，后者往往比前者还重要。

（2）东道国的产业政策是重要因素。东道国为了调节产业部门的均衡与发展，大多根据本国经济发展的实际制定一套用以指示产业发展方向、规划产业发展目标、调节各产业间的相互关系的政策和措施。这些产业政策的实施和调整，会对一国产业环境产生深远影响。对于外国投资者来说，东道国的产业竞争和反垄断政策、产业保护政策以及产业促进和限制政策会直接影响外商的投资行为。对于东道国重点扶植的产业部门，政府往往实行政策倾斜，对投资于该行业的外资也给予较优惠的待遇，但在投资的规模、技术先进性和国产化程度上往往条件甚高。而对于那些限制或不鼓励发展的行业，外资往往很难进入，即使可以进入，也要在就业、技术升级和出口等方面对东道国做出显著贡献。因此，外资投资项目只有符合东道国产业鼓励政策才能够有效地利用东道国的环境资源，获得最大的投资效益。

（3）关联产业的发展水平直接决定和影响生产经营的成本和效率。东道国的同行业或相关行业的生产技术水平以及专业化协作水平直接决定和影响外商的成本和效率。外国投资者在投资地进行生产经营活动，需要与当地同行业或相关行业的厂家建立起广泛而密切的分工协作关系，通过就近获得设备、原材料、零部件的供应及其他相关的配套服务，达到降低成本、减少存货、缩短供应期和提高效率的目的，并收到减少风险、扩大影响的效果。一般来说，投资的行业生产技术水平越高，生产工艺越复杂，投资者越能从同当地厂商的合作（建立供应关系）中获得更多的利益。

（五）生产要素供应

国际直接投资是生产要素实现跨国配置的过程，东道国的生产要素供应状况直接决定和影响外商生产经营成本和效率。所以，东道国在劳动力、土地、生产资料（生产设备、原材料、元器件等）以及资金等生产要素方面的供应水平，是国际投资环境诸因素中的重要因素。生产要素供应水平的高低，大致反映在以下四个方面：(1)生产要素流动的渠道、效率及灵活性，同生产要素市场的发育程度呈正相关。一种由生产资料市场、技术市场、金融市场、劳动力市场以及房地产市场所构成的生产要素市场体系（或称供应网络），可以为向外商及时、齐备、按质、按量地提供所需的生产要素创造应有的条件，同时，还会大大增强外商生产经营的灵活性。(2)生产要素的可供量。(3)

生产要素的成本，如劳动者的工资水平、土地的价格、生产资料的价格、融资成本等。(4)生产要素的质量，即劳动者的素质和生产资料的质量等。这几个方面是相互联系、辩证统一的，受经济发展水平的制约和影响。通常，经济发展水平越高，生产要素流动的市场化程度越高，高素质的劳动者和优质的生产资料的供应越充足，融资渠道也越通畅，但生产要素的价格越高；反之亦然。这使得发达国家在生产要素的供应方面以高质量占先，发展中国家则以低成本见长。

(六)涉外经济状况

东道国积极引进外资，其目的就是在更大的范围和程度上加入国际分工和国际市场交换。因而，由该国国际收支状况、国际贸易、国际金融状况以及外资政策等所反映出的经济外向度和开放度，也就会受到外商的高度重视。一般来说，一国经济的外向度越高，该国参与国际经济活动的能力越强，外资政策越趋于宽松，也就越易于吸引外资。

1. 国际收支状况

一国的国际收支状况在一定程度上反映该国一定时期内的经济实力(特别是金融实力)的强弱及其发展趋势。经常项目，尤其是其中的贸易收支，反映一国与他国经济交往的物质内容，其平衡状况标志着该国在对外贸易等方面所处的地位。资本项目反映一国参与国际直接投资和证券投资状况以及其可支配的国际储备资产情况，其平衡状况是该国是属于债权国还是债务国的标志。一国涉外经济政策的调整往往与该国的国际收支平衡状况有关。透过东道国的国际收支平衡状况，外商可以了解东道国的贸易政策、汇率定值以及利率调整等的变化趋势。如果东道国国际收支出现巨额逆差，它就可能采取奖励出口、限制进口的贸易壁垒并辅之以调整汇率和利率等措施，即通过调低本国货币汇率、借以推动出口，或采取提高本国利率的办法，来达到吸引外国资金流入或防止资金流出的目的。这些措施都会影响到外商在东道国的生产经营活动，贸易壁垒减少了占领东道国市场的机会，汇率变化加大了外汇风险，高利率则会增加在当地筹资的成本。

2. 国际贸易状况

东道国对外贸易的规模和水平以及对外贸易政策是决定该国经济的外向度和开放度的实质性因素之一。

(1)对外贸易规模和水平。国际直接投资总是以国际贸易为基础并伴随它的进行而发生和发展的。一个国际投资大国，首先应该是一个国际贸易大国。欧美国家如此，日本如此，各新兴工业化国家(地区)亦如此。考察一国的国际贸易规模和水平，不仅要着眼于该国的国际贸易总量即进出口总值，还要进一步分析该国进出口总额占国民(或国内)生产总值的比重(即贸易依存度)，以及该国进口总额占国内消费总额(国内生产额加上进口额再减去出口额)的比重(即进口渗入率)。通过贸易依存度，外商可以衡量东道国国民经济参与世界经济的程度。通过进口渗入率，外商则可以衡量东道国市场开放程度及其国际竞争能力的强弱。

(2)国际贸易政策。一国所可能采取的贸易限制措施分为关税壁垒和非关税壁垒。关税壁垒是一国政府用高关税限制或杜绝某些外国商品冲击本国市场的措施。它主要是通过加大进口商品成本,从而削弱其竞争能力来达到目的的。关税壁垒阻滞着国与国之间的经济交易往来,阻止生产要素在国际上的合理组合,成为一国投资环境中的消极因素。长期以来,经过关税及贸易总协定和WTO的多轮贸易谈判,各主要缔约国的关税水平已普遍降低,但各国仍然对重点的、敏感的、需要保护的商品或产业实行较高的关税。随着经济国际化程度的提高以及利用外资的需要,各发展中国家的关税水平也在逐步下降。除关税堡垒外,外商进入东道国市场还要面临非关税壁垒措施,诸如进口配额制、进口许可证制和自动出口限制等数量限制措施,以及进出口的国家垄断、进口抵押金、进口最低限价、繁苛的技术标准、卫生安全检验及包装、标签规定等以间接方法限制商品进口的措施。

3. 国际金融状况

跨国公司在进行国际直接投资时,要发生大量的资金转移和外汇业务,所以它们在进行投资和生产经营决策时,必须把币值变动的可能性以及相关的外汇和外债问题考虑在内,并考察东道国是否能提供足以使其资金在国际上安全、顺畅、高效转移的国际金融服务条件。

(1)汇率与货币稳定性。东道国货币的稳定性及汇率波动的频率和幅度是外国投资者所必然面临的重大的不确定性因素,汇率变化会使外商承担外汇的交易风险和折算风险。然而,对于外商的投资和生产经营的长期决策影响最大的还是外汇的经济风险,即汇率波动给外商未来销售、价格和成本带来的不利或有利影响的可能性。币值的稳定性也非常重要,一国币值的稳定性差,汇率也就易于出现波动,外商就要遭受更多的外汇风险。因此,外商对东道国的货币稳定性十分关注。在实行外汇管制的国家,由于存在着复汇率,官定汇率(官价)与自由汇率(黑市价)往往存在着差距,而自由汇率又大体反映着该国货币的实际价值,所以,国际投资者一般都以黑市价与官价差距的大小来衡量东道国货币的稳定性。

(2)外汇市场。东道国的外汇市场对于外国投资者是非常重要的。首先,外汇市场作为外汇资金的集散中心,对于调剂外汇资金余缺、方便外商的资金融通起着直接作用。其次,外汇市场以其先进的经营手段和通讯设施可以为外商提供便捷的清算服务,从而避免资金积压,减少资金周转费用,加速国际资金周转。再者,外汇市场还可以为外商的套期保值提供机会,利于外商的外汇风险管理。因此,外商投资者都希望东道国有功能齐备、机构完善、运作灵活、服务上乘、交易量巨大的完善的外汇市场。

(3)外汇管制程度。各国实行外汇管制是为了维持国际收支平衡、稳定汇率和物价,而这又会给国际资本流动和国际贸易设置障碍,不利于一国吸引外商投资。外汇管制程度的高低,同一国的经济实力和外汇资金的余缺状况密不可分。根据各国外汇管制的内容和严格程度,大体可分为三种类型:第一类为实行严格管制的国家和地区,这类国家主要是发展中国家,它们经济实力不强、外汇资金短缺,因而往往对贸易收支、非贸易收支和资本项目的收支都实行严格管制。第二类为实行部分外汇管制的国家和地区,它们对非居民(比如外资企业)办理经常项目的收付原则上不加限制,而对资本项目的收付却加以管制。第三类为基本上无外汇管制的国家或地区,它们对非居民的经常项目和资本项目的收支原则上不实行直接管制。从国际直接投资环境角度,东道国的外汇管制程度应该是越低越好。但是,作为防止外汇储备流失、保护本国工业的重要手段,外汇管制对于许多发展中国家又是必要的。为了处理好外汇管制与吸引外商投资的关系,东道国在外汇管制的内容、程度和措施上应逐渐加以调整,努力为外商的投资和生产经营创造越来越宽松的外汇市场环境。

(4)国际储备状况与外债规模。东道国的国际储备资产的充裕程度是维系该国对外信誉的基础。一国国际储备充裕,国际清偿能力就强,就能够在按期偿还债务的情况下进一步扩大内需和放松外汇管制,这不仅利于该国的对外贸易和经济发展,而且也利于吸引更多的外资。当然,为维持一定清偿能力而储备的资产并不是越多越好,超量储备而形成积压反而会给国民经济带来负担。外债规模和信用度也是决定和影响一国对外信誉的关键因素。外债规模过大,超过国民经济的承受能力,势必造成无法按期偿还债务本息的局面,从而给债权国和债权银行带来极大的经济损失,也会严重损害债务国的国际信用地位。

下面,我们以一份对泰国投资环境的简要分析报告来举例说明。

泰国是中国西南部重要的邻邦,是东南亚国家当中经济比较发达的国家,同时也是中国重要的贸易伙伴和最大的旅游国。稳定的经济发展和良好的经济环境吸引了众多的中国投资者到泰国投资。因此,对泰国总体的经济发展状况和投资环境分析具有积极的现实意义。

1. 泰国国家概况

泰国地处亚洲中南半岛腹地,自然环境优越、气候优良,是中国西南部邻邦,自古以来与中国有着密切的经济、贸易和文化往来。泰国是一个多民族以佛教为主的国家,全国人口 6 722 万,主要有泰族、华族、老族、马来族、高棉族,以及克伦、孟、苗等山区少数民族。其中,泰族占全国总人口的 82%,华族占 12%,马来族占 5.2%,老族占 1.4%。由于外来移民与泰国社会融合的程度比较深,因此一般都把他们看作为泰人。

泰国钾盐储量居世界第一,森林覆盖率 25%,主要产业包括采矿、纺织、电子、塑料等重要门类,其制造业发展速度较快。同时,泰国也是传统的农业国家,是世界著名的稻米和玉米生产国和出口国,也是世界重要的渔业中心和渔产品集散地,交通运输以公路运输和航空运输为主,其旅游业更是享誉世界。其南部地区经济较发达,尤其是曼谷及周边地区是泰国经济的核心区域。

2. 泰国投资环境的数据分析

第一,GDP 情况。从 2011 年到 2015 年,泰国 GDP 的增长率分别为 0.8%、7.2%、2.7%、0.8%和 2.8%。这些数据表明,泰国 GDP 的增长水平并不稳定,GDP 增长率波动较大,而引起 GDP 增长水平波动的主要原因是出口水平的波动,一旦出口受阻,泰国经济就会出现波动。从绝对值来看,近五年泰国 GDP 分别为 3 706 亿美元、3 933 亿美元、4 199 亿美元、4 043 亿美元和 3 952 亿美元,呈现小幅上升趋势。而泰国的人均 GDP 水平则分别为 5 166.8 美元、5 448.8 美元、5 741.2 美元、5 519.4 美元和 5 774.7 美元。泰国人均 GDP 水平在东南亚国家中除马来西亚和新加坡以外属于较高的水平。而在人均国民收入水平方面,其近五年的收入水平分别为 5 000 美元、5 610 美元、5 830 美元、5 780 美元和 5 620 美元。

第二,产业结构情况。农业是泰国的传统产业,在泰国的农产品中,稻米、玉米、橡胶、热带水果和渔业海产品是优势产品。这些产品是泰国重要的出口产品,也是获得外汇的重要行业。但由于农业生产在泰国经济中已经成为较成熟的行业,所以其发展速度及其对本国经济的影响力度已经比较有限,从 2011 年至 2014 年泰国农业增加值占 GDP 的比重分别为 13.3%、12.3%、12%、11.6%,其比重逐年下降。对于这一指标的表现,我们可以认为农业依然是泰国最重要的产业,但其潜力已经相对有限,这一产业是泰国比较成熟的产业,也是十分具有商业贸易价值的行业,外国投资者可以在农产品贸易方面发现较多的机会,只是农业在泰国经济中的重要性正逐渐下降。

工业是泰国最重要的行业。其工业制造业主要门类有采矿、纺织、电子、塑料、食品加工、玩具、汽车装配、建材、石油化工等。2014 年泰国汽车产量达 200 万辆,跻身全球十大汽车生产国。从 2011 年到 2014 年间,泰国工业增加值占 GDP 的比重分别为 43%、43.6%、42.5%和 42%。工业对 GDP 的贡献巨大,同时工业在泰国的发展空间比农业要大得多。

旅游业是泰国的优势行业,是世界著名的旅游胜地,其旅游资源十分丰富,有 500 多个景点,主要旅游点有曼谷、普吉、帕塔亚、清迈、华欣、苏梅岛等。据泰国旅游局统计,2014 年泰国到访外国游客 2 478 万人次,而根据世界旅游组织的统计,旅游及其带动相关产业占泰国 GDP 的近 20%。与旅游相关的产业,如餐饮、娱乐、酒店、航空、公路和铁路运输是投资的热点领域,随着旅游业的不断发展,旅游相关行业的投资将会在规模和档次上再次获得发展机遇。

总之,在投资方面:泰国的农业产品在出口方面比较有优势;而工业发展的空间较大,是投资泰国比较理想的领域,有较大的增长空间;旅游相关产业的投资具有良好的发展潜力和前景;而在货物与服务进口方面,工业产品和原料及高新技术行业的产品和相关服务是泰国市场最需要合作的领域。

第三,国际收支及外债情况。泰国在 1997—1998 年曾经遭受了东南亚金融风暴的冲击,其主要原因在于泰国较早地开放了金融账户,致使金融风险输入泰国变得非常容易。同时,常年金额巨大的经常账户赤字也加剧了金融危机的爆发。在现代社会里，经济危机的产生不一定由实体企业引发，金融市场的动荡也会引发实体经济风险，对于一个曾经受到过金融危机重创的国度，我们有必要了解它近年的金融基础数据，特别是国际收支情况。

2011—2015年间，泰国的总储备水平分别为1 749亿美元、1 814亿美元、1 672.3亿美元、1 571.62亿美元和1 512.6亿美元。其储备水平在东南亚国家中仅次于马来西亚和新加坡。这是政府当局接受了金融危机的教训所作出的应对调整。从这组数据来看，政府对于应对类似的风险已经有一定的资金积累，但从经济账户余额和外债总额来看离比较理想的水平仍然还有差距。

2011—2015年间，泰国经常账户余额分别为89.3亿美元、－14.58亿美元、－37.81亿美元、154.05亿美元和316.04亿美元。近年来，经济账户余额虽已出现了盈余，但还应观察后期表现和其他经济指标的配合才能评估其安全程度。而其外债总额也不容乐观，近4年来其外债总额分别为1 099.1亿美元、1 342.22亿美元、1 373.8亿美元、1 358亿美元，外债额度与总储备额相比明显偏高。

总体来看，泰国外债总额、经常账户余额、总储备在近年的表现各有不同，尽管看起来问题并不十分突出，但其整体水平也不算乐观，毕竟在经历了1997年东南亚金融风暴之后，泰国国内的很多领域都还没有恢复到危机之前的水平。在分析具体项目投资风险的同时，投资者也需要对整体经济环境的安全程度进行评估和了解，最好能够根据具体项目的特点提前设计应对风险的措施。

3. 投资泰国面临的风险

第一，金融市场依然脆弱。泰国现代金融市场的起步缘于20世纪40年代，但发展速度和发展水平都相对滞后，特别是经历了1997年东南亚金融风暴以后泰国金融市场能够提供的金融服务比较有限。这种局限性表现在：一是，资金供应有限，难以满足投资者的需求。二是，金融风险管理水平有待提高，监管能力依然需要完善。三是，金融市场受到历史发展因素的影响存在遗留问题，并且影响现代金融市场的发展。基于以上特点，外国投资者在操作过程中如果需要动用金融工具解决实际问题的时候可能会受到比本国更多的困扰，比如在货币兑换、票据转换、资金调配等方面效率不高，无法满足企业需求。针对以上现象需要投资者提前做好应对防范措施。

第二，本土融资困难，依靠境外融资。泰国本地居民与欧美国家的居民一样并没有太多储蓄的习惯，与中国内地庞大的居民储蓄金额相比，泰国银行业的资金来源相当有限。这种低储蓄的习惯对于银行业的发展而言是很大的不足。因此，在泰国本土投资的企业如果想要依靠本地银行获得资金支持往往十分困难。这种困难一方面表现在获得银行贷款的机会和条件比在本国更加困难、苛刻；另一方面表现为获取泰国银行资金的程序复杂，办理周期漫长，企业有可能因此付出很大的时间代价。因此，很多在泰国投资的企业往往自行解决资金投入问题，在泰国之外进行境外融资。这就需要企业拥有更加高超的国际金融市场融资技术。企业在投资以前一定要对项目的融资问题进行分析，确定项目是否可以在泰国本土完成融资，并且了解融资的渠道、条件和时间周期。对于无法在泰国本土实现的融资，就需要提前对境外融资渠道进行研究，否则可能因融资渠道不畅而使项目投资失败。

三、基础设施因素

基础设施是任何投资活动都必不可少的物质技术条件。它与自然地理因素同属于投资环境的“硬件”。外国投资者要在东道国从事生产经营活动，需要随时利用交通邮电设施同外部保持联系，需要得到能源和水资源的稳定供应，还需要享受必要的社会服务，这些都有赖于东道国完善的基础设施。

基础设施涉及的范围很广泛，按职能可分为 7 个系统：(1)能源供应系统，主要包括油气管道、供热和供电设施等动力燃料供应设施；(2)供水和排水系统；(3)交通系统，包括特定区域内(如城市内)的公共交通设施和同外部进行物质联系的各种运输线路，如铁路、公路、水路、航空、管道等设施；(4)邮电通讯系统，包括邮政设施和电信设施，如电话、电报、电传等；(5)防灾系统；(6)环境系统，主要是环境美化和保护设施；(7)生活服务系统，包括住宅、商店、旅馆、医院、学校和其他一些服务性机构。前 5 个系统称为生产性基础设施，后 2 个系统称为社会性基础设施。对于投资活动来说，前者的重要性大大超过后者。

基础设施是国民经济建设和发展的主要组成部分，是维系和促进各类生产和生活活动的基本物质条件。因此，基础设施状况也就必然成了外商投资区址选择的重要考虑因素之一。当地基础设施落后，既意味着当地内部人流、物流、信息流的载体容量小，整体功能差，也意味着使各种“流”向外辐射的能力低。在这样的地区投资，不仅对内对外联系困难大、效率低，而且获取生产要素的选择性也小，这无形中加大了经营风险、提高了经营成本。

四、法律环境因素

在国际投资环境的诸因素中，法律因素起着调整投资关系、保障投资者的利益和安全、调节投资行为的作用。东道国对国际资本输出和输入的态度及其所相应采取的鼓励、保护或限制的政策措施，都是以一定的法律形式表现出来的。因而，为了给国际投资者提供充分的法律保护，以期强化国际投资者的投资意愿，坚定其投资信心，东道国必须不断完善其法律环境。对东道国法律环境因素的考察，主要集中在三个方面：法律完备性、法律公正性和法制稳定性。

(一)法律完备性

法律完备性主要是指牵涉到国际投资的法律文件是否完备、健全。由于各国国情不同，他们在法律上的规定也不同，但牵涉到国际投资的法律一般包括公司法、外商投资法、劳工权利保护法等。这些法从不同方面规定了外国投资的进入、经营等各方面的情况，投资者不仅要详细了解东道国对外资的立法形式和立法内容，还要对有关法律文件进行深入分析和研究，以便能在东道国法律允许的范围内从事国际投资活动。

(二)法律公正性

法律公正性是指法律执行时能公正地、无歧视性地以同一标准对待每一个诉讼主体。投资者从事国际投资活动时，在与东道国政府机构和东道国企业发生纠纷时，需要提请仲裁或法律诉讼。只有在一个公正对待外国投资者的国家里，外国投资者的利益才有可能得到保障。

(三)法制稳定性

法制稳定性是指法律一经颁布，即在一定时期内保持稳定。法律是严肃的，虽然它应该随客观情况的变化而相应作出调整，但稳定性非常重要。对直接投资而言，法制的稳定性尤为重要，因为直接投资是一种比较长期的经济活动，其收益要在投资以后很长时间才能逐步实现。如果一个国家的法律经常变化调整，必然增加投资者风险，使投资者面临的不确定性增加，这很可能会使投资者望而却步。

下面，我们以一份对土库曼斯坦投资法律环境的分析报告来举例说明。

2014 年 5 月，中国和土库曼斯坦签署了《关于通过〈中华人民共和国和土库曼斯坦战略伙伴关系发展规划〉的声明》，为两国合作提供了新的机遇。有关部门对土库曼斯坦投资法律环境作了如下分析。

1. 对外国投资的形式

根据《土库曼斯坦外国投资法》(以下简称《投资法》)规定，外国投资者可以设立商业公司、股份公司、独资企业、分公司等。截至目前，设立分公司是最常见的组织形式。

2. 对外国投资的限制

《投资法》未明确规定禁止投资的行业领域，仅规定：为维护宪法原则、保障国防能力和国家安全，国家法律可对外国投资者的经营范围和经营地予以限制或禁止。

对油气勘探开发领域投资，土库曼斯坦采取许可准入制度，许可证类型包括勘探许可证、开发许可证、勘探开发一体许可证。

外国企业只能以租赁方式取得土地使用权，最长租赁期为 40 年，且只能用于工程建设和其他非农业建设项目、临时工程设施需要。

准予设立外资参股的信贷机构以及外国银行分行，但是，须经中央银行决定。

44 类行业实行许可证制度，包括：医学；制药；渔业；油品和燃料销售；汽车进口及销售；餐饮业和熟食供应；航空；海运、河运；公路运输；电力；通讯；化学品进口、生产和销售；建筑业；教育和职业培训；出版；旅游；博彩；审计；保险；证券市场专业服务；财产评估；中介服务；银行等。

3. 外国投资的法律待遇及法律保障

(1) 外国投资的法律待遇。一是，国民待遇：外国投资者和外资企业在其经营活动及支配利润等各方面所享受的法律待遇不低于本国投资者。二是，最惠国待遇：对于在自由经济区实施投资的外国投资者和外资企业,给予最惠国待遇。

法律稳定方面:如果法律变更后所作出的禁止和限制性规定致使外国投资者、外商投资企业法律待遇恶化,那么投资注册当时有效的法律在10年内继续适用。外资企业以及分支机构有权出口自产产品和进口自用产品(包括工程和服务),无须办理许可证。

享受海关和税收优惠待遇方面:如应税利润20%、地下资源使用税22%、社会保险人(员工工资总额的)20%等。

(2)外国投资的法律保障:获取信息保障;收入和利润自由支配及汇出;投资撤回保障;征收补偿保障。

4. 土库曼斯坦投资法律环境主要利弊分析

土库曼斯坦颁布实施的《投资法》,为外国投资者提供国民待遇、最惠国待遇、税收优惠等一系列法律待遇和法律保障,构成了该国投资法律环境的基础和核心。但是,形成一国投资法律环境的因素和条件多种多样,作为投资者要看到“一枚硬币的两个面”。

(1)土库曼斯坦加入或缔结的国际条约从国际法层面对外国投资形成了一定的保护。土库曼斯坦先后批准加入了《能源宪章条约》、《华盛顿公约》等公约,已初步形成与国际接轨的投资争议解决机制。中土两国政府双边条约的签署,可为投资者尤其是中国投资者到该国投资给予一定程度上的保护。

(2)土库曼斯坦实行相对宽松的外汇管制政策,可以有效保证投资者收益的汇出。外国投资者既可以在该国银行开立本币账户,也可以开立外币账户。在该国境内和境外的外汇业务,不受任何限制。对外国投资者和外资企业不强制结汇。企业有权自由将其汇出土库曼斯坦境外。

(3)土库曼斯坦尚未加入有关承认和执行外国仲裁裁决的国际条约中最重要、内容最广泛的《纽约公约》。在此背景下,即便投资双方将分歧或纠纷提交国际商会仲裁院进行最终裁决,并对参加仲裁的各方具有约束力。然而,一旦仲裁庭作出对土库曼斯坦一方不利的裁决,而且裁决履行须借助土库曼斯坦当地法院来实现时,土库曼斯坦法院可能会以不承认外国仲裁裁决为由而拒绝执行,使得裁决结果最终可能成为一纸空文。

(4) 法律尚需完善,自由裁定空间较大,给执法者留下寻租空间。土库曼斯坦法律修改频繁,从2004年开始,税法已修改26次。税务机关工作人员工资的50%来自国家预算拨款,另外50%来自税务检查过程中所征缴的罚款和滞纳金收入。这些为随意执法提供了条件,给外国投资者带来一定程度的经营风险。

5. 对中国企业投资土库曼斯坦的建议

第一,利用好双边投资协定,保护在土库曼斯坦投资。中国企业到土库曼斯坦投资,除根据投资合同保护自己合法利益外,还可以充分利用中土两国政府签订的双边协定。该协定属于国际条约范畴，相对于土库曼斯坦国内法和企业所签署的某个具体投资协议而言，具有更高的法律效力和更广泛的适用性，可为中国企业投资提供有效的保护，尤其在涉及投资者待遇、投资保险、国有化征收及补偿、争议解决等方面。

第二，运用合同稳定性条款，控制法律频繁修订风险。中国企业在对土库曼斯坦进行投资时，应认真推敲并灵活设立合同中有关稳定条款、调整或重新谈判条款等法律条款作为法律救济手段，以便降低投资风险。例如，可在合同中加入类似的条款："如果在本合同签署时有效的法律发生任何变化，并且该变化将对本合同的经济结果产生不利影响，双方应通过善意协商来修改本合同，以便确保各方利益的平衡，并保证获得本合同签署时根据本合同条款所预期的经济结果。"

第三，善于运用中土两国税收协定，最大限度维护中国税收权益。《中华人民共和国政府和土库曼斯坦政府对所得避免双重征税和防止偷漏税的协定》及议定书已经于2009年正式签署。为最大限度维护中国税收权益，当中国企业在土库曼斯坦境内投资取得来源于土库曼斯坦的所得，但该所得根据协定可在中国缴纳所得税时，应当从土库曼斯坦税务机关获取准予免缴所得税的证明。若因某种原因未能及时从土库曼斯坦税务机关获取上述证明已在土库曼斯坦缴纳了所得税的，或者在缴纳所得税之后才得知可享受所得税免税待遇的，在相应的纳税期间终了后三年内还可以向土库曼斯坦税务机关申请返还。

第四，投资前制定好公司税收战略管理，以免影响经营成果。到土库曼斯坦投资，不能只重视资源、市场布局，也要重视土库曼斯坦税收法律研究，尤其要关注税法中对利息、境外管理费、预提税、利润（红利）的相关规定，充分研究后做整体税收筹划，再决定投资形式，是股权投资还是非股权投资、合作经营，是并购投资还是新设立公司投资，是设立子公司还是设立分公司，等等。如果组织结构上税收筹划不到位，将会影响日后经营成果。

五、政治环境因素

国际投资较之国内投资要承受大得多的政治风险，而政治风险就源于东道国政治环境因素的变化。对东道国政治环境因素的考察，重点在于以下几个方面。

（一）政治制度

东道国的政治制度是国际投资环境政治因素形成的基础。一国的政治制度涉及国家的管理形式、政权组织形式、政党体系、选举制度等。东道国政治制度的健全程度、稳定状况，以及与投资国政治制度存在的一致性和差异性，是国际投资者甄别东道国政治环境的主要方面。

政治制度的重要性不仅在于它构成了政治环境的基础，而且还因为它与经济制度密不可分。政治制度的健全程度以及演变趋势，往往会直接表现在政府对经济活动的管理方式以及干预和控制的程度上，从而对外商的投资和生产经营活动产生影响。如果政府遵循客观经济规律，投资者不仅可以得到一个稳定的生存和发展的环境，而且企业的正常经济行为也不会受到无端的干预。而在一个民主制度不健全的政权下，政府的经济行为往往不受制度约束，不仅企业的正常生产经营活动会受到过多的人为干预和控制，而且还会因为潜在的政治动荡而给企业的发展带来困难。

（二）执政者治理国家的能力及政府部门的行政效率

1. 执政者治理国家的能力

执政者治理国家的能力反映在国家政治、经济、生活的各个方面。(1)政府对发展教育事业的重视程度；(2)政府是否重视人力资源的开发和利用；(3)政府能否有效地利用本国的自然资源；(4)政府对法制建设的重视程度，是否能够经常有效地维护社会治安；(5)政府对保护环境所做的努力；(6)政府的社会福利和社会保障工作的水平；(7)工资和物价政策及其效果；(8)在公众中保持良好的政府形象的能力；(9)政府对待社会意见的态度；(10)在国际上保持良好的国家形象的能力；(11)处理突发性社会和政治事件的能力；(12)抗御自然灾害的能力；(13)对付外来军事威胁及其他颠覆活动的能力。通过对上述诸方面的系统考察，便可对一定时期内东道国政府的执政水平作出一个基本全面的估计。一般来说，执政者治理国家的能力越强，越能够保持稳定的社会政治环境，投资环境就越趋于完善，也就越能吸引外资。

2. 政府部门的行政效率

政府部门的行政效率，作为与执政者能力密不可分的政治因素，直接影响到外商的投资和生产经营活动。在一些东道国，政府部门办事拖拉扯皮，手续繁杂，部门间职权混淆，管理人员责权划分不清，遇事议而不决，怕承担责任。这些不仅会降低政府部门的工作效率，给外商的生产经营活动带来额外负担，而且还会损害政府形象，挫伤外商的投资信心。

（三）政局稳定性与政策连续性

政局稳定性与政策连续性是决定和衡量东道国政治环境优劣的实质性因素，它们在很大程度上取决于政治制度的健全和完善程度，以及政府能力和办事效率。

1. 政局稳定性

国际投资者在判断一国一定时期内政局稳定性时，通常要考察以下几个方面：(1)国家主要领导人更换情况，即常规性和非常规性更换记录(次数)如何。这里所谓的常规性更换，是指在一套健全的选举制度下，在一届政府任职期满后，人民能够通过民主选举的方式顺利产生新的国家领导人。非常规性更换，是指发生政变或其他突发事件而产生新的国家领导人。(2)反对派集团的状况，如果一国政坛上存在着反对派力量，就有可能对政局的稳定产生不利影响。反对派力量越强，对政局稳定性的威胁就越大。(3)国内一定时期中发生政治冲突的情况。革命、军事政变、内战、暗杀、动乱、大规模游行示威、旷日持久的大罢工以及政府危机等国内政治冲突事件，是一切不安定因素演变、激化的最终结果，并往往对一国政治环境的稳定产生持久的灾难性影响。(4)国内民族、宗教及其他社会文化团体的状况。民族、宗教冲突作为一个极敏感的社会政治问题,它们对于政治环境的影响力有时并不亚于一场严重的政治事变。如果存在严重的民族、宗教冲突,国内或地区投资环境的稳定局面就会完全打破。因此,这些方面的问题越少就越有利于政治稳定。(5)工会在国内的作用。有些国家工会势力强大到足以影响首脑人员决策的地步,外商的许多管理活动不得不与工会进行商量甚至向工会妥协。(6)军队和警察的状况。军队和警察是国家机器的重要组成部分,是防御外来侵略、维护社会安定的基本力量,它们的规模、水平以及执政者对它们的可控度,从来都是影响政治环境稳定的重要变量。

2. 政策连续性

政策的连续性也是与政局稳定性直接相关的另一重要因素,它既是上述政局稳定性因素的作用结果,又是进一步影响政局稳定性的重要因素。每届政府都有各自的施政方针和目标,它是政府各项政治经济政策的集中体现。政府政策的连续性越好,外商在该国的投资就越稳定。政策变化的程度越大、频率越高,政策的连续性越差,就越不利于吸引外资。

(四)东道国与国外的政治关系

东道国与国外的政治关系因素主要包括遭受他国侵略、发生边境冲突、出现由境外势力操纵的暴乱、直接卷入地区冲突、与主要贸易伙伴发生贸易摩擦和经济战等。它们可能直接源于本国政府与外国政府的关系过于紧张,也可能间接源于本国政府与某一国政府关系过于密切,而受到他国政府政治冲突的株连。当一国受到外部威胁时,它的各项国内外政策都会发生变化,财政经济状况也有可能变得严峻起来。如果发生战争,巨大的开支和严重的破坏,则会使该国的投资环境在一定时期内变得对国际资本完全不适宜。可见,保持良好的国际关系,对于东道国投资环境的稳定也是相当重要的。

六、社会文化环境因素

东道国的社会文化环境是对国际投资行为和生产经营管理具有重大影响的因素。社会文化环境主要包括语言文字、民族、宗教、风俗、价值观念、道德准则、教育水平、人口素质等因素,它们是构成投资软环境的一个基本方面。世界各国都有其特异的社会文化背景,而且国与国之间差别较大,一国之内也因地而异。这种差异必然影响东道国消费者的生活方式、消费倾向、购买态度等,企业的生产、研究、发展、组织、人事各项活动也必然会受到各国特异社会文化的影响。

(一)语言文字

语言是人们交流思想和信息的基本手段,投资者进行国际投资时,必须与各类机构和个人进行沟通,如果缺乏对东道国语言的了解,必然会给沟通带来困难,从而会给投资活动的各个环节带来不便。

语言包括有声语言和无声语言。有声语言指正式的语言或方言。在国际经济活动中，英语日益成为世界性语言，以英语为官方语言的国家约有30个，在商业合同及函电中使用英语更为广泛。但在国际投资活动中，语言沟通往往会出现偏离。因为投资者与东道国语言往往不同，许多国家一国内使用多种语言（如加拿大官方语言是英语和法语，瑞士以法语、德语、意大利语和列托—罗马语为官方语言），一国各地区之间往往还会有许多种方言。无声语言是人类交往的另一表达方式。其中包括：身体语言，如通过面部表情、手势、握手等表示一定意义；空间语言，如通过办公室大小、装饰不同表达一定含义等。无声语言与一国的社会文化传统关系密切，由于各国文化差异较大，因而无声语言含义的不同极易引起误解。

（二）价值观念

价值观念指人们对周围事物的意义和重要性的评价，也是决定人们态度和行为的心理基础。每一民族和国家都存在着能够反映特定文化主流和核心的主导价值观，这些呈现出巨大差异的主导价值观，必然通过人们的态度和行为对国际投资活动产生影响。一般来说，东道国与投资国之间主导价值观差异越小，越利于相互间的投资。因为，主导价值观的相同或相近，有利于伴随国际投资过程的文化顺利融合；反之，国际投资则往往会遇到剧烈的文化冲突而障碍重重。影响国际投资的价值观念因素主要有开放观念、时间观念、对工作和成就的态度、对变化的态度等。

（三）教育水平

教育水平关系到一个国家的劳动力素质、技术先进程度、国家文明程度。它对社会经济发展的强大推动作用，已被现代社会所证实。东道国提高教育水平对发展国际投资有着积极的促进作用，这主要表现在以下几方面：(1)发展教育是提高劳动力文化技术素质的根本途径；(2)教育是促进投资国与东道国文化融合、形成良好人际环境的重要手段；(3)教育通过促进经济增长，间接地为国际投资创造获利机会。

（四）宗教

宗教对人的生活态度、价值观、购买动机、消费偏好等皆有重大影响。各种宗教有不同的制度和道德规范规定，如同法律。即使在同一宗教中，各个派别也有不同的教规。因此，人们在进行国际投资活动时，必须将宗教因素考虑在内。

（五）社会心理和社会习惯

这是一个国家在长期的历史发展过程中积淀下来的为社会公众接受的风俗习惯，它对人们的行为有着重大的影响。例如，东方国家普遍重视储蓄，储蓄率较高，而西方国家则储蓄率较低。东方人家庭观念较重，而西方国家则个人主义倾向较强。诸如此类因素必须考虑在国际投资活动中。

上述国际投资环境的各项因素构成了一个有机系统，形成了国际投资的外在约束条件。国际投资环境各因素之间不是互相独立的，而是相互影响、相互渗透的。如经济发展水平会影响人们对自然环境的依赖程度，政治环境和法律环境是建立在一定经济环境之上并与之相适应的，而政治环境和法律环境又会反作用于经济环境。在这个有机系统中，每个因素的变化会引起其他环境因素的变化，从而对国际投资者的决策产生影响。正因为如此，东道国为吸收国际投资，就必须对投资环境的各因素进行统筹规划和系统改良，努力营造国际投资环境的良好氛围。

那么，东道国社会文化环境是怎样影响外资企业的决策呢？国际经验表明，不同的社会文化环境要求不同的管理方式，在某一社会文化中适合的组织战略、结构和技术在另一种社会文化中却可能导致失败。即使是管理良好且与环境调适的公司也可能因为国际性员工和国际间文化的冲突以及缺乏沟通而遭受损失，所以，在决策时考虑社会文化问题已经成为不断增加的全球化商业活动中的一个重要主题。

1. 影响跨国公司投资区位选择

在讨论影响跨国公司投资区位选择的因素时，人们更多地把注意力放在了东道国的劳动力成本、市场状况、政府政策等方面。而波特的钻石理论则指出生产要素、需求条件、相关与支援性产业以及企业战略、结构和竞争不仅影响一国的产业发展，同时也是使一国对外资构成吸引力的基本因素。但事实证明，如果在进行投资区位选择时不考虑东道国的社会文化环境，则可能会犯严重的错误。

对于一些历史上曾经长期成为西方殖民地的发展中国家而言，殖民地经历使其社会文化中对政治、经济中带有外国印记的活动很容易产生抵触情绪。他们普遍担心本国的资源会再次被廉价掠夺，国家主权受到损害，经济命脉重新被西方控制。因此，虽然在政策上大部分发展中国家对跨国公司采取欢迎的态度，但在社会文化深处却可能蕴藏着对跨国公司比较强烈的抗拒心理。这种抵触情绪一般来源于对后殖民主义的抗拒、对经济帝国主义的恐惧、对成为发达国家新殖民地的担忧、贸易保护主义理念对外国资本的怀疑等因素。

因此，在这样一种社会文化环境中，跨国公司有时候会发现一旦政局发生大的变动，社会中对跨国公司的抵触情绪很容易演变成公司的直接风险，甚至使公司处于一种危险的境地，像 1979 年伊朗革命后，社会中长期积累的对英美等西方国家的憎恨情绪最终导致了新政府在革命成功后把大批外国石油公司所有权收归国有。

所以，跨国公司在选择投资目的地时除了对构成区位优势的传统因素加以考虑之外，文化和文化相似性在决定对外投资结构和范围时的影响越来越大，甚至成为比市场规模、关税、成长性等更需要优先考虑的因素。例如，有学者分析，把美国之所以在加拿大和英国有大量投资的原因归因为文化的相似性，而且这一点比以前人们所分析过的市场类型、成长性、关税和地理上的接近更重要。还有学者在对澳大利亚制造业吸引美国投资原因的研究中发现，通过与韩国、新加坡等其他 9 个国家相比较，相似的社会文化背景更多地解释了为什么澳大利亚的制造业能够比它的亚太地区邻国更容易吸引来自美国的投资。因此，尽管过去对影响跨国公司投资决策的研究长期集中在技术、地点、东道国经济结构、政策措施以及廉价资源的可获得性等方面，很少有人使用社会文化因素作为决策的一个变量，然而社会文化不应该被视为区位优势中的一个次要方面，相反，它应该被看作选择投资目的地时各整体性因素中一个不可或缺的环节，文化、语言、社会背景在关键性的投资决策中与传统影响因素起着同样重要的作用。当信任缺失和文化差距趋向于造成抵触、摩擦和误解时，东道国和投资方是否具有相同的社会文化类型已经成为地点选择中的优势所在。

此外，东道国的社会文化环境还直接影响跨国公司研发投资地点的选择，某些文化在创新性活动方面所具有的比较优势导致他们能够更好地开发新技术、新产品与进行工艺革新。有研究认为，在一个国家中，权力差距越小，意味着社会阶层和规则更少，知识扩散和信息传递也更加容易，因此更有利于创新。而在低不确定性规避的文化中，人们愿意接受竞争、藐视权威，这样的社会总是和比较积极的创新活动联系在一起。在高不确定性规避的社会文化中，人们更容易模仿他人的成果而不是主动创造。如果一国的文化鼓励个人主义行为，意味着在这样的社会中个人具有更高的自由度和独立性，并且会对个人的开拓精神加以鼓励和给予回报；而强调集体主义的社会中，个人的自由和自主性受到抑制，从而不利于创新活动的出现。跨国公司总是把研发部门布置在文化环境有利于实现更高研发效率的国家或地区。

2. 影响跨国公司投资进入模式

东道国和跨国公司母国间的文化差异不仅可以用于解释跨国公司的战略和组织结构，而且可以用于解释跨国公司的投资进入模式。按照交易成本理论，更大的文化差距导致更大的交易成本是由于文化的差异增加了信息交流的成本和能力与技术转移的困难。在一个文化差异较大的国家进行投资时，管理者很难以一种有效的管理方式来处理这些差异，而且，处于不同文化背景下的当地员工在是否能够接受母公司的管理层所带来的变革上存在很大的不确定性，公司可能会遭受不必要的管理成本增加。

跨国公司在对东道国市场进行投资时，文化差异是国家层次上所面临的最大风险，如果东道国与母国文化差异小，跨国公司在投资进入时可以采用绿地方式以最大化公司特有优势，相反，则应该采取收购方式来减少风险。或者说，当东道国与母国文化差距较小时，绿地投资是一种更好的方式。而在低不确定性规避的社会中，不管是管理者还是员工都愿意接受变革，此时采取收购模式来进入市场在最小化成本支出方面将更为适用。

目前，在文化差异究竟会对跨国公司在东道国子公司中的持股比例产生多大影响这一问题上，仍然存在两种不同的观点。一种观点认为，东道国与母国文化差异越大，跨国公司在投资时就越希望增加在子公司中的持股比例。其理由是文化差异越大，在对投资进行组合管理时越会增加公司的交易与经营成本并加大跨国公司进一步发展的风险。为了最小化交易成本，文化上的巨大差距使跨国公司在进入时选择更大的控制权。西方学者通过对中国外资企业的研究发现，文化差异越大，外国投资者越有可能要求在合资企业中拥有 50％或者是更多的股份。通过提高资本控制的比例，跨国公司能够在国际化业务中实行更严格的控制，潜在地降低文化价值和准则方面的差异所造成的影响。另一种观点则认为，跨国公司的管理者之所以根据文化差异大小来决定在东道国采取何种投资进入方式，主要是出于减少风险的考虑。因此，东道国与母国文化差异越大，跨国公司在投资时更应该减少自己的股权比例。在文化差距大的东道国市场中放松对子公司的控制可以作为减少不确定性和信息交换成本的一种手段。所以，较大的文化差异增加了跨国公司采用合资而不是独资或通过收购以取得控制权的可能性。

虽然在东道国社会文化环境究竟导致跨国公司在子公司中选择何种股权结构上存在不同看法，但跨国公司显然必须充分考虑东道国的文化环境对公司今后的生存、运营与发展所带来的影响，以及这种影响所造成的额外成本能否找到其他的途径加以弥补，最终决定是选择出口、许可证、合资还是独资方式来进入东道国市场。如果能够找到一个合适的合作伙伴提供在当地市场运转的知识，跨国公司可以选择较低的控制权以补偿在高文化差异情况下所缺乏的知识；反之，则应该建立全资子公司以减少母公司对东道国当地代理机构的依赖。

3. 对中国企业的启示

现在，越来越多的中国企业走出国门，在国外投资设厂，相应地，中国企业在国外投资和经营的安全问题也开始变得日益突出。如 2004 年在西班牙埃尔切市发生的烧鞋事件，虽然其直接原因是大量廉价的中国商品涌入当地市场导致众多当地厂商倒闭所引起，但其背后社会文化方面的深层次原因同样不可回避。例如，当一个当地市场被少数外来族群所把持时，人口处于多数但在竞争时却处于劣势的当地族群很容易在煽动下衍生出对外来族群的不满，并最终以一种极端的方式表现出来。这就告诫我们，中国企业要实现“走出去”的战略，尤其需要对投资和经营的东道国文化环境予以足够的重视。

第一，投资前必须对东道国文化环境进行评估。

第二，注重对中外员工文化差异的协调。

第三，注重在东道国社会中树立良好形象。

第四，寻找合适的东道国合作伙伴。

第三节　国际投资环境评价

国际投资环境评价是国际投资者根据国际投资的具体需要对东道国投资环境所作的系统评估，它是国际投资决策的重要依据。上一节我们已经较为全面地介绍了国际投资环境的构成因素，对这些因素的分析是国际投资环境评价的基础，但在国际投资环境评价的具体实践中，往往没必要将所有因素均纳入评价体系，国际投资者可以根据具体的需要选取部分因素，并根据选取因素的重要性赋予不同权重来构建科学合理的评价体系。因此，国际投资环境评价的形式和方法不是单一模式和固定不变的，国际投资环境评价是一个不断发展和创新的范畴。

案例导入：这里不妨先看三个案例。

案例一：英国著名的生产纤维板的跨国公司塞拉尼斯(Celanese)在意大利西西里岛购买了一大片长满桉树的土地，计划在那里建造一座木浆加工厂，并使用当地的桉树作为原材料。直到工厂建成将要投入生产时，塞拉尼斯公司才发现这些桉树太小，原料有限，树干不能用。结果，被迫高价进口纸浆，损失达 5 500 万美元。这一代价昂贵的教训之所以发生，原因是公司在购买土地前为了节约成本、减少费用，而没有派专家去实地考察这些桉树。

案例二：美国一家食品加工商在墨西哥一条河流的三角地带投资建了一座菠萝罐头厂。由于菠萝种植园在该河的上游，公司打算用驳船把成熟的菠萝运到罐头厂加工。然而，令人失望的是：在菠萝的收获季节里，河水太浅，无法行船。由于没有其他可行的运输方案，菠萝罐头厂被迫关闭。所有的新设备以极低的价格卖给了墨西哥当地的一个社区。废弃的厂房，无人问津。美国这家食品加工商不得不为此付出了 3 000 万美元的“学费”。

案例三：美国汉纳矿业公司(The Hanna Mining Company)在巴西投资建了一家生产精矿原料产品的子公司。汉纳矿业公司的基本策略之一是：随着时间的推移，逐渐扩大精矿原料产品的产量。因为小规模生产无利可图，必须在出口量达到 200 万吨时，公司才能成为一家赢利的企业。然而，公司投产后很快发现，当地铁路部门不能满足订货商合同中最大运输量的要求，并且铁路部门也没有安排扩建铁路运输能力的规划。如果产品采用公路运输，成本又难以承担。不得已，汉纳矿业公司放弃了自己的基本策略，关闭了投产不久的子公司。

从以上三个跨国公司投资失败的案例中，我们能得出什么启示？答案是企业“走出去”必须重视对国际投资环境的评价。

一、国际投资环境的评价原则

(一)坚持从投资者实际要求出发的原则

以投资者的实际要求(即投资动机)为出发点应该是国际投资环境评价的首要原则。随着经济全球化的发展，跨国公司日益推行全球战略，国际投资动机也日益向着多元化的格局演变，不同的国际投资动机对投资环境的要求大不相同，对投资环境评价的侧重也就自然不同。例如，资源导向型国际投资更注重自然资源因素的评价，市场导向型国际投资更注重市场环境因素的评价，技术导向型国际投资更注重人力资源因素和教育科技因素的评价，等等。

（二）坚持实事求是的原则

只要坚持从实际出发、实事求是的原则，无论采取怎样的评价形式和评价方法，都可以取得客观、真实和科学的评价结果，并引导投资者做出正确的投资决策；反之，将会得出虚假甚至谬误的评价结果，从而导致投资决策的失误，或丧失投资的良机。为此，尤其应避免以下两点：

（1）在对政治环境进行评价时要消除社会制度的偏见。投资国与东道国有可能实行不同的社会制度，但这并不影响国际直接投资活动的顺利进行。因为涉及国际投资的关键性政治因素，是一国健全政治制度下的政治稳定性和政策连续性，而不是政治制度本身。

（2）在对东道国投资环境进行评价时要消除片面性。一些发达国家的咨询机构和国际性刊物，根据其收集的信息，定期（一般为一年）公布世界各国风险排名或政局和政策稳定性评分，但这只是对某一项或几项因素的评价，必然带有一定的片面性，只能作为参考，不能作为最终评价结果。东道国投资环境是一个有机的系统，必须进行客观、科学、系统的评价才能避免评价的片面性。

（三）坚持突出重点的原则

在对东道国投资环境评价时，只有对多数因素进行系统、科学的评价才能避免评价中的顾此失彼，否则将导致评价结论的偏颇。但是在评价投资环境中还必须突出和明确重点因素，才能适应不同投资者的需要。不同的投资行业和项目，其所侧重的投资环境因素也不同，对投资于种植业的投资者，要突出评价东道国的自然地理因素，尤其是其中的土质、气候等因素；对于投资于采掘业的投资者，要突出评价东道国的矿产资源因素，特别是其中的矿产资源的储量、品位等因素；对于投资于劳动密集型加工工业的投资者，应重点评价东道国的社会文化因素，特别是其中的劳动力数量、工资水平等因素以及原材料、零配件的供应情况；投资于知识和技术密集型产业的投资者，则应重点评价东道国的社会文化因素中的高等院校、科研机构数及工程技术人员的素质以及其他生产要素的质量等因素；等等。只有突出评价中的重点，才能实现投资环境评价与项目的可行性研究的有机结合，保证投资决策的正确，并达到投资的预期效果。

（四）坚持兼顾投资国和东道国双方比较优势的原则

国际投资活动，涉及投资国（或地区）和东道国（或地区）两个方面。因而，在评价东道国的投资环境时，既要考察东道国的投资环境，也不能忽略投资国的有关情况。因为，投资双方都存在着某些可以互补的优势因素。例如，随着科技革命的迅猛发展，工业发达国家为谋求产业升级和延长产业生命周期，加速了产业结构的调整步伐，因而具有向国外（欠发达国家）转移传统产业的技术和管理优势，工业欠发达的东道国则往往具有劳动力、土地、原材料等生产要素丰富和廉价的优势；有些投资国具有矿产资源大规模开发的资本和技术优势，有些东道国则具有丰富矿产资源的优势；等等。这就要求在进行国际投资环境评价时，切实做到兼顾双方的比较优势，以形成有利于实现优势互补的组合评价结果，为作出正确的投资决策提供可靠的依据。

二、国际投资环境的评价形式

国际投资环境的评价形式是指国际投资环境评价工作组织实施的具体方式，最为广泛运用的主要有以下三种。

（一）专家实地考察

所谓专家实地考察，是指投资者为了解某国或地区的投资环境，由组成的专家组前往所在地进行的实地考察和评价。在几天或几周的考察中，专家组不仅进行广泛的调查，而且还直接同当地的政府官员、有关专家学者、企业家、商人等直接接触和会谈，以尽可能多地收集第一手资料。在结束后，专家组要提出调查报告，对东道国的投资环境进行较为详尽的介绍和评价。

专家实地考察的调查对象一般应该包括：(1)东道国有关机构和部门的官员和工作人员；(2)反对派的政治家；(3)银行家；(4)当地企业家；(5)在该国经营的外国企业家和商人；(6)投资国驻东道国大使馆内有关人员；(7)大学教授及有关研究人员；(8)工会（劳工组织）领导人；(9)新闻媒体；(10)顾客和潜在的顾客。

专家实地考察形式可以增加评价者的感性认识，可获得许多第一手资料，有利于对东道国投资环境作出客观、正确的评价，但也会因考察时间的短暂、选择信息来源的片面等原因，使专家很难对东道国的政治、社会、自然条件等方面的所有因素作出客观、全面的评价。

（二）问卷调查评价

问卷调查评价就是用函询调查方式，把影响投资环境的因素及其重要程度编写成几个意见征询表，寄给有关的投资者、政府官员和专家，并要求用书面回答并寄回，然后用统计方法来归纳、整理调查结果，最后得出对投资环境的评价。

1. 问卷调查评价的特点

(1)代表性。可将影响投资环境的众多因素列入问卷寄给各类专家和有关人员，信息来源尽可能广泛，具有相当的代表性。(2)适应性。问卷调查以书信方式进行，具有一定的匿名性，有利于被调查者意见的充分表达。(3)调查结果的统计特性。对问卷调查所获得的信息资料可以利用统计归纳、整理和分析，利用计算机进行处理，可提高评价的效率和评价结果的科学性。

2. 问卷调查的内容

(1)对各个投资环境因素的重要性进行评估；(2)评估各个投资环境因素的现状。

3. 问卷调查表的制定

问卷调查表的制定要注意做到：(1)对调查作简要说明，使评价者全面了解调查的目标、任务和作用。(2)重点突出。问卷调查的问题要相对集中，并构成一个有机整体，从整体中能突出调查的重点。(3)问题的数量要适当。问题列得太多会使评价者烦,不认真回答;问题列得太少,又不能达到全面调查的目的。(4)调查表要简单明了,易于评价者填写。(5)用词要准确,便于评价者快速理解,完成填写。

4. 问卷调查对象

对评价者的选择要力求具有广泛的代表性。至少应包括:(1)东道国有关部门的官员和工作人员;(2)有代表性的投资者;(3)有关学科的专家学者;(4)有关产品的消费者。

5. 问卷调查结果处理

问卷调查评价投资环境中的一项重要工作就是对调查结果进行统计归纳和处理。统计归纳和处理的主要任务是,就调查结果的倾向性和一致性作出分析。其中所谓倾向性是指大多数评价者的意见是什么,或者说评价者的主要倾向是什么,这也就是统计上所说的集中趋势。而所谓评价者意见的一致性则是指评价者的意见是否集中,集中到什么程度;如果不集中就是离散,即评价者意见的离散程度,这也就是统计上所说的离散趋势。意见的倾向性和一致性都是评价投资环境的基础,若不清楚评价者意见的倾向性,评价就无所依据;而如果意见太分散,即一致性程度很差,那么据此作出的投资环境评价的价值也就很小了。

(三)咨询机构评估

咨询机构评估形式,就是咨询机构接受委托,以专门的知识和经验,通过调查研究取得信息,用现代科学的咨询方法对某国或某地区的投资环境进行评价,为委托者进行投资决策或制定改善投资环境的措施提供依据。

1. 咨询机构评估的特点

(1)采取委托承包方式。咨询机构先根据委托者的要求,同委托者签订委托合同,然后按合同要求对投资环境进行分析和评价。这样,咨询机构对投资环境的分析和评价的正确性,直接涉及其咨询收益和咨询信誉。所以,采用这种形式,对投资环境的评价具有较强的针对性和准确性。(2)评估工作具有独立性。咨询机构一般都是具有独立自主权的企业,受政府部门、有关组织或其他企业的影响相对较小,较能从公正的立场出发进行工作。因而,对投资环境的评估有较强的客观性。

2. 咨询机构评估的程序

咨询机构评估的程序大概分为九个步骤:(1)委托者提出要求;(2)与委托者谈判;(3)组织研究力量;(4)初步调查;(5)提出建议书;(6)签订合同;(7)开始工作;(8)提交中间报告;(9)提交最终报告。

3. 咨询机构评估的三个阶段

(1)评估前的洽谈阶段。这一阶段从委托者提出要求开始直至签订咨询委托合同。该阶段的实施程序主要有:第一,咨询机构与委托者谈判,明确了解委托者的意图和目标;第二,在咨询机构内组织课题组,选派知识渊博、经验丰富的通才担任课题组长;第三,课题组收集信息并做事前调查,根据掌握的信息制定评估工作计划书,内容包括:明确地划定工作的目标、范围和界限,评估工作的主要内容,选用方法,日程安排,所需费用,以及评估报告的完成日期;第四,与委托者确定工作计划书,正式签订咨询委托合同。(2)评估阶段。在这一阶段,课题组要根据合同的要求,进行广泛调查,收集投资环境所涉及的各方面信息,必要时还应做实地调查。在占有大量资料的基础上,课题组运用各种分析方法对投资环境做出分析和评价。(3)评估报告阶段。评估报告是咨询机构进行投资环境评估的最终成果。对它的要求,一般来说既要系统全面,又要简明扼要,便于委托者作出投资与否的决策或便于委托者进一步完善投资环境。见图8—1。

图8—1　咨询机构评估流程图

三、国际投资环境的评价方法

国际投资环境的评价方法就是国际投资环境评价体系(或模型),主要是评价指标体系的构建和运用。国际投资环境的评价方法是国际投资环境评价的核心,选择何种评价方法将从根本上影响评价结果和最终的投资决策。以下将介绍几种国际上最常用的国际投资环境评价方法,这些方法有些是专家学者提出的理论模型,有些则是跨国公司实务运作中的经验总结。

(一)罗氏等级评分法

这种方法是美国经济学家罗伯特·斯托鲍夫提出的。他对一国投资环境的一些主要因素，按对投资者重要性大小，确定不同的评分标准，再按各种因素对投资者的利害程度，确定具体评分等级，然后将分数相加，作为对该国投资环境的总体评价。总分的高低反映其投资环境的优劣程度，便于在各国间进行投资环境的综合比较。具体评价标准见表 8—2。

表 8—2　　投资环境等级评分表

序　号	投资环境因素	评　分
一	资本抽回(Capital Repatriation)	0—12 分
	无限制	12
	有时间上的限制	8
	对资本有限制	6
	对资本和红利有限制	4
	限制繁多	2
	禁止资本抽回	0
二	外商股权(Foreign Ownership Allowed)	0—12 分
	准许并欢迎全部外资股权	12
	准许全部外资股权但不欢迎	10
	准许外资占大部分股权	8
	外资最多不得超过半数股权	6
	只准外资占小部分股权	4
	外资不得超过股权的三成	2
	不准外资控制任何股权	0
三	对外商的歧视和管制程度(Discrimination and Controls)	0—12 分
	外商与本国企业一视同仁	12
	对外商略有限制但无管制	10
	对外商有少许管制	8
	对外商有限制并有管制	6
	对外商有限制并严加管制	4
	对外商严加限制并严加管制	2
	对外商禁止投资	0
四	货币稳定性(Currency Stability)	4—20 分
	完全自由兑换	20
	黑市与官价差距小于 10%	18
	黑市与官价差距在 10%—40%之间	14
	黑市与官价差距在 40%—100%之间	8
	黑市与官价差距在 100%以上	4
五	政治稳定性(Political Stability)	0—12 分
	长期稳定	12
	稳定但因人而治	10
	内部分裂但政府掌权	8
	国内外有强大的反对力量	4
	有政变和动荡的可能	2
	不稳定，政变和动荡极可能	0
六	给予关税保护的意愿(Willingness to Grant Tariff Protection)	2—8 分
	给予充分保护	8
	给予相当保护但以新工业为主	6
	给予少许保护但以新工业为主	4
	很少或不予保护	2

续表

序 号	投资环境因素	评 分
七	当地资金的可供程度(Availability of Local Capital)	0—10 分
	成熟的资本市场,有公开的证券交易所	10
	少许当地资本,有投机性的证券交易所	8
	当地资本有限,外来资本(世界银行贷款等)不多	6
	短期资本极其有限	4
	资本管制很严	2
	高度的资本外流	0
八	近五年的通货膨胀率(Annual Inflation)	2—14 分
	小于 1%	14
	1%—3%	12
	3%—7%	10
	7%—10%	8
	10%—15%	6
	15%—35%	4
	35%以上	2
	总 计	8—100 分

从表 8－2 可以看出,罗伯特选取的因素都是对投资环境有直接影响的,为投资决策者最关心的因素。同时,它们又都有较为具体的内容,评价时所需的资料易于取得且易于比较。在对具体环境的评价上,采用了简单累加计分的方法,使定性分析具有了一定的数量化内容,同时又不需要高深的数量知识,简便易行,一般的投资者都可以采用。在各项因素的分值确定上,他采取了区别对待的原则,在一定程度上体现出了不同因素对投资环境作用的差异,反映了投资者对投资环境的一般看法。

等级评分法由于具有定量分析和对作用程度不同因素的逐项分析,所以深受投资者的欢迎,是使用较为普遍的一种投资环境评价方法。但其具体的评分内容和标准仍有不够完善之处。例如,在许多投资者看来,一国的政治稳定性为至关重要的因素,但该项仅被给予了 12 分的权重,而外汇黑市与官价差距小于 10%的(有黑市存在就说明存在着外汇管制)却给予了 18 分的权重。该方法对于所得税率的高低、基础设施的好坏等重要因素在评分时不予考虑的做法也是欠妥的。在具体的实际运用中,我们可以借鉴其基本做法,然后对具体的评分标准和应计分的因素加以调整。

(二)闵氏评估法

香港中文大学教授闵建蜀在罗氏等级评分法的基础上提出两种密切联系而又有一定区别的投资环境评价方法:闵氏多因素评估法和关键因素评估法。

闵氏多因素评估法将影响投资环境的主因素分为十一类,每一类主因素又由一组子因素组成,具体内容见表 8－3。

表 8—3 多因素评估法因素与子因素组成

主因素	子因素
一、政治环境	政治稳定性，国有化可能性，当地政府的外资政策
二、经济环境	经济增长，物价水平
三、财务环境	资本与利润外调，对外汇价，集资与借款的可能性
四、市场环境	市场规模，分销网点，营销的辅助机构，地理位置
五、基础设施	国际通讯设备，交通与运输，外部经济
六、技术条件	科技水平，适合工资的劳动生产力，专业人才的供应
七、辅助工业	辅助工业的发展水平，辅助工业的配套情况等
八、法律制度	商法、劳工法、专利法等各项法律制度是否健全，法律是否得到很好的执行
九、行政机构效率	机构的设置，办事程序，工作人员的素质等
十、文化环境	当地社会是否接纳外资公司及对其信任与合作程度
十一、竞争环境	当地的竞争对手的强弱，同类产品进口额在当地市场所占份额

根据闵氏多因素评估法，先对各类因素的子因素作出综合评价，再对各因素作出优、良、中、可、差的判断，然后按下列公式计算投资环境总分：

$$投资环境总分 = \sum_{i=1}^{11} W_i(5a_i + 4b_i + 3c_i + 2d_i + e_i)$$

式中：W_i——第 i 类因素的权重；

a_i, b_i, c_i, d_i, e_i——第 i 类因素被评为优、良、中、可、差的百分比。

投资环境总分的取值范围在 11—55 分之间，分值越高，说明投资环境越佳。

闵氏多因素评估法是对某国投资环境作总体性的评估所采用的方法，它较少从具体投资项目的投资动机出发来考察投资环境。但当投资者具有某种特定目标和要求时，采用这种办法就难以得到满足，这时我们需用关键因素评估法。

关键因素评估法从具体投资动机出发，从影响投资环境的一般因素中，找出影响具体项目投资动机实现的关键因素，如投资者投资的主要目标是为了降低成本，则应将与降低生产成本密切相关的劳动力成本、原材料价格和交通运输成本列为关键因素。找出关键因素以后，其计算投资环境得分方法与闵氏多因素评估法相同。

闵氏多因素评估法与关键因素评估法具体应用时可以相互结合，这样既可以得到投资环境的总体性评估，又能得到满足具体投资动机的评估，实现一般与特殊的结合。

（三）F-M 矩阵评估模型

该模型是由美国印第安纳大学的 R. N. Farmer 教授和阿尔尼亚大学的 B. M. Richman 教授创立的。该模型是通过矩阵列表的形式，将企业经营过程的诸因素（B 因素）与国内环境因素（C 因素）和国际环境因素（I 因素）的相关关系予以计量化，再加权、累积，最后求出企业在特定环境条件下的综合效率，由此评估投资环境对企业经营的影响。该模型开创了将计量分析方法引入国际投资环境评估的先河，具有重要意义。而且该模型不仅适用于国际投资的跨国公司，对国内企业同样适用，是一个投资环境评估的一般化模型。由于此计量模型非常复杂，这里仅简要介绍其基本内容和特征。

该模型的首要特征是将企业经营的"黑箱"打开，将企业经营过程视为10类关键因素的组合，即模型中的B因素(见表8－4)，这10类因素又被进一步细分为76项子因素。该模型的另一特征是将环境因素分为国内环境因素和国际环境因素，即模型中的C因素和I因素(见表8－4)，国内环境因素包括4类主因素和29项子因素，国际环境因素包括3类主因素和21项子因素。

表8－4 F-M矩阵评估模型的因素构成

经营过程因素(B因素)	B1:计划与革新 B2:控制 B3:组织 B4:人事 B5:指导、领导、激励 B6:市场与营销 B7:生产与采购 B8:研究开发 B9:财务 B10:公共关系
国内环境因素(C因素)	C1:教育因素 C2:社会因素 C3:政治、法律因素 C4:经济因素
国际环境因素(I因素)	I1:社会因素 I2:政治、法律因素 I3:经济因素

(四)三菱投资环境评估方法

这是日本三菱综合研究所在1974年对欧洲做投资分析时，最早采用的投资环境评估方法。该方法通过对各国的经济条件、地理条件、劳工条件和奖励制度四项因素的比较评估，评定各国投资环境的优劣，并根据各因素对投资的重要性而赋予不同的权重，计算得出各国投资环境的有限顺序。

三菱综合研究所将投资环境评价因素分为四类：

1. 经济活动水准

根据东道国经济活动水准来衡量，并以工业生产成长指数(以工业生产成长率表示)和产业现代化指数(根据产业结构与工业先进国家产业结构现代化水准决定)作为衡量子因素。

2. 地理条件

这是对于工厂位置选择有直接关联的要素，其衡量子因素为工厂用地条件(包括用地规模、价格、附带条件等)和运输体系(包括公路、铁路、河川、海上运输及相关设施)。

3. 劳动条件

这是与劳动成本相关联的评价，其衡量子因素为薪资水准(以直接薪资、福利制度和劳工素质做比较）和确保劳动力（包括劳工人数的确保和该地失业率等）。

4. 奖励制度

这是以投资可能取得的奖励制度和运用的效率为评价，其衡量子因素为奖励之获得（包括奖励的种类、东道国政府引进外资的需要、引进外资的税收优惠程度等）和制度运用情况（包括奖励制度本身的弹性、行政效率和当地企业与工会对外的反应态度等）。

在应用上，三菱投资环境评估方法的最大优点是简单，但有两点必须注意：第一，当投资类型不同时，各因素赋予的权数要相应调整，如投资项目为劳动密集型，则劳动条件的权数要相应提高；投资项目为资本密集型，则奖励条件的权数要相应提高。第二，当时间变动，各因素必须考虑未来的变动性，否则分析的结果将会受到影响。

（五）道氏公司动态分析法

投资环境不仅因国别而异，即使在同一个国家也会因不同时期而发生变化，所以，在评价投资环境时，对其不仅要看过去和现在，而且还要评估今后可能发生的变化，以便确定这些变化在一定时期内对投资活动的影响。美国道氏化学公司从这一角度出发，制定了一套投资环境动态分析方法，基本内容见表 8－5。

道氏公司认为，投资者在国外投资所面临的风险分为两类：其一是正常企业风险或称竞争风险。例如，自己的竞争对手也许会生产出一种性能更好或价格更低的产品。这类风险存在于任何基本稳定的企业环境之中，它们是商品经济运行的必然结果。其二是环境风险，即某些可以使企业所处环境本身发生变化的政治、经济及社会因素。这类因素往往会改变企业经营所遵循的规则和采取的方式，对投资者来说，这些变化的影响往往是不确定的，既可能是有利的，也可能是不利的。据此，道氏公司把影响投资环境的诸因素按其形成的原因及作用范围的不同分为两部分：企业从事生产经营的业务条件和有可能引起这些条件变化的主要压力。这两部分又分别包括 40 项因素。在对这两部分的因素作出评估后，提出投资项目的预测方案的比较，可以选择出具有良好投资环境的投资场所。

表 8－5　　道氏公司投资环境动态分析法

企业业务条件	引起变化的主要压力	有利因素和假设的汇总	预测方案
评估以下因素： (1)实际经济增长率 (2)能否获得当地资产 (3)价格控制 (4)基础设施 (5)利润汇出规定 (6)再投资自由 (7)劳动力技术水平 (8)劳动力稳定 (9)投资刺激 (10)对外国人态度 ⋮ (40)	评估以下因素： (1)国际收支结构及趋势 (2)被外界冲击时易受损害的程度 (3)经济增长相对于预期 (4)舆论界领袖观点的变化 (5)领导层的稳定性 (6)与邻国的关系 (7)恐怖主义 (8)经济和社会进步的平衡 (9)人口构成和人口趋势 (10)对外国人和外国投资的态度 ⋮ (40)	对前两项进行评价后，从中挑出 8—10 个在某个国家的某个项目能获得成功的关键因素（这些关键因素将成为不断查核的指数或继续作为国家评估的基础）	提出 4 套国家/项目预测方案： (1)未来 7 年中关键因素造成的“最可能”方案 (2)如果情况比预期的好，会好多少 (3)如果情况比预期的糟，会如何糟 (4)会使公司“遭难”的方案

表8—5第1栏是现有情况，第2栏是估价社会、政治、经济事件对今后投资环境可能产生的变化(有利、不利或中性)。该公司分析以7年为期，因为该公司预期项目决策后的第7年为赢利高峰期。这种动态分析最终要评估出未来7年中的环境变化，并由此制定出4套预测方案，以供决策参考。我们在具体运用此方法时，可依据不同情况，确定不同的预测期。

(六)冷热比较法

美国学者伊西阿·利特法克和彼得·班廷根据他们对20世纪60年代后半期美国、加拿大工商界人士的调查资料，提出通过七种因素对各国投资环境进行综合、统一尺度的比较分析，从而产生了投资环境"冷热比较方法"。

投资环境冷热比较法是以"冷"、"热"因素来表述环境优劣的一种评价方法，即把各个因素和资料加以分析，得出"冷"、"热"差别的评价。该方法把一国投资环境归结为七大因素：

1. 政治稳定性

是指东道国有一个由社会各阶层代表所组成的，为广大群众所拥护的政府。该政府能够鼓励和促进企业发展，创造出良好的适宜企业长期经营的环境。当一国政治稳定性高时，这一因素为"热"因素。

2. 市场机会

当对外国投资生产的产品或提供的劳务在东道国市场的有效需求尚未满足时，表明东道国市场机会较大，为"热"因素。

3. 经济发展和成就

东道国经济发展速度快、经济运行良好，则此项为"热"因素。

4. 文化一体化

东道国国内各阶层民众的相互关系、处世哲学、人生观和奋斗目标都要受传统文化的影响。东道国文化一体化程度高为"热"因素。

5. 法令阻碍

东道国的法律繁杂，并有意或无意地限制和阻碍外国企业的经营，影响今后企业的投资环境。若法令阻碍大，则为"冷"因素。

6. 实质性阻碍

东道国的自然条件，如地形、地理位置等，往往会对企业的有效经营产生阻碍。如实质性阻碍高，则为"冷"因素。

7. 地理及文化差距

这是指投资国和东道国两国之间距离遥远，文化迥异，社会观念、风俗习惯和语言上的差别妨碍了思想交流。如果地理及文化差距大，则为"冷"因素。

在上述七种因素制约下，东道国的投资环境越好(即越热)，外国投资者越倾向于在该国投资。在七种因素中，前四种的程度高称为"热"环境，而后三种因素则相反，其程度高称为“冷”环境，中等程度为中等环境。

各种投资环境评估法均有其优劣之处。在使用时，我们应注意发挥它们各自的长处，在充分掌握信息资料的基础上，尽量多采用几种方法进行评估，以便获得一个客观公正的结果。

最后，我们介绍国内学者方森等(2018)采用罗氏等级评分法分析中国香港地区投资环境的情况。

(1)关于资本抽回。香港地区允许自由的资本投资制度，无特别的时间限制，欢迎各种形式的外部投资形式，采取自由的贸易制度。对于汇出净额利益、利润及其他经费没有限制。同时，香港没有实施外汇管制，任何金额、任何时间均可自由汇入或汇出。政府不会横加干预。

因此，该项评分为满分——12分。

(2)关于外商股权。香港政府对世界各国正常的工商投资均实行充分开放的政策，投资并没有因为国别差异而带来行业限制或经营方式限制。无论是本地资本还是域外资本，都可以自由地在工业、商业、金融、地产、航运、旅游等各个行业投资。对域外企业和本地企业均采取一视同仁的政策，商品交易与劳务支付的价格也基本上保持充分的自由竞争状态；在管理和税收方面也享受平等的待遇。香港设有自由开放的投资制度。

因此，该项评分为满分——12分。

(3)关于外商投资管理。香港外商投资管理细则明确指出：香港政府对经济事务一向采取不干预政策，也无特别投资限制。但独占行业(如公共交通工具、电灯、煤气等)，敏感性行业(如武器、军备、药剂、烟酒等)之生产，须向特定部门申请特别牌照，另制烟及酿酒需设仓库，海关派人常驻查核。而有关环保的生产事业需向有关部门申请并受其监督。对外商有少许管制。

因此，该项评分为10分。

(4)关于货币稳定性。港元自1983年与美元挂钩后，币值保持稳定。1993年以前，人民币汇价一直较港元高。但1993年以后，人民银行宣布进行汇改，取消外汇券。人民币一年内跌至1美元兑8.4元人民币，这时港元才超越人民币价格。港元兑人民币跌到100∶140。此后，港元兑人民币的汇率一直比较稳定，直到香港回归的时候，港元兑人民币的牌价为100∶107。香港回归后，内地与香港的经贸合作日益紧密。但由于港元联系汇率一直与美元挂钩，因而人民币与港元基本保持着平行关系。

所以，该项评分为满分——20分。

(5)关于政治稳定。香港是一个法制社会，香港的法律制度深可信赖。这个制度以普通法为根基，历史悠久。香港市民和居港人士得享的权利与自由，建基于大公无私的法制体制、独立的司法制度、完善的法援制度，以及自由开放和发展蓬勃的新闻传播媒介。香港回归后，在中国大部队的带领下稳定繁荣地发展。这是全国人民有目共睹的事实。

因此,该项评分为满分——12 分。

(6)关于关税。为了适应世界经济发展的需要,香港大力发展对外经贸关系,实行自由贸易政策。香港对进出口贸易基本上没有管制,不存在关税壁垒和非关税壁垒,凡符合国际惯例的贸易行为均畅通无阻,没有国界限制。香港政府既不限制出口,也不限制进口,对本地厂商的商品出口不提供任何优惠与特权,对境外进口商品也不存在任何歧视。香港政府虽然对极少数商品征收进口关税或消费税,但税率一般都很低,且奉行内外税率一致的政策。香港的进出口贸易手续十分简便,只要在货物进出口后的 14 天内报关,一般无须事先得到批准。

因此,该项评分为满分——8 分。

(7)关于当地资金的可供程度。香港以金融业发达而著称全球。香港金融市场的特色是资金流动性高。市场根据有效、具透明度而又符合国际标准的规例运作。香港的工作人口有一定教育水平;海外专业人士来港工作,也十分容易。同时,香港拥有成熟的资本市场。在银行业方面:香港经营的国际金融机构数目相当多。有 133 家持牌银行(其中 121 家为外资银行);在全球 100 强银行中,有 70 家在港营业。此外,香港有 75 家外国银行的附属机构或相关公司以有限制牌照银行或接受存款公司形式经营。另有 85 家外国银行在香港设有代表办事处。在外汇市场方面:香港的外汇市场发展完善、买卖活跃,在全球外汇市场中占有不可或缺的地位。由于香港与海外其他外汇市场均有联系,因此可全日 24 小时与世界各地进行外汇买卖。根据国际结算银行进行的每三年一度的全球调查,香港外汇市场的成交额在世界排行前三甲。在股票市场方面:以资本市值计算,香港股票市场是全球最大的股票市场之一。香港股票市场在全球排行第六位。

因此,该项评分为满分——10 分。

(8)关于通货膨胀。香港的通货膨胀率自 2010 年以来,一直低于 4%。

因此,该项评分为满分——10 分。

总结:香港总评分为 88 分。

香港是全球最富活力和最自由的经济体系之一。根据加拿大费沙尔学会及美国卡托研究所公布的《世界经济自由度》,香港是全球最理想的经商地区之一。其原因:一是,香港处于进出口世界最大单一市场——中国的门户,而且拥有有效率、敬业乐业及勤奋的工作人口。二是,历史的因素也起着一定的作用。香港自 19 世纪中期以来,已经成为远东首屈一指的自由港,为海外和本地投资者缔造了非常有利的国际经商环境。香港特区政府深明并极为重视海外公司对香港的贡献,故把吸引更多外资列为其中一项主要的工作。三是,香港的课税制度允许公司保留所赚取的利润。不论公司最后的盈利是多少,基本只需缴 16%的公司利得税。

一组数据为证:截至 2018 年 6 月底,中国内地累计批准港资项目 437 615 个,实际使用港资 10 556 亿美元。港资占中国内地累计吸收境外投资总额的 53.5%。仅 2018 年 1 月至 6 月，香港在内地新设立企业就有 20 583 家，同比上升 222.6%。

阅读文献

1. 中国美国商会：《2021 中国商务环境调查报告》，http://www.199it.com/archives/1218159.html。

2. 中国美国商会：《2020 中国商务环境调查报告》，https://hy.chnmc.com/hyjj/hysj/2020-03-15/8535.html。

3. 戴丽君：《泰国近五年投资环境及其经济数据分析》，载于《企业改革与管理》2016 年第 21 期。

4. 蔡丽：《土库曼斯坦共和国投资法律制度研究》，载于新疆大学学位论文，2012 年。

5. 周凌霄：《东道国文化环境对跨国公司直接投资行为的影响及启示》，载于《现代经济探讨》2007 年第 1 期。

6. 方淼等：《运用罗氏等级评分法分析香港投资环境》，https://wenku.baidu.com/view/da597d85a200a6c30c22590102020740be1ecd9a.html。

7. 杨晔、朱晨、谈毅：《方言能力、语言环境与城市移民创业行为》，载于《社会》2019 年第 1 期。

习题及案例分析

一、名词解释

1. 国际投资环境
2. 硬环境
3. 软环境
4. 国际投资环境评价
5. 三菱投资环境评估法
6. 投资环境冷热比较法
7. 罗氏等级评分法

二、简答题

1. 简述国际投资环境的特点。
2. 简述经济环境因素的构成。
3. 简述政治环境因素的考察重点。
4. 简述国际投资环境的评价原则。
5. 简述国际投资环境的评价形式。
6. 试述多因素评估法中包括的两种方法的区别与联系。

三、论述题

如何打造生态投资环境？

四、案例分析

新加坡的投资环境

作为亚洲"四小龙"之一的新加坡，在短短的三十多年间创造了举世瞩目的经济奇迹。除了天然的深水港和优越的地理位置之外，新加坡自然资源极其缺乏，某种程度上讲并不具备发展经济的必要条件。然而从20世纪60年代中期经济腾飞开始，新加坡经济年增长率一直保持在8%左右。新加坡的经济发展很大程度上是靠外资的作用，1992年，外来投资占社会总投资的比例高达81%，制造业方面的投资89%来自外资。其投资环境可概述如下：

(1)政治环境。新加坡的人口中78%为华人，因而它吸收了中国儒家的伦理思想：服从权威和勤劳工作。这种伦理思想构成是新加坡政府"家长式"的管理得以有效实施的牢固基石。新加坡实施的政府严厉管制下的市场经济是世界上独一无二的经济体系。这种经济体系有效地把市场这一"看不见的手"与政府的宏观调控紧密地结合起来。在过去几十年中，政府所取得的成就赢得了人民的信任和支持，政局非常稳定。

(2)经济环境。新加坡的经济一直保持着很高的增长率，尤其是20世纪80年代，新加坡的经济增长达到历史的最高峰，平均增长率在8%左右，1988年达11.1%。进入90年代，虽然经济增长速度有所减慢，且呈递减趋势，但仍然有5%以上的年均增长率。另外，物价稳定，通货膨胀率维持在1%—3%之间，汇率也基本保持不变，约为1美元兑1.66新加坡元。

在基础设施方面，新加坡有着优越的地理位置和天然的深水港，新加坡港是世界上最繁忙的港口之一，自1986年起，进出新加坡港的船只和吨位连续数年居世界第一位。在空运方面，新加坡是东南亚航空转运中心，有两个机场，其中樟宜机场在世界上排第13位。新加坡的通讯设施是世界上最先进的，100%采用数据网络，1990年即实现了通讯的综合化。新加坡处于欧亚及南太平洋海底电缆的汇合处，电传、文传、国际直拨电话连接世界各大城市，国内通讯也很发达。

(3)法律环境。新加坡法律环境以完备、严厉、透明和紧密联系实际为主要特征。新加坡在经济方面进行了全面立法，如知识产权保护法、专利权保护法以及国际商务往来等方面的法律。新加坡经常调整其经济法规，尤其是与外商投资有关的法律，目的是不断适应国内和国际形势、改善投资环境并保护投资者利益。

(4)有关政策管理方面的规定。国外的经济实体可以自由地在新加坡建立自己的企业，开展经济活动。在所有权方面，对外商无特别要求；也不规定外来投资者必须购买本地生产的原材料或规定生产产品出口的百分比，外商可自由地获取必要的生产要素和进行融资活动，并自由地支配所生产产品的销售市场。新加坡对外汇交易和资本流动及技术转让也没有限制。另外，为优化产业结构，新加坡经济发展委员会与贸易发展局、金融管理局及国家科技局一起为外来投资以及本地企业的经营提供了一些优惠政策，如为企业采用新技术和新技能等给予投资折让、风险资本、R&D费用免税等。

(1)试用等级评分法对新加坡投资环境计分。

(2)我国首都钢铁公司在海外投资有很多，它适于到新加坡投资吗？为什么？

参考答案

一、名词解释

1. 答：国际投资环境是指国际投资的东道国对投资所要达到的目标产生影响的外部条件，是东道国的自然、政治、经济、法律、社会文化等方面的综合体。

2. 答：硬环境是指与投资直接相关的物质条件，如自然资源、基础设施等。

3. 答：软环境是指各种非物质形态的社会人文方面的条件，如政策法规、教育水平、办事效率等。

4. 答：国际投资环境评价是国际投资者根据国际投资的具体需要对东道国投资环境所作的系统评估，它是国际投资决策的重要依据。

5. 答：三菱投资环境评估法是通过对各国的经济条件、地理条件、劳工条件和奖励制度这四项因素的比较评估，评定各国投资环境的优劣，并根据各因素对投资的重要性而赋予不同的权重，计算得出各国投资环境的有限顺序的投资环境评估方法。

6. 答：投资环境冷热比较法是以"冷"、"热"因素来表述环境优劣的一种评价方法，即把各个因素和资料加以分析，得出"冷"、"热"差别的评价。

7. 答：罗氏等级评分法是将一国投资环境的一些主要因素，按对投资者重要性大小，确定不同的评分标准，再按各种因素对投资者的利害程度，确定具体评分等级，然后将分数相加，作为对该国投资环境的总体评价，总分的高低反映其投资环境的优劣程度，便于在各国间进行投资环境的综合比较。

二、简答题

1. 答：国际投资环境的特点是：

(1)综合性；

(2)先在性；

(3)差异性；

(4)动态性；

(5)主观性。

2. 答：经济环境中包含的内容也很多，主要可分为国内经济因素和涉外经济因素两大类。

(1)国内经济因素主要包括经济制度和经济体制、经济发展水平、经济稳定性、市场环境和产业环境等方面的因素；

(2)涉外经济因素主要包括国际收支状况、国际贸易状况、国际金融状况和引进外资状况等方面的因素。

3. 答：政治环境因素的考察重点有：

(1)政治制度；

(2)执政者治理国家的能力及政府部门的行政效率；

(3)政局稳定性与政策连续性；

(4)东道国与国外的政治关系。

4. 答：国际投资环境的评价原则是：

(1)坚持从投资者实际要求出发的原则；

(2)坚持实事求是的原则；

(3)坚持突出重点的原则；

(4)坚持兼顾投资国和东道国双方比较优势的原则。

5. 答：国际投资环境的评价形式有：

(1)专家实地考察;

(2)问卷调查评价;

(3)咨询机构评估。

6. 答:闵氏多因素评估法与关键因素评估法是一般与特殊的关系,前者是对一国投资环境作一般性的评估所采用的方法,而后者是从具体投资者的目标和要求出发所采用的方法。两者各有优劣,应用时应该相互结合。

三、论述题(提示)

答:生态投资环境是指可持续发展的、绿色的投资环境,既要达到发展经济的目的,又要注重自然人文资源及其开发利用程序间的平衡。

(1)树立循环经济理念,推进生态经济发展。以绿色农业为重点,发展具有当地区域特色的生态农业;以技术创新为核心,发展生态工业;以发展生态旅游业、促进以绿色消费为特征的现代生态服务业。

(2)加大生态环境保护和建设力度,提高城乡生态环境品位。改善大气环境质量,提高水环境质量,切实推进"绿色"工程,保护区域生态多样性;控制城市噪声污染,推进废弃物综合治理,实现资源永续利用;构筑综合减灾体系,实现城乡生态安全。

(3)提升城乡人居环境,营造优美和谐的生态社会。加快城乡基础设施建设,营造绿色、便捷、舒适的人居环境;完善可持续的社会体系,强化人口、社保、医疗等社会保障。

(4)牢固树立生态发展观,塑造和谐多样的生态文化。树立正确生态自然观,培育生态消费文化;加强历史文化的保护;重视环境综合整治,不断完善城市功能配套,充分发挥城市为经济发展服务的功能,努力营造良好的投资环境。

(5)提高政府的服务意识和效率:

①创新管理方式,强化服务意识。健全行政审批服务制度,规范运行机制,切实为各类企业和纳税人提供优质、便捷、高效服务的有效方式;坚持和完善政法机关联系、服务企业制度,帮助企业依法解决困扰企业发展的涉法涉诉问题,指导、督促企业排查内部矛盾纠纷,化解不稳定因素,及时提供法律咨询服务,开展法制宣传教育;坚持为企业发展提供"直通车"服务和"绿色通道",依法及时受理、查办、审理与企业发展有关的各类案件。

②坚持依法行政,推进从严治政。组织人事部门要贯彻一系列加强公务员队伍建设的措施,继续实行举报投诉制度,切实发挥社会监督员的作用,对各级政府部门及其公务员的服务态度、工作效率、工作作风、工作质量进行检查监督。坚决依法严厉打击敲诈勒索、强揽工程、强买强卖、垄断市场、破坏评估拍卖秩序等影响企业经营发展的违法犯罪活动,为企业经营发展创造良好的治安环境。

四、案例分析(提示)

答:(1)各项因素分数依次为:12,12,12,20,12,6,10,12,合计 96 分,总体上新加坡投资环境非常优异。

(2)若首钢以获取自然资源与开拓市场为目的,则新加坡的投资环境并不适合,但若以获取信息与融资为目的,则新加坡为一合适投资场所,适合或不适合须依企业投资的具体动机而定。

第九章　国际投资政策管理

各国政府对于国际投资采用的不同政策对投资者会有不同的影响。本章将先分析国际投资的效应，以阐明政府对国际投资采取不同政策的原因，然后分别就东道国的吸引国际投资政策与母国的对外投资政策进行阐述。①

第一节　国际投资效应分析

随着经济全球化的迅猛发展，国际投资对世界经济的影响日益扩大。国际投资是以资本流动为纽带实现的资源跨国界配置，国际投资效应就是这种资源配置效果的外在表现，在不同的国家或地区，这种外在表现可能是迥然不同的，因此，国际投资效应从根本上来说是属于实证性的范畴。本节将就国际投资在资本形成、技术进步、产业结构、国际贸易和就业等各方面的效应进行规范性的阐述（包括少量的实证结论），以说明国际投资对东道国与投资国的一般性经济影响，而更深入的实证研究超出了本书的范围。对国际投资效应的分析是理解有关国际投资政策的理论基础。

一、资本形成效应

国际直接投资最直观的表现就是资本流动和资本形成，这对东道国和投资国均会产生不同的效应。

（一）对东道国的影响

在现代发展经济理论中，资本流动和资本形成被视为促进经济发展的一个重要构成要素，一些发展经济学家甚至将资本形成率的高低列为一国经济起飞的先决条件。分析国际直接投资的各种效应，首先需要考察对东道国资本形成的贡献。国际直接投资影响东道国资本形成的途径有二：一是通过资本流动带来的直接资本流入效应，即直接效应；二是通过带动东道国产业前后向辅助性投资而产生的间接示范效应，即间接效应。

1. 直接效应

国际直接投资所引起的资本流动对东道国资本形成的直接效应是表现为正效应

---

① 本章所指国际投资效应主要是指国际直接投资效应，国际投资政策也主要是指国际直接投资政策。

还是负效应，以及效应的大小，需要从多角度予以分析。

(1)从资本流动方向考察。国际直接投资对东道国而言并不是单纯的资本流入，同样也包括资本流出。在起始阶段，无疑是资本流入，是将国外储蓄国内化，一般会促进东道国的资本形成，形成新的生产能力，对东道国经济增长产生正效应。但外国资本进入的最终目的是追逐利润，当外资企业产生了盈利，对利润的处理方式不同将会产生不同的效应。如果由于投资环境恶化或其他原因，外商将利润汇回或转出，则会引发资本流出，变成国内储蓄国外化，会影响东道国的资本形成，进而对东道国的经济增长产生负效应，而且如果利润被持续地汇回或转出，最终的资本量超过了初始投资额，那么，从长远来说对东道国的综合效应可能就为负了。但如果东道国由于经济快速增长而增强了区位优势或者东道国进一步改善了投资环境，尤其是对外商利润再投资实施鼓励政策，外商就会将利润在东道国继续转为投资，扩大生产规模和提高生产效率，这会进一步扩大资本形成，放大对东道国经济增长的正效应。

(2)从进入方式考察。国际直接投资的进入方式有绿地投资(新建投资)和购并投资之分，两种方式对东道国资本形成的效应有所不同。绿地投资能够直接增加东道国的资本存量，对东道国的资本形成有显在的正效应，而购并投资只是改变了存量资本的所有权，对东道国的资本形成没有直接的效应，但购并投资后往往会发生对原有资产的改造而产生增量投资，间接地扩大东道国的资本形成。实际上，购并投资对东道国经济增长的积极作用并不像绿地投资那样主要是通过资本形成的放大效应来显现的，而主要是通过盘活存量资产和提高资产运营效率来显现的，这就是为什么很多发展中国家借助外国直接投资来实施私有化改造。

(3)从资金来源考察。一般来说，跨国公司对外直接投资的资金来源有以下五个方面：跨国公司内部、投资国金融市场、国际金融市场、利润再投资、东道国金融市场。资金来源渠道不同，对东道国资本形成的影响也不同。在直接投资实施的初始阶段，跨国公司主要利用其内部资金。但从直接投资的连续过程来看，跨国公司利用自有资本对东道国提供的资本流入量一般只占其全部投资额中的很小部分。随着投资在东道国的扩展，跨国公司更倾向于外部资金来源。在投资国与东道国资金来源的选择上，出于最大限度降低投资风险和实现利润最大化的动机，大多数跨国公司更倾向于在东道国当地筹资，这无疑会挤占一部分原本属于东道国当地企业的资金资源。跨国公司国外分支机构的利润再投资对东道国的资本形成产生双重效应：一方面虽然没有直接带来即时的资本流入，但却在一定程度上减弱或消除了资本流出的负效应；另一方面收益的最终流出却又具有一种扩大的倍数效应，使得外国跨国公司仅以较少的原始资本而获得了较大的所有权和收益流量，对东道国未来的资本形成产生负效应。一般来讲，跨国公司在东道国的分支机构在投资国金融市场和国际金融市场筹资时，对东道国的资本形成产生正效应。

(4)从东道国市场结构考察。外国直接投资对东道国资本形成的直接效应还与东道国市场结构密切相关。如果外国投资进入的是东道国弱势或空白的产业，外国投资的进入很可能造成寡占市场结构，即跨国公司利用其垄断优势形成强大的进入壁垒，妨碍其他资本，尤其是东道国本国资本进入该产业(原有的企业也会逐步退出该产业)，这样虽然短期内外国投资的进入会对资本形成产生正效应，但长远来看，跨国公司会利用其垄断地位赚取高额利润，侵蚀东道国储蓄资源，进而挤出国内投资，这不仅对东道国资本形成不利，还会抑制东道国民族产业的发展，这就是大多数国家在一定阶段会为保护幼稚民族产业而对外国投资实施产业限制政策的重要原因。但如果外国投资进入的是东道国竞争力较强的产业，外国投资的进入会强化竞争性的市场格局，推动产业升级，带动国内投资的增长，对资本形成、产业进步和经济增长都会产生正效应。

2. 间接效应

外国直接投资对东道国资本形成的效应，不仅表现为资本流入的直接效应，还表现为对东道国资本供给产生的间接效应，这种间接效应主要体现为产业连锁效应和示范与牵动效应。

(1)产业连锁效应主要表现为外国直接投资通过带动产业前后向辅助性投资而对东道国产生的投资乘数效应。前向辅助性投资通常来自东道国外资企业中间产品供应商，后向辅助性投资则来自东道国外资企业产品的经销商和其他服务商。当外资企业需要在东道国当地采购时，通过购买当地生产者的商品和劳务，与上游企业建立起前向的产业连锁关系，外资企业对当地产品和服务的需求会在一定程度上推动相关产业的繁荣，并带动相关产业进行相应的辅助性投资；当外资企业为了拓展市场渠道而选择当地企业做其分包商，或其产品作为中间产品进一步被当地企业所购买时，又与下游企业建立起后向的产业连锁关系。如果没有初始的外国直接投资，这些辅助性投资就不会发生；如果当地没有此类企业，或者当地此类企业不能提供符合标准的中间产品或服务，就更容易引发外来的辅助性投资。关于东道国外资企业活动的实证分析表明，外资企业越来越意识到当地生产者的作用，并与之建立起越来越多的联系，当地资源在外资企业投入物中的比例正随着时间的推移而呈现出上升的趋势。例如，1981年日本跨国公司在亚洲各国的分支机构所需投入物中的当地采购比例为29%，到1988年该比例上升到44%。另一些案例研究也表明，跨国公司国外分支机构广泛利用东道国供应商网络为其服务，同时也向供应商们提供了大量的培训、技术以及资金上的帮助。如一项关于墨西哥制造业63家大型外国公司的调查发现，普遍采取了当地分包形式，这一比例几乎达到了2/3。产业连锁效应为东道国当地企业创造和扩展了新的投资机会。

(2)示范与牵动效应主要表现为由于外国直接投资的进入而带来的市场竞争加剧，迫使当地企业进行技术革新、提高生产效率，从而使东道国原来因缺少资本和竞争而形成的分散、小规模的低效率生产发展成为较高效率的大规模生产。同时，大型跨国公司的连带效应很强，由其所进行的直接投资通常会带进或促进投资国其他跨国公司的投资和政府的援助性贷款。如某些大型跨国公司在东道国开办特大型项目，其目的之一就是吸引其他外国公司参与股份，以分担风险或创造产业聚集效应。

上述两种间接效应对东道国资本形成都属于正效应，但也存在另一些负效应的情形。如某些外资企业的资本密集型投资活动诱使或连带影响当地企业也转向资本密集型产业，从而使发展中东道国资本更加匮乏。又如外国直接投资还可能以间接方式引致发展中东道国储蓄率下降，从而加剧国内资本供应不足，妨碍资本形成。外资企业较高的劳动工资水平可能会影响当地企业劳动力工资提高到不适当的高水平，会降低企业储蓄率；外资企业在东道国大量生产和推销发达国家高收入水平下普遍使用的消费品，刺激了东道国居民消费需求，扩大了消费支出，也使东道国居民储蓄率降低。

（二）对投资国的影响

资本的流动是相互的，因此，国际直接投资对投资国资本形成的影响很大程度上是对东道国影响的对偶反应。投资国资本流出短期内可能会减少母国的资本流量，降低资本形成；但从长期考察，一旦投资进入回收期，资本利润汇回母国，就会增加母国的资本流量和存量。同时，伴随着投资国资本的流出，往往会增加东道国对投资国出口品尤其是资本品的需求，刺激投资国出口品的生产，扩大相关产业的投资规模，扩大资本形成，拉动投资国经济增长。跨国公司海外分支机构通过国际金融市场或东道国金融市场融资，再通过跨国公司内部网络实现资金转移也是弥补投资国资本来源的重要渠道。

二、技术进步效应

技术能力是制约一国企业生存与发展的关键因素。随着全球竞争环境的白热化、产品生命周期的缩短、技术进步的加快，以及新技术、新产品开发能力的加强，技术能力日益成为制约企业进入国际市场的一项重要的因素。国际直接投资对东道国和投资国的技术进步有着重要的影响。

（一）对东道国的影响

国际直接投资通过两条渠道来影响东道国的技术进步：一是跨国公司通过国际直接投资的方式将先进技术转移给设立在东道国的分支机构或直接转移给其他机构，对东道国的技术进步产生直接效应；二是跨国公司设立在东道国的分支机构产生的技术扩散与溢出效应，对东道国的技术进步产生间接效应。在这里，技术的内涵已被大大丰富，不仅包括生产技术、加工技术等所谓的硬技术，还包括生产的组织技能、管理技能和企业家精神等软技术。

1. 直接效应

跨国公司直接的技术转移主要有以下几种方式：一是将技术转让给东道国的全资子公司，亦即将技术在跨国公司体系内部转让，继续保持对该技术的垄断。在这种方式下，转移的技术最为先进，但由于技术仍被限制在跨国公司体系内部，因此对东道国直接的技术进步效应很低。二是将技术转移给东道国的合资公司，相比第一种方式，技术先进性有所降低，但东道国企业获得了直接的学习和模仿的机会，对东道国技术进步有直接的促进作用。三是以非股权投资方式（许可证经营或特许经营）将技术直接有偿转移给东道国企业，在这种方式下，转移的并非是核心的高端技术，往往只是最低端的技术，东道国企业对跨国公司必须保持很高的依赖度，比如可口可乐公司是不可能向东道国灌装企业转让浓缩液配方技术的，因此，这种方式对促进东道国技术进步也非常有限。四是跨国公司建立外部的研发网络时，与东道国合作机构（大学、研究所、企业研究机构等）的技术交流，这种方式是在相互的学习、交流中促进东道国技术进步的，往往能取得“双赢”的结果，因而备受跨国公司和东道国的青睐。

2. 间接效应

由于技术产品外部交易市场的不完全性，跨国公司技术转移的主要途径是以对外直接投资的方式在公司体系内部实现的，以保持其核心竞争力（即海默所讲的垄断优势），因此，直接的技术转移对东道国技术进步的积极影响是非常有限的。但技术产品又具有典型的“共用品”的外部经济特征，在国际直接投资过程中，不可避免地会在跨国公司外部产生外部效应或溢出效应。实证研究表明，国际直接投资对东道国技术进步的推动主要不是来自技术转移的直接效应，而是来自间接的外部效应或溢出效应。国际直接投资的技术溢出效应主要体现在以下几个方面：

（1）跨国公司在东道国的分支机构与当地公司之间的联系。实证研究表明，很多外国直接投资带来的技术溢出效应是通过跨国公司在东道国的分支机构（从东道国角度来看，即为外资企业）与当地供应商和客户间的前后向关联关系表现出来的。外资企业在产品或加工工艺以及营销等方面具有丰富的知识，当东道国公司从中获得利益而又不需要支付有关费用时，便会形成技术溢出效应。在这里，后向关联是指外资企业与东道国当地供应商（上游公司）之间的关系；前向关联则是指外资企业与东道国当地客户（下游公司）间的关系。后向关联的溢出效应具体表现在以下几个方面：一是跨国公司帮助当地有发展前途的供应商建立生产设施；二是为提高产品质量或推动产品创新而向当地供应商提供技术援助或信息支持；三是对当地供应商在原材料和中间产品采购方面提供技术和管理方面的帮助；四是为当地供应商提供培训，并协助管理。就前向关联来看，由于许多产业中技术复杂程度的加深，使得跨国公司在东道国的分支机构不断加强与客户的接触，从而导致技术溢出效应的产生，其作用机制与后向关联的情形大致相同。

（2）跨国公司在东道国的分支机构培训当地雇员。跨国公司总公司向其国外分支机构转移的技术不仅包括设备、无形资产、技术和管理专家，还包括对分支机构所雇佣的当地雇员的培训。此类培训涉及各个层次的雇员，既包括简单的生产操作员、较复杂的质量监督员，也包括高级技术专家和高级管理专家。培训的形式灵活多样，包括现场传授、举办讲座、外派强化培训,甚至到投资国接受系统教育等。尽管高层职务最初一般由来自投资国的专家担任,但当地人员的比重也会不断提高。当地雇员在外资企业工作期间积累的各种技能,随着这些雇员的"跳槽"或创办自己的公司而产生技术溢出效应。鉴于大多数发展中国家的公共教育体系尚不完善的现实,这种技术溢出效应的作用更为明显。而在发达国家,这种技术溢出效应主要与管理技能有关。例如,高层管理人员在跨国公司间的流动,促使特殊的日本企业管理方法向欧美国家传播。国际直接投资的实践证明,跨国公司对其设在发展中国家分支机构雇员提供培训的形式和数量远远超过当地私营公司,受过培训的雇员的"跳槽"是技术溢出的重要途径。

(3)跨国公司研究开发活动当地化的加强。跨国公司海外分支机构在东道国所进行的大量研究与开发活动也在某种程度上进一步增强了技术溢出效应。传统上,许多跨国公司的主要研究与开发活动大多是集中在投资国进行。进入20世纪90年代后,越来越多的研究与开发活动转移到东道国来进行。跨国公司海外分支机构可以从总公司及相关分支机构处获得先进的技术和管理技能,故其研究与开发的效率要大大高于东道国当地公司。此类研究与开发活动越多,越可能导致技术溢出效应的产生。一项对美国和日本在74个国家投资活动的研究表明,跨国公司在东道国分支机构研究与开发的密集度和东道国研究与开发活动的规模、可获得的工程技术专家以及投资国与东道国聘请具备同等素质人员的相对成本等之间存在着显著的正相关关系。这一研究结论表明,拥有大量相对廉价的研究人员和较发达的研究与开发设施的国家,有可能吸引更多的研究与开发型外国直接投资,也就能享受更多技术溢出带来的好处。

(4)跨国公司参与东道国竞争而产生的示范效应与竞争效应。跨国公司进入后所带来的技术溢出效应不仅在于先进技术在东道国的扩散,更在于强化了国际交流的渠道,使得跨国界的示范效应成为可能。尽管示范效应是导致技术溢出的一个重要因素,但纯粹由示范效应所带来的技术溢出效应可能并不重要,原因是实践中示范效应通常与竞争效应结合在一起。从长期来看,当外国公司与当地公司以同等规模在同一个市场上相互竞争时,当地公司有一种逐步采取与外国公司相似的生产技术的趋势(即学习和模仿效应)。国际直接投资的实践表明,跨国公司进入后对东道国当地公司产生示范与竞争双重效应,在实践中很难将二者区分。在发展中国家,这两种效应所产生的技术溢出对提高生产效率的作用更为显著。

(二)对投资国的影响

传统的观念认为,一国获得国外先进技术的主要途径为购买国外技术及其设备、引进外国直接投资等,而对外直接投资则意味着先进技术的输出。但当代国际直接投资实践表明,引进外国直接投资难以获得先进技术,发展对外直接投资反而是获得国外先进技术的重要捷径,即对外直接投资对投资国技术进步有着积极的作用。

近年来,拥有先进技术和高素质科技人员的区位日益成为国际直接投资的热点,例如美国的硅谷,研究与开发型投资在国际直接投资中所占比重日益提高。这一方面说明国际直接投资的动机正在发生深刻的变化，由资源（劳动力、土地和自然资源等）导向型和市场导向型为主向知识导向型为主转变；另一方面也说明了对外直接投资作为投资国导入先进技术的重要手段正日益得到广泛运用。以获得国外先进技术为主要直接目标的对外直接投资者，可以通过对外直接投资的方式，在发达国家与当地高技术公司或风险投资公司合资创办研究与开发型公司，充分利用当地的技术资源优势，了解和把握国外新技术发展的最新动态，以此作为开发和引进国外先进技术的基地。对于许多到发达国家投资的公司来说，获得当地的先进技术是其对外直接投资的主要目标。一些西方学者曾对外国公司在美国设立研究与开发型公司的主要目标作了一项调查。该项调查表明，获得先进技术是其重要程度最高的主要目标（见表9—1）。

表9—1　　外国公司在美国设立研究与开发型公司的主要目标

序号	主要目标	电子业	汽车业	生物业
1	获得技术	1	2	1
2	跟踪国外有关技术发展	2	2	1
3	帮助美国总公司满足消费者需求	1	1	3
4	雇用美国科技人才	2	3	2
5	跟上竞争	3	3	4
6	利用美国有利的R&D环境	4	4	1
7	与美国R&D机构进行合作	2	3	2
8	帮助总公司满足美国环境规则	4	1	4
9	帮助总公司在美国的生产企业	4	2	4
10	从事基础研究	3	4	2

注：1表示非常重要，2表示重要，3表示中等，4表示不重要。

资料来源：王春法，《经济全球化背景下的科技竞争之路》，经济科学出版社2000年版，第185页。

对于发展中国家来说，按照传统的购买国外技术及其设备、引进外国直接投资方式，越来越难以引进国外一流的先进技术，而通过到发达国家直接投资的方式引进先进技术，变被动为主动，不啻为更为有效的途径。通过到发达国家直接投资的方式引进先进技术，可以在一定程度上打破西方发达国家对高新技术的相对垄断，与国内独立开发相比，成本要低得多。韩国和我国台湾地区的一些企业在发达国家设立研究与开发型企业的成功经验值得借鉴。韩国现代集团于1980年就在美国硅谷设立了现代电子系统公司，雇用当地技术人才，研究与开发商业电脑和工程电脑所需的半导体技术。我国台湾地区的庆丰公司也于1982年在美国硅谷设立了高智公司，直接吸收硅谷的先进技术，研制新型电脑磁碟机，并将研究成果在公司内部应用。

对于发达国家来说，由于某个国家不可能在所有的技术领域均处于领先地位，因此，发展对外直接投资也是发达国家获得国外先进技术的重要途径。发达国家跨国公司在向国外进行研究与开发型投资时，主要投向本国拥有技术比较优势的领域，旨在获得东道国相关的先进技术，以强化其特定的技术比较优势。如从西方发达国家跨国公司在美国研究与开发型投资的部门分布来看，日本跨国公司的投资主要集中于计算机及其软件、高清晰度电视机、汽车、半导体、生物技术、电信、化学品等领域；英国跨国公司的投资主要集中于药品、生物技术、化学品、橡胶、仪器、食品等领域；德国跨国公司的投资主要集中于化学品、橡胶、生物技术、汽车等领域；法国跨国公司的投资主要集中于药品、生物技术、橡胶等领域。

三、产业结构效应

在中观的产业层面，国际直接投资对东道国和投资国均会产生重要的影响。国际直接投资的产业结构效应是近年来国际直接投资理论研究的重要方面。

（一）对东道国的影响

外国直接投资对东道国产业结构的影响主要表现在两个方面：一是产业结构优化效应；二是市场集中度效应。

1. 产业结构优化效应

外国直接投资对东道国产业结构优化的效应主要表现在四个方面：一是通过资本、技术等“一揽子”生产要素的流入，改变东道国的投资结构，进而直接促进东道国的产业结构优化；二是因外国直接投资流入而带来的经济增长效应使得东道国居民的收入水平提高，改变了东道国的消费结构，从而间接地促进了东道国产业结构优化；三是跨国公司进入东道国市场而对当地企业所形成的竞争与示范双重效应，也可在一定程度上促进东道国产业结构优化；四是跨国公司生产的产品对东道国居民的消费需求所带来的引导作用，也会在某种程度上促进东道国产业结构优化。在上述四种效应中，最直接和最显著的是第一种，下面的分析将主要集中在这一点上。

外国直接投资所带来的“一揽子”资源，尤其是技术资产和管理技能，不仅有助于东道国建立新兴产业，还能使传统产业升级，使内向型的产业向出口导向型、更具国际竞争力的产业演进。更为重要的是，作为对外直接投资主体的跨国公司具有资本以及技术或管理要素密集的优势。如果没有外国直接投资，东道国新兴产业的产生或传统产业的改造也许不会发生，也许会相当缓慢，并且需要付出相当大的代价。

但实证研究也表明，外国直接投资对东道国产业结构优化效应的产生有赖于两个因素：(1)外国直接投资的资本和技术密集程度。我们知道，经济增长主要来源于资本等生产要素的技术应用，而不仅仅是这些要素的存量。如果外资企业与当地企业以同等生产效率进行生产，如果外国直接投资带来的生产活动使附加值更低，那么，外国直接投资的流入反而不利于东道国的产业结构优化。(2)当地企业的特征和政府政策是否有助于使东道国的生产资源经由外资企业而被纳入跨国公司的国际化生产体系。借助于“一揽子”资源由投资国向东道国的转移，跨国公司使不同国家间的产业重组得以连通，有利于协调调整过程。实现结构进步和产业重组成功的国家更容易吸引外国直接投资，由此形成了外国直接投资与东道国产业升级正向互动的良性循环。这就表明，当地生产要素与外来生产要素的有效融合可以使外国直接投资对东道国产业结构的优化产生最大限度的正效应。

2. 市场集中度效应

作为与产业结构优化相关的一个重要问题，外国直接投资流入对东道国市场结构也会产生不同程度的影响，但这一点往往被人们所忽略。在市场结构中，最重要的问题是市场集中度问题。

外国直接投资对东道国市场集中度的影响主要取决于以下一些具体因素的综合作用：(1)东道国市场中外国跨国公司的数量和经营规模。根据邓宁引证的一些西方学者对比利时、加拿大、荷兰、新西兰、挪威、英国、巴西、马来西亚、澳大利亚、印度、新加坡和墨西哥等国家的研究结果表明，外资企业的平均规模通常都大于东道国当地企业。如果东道国特定行业进入的外资企业数量少、规模大，则有可能提高东道国特定产品的市场集中度。大型跨国公司具有雄厚的资源优势，有能力进行巨额的后续投资和大规模购并东道国当地企业，在较短的时期内大幅度扩大其在东道国的市场份额，进而有可能导致市场集中度的提高；如果东道国特定行业进入的外资企业数量多、规模小，加之东道国当地同类企业相应扩大规模，则有可能使东道国特定产品的市场集中度降低或保持不变。(2)东道国当地同类企业对外国跨国公司进入的反应。当外国直接投资大规模进入东道国时，当地同类企业可能采取扩大规模和范围、提高效率、提高产品质量、降低产品价格、经营区位多元化等防御性战略，也可能因难以与之抗衡而退出该行业。其结果是，外国直接投资的进入导致了东道国市场集中度的提高。如果外资企业生产的是东道国市场上从未出现过的新产品，则必然形成市场垄断。如果东道国企业有能力进入新产品市场，或有更多的生产此类产品的外资企业进入东道国，则会降低该产品的市场集中度；反之，则会维持该产品的市场垄断格局。(3)外资企业对东道国当地企业的影响。外国直接投资的进入，加剧了东道国市场竞争的程度。外资企业的示范效应和溢出效应，有可能促进东道国企业提高效率，使之仍保有一定的市场份额，则市场集中度保持不变或有所下降；如果东道国企业在与外资企业的竞争中销售额下降或倒闭，则市场集中度可能会提高。在东道国企业技术进步较快的条件下，外资企业的比较优势可能会弱化，当地企业的市场份额可能会增加，进而降低市场集中程度。(4)外资企业的市场运作。当某一家或几家外资企业在东道国市场中处于主导地位(即获得较大的市场份额)后，有可能对新企业进入设立更高的壁垒，使市场保持较高的集中度。

外国直接投资对东道国市场集中度的影响还与东道国的经济发展水平和经济规

模密切相关。实证研究表明，外国直接投资的进入通常会使发达大国的市场集中度略有降低或保持不变。如英国在1986—1992年期间，外国直接投资大规模流入导致市场集中度略有下降，行业前5家大企业的市场份额由1986年的42.5%下降到1992年的40.9%。对美国、法国和澳大利亚的实证研究也证实了这一点。而对发达小国而言，外国直接投资的进入通常会导致市场集中度的提高。对于发展中国家，外国直接投资的进入也通常会导致市场集中度的提高，对巴西、危地马拉、马来西亚和墨西哥等国的实证研究证实了这一点。[①]

至于外国直接投资所引起的东道国市场集中度提高的利弊，目前还是一个颇有争议的问题。对一些经济发展水平较低、人口较少和国内市场狭小的东道国来讲，较大规模的外国直接投资引起的高市场集中度，有可能因较高的垄断程度甚至寡头垄断而导致垄断利润的产生，损害当地消费者的利益，也有可能引发对当地企业的压制效应。而对发展水平相对较高、人口较多和国内市场容量较大的东道国来讲，外国直接投资在适当提高市场集中度的同时，反而有助于增强东道国市场的竞争程度，防止垄断局面的出现。

除了市场集中度效应以外，另一个值得注意的问题是，外国直接投资有可能在东道国尤其是发展中东道国形成力量不均衡的二元市场结构。"一元"为外国跨国公司占支配或主导地位的主要产业群体，在这些产业群体中，外资企业或处于市场主导地位，或表现为主要由若干外资企业一同构成寡头垄断或寡头竞争的市场格局，如墨西哥、巴西的汽车整车行业即是如此；另"一元"为聚集着大量中小企业并不同程度上依附于前一类产业群体的产业，此类产业中的大多数企业处于前一类产业中外资企业的上游，具有高度的依赖性，因而深受"买方"垄断势力的盘剥。这种市场结构的不合理配置，必然对东道国经济发展和本国民族产业的成长带来负效应。

(二)对投资国的影响

对外直接投资对投资国产业结构的影响存在两种截然不同的观点。一种观点认为，通过对外直接投资，投资国可以将本国已经失去或即将失去国际竞争力的产业转移到其他国家，从而实现国内产业结构的优化，弗农的生命周期理论、小岛清的边际产业扩张理论和赤松要的雁形理论是这种观点的典型代表；另一种观点则认为，这种产业转移有可能造成投资国的产业"空心化"，不利于投资国产业结构的优化与成长。

1. 产业结构优化说

(1)弗农的生命周期理论揭示了欧美发达国家通过对外直接投资将本国竞争力下降的产业梯次转移到欠发达国家和发展中国家的情形。该理论认为，通过这种转移，不仅延长了产品生命周期，也有利于投资国顺次推动产业升级，优化产业结构，进而为下一轮的转移和升级奠定基础，即通过对外直接投资实现的产业转移与投资国的产业

---

① 联合国跨国公司与投资司:《1997年世界投资报告》，对外经济贸易大学出版社2001年版，第241—242页。

升级构成了动态的良性循环，对投资国和东道国的产业结构优化都是有利的，充分体现了国际资源优化配置的原则。美国战后产业发展的例子是这一理论的最好佐证。20 世纪 60 年代以后，美国劳动力工资水平上升，劳动密集型产业的比较优势不复存在，国际竞争的压力越来越大。为了迎接挑战、提高竞争力，美国的重大战略措施就是对产业结构进行重大调整和实行产业结构升级，也就是将国民经济的重心从传统产业向高技术产业转移，从物质生产部门向第三产业转移。在这一产业结构的演进过程中，美国的对外直接投资发挥了重要的作用。外国企业对美国产业的挑战首先是从传统产业开始的，然后沿着技术阶梯逐渐上升。美国的对外直接投资使产业间的分工进一步深入到产业内部。为了充分利用各国的比较优势，美国一般将劳动密集型、低技术、低增加值工序转移到国外，而将高技术、高增加值工序留在美国本土，使美国的产业结构不断优化。20 世纪 80 年代以来，美国的产业结构调整仍然是按照这一顺序进行的。在 20 世纪 80 年代末以来的美国产业结构大规模调整中，美国政府把发展高技术产业作为调整经济结构的龙头，集中国内资源主要用于发展以信息技术为主的高技术产业，对传统产业则通过积极鼓励企业以对外直接投资的方式向国外大规模转移，从而使得以信息产业为代表的美国新兴产业得到了迅猛的发展，进一步增强了其世界头号经济大国的地位。

(2)小岛清的边际产业扩张理论(又称比较优势理论)以日本为例阐述了另一类通过对外直接投资实现的投资国产业结构优化的情形。该理论认为，投资国将失去比较优势的产业转移到东道国，使东道国特定产业的比较优势由潜在变为现实，产业结构发生新的变化。与此同时，投资国减少已失去比较优势产业的生产，可以将有限的资源更多地用于扩大具有比较优势产业的生产和出口，使投资国的产业结构也发生新的变化。这样的直接投资能使两国的比较成本差距扩大，从而使双方充分得到国际分工和贸易的利益。更重要的是，按这种产业调整要求所进行的直接投资将导致贸易的扩大，即所谓的“顺贸易导向型投资”，使投资与贸易之间形成了一种互补的关系，而不是相互替代。20 世纪 60 年代以来，日本的对外直接投资就是以投资带动贸易，形成顺贸易导向型投资，通过对外直接投资带动本国产业结构的调整，在新的国际分工中强化其国际竞争力。

(3)赤松要的雁形理论在小岛清的边际产业扩张理论的基础上进一步说明了日本带动亚洲新兴工业化国家或地区通过对外直接投资快速实现产业升级和产业结构优化的情形。从 20 世纪 60 年代开始，韩国和我国台湾地区接受日本的直接投资和产业转移，出口导向的劳动密集型产业迅速发展，成为日本“雁形发展模式”下的第一层投资与产业调整互动关系的外围地区。到 20 世纪 80 年代，随着韩国、我国台湾地区经济的成长，劳动力工资水平上升，本币升值，加上美国的贸易保护政策，劳动密集型产业已逐渐丧失比较优势，也开始仿效日本的做法，通过对外直接投资转移“边际产业”，以加速本地产业调整。80 年代中期之后，韩国、我国台湾地区制定了对外直接投资的鼓励性政策，从而出现了对中国内地和东盟各国的产业转移高潮，促进和带动了本地区产业结构的升级和优化。

2. 产业“空心化”说

大多数西方学者关于对外直接投资对投资国国内产业结构优化的积极作用持肯定态度，但也有一些西方学者提出了相反的看法，认为对外直接投资将会对投资国产业结构优化带来不利影响，容易导致国内产业的“空心化”。不同的西方学者关于产业“空心化”内涵的界定不尽相同，大致有广义与狭义之分。广义的产业“空心化”，是指伴随着对外直接投资而出现的服务产业经济化的现象，亦即随着对外直接投资的发展而导致国内第一和第二产业比重下降、第三产业比重上升的非工业化现象。狭义的产业“空心化”，是指随着对外直接投资的发展，生产基地向国外转移，国内制造业不断萎缩、弱化的经济现象。

产业“空心化”理论最早是根据美国对外直接投资的实践提出的。一些西方学者认为，美国的产业“空心化”出现于 20 世纪 60 年代初。1958 年欧洲共同体（EEC）宣告成立，对外实行共同关税。为了绕开关税壁垒，拓展欧洲市场，美国以汽车、电机产品为主导，大举向西欧国家进行直接投资。此举的结果是，美国对西欧各国的汽车、电机等产品的出口减少，而西欧国家的汽车、电机等产业有了较大的发展，反过来又向美国出口此类产品，并对这些产业进行投资，从而使美国的汽车、电机等产品的生产厂家受到不利影响。基于此，一些美国学者认为，美国已出现了产业“空心化”问题。进入 80 年代之后，美国政府实行高利率政策，国内企业的竞争能力下降，出口商品的速度放慢，国内市场的进口商品越来越多。为了降低生产成本，美国企业的原材料、中间产品等越来越多地依赖国外市场，或者通过对外直接投资的方式将生产基地转移到国外。一些美国学者断言，美国制造业中跨国公司的对外直接投资导致了美国国内产业的“空心化”。

一些西方学者认为，对外直接投资导致的产业“空心化”给投资国宏观经济和对外直接投资者带来一系列的负效应：(1)导致国际贸易收支逆差。一些西方学者认为，由于对外直接投资所带来的出口替代效应与反向进口效应的存在，使得投资国进口增加或出口减少，其后果是导致投资国的贸易收支出现逆差。一些西方学者将巨额贸易逆差视为美国国内产业“空心化”的主要标志。(2)降低了对外投资者的国际竞争能力。对外直接投资是“一揽子”生产要素的转移，即资金、技术、管理经验和劳动力由投资国转移到东道国。一些学者认为，随着对外直接投资的发展，投资国生产技术也将会流向国外，等于扶持了竞争对手，东道国当地企业一旦掌握了这种技术，就会与外国投资者相抗衡，削弱对外投资者的国际竞争能力。(3)减少国内就业机会。一些西方学者认为，随着生产基地由国内转移到国外，国内的制造业会不断萎缩，减少了就业机会。

从国际直接投资的长期实践来看，产业“空心化”在西方发达国家均不同程度地出现过，但并没有对它们的经济发展产生实质性的损害，它们也并没有因此而改变鼓励对外直接投资的政策导向。笔者认为，产业“空心化”只是产业转移后暂时出现的短期现象，它所引致的负效应是短暂和有限的，产业“空心化”反而应该被视为投资国产业升级和产业结构优化的前兆。旧的、不具有比较优势的产业被转移出去，出现了“空心化”，但这却为将资源重新配置到新的或更高级的产业中去，形成新的比较优势，在国际分工体系中始终占据领先地位创造了有利条件。现在美国学者应该不再担心美国传统制造业出现的“空心化”问题了，因为美国在服务业和高科技产业中确立的领先地位为美国保持世界第一经济强国的地位带来了更多的好处。因此，只要对外直接投资是遵循比较优势原则实施的，那么对投资国的产业升级和产业结构优化就应该是有利的，即使出现暂时性的产业“空心化”，也是不足为惧的。

四、国际贸易效应

从国际直接投资理论的演变进程来考察可以清晰地发现，无论是以国际贸易理论为基础形成的理论，还是以产业组织理论为基础形成的理论，国际贸易与国际直接投资之间的关系一直是研究的重要内容。国际直接投资的实践也证明，二者之间存在着强烈的相关关系。无论从东道国的角度还是从投资国的角度来看，国际直接投资对国际贸易都存在替代或互补的双重效应，具体表现为哪种效应，主要取决于国际直接投资的类型。在现代国际经济理论中，将起着减少投资国与东道国之间国际贸易作用的国际直接投资称为逆贸易型投资，而将起着增加投资国与东道国之间国际贸易作用的国际直接投资称为顺贸易型投资。逆贸易型投资是假定两国资本产出效率基本相同，投资国厂商在特定情况下（主要是绕开东道国的贸易壁垒）为维护和扩大在东道国的销售份额而进行的投资。在这种情况下，投资国厂商在东道国当地的生产和销售直接减少或替代了东道国过去或潜在的从投资国进口的同类产品。顺贸易型投资是假定东道国受资产业的生产效率高于母国（或者说东道国具有该产业的比较优势），则对外直接投资将导致两国之间国际贸易的增长，即东道国产业供给大于需求的部分可形成出口，投资国供给小于需求的部分依赖进口弥补。

上述替代或互补效应均发生在跨国公司体系外部，而跨国公司通过对外直接投资实现国际一体化生产时带动的公司体系内部国际贸易的增长是促进投资国与东道国之间国际贸易发展的另一条重要渠道，且其重要性正日益提高，在当今世界贸易总额中有 1/3 以上来自跨国公司体系内部。

下面将进一步分别分析国际直接投资对东道国和投资国国际贸易的影响，在分析中，我们将出口增加、进口减少视为正效应；反之，则视为负效应。

（一）对东道国的影响

尽管理论上仍存在替代与互补的争论，但实证研究表明，跨国公司具有更高的贸易倾向，跨国公司在东道国的分支机构的出口倾向要远远高于东道国本地企业，如 1995 年美国跨国公司设在亚洲新兴工业化国家和地区制造业的子公司的出口倾向高达 63%。[①] 因此，一般来说，国际直接投资对东道国增加出口，改善国际贸易地位具有积极作用。国际直接投资对东道国国际贸易的积极效应可以划分为直接效应和间接效应两个方面。直接效应表现为外资企业直接出口产品对东道国国际贸易的贡献，而间接效应则表现为外资企业进入所引起的东道国当地企业增加出口的贡献。

1. 直接效应

就直接效应来说，需要根据外资企业的不同生产经营活动来分别进行分析。根据外资企业的生产特点，可以将其生产经营活动和出口分为以下四种类型：

(1)当地原材料加工出口。一些东道国自然资源丰富、原材料供应量充足，原材料加工品出口在其出口中占较大比重。当地企业似乎在此方面更具有竞争优势，实则不然。与当地企业相比，跨国公司具有覆盖全球的营销网络、高超的营销技巧、生产和加工的先进技术以及丰富的专业知识等优势，更具有出口潜力。尤其是对一些严重缺乏各种技术和设备的发展中国家而言，引进外国直接投资是扩大原材料加工品出口规模、提高出口品附加值的最佳选择之一。

(2)进口替代型转变为出口加工型产品出口。许多国家(尤其是发展中国家)在引进外国直接投资的初始阶段，外资主要流向资源开发业和进口替代型产业。随着本国经济的发展，东道国进口替代型产业逐渐转变为出口加工型产业。在这一转变过程中，外资企业的技术示范效应和溢出效应起到了十分重要的作用。

(3)新的劳动密集型产品出口。外国跨国公司的进入同样有助于发展中东道国扩大新的劳动密集型产品的出口规模。发展中国家劳动力资源充裕且成本低廉，劳动密集型产品出口具有优势，似乎无需引进外国直接投资。但同时也应当看到，发展中国家当地企业在出口劳动密集型产品时，通常会面临一系列难题：建立营销网络和制定营销策略；适应国外消费品市场偏好变化的能力；了解国外关于产品的检验、规范和安全等方面的标准；宣传和树立产品形象等。在发达的消费市场中，产品的设计、包装、销售以及售后服务的重要性往往超过产品本身，这些技能的缺乏给发展中国家的产品出口构成关键性的市场进入障碍。发展中国家消除进入障碍的重要途径是获得跨国公司的支持。发展中国家当地企业通过与跨国公司建立合资企业，则可以利用跨国公司的垄断优势，排除市场进入障碍，迅速扩大出口规模，使合资双方受益。

(4)垂直一体化国际生产中的出口。在垂直一体化国际生产中，跨国公司的对外贸易主要表现为内部贸易，亦即跨国公司体系中总公司与子公司、子公司与子公司之间的贸易。在跨国公司实行独立子公司战略时期，内部贸易主要表现为总公司向其国外分支机构提供设备、技术、中间产品和原材料等。在简单一体化时期，根据其在跨国公司体系内价值增值链上所处的位置，国外分支机构与总公司保持单向或双向的贸易联系。处在下游的分支机构从总公司进口中间产品，处在上游的分支机构向总公司出

---

① 联合国跨国公司与投资司:《1998 年世界投资报告》，中国财政经济出版社 2000 年版，第 237 页。

口中间产品。进入复合一体化时期后,分支机构之间的贸易联系大大加强。

2. 间接效应

除了上述外资企业自身出口而对东道国国际贸易产生直接效应外,外资企业还能产生许多有益于东道国出口的间接效应。间接效应主要表现在以下几个方面:(1)外资企业进入后,东道国市场竞争加剧,迫使当地企业努力扩大产品出口。(2)通过跨国零售商和贸易公司的关系,东道国企业增强了与国外消费者的联系。(3)制造业中外资企业的当地采购和零部件分包安排增强了东道国企业与国际市场的联系。(4)跨国公司在可能推行贸易自由化的潜在出口市场设立分支机构,当地企业将会因贸易壁垒的削减而获益。(5)跨国公司培训专门从事出口贸易的当地雇员,当这些员工"跳槽"后,这些员工的技能及其与国外客户的联系会扩散到当地企业中。一些实证研究的结论表明,这些间接效应不仅存在,而且从国家层面上来看有时是相当大的。如世界银行专家B. G. 艾特肯(B. G. Aitken)等人在1994年所做的关于外国直接投资对东道国国际贸易的间接效应的研究中指出,一个公司的出口行为会降低周围其他潜在出口商进入外国市场的费用。对1986—1990年期间墨西哥2 000家生产性公司的调查结果也表明,那些与出口型跨国公司相邻的当地企业确实会受跨国公司的影响而较快提高出口能力,而与本地出口商相邻并不能带来相应的效应。①

需要注意的是,外国直接投资的产业结构是影响东道国出口效应的重要因素。一般来说,投在第一产业的外国直接投资大部分是出口导向型的,其直接目标是获得东道国的自然资源并出口,因而对东道国出口的直接效应极为显著,但间接效应并不明显。投在第二产业的外国直接投资对东道国出口的影响较为复杂,就地销售还是出口,取决于东道国当地的市场容量、相对的比较优势、政策导向以及跨国公司的全球经营战略等。无论采取何种销售策略,投在第二产业的外国直接投资对东道国出口的间接效应却是十分明显的,有助于带动当地相关企业增加出口。第三产业大部分部门是提供服务的,难以出口,因而投在此行业的外国直接投资对东道国出口的直接效应微乎其微。但外国直接投资进入东道国第三产业,有助于消除东道国基础设施和服务业的瓶颈约束,提高已有资本存量的技术水平,提高当地企业的出口竞争力,因而对东道国出口产生较大的间接效应。

(二)对投资国的影响

对外直接投资对投资国国际贸易的影响更为复杂,一般表现为以下四种效应的综合效应:(1)出口引致效应,即由于对外直接投资而导致的原材料、零部件或设备等出口的增加。这些增加的出口可能来自跨国公司总公司对其国外分支机构的出口,也可能来自投资国其他供应商对跨国公司国外分支机构的出口。(2)进口转移效应,即由于对外直接投资而导致的进口减少。假定某产品原本由投资国生产,其生产所需的投

① B. G. Aitken, D. Hanson and A. Harrison, "Spillover, Foreign Investment and Export Behavior", NBER Working Paper No. 4967, December 1994.

入物从国外进口。当通过对外直接投资方式将生产基地转移到国外后，投资国该产品的生产将减少，同时生产所需的各种投入物的进口也相应减少，将进口转移到新的国外生产基地。(3)出口替代效应，即由于对外直接投资而导致的出口减少。在投资国的跨国公司将某产品的生产基地转移到国外后，东道国当地企业通过技术扩散或模仿，也开始生产该产品，替代进口或出口该产品，导致投资国出口减少。同时，投资国跨国公司国外分支机构生产和销售规模的扩大，也会替代跨国公司总公司的出口，进而导致投资国出口减少。(4)反向进口效应，即由于对外直接投资而导致的进口增加。投资国通过对外直接投资的方式将某产品的生产基地转移到国外，再从国外分支机构进口该产品，进而导致投资国进口增加。

在这四种效应中，前两种效应表现为投资国出口增加或进口减少，将产生正效应；后两种效应表现为投资国出口减少或进口增加，将产生负效应。对外直接投资对投资国国际贸易的影响程度将由这四种效应相互作用的净效应所决定。一般来说，这四种效应并不是同时出现的，较早开始发挥作用的是出口引致效应；随后，当国外分支机构的生产开始取得规模经济效益以后，出口替代效应开始出现；继之产生作用的是进口转移效应和反向进口效应。

另外，不同类型的对外直接投资对投资国国际贸易的效应存在较大差异。根据跨国公司内部一体化的方向，可以将对外直接投资划分为水平对外直接投资与垂直对外直接投资两类。一般来说，水平对外直接投资主要体现为出口替代效应，而垂直对外直接投资主要体现为出口互补效应。(1)在水平对外直接投资的情形下，跨国公司国外分支机构与总公司在生产分工协作上处于水平型分工，其产品在质量、性能、外观等方面相近，对有关为国外市场提供特别产品服务的决策上，跨国公司将面临在出口与对外直接投资之间做出选择。同时，与总公司和国内分支机构相比，跨国公司的国外分支机构具有一系列独特的优势，其生产和经营活动有可能对跨国公司总公司和国内分支机构的出口产生抑制作用，从而出现国外分支机构在国外的销售替代总公司和国内分支机构出口的现象。(2)在垂直对外直接投资的情形下，对外直接投资对投资国产品的出口具有较强的促进效应。跨国公司国外分支机构与总公司和国内分支机构在生产分工上属于垂直型分工，即上下游关系，对外直接投资必然会增加中间投入品和资本品等的出口。

五、就业效应

国际直接投资的就业效应体现在就业数量和就业质量两个方面，无论是对东道国还是对投资国，这两种效应都是客观存在的。

(一)对东道国的影响

实现充分就业是各国宏观经济重要目标之一，基于此，各国政府大多将增加就业作为引进外国直接投资的直接目标之一。外国直接投资不仅能够为东道国创造更多的就业机会，还有助于提高东道国的就业质量。一般来说，外国直接投资对发展中东道国的就业效应要大于发达国家。

1. 就业数量效应

外国直接投资对东道国的就业数量效应可以分为直接效应和间接效应。

(1)直接效应。外国直接投资为东道国直接创造就业机会的数量是资本投资额的函数，但也受到以下几项因素的重要影响：

第一，外国直接投资的进入方式。外国直接投资的进入方式主要有绿地投资与跨国购并。绿地投资直接表现为新企业的建立，无疑会直接创造就业机会。当然，还应当分析此种投资与国内生产的关联性。这种关联性表现在两个方面：一方面是指外资企业与东道国当地企业的市场结构关联度，即外资企业是否取代国内现有企业生产，是否会将东道国当地企业挤出市场；另一方面则是指外资企业向国内企业的要素转移关联度，如外国直接投资流入后缓解了那些阻碍国内生产扩张的金融、技术与管理方面的"瓶颈"，则有助于促进东道国产出的增加。前者可能导致保持原有就业机会不变或减少，后者则必然会间接创造就业机会。一般来说，购并会导致立即或滞后的裁员，即直接减少就业机会。

第二，对外直接投资主体——跨国公司的经营战略。跨国公司经营战略以及由此产生的国际生产活动的组织结构以多种方式影响跨国公司内部对雇员在投资国与东道国之间的分配。在独立子公司战略下，跨国公司价值增值链中的大部分被复制到国外分支机构(总公司通常保留技术和财务)，亦即将就业结构也复制到东道国。在这一战略下，各个国外分支机构"各自为政"，服务东道国当地市场，因而创造的就业机会较多。在简单一体化战略下，跨国公司将其价值增值链中的一个或几个环节置于某一个或几个国外分支机构，国外分支机构不需要复制总公司的就业结构，而是在跨国公司体系内部形成不同区位互补性的就业层级结构。在这一战略下，国外分支机构利用总公司的技术和营销网络，总公司或其他国内外分支机构提供特定产品，活动范围较为有限。在简单一体化战略下，跨国公司对外直接投资的就业创造效应决定于东道国的区位优势。如果东道国低成本的非熟练劳动力充裕，则可以吸引劳动密集型外国直接投资。与发达国家相比，某些发展中国家拥有充裕的低成本的技术人员，也有可能吸引技术密集型的外国直接投资。印度的软件业即是如此。需要指出的是，实行此种战略的跨国公司的对外直接投资直接创造就业的效应可能很大，但如果零部件及其他投入品主要依赖进口，其间接创造就业的效应可能较小。在复合一体化战略下，跨国公司的价值增值活动很少在不同生产区位间转移，而是合理化、一体化地被安置在某个区位，以便形成效率和规模优势。相对于前两种战略，在给定的产出水平条件下，实行复合一体化战略的跨国公司体系创造的就业机会要少一些。实行复合一体化战略的跨国公司无需在最终消费市场附近进行全部或大部分价值增值活动，而是将各项生产活动的全球或地区责任全部指派到各个生产区位，有可能带来一定程度的劳动力市场的专业化分工。

第三，外国直接投资的劳动密集程度。外国直接投资对东道国直接创造就业机会的效应与生产过程的劳动密集程度密切相关。如果劳动密集程度较大，亦即通常所说的劳动密集型生产，则可吸纳较多的劳动力，直接创造就业机会的效应也较大。在吸引劳动密集型外国直接投资方面，发展中国家比发达国家拥有明显的区位优势，单位投资可直接创造更多的就业机会。东亚、东南亚各国早期的经历表明，外国直接投资流入为东道国创造了大量非熟练劳动力的就业机会。当然，随着发展中东道国企业技术水平的提高，外国直接投资对非熟练劳动力就业机会的创造效应会逐渐减弱。

第四，东道国劳动力的素质。从某种意义上讲，东道国劳动力是否拥有一定的技能和培训潜力，会对外国直接投资的流入产生重要影响。众所周知，在新加坡经济发展过程中，外国直接投资作出了巨大贡献。新加坡投资环境良好，劳动力的素质好，因而形成强大的区位优势。据美国商业环境风险情报服务公司评估，从 1980 年以来，新加坡劳动力评估指数一直高居榜首，其劳动力是世界上最好的。而一些最不发达国家外国直接投资流入规模极小，其重要原因之一是劳动力的素质较差。

此外，东道国劳动力市场的完善程度、运行效率也会对外国直接投资的直接就业效应产生重要影响。

(2)间接效应。实证研究结果表明，与直接创造就业机会相比，外国直接投资对东道国的间接就业所做的贡献可能具有更为重要的意义。间接效应可能来源于以下几个方面：

第一，如前所述，外资企业具有广泛的前向与后向联系，可以使供货商、销售商和服务代理商创造就业机会。尤其是，跨国公司在东道国投资建厂后，会促进东道国与之密切联系的生产资料供应行业和消费性行业的发展，从而增加就业机会。国际劳工组织对跨国公司国外分支机构的实证研究得出的不完全统计认为，根据不同产品的情况，后向或前向联系所能创造的间接就业机会比直接就业机会要高 2—3 倍。扣除就业减少效应产生的影响，总体的估计是，间接创造的就业机会至少在数量上与直接创造的就业机会相等。①

第二，跨国公司设在东道国的分支机构在当地的支出和上缴的税收，通过乘数效应，增加了东道国的国民收入、促进了经济发展，从而间接带来了新的就业机会。

第三，外资企业的存在，加剧了东道国行业内部的竞争，进而刺激当地其他企业的发展而增加就业机会，当然也可能排挤当地企业或使当地企业提高生产效率而减少就业机会。

实证研究结果表明，外国直接投资的间接创造就业效应确实十分显著。一些西方学者以“投入—产出”为基础的估算表明，20 世纪 80 年代初，泰国、菲律宾以及其他东

---

① 联合国跨国公司中心:《1992 年世界投资报告》，对外贸易教育出版社 1993 年版，第 185 页。

盟国家的外资企业每直接创造1个就业机会,同时间接创造1—2个就业机会。另一项针对发达国家和发展中国家外资企业所作的8个案例研究发现,外国直接投资间接创造就业机会的系数为1.6,亦即外国直接投资每直接创造1个就业机会便间接创造1.6个间接就业机会。[①]

2. 就业质量效应

很多经济学家认为,外国直接投资对东道国的就业效应主要不是体现在就业数量方面,而是体现在就业质量方面,这在发展中国家表现得尤为明显。外国直接投资对东道国的就业质量效应主要体现在以下三个方面:

(1)为东道国雇员提供较高的报酬和较好的工作条件。一般来说,与国内企业雇员相比,外资企业雇员享有较高的报酬和较好的工作条件。这一判断既适用于发展中国家,也适用于发达国家。究其原因,有以下几个方面:一是外资企业大多是资本、技能和营销密集度较高的企业,劳动生产率通常高于其他国内企业;二是外资企业对劳动力素质的要求较高,需要提供更好的激励条件;三是维护自身形象和避免东道国社会各界或有关国际机构的批评。

(2)通过培训当地雇员而为东道国开发人力资源,在一定程度上提高了东道国就业人员的素质。跨国公司为了适应其生产经营活动的需要,通常对东道国雇员进行技能培训和职业教育。技能培训和职业教育的程度、性质与外资企业所在的行业、产品以及跨国公司所从事的活动领域有关,也与跨国公司的全球发展战略和人力资源管理战略有关。此外,跨国公司的这种人力资源开发效应通过前向或后向联系在东道国当地企业中传播,从而使东道国总体就业质量有所提高。

(3)改变东道国的就业人员构成,为妇女创造更多的就业机会。从各国人力资源的性别构成来看,对女劳动力利用不足是一个十分现实的问题。特别是在发展中国家,更是如此。这里既有经济方面的原因,更有社会、文化传统等方面的原因。跨国公司通过为妇女提供直接就业机会以及跨国经营活动将其投资国价值观念传播到东道国后所产生的影响来提高发展中国家妇女的就业水平。

(二)对投资国的影响

对外直接投资对投资国的就业效应也体现在就业数量和就业质量两方面。

1. 就业数量效应

一些西方国家的工会组织认为,对外直接投资减少了本国的就业机会,是导致本国高失业率的重要原因,而一些学者和官方机构则持相反的观点。R.G.霍金斯就对外直接投资对投资国的就业数量的影响进行了系统研究,认为对外直接投资对投资国就业数量的影响是三种效应的综合:

(1)生产替代效应。跨国公司采取国外分支机构生产而非在投资国国内生产的方

① 联合国跨国公司与投资司:《1994年世界投资报告》,对外经济贸易大学出版社1995年版,第262页。

式来参与国际分工，亦即通过对外直接投资取代投资国的生产和出口，会在一定程度上造成投资国就业机会的减少，即产生所谓的“工作削减效应”。不少西方发达国家跨国公司对外直接投资的直接目标是降低产品生产成本，尤其在劳动密集型行业更是如此。利用国外廉价劳动力可以使跨国公司的产品更具竞争力，此举相当于将投资国的一部分就业机会转移到了东道国。

(2)出口刺激效应。跨国公司的对外直接投资必然会创造对投资国国内的设备、中间产品和辅助产品的需求，在一定程度上会刺激投资国的出口增长，进而增加就业机会。

(3)跨国公司总公司及辅助性企业效应。跨国公司的总公司设在投资国，即高层管理职能集中于投资国，对外直接投资会增加投资国非生产性的就业机会；跨国公司国外分支机构经营业务的扩展会不断地为投资国法律和公共关系、管理及工程咨询等各方面的服务创造需求，从而增加投资国相关行业的就业机会。出口刺激效应、跨国公司总公司及辅助性企业效应构成了投资国的“工作创造效应”。因此，对外直接投资对投资国就业数量的效应视“工作削减效应”与“工作创造效应”比较的净效应而定。

大多数实证研究的结果表明，对外直接投资对投资国的就业数量有积极的效应，或至少其替代与创造的就业机会是相互抵消的。斯托鲍夫等人通过对 9 个案例的研究表明，美国对外直接投资因出口刺激效应、跨国公司总公司及辅助性企业效应而创造的就业机会分别为 25 万个和 35 万个，生产替代效应微乎其微，净就业效应为 60 万个。美国贸易紧急委员会通过对 74 个案例的研究表明，美国对外直接投资因出口刺激效应、跨国公司总公司及辅助性企业效应而创造的就业机会分别为 30 万个和 25 万个，有重大正就业效应。[①] R. E. 利普西等人的一项研究结果也表明，日本与瑞典的国内就业水平与其对外直接投资规模是呈同方向变动的，即日本与瑞典的对外直接投资对其本国就业数量有着积极的正效应。[②]

2. 就业质量效应

与就业数量效应相比，对外直接投资对投资国就业质量的效应可能更为重要。跨国公司对外直接投资有可能造成部分行业的就业机会增加而其他行业的就业机会减少，就业机会可能在第二产业内部转移，也可能从第二产业向第三产业转移，如跨国公司总公司及辅助性企业效应即创造了第三产业就业机会。在就业机会的转移过程中，可能会发生“结构性失业”和“摩擦性失业”，部分失业者经过再就业培训等手段即可实现再就业。例如，J. 德拉托尔等人的研究证实，美国对外直接投资导致的熟练程度高

① 尼尔·胡德、斯蒂芬·扬：《跨国企业经济学》，经济科学出版社 1994 年版，第 384—385 页。

② R. E. Lipsey, E. D. Ramstetter, “Outward FDI and Parent Exports and Employment: Japan, the United States, and Sweden”, NBER Working Paper No. 7623, Revised, March 2000.

的就业机会的增长数要大于损失数。[1] 但是，在那些熟练程度低的职位上，就职雇员在被解雇后，并不能替补到熟练程度高的职位上去。确切地说，他们只能在该国的其他地方寻求非熟练职位的空缺。这种情况有可能鼓励在职的同等熟练程度和专业水平的雇员向跨国公司需要的新职位流动。此外，随着跨国公司的技术转移，高层次人才的不断流出也困扰着部分投资国，投资国的大量对外直接投资造成大批精通外语、技术业务基础好、善于经营管理的高层次专门人才的流失。这一点对发展中投资国而言，尤为明显。

第二节　东道国国际投资政策

从上一节分析中可以看出，国际投资对东道国的经济影响是双重的，既有正效应，也存在负效应，东道国政府为了尽可能地利用外国直接投资的正效应和抑制其负效应，其政策也是双重的，既有优惠性政策，也有限制性措施。但从世界各国外资政策的总体发展趋势来看，各国的外资政策都向着宽松、自由的方向发展，积极地为外资创造更有利的政策环境，限制性措施越来越少。东道国外资政策根据其性质不同，涉及财政政策、金融政策、技术政策等诸多方面。

一、财政政策

财政政策是各国最广泛使用的对外国直接投资的政策。20 世纪 90 年代初，对 103 个国家的调查发现，其中只有 4 个国家没有提供财政优惠。[2] 同时，各国所采取的财政优惠措施几乎是长期有效的。使用最为广泛的财政优惠政策是税收优惠，首先是降低公司所得税率，其次为免税期、关税减免、退税、加速折旧等，但不同国家、不同地区之间的具体运用差异极大。

（一）降低所得税率

虽然降低公司所得税率为使用最为广泛的财政优惠政策，但不同国家和地区之间税率的差别很大。例如，美国公司所得税累进税率为 15%—39%，日本法人税基本税率为 30%，韩国的公司所得税以 1 亿韩元为界实行两档税率——13%和 25%。[3]

（二）免税期、关税减免和退税

免税期为在一定期限内，免征外资企业全部或部分所得税和其他税收。关税减免是指对外资企业生产所需进口物品的关税进行减免。退税是指对外资企业出口商品退还一定比例对其征收的税。这三项政策是发展中国家向外国投资者提供的主要税

---

① De La Torre, R. B. Stobaugh and P. Telesio, *U. S. Multinational Enterprise and Changes in the Skill Composition of U. S. Employment*, American Labour and the Multinational Corporation, Praeger, 1973.

② 联合国跨国公司与投资司：《1995 年世界投资报告》，对外经济贸易大学出版社 1996 年版，第 95 页。

③ 商务部对外投资和经济合作司：《对外投资合作国别（地区）指南》，2013 年。

收优惠政策，发达国家运用较少，发达国家运用关税减免和退税政策一般仅限于特定的加工区或地区。

（三）加速折旧

加速折旧意味着允许外资企业每年的固定资产的折旧费要高于正常情况下的数额，而折旧费可以作为成本及费用，从企业的税前利润中减除，其结果就是减少了应纳税额的基数，提高了企业的实际利润。因此，加速折旧实际上是政府以减税的方式对外资企业的一种财政补贴，其政策的优势比较明显：(1)符合固定资产尤其是现代设备的损耗前期比后期更大、更快的客观现实。现代设备的折旧损耗并不是平均分布在整个产品生命周期内，而是具有典型的效用加速递减、寿命加快缩短、落后技术淘汰较快的趋势和特点。一般来说，科学技术进步越快，则技术寿命越短。(2)符合企业投资费用支出前期负担比后期大的客观现实，有利于减轻企业一次性设备支出负担。对企业而言，设备购置、工厂建造是一项很大的初始费用；对小微企业、创新创业企业而言，更是一道很高的门槛。加速折旧相当于政府以折旧形式向投资企业提供一笔资金支持或贴息贷款，而这笔“贴息贷款”又是被指定用于设备或厂房投资。(3)有利于国家实施鼓励创新、促进设备升级、节能减排等政策导向。国家可以选择政策扶持对象，采取倾斜性的加速折旧税收政策，鼓励高新技术产业和现代服务业发展，促进企业设备升级和技术进步，采用更节能降耗的先进设备。

发达国家对该政策应用比较广泛。例如，美国法律对加速折旧的规定非常详细。通常的成本回收期限是 3 年、5 年、7 年。日本财务省规定成本低于 10 万日元或者经济使用年限不超过 1 年的资产可在购进当年全额核销，成本超过 20 万日元的资产可分 3 年折旧。德国政府规定：对净资产不超过 23.5 万欧元且在德国设有常设机构 1 年以上的企业，如果购置或者建造固定资产，可在当年或随后 4 年额外折旧其购置或建造成本的 20%。英国政府规定：机器和设备的折旧率为 18%，耐用特殊机器的折旧率为 8%；工业建筑物的折旧率为 4%（符合条件地区的企业为 25%），农业建筑物为 4%，研究和开发费用为 100%，专利和专有技术为 25%。在一些发展中国家，如巴西、印度尼西亚等国也有类似的规定。

其他一些财政上的优惠政策还有再投资奖励（对外资企业用于再投资的利润减征或免征所得税）、社会保障基金的减免等。

（四）财政优惠政策的发展趋势

事实证明，财政优惠政策在吸引外国投资方面的作用有限。外国投资者往往更加重视其他因素，如政治环境的稳定、基础设施的完善等。特别是在各国政府为了竞争外国投资而均提供优惠政策时，过度的竞争可能会使东道国提供超出自己收益的优惠政策，结果导致扭曲效应和不公平竞争。财政优惠政策的代价最终由公众来承担，并表现为当地机构利益最终向外国投资者转移。因此，当今有迹象表明，一些国家开始采取措施抑制财政优惠的进一步发展，对外国投资者开始倾向于给予国民待遇。例如,降低某些减免公司所得税及其他优惠的程度:印度尼西亚1984年取消了免税期优惠;韩国在削减外国直接投资障碍的同时也减少了优惠政策;菲律宾正在考虑从其优惠政策制度中取消免税期的规定;马来西亚等国家降低了所有企业的标准化所得税率,从而使国际投资者所享有的特殊优惠趋于国民化。一些调查研究发现,外国投资者更欢迎稳定的、严格执行的财政税收政策,哪怕没有任何优惠,而对于短期优惠和政策的频繁变动并不欢迎。

(五)反避税措施

为防止目前广泛运用的国际避税对本国税收的不利影响,东道国往往还采用一些反国际避税的政策措施。

国际避税是指跨国纳税人以合法手段跨越税境,通过资金或物品的流动来减少和免除纳税义务的行为。国际避税的主要方式有两种:国际避税地避税和利用转让定价避税。国际避税地是指对投资者所得和资产不征税或按最低税率征税,以及实行大量税收优惠的国家或地区。跨国纳税人利用国际避税地避税主要是通过设立各种公司,虚拟地在国际避税地营业,这些公司仅仅为转移和积累利润而成立,具体形式有持股公司、投资公司、金融公司等。大多数此类公司为皮包公司,它们只在所在国完成必要的登记注册手续,拥有法律所要求的各项文件,但并不从事实质性业务。转让定价是跨国公司内部关联公司之间交易价格制定的常用方法,目的是利用国际上收入和费用的流动来避免交税或少交税款。从目前跨国公司的运作看,利用避税地方式和转让定价方式往往是关联使用的,利用避税地方式在很大程度上要通过转让定价来实现。

东道国防止国际避税的措施主要有:

1. 根据国际组织提出的国际收入与费用分配原则制定自己的税收政策

转移价格的实施,使收入和费用出现了人为的、反常的国际流动,只有跨国公司关联企业间收入和费用分配合理了,才能彻底堵塞国际逃税的漏洞,为此,经济合作与发展组织和联合国提出了国际收入和费用分配的四项原则:(1)独立核算原则,要求关联企业间的交易往来,按无关联企业的交易往来方式进行;(2)总利润原则,对跨国关联企业的内部交易不予过问,到年度终了时,将各关联企业在世界范围内取得的全部利润汇总相加,再按合理标准重新分配;(3)合理原则,要求以经济合理性为基础进行国际收入与费用分配;(4)合理利润划分安全地原则,要求跨国公司关联企业内部交易利润的划分,只要在有关国家规定的安全地范围内即可认为合理而予以承认。在这四项原则中,后两项原则只在理论上成立,实践性较差。目前,绝大多数国家都采取独立核算原则,并把这一原则贯彻在国内的税收法之中。

2. 转让定价税制

1968年,美国在《国内税收法》第482条中首次提出了转让定价税制。规定:当两个以上的企业有特殊关系时,为了防止避税和正确计算所得,税务当局认为有必要时,可以对企业的所得税进行分配。随后,英、德、日、法的税法也相继引入了转让定价税制。

3. 避税地对策税制

这是美国在 1962 年提出来的。在这以前美国税法规定：凡是有美国股东参股的外国公司，其所得无论是股息还是盈余分配，在汇回美国之前，对美国股东暂不征税。如果这些公司设在避税地，那么，美国股东就可能利用这一规定享受延缓纳税的特权。为防止这种避税行为的发生，美国开始对美国股东控股的特定外国法人的一定所得征税。主要内容为：(1)美国股东必须拥有避税地公司 50%以上的股权，纳税义务人为美国股东中分别拥有该法人股票的 10%以上者；(2)所有项目不指该法人在正常营业活动中所得，主要针对在避税地成立的基地公司所得；(3)该外国法人必须设在低税负的避税地，符合上述条件的，不管美国股东是否收到上述所得，均应申报缴纳税金。随后，其他工业国在税法中也做了类似规定。

二、金融政策

金融政策主要包括补贴性贷款、贷款担保、低息贷款与利息补贴、政府赠与和政府提供股权参与援助等。但根据联合国贸易与发展会议对 83 个国家的调查，20 世纪 90 年代初，向外国投资者提供金融优惠政策的国家有 59 个。20 世纪 80 年代中期以来，金融优惠政策范围扩大了，但某些国家一些金融优惠政策的优惠程度有所降低。例如，非洲、中欧、东欧和发达国家的政府赠与，无论绝对值还是提供这类赠与的国家数都减少了，发达国家贴补性贷款也大为减少(见图 9—1)。

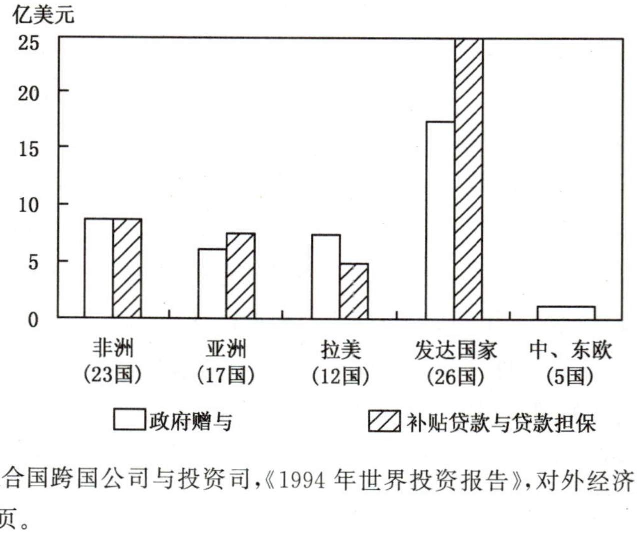

资料来源：联合国跨国公司与投资司，《1994 年世界投资报告》，对外经济贸易大学出版社 1995 年版，第 86 页。

图 9—1　20 世纪 90 年代初世界各地区对外国投资提供的金融优惠政策

在发达国家，金融优惠政策继续发挥着重要作用，以促进特定产业和地区的发展。比如美国，许多金融优惠由州或市政府提供，金融优惠的总额也相当大。美国肯塔基州乔治敦市为丰田公司在土地采购、道路改进、工人培训等方面共投资1.5亿美元，而丰田的投资额为8.2亿美元；法国的姆巴奇市对奔驰公司的政府投资额为1.1亿美元，而奔驰公司的投资额为3.7亿美元。在某些情况下，政府还提供股权参与援助，而低息贷款、利息补贴和贷款担保的使用则不常见。

发展中国家、中东欧国家因本身金融资源的限制，相对于发达国家较少采用金融优惠政策，但近几年来，补贴性贷款、贷款担保和政府赠与等形式的金融优惠措施也开始出现并有所发展。

例如韩国，对投资1 000万美元以上的新建投资；产业支持型服务业、高技术产业、零部件产业、长期雇佣人数在10人以上的研究机构等；经政府和企业协商，外国人投资委员会审议，可支持投资总额的50%，用于工厂土地买入、租赁、建筑费、建材购买和配套设施安装等。

三、技术政策

外国投资可以给东道国带来先进技术，提高东道国自身的研究开发能力，因此，东道国往往采用一些政策为技术转让提供便利。过去，一些国家为了获得更有利的条件，采取一些法律、法规来控制技术转让的条件，但过分重视控制往往会忽略其他十分重要的问题，如当地企业对技术的模仿和本国技术水平的提高。

目前，大多数国家的政策日益着重于实际技术的有效取得，将重点放在吸收和使用新技术能力的提高上。由于各国技术水平差异较大，吸收和使用新技术的能力也各不相同，所以不同国家采用不同的技术政策以适应本国的情况。技术政策主要可分为以下两大类型。

(一)重视制度建设

制度方面的政策属于创造吸引外国直接投资和技术转让的一般性政策措施。

(1)建立有利于技术水平提高的制度基础。外国投资者倾向于在靠近生产场所的区位安排自己的研究与开发活动。一旦当地具有技术先进的学校，并能提供专业工作人员且有高效可靠的通信网络，则外国投资者就有可能在当地安排自己的研究与开发。因此，东道国应努力创造这方面的条件。

(2)营造有利于技术发明的经济环境。这方面的政策主要为通过融资机构、营销机构和新产品、新工艺检验，以及企业与大学间的密切联系来营造有利于研究成果商业化的环境。与此同时，政府政策也可以为分支机构参与政府发起的研究开发和获得其他服务提供便利。

(3)强化知识产权的保护。越来越多的国家比以往任何时候都重视知识产权保护的立法工作。它们总结国际投资的经验，不断地完善知识产权的法规制度，出台了一些新的保护措施。1991年墨西哥新知识产权法生效，新的知识产权法对墨西哥的投资提供了更为确定的法律保护。1992年，智利出台了新的工业产权保护法。该法特别对于医药专利的保护作出规定。印度尼西亚、韩国、新加坡和泰国等都出现了类似的变化。在 2012 年美国 BIT 模板涵盖的投资定义中,知识产权是一种重要的投资形式;履行要求条款也要求外国企业在知识产权方面与东道国企业享受同等待遇,禁止东道国政府实施对知识产权投资的非法干预和不公平待遇。

(二)促进技术扩散

(1)促进外国子公司与当地企业、当地试验室和研究中心等科研机构之间的联系。影响此类联系的因素主要有劳动大军的流动性、设备供应商系统、用户厂商系统、咨询服务和政府、学校、当地企业及研究机构的战略联盟等。东道国政府主要从改善这些因素入手来达到促进此类联系的目的。

(2)促进科技园区的发展。科技园区可以加强公共研究机构与私营企业间的联系,促进当地企业与外国分支机构间的技术合作,对提高本地技术水平和外国先进技术的扩散有很大作用。科技园区还有显著的产业集聚功能,对推动产业技术升级具有积极作用。因此,各国政府往往通过各种途径促进科技园区的发展,将科技园区作为吸引外国直接投资的重要区位。此方面的政策有为科技园区提供土地和基础设施,在科学园区的规划和决策初期设立专门机构促进其发展,为科技园区和大学或研究机构的联系创造条件等。科技园区最为著名的是美国的硅谷,其他还有苏格兰中部的“硅峡”、英国的剑桥科技园、马来西亚的马来西亚科技园、新加坡的新加坡科技园等。这些科学园区均为本国或本地区的技术水平提高、与外资企业加强技术联系和增强本国或本地区技术吸收能力的提高发挥了重要作用。除美国的硅谷在很大程度上为自发形成外,其他的都是在政府发挥重要引导作用下建立起来的。

四、资本政策

资本政策是国际投资中最敏感的一项政策。从投资国的角度看,它们主张投资者的资本及利润应当从东道国汇回,这有利于保护投资者的根本利益和调动外国投资者的积极性;从东道国角度看,它们主张外国投资者的资本和利润的汇出应受到某些限制,这有利于东道国的国际收支平衡和进一步促进投资增长。从目前总的情况来看,对国际投资的利润及资本汇出,发展中国家制定的限制政策要严于发达国家。

(一)利润汇出的政策

发展中国家对利润汇出在政策上大致分为三种类型。

(1)第一类是原则上允许利润和资本的汇出,但有一套具体规定。如泰国规定资本入境后,必须向指定银行登记,并于 7 天内卖给指定银行,不能自行保留外汇。如果外商需要汇出资本和利润,必须向中央银行申请审查批准。

(2)第二类是对利润汇出政策上规定了限额。如安第斯条约组织明确规定,各成员国内的外资企业,年利润汇出率一般为外商投入资本的 20%,不得超过这一比例。

(3)第三类则采取征收超利润税的政策来控制利润的汇出。如阿根廷对当地举办的跨国公司征收33%的公司所得税之后，若纯利润超过注册资本的12%，则征收超利润税。然而，多数发达国家对利润的汇回实行自由开放政策，一般不加限制。

（二）资本汇出政策

多数发展中国家对外国资本的汇回有较严格的政策规定，只有在符合一定条件的情况下才允许资本的汇出，如对资本抽回的期限、限额及其他条件的限制。少数发展中国家已做到资本项目下的自由兑换，允许资本的自由汇出，如韩国等新兴工业化国家。多数发达国家对外国资本的汇回不作限制。

五、人事政策

（一）领导人员政策

多数发展中国家比较重视企业的经营管理权，防止企业权限为外国投资者控制。通常规定在允许外国投资者参与经营管理的条件下，坚持本国人有进行经营管理的决定性权限。在合营企业中，有的国家规定，董事长或总经理等企业最高决策人应由本国公民担任，外国合营者只能担任副职或技术经理；有的国家（例如埃及）规定，作为企业决定机构的董事会成员人数，必须是本国董事占大多数。但有时外国投资者往往要求拥有合资企业的经营管理权，这就构成了矛盾，为解决这一矛盾，一些东道国开始放宽这方面的政策限制。

（二）员工政策

对跨国公司的非技术人员，外国投资者一般倾向于聘用当地人员，东道国为了扩大本国劳动就业机会，一般也要求尽可能聘用当地职工。在这一点上，外国投资者与东道国基本保持一致。在高级技术人员的聘用上，双方却出现分歧。外国投资者出于保守技术秘密，以及认为东道国缺乏高级技术人才的原因，在高级技术人员的聘用上往往趋向于从周围或东道国境外招聘。而东道国出于为本国培养和锻炼出一批短缺的高级人才的考虑，要求外国投资者尽可能多地在当地聘用高级技术人员。为了加快人才培养，印度尼西亚规定，外资企业中只有本国国民胜任不了的管理职务和专业职务才能聘请外国人担任，要求外资企业有义务逐步地用本国国民代替外国员工，同时还提出要以本国国民为对象，在国内或国外进行定期培训。新加坡规定，可聘用外国人从事技术和专业工作，但须保证本国工人受到培训。通过几年的实践，目前很多外国投资者逐步认识到东道国员工在语言与文化上具有外国员工不可比拟的优势，因此，外国投资者开始投入专项资金对东道国员工进行培训，并逐步降低了高层管理人员中外国人员的比重。

六、再投资政策

（一）税收激励

目前，越来越多的东道国已经认识到：鼓励现有的外国企业分支机构在初始投资后扩大经营可以促进其连续投资。现有的外国分支机构不仅仅是追加投资者的当然候选人，同时，它们还可以为新的潜在的投资者起积极的示范作用。因此，东道国往往对再投资运用一些减免税措施。马来西亚的政策具有一定启示性。为鼓励外国投资者在马来西亚的再投资，马来西亚政府采取了再投资支出的 50%免税的鼓励措施。免税收入分配的红利亦可享受免税待遇。为进一步鼓励再投资，马来西亚还提供第二轮先进企业投资税收优惠，对于先进企业投资生产同类产品或从事类似经营的新项目予以税收优惠。

（二）改进服务

越来越多的东道国还认识到，政策的制定者不能仅仅着眼于鼓励追加投资，还应当重视如何留住现有的投资者。政府应当对外国投资者的投资转移进行认真的分析。投资转移可能来源于外部影响，也可能由于当地条件的恶化。当地条件的恶化是可以改进的，其中为投资者提供便利的服务为重要的一环。牙买加国家投资促进组织所作的调查印证了这一结论。它的调查结果表明，虽然投资促进组织曾成功地将本国促销成为有利的投资场所，但政府其他部门在投资审批过程中却未能做好工作。此后，国会成立了一个委员会来解决投资者投资审批中出现的问题。从而，外国投资者开始了新的一轮投资。国际贸易组织在总结牙买加政府成功经验的基础上进一步提出：为解决可能导致的投资转移问题，东道国可以组织一个由政府、外国公司和当地员工参加的联合委员会，以督促主管部门改进工作。另外，也可以指派专职业务巡视员来解决个别部门在改进服务中存在的问题。

七、经济特区政策

（一）经济特区概述

经济特区是指一个国家或地区为了实现一定的经济技术目标而划定的地理位置优越的区域，在对外经济活动中实行特殊开放的经济政策和管理体制。它是自由贸易区、出口加工区、经济特区、科学工业园、自由港、自由关税区、自由工业区、自由边境区、促进投资区等的统称。经济特区在大多数发展中经济体和许多发达经济体得到广泛使用。在这些限定的地理区域内，政府通过财政和监管激励措施以及基础设施支持来促进工业活动。截至 2019 年末，在 147 个经济体共有近 5 400 个经济特区，较 5 年前的 4 000 个有所增长，还有 500 多个新经济特区正在筹建中。经济特区的繁荣标志着新一轮的产业政策，也是对国际流动投资日益激烈的竞争的回应（见图 9—2）。

1. 经济特区依照发展阶梯具有多种类型

经济特区类型多样。发达国家最为常见的是侧重于促进贸易物流的基本自由区。发展中经济体倾向于采用以工业发展为目标的综合特区，这些特区可以是多行业的、专业化的或侧重于发展创新能力的。其专业化的程度和类型与各国的工业化水平密切相关，遵循经济特区的发展阶梯（见表 9—2）。

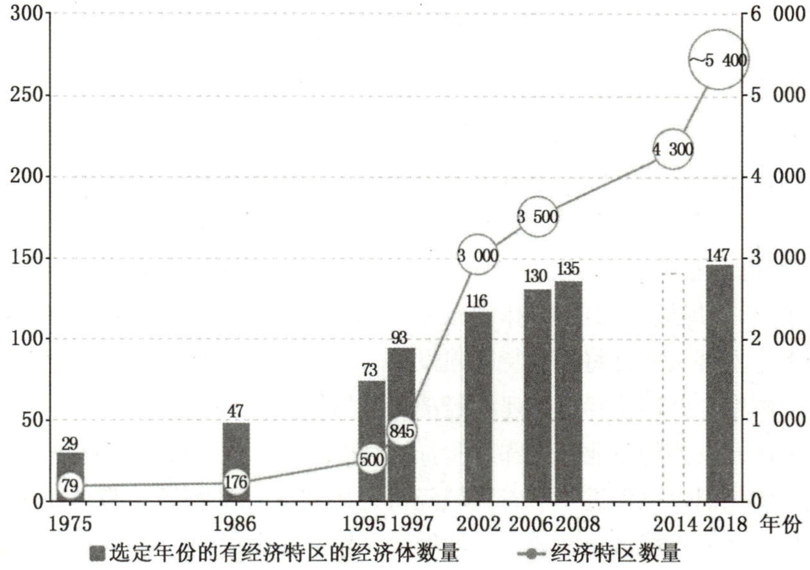

资料来源：联合国贸发会议《2019 年世界投资报告》。

图 9—2　全球经济特区历史趋势（国家和经济特区数量）

表 9—2　　经济特区发展的多种类型

经济体类型	特区政策目标	常见特区类型
高收入经济体	• 为复杂的跨境供应链提供高效平台 • 专注于避免经济扭曲	• 仅物流中心自由区（非工业自由区） • 通过没有独立监管框架的科学园区或者通过与特区无关的激励措施来实现创新和新的工业革命目标
中高收入经济体	• 支持向服务经济转型 • 吸引新的高科技产业 • 专注于提升创新能力	• 基于技术的特区（例如研发、高科技、生物技术） • 针对高附加值产业或价值链环节的特区 • 服务特区（例如金融服务）
中等收入经济体	• 支持产业升级 • 促进全球价值链的整合和升级 • 关注技术传播和溢出	• 关注全球价值链密集型产业的特区 • 服务特区（例如业务流程外包、呼叫中心）
低收入经济体	• 刺激工业发展和多样化 • 抵消投资环境中的弱点 • 在限定的区域内实施试点业务改革 • 将基础设施投资集中在限定区域 • 关注直接就业和出口收益	• 多活动特区 • 旨在吸引加工行业的资源型特区

资料来源：联合国贸发会议《2019 年世界投资报告》。

许多新型经济特区和创新区发展方案正在出现。一些专注于高新技术、金融服务或旅游业等新兴产业，超越了传统经济特区的贸易密集型和劳动密集型制造业活动。另一些则关注环保绩效、科学商业化、区域发展或城市再生。尽管出现了与自然资源相关联的新特区形式，这些特区以国内市场为目标，或者希望成为初创企业和中小型企业的孵化器，但大多数经济特区与其他形式的激励措施一样，基本上仍然是国家竞争性投资促进一揽子计划的一部分。

2. 经济特区发展方面的国际合作正在增加

与外国伙伴合作建立的经济特区日益普遍。尽管政府间伙伴关系特区引起了关注，但大多数特区都是与国际私营特区开发商合作建立的，并不与外国政府签订正式协议。尽管如此，在特区建设方面的正式国际合作是一个日益增长的现象。在投资者母国的支持下，发展援助、经济合作和战略考虑正在推动伙伴关系特区的建设。主要捐助国和多边发展机构已将经济特区建设纳入其发展合作方案。

发展中国家与外国伙伴合作建设经济特区的优势包括分担发展成本、利用伙伴国家和外国特区开发商的专业知识和经验，以及优先进入已建立的投资者网络。

区域一体化倡议也促进了沿着区域经济走廊建立经济特区。跨越两三个国家的区域开发特区和跨界特区正在成为区域经济合作的一个特点。

3. 经济特区可以为增长和发展做出重要贡献

通过与广义的经济成功建立联系，经济特区可以直接或间接地帮助吸引投资、创造就业和促进出口。经济特区还可以支持对全球价值链(GVC)的参与、产业升级和多样化。

(1)特区是重要的投资促进工具。集群经济和同地办公经济的优势对投资者有重大吸引力。在许多国家，经济特区的激励措施、基础设施支持和商业便利化是要弥补投资环境的弱点。全世界约有一半的投资促进机构认为，本国的经济特区极大地促进了对外国直接投资的吸引。在许多国家，特区方案在出口中占据重要份额，特别是制成品出口。经济特区一直是发展中国家出口多样化努力的关键组成部分，在改善各国对全球价值链的参与方面发挥了重要作用。在复杂的全球价值链中，关税、边境税和手续费等贸易成本在中间产品的进口、加工以及之后的再出口过程中不断积累。通过降低这种交易成本，经济特区已经成为全球价值链的主要枢纽。

(2)特区往往是创造就业的有效工具，尤其是对妇女而言。在高失业率和就业不足率的国家，经济特区的工作影响很大。特别是在最贫穷的国家，经济特区可以成为正规就业的重要途径。

(二)经济特区的特殊政策

一般来说，各国经济特区是在本国一般地区的优惠基础上，增加优惠种类或项目，或者提高原有的优惠标准，实行特殊的优惠政策。因此，各国经济特区对外国投资的优惠鼓励措施较本国一般地区更多。综观世界经济特区，特别是发展中国家的经济特区，各国对外国投资的特殊优惠主要有以下几种：

1. 只适用符合特区情况的有关法律

各国大多颁布专门的特区法来设置经济特区，并在特区法中规定，全国通用但不符合特区情况的法律不适用于特区。例如，韩国的《自由出口贸易区法》规定："自由出口贸易区是一个保税区，国内有关法令在这里不全部适用或放宽适用，外汇管理法和对外贸易法中有关进口批准的规定不适用于自由贸易区。"

2. 放宽或解除对外国投资的管制

无论发达国家还是发展中国家，在对待外国投资上，都有不同程度的限制。但是在特区，各国都放宽或解除对外国投资的管制，有些国家采取实际投资有效的自由经济政策，即外国投资者在特区投资不需经过专门审批，只需办理登记手续即可自由投资；有些国家实行对极少数零售部门的投资严格管理，而对其他经济领域的投资采取不干涉和引导政策，将政府的限制和干涉降低到最低程度，如新加坡、马来西亚、巴拿马、韩国。放宽或解除对外国投资的管制主要表现在以下两个方面：

(1)扩大投资领域和投资比例。例如，印度规定，政府允许外国人在出口加工区建立外国人独资企业。新加坡规定，在出口贸易区允许外国投资者在商业部门创办合资(不受49%股权限制)或独资企业(新加坡不允许外国人在一般地区的商业部门投资)；在制造业，允许外国人独资创办技术密集型企业和出口加工工业(在一般地区只能合资举办)。2013年，比照国际贸易协议中的制度安排，上海自贸区公布了我国首份负面清单，秉持"法不禁即可为"的市场管理理念，大幅提高了外商投资的便捷性，以及政府管理的透明度。

(2)解除或放宽外汇管制。例如，马来西亚、巴拿马等国的自由贸易区不实行外汇管制。印度放宽加工区内的外汇管制，规定加工区内外国投资者所获利润、股息纳税后允许全部用外汇自由汇出。斯里兰卡放宽自由贸易外汇管制，规定在自由贸易区内股份的转让，非驻斯里兰卡股东利润分成后汇出，机械设备、建筑材料的进出口，企业资本转让与清算，均不受外汇管制。阿根廷、埃及等国出口加工区也不适用外汇管制的规定。

3. 设立具有较大自主权，办事效率高的特区管理机构

为了给外国投资者提供政府管理的方便，许多国家的经济特区设置了专门的政府管理机构。例如，韩国设立的自由出口管理局管理自由出口贸易区，代表政府处理下列事项，并有就地最高决定权：代表财政部办理外国投资和技术引进合同的批准、废除及善后事宜；代表工商部管理进出口事项；代表内务部批准有关外国使用土地事项；代表卫生和社会事务部处理有关公共事项，处理属于地方自治区当局权力范围内的事项。

4. 税收优惠

具有国际竞争力的税收优惠是经济特区的基本特征和通行惯例，各国经济特区的激励性财税制度一般遵循"境内关外，平等对待，低税负担，属地管理"四项原则，涉及免税、缓税、退税政策。在税收减免优惠上，各国经济特区的一般做法是：

(1)对进口货物减免进口税。马来西亚自由贸易区、南斯拉夫自由关税区、韩国的

出口加工区除极少数控制商品外，一律免征进口关税。中国台湾地区加工出口区对由境外输入而自用的机器设备、原材料、物料及半成品，免征进口税。在美国自贸区内，企业可以选择将制成品关税低于零件关税的货物进行组装，商品只有在进入美国海关和边境保护领域时才缴纳进口税。

(2)减免征所得税。例如，新加坡规定，在特区内凡属新加坡尚未经营过的、适合新加坡经济发展需要的工业企业及其产品给予5—15年的免征所得税优惠；特区企业为增产而增购的生产设备超过1 000万新元者，新增产品部分所得享受5年减征90%所得税优惠；企业年出口产品价值不少于10万新元并占企业销售额20%以上者，享受5年减征90%所得税，减税期终止后10年内按企业所得税正常税率的1/10纳税；既是出口企业又是新兴企业的，减税期为15年；企业投资在200万新元以上，用于建港口仓库或为外国提供技术和工程服务的，享受5年减征50%所得税。

(3)减免增值税等。例如，俄罗斯规定，外国投资者成为特区入驻企业后，在进口用于本企业生产需要的货物时，可以免交俄罗斯进口关税和增值税，或在货物输出俄罗斯关境时予以退税。特区入驻企业缴纳企业所得税为0—15.5%，比其他非特区企业少缴纳4个百分点；在特区企业注册后5—10年内免交企业财产税和交通税；凡在特区企业签订入驻协议后，将免受俄罗斯税收立法以后发生对企业不利变化的影响。

5. 投资补助

例如，菲律宾政府对出口加工区的企业提供特别的投资补助。加纳政府对出口加工区的建筑和设备投资给予资本津贴。在沙特阿拉伯，政府对工业港口的企业提供了沙特工业发展基金会的无息贷款，最高可达投资总额的50%。

6. 特殊的政府保证

一些国家对出口加工区的外国投资企业提供特殊政府保证。例如，加纳政府允许出口加工区的企业在双重税收的情况下，实行税收抵免。墨西哥对出口加工区的企业提供了有关外汇波动的政府保证。加纳和埃及都规定，不对出口加工区的企业实行征收或国有化。

(三)现有建设为现代特区发展提供了重要的经验

1. 经济特区政策框架和发展方案的战略设计至关重要

特区政策在制定时不应脱离广义的政策背景，包括投资、贸易和税收政策。特区的类型及其专业化应建立在现有竞争优势和能力的基础上。长期的特区发展计划应遵循经济特区发展阶梯。

2. 特区发展方案应该采取节俭的方式

可持续发展凸显特区的资金和财政可持续性的必要性，因为其广义经济增长影响可能是不确定的，需要时间才能实现。由于过度专业化、对特区成员的补贴以及已经运营的公司转向特区制度而导致的高额前期成本对财政可行性构成了最大的风险。

3. 单个经济特区的成功取决于把最基础的事情做好

一些特区表现不佳都可以追溯到如下这些问题：选址不佳，需要大量资本支出或远离基础设施枢纽或劳动力充足的城市；能源供应不可靠；特区设计不佳，设施或维护不足；行政程序过于繁琐。

4. 对促进集群和联系的积极支持是最大限度扩大发展影响的关键

在特区内运营的公司进行合作、资源共享和设施共享的空间更大——在专业特区更是如此，但多活动特区可以获取公司同处一地的一些好处。积极探寻与区内外的公司的合作机会，相互匹配的努力和培训方案，显著增强了影响。

5. 坚实的监管框架、强大的机构和善治是成功的关键因素

经济特区的法律基础设施应确保经济特区政策得到一致、透明和可预测的执行。应明确界定经济特区管理机构的责任。特区董事会中应有公共部门和私营部门的代表，这将使特区受益。

第三节 投资国国际投资政策

过去十多年来，全球经济条件和跨国公司行为的变化开始增加了政府对外投资政策方面的兴趣。越来越多的国家认识到，对外投资是企业的战略抉择，政府应当鼓励企业对外投资，而且这种投资对国家作用很大。有鉴于此，放松对外投资限制的市场化趋势正在出现。但是，直到 20 世纪 90 年代中期，不同国家和地区之间，对外投资政策市场化发展仍不平衡。许多发达国家取消了国际投资的资本管制，采取了促进对外投资的政策。随着国内对外投资政策的市场化的完成，发达国家开始强调促进国际合作，努力为对外投资提供便利和加强对国际投资的保护。在经济转轨国家和发展中国家中，这类国内政策的改革历时不长。亚洲在这方面推进较快，许多国家实现了外汇政策市场化，改革了对外投资的管理规定，其中一些发展中国家实际上已开始实施促进对外投资的政策。

一、发达国家对外投资政策

如果对外投资政策与其他政策不相冲突，符合投资国经济政策或能加强与发展中国家的联系，发达国家一般允许并支持对外投资。政府在过去一般采取外汇或资本流动控制制度和项目审批制来限制对外投资。20 世纪 80 年代中期以来，这方面改革步伐加快，到 90 年代初期，所有对外投资和外汇方面的限制实质上都被取消了。除了实行对外投资市场化政策以外，多数发达国家均制定了不同类型的促进对外投资的计划。从一般意义上讲，投资鼓励政策的作用在于它力图减少对外投资的风险。合适的对外投资促进政策有助于克服市场失败带来的问题，减少对外投资的风险(例如，因潜在东道国信息的不完整或不准确而可能带来的投资损失)，从而达到鼓励对外投资的

目的。发达国家制定的这类政策主要有以下几个方面。

（一）信息与技术支持政策

1. 为对外投资提供必要信息

实际上，所有工业化国家政府部门或政府开办的专业银行都为其欲在他国投资的国民提供信息。从最低限度看，这类服务包括向企业提供发展中国家或其他东道国宏观经济与企业成本要素、与外国投资相关的法律框架和管理程序等基本资料，这对对外投资者尤为重要。与此同时，许多国家在实际上似乎又感到难以对企业项目提供出最精确和更及时的信息。虽然如此，一些发达国家仍然在努力建立对外投资企业的资料库，并为东道国企业寻找合作伙伴提供服务。美国的海外私人投资公司、日本的贸易振兴会、芬兰基金等均属提供此类服务的组织。

积极的对外投资促进项目通过出版物、研讨会、远距离通讯会议、交易会、企业管理者和政府官员参加的投资代表团或接待潜在投资东道国代表团来发布信息。具体项目牵线活动对投资行为的影响更为直接，即直接为特定投资者寻找特定的投资机会。较一般的方法是根据不同投资者的不同项目兴趣，提供有关国家行业的投资概况。如 2013 年，日本政府计划对企业开拓非洲和东盟市场提供战略性支持，通过基础设施建设等项目提高非洲、东盟、俄罗斯和印度市场对日本产品的认知度。同时，计划与当地日本大使馆、商工会议所、律师事务所、金融机构以及人才派遣公司等联合，在新兴经济体以及经济发展前景较好的发展中国家设立“支援组”。

2. 为对外投资提供技术上的支持和援助

许多发达国家都为可行性研究提供一些支持，一般情况下，政府为最终投资决策前可行性论证提供一半的资助。一些投资促进计划还特别为中小对外投资者提供启动支持，这类支持包括帮助筹措项目资金、准备法律文件、根据东道国具体条件调整技术和培训当地人员等。例如，荷兰开发融资公司 1989 年制定了一个对外投资促进计划，为可行性研究和项目规划提供资助，培训经营管理人员和一般员工，为特定对外投资促进研讨会和代表团提供资金。

（二）财政支持政策

发达国家对对外投资采用的财政支持政策主要体现为优惠的税收政策。为鼓励和支持本国企业的对外投资，主要的税收优惠政策有：

1. 税收抵免

一个国家通常按属地和属人两种不同的原则确定其税收管辖权，这样，东道国和投资国均可以对投资者征税。但是这样就使一个海外投资者承担了双重纳税的义务。为了避免双重课税，鼓励企业参与国际竞争，一些国家和地区出台了税收抵免政策，允许纳税人从其应纳税额中扣除东道国对该企业已征收的税额。

2. 税收饶让

这种税收政策是仅承认东道国的征税权，投资国放弃征税权。即对外投资者在东道国纳税以后，在母国免除该收入的税赋，不再另征税或补税。目前，日本和德国是实行税收饶让政策的典范，它们在与发展中国家缔结双边税收协定时，都含有税收饶让条款。

3. 延期纳税

它是指投资国对其企业的海外投资收入，在汇回本国前不予征税。美国在实行税收抵免政策的同时采用此办法。实行该项政策，相当于海外企业从母国政府手中取得一笔无息贷款。虽然这一方式可以延缓国际双重征税的发生时间，但从严格意义上讲，它最终并不能减轻或免除国际双重征税。

4. 免税

它是投资国对海外企业的某些收益免于征税。目前，实行这项政策的国家尚不普遍，并且实行中往往附加一些限定条件。如法国规定海外投资者必须把在东道国纳税后的全部所得汇回法国，并在股东之间分配股息，才可实行免税办法。

（三）金融支持政策

发达国家向对外投资提供的金融政策方面的支持主要集中于其国内企业对发展中国家的投资。金融支持政策的主要形式有：

1. 贷款支持

为对外投资提供的贷款主要由工业国的特定机构进行。如日本的进出口银行、德国的发展中国家投资融资公司、加拿大的出口发展公司以及美国的进出口银行等。经济合作与发展组织成员国中，大约有一半国家通过各种类型的发展援助组织为私营企业对发展中国家的直接投资项目提供资金支持。

2. 股本融资

这也是为投资项目提供资金融通的一种方式，其往往采取少数股权收购形式，并且在项目营运并盈利后向其他伙伴出售其拥有的少数股权。从事股本融资的机构有法国中央经济合作局、英国英联邦开发公司、比利时国际投资联合会等。这些机构提供的股本融资能降低投资风险，并为对外投资提供资金融通，而且这些机构拥有的技术和人才优势也可为对外投资提供支持。

3. 为对外投资所需贷款提供担保

这些政策也有利于对外投资获得其所必需的资金。贷款担保机构主要是一些为促进对外投资而设立的政府机构，如德国发展公司、加拿大出口发展公司等。政府贷款保证的范围，各国有不同的做法。一种做法认为，政府贷款保证既包括对借款偿还的保证，也包括对项目执行的保证。坚持这种做法的国家有德国、日本、科威特等。它们的保证协议除规定政府对贷款本息的偿付保证外，还规定保证人有义务尽一切可能或提供一切机会帮助借款方执行和完成项目。另一种做法认为，政府保证只涉及贷款偿还，不必扩及项目执行，这种做法的国家有英国、美国等。它们的政府保证协议一般只包括偿还保证的规定。

(四)管理与限制政策

发达国家现在很少有限制对外投资的措施,现有的某些控制措施主要用于特定的政策和经济条件下。这与早些年形成鲜明对照。20 世纪 70 年代中期,为了解决国际收支平衡问题,许多国家通过外汇控制来限制对外投资。80 年代中期以后,商品与服务贸易的发展、对外贸易融资需求的扩大、全球资本流动的加速和新金融工具的出现,使外汇与资本流出控制的有用性和有效性大为降低。与此同时,外汇政策的变化(最为明显的是浮动汇率的采用)和金融管理技术的提高,减少了取消资本控制限制可能产生的问题,许多国家根据经济合作与发展组织自由化法典和不断扩大、一体化不断加深的区域化(如欧盟)放松管理的协议,取消了许多管理限制。

到 1994 年年底,只有 3 个经济合作与发展组织成员国仍保有某些对外投资限制。例如,葡萄牙要求信用机构在非欧盟成员国设立分理处需经授权,非信用机构子公司在欧盟成员国设立金融分公司也需获取授权;日本为了保证其金融机构的良好状态,要求其金融机构对外投资时需申领授权书,还限制捕鱼、珍品文化和皮革行业的对外投资,因为这类投资可能会对国内企业造成伤害;土耳其对于超过某一额度的对外投资,将根据其对母国经济贡献的大小进行事先的审批。

二、发展中国家和经济转轨国家的对外投资政策

发展中国家和经济转轨国家单独制定对外投资政策的还不多,它们的对外投资政策一般纳入资本政策之内,而且控制得较严。因为发展中国家和经济转轨国家是资本紧缺国,存在较大的储蓄和投资缺口,它们经济发展所需的外汇很紧缺;此外,资本流失一直是这些国家面临的主要问题;因此,政策制定者倾向于采取限制性管理政策,以便将投资留在国内。近年来,一些发展中国家对限制性政策进行了重新估价。一些国家已经认识到,通过公共和私人渠道广泛地进入国际资本市场可以弥补储蓄和外汇短缺的缺口。而且,出于占领或扩大市场、获得资源和经济结构调整方面的需要,这些国家采取了比较市场化的政策,促进了对外投资政策的出台。政策转变通常都与国际收支盈余的出现联系在一起。例如,韩国和中国台湾地区的国际收支出现顺差以后,它们随即放松了管理控制,推进了促进本国、本地区企业扩大对外投资的政策。虽然国际收支持续出现顺差是对外投资政策市场化的一项重要因素,但不是其必然因素,中国和印度的改革说明了这一点。

(一)管理政策

1. 计划管理

这是目前许多发展中国家和地区通常采用的管理手段。为了使计划管理适应国际投资发展的需要,一些国家和地区改革了计划管理的方法,由过去全面的计划控制转变为范围缩小的目录单控制的政策。中国台湾地区在这方面的改革应该被视为一种典型。巨大的外汇储备使台湾地区于 1987 年取消了绝大多数限制措施,并宣布开

始实施广泛的鼓励对外投资的计划。但在此之前，台湾地区经历了从 20 世纪 60 年代初开始实行的严格控制对外资本流动政策到逐步放松的过程。1962 年颁布的《对外投资与对外技术合作项目审批和管理规定》规定了严格的对外投资项目审批的财务金融要求。1979 年以后，台湾地区两次放松了 1962 年的规定，目的是为本地区跨国公司获得原材料提供便利。现在，台湾地区对对外投资的管理已经采取了范围缩小的目录单控制的政策，只有根据台湾地区确定的目录单上的项目仍需审批。确定目录单的标准有：获得当地产业发展所需自然资源与零部件；改善地区贸易收支平衡；鼓励技术引进；协助当地经济进行产业结构调整。

2. 重点管理

紧紧地围绕一国经济发展战略的重点，推进国际投资，是目前一些国家取得成功的一种政策。新加坡提供了这方面的经验。虽然新加坡国土规模很小、劳动力短缺、自然资源匮乏，但其积极推行了开放型经济政策。20 世纪 70 年代初，新加坡就确定了经济发展的战略重点是建立国际金融中心。以后，政府首先放宽了对资本流出的控制。新加坡推行此政策的结果，使其成为一个在自然资源匮乏条件下却取得经济高速发展的国家。

3. 现金流管理

印度为另一种典型，其管理重点是控制现金流量。在最初的对外投资管理中，政府倾向于鼓励企业以机器设备为股本的投资。但是在市场化进程的推动下，印度在 1992 年对投资政策进行了重大改革。政府认为，只要资本流量能够满足国际收支平衡的需要，投资管理就不必仅限于设备。为了实现流量管理的目标，政府大力鼓励本国企业到国外进行能增强国际贸易竞争能力的投资。凡是这类项目政府都予放开，与此相关的项目一般在 30 天内也可自动获准。印度的这种管理政策是成功的。它经受了亚洲金融危机的考验，始终保持国际收支平衡和对外投资的旺盛势头。

4. 外汇管理

一些国家在认真总结墨西哥金融危机教训的基础上，将对外投资管理的重点放在外汇管理上。智利过去虽然对对外投资没有太多限制，但 1990 年还是采取了一些重要的改革步骤，政府降低了对外投资的授权要求，延长了利润汇回和清算后股本汇回的时限；现在，对外投资项目额度没有上限，投资融资也没有限制，但进入外汇市场进行与对外投资相关的经营则需获得授权。

到目前为止，有一部分发展中国家对于对外投资管理还较为严格，但国际收支状况好的国家已经加快了对外投资政策的市场化进程。

（二）促进政策

在那些加快国际投资政策市场化进程的发展中国家，它们除了明确政策管理的重点外，还出台了一系列的促进政策。

1. 信息与技术援助

对外投资促进政策最简便的形式是提供信息与技术援助。由于各国的具体情况不同，其中包括当地企业与政府关系的差异，因此这类促进政策的范围和内容差异极大。许多发展中国家利用现有的对外投资促进机构收集信息，并向国内团体通告对外投资机会，政府还像对新的出口商提供贸易支持一样，为对外投资企业，特别是中小企业，提供技术援助。例如，新加坡制定出本国企业在国外投资的2000年区域经济一体化计划，专门成立了国际企业发展战略事务局，分析进行对外投资的潜力，帮助新加坡企业抓住项目机会，建立与投资项目间的联系，实施税收与金融优惠政策（包括贴息贷款、业务发展与赠与、营销与投资贴补、培训等），同时还通过政府与政府的共同委员会来促进本国的对外投资。

2. 税收优惠

为了加大鼓励国内企业对外投资的力度，一些国家进一步出台了对企业海外投资亏损注销和免除海外投资收入、红利的税收政策。例如，新加坡政府规定，在海外发展业务可以享受10年免缴所得税的优惠，在发展中国家的投资开发可以享受双重减税的优惠；马来西亚政府规定，国外投资所得并汇回马来西亚的利润减半征税，所得税豁免地区汇回的红利仍可享受免缴所得税待遇，企业投资并盈利后，可连续5年享受税收减免优惠，市场调研等企业投产前运营开支可以列入成本、免缴所得税等。

3. 金融支持

各国都十分重视金融政策对国际投资的支持作用。大多数国家都设置了专门的进出口银行或类似的金融机构，通过金融促进对外投资。韩国进出口银行在提供信息服务以外，还提供海外投资信贷。进出口银行为对外投资提供的优惠利率贷款，总额可达项目投资额的90%。中小型企业是这类优惠贷款的主要受益者，大型企业也可获得支持。韩国石油开发公司和矿产资源开发公司大力支持企业开发重要的境外资源，为此类项目提供初始投资和流动资金。韩国进出口银行甚至设立了经济发展基金为海外投资项目提供贷款，这项基金是专门为风险太大或经济效益太低的经济合作项目而提供信贷的。同样，印度进出口银行也担负着对外投资的促进任务。为了给在国外的合资经营企业提供股权融资，印度进出口银行专门设置了海外投资融资项目。目前，该项目提供的股权融资已占印度对外股权投资的80%。印度企业在国外举办融资企业或收购外国企业也可获得股权融资。与韩国和印度不一样，泰国进出口银行为泰国企业提供金融支持特别注意两个条件：一是对国外分支机构出口泰国二手设备的投资者，银行给予长期优惠贷款，贷款利率不超过伦敦银行同业拆放利率加2%；二是综合权衡对东道国经济的好处和对泰国贸易扩大与经济增长的利弊，然后才可能参与某些项目的投资。这些情况表明，许多政府都采用促进国内工业发展的优惠金融政策来促进对外投资的发展。贸易促进项目可以派生出促进对外投资的金融政策，当对外投资与扩大出口结合在一起时，这类金融政策更容易被政府制定出来。

4. 人才培训

国际投资需要高素质的管理人才。这类人才不仅要熟练地掌握东道国市场的语言文化、竞争策略、销售网络和宏观经济的基本情况，还必须熟悉国际法律、现代通讯和全球经济的综合资料。为了扭转目前高级人才匮乏的状况，各国都采取措施加紧了人才的培训工作。中国对外贸易经济合作部与联合国贸易与发展会议跨国公司与投资司合作，于 1994 年 9 月制定了一个培训计划，加强对中国企业国际化经营的管理技术培训。这一计划的具体目的在于向中国的跨国经营企业传授正式的企业经营知识，特别是在国外建立分支机构并对其进行管理的知识。这一举措很快引起了各国的关注。目前，类似的培训已在亚洲和南美洲各国铺开。

三、国际投资政策趋势

(一)外国投资限制和监管正在增加

2018 年，约 55 个国家和经济体出台了至少 112 项影响外国投资的政策措施。其中 2/3 的措施寻求投资自由化、促进和便利新投资。34%的措施引入了对外国直接投资的新限制或条例——这是自 2003 年以来的最高比例(见图 9—3)。2020 年，投资政策成为应对疫情的重要组成部分。包括 20 国集团在内的几个多边集团已经发表了支持国际投资的宣言。70 多个国家已采取措施，以减轻对 FDI 的负面影响，或保护国内工业企业免受外国收购。

自由化措施影响了若干行业，包括农业、媒体、采矿、能源、零售贸易、金融、物流、运输、电信和互联网业务。此类措施的 60%为亚洲发展中国家所出台的。一些国家推进了国有公司的私有化。此外，简化或精简外国投资者行政手续的趋势仍在继续，例如取消一些审批要求或开设在线申请门户。疫情期间，一些国家禁止医疗器械出口和降低医疗设备进口关税。

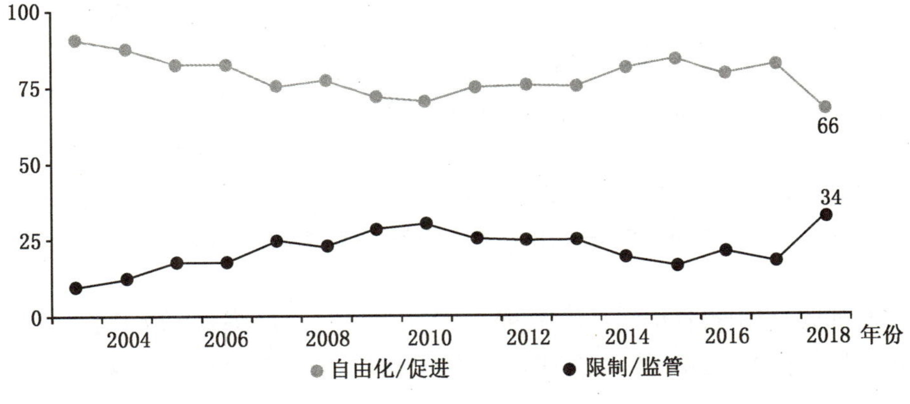

资料来源：联合国贸发会议《2019 年世界投资报告》。

图 9—3 2003—2018 年国家投资政策变化(百分比)

在新的限制和监管中，发达国家采取的一些措施是为了解决国家安全问题。在发展中国家，措施包括在某些行业设立新的外国所有权上限或对购置住宅的限制。还引入了新的当地含量要求和雇用当地工人的义务，包括在公共采购规则中。

由于政府干预，2018 年许多跨境并购交易（超过 5 000 万美元）宣告失败。至少有 22 笔交易因监管或政治原因受到阻碍或被取消——是 2017 年的两倍。9 笔交易出于国家安全考虑被暂停，3 笔交易因竞争主管机构的关切而被撤销，还有 3 笔交易因其他监管原因被中止。另外 7 笔交易因东道国主管的批准拖延而遭放弃。2019 年至少有 11 宗大型跨境并购交易因监管或政治原因被撤销或阻止。

（二）各国正在加强筛查外国投资的监管框架

近年来，对外国直接投资的筛查变得更加普遍。至少有 24 个国家实施了具体的外国投资筛查机制，这些国家合计占全球外国直接投资总量的 56%。出于安全和公共利益考虑而收紧对外国收购的控制也正出现在区域层面。

投资政策中的国家安全论点最初是用于控制外国公司参与国防工业的一种手段。此后，被逐渐扩展用于保护其他战略产业和关键基础设施，现在还被用来保护被视为在新工业革命时代对国家竞争力至关重要的国内核心技术和专门知识。

从 2011 年至 2019 年，至少对外国直接投资筛查框架进行了 41 项重大修订，至少有 11 个国家引入了新框架。大多数修订是通过增加新的部门或活动、降低触发门槛或扩展外国投资的定义等途径，扩大了筛查规则的范围。另有一些新监管条例则是扩展披露义务、延长筛查程序的法定时限，或对不遵守通知义务的行为实施处罚（见图 9－4）。

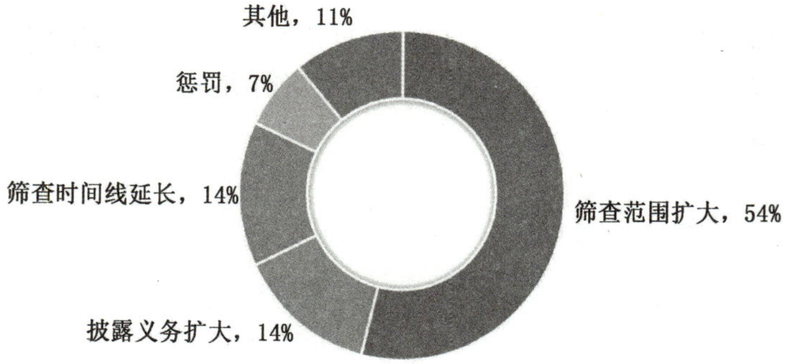

资料来源：联合国贸发会议《2019 世界投资报告》。

图 9－4　2011—2019 年外国直接投资新限制性筛查政策

尽管如此，吸引投资仍然是优先事项。2019 年，54 个经济体采取了至少 107 项影响外国投资的措施，其中 3/4 朝着投资促进、自由化和便利化的方向发展，其中发展中国家和亚洲新兴经济体最为活跃。在采矿、能源、金融、运输和电信领域，各国采取了推动自由化的政策，取消或降低了各种行业对外国投资者的准入限制。为外国投资简化或精简行政程序的趋势仍在继续。此外，一些国家为对特定行业或地区的投资提供了新的财政激励措施。

阅读文献

1. 联合国贸易和发展会议:《2019 年世界投资报告》, http://unctad.org/tnc。

2. 中国驻俄罗斯联邦经商处:《俄罗斯外商投资法律制度》,http://www.cccfna.org.cn/article/%E5%9B%BD%E5%A4%96%E6%94%BF%E7%AA%96/12412.html,2014 年 7 月 1 日。

3. 任泽平:《发达国家实施加速折旧的经验与我国的选择》,载于《经济纵横》2014 年第 3 期。

4. 咎丙艳:《中国对外直接投资的政策与制度研究》,载于对外经济贸易大学国际经济贸易学院学位论文,2019 年。

5. 杨晔、朱晨、谈毅:《上海鼓励设立跨国公司研发机构政策研究:历程、理论与措施》,载于《科技进步与对策》2017 年第 1 期。

习题及案例分析

一、名词解释

1. 技术溢出效应
2. 产业"空心化"
3. 顺贸易型投资
4. 逆贸易型投资
5. 税收抵免
6. 税收饶让
7. 国际避税

二、简答题

1. 简述外国直接投资对东道国的资本形成的影响。
2. 简述外国直接投资对东道国的技术进步效应。
3. 简述外国直接投资对投资国产业结构的影响。
4. 简述外国直接投资对投资国的国际贸易效应。
5. 简述外国直接投资对东道国的就业效应。
6. 简述发达国家对外投资的政策支持。

三、论述题

试述优惠政策在吸收外国投资中的作用及局限性。

四、案例分析

美国海外投资支持政策的经验

美国从 1948 年实施"马歇尔计划"开始,就建立了一套以海外投资保险为核心的促进和保护海外投资的法律制度。美国把政府对外援助与企业海外投资联系起来，把对外援助作为促进本国企业海外投资的重要筹码，通过对外援助，使本国企业在受援国的海外投资中获得更为有利的竞争机会。如美国对中东、中亚地区的经济援助甚至军事援助或控制，实际上以政府的力量保证美国企业在该地区的资源开发优势和利益回报，使该地区成为美国获取石油、天然气等资源供应的重要来源地。

此外，美国还由政府出资设立专项基金或机构支持美国企业的海外投资，如美国贸易发展基金(TDA)、小企业发展中心等。TDA主要通过向发展中国家和中等收入国家的投资项目提供可行性研究、定向考察、技术援助等方面的资助，增强美国公司在海外投资方面的对外竞争力。据悉，在TDA支持美国海外投资的各项资助中，资助项目可行性研究的费用约占该机构总预算的77%。另外，鉴于中小企业在海外投资中面临更多风险的现实，从20世纪80年代以后，美国开始注重对中小企业海外投资的特别鼓励和保护，如建立“小企业发展中心”，对高科技型中小企业的对外投资提供资金援助，并实行专门针对中小企业的技术转让计划等。

根据以上资料，分析如何完善我国海外投资支持政策。

中国和巴西对外直接投资政策比较

巴西和中国是同是金砖国家(BRICS)成员。2001年，美国高盛公司首席经济师吉姆·奥尼尔第一次提出“金砖四国”的概念，特指世界新兴市场。2010年南非加入，并改称为“金砖国家”。巴西和中国一样，国际化是近些年才突飞猛进，同时经历了全球经济危机的影响。鉴于中国和巴西同属新兴市场国家，其对外直接投资政策具有可比性。目前巴西和中国已经从以国内市场自给自足为中心的发展战略转变为寻求国际经济地位的发展战略，其中包括将对外直接投资支持作为其产业政策议程的一部分，这是两国比较相似的地方。两国从公共政策方面来看都需要政府支持，尤其政府需要国际税收和行政审批上更加优惠和便利，作为保护和促进投资的双边多边贸易协定也应更多重视。企业融资角度的问题也需要考虑。总体来说，中国和巴西在对外直接投资背景和主要问题上有很大的相似之处，但在对外直接投资具体政策上还是有很大的不同。中国政府一直把重点放在跨国收购国内稀缺的资产上，例如能源类跨国并购。中国石油和天然气开采的对外直接投资在对外直接投资总量中一直占有很高比重。资源寻求动机比较明显。另外中国的战略更有可能对国内经济产生积极的溢出效应，中国也有很多技术寻求型对外直接投资，很大程度促进了中国国内技术研究与发展。而巴西政府更倾向于支持已经具有高度国际竞争力的行业，这和传统的建立在发达国家基础上的对外直接投资理论比较吻合，不断增加和发挥行业竞争优势。

根据以上资料，试对两国对外直接投资政策进行评价。

参考答案

一、名词解释

1. 答：技术溢出效应是指投资主体在从事生产或其他经济行为时，并非有意转让或传播其技术，而是在其经济行为中自然输出技术与其他可引起的技术提高。

2. 答：广义的产业“空心化”是指伴随着对外直接投资而出现的服务产业经济化的现象，亦即随着对外直接投资的发展而导致国内第一和第二产业比重下降、第三产业比重上升的非工业化现象；狭义的产业“空心化”是指随着对外直接投资的发展，生产基地向国外转移，国内制造业不断萎缩、弱化的经济现象。

3. 答:顺贸易型投资是指起着增加投资国与东道国之间国际贸易作用的国际直接投资。

4. 答:逆贸易型投资是指起着减少投资国与东道国之间国际贸易作用的国际直接投资。

5. 答:税收抵免是指为了避免双重课税,鼓励本国企业参与国际竞争,允许纳税人从其应纳税额中扣除东道国对该企业已征收的税额的税收政策。

6. 答:税收饶让是指仅承认东道国的征税权,投资国放弃征税权的税收政策。

7. 答:国际避税是指跨国纳税人以合法手段跨越税境,通过资金或物的流动来减少和免除纳税义务的行为。

二、简答题

1. 答:外国直接投资对东道国的资本形成既有直接效应,也有间接效应。

(1)直接效应:国际直接投资所引起的资本流动对东道国资本形成的直接效应是表现为正效应还是负效应,以及效应的大小,需要从资本流动方向、进入方式、资金来源和东道国市场结构等多角度予以考察。

(2)间接效应:间接效应主要体现为产业连锁效应和示范与牵动效应。

2. 答:外国直接投资对东道国的技术进步效应通过两条渠道发挥作用:

(1)跨国公司通过国际直接投资的方式将先进技术转移给设立在东道国的分支机构或直接转移给其他机构,对东道国的技术进步产生直接效应。

(2)跨国公司设立在东道国的分支机构产生的技术扩散与溢出效应,对东道国的技术进步产生间接效应。

3. 答:外国直接投资对投资国产业结构的影响有两种不同的观点:

(1)产业结构优化说。这种观点认为,通过对外直接投资,投资国可以将本国已经失去或即将失去国际竞争力的产业转移到其他国家,从而实现国内产业结构的优化,弗农的生命周期理论、小岛清的边际产业扩张理论和赤松要的雁形理论是这种观点的典型代表。

(2)产业"空心化"说。这种观点认为,这种产业转移有可能造成投资国的产业"空心化",不利于投资国产业结构的优化与成长。

4. 答:外国直接投资对投资国的国际贸易效应一般表现为以下四种效应的综合效应:

(1)出口引致效应,即由于对外直接投资而导致的原材料、零部件或设备等出口的增加;

(2)进口转移效应,即由于对外直接投资而导致的进口减少;

(3)出口替代效应,即由于对外直接投资而导致的出口减少;

(4)反向进口效应,即由于对外直接投资而导致的进口增加。

一般来说,这四种效应并不是同时出现的,较早开始发挥作用的是出口引致效应;随后,当国外分支机构的生产开始取得规模经济效益以后,出口替代效应开始出现;继之产生作用的是进口转移效应和反向进口效应。

5. 答:外国直接投资对东道国的就业效应表现在数量和质量两方面:

(1)就业数量效应。直接增加或减少就业机会,或通过产业关联间接增加或减少就业机会。

(2)就业质量效应。

① 为东道国雇员提供较高的报酬和较好的工作条件;

② 通过培训当地雇员而为东道国开发人力资源，在一定程度上提高了东道国就业人员的素质；

③ 改变东道国的就业人员构成，为妇女创造更多的就业机会。

6. 答：发达国家对外投资的政策支持表现在：

(1)信息与技术支持政策。为对外投资提供必要信息，对对外投资提供一些技术上的支持和援助等。

(2)财政支持政策。税收抵免、税收饶让、延期纳税、免税等。

(3)金融支持政策。贷款支持、股本融资、为对外投资所需贷款提供担保等。

三、论述题(提示)

答：1. 优惠政策对吸收投资有一定作用，如财政优惠、金融支持等。

2. 优惠政策有很大局限性，各国优惠政策的趋同性使优惠政策失去吸引力，而过度的优惠政策竞争只会使利益向外国投资者转移。

四、案例分析(提示)

1. 答：进一步完善我国海外投资政策包括：

(1)做好顶层设计，海外投资政策应具备系统性；

(2)增加对包括民营企业在内的中小企业的海外投资政策支持；

(3)支持方式应更加灵活，不必受限于财政补贴；

(4)进一步完善海外投资服务配套措施。

2. 答：通过中国、巴西两国对外直接投资政策比较分析，可以看到：

中国、巴西同属金砖国家，都属于新兴市场国家，国际化都是最近一些年才迅猛发展。经过对比发现，从对外直接投资政策具体细节来看，两个国家还是各有思路和侧重点，但从整体的对外直接投资政策大方向上看是一致的，那就是自给自足为中心的战略已经过时，积极参与国际合作，加大开放的步伐，寻求新的国际经济地位是有效促进本国经济发展以及提升世界福利水平的有效途径。这也更加印证了中国“走出去”及“一带一路”倡议的合理性。开放融合是永远的主题，当今世界在人文领域有时候会没有明显的国家界限。随着人力资源的全球频繁流动，国籍虽然容易界定，但人内心的文化归属将很难界定，这就是一种融合，这种融合也会从人力资源的角度促进开放。开放与发展也是互相促进的关系，在开放的过程中加速发展，在加速发展的同时更需要进一步扩大开放，最终实现经济的快速增长及人民福利水平的大幅提高。

第十章　国际投资法规管理

国际投资的有关法规是维护整个国际投资运作的基础，是国际投资持续发展的重要保证。各国及一些区域性、国际性组织均非常重视对于国际投资法规的建设和管理。需要特别说明的是，学术上通常所说的国际投资法均就国际直接投资而言，不包括国际间接投资，而本书将国际投资法规的范畴扩大到了国际间接投资，扩大了其内涵。因此，本章的前两节内容分别是国际直接投资和国际间接投资的法规管理，另外，鉴于解决国际投资争端的重要性（这里的国际投资争端主要是指国际直接投资），我们在第三节对其进行专门介绍。

第一节　国际直接投资法规

国际直接投资法规，即通常所说的国际投资法，是国际经济法的一个分支，它是指调整国际私人直接投资的国内法规范和国际法规范的综合。其主要内容包括国际直接投资的内容、效力，对外国投资的保护、鼓励与限制，关于解决投资争议的程序和规则以及对外投资保险，等等。其中，用法律手段创造较好的投资环境，对外资进行有效的鼓励和保护，同时对外资进行必要的监督和控制，以便使其既能促进国际投资合作和往来，又能将其纳入各国经济发展的轨道，这是国际直接投资法规的核心内容。

一、国际直接投资的国内法规范

国际直接投资的国内法规范是指各个国家以国家立法形式对其对外投资和吸引外资者对其的投资提供的各种保护、鼓励和限制措施等。我们下面将分别对投资国的国内法规范和东道国的国内法规范进行阐述。

（一）投资国的国内法规范

虽然发展中国家在国际投资中的地位有上升的趋势，许多发展中国家，特别是新兴工业化国家对外直接投资日益增加，但从总量上来看，发展中国家的对外直接投资尚处于从属地位。出于对国际收支平衡方面的考虑，发展中国家一般对其资本输出有所限制，但近几年亦有转向宽松的趋势。发达国家一般对其对外投资限制很少，而且往往对它的对外投资持鼓励态度。一般来说，投资国的国内法规范主要涉及以下两方面的内容。

1. 对外投资审批的法律规范

发达国家除出于政治上的考虑而对本国的对外投资作一定限制(对高新技术产业的输出管理较为严格)外,总的来说,其对外投资一般不会受什么限制。发展中国家一般有专门的部门来对其对外直接投资进行审批,一般而言,金额越大,则审批越严格。例如,韩国企业向海外投资始于1968年,开始时项目较少,投资金额也较小。自1975年开始,海外投资规模开始扩大。1980—1987年,海外投资项目为2 652项,投资总额为8.4亿美元;而到1990年年底,政府批准海外投资项目共计1 896项,金额为43.76亿美元。总体而言,韩国的海外投资发展还是很迅速的,且政府对本国企业的海外投资持鼓励态度。有关海外投资审批的规定主要见于韩国财务部颁发的《外汇管理规程》第十五章"海外投资"。韩国的海外投资的审批工作由韩国银行负责,韩国银行下设"海外投资事业审议委员会",由韩国银行及其他13个政府部门的官员组成。海外投资的批准根据数额及其他因素分为三种情况:(1)投资额在200万美元以下并具备韩国银行总裁另行规定之要点的海外投资以及用本身利润的保留金进行的投资,都以韩国银行总裁受理投资者的申报来代替批准;(2)投资超过200万美元的项目,韩国银行总裁在审批时,可委托主管部门长官加以研讨;(3)海外投资超过500万美元以及向未建交国家的投资,除政府某些事先已决定给予支援的项目,一般均须先经海外投资事业审议委员会审议,然后由韩国银行总裁批准。

2. 海外投资保险的法律规范

海外投资保险法是以保障本国海外投资的安全和利益为目的,保护、鼓励本国海外投资,由国家分担海外投资保险的一系列法律的总称。投资国仅以优惠政策来鼓励对外投资是不够的,因为进行对外投资往往会遇到战争、没收和国有化等政治风险。因此,以法律形式对对外投资进行保护和支持,以使本国的对外投资尽量免受政治风险的影响是非常必要的。

(1)海外投资保险制度的由来。海外投资保险制度的首创者是美国。1948年,随着美国马歇尔计划的实施,它的对外援助体制也日臻完善。当时,由美国政府的"经济合作署"管理援外事务及海外投资,首创投资保险制度,但其仅适用于欧洲发达国家,保险范围也仅限于外汇风险。后来,随着美国私人海外投资大量流入发展中国家和地区,而这些投资往往要面对征用和国有化等政治风险,使投资者利益受到严重威胁。从1955年起,保险范围开始扩大到战争、革命、内乱和征用等政治风险,而保险制度也转而仅适用于发展中国家和地区。美国的海外私人投资公司(Overseas Private Investment Corporation,简称OPIC)从1971年开始承担海外投资保险业务,成为主管美国私人海外投资保险的专门机构。第二次世界大战以后,各主要资本主义国家为鼓励资本输出,纷纷仿效美国制定了投资保险制度。

(2)海外投资保险法规定的主要内容。

第一，在承保机构方面，美国对外投资保险业务由 OPIC 全权经营，它是直属美国联邦政府的独立机构，自负盈亏。宗旨是鼓励并保护私人海外投资，资助美国企业在发展中国家和地区开发新的投资市场。它实际上处于政府的直接领导下，其董事会成员一半由美国政府有关主管部门的代表兼任，其余董事须经参议院同意后由总统任命，美国国际开发署署长任董事长，公司总经理和常务副总经理也由总统任命。日本的承保机构为通商产业省出口保险部。德国则由指定的两家公司，即“信托股份公司”和“黑姆斯信贷担保股份公司”作为政府代理人承办德国海外私人投资的保险业务。

第二，在合格投资者的规定方面，美国、日本和德国均要求投保的投资者与承保机构的所在国有密切联系。美国要求前来投保的投资者必须为其资产至少 51%由美国人所有的美国公司或资产至少 95%为美国人所有的外国公司。德国的合格投资者包括在德国有住所的德国公民及据德国法律设立、在德国有住所或居所的公司社团。日本规定的合格投资者为日本公民或日本法人。

第三，在合格投资与合格东道国方面，美、日、德三国均规定：凡前来投保的海外投资，均以东道国已明确表示同意接纳作为可以承保的先决条件，这是对东道国主权的一种应有的尊重，也是提高当地海外投资安全系数的需要。合格东道国指的是海外投资注入的国家必须符合一定条件，保险机构才同意承保有关海外投资，对于合格东道国方面的要求，三国不尽一致。美国较为详细和严格，合格条件为：限于友好发展中国家，尊重人权和国际上公认的工人权利，与美国签订有双边投资保护协定。德国信托股份公司要求东道国必须提供包括双边投资协定在内的充分法律保护。日本对合格东道国无具体要求。

第四，在承保的政治风险险别方面，各资本输出国的投资保险机构通常承保三种主要政治风险，分别为外汇禁兑险、财产征用险和战争内乱险，内容基本一致，但方式有所不同。在美国，投资者可就三种风险全部申请综合投保，也可选择其中一种或两种分别投保。其他国家一般要求对三种保险综合投保。对三种主要政治风险以外的政府违约风险，一般情况下不予承保。

第五，在保险额、保险期限和保险费方面，一般来说，最大保险额为投资总额的 90%，但德国规定在某些情况下可将保险额提高到 95%。未予承保的份额由投资人自行承担风险后果，这样的规定是为了提高投资者的自我责任感和积极性。关于保险期限方面，所有各国的投资保险制度均提供 15—20 年的长期保险。各国的年保险费和费率标准差别较大。美国的 OPIC 在经营上必须自负盈亏，因此保险费也最高，如果三种主要政治风险一揽子投保，合计保险费约为 15%。大部分国家均对海外投资保险机构提供补贴，因而保险费较低。

第六，在赔偿和救济方面，各国均规定了赔偿投保人的条件以及向东道国的代位求偿权。一般的做法是海外投资保险机构在发生所承保的风险之后，先依据一定条件向遭受风险损失的投资者支付赔偿，然后海外投资保险机构代位取得投资者的索赔权利，包括向东道国政府的索赔权。

（二）东道国的国内法规范

1. 发达国家东道国的国内法规范

发达国家对外国投资采取自由开放政策，对内资与外资一般实行无差别待遇。但发达国家也有一些针对外资的立法，与发展中国家外资立法重在对外资的优惠和鼓励不同，发达国家立法的主要目的在于对外资进行监管。美国和日本为发达国家的典型，美国对于外国投资的态度从宽松到有所限制，日本对外国投资则经历了一个从严格到宽松的过程。

（1）美国的国内法规范。发达国家中，美国为对外国投资政策最为开放的国家之一。除在一些特殊领域（如国防、通讯、运输等行业）外，外资进出自由。美国并没有专门制定针对外资的法律，适用于内资的各种法律同样适用于外资。但随着近十几年来外国投资的增长和对美国经济生活日益增强的影响，美国也开始注意加强对外资的管理。此方面最重要的一项立法为 1988 年《综合贸易及竞争法》第 5021 节，即《爱克森—佛罗里奥修正案》，该法律授权总统可根据"国家安全"方面的理由，禁止任何外国人对从事州际商务的美国企业吞并、取得或接管。该法案生效后第一个受影响的为中国航空技术进出口公司。布什总统根据这一修正案要求该公司出让其收购的一家美国飞机零件公司（玛姆科制造公司）的所有权。该法案也引起各国投资者的广泛关注。2018 年，美国通过《美国外商投资风险审查现代化法案》（FIRRMA），扩展了美国外国投资委员会（CFIUS）的审查范围：特定房地产投资、涉及关键技术和关键基础设施的"非被动投资"、将知识产权或关键技术转移给外国投资者的特定合资项目等都必须纳入审查；新增关键技术的"累积"控制、公民敏感信息、网络安全、舆论影响等多项审查内容。这意味着，CFIUS 审查范围从传统的并购投资已扩展至特定的绿地投资和合资项目。而且，审查的主观性增强，只要 CFIUS 认为相关投资涉嫌故意回避监管，就可立即采取相应措施。FIRRMA 远远超出维护国家安全需要，具有政治经济战略考虑，导致中美经贸投资关系面临很大的不确定性风险。

（2）日本的国内法规范。日本的外资立法随着其经济实力的变化，经历了一个由严格控制到自由开放的过程。1967 年以前，日本政府基本上仅允许外国企业以特许协议的方式向日本转让技术，以及在特殊情况下，允许一些外国企业在日本与当地企业建立合营公司。因此，1967 年以前，外国企业在日本的直接投资所涉及的金额和范围均相当有限。20 世纪 60 年代后，日本工业水平的提高、国际收支状况的改变使其不断受到以美国为首的其他国家的压力，促使其放宽对外国直接投资的限制。自 1967 年开始到 1973 年，日本政府先后 5 次宣布了资本自由化措施。1973—1976 年，日本政府再次放宽对外资的限制，允许外国企业进行直接投资或收购业已存在的日本企业，但此种投资或收购仅限于为数不多的几个工业部门。1974 年修订的《外国投资法》规定了对外资入境的基本原则为："外国对日本的投资，应尽可能承认其自由。本法规定的许可制度,可视其需要的减少而逐步放宽或予以禁止。”该法确定了日本对外国投资管理自由化的基调。1980 年修订的《外汇与外资管理法》在日本的外资政策自由化进程中具有决定性意义。该法对外资入境一般实行自由许可,外资进入仅需申报,无须逐一审批;对外资仅有一些国际惯例上常见的投向限制,即禁止或限制外商投资经营涉及日本国家安全或影响日本经济命脉领域的项目或企业。1992 年颁布的《促进进口和对日投资法》,规定对投资于日本政府认定为特定对内投资的制造业、批发业、零售业、服务业等 151 个行业,出资比例超过 1/3 的外国投资者,政府提供优惠税率和债务担保;外资企业成立 5 年内所欠税款可延长到 7 年缴纳。总体来说,日本的外资法规已逐步作出开放性规定。

2. 发展中东道国的国内法规范

发展中国家虽然在经济制度、政治制度、经济发展水平方面有很大不同,但均面临着振兴民族经济、维护国家独立的共同任务,有着大体相同的国际经济地位。因此,发展中国家的外资立法有许多共同特征:第一,发展中国家吸收外资的立法一般都以法典形式或系列性专门法规的形式(如外资法、外商投资法等),对有关外资的审批、待遇、国有化、补偿及争端解决作出特别规定,以与国内投资作出区别;第二,发展中国家的外资立法在对外资进行限制、管理和监督的同时,往往在税收、外汇使用及争端解决等许多方面给予外资优于内资的种种特惠待遇。为吸收外国投资,促进经济发展,多数发展中国家外资立法的趋势是放松限制,给予外资更多的保护和优惠。一般来说,发展中东道国外资立法的主要内容涉及以下几方面。

(1)对外国投资项目的审批。外国投资的审查、甄别,是对国际资本自由流动的限制形式之一。对东道国来说,对外国投资的审查和批准,关系到引导及监督外国资本为本国经济发展的根本利益服务的问题。对国外投资者来说,关系到投资者本身的法律地位问题。外国投资者向东道国输出其资本,事先取得该国主管机构的审查和批准,其投资计划和项目经营才能取得合法地位,并得到关于该投资的法律保护及各种法定的权利和优惠待遇,如税收、外汇优惠及其他保证。根据各国立法,对外国投资的审查和批准,可分为程序上的审查和实质上的审查。第一,程序上的审查。依各国立法,规定通过有权审查和批准外国投资的特别政府机构(如外国投资委员会、外国投资审查局等)或其授权机关,接受投资申请后,对投资计划、方案、项目、投资者的资信、投资协议、合同、章程、可行性研究报告、工业产权证明文件及其他必要文件,以及申请是否具备法定程序,进行审查,在法定期限内予以批准或不批准。第二,实质上的审查,指审查投资的经济效益对东道国经济发展目标和国家利益的关系。审查引进的外国资本和技术是否有损于国家主权,是否有利于国家经济和技术的发展,是否有利于改善国际收支平衡,是否符合国家目前和长远的经济规划,这是外资审查的关键和主要内容。对于审查标准,各国立法不一,大体上可分为积极标准与消极标准两类。积极标准指可予批准的条件。如墨西哥规定,外国投资审查批准时,应符合下列条件:一是外国投资是国内投资的补充；二是外国投资不应取代经营良好的民族企业；三是外国投资对国际收支平衡起积极作用；四是应促进就业等。消极标准指不予批准的条件。如菲律宾规定，外国投资企业有下列情况之一者，不予批准：一是与宪法以及有关所有权比例法规相抵触；二是导致垄断或合并以致妨碍贸易；三是在菲律宾籍人有足够能力开发的领域投资；四是与优先投资计划抵触等。

（2）外国投资的范围。投资范围是指一国基于本国的经济发展目标而规定的外资投向，即允许或鼓励外资投向哪些部门，禁止或限制外资投向哪些部门。发展中国家一般禁止外资在军事、国防、通讯、交通运输等领域投资，而鼓励外资向有利于国民经济发展的部门，特别是新兴产业部门投资。当然，发展中国家在投资范围限制上往往要大于发达国家。

（3）出资比例。出资比例是指外国投资者和东道国投资者在设立的企业中各占资本的份额或百分比。出资比例代表投资者在企业中拥有的股权多少，而股权多少又决定了投资者对企业的控制权和决策权。有些发展中国家为限制外国投资者在合资企业中的经营管理权、控制权或操纵权，对外国投资者规定了出资上限。如墨西哥以《联邦电信法》、《证券市场法》和《外国投资法》等不同法令详细规定了不同行业的外资股份参与限制。多数发展中国家对投资上限不作任何限制。

（4）国有化和征用。发展中国家有多种处理方式，有些未作明确规定，而把此类问题委之于友好、通商、航海条约或双边投资保护协定中。有些通过外资法作出保护性规定，如泰国规定"政府不得将私人工业设施强制转让与国家"，埃及规定"除非通过合法程序，否则投资项目不得收归国有或加以征用，投资资产也不得被没收、抵押或查封"。有些采取渐次征用方式，收买外资股份。如阿根廷规定，可以在投资协定中包含根据具体情况，将外国资本转移到阿根廷国内公司或外国和阿根廷混合公司的安排，以保证本国资本不断增大。

（5）经营管理权。发展中国家在利用外资发展民族经济的过程中，为了促进民族经济的独立性，都十分重视企业的经营管理权，防止企业权限为外资所控制，通常规定在允许外国投资者参与经营管理的条件下，坚持本国人有进行管理的决定性权限。在合营企业中，关于经营管理权有两个主要问题：一是董事会的组成及权限；二是董事、经理及其他高级职员的任命及权限范围。外国合营者在企业中的地位以及其参与管理权限的大小，主要是依靠在合营企业中所占股份比例的大小来决定的。通常董事长或总经理由本国人来担任，外国合营者只能担任副职或技术经理，但具体规定各国不尽相同。如波兰规定，合营企业管委会的领导必须由波兰公民担任。

（6）劳动雇用。关于在国际投资中劳动雇用问题，一般有两种情况：一是非技术人员、一般职工的雇用；二是技术人员、经理人员的雇用。关于前者在雇用上的限制，问题不大。因为在大多数情况下，雇用当地劳动力，对东道国来说，为了劳动政策及社会经济的理由，以及扩大本国劳动就业机会和范围，一般有必要在法律上作出要求，规定应尽可能多地雇用当地职工。如巴西规定，本国雇员必须占企业雇员总人数 2/3 以上。相比之下，较为重要的问题是关于在技术上、经营管理上有一定专业能力的熟练人员雇用上的限制。外国投资者一般的考虑是，在高级职员中出现无经验及不称职的人员，将造成经营管理上效率的低下，对企业不利，因而强调保证企业经营的效率，尽可能雇用外国技术和管理人员。但是这并不能满足发展中国家经济上的需要。因为对发展中东道国来说，既要限制雇用外国人员以提高本国就业水平，又要通过利用外资，引进技术和管理经验，推动本国工业化，提高本国企业的经营管理效率，培育国内的技术力量和管理人才。因此，对外国专业人员雇用的限制，不能不富有弹性，以弥补本国技术劳动力的不足。基于这种需要，大多数外资立法对雇用外国职工问题，会根据情况的不同作出适当的限制规定。一般来说，对高级技术和管理人员、熟练劳动者，规定不同于非技术专业人员的比例。巴基斯坦规定，技术人员中必须有 50%的本国人。印度尼西亚规定，外资企业中只有本国国民不能胜任的管理职务和专业职务，才能聘请或雇用外国人担任，并规定外资企业有义务逐步地用本国国民代替外国职工，并应以本国国民为对象，在国内或国外进行定期培训。

二、国际直接投资的国际法规范

由于各国之间，特别是发达国家和发展中国家之间经济地位不同，贫富悬殊，利害对立，国内法规范无论是投资国或是东道国，都有其一定的局限性。任何形式的政府保证均不能全面保护投资的安全与利益。特别是有些共同问题，如外国人待遇标准、征用、国有化及其补偿、争议的处理等，往往不是一国国内法制所能单独圆满解决的。因此，为谋求共同的基础，取得共同的谅解，建立一种共同调整的机制——国际直接投资的国际法规范很有必要。国际直接投资的国际法规范包括两个方面：一是双边性规范，即两国间的投资条约；二是多边性规范，即区域性的或全球性的多国投资保证公约。

近年来，国际投资法规制定高度活跃。2017 年新缔结的国际投资协定数为 18 项，其中 9 项为双边投资条约、9 项为含投资条款的条约。最活跃的经济体是土耳其，缔结了 4 项条约，其次是缔结了 2 项条约的中国香港。2018 年，有 40 项新的国际投资协定签署。新条约包括 30 项双边投资条约和 10 项含投资规定的条约。最积极缔结国际投资协定的国家是土耳其，签署了 8 项双边投资条约，其次是阿拉伯联合酋长国，签署了 6 项双边投资条约，再次是新加坡，签署了 5 项条约(2 项双边投资条约和 3 项含投资规定的条约)。

新条约中有一些是大型区域条约，具有新的特点，涉及主要投资国。新条约使国际投资协定的数量达到 3 317 项(2 932 项双边投资条约和 385 项含投资规定的条约)。2018 年底，至少有 2 658 项国际投资协定在实行中(见图 10—1)。

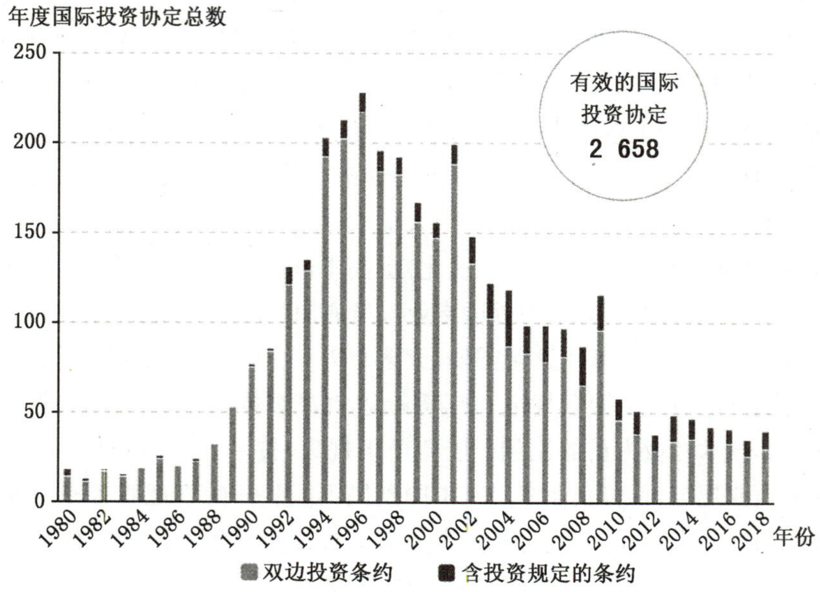

资料来源：联合国贸发会议《国际投资协定导航(IIA Navigator)》。

图 10－1　1980—2018 年签署的国际投资协定数量

与此同时，国际投资协定终止的数量也在上升。2017 年，有效终止条约的数目为 22 项，其中印度和厄瓜多尔在终止条约方面表现得格外活跃。2018 年，至少有 24 项终止生效（“实际终止”），其中 20 项是单方面终止，4 项是替代性终止（更新的条约生效）。这些终止包括厄瓜多尔终止的 12 项双边投资条约以及印度终止的 5 项条约。当年年底，实际终止的总数达到 309 项（61％发生在 2010 年以后）。2019 年，终止数量（34 项）继 2017 年首次后第二次超过新的协定数量（22 项），截至年末，总数达到 3 284 项，有效终止 349 项。影响国际投资政策格局的因素还包括，欧盟成员国同意终止欧盟内部的双边投资条约、英国脱欧和建立非洲大陆自由贸易区的协定生效。

尽管减缓了国际投资协定的谈判进程，但许多国家正在制定新的条约范本和指导原则，以引导未来的条约制定，这将对全球国际投资协定体系产生重大影响。

（一）双边性国际法规范

1. 双边性规范产生的原因

第二次世界大战后，国际直接投资规模有了很大发展。随着发展中国家的纷纷独立，为恢复和维护自己的经济主权，从 20 世纪 50 年代开始，一场大规模的国有化运动在发展中国家逐步展开，这场运动在 20 世纪 70 年代达到高潮。同时，发展中国家政局的不稳又给国际直接投资带来很大风险。虽然发达国家制定了有关海外投资保险的法规，但这并不足以保障投资者利益。这些因素妨碍了国际直接投资从发达国家向发展中国家的流动。对发展中国家而言，它们需要吸收大量国外资本来促进本国经济的发展，虽然在国内立法方面对外国投资有许多鼓励与保护措施，但这些并不足以消除外国投资者的顾虑。正是吸收外资的发展中国家和对外投资的发达国家保护其投资的共同需求，促成了各种形式的保护国际直接投资条约的出现。

2. 双边性规范的类型

国际直接投资的双边性国际法规范主要有友好通商航海条约、双边投资保证协议和促进与保护投资协定等类型。

(1)友好通商航海条约。友好通商航海条约所调整的对象和规定的内容主要为确认缔约国之间的友好关系，双方对于对方国民前来从事商业活动应给予应有的保障，赋予航海上的自由权等。但此类条约由于范围较大，对于外国投资者的法律保护往往缺乏具体的专门规定。虽然第二次世界大战后随着国际资本流动的增加，条约中关于保护外国投资的内容比重也相应有所增加，但条文仍显简略。这类条约主要为早期的一些双边协定。

(2)双边投资保证协议。为弥补友好通商航海条约的缺陷，从 20 世纪 50 年代初期起，美国大力推行双边性投资保证协议。此类协议的核心在于让缔约国正式确认美国国内的承保机构在有关的政治风险事故发生并依约向投保的海外投资者理赔以后，享有海外投资者向东道国政府索赔的代位权和其他相关权利。除此以外，它还规定了双方政府因索赔问题发生纠纷时的处理程序。迄今为止，美国已与 100 多个国家和地区分别签署此类协议。许多国家也仿效美国签订了类似协定。

(3)双边促进和保护投资协定。随着国际投资环境动荡的增加，传统的一般条约中关于保护外国投资者的规定显得过少且软弱无力。因此，从 20 世纪 60 年代开始，一些发达国家制定出促进和保护投资协定，内容包括对外国投资的保护、投资保险、代位求偿及争端解决。由于此类协议的具体性、实体性和程序性，能够对资本输出国的海外投资提供有效保护，因此获得了迅速发展。

下面，我们以《中国加拿大促进保护投资协定》为例来说明。中国与加拿大的直接投资往来始于 20 世纪 80 年代。截至 2013 年底，加拿大在中国的直接投资总额达 49 亿加元，而中国在加拿大的直接投资达 166 亿加元。

《中加双边投资协定》的谈判始于 1994 年，历经 18 年和 22 轮正式磋商，终于在 2014 年 10 月落地生效。

首先看《中加双边投资协定》的基本框架。该《协定》涵盖了一部双边投资保护协定通常会包含的所有内容与要素，整部协定由 35 个条款和 6 个附加条款构成。

第一部分：定义条款。具体对投资、投资者、收益、措施、现存措施、金融服务、企业、保密信息、争端投资者、争端缔约方、争端方、仲裁庭、领土等概念进行了定义。

第二部分：实体规则。包括范围和适用、投资促进和准入、最低待遇标准、最惠国待遇、国民待遇、高级管理人员及董事会成员与人员入境、业绩要求、征收、损失补偿、转移、代位、税收、缔约双方之间争端、拒绝授予利益，法律、法规与政策的透明度等条款。其中：

关于国民待遇条款，《协定》参照《中国与秘鲁自由贸易区协定》投资章节的表述，对现存不符合措施仅作了概括性描述，未涉及准入前国民待遇准入要求。

关于金融审慎例外，《协定》明确规定投资者与国家之间的国际投资仲裁庭不享有裁决金融审慎措施合法性的管辖权，而是将是否构成金融审慎例外交由缔约双方之间的专设仲裁庭处理。

关于税收，《协定》中就税收专门作出了规定：一是在《协定》与对方对外缔结的税收协定存在冲突时，本协定优先适用；二是对于税收措施的实体约束仅限于《协定》征收条款；三是强化双方政府主管部门在税收问题上的发言权，如果投资者对税收措施提出了质疑，应首先交由双方税务部门磋商，如双方税务部门共同认定税收措施不构成征收，则投资者不得提起国际仲裁；四是仅在双方税务部门不能达成一致意见的情况下，投资者方可提请国际仲裁。

第三部分：程序规则。包括缔约一方投资者的诉请、诉请提请仲裁的前提条件、诉请提请仲裁、同意仲裁、仲裁员、仲裁员任命的同意、仲裁程序的合并、审理和文件的公众参与、非争端方陈述、准据法、临时保护措施和最终裁决、裁决的终局性和执行等。其中：对投资者与东道国争端解决，对于中国而言，《协定》规定在投资者就争端提交国际仲裁前，应首先通过东道国的行政复议程序解决。

第四部分：例外条款。分别为一般例外、排除、生效与终止。其中，“一般例外”条款规定了文化产业相关措施的例外、根本安全利益例外、竞争执法信息披露例外等内容。关于《协定》的有效期，规定为 15 年。

附录部分针对不符措施的保留、征收、转移和汇兑手续、提交仲裁的前提条件、争端解决排除等。

其次看《中加双边投资协定》的作用。中加经济互补性很强，《协定》的签署，对于进一步促进中加两国企业双向投资、深化中加经贸合作、加快推进中加战略伙伴关系建设，具有积极意义。

最后看中加农业投资合作的实践。由于农业资源禀赋的差异，特别是人均耕地与淡水拥有量的差异，中国与加拿大农业生产与贸易的互补性较强，农产品贸易在双边市场中占有重要地位。

第一，中加农产品贸易规模较大，贸易产品结构趋于稳定。中国是加拿大农产品出口的第二大市场、进口的第三大来源国。2015 年加拿大对中国的农产品出口额 49 亿美元，占其农产品出口总额的 10.2%，位居第二；从中国进口的农产品总额 11 亿美元，占其农产品进口总额的 3.1%，居第三位。加拿大是中国农产品第四大进口来源国，2015 年中国从加拿大的农产品进口额为 52 亿美元。从产品结构看，中加农产品贸易具有较强的互补性。中国从加拿大进口的农产品，主要是油菜籽、畜产品、植物油和水产品。中国向加拿大出口的农产品主要是水产品、水果和蔬菜。

第二，投资规模总体较小，投资集中在油料种植和仓储物流领域。中国对加拿大农业投资的投资主体包括大型央企、零售连锁商等，例如中粮集团、中国农业发展集团总公司及其下属的中国农垦集团等企业。投资领域集中在农业生产、农产品加工和农产品流通，特别是在大豆、油菜籽种植和仓储物流等方面。目前，重庆粮食集团已在加拿大进行大豆与油菜籽种植、加工和物流仓储投资。

第三，投资项目审批严格。外国投资者在加拿大享有国民待遇，但投资项目审批较为严格。《加拿大投资法》规定，任何一项外国投资都需要向政府备案或者通过政府的审核，政府审核的标准比较复杂，主要取决项目产业及它的投资额度。《投资法》的特别条款以及加拿大联邦和省其他有关法律法规对特殊产业的外资比例设定了额外的限制，如任何外商持股超过49%的加拿大渔业加工企业将不能获得商业捕鱼执照。为保障国家安全，加拿大政府出台了《关于投资的国家安全审查条例》，建立了外资并购国家安全审查制度。

（二）区域性国际法规范

随着区域性经济合作和经济一体化的发展，以前以国家为单位的投资法律规范便趋向于以区域为单位实行多边调整的投资法律规范，以解决区域与区域之间、区域内的国家间关于外国投资的保护问题。概括起来，有几种情况：一是联合国贸易与发展会议的贸易发展理事会，为调整区域内各国对外国投资保护所提出的“区域投资法典”方案；二是联合国区域经济委员会（如亚洲太平洋经济社会委员会、拉丁美洲经济委员会等）同其他区域国际组织（如阿拉伯联盟、非洲统一组织、美洲国家组织等）协商的有关外国投资的共同措施，此为建立区域投资法典的设想；三是由区域性国际经济组织协调其成员国或一定范围的国家签订的多边条约。其中，前两种情况属“方案”或“设想”，在实践中及法律效力上作用不大。唯有第三种情况属有效的国际直接投资法的重要内容。另外还有一些重要的区域性国际公约，尽管并非专门的投资条约，但对国际直接投资具有重大影响，诸如欧洲联盟的《马斯特里赫特条约》、北美自由贸易区的《北美自由贸易协定》等。

1. 欧盟的相关规范

欧盟的前身欧洲共同体国家在1957年签订的《罗马条约》中已要求在欧洲共同体内逐步废止对成员国国民在另一成员国领土内营业自由和资本流动的限制。1991年通过的旨在建立“欧洲联盟”的《马斯特里赫特条约》规定原则上禁止对欧盟成员国之间及成员国和第三国之间的资本跨国流动和支付加以限制，从而将资本跨国流动自由化原则规定扩大到适用于非成员国和欧盟之间的资本流动。但如果出于税收和公共安全等方面的考虑可允许成员国另行规定。《马斯特里赫特条约》1993年11月1日的生效大大促进了成员国之间和成员国与第三国之间直接投资的流动。

2. 北美自由贸易区的相关规范

1992年8月，美国、加拿大和墨西哥三国正式达成《北美自由贸易协定》，并于

1994年1月1日正式生效。由于三国的经济发展程度、对外国投资的限制程度有很大差异，因此协定中对于投资问题有专门规定。协定中有关规定与一般双边投资协定内容有许多相似之处，基本为美式双边投资保护协议的翻版和改进，它对外国投资的保护比一般协议更进了一步。虽然根据该协议，北美三国对相互投资已基本不存在限制，但墨西哥在附件中的要求使该区域性国际投资体制打了许多折扣。出于保护本国经济的考虑，墨西哥对外国投资作了一些限制性规定，如对娱乐、能源、汽车等行业仍可对外国投资者进行限制。但协定使北美三国各自对外国投资者的限制大部分不再适用于来自其他两国的投资者，这无疑将大大促进美国和加拿大对墨西哥的投资。为了进一步取消贸易障碍，创造公平竞争的条件，增加投资机会，建立执行协定和解决争端的有效程序，以及促进三边的、地区的以及多边的合作，该协定于2020年7月1日被《美墨加协议》取代。

3. 阿拉伯区域内投资保证公司公约

《阿拉伯区域内投资保证公司公约》(以下简称"公约")，是目前区域性国际直接投资保证计划与公约中第一个生效并且具有实际意义的公约。该公约由科威特起草，并得到阿拉伯经济联盟理事会的批准。1971年5月，约旦、苏丹、叙利亚、埃及签署了该公约。目前，除巴林和吉布提外，所有阿拉伯国家联盟成员都参加了该公约。该公约的主要特点在于，它致力于建立一种阿拉伯国家内部投资保证制度，即只有阿拉伯联盟成员国的投资者在另一成员国境内的投资才适用这种保证制度。阿拉伯投资保证公司(以下简称"公司")成了区域性国家间共同发展的模式，在国际投资保证机构中具有特殊的地位。该公约的主要内容有：

(1)合格的投资者。公司给予保证的投保人(即投资者)，限于以财产、资金形式在另一缔约国投资的任何一个缔约国或其国民，即投资者包括东道国以外的任何一个缔约国的国家、自然人、法人。

(2)合格的投资。公约关于合格的投资有这样几项规定：第一，担保的投资包括直接投资、证券投资、贷款形式的投资；第二，担保的投资仅限于首次投资额和用于再投资的利润额，不包括可转让的利润额；第三，担保的投资为公约所有缔约国(除东道国外)领域内的投资；第四，担保的投资必须是经过东道国或其主管当局事先同意的投资；第五，担保的投资为保证合同签订以后所作的新投资；第六，担保的投资包括私人投资以及其他基于商业经营的混合投资、公营投资。

(3)政治风险的范围。公司担保的政治风险包括：第一，国有化风险，包括国有化、征用、没收、扣押、查封等措施；第二，利润、收益回流权风险；第三，战乱风险。对上述风险之一种或数种所产生的部分或全部损失，公司均提供担保。

(4)保险费。公司收取的保险费根据投资的不同性质和投资者与东道国的特别协议而有所不同。公约规定，保险费按投资的性质分别收取，根据公司的同意，投资者也可以同东道国政府签订缴纳保险费特别协议。在此协议中，东道国政府可以分担甚至全部支付其境内的投资者应缴纳的投资申请费和保险费。公司收取的保险费用于行政管理或作为储备金。

(5)保险限额和保险金。公司支付投保人的风险事故赔偿金额,不能超过投保人所受的实际损失额,也不能超过公司投保的数额。在保险限额上,公司承保业务总值最高额在任何时候都不得超过资金储备的 5 倍,每项业务的承保额不得超过资金储备的 1/10。如果承保的是各国向合资企业的投资,则不得超过资本储备的 1/5。

(6)代位求偿权。公约规定,公司赔偿投保人政治风险损失后,取得投保有关权利和相应的请求权。东道国应提供方便或有利条件,使公司从代位权中取得应有利益。关于代位权的细节,由成员国依国内法在保证合同中详细规定。

(7)公司的组织管理和资本构成。公司为阿拉伯国家创立的多国公营企业,拥有独立的资产以及签订投资保证合同的权利。公司设立理事会(由各成员国派一名代表组成),行使所有未明确授予总经理和监督委员会的权力,并有权解释和修改公约。公司的法定资本最初为 1 000 万科威特第纳尔,分为 1 万股,各成员国认缴出资额不低于公司资本的 5%,各国可以科威特第纳尔或相等的自由兑换货币支付,收支不平衡的国家可用本国货币支付。公司资本通过各成员国每年分期付款的收入和新成员的加入而增加。各成员国为公司的股东,其投票表决权票数同它在公司资本的认股多少相关。

(三)全球性国际法规范

由于南北国家之间在国际直接投资方面利害冲突十分尖锐,涉及的矛盾问题错综复杂,因此,迄今为止,关于国际直接投资方面尚未缔结一项全面规范国际直接投资行为的世界性公约。但是,国际社会在建立全球性国际法规范方面毕竟取得了一些成果,如讨论之中的由联合国跨国公司委员会拟订的《跨国公司行动守则》、世界银行和国际货币基金组织下的发展委员会 1992 年 9 月颁布的《外国直接投资待遇指南》、1994 年 4 月 15 日签署的《乌拉圭回合最终文件》和《世界贸易组织协定》中关于"与贸易有关的投资措施"(TRIMs)、1965 年的《解决国家与他国国民间投资争端公约》(简称《华盛顿公约》或《ICSID 公约》)、1985 年的《多边投资担保机构公约》(简称《汉城公约》或《MIGA 公约》)。

1.《华盛顿公约》

在世界银行主持下,一些专家拟订了《解决国家与他国国民间投资争端公约》。该公约于 1965 年 3 月 18 日在美国华盛顿市正式签署,因此也被称为《华盛顿公约》。1966 年 10 月 14 日,荷兰作为第 20 个国家完成了批准手续,满足了公约关于缔约国数目的最低要求,自此公约正式生效。《华盛顿公约》的主要内容为建立"解决投资争端国际中心"(International Center for Settlement of Investment Disputes,简称 ICSID)。ICSID 的主旨在于专为外国投资者与东道国政府之间的投资争端提供国际解决途径。但 ICSID 并不直接承担调解和仲裁工作,而只是为解决争端提供各种设施和方便，为针对各项具体争端而组成的调解委员会和国际仲裁庭提供必要的条件，便于他们开展调解或仲裁工作。它可以受理的争端限于一缔约国政府（东道国）与另一缔约国国民（外国投资者）直接因国际投资而引起的法律争端。争端双方出具将某一项投资争端提交其调解或仲裁的书面文件，是其有权登记受理的法定前提，并不仅仅因缔约国加入公约而认为它承担了将争端提交 ICSID 裁决的义务。

ICSID 的调解和仲裁程序为：首先由希望采取调解或仲裁程序的缔约国或缔约国公民向秘书长提出书面请求；请求被接受后，由当事双方协议任命调解员或仲裁员组成调解委员会或仲裁庭，在双方当事人难以达成协议或一方拒绝任命的情况下，经任何一方请求，行政理事会主席应在尽可能双方磋商之后，予以任命；在调解或仲裁开始或进行中，若当事人任何一方对 ICSID 的管辖权提出异议，则由调解委员会或仲裁庭自行决定是否有管辖权。在进行调解的场合，调解委员会应向双方提出建议，并促成双方达成协议，若调解失败，则应结束调解程序并作出有关报告。在提交仲裁的场合，仲裁庭应依据当事人双方协议的法律规范处理争端。无此种协议时，仲裁庭应适用作为争端当事国的缔约国的法律（包括它的法律冲突规范）以及可适用的国际法规范；裁决一旦确立，争端的当事人各方应当遵守和履行裁决的规定。与此同时，公约的全体缔约国都应当承认依照本公约作出的裁决具有约束力，将该裁决视同本国法院的终局判决，并在其各自的领土内履行该裁决所规定的金钱义务。

ICSID 在运行中虽然还存在一些问题，如存在否认东道国管辖权，主张扩大其自身管辖权行为，但它在解决国际投资争端方面确实起到了一定的积极作用。截至 1994 年 3 月，正式缔约国达 111 个，另有 19 个国家已签署尚待批准。中国于 1990 年 2 月签署了公约，并于 1993 年 1 月递交了批准文件。

2.《汉城公约》

为缓解或消除外国投资者对政治风险的担心，1984 年，世界银行重新修订了《多边投资担保机构公约》，并于 1985 年 10 月正式通过。多边投资担保机构（Multilateral Investment Guarantee Agency，简称 MIGA）通过直接承保各种政治风险，为海外投资者提供经济上的保障，并且进一步加强法律上的保障。

设立 MIGA 并非是为了与官办投资保险机构竞争，而是对其起补充作用。因为国家的投资保险机构受本国政府控制，又受本国法律约束，它们对投保公司国籍问题往往设限制性规定，且其一般对国家的违约风险不予承保。MIGA 在填补海外投资保险业务空白方面发挥了很大作用。MIGA 的优势在于：由于成员国均持有一定股份，所以它给吸收外资的每一个国家赋予双重身份，它们既是外资所在的东道国又是 MIGA 的股东，从而部分承担了外资风险承保人的责任。这样，一旦在东道国境内发生的 MIGA 承保的风险事故使有关外资遭受损失，则作为侵权行为人的东道国，不但在 MIGA 行使代位求偿权以后，间接向外国投资者提供了赔偿；而且，作为 MIGA 的股东，它又有必要在 MIGA 对投保人理赔之际，就直接向投资者部分提供赔偿。因此，在实践方面,MIGA加强了对东道国的约束力。另外,作为一个国际性海外投资保险机构,它可以对国家违约险承保,具有一个国家的保险机构无可比拟的优势。2015年末,多边投资担保机构宣布担保中国渤海开发区海水淡化工厂建设项目。该项目由阿科凌全球有限公司承建,多边投资担保机构为阿科凌全球有限公司提供了990万美元担保。投产后,项目第一阶段可每天供应淡水50 000立方米。

3. 与贸易有关的投资措施

(1)产生背景。投资措施本不属于关税与贸易总协定的调整范围,但由于某些投资措施,不论其为鼓励性或限制性,都能对国际贸易产生某种影响或扭曲作用,最明显的如对外国投资企业的出口实绩要求和当地成分要求等。随着国际投资的迅速增长,此类投资措施(即所谓与贸易有关的投资措施,Trade Related Investment Measures,简称TRIMs)对国际贸易的影响日益扩大,因此1986年9月开始的关贸总协定乌拉圭回合谈判正式将TRIMs列为一个谈判议题。1994年4月,乌拉圭回合谈判的125个参与方签署《乌拉圭回合最终文件》和《世界贸易组织协定》,作为其一个组成部分的"关贸总协定缔约国关于与贸易有关的投资措施的决定"也随后生效。

(2)主要内容。TRIMs的内容包括两部分:一部分是正文,共有9个条款;另一部分是附件,列出了不符合《GATT 1994》第3条第4款和第11条第1款与贸易有关的投资措施,共列明了5点。第一,TRIMs正文部分的主要内容有:TRIMs的适用范围和鉴别与贸易有关的投资措施的原则;例外条款和发展中国家成员国;通知和过渡安排;透明度要求;建立TRIMs委员会;磋商和争端解决;货物贸易理事会检查。第二,TRIMs附件部分的主要内容有:不符合《GATT 1994》第3条国民待遇原则的投资措施,包括那些国内法律或行政条例规定的强制性实施的投资措施,或者为了获得一项利益必须与之相符合的投资措施,具体指当地成分(含量)要求和贸易(外汇)平衡要求;不符合《GATT 1994》第11条取消进口数量限制原则的投资措施,包括国内法律或行政条例规定的强制性执行的投资措施,或者为了获得一项利益必须与之相符合的投资措施,具体指贸易(外汇)平衡要求和进口外汇限制。

(3)产生的影响。TRIMs是到目前为止在国际范围内第一个正式实施有关国际直接投资方面的多边协议,TRIMs扩大了多边贸易体系的管辖范围,将与贸易有关的投资措施纳入多边贸易体系之中。虽然TRIMs还不尽完善,但它仍是一个积极的协议。总体而言,由于TRIMs构成了对与贸易有关的投资措施的有力的约束和限制,所以东道国对国际直接投资的管制将放松,政策法规的透明度提高,投资环境改善,因而为国际直接投资的发展提供了更大的空间。当然,事物都有两面性,TRIMs的实施对发达国家和发展中国家也会产生一些消极影响,相对而言,对发展中国家的消极影响会更大一些。许多发展中国家常常利用与贸易有关的投资措施引导外资流向,保护相关产业;随着协议的实施和这些措施的逐步取消,与此有关的一些产业政策将不复存在。另外,由于当地成分要求、贸易平衡要求和进口用汇限制的禁用,使发展中国家的市场开放度扩大，某些市场有可能被国外大企业所垄断，同时出口数额会减少、进口规模会扩大。还有，当地成分要求的禁用，将会缩小发展中国家根据普惠制中的原产地规则所获得的受惠产品的数量与范围。最后，如果该协议在实施中不能做到对等和利益平衡，那么它就有可能成为主要限制发展中国家的单方面协议。

除了 TRIMs，GATT 和其后的 WTO 签署的其他一些协议（或协定）对国际直接投资的发展也产生了重要影响，如《与贸易有关的知识产权协定》（TRIPs）、《服务贸易总协定》（GATS）和《补贴与反补贴措施协议》（ASCMs）等。

4. 未来的多边投资协议

相对于国际贸易领域而言，国际直接投资领域的国际协调要落后得多，至今还没有制定出类似于货物贸易领域的 GATT 和服务贸易领域的 GATS 那样的一整套国际规范。然而，制定这样一套国际规范以开创一个稳定、可预见和透明的国际直接投资环境的迫切性和必要性正在日益增加，多边投资协定的积极作用是不言而喻的。所以，要加强国际直接投资方面的国际协调努力，推动具有全球性国际直接投资规范性质的《多边投资协议》（MAI）的制定进程。

（1）未来多边投资协议（MAI）的规定性和主要内容。第一，未来的 MAI 应注意以下几点规定性：首先，投资措施所涵盖的领域应既包括货物贸易，也包括服务贸易；其次，应将所有的投资措施都纳入协定管辖的范围之中，不仅包括限制性的投资措施，也包括鼓励性的投资措施；再次，在协定中应充分考虑发展中国家的愿望和要求，对滥用限制性商业惯例的行为作出禁止性的规定；又次，应对目前大量存在的单边、双边、区域多边及全球多边方面的投资措施、协议或协定进行分析和整理，制定出内容、标准和进度统一的具有广泛代表性的权威的投资协定；最后，一国国内的竞争政策对其投资政策影响很大，因此在协定中还要考虑制定出相应的条款以规范各国国内的竞争政策。第二，未来的 MAI 应包括的主要内容有适用范围、涵盖领域、投资措施、待遇标准、相关政策、投资保护、争端解决、发展中国家问题、程序安排等。

（2）经合组织（OECD）对制定 MAI 所做的努力。经济合作与发展组织（OECD）国家在国际直接投资中占有重要的地位，近些年来，在协调国际直接投资关系和制定国际直接投资规范方面做了大量的工作，进行了积极的努力。考虑到乌拉圭回合多边协议所涉及的投资领域和规则是有限的，未能完全解决发达国家所关心的问题，所以，在该回合谈判尚未结束之前的 1991 年，经合组织就已着手为制定一项全面、系统和完整的多边投资规则做准备。1991 年以来，经合组织下属的“国际投资与多国公司委员会”和“资本流动与无形交易委员会”一直在进行多边投资协定问题的研究。1994 年，在经合组织部长级会议上，讨论了建立全面的投资协议框架的积极作用和可行性。1995 年 5 月，经合组织部长级会议决定启动《多边投资协定》的谈判，并为协定准备了框架草案。该谈判原定于 1997 年 5 月前达成协定。但经过两年的谈判，各方的观点仍难以统一，于是决定将达成协定的时间推迟到 1998 年 4 月。在 1998 年 4 月的会议上，由于各种原因协定仍未最终达成。目前，经合组织仍在继续推进这项工作，但未规定谈判结束的截止日期，只是提出要在保证协定高标准和高水平的前提下尽快达成一致、完成谈判。虽然经合组织启动的多边投资谈判久拖未决，令人遗憾，但是，启动谈判本身和谈判已经取得的初步成果是具有非常重要的意义的，它为今后世贸组织开展这方面的谈判提供了有益的启示，打下了良好的基础。

(3)在世贸组织框架下推进 MAI 的制定。从现实的角度来看，未来 MAI 起草和谈判的组织者更恰当的应当是世界贸易组织，因为世贸组织具有以下几个有利条件：第一，投资与贸易已日益紧密地联系在一起，这就要求更为综合地制定国际规范，而世贸组织可以做到这一点。第二，世界贸易组织监督实施的协议中除 TRIMs 涉及国际直接投资问题外，《服务贸易总协定》(GATS)、《与贸易有关的知识产权协定》(TRIPs)和《补贴与反补贴措施协议》(ASCMs)等协议也涉及一些投资方面的问题。第三，世贸组织成立后召开的三届部长级会议均包含了直接投资方面的议题。第四，世贸组织秘书处已作为观察员参加了 OECD 组织的多边投资协定谈判的全过程，另外，OECD 也在有针对性地为世贸组织设计未来的多边投资体制，并有意将其推介给世贸组织作为范本。第五，世贸组织具有全球代表性和监督协议实施的权威性。

第二节　国际间接投资法规

一、国际证券投资的法规管理

国际证券是在国际市场发行并流通的，以某一种或某几种可兑换货币为面值的、证明或设立财产所有权的书面凭证。各国间跨国的资本流动是随着生产、贸易、技术国际化逐步发展起来的。特别是 20 世纪 70 年代下半期以来，各发达国家逐步取消了对证券市场国际化的限制。一些发展中国家在实现了资本项目下的可自由兑换以后，其国内的证券市场也实现了国际化。国际证券对一国的经济影响是很大的，若无完善的法律法规对其进行管理，很可能引起本国证券市场的动荡，因此，各国都比较注重国际证券发行与流通中的法规监管。

(一)国际证券发行的法规管理

1. 证券发行人的母国对国际证券发行的管制

证券发行人母国对国际证券的发行一般都有一定管制，发行人发行国际证券一般都必须经本国政府有关部门(如中央银行、证券委员会等)的审查批准，因为国际证券的发行对母国的国际收支平衡、资本市场稳定等有很大影响。管制对外发行证券的主要措施有数量上的限制、税收上的限制、利率上的限制(对债券的发行而言)等。

2. 证券发行的东道国的法律管制

证券发行的东道国因为国际证券的发行不仅涉及其资金市场资金的流通方向，而且涉及本国和国民的经济利益，所以对国际证券的发行也有所管制。管制主要集中于两个方面：证券发行批准制度和证券发行披露制度。

(1)证券发行批准制度是指在东道国证券市场发行国际证券时，证券发行人必须事先获得有关政府主管部门的批准或将证券发行事宜通知有关政府主管部门，即所谓的批准制和注册制。如荷兰和比利时证券法律分别规定所有外国证券的发行必须通告荷兰中央银行和获得比利时财政部的正式批准。美国和日本证券法律对发行国际证券则采取证券登记注册制度，规定在本国证券市场发行国际证券的证券发行人必须向证券交易委员会登记注册。

(2)在证券发行披露制度方面，东道国一般都规定了公开原则。公开原则是指法律责成证券发行者负有公开说明义务，必须按法定方式，将与证券发行有关的文件内容真实公布于众，发行者所公布的材料内容如有不实之处，由发行者承担全部法律责任。公司在发行证券前必须向证券管理机关领取并填写证券的公开说明书。公开说明书是公开有关资料的重要手段。

美国的公开说明书的主要内容为：关于发行日期、注册人、发行证券的种类、数量、特殊危险、证券管理委员会是否认可此证券或对其真实性表示意见；其是否为证券交易法上的上市公司，其上市的交易所、对股东报告的性质，是否包括经签证的财务报告、文件的引用，是否进行稳定股价行为；摘要资料，说明危险因素及盈利对固定负担的比率、特定风险因素包括新开业、过去未获利、财务状况、过去无市场的事实、过去5年有关比率的讨论；发行证券所得款项的用途、发行价格、投资人每股权益的确定、发行分配计划；有关注册人的资料，包括所经营事业的陈述、财产说明、法律诉讼案件的说明、股票市价、股利及其他服务事项、符合法定的财务报告、特定财务资料等。

各国对于证券发行人的错误陈述、漏报或者提供虚假情报规定其应承担严格法律责任。根据各国法律规定，下列人员应对招募章程的错误陈述、漏报或虚报承担责任：证券发行人、公司董事、发起人、高级经理和其他发出招募章程的人；会计师、审计师、律师等有关专家；证券牵头经理人、证券经理人、证券包销人等；控制应负法律责任的有关人员的第三者等。

证券发行以后，公开发行证券的公司应在规定日期内向证券主管机关或证券交易所报送定期报告及发生重大变故的临时报告，以备投资者查询。世界上许多国家都对证券发行后的连续公开有关信息作了详尽的规定。美国对公开性要求较为严格，但对外国发行者要求比国内发行者宽松。如对于相关交易的情况，《1934年证券交易法》规定美国公司必须公开每一位董事、高级职员或主要股东的一切交易情况，但对于外国公司却不要求公开此类信息，除非被要求在原籍所在国公开此方面信息。

(二)国际证券流通的法规管理

在对国际证券流通的管理方面，最主要的是关于在流通中公布有关信息的法规。美国证券交易委员会(SEC)关于信息披露方面的制度最为完善，其他国家与美国证券交易委员会的规定非常相似，我们以美国为例来说明东道国对证券流通方面的要求。

（1）在业务方面，SEC 规定外国公司必须将其一般业务发展情况陈述出来，并且包括母公司及其子公司的再分、兼并或合并的性质及结果；在一般业务过程之外买卖任何重大数量的资产；母公司及重要的子公司的破产，破产产业接管或类似的性质和结果。

（2）在法律诉讼上，外国公司必须公开母公司及其子公司与官方牵涉的重要未决的法律诉讼。如果诉讼涉及损害赔偿要求，只有当其金额超过外国私人发行者及子公司流动资产总和的 10％时，才需要其进行公开。

（3）在控制权方面，必须公开说明其是否直接或间接为另外一个公司或外国政府控制和拥有，如果有，则必须提供这些额外情况。拥有 10％以上任何等级的外国私人发行者的有投票权证券的个人必须进行财务公开。就高级职员和董事而言，对其拥有的每一级证券的累计数量需要进行财务公开，也须摘要说明任何在将来导致外国发行者的控制权变动的协议。

（4）在税收方面，外国发行者必须简要描述与美国证券持有人有关的各种税收，包括预扣税。美国的证券持有人除必须受制于发行者本国现有法律规定外，还必须服从发行者本国与美国两国间签订的共同税收条约。

（5）在对财务报表的要求上，外国发行者必须以母国货币建立财务报表，建立财务报表所用货币必须在财务报表中显著表示。必须公布已审计过的资产负债表、损益表和现金流量表。

二、国际投资基金的法规管理

国际投资基金是随着各国间的经济联系日益密切，具体地说是随着国际间接投资资金流动日益频繁、各国证券市场国际化趋势日益加强的潮流而发展起来的。它是指从一国募集资金，而将其投资于另外国家或地区的市场的投资基金。由于目前专门调整投资基金跨国活动的国际或双边条约尚不存在，有关国际投资的国际公约中涉及投资基金的跨国投资活动的内容也是微乎其微的。各国普遍接受的惯例也不多，因此，国际投资基金的法规仍集中于各国国内法之中。本部分主要分析各国国内有关国际投资基金的各项法规，并以美国和英国为例进行说明。

（一）美国国际投资基金的法规管理

美国管理投资基金的法律主要为《1939 年信托契约法》、《投资公司法》等。《1939 年信托契约法》规定：（1）禁止契约的受托人与证券购买者之间的利益冲突，因为此种冲突可能干扰受托人为购买者更好地履行职责；（2）受托人必须为一个公司，它的资本和盈余必须达到法定数额；（3）当发行人发生违约，难以如数清偿时，受托人不得要求发行人对其给予优先清偿；（4）受托人必须提供有关财务报表等。《投资公司法》规定：

(1)禁止投资公司未经大多数股东同意,从实质上改变公司投资政策;(2)证券的管理合同和实质性改变须征得证券持有人同意;(3)禁止各投资公司之间相互投资和证券渗透;(4)禁止开放型投资公司以低于净资产价值的价格出售基金份额等。

(二)英国国际投资基金的法规管理

英国对基金的管理以自律为主,通过民间管理协会进行。这些管理协会包括证券业协会、投资信托协会、单位信托协会和基金经理协会等。它们的具体管理办法是采取会员制的办法,即所有从事有关基金业的个人或机构,无论是充当基金经理人、经纪商、投资顾问还是自营商,只要开展基金业务,必须取得相关协会的会员资格。

英国的各个管理协会均依据本行业特点制定出有关管理规则,虽然这些规则有所区别,但一般来说,它们均包括以下内容:(1)基金投资于一家股票、债券不得超过该公司所发行股票、债券的某一百分比;(2)基金的资产净值中,某一公司所占比重不得超过某一百分比;(3)基金对某一行业的投资不得超过该基金资产净值的某一百分比;(4)限制基金投资于某些行业;(5)有关基金的借款、保值的限制;(6)有关该基金投资于其他基金的限制。有关此类规则大体可分为三类:有关基金借款能力的规则,有关基金投资风险的规则,有关基金券扩大发行的规则。这些规则都有明文规定,通过分发给投资者或机构的基金招募章程或委托协议中都明确载明基金应遵守哪些规则,以此来保护投资者利益。

(三)近期发展

自1997年亚洲金融危机发生以来,国际社会对于国际性投资基金的管理日益重视。因为投资基金过去的透明度很低,而且因调动资金量巨大,对世界经济影响很大。亚洲金融危机首先由投资基金冲击东南亚国家汇率而引发。由于投资基金所用资金往往是从银行借贷而来,所以对金融体系稳定性有不利影响。美国长期资本管理公司即因投机而引发巨额亏损而不得不由美联储出面救援。从发展趋势来看,国际社会对投资基金的透明度方面会作出规定。

三、国际期货和期权投资的法规管理

期货期权风险性很大,各国都非常重视从组织上、法律上对其进行管理。具体有政府机构的管理、期货期权交易法规和行业的自律管理三个方面。我们以美国为例给予说明。

(一)政府机构的管理

美国对期货期权的管理由商品期货交易委员会(CFTC)负责。委员会成员经参议院批准,由总统任命,行使对全美所有的期货、期权的管理权。该委员会由5名委员组成,任期5年,主席由委员会选出。CFTC通过制定有关期货和期权交易的规章制度来进行宏观管理。各个期货交易所制定的新条例或修改现行条例均须事先经CFTC批准。CFTC还被授权管理所有期货合约、金融期货期权和农产品期权交易的特权。

CFTC对于法定的期货市场交易人员及其他市场参与者具有宏观管理权，包括注册登记、业务测试等。CFTC有监管交易所行为准则、审查其业务活动的权利。当发现或有预兆出现某种市场垄断时，或当其他突发事件大幅度影响市场价格时，CFTC有权对期货市场采取紧急措施。

（二）期货期权交易法规

美国的有关期货期权交易的法规主要有：《谷物期货法》、《商品交易所法》、《商品期货交易委员会法》和《期货交易法》。各法规主要包括以下六个方面的内容：

（1）登记（资格审查）制度。参加期货业务的个人或公司必须经过审批，还必须被监督。违纪者甚至要受到取消登记注册的惩罚。

（2）公开信息。即要让客户得到充分的信息，从而了解交易全过程及其必备程序，以防止误导和欺骗。

（3）妥善保管客户资金。这是针对乱用客户资金的可能性而提出的，从利益而言，这在期货管理中至为重要。具体的办法是：规定经纪商的最低资金限额，客户资金与经纪商资金分别记账；每日结算，清算所成为交易第三方。

（4）迅速准确处理客户订单的报告和记录。

（5）市场监督。市场监督的目的在于避免垄断、防止不正当竞争和交易。具体做法是：监视客户持盘规模，监视并确认空头持盘的交割能力和多头持盘者的提货和交付能力。

（6）强制执行制度。

（三）行业的自律管理

美国的期货协会是由期货行业成立的、进行自我管理的全国性行业协会。期货协会的职责有：

（1）保护客户权益。期货协会的职业道德准则规定，交易者不得参与欺诈、操纵价格及采用不正当交易行为。此外那些负责管理客户委托账户的雇员也必须遵循有关的规章条例。

（2）会员资格审查。法定的期货交易人必须为在CFTC注册登记的协会会员。对于申请加入协会的期货专业人员必须接受审查。

（3）监察。监察是指为期货佣金商和经纪商代理人制定审计条例和实施最低资金需要量的监管及职业道德规范的监督。具体可分为财务监察和一般监察。

（4）仲裁。大多数情况下，协会会员的纠纷均应通过协会仲裁解决。对于不按仲裁决定执行的协会会员将给予处罚。

四、国际证监会组织与国际保险监督官协会

（一）国际证监会组织

国际证监会组织（International Organization of Securities Commissions，简称

IOSCO),是国际间各证券暨期货管理机构所组成的国际合作组织。其宗旨是:通过交流信息,促进全球证券市场的健康发展;各成员组织协同制定共同的准则,建立国际证券业的有效监管机制,以保证证券市场的公正有效;并共同遏止跨国不法交易,促进交易安全。

(1)IOSCO 的监管目标是:保护投资者利益;保证市场公平、高效和透明;减少系统性风险。

(2)IOSCO 在国际证券监管合作中的作用是通过它的组织优势和工作成就来展现的。IOSCO 有哪些优势呢?一个优势是专业性。IOSCO 的成员并不是各国政府,而是来自世界上 100 多个国家和地区的证券监管机构,他们有着专业的证券监管知识和多年的证券监管经验。这些监管者可以通过 IOSCO 与外国同行直接进行协商、交换意见、交流经验、共同解决监管当中遇到的问题,促进证券监管的国际合作。另一个优势是高效性。IOSCO 是在其成员共识的基础上运行的,没有正式的投票程序,因此,IOSCO 可以快速地确定解决问题的方法,高效地解决证券监管中的专业问题。再者,IOSCO 颁布的标准和决议等都不需要经过其成员国内正式程序的批准,其成员可以及时地执行这些标准以应对监管中不断出现的问题。第三个优势是灵活性。IOSCO 是非正式的国际组织,其制定规则不受严格的程序限制,其规则多数是由技术委员会秘密制定的,并且证监会的规则不具有法律效力,对其成员没有法定的约束力。再者,IOSCO 制定的规则多是原则和标准,并不为其成员规定具体的监管措施等,其成员可以根据各自管辖区的具体情况,自主决定执行 IOSCO 的原则和标准。

(3)IOSCO 的成就。一是,提出了旨在提高各国证券监管水平的《证券监管的目标和原则》,为各国设立高监管标准提供了范本。二是,能够促进成员之间互助合作的《多边谅解备忘录》。为协助打击各国的证券违法行为而建立广泛协议的组织。

(4)然而,IOSCO 在国际证券监管合作中也存在局限性。一个局限是国际合作中出现的分配问题和执行问题。所谓分配问题,是每个成员国都会在谈判的时候努力坚持自己的意见,希望其他谈判方能同意自己想要达到的结果。一旦谈判出现僵持,"投票"就可能存在交易。所谓执行问题,是成员国为追求短期利益而违反已同意的规则。另一个局限是国内执行中的政治问题和法律问题。所谓政治问题,是当国内监管者在他们处理的国内事务和国外事务之间行使一些自由裁量权的时候,他们就会受到国内行政机关和立法机关观点和利益的影响。所谓法律问题,是国内监管者实施和执行的监管标准是由本土法律规定的,他们通常都没有权力与外国监管者达成协议而修改那些本土的监管标准。尽管如此,主流派还是主张国内证监会应该积极地通过 IOSCO 解决证券监管的国际合作问题,但在实施中,依然是"具体问题,具体对待"。

(5)国际证券投资法规是国际证券监管的一项重要工作。各国监管部门都十分重视国际证券发行与流通中的法规监督。

第一,国际证券发行的法规管理。一是,从证券发行人的母国对国际证券发行的管制来看，证券发行人母国对国际证券发行一般都有一定管制。发行人发行国际证券一般都必须经本国政府有关部门(如中央银行、证券委员会等)的审查批准，因为国际证券发行对母国的国际收支平衡、资本市场稳定等有很大影响。管制对外发行证券的主要措施有数量上的限制、税收上的限制，如果是债券还有利率上的限制。二是，从证券发行的东道国的法律管制来看，管制主要集中在两个方面，即证券发行批准制度和证券发行披露制度。所谓证券发行批准制度，是指在东道国证券市场发行国际证券时，证券发行人必须事先获得有关政府主管部门批准或将证券发行事宜通知有关政府主管部门，即人们所说的批准制和注册制。如荷兰和比利时分别规定外国证券的发行必须通告荷兰中央银行和获得比利时财政部的批准。美国和日本证券法律对发行国际证券则采取证券登记注册制度。

在证券发行披露制度方面，东道国一般都规定了公开原则。所谓公开原则，是指法律责成证券发行人负有公开说明义务，必须按法定形式，将与证券发行有关的文件内容真实公布于众。如果内容不实，由发行人承担法律责任。发行人在发行证券前必须向证券管理机关呈交证券公开说明书。公开说明书是公开有关资料的重要手段。

证券发行后，发行人应在规定日期内向证券管理机关或证券交易所报送定期报告及发生重大变故的临时报告，以备投资者查询。例如，美国对国内发行人的要求是，必须公开每一位董事、高管和大股东的一切交易情况，而对外国发行人却不要求公开此类信息。

第二，国际证券流通的法规管理。最主要的是证券在流通中公布有关信息的法规。由于美国证券交易委员会在信息披露方面的制度相对完善，下面以美国为例来说明东道国对证券流通方面的要求。一是，在业务方面，证券交易委员规定外国公司必须将其一般业务发展情况陈述出来，并且包括母公司及其子公司的再分、兼并或合并的性质及结果；在一般业务过程之外买卖任何重大数量的资产；母公司及子公司的破产、破产产业接管或类似的性质和结果。二是，在法律诉讼上，外国公司必须公开母公司及其子公司与官方牵涉的重要未决的法律诉讼。三是，在控制权方面，必须公开说明其是否直接或间接为另一个公司或外国政府控制和拥有。如果有，则必须提供这些具体情况。四是，在税收方面，外国发行人必须简要描述与美国证券持有人有关的各种税收情况，包括预扣税。美国的证券持有人除必须受制于发行人本国法律规定外，还必须服从发行人本国与美国两国之间签订的共同税收条约。五是，在对财务报表的要求上，外国发行人必须以母国货币建立财务报表，并公布已审计过的资产负债表、损益表和现金流量表。

(二)国际保险监督官协会

国际保险监督官协会(International Association of Insurance Supervisors，简称IAIS)，是保险业监管的重要国际组织。其宗旨是：通过合作来改善一国国内乃至国际层次上的保险监管，以此来促进保险市场的效率、公平、安全和稳定，并最终保护投保人的利益。同时，统一各方努力制定供各成员国选择遵守的监管标准。

IAIS总体工作思路。IAIS的监管体系主要由24个保险监督管理文件构成，包括9个保险监管指导文件、6条保险监管原则和9条监管标准。这些文件，从保险监管的总体指导方针到监管保险公司的经营管理风险，从监管保险主体的市场准入到监管保险公司的偿付能力，从单一的传统保险业务到金融一体化形势下的综合监管，都予以了尽可能清晰的指导思想和基本操作原则、标准。

(1)采用全面的保险监管原则。一是，保险监督管理的核心原则有六类。它们是：保险监管体系、保险机构监管、连续监管、审慎监管原则、市场和消费者、反洗钱和打击对恐怖组织的资金支持。二是，保险监管体系包括保险监管目标、保险监管机构、保险监管过程以及监管合作和信息共享。其中：保险监管目标原则，是为了明确界定保险监管的主要目标。保险监管机构原则，要求成员国法律授予监管机构有足够的权力、法律保障和财务资源来实施其功能和权力，并且在履行其职责和权力时，相对独立和自负其责；必要时，监管机构有权采取紧急措施，以达到其监管目标，尤其是保护投保者的利益。保险监管过程原则，则是鼓励监管机构以透明和负责的方式履行其职责。而监管合作和信息共享原则，却是要求监管机构在遵守保密要求的前提下，与有关监管机构合作和分享信息。三是，保险机构的监管包括执照的发放、高管人员的资格审定、股权变更和资产转移、保险机构的公司治理及其内控机制。执照发放要求清楚、客观公开。对高管人员的资格审定要求主要股东、董事会成员、高级经理人员、审计师、精算师都是能够履行其职责的合格的人员。保险公司股权变更和资产转移，必须经监管机构批准。公司治理的标准是建立内部内控制度，这些内控制度必须使董事会和高级经理层的决策得到监督和控制。四是，监管包括市场分析、向保险机构收取报告和非现场检查、现场检查、预防和改正措施、执行或处罚、解散和退出市场以及对集团的监管。五是，审慎监管包括对风险分析和管理、保险活动、负债、投资、衍生产品及类似产品、资本充足和偿付能力。

(2)有效实现风险控制目标。一是，通过资本充足性与偿付能力的监管加强对保险公司的风险控制。为此细化了14条资本充足性和偿付能力的规则。例如，要求保险公司充足、可靠地提取各类准备金；充分强调了资产与负债之间的匹配；提出了偿付能力控制线；要求保险公司进行压力测试。二是，对保险主体的再保险进行监管。

(3)通过现场监管与信息披露相结合，促进保险市场有序发展。一是，确定了现场检查的程序。主要包括计划和准备、实地考察以及评估与报告。通过现场检查，重点评估资产和负债，分析价目表的适当与否以及运营的平稳性；评价保险业务的技术行为；评价如何对待客户，并确定是否有损害保单持有人或公共利益的非法或不正确的行为；评价会计和内部控制制度，并形成一份关于公司治理的意见。如果有必要，监管机构有有权把现场监管扩展到与被监管公司有资本联系或已经接受该公司外包服务的经纪商。二是，要求保险公司披露更详细的信息，至少包括财务状况、财务表现、风险暴露程度及其管理、会计政策，以及基本业务、管理和公司治理等方面的信息。以便市场参与者可以评估和比较。

(4)通过跨区域的监管合作，实现对国际保险人、保险集团及其跨国业务经营的综合监管。目前，很多保险公司正在迅速拓展其国际业务，并将经营的触角伸向那些新兴的保险市场。在这种环境下，保险监管机构之间的国际合作非常重要。为此，IAIS 特别指出，保险监管机构进行合作的主要目的，就是要确保所有的保险机构都无法逃避监管。虽然担心可能出现重复的监管工作，但是，每个监管机构都有义务对其辖区内的所有外资保险机构受到有效的监管。二是，东道国监管机构在审批境外机构或合资企业提出许可申请时，尽管有关许可的最终决定，由东道国监管机构作出，但在颁发许可之前，要直接征求保险母公司的监管机构是否有任何异议。以便一旦境外有新设保险公司诞生，就开始了双方监管机构的协作。三是，所有的境外保险公司都必须接受外部审计。必要时，监管机构可寻求国际审计及精算标准的支持。四是，为了保证东道国和本国监管机构之间的有效协作，IAIS 要求，要以协调协议的方式明确双方监管机构信息交流的程序、综合评价的程序。

(5)强调市场秩序和公司治理结构。公司治理主要是指董事会和高级管理人员管理保险公司业务的方式。它包括公司股东、董事会、高级经营层和监事如何对其行为进行负责的方式。因此，公司治理首先要明确公司规定、透明、独立、负责、公平和社会责任。二是，提出了保险公司公司治理的标准，是及时和准确地披露保险公司的重大事项，包括财务状况、经营状况、所有权和治理情况；公司内控制度，能够保证董事会和高级经理层可以监督和控制公司的运行；有利于监管机构实施纠正措施，在必要的时候，根据公开、清楚和客观的标准进行处罚。三是，特别突出董事会是治理结构中的重点，董事会必须对保险公司的经营和行为负最终责任。因此，董事会授权各委员会和经理层并不能减轻或豁免其本身的职责。当董事长与首席执行官为同一人时，监管机构有权通过检查该公司是否有合适的控制手段，来保证公司的经营管理层对董事会负责。

第三节　国际投资争端的解决

随着国际投资规模的日益扩大，程度的日益深化，国际投资争端也不可避免地产生了。国际投资争端是指各国际投资主体之间在国际投资活动中产生的争端。

问题导入：连续三年，联合国贸发会议提供的《世界投资报告》披露：基于条约的投资者与国家争端解决(ISDS)新案件数量高居不下。2017 年，至少发起了 65 起基于条约的 ISDS 新案件，使已知案例总数达到 855 起。113 个国家已对一项或多项已知的 ISDS 诉求作出答复。ISDS 法庭就投资者与国家之间的争端做出了至少 62 项实质性裁决。在根据案情裁决的已知案件总数中，投资者获胜的案件约占60%。2018年，投资者根据国际投资协定(IIA)发起了71起公开的ISDS案件(图10－2)，几乎和前三年每一年的案件数一样多。ISDS诉讼总数已达942起。这些ISDS的案例几乎都是基于老一代投资条约。有117个国家是一项或多项ISDS诉讼中的被告方。由于一些仲裁可以保密，2018年和前几年提交的争端实际数量可能还要多一些。2019年，基于条约的ISDS案件数量已经超过1 000起。在启动的55起公开的ISDS案件中，大多数都是基于20世纪90年代或更早签署的IIA。ISDS法庭至少做出了71项实质性决定。在裁定国家有责任的案件中，赔偿额从几百万美元到80亿美元不等。这表明：国际投资争端的解决已成为十分紧迫的问题！

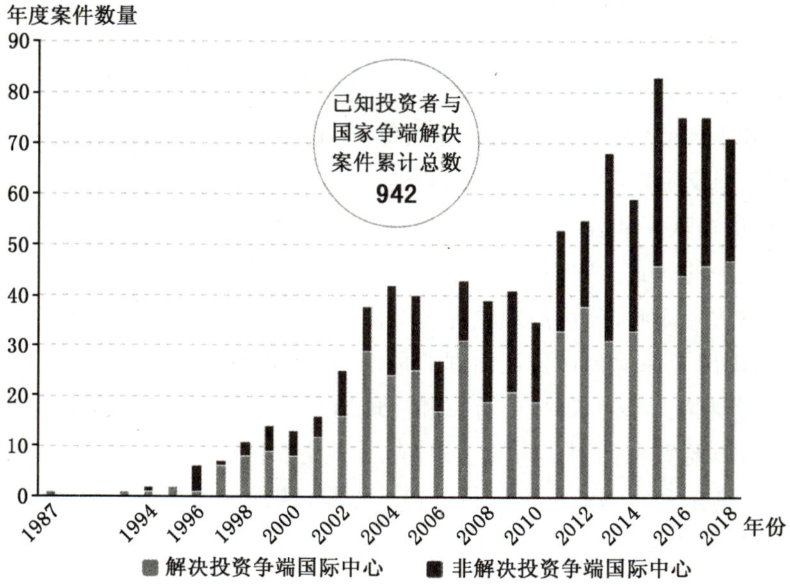

资料来源：联合国贸发会议：《投资者与国家争端解决导航(ISDS Navigator)》。

图10－2 1987—2018年基于条约的投资者与国家争端解决已知案件趋势

一、国际投资争端的主要类型

国际投资主体有企业和国家，因此，国际投资争端可分为企业间的国际投资争端、企业与国家间的国际投资争端和国家间的国际投资争端。

(一)企业间的国际投资争端

在国际投资活动中，投资者之间(往往在合资、合营企业中)由于对合同或规定的不同理解等发生的争端。

(二)企业与国家间的国际投资争端

此类争端的引起主要是因为投资者与东道国政府之间在政策、法律执行中产生的争议。具体而言，有因为东道国的国有化和征用，对投资利润的汇回限制，对政策的不同理解而引起的争端。由于国家不能成为司法诉讼的对象，因此，此类争端主要由国家间的协定来进行处理。

（三）国家间的国际投资争端

此类争端主要由于税收管辖权和司法管辖权之间的冲突引起。

1. 税收管辖权引发的争端

税收管辖权是国家在税收领域中的主权，即一国政府在征税方面行使的管理权力。主权国家的税收管辖权可以按照属地和属人两种不同原则确定。按属地原则确立的税收管辖权，称作地域管辖权或收入来源地管辖权，是指一国政府以纳税人的收入来源地为税收管辖权的范围。其特征是该国政府对在本国领土范围内发生的一切所得均可行使征税权而不论纳税人的身份是否为本国公民或居民。因此，外国人只要在该国有应税所得，就必须纳税。按属人原则确定的税收管辖权，称作居民管辖权，指一国政府以纳税人的国籍或住所为税收管辖权的范围。其特征为该国政府对本国公民与居民取得的一切所得均可行使征税权而不论纳税人是否在该国境内，其所得来源于何处。

目前，世界上绝大多数国家为同时实行收入来源地管辖权和居民管辖权。因此，对同一笔国际所得，有关国家的税收管辖权便有可能发生冲突（交叉或重叠）。冲突一般有两种情形：其一，双重居民管辖权。由于各国国内法规定不同，一个纳税人（包括自然人和法人），有可能同时具有双重的居民身份。如一家跨国公司在 A 国注册成立，实际管理机构设在 B 国，A 国与 B 国按各自的国内法，同时认定该公司是其法定的纳税义务人，产生双重税收管辖权的冲突。其二，收入来源地和居民双重税收管辖权。如甲为 A 国居民，在 B 国有一笔所得，则两国政府依不同的国内法规定可能会对同一笔所得征税，从而产生冲突。

2. 司法管辖权引发的冲突

司法管辖权是指一国司法机关审判具有涉外因素案件的权力，国际上是根据国家主权原则来确定各国法院的国际管辖权。国家主权包括属地管辖权和属人管辖权。前者是指主权国家对其领土内的人和物所行使的最高权力，即国家对其领土内的人、物或发生事件，除国际法规定的外交特权和豁免外，有权按本国法律和政策实行管辖。后者是指主权国家对其领土内外的本国国民所行使的最高权力，即国家对于国内外的本国国民有管辖权，因此，国家有权保护其在外国的本国国民的合法权益。

由此，在对待外国人的管辖时，有可能出现属地管辖权和属人管辖权的冲突。表现在司法管辖权上，就成为东道国及投资者母国均可声称对国际投资争议的诉讼行使审判权，导致司法管辖权的冲突。由于同一争议在不同国家审理时适用法律不同，其结果可能差异极大，故发生争议的当事人对由哪个国家行使司法管辖权极为关心，并常因此产生争议，致使司法管辖权本身成为解决投资争端的障碍。按照惯例，不同主权国家的属地管辖权和属人管辖权发生冲突，应以属地管辖权优先。但在一定条件下，也允许当事人采取东道国国内法以外的其他方式，如提交本国法院、第三国法院或国际法院审理来解决投资争议。

二、国际投资争端解决方式

解决国际投资争端的主要方式有非司法解决方式、准司法解决方式和司法解决方式三类。

（一）非司法解决方式

非司法解决方式，是投资双方在一起相互通报或协商以便对投资中的某个有损一方利益的问题找出解决办法，或通过讨论对该问题取得某种程度的一致或妥协的行为或者过程。非司法解决又可细分为：谈判或磋商、斡旋、组建调查委员会、调停和调解等多种方式。

1. 谈判或磋商

谈判或磋商是重要的解决国际争端的方法之一。通过磋商的方式解决争端的有利方面是相关各方不必拘于一定的形式或一定的程序。例如，投资一方发现投资他方所采取的措施或行为有损其利益，即可要求另一方谈判，力争在最大的程度上以最快的速度解决问题。事实证明，磋商为较有效地解决争端的方式。即使是在弹性较小的关于反托拉斯案的诉讼案中，磋商亦可起到缩小相关各方（包括相关国家政府）歧见的作用。当然，磋商的基础是相关各方的立场相距不远，并且共同的利益促使其愿意和平解决分歧。就国际投资和投资协议而言，任何一项争端均涉及相关各方的经济利益，迅速解决分歧有利于投资项目的顺利进行。从这个意义上讲，绝大多数关于投资的争议均可通过磋商和谈判解决。当然，如果争议相关一方拒不谈判，则另当别论。

2. 调停（Mediation）

如果争端相关各方无法通过和平谈判或友好协商解决分歧，各方可通过第三者介入调停。这种由第三方介入的解决方式有多种，该第三方所起的作用亦有很大区别。例如，第三方可以不参加直接谈判而只说服相关各方进行谈判或继续原已进行且中断的谈判。此类性质的第三方介入被称为斡旋。与斡旋不同，调停不仅为有争议的相关各方提供继续谈判的机会，而且调停人主动参加谈判，并经争议相关各方授权就有争议的问题作出解释以及提出解决的办法。调停人有义务向争议相关各方传达对方的建议和要求等。调停人在协助争议各方谈判时，其所提出的建议和解决争议的办法为非正式性，主要是依据相关各方所提供的情报作出，而并非依其自己的实际调查与研究。因此，调停界于斡旋和调解两种方式之间。调停人可经争议相关各方要求出面，亦可毛遂自荐。调停人可以是国际机构、国家机构、私人机构或个人。涉及重大问题的调停一般由具有国际声望的和有经验的专家承担，如国际法院法官、联合国秘书长、世界银行行长、国际仲裁机构的负责人以及各国仲裁机构负责人等。

3. 调解（Conciliation）

以调解方式解决国际争端是指依争端的性质设立常设或临时委员会，以公平原则审查争议问题，并作出可能为相关各方接受的解决办法，或向各方提供解决争议之支助。实质上，调解是在调停的基础上由第三方介入，使解决争议的谈判效果更好。调解人在此种方式下具有较大的发言权。其所提出的建议和解决方法具有较大的效力。调解人或调解委员会的作用在于阐明具有争议的问题，并为此收集相关资料，从而促使各方达成协议。在对争议详细审查后，调解人或调解委员会可以向争议各方宣布其认为合理的解决条件和办法并向各方提出接受上述条件的最后期限。一般来说，对争议的审查一经完毕，调解人即应起草一份报告，说明争议各方应以何种条件达成一致意见。调解人也可根据调查结果，指出各方不可能取得满意的解决。除调查和作出报告等外，调解人还必须负责许多其他事项。调解人到底应该具体负责哪些方面的责任，主要取决于各方指定调解人的文件。调解人的职责也取决于其自己的认识。假如调解人将调解视为常规的谈判，其职责仅在于努力促使争议各方走到一起，并向各方提供谈判的便利以及其他方面的协助。此类调解较接近调停而不是仲裁。然而，假如调解人把调解视为准仲裁程序或争议各方在其委托书中硬性规定调解人的此类职责，调解人便可能起到举足轻重的作用。此类调解较接近于仲裁。无论争议各方对调解人的职责如何规定，或调解人自己对其职责如何理解，调解人有权调查争端的性质及其发生的背景，并有权对与争议相关的其他事宜进行调查。此类调查的职能可以是调解人自己实地调查或通过专家进行。鉴于许多争议均涉及法律问题，大多数调解委员会均有法律专家参加。调解人或调解委员会在对争端进行深入调查后，需向争议各方提交一份报告，说明自己的观点和建议。此类建议均不以决议的形式作出。即使是关于法律问题的建议，调解报告亦与仲裁裁决有截然的区别，对争议各方不具有拘束力。总的来看，调解一方面具有磋商和调停的性质，另一方面，它也兼具仲裁的某些特点。作为解决国际投资争端的方法，其程序比较简单，便于各方表达不同意见，有利于问题的解决。

例如，国际货物买卖引发的税费支付调解案。原告日本株式会社子公司称其2015年10月向被告苏州某模具公司订购型号为CAM等模具，货款共计12.43万美元，剩余未付货款仅为498.69美元。但同年12月，苏州模具公司突然向原告发出《责任书》，要求日本公司支付CAM等模具的余款和中期款共计2.77万美元外加9.27万日元。日本公司多次向苏州公司说明上述超额支付款项没有任何依据，但苏州公司表示，若不支付该等款项，将不予安排出货。出于经营需要，日本公司按照苏州公司要求支付了相应货款。原告日本公司起诉至法院，请求：(1)被告向原告返还款项共计2.72万美元；(2)被告向原告支付原告为其垫付的零部件款项共计人民币3.37万元；(3)诉讼费由被告承担。

被告苏州公司辩称，双方2015年11月之前的报价单中没有列明地税，但苏州公司随后收到税务部门推送的涉税风险后，也得到了日本公司的肯定，因此，苏州公司主张，日本公司支付的费用中有3.65万美元对应的23.32万元人民币实际上是对2015

年10月之前的订单所包含地税的补交。最后，苏州公司还提起了反诉，请求：(1)日本公司支付尚欠的货款10.98万元及其利息；(2)因日本公司供应的原材料被海关扣关一直无法按时交付，导致苏州公司整机无法及时安装，日本公司应支付窝工损失2万元；(3)诉讼费用由日本公司承担。

该案件是中国国际贸易促进委员会苏州调解中心与苏州市虎丘区人民法院合作机制下进行的对接案件。日中双方当事人同意苏州调解中心主持调解。在调解员的不懈努力下，双方终于达成了一致意见。

（二）准司法解决方式——仲裁

仲裁是指双方自愿将争端提交第三者审理，由其作出裁决。在解决国际投资争端中第三者一般是由各方当事人以外的第三国有关机构或国际机构担任。仲裁以其独特的优势已成为解决国际投资争端最常用的方式。

1. 仲裁方式与调解方式和司法方式的不同

(1)与调解方式比较，仲裁方式的主要特点是：仲裁员以裁判者身份对争端作出裁决。这种裁决一般为终局性的，对双方当事人均有约束力。如果一方当事人不自动执行裁决，另一方当事人有权申请法院予以强制执行。调解无此约束力。

(2)与司法解决方式比较，仲裁方式主要特点为：仲裁机构均为民间组织，没有法定管辖权；仲裁机构根据双方当事人的仲裁协议受理有关案件，司法解决方式由于受到司法管辖权的限制，难以适用于国家之间、国家与私人之间的争端，而仲裁方式在争端当事人同意的情况下，普遍适用于各种国际争端。

2. 仲裁的形式

仲裁形式包括特设仲裁庭仲裁和常设仲裁庭仲裁两种。特设仲裁庭根据争端当事人合意并按一定程序组成，案件审理完毕即自行解散。常设仲裁机构则依据国际条约或国内法律而设，可分为全球性常设仲裁机构、区域性常设仲裁机构和各国常设仲裁机构三种类型。一般来说，常设仲裁机构有利于争端的解决，因为其能为争端当事人提供进行仲裁的必要条件，包括仲裁场所和各类服务，而且它能促成作出裁决并能作出有关裁决是否有约束力的技术鉴定。

3. 常设仲裁机构及其规则介绍

目前世界上有许多常设仲裁机构，如苏黎世商会仲裁院、国际商会仲裁院、太平洋工业产权协会、解决投资争端国际中心、斯德哥尔摩商会仲裁院等。其中国际商会仲裁院和斯德哥尔摩商会仲裁院分别为国际仲裁机构和各国常设仲裁机构的典型，下面以它们为例进行阐述。

(1)国际商会仲裁院。国际商会仲裁院成立于1923年，为处理国际商事争端的国际性民间仲裁机构。适用仲裁院主持的调解或仲裁程序必须符合以下条件：首先，争端必须属于“国际商务争端”，包括国际贸易和国际投资等国际经济合作中发生的争端，但不一定要求当事人具有不同国籍，或在不同国家之间有住所或活动，只要包含涉外因素,就属仲裁院的管辖权范围。其次,经争端当事人各方书面同意后,私人之间或国家与私人的争端均可提交仲裁院调解或仲裁解决。

国际商会仲裁院规定仲裁庭的管辖权为:如果双方当事人已同意接受仲裁,但仲裁程序开始以后,一方当事人拒绝参加,仲裁程序仍应照常进行。如果一方当事人对仲裁协定的存在或效力提出一项或多项抗辩,而仲裁员确信仲裁协议存在,仲裁院得在对上述抗辩理由的采纳与否不抱偏见的前提下决定继续仲裁,在此情况下,应由仲裁员本身决定管辖权问题。除非另有规定,仲裁员在认为仲裁协议有效的情况下,不应因任何有关合同无效或不存在的主张而中止管辖权。即使合同本身可能无效或不存在,仲裁员仍有管辖权来确定双方当事人的权利,并对他们的请求进行裁决。在法律适用方面,其规定当事人双方可自由确定仲裁员解决争议所适用的法律,当事人双方未作规定时,仲裁员应适用其认为合适的冲突法所确认的准据法。

(2)斯德哥尔摩商会仲裁院。该仲裁院成立于1917年,由于瑞典仲裁制度较完备,加之其政治上的中立国地位,该仲裁院逐渐发展成为东西方商务争端的仲裁中心。它在法律适用问题上规定除两个主权国家之间的仲裁外,在瑞典进行的一切仲裁的程序方面的问题受《瑞典仲裁法》约束。仲裁庭原则上按双方当事人选择的法律进行实质性裁决。如双方当事人未指定可以适用的法律,或者指定的法律同特定交易关系没有实质联系,因此回避了与合同有最密切关系的强制性规定,则按瑞典冲突法的有关规定,适用对有关争端的实质和合同有最密切联系的法律。该仲裁院的其他规定与国际商会仲裁院规则大多有类似之处。

受理国际投资争端的常设仲裁机构虽然有很多相似之处,但在管辖范围、法律适用和仲裁裁决方面各有特色。因此,在寻找合适的解决争端的仲裁机构时,应充分了解有关此方面的情况,以选择较合适的仲裁机构来有效维护本方利益。

(三)司法解决方式——诉讼

国际投资争端可以通过友好协商、调解或仲裁等方式解决,作为最后手段,争端亦可通过法院诉讼解决。它具体包括两种方式:一是国际司法解决方式,即将争端提交国际法院解决;二是将争端提交各国法院解决。

1. 国际司法解决方式

国际法院是联合国主要法定组织之一,其规定的诉讼管辖权为:国际法院的诉讼当事人限于国家,任何组织、团体或个人均不得成为诉讼当事人;国际法院管辖的案件主要包括各当事人提交的一切案件、《联合国宪章》或现行条约及协定中所特定的一切事件、关于条约的解释、国际法的任何问题和任何事实的存在如经确定即属违反国际义务者、因违反国际义务而应予赔偿的性质及范围等四类争端,以当事国声明接受强制管辖为前提。①

① 参见《国际法院规约》第34条、第36条。

由于国际法院的诉讼当事人限于国家，这样其受理的范围大大减少，而且国际法院管辖需要争端当事国的自愿、协定或声明为前提，各国是否将特定案件提交国际法院解决，完全出于其意愿。由于这些局限性的存在，国际法院很难独立担负起解决国际间投资争端的责任，更无法担负起解决其他种类的国际投资争端的重要责任。

2. 提交各国法院解决方式

各国法院主要受理不同国籍私人之间的投资争端，国际上承认的主要涉外经济管辖制度包括：(1)属地管辖制度，即以当事人(主要为被告)的住所地、居所地或事物的存在地、事件的发生地等地域因素为行使管辖权依据的制度。(2)属人管辖制度，即以当事人的国籍为行使管辖权依据的制度。(3)普通法管辖制度，即以完全控制为行使管辖权依据的制度。由于目前尚无各国普遍接受的调整各国法院管辖此类争端的规则，因此，不可避免地产生了国内法院管辖权的冲突。而且，当事人在选择管辖其争端的法院问题上也往往会有冲突，当事人一般倾向于选择本国法院，如果双方达不成一致协议，则难以解决争端。另外，各国法院也不能解决国家之间的冲突，因为国家享有司法豁免权，不能作为司法诉讼的对象。这些局限限制了各国法院在解决国际投资争端中的作用。

阅读文献

1. 联合国贸易和发展会议：《2020 年世界投资报告》，http://unctad.org/tnc。

2. 中国驻日使馆商贸处：《日本吸引外资的主要政策措施及我国对日投资情况分析》，载于《对外经贸研究》2002 年第 9 期。

3. 李倩雯：《〈中国加拿大促进保护投资协定〉若干规则研究》，载于西南政法大学学位论文，2015 年。

4. 林泰、郑利红：《国际证监会组织的作用与局限——基于国际证券监管合作的视角》，载于《经济与管理》2011 年第 1 期。

5. 李晓林：《解读国际保险监督官协会的监管思路》，载于《中国金融》2007 年第 2 期。

6. 张启尧、程鲁尧：《RCEP 正式签署，意义如何？影响如何？》，载于《国盛证券研究报告》2020 年第 11 期。

7. 走出去智库：《中国走出去观察：全球投资并购案例与实务》，机械工业出版社 2017 年版。

习题及案例分析

一、名词解释

1. 海外投资保险法
2. 税收管辖权
3. 友好通商航海条约

4. 调解
5. 仲裁

二、简答题

1. 简述发展中国家外资立法的共同特征。
2. 简述双边性国际直接投资国际法规范的主要形式。
3. 简述 TRIMs 的主要影响。
4. 简述未来 MAI 的发展动向。
5. 简述国际投资争端的主要非司法解决方式。
6. 简述仲裁与调解和诉讼的区别。

三、论述题

试述国际证券发行的法规管理及对我国发行国际证券法规管理的启示。

四、案例分析

RCEP 正式签署 全球最大自贸区诞生

2020 年 11 月 15 日，区域全面经济伙伴关系协定(RCEP)正式签署，全球体量最大的自由贸易协定正式达成。RCEP 是一个通过削减关税及非关税壁垒，建立统一市场的自由贸易协定，成员国间相互开放市场、实施区域经济一体化。缔约方包括东盟十国以及中国(暂不包含港澳台地区)、日本、韩国、澳大利亚、新西兰共 15 个国家，覆盖 22.7 亿人口，占全球人口总数的 1/3 左右，区域内 GDP 规模合计达 25.6 万亿美元，占全球经济总量的 29.3%，贸易额也达到了 10.4 万亿美元，占全球贸易总额的 27.4%。RCEP 的诞生标志着在贸易保护主义、单边主义和疫情的多重冲击下，亚太地区的经贸前景依然表现出了较为强劲的可持续发展势头。未来，RCEP 将成为亚太地区重要的经济增长动力引擎，也将是全球经济增长的重要动力源。

RCEP 协议共包括 20 个章节，主要内容涉及货物贸易、服务贸易和人员流动、投资准入、知识产权、电子商务、标准和技术、动植物检疫、经济技术合作、中小企业、争议解决 10 个主要领域。其中，在货物贸易方面，协议规定零关税产品数整体上将达到 90%以上，关税减让以立即降至零关税、十年内降至零关税承诺为主；服务贸易方面，消除歧视性措施，促进服务贸易自由化，在金融、通信、专业服务和人员流动领域加强区域内合作，实现国民待遇和非差别化的最惠国待遇，承诺显著高于原有的“10+1”自贸协定水平；投资方面，采用负面清单的方式进行投资准入谈判；电子商务方面，制定跨境传输数据规则，减少数字贸易限制；知识产权方面，简化知识产权交易以促进创新技术在区域内自由流动，减少贸易和投资障碍；经济技术合作方面，在互惠互利领域补充现有的经济伙伴关系等；此外，在标准和技术、动植物进出口检疫、中小微企业、争议解决等主要领域也作出了诸多便利性规定。

根据以上资料，试分析中国加入 RCEP 的战略意义。

中国三一集团质疑美国安全审查程序

2012 年 3 月，中国三一集团关联公司罗尔斯(Ralls Corp.)收购了位于美国俄勒冈州的 4 个风电场项目。当年 5 月，美国海军西北舰队认为该风电场项目影响其航空训练，经交涉，罗尔斯公司将风电场南移 2.4 公里。但是，7 月，美国外资投资委员会（CFIUS）颁布临时禁令，要求罗尔斯公司停止风电场内所有建设，该禁令于 9 月 28 日奥巴马签署后正式生效。这也是美国近 22 年间总统亲自叫停的首例外资收购案。三一集团在向美国政府索赔无果后，开始了诉讼之路。

2012 年 10 月，罗尔斯公司向美国哥伦比亚特区联邦地区分区法院递交诉状，将奥巴马总统和 CFIUS 列为共同被告，将其告上法庭。美国东部时间 2014 年 7 月 15 日，哥伦比亚特区联邦巡回上诉法院对该案做出判决。合议庭一致认定：奥巴马政府在审查该项目时侵犯了三一集团关联公司罗尔斯的合法权益。法庭判决美国政府需要向罗尔斯公司提供相应的程序正义，包括 CFIUS 或总统做出相关决定所依赖的非保密信息和罗尔斯公司在了解相关信息后做出回应的机会。法庭还判定允许罗尔斯公司对 CFIUS 限制收购风电项目的相关命令进行挑战。

依据法院判决，美国政府向罗尔斯公司提供了非保密信息，罗尔斯公司则对该信息提出了反对意见。美国政府随后与罗尔斯公司展开协商，并最终达成全面和解。罗尔斯公司撤销了对奥巴马总统和 CFIUS 的诉讼，而美国政府也相应撤销了对罗尔斯公司强制执行总统令的诉讼。

根据以上资料，试分析三一集团胜诉该案的意义。

参考答案

一、名词解释

1. 答：海外投资保险法是以保障本国海外投资的安全和利益为目的，保护、鼓励本国海外投资，由国家分担海外投资保险的一系列法律的总称。

2. 答：税收管辖权是国家在税收领域中的主权，即一国政府在征税方面行使的管理权力。

3. 答：友好通商航海条约所调整的对象和规定的内容主要为确认缔约国之间的友好关系，双方对于对方国民前来从事商业活动应给予应有的保障，赋予航海上的自由权等。

4. 答：调解是指依争端的性质设立常设或临时委员会，以公平原则审查争议问题，并作出可能为相关各方接受的解决办法，或向各方提供解决争议之支助的争端解决方式。

5. 答：仲裁是指双方自愿将争端提交第三者审理，由其作出裁决，在解决国际投资争端中第三者一般是由各方当事人以外的第三国有关机构或国际机构担任。

二、简答题

1. 答：发展中国家外资立法的共同特征是：

（1）以法典形式或条例性专门法规的形式，对有关外资的审批、待遇、国有化及补偿争端解决作出特别规定，以与国内投资作出区别。

（2）在进行限制、管理和监督的同时，在税收等方面给予外资优于内资的优惠。

（3）近期的共同趋势是放松限制，给予外资更多的保护和优惠。

2. 答：双边性国际直接投资国际法规范的主要形式有：

（1）友好通商航海条约；

（2）双边投资保证协议；

（3）双边促进和保护投资协定。

3. 答：TRIMs 的主要影响有：

(1)TRIMs 扩大了多边贸易体系的管辖范围，将与贸易有关的投资措施纳入到了多边贸易体系之中。

(2)由于 TRIMs 构成了对与贸易有关的投资措施的有力的约束和限制，所以东道国对国际直接投资的管制将放松，政策法规的透明度提高，投资环境改善，因而为国际直接投资的发展提供了更大的空间。

(3)可能给发展中国家带来诸多不利影响，如许多发展中国家常常利用与贸易有关的投资措施引导外资流向，保护相关产业，随着协议的实施和这些措施的逐步取消，与此有关的一些产业政策将不复存在；另外，由于当地成分(含量)要求、贸易(外汇)平衡要求和进口用汇限制的禁用，使发展中国家的市场开放度扩大，某些市场有可能被国外大企业所垄断，同时出口数额会减少，进口规模会扩大；还有，当地成分要求的禁用，将会缩小发展中国家根据普惠制中的原产地规则所获得的受惠产品的数量与范围，等等。

4. 答：未来 MAI 的发展动向是：

(1)未来多边投资协议(MAI)的规定性和主要内容的发展动向。

① 未来的 MAI 应注意以下几点规定性：首先，投资措施所涵盖的领域应既包括货物贸易也包括服务贸易；其次，应将所有的投资措施都纳入协定管辖的范围之中，不仅包括限制性的投资措施也包括鼓励性的投资措施；再次，在协定中应充分考虑发展中国家的愿望和要求，对滥用限制性商业惯例的行为作出禁止性的规定；又次，应对目前大量存在的单边、双边、区域多边及全球多边方面的投资措施、协议或协定进行分析和整理，制定出内容、标准和进度统一的具有广泛代表性的权威的投资协定；最后，一国国内的竞争政策对其投资政策影响很大，因此在协定中还要考虑制定出相应的条款以规范各国国内的竞争政策。

② 未来的 MAI 应包括的主要内容有：适用范围、涵盖领域、投资措施、待遇标准、相关政策、投资保护、争端解决、发展中国家问题、程序安排等。

(2)应在世贸组织框架下推进 MAI 的制定。

5. 答：国际投资争端的主要非司法解决方式有：

(1)谈判或磋商；

(2)调停；

(3)调解。

6. 答：仲裁与调解和诉讼的区别表现在：

(1)与调解方式比较，仲裁方式的主要特点是：仲裁员以裁判者身份对争端作出裁决。这种裁决一般为终局性的，对双方当事人均有约束力。如果一方当事人不自动执行裁决，另一方当事人有权申请法院予以强制执行。调解无此约束力。

(2)与诉讼方式比较，仲裁方式主要特点为：仲裁机构均为民间组织，没有法定管辖权；仲裁机构根据双方当事人的仲裁协议受理有关案件，司法解决方式由于受到司法管辖权的限制，难以适用于国家之间、国家与私人之间的争端，而仲裁方式在争端当事人同意的情况下，普遍适用于各种国际争端。

三、论述题(提示)

答:国际证券发行的法规包括母国与东道国对国际证券发行的管理。

(1)母国的管理主要是通过一定管理部门对其的限制等。

(2)东道国的管理主要是证券发行批准制度和证券发行的信息披露方面。

我国目前在国际市场上发行国际证券数量越来越多,应该加强对其的审批,从税收、数量、利率等的管理上防止它们对我国的不利影响。

四、案例分析(提示)

1. 答:中国加入 RCEP 的战略意义是:

(1)助力畅通国外循环,促进“双循环”格局形成。在投资市场准入上,各成员国均采用负面清单模式做出承诺。对我国来说,这是我们首次在国际协定中纳入非服务业投资负面清单,对制造业、农业、林业、渔业、采矿业 5 个领域作出高水平自由化承诺,大大扩展了清单内涵,提升了投资政策透明度。其他各方也均采用负面清单方式作出较高水平开放承诺。制造业方面,日本、澳大利亚和新西兰除少数敏感领域外,基本全面开放。农、林、渔和采矿业方面,在符合一定条件或要求的情况下,各成员国企业也允许进入彼此市场,上述安排将为各国投资者带来更多的机遇。

(2)对冲中美贸易争端与 CPTPP 的消极影响,降低中国对美国的贸易依赖。在投资方面,RCEP 投资章对原“东盟 10+1 自由贸易协定”投资规则进行整合升级,在投资市场准入和投资保护等方面作出了全面、平衡的投资安排,实质上形成了当前亚洲地区规模最大的投资协定,有助于营造更加稳定、开放、便利的区域投资环境,为本区域吸引外资、促进发展注入强劲动力。

(3)疫情后时代,RCEP 将为中国经济复苏和未来增长续添动能。

2. 答:三一集团胜诉该案的意义是:

(1)为中国企业赴美投资应对美国国家安全审查以及海外投资的争议解决,提供了有益的借鉴。

(2)在今后的国家安全审查中,CFIUS 及美国总统将不得不给予投资者更多的程序权利,包括披露其所考虑并赖以做出决定的证据,允许投资者对这些证据做出反驳。

(3)由于在诉讼中受挫,CFIUS 不得不改变以往“无法无天”的心态更加克制使用国家安全审查。

第十一章　国际投资风险管理

当今世界是一个不断发展和变化的世界。国际政治、经济和技术环境复杂多变，国际市场竞争日益激烈，这使得国际投资活动更充满着不确定因素。从某种意义上来说，国际投资活动又是一项预测风险和规避风险的活动。因此，本书所指的国际投资风险是在特定环境下和特定时期内客观存在的可能导致国际投资经济损失的状况。其中，最主要的是政治风险、汇率风险和经营风险。

第一节　政治风险管理

案例导入：艾娜克铜矿是目前世界上已探明但尚未开发的大规模、高品位铜矿之一。2008 年 5 月，中国冶金科工集团和中国江西铜业股份有限公司共同发起设立中冶江铜有限责任公司，联合中标艾娜克铜矿项目，与阿富汗政府签订了开发合同，预计总投资超过 100 亿美元。据世界银行预计，若该项目按预计进度进行，2016 年起，能为阿富汗政府带来每年 5.41 亿美元的收入，创造大约 5 000 个工作岗位，还能带来政府迫切需要的基础设施投资。同时，项目顺利实施对弥补中国铜矿产源缺口具有重要意义，也将给投资方带来理想的回报。然而迄今为止，工程进展并不顺利。

根据世界银行、全球见证组织、透明国际、采掘业透明度倡议组织等机构发布的资料，数年来，阿富汗政府领导层变更频繁，不能按照计划出台土地权属调查结果及补偿标准，导致项目前期工作进展缓慢；社会阶层纠纷冲突、恐怖主义不时抬头，施工现场一度关闭；腐败行贿影响到生活的方方面面，破坏了公众对政府的信任和信心制度；2019 年，发布的透明国际腐败感知指数(CPI)，阿富汗在 180 个国家的世界排名第 172 位；政治风险居全球前列。这表明，跨国投资必须重视对政治风险的管理。

一、政治风险概述

政治风险是指在国际经济往来中，由于未能预期到的政治因素变化而给国际投资活动可能带来经济损失的风险。其主要内容包括以下几方面。

（一）国有化风险

国有化风险是指东道国对外国资本实行国有化、征用或没收政策而给外国投资者造成的经济损失。国有化(Nationalization)是东道国政府接管某个行业中的所有私有企业;征用(Expropriation)是东道国政府对某个行业中的个别外国企业实行接管;没收(Confiscation)是在没有任何补偿条件下东道国政府占有外国企业的全部资产。这种风险主要是发生在政治不稳定和政策易变的国家和地区。

(二)战争风险

战争风险是指东道国国内由于政府领导层变动、社会各阶层利益冲突、民族纠纷、宗教矛盾等情况,使东道国境内发生战争而给外国投资者造成的经济损失。在一些发展中国家,政府领导层的变动,国内各政治派别的尖锐争斗,各阶层集团不同的利益要求,不同民族间的矛盾纠纷,复杂的宗教派别冲突等,都有可能引起局势动荡,甚而造成动乱和内战,从而严重影响国际投资者的经济利益。

(三)政策变动风险

政策变动风险是指东道国有意或无意变更政策而可能给外国投资者造成的经济损失。投资者进行对外投资活动必须遵循东道国的各项经济政策。东道国的土地、税收、市场、产业规划等方面具体政策的变化将影响投资者的决策。如土地政策中涉及土地的购买,拥有使用权时间的长短,土地税的内容均会影响投资者的利益。税收政策中计税基数、税率和征税方法则关系到投资者的收益。东道国市场的开放程度以及在投资区域和行业等方面实行的限制或鼓励政策也是投资者所关注的问题。

(四)转移风险

转移风险是指在跨国经济往来中所获得的经济收益,由于受东道国政府的外汇管制政策或歧视性行为而无法汇回投资国,可能给外国投资者造成的经济损失。如外国投资者在进行投资活动中所得的经营收入,包括正常营业收入、出售专利和商标收入、股权转让收入等,一般应转移回投资国,但这与东道国引进外资的目的有一定的矛盾,这样,有的东道国便会对跨国企业的收入在政策上规定一个在东道国再投资的比例。这个比例的变化则被看作是对外投资的一种风险。

二、政治风险的评估

政治风险评估是投资者对东道国的各种政治状况进行调查、分析、预测,得出对该国投资可能面临的政治风险的总体评价,从而为国际投资活动提供决策依据。政治风险评估是政治风险管理的基础,其评估手段主要有以下四种。

(一)国别评估报告

国别评估报告是投资者对特定对象国的政治、社会、经济状况进行综合性评估的文件。它往往用于大型海外建设项目的投资或贷款之前,其性质与可行性研究报告相仿,但侧重于防止国家政治风险的发生。例如,全球著名的美国摩根保证信托公司的国别评估报告就主要评估对象国以下四方面的内容:

1. 政治评估

主要是对对象国政府的经济运营能力和应变能力进行评估。经济运营能力，包括政府官员的政策设计能力、经济官员对政府决策人的影响能力、政府首脑的决策能力。环境变化的应变能力，包括政府对石油价格变化、世界经济周期变化等国际经济环境变动时，迅速调整国际收支的能力。

2. 经济评估

主要是对对象国生产要素和发展意图进行分析。在自然资源方面，包括已有的自然资源状态、开发的可能性以及开发程度。在人力资源方面，包括劳动者的教育及训练情况、企业家的素质。在发展战略方面，包括过去和现时的长期经济发展战略与该国自然资源、人力资源的满足程度。在国内资金来源方面，包括国内资金在开发投资中的比重、国内促进储蓄增长的政策性措施。在外贸出口方面，包括出口商品种类和数量及出口市场多样化程度。

3. 对外金融评估

主要是对对象国国际金融状况进行评价。在国际收支状况上，包括国际收支现状、预测及未来的趋向。在外债状况上，包括外债增长率、债务结构及未来发生的债务负担。在外汇储备上，包括外汇储蓄水平、按进口规模和出口规模推算的合理水平。在借款的可能性上，包括从国际金融组织筹措用于国际收支调整的贷款数额。

4. 政局稳定性评估

主要是对对象国和全球政治状态进行考察。在国内政局方面，包括政府领导班子能否顺利交接、各项政策的持续性。在国际政局方面，包括区域的、全球的政治局势的稳定。

（二）评分定级法

评分定级法是用一组固定的评分标准将考察对象国的各个风险因素加以衡量，从而确定风险分数的方法。由于这种方法简便易行，而且可以在不同国家间进行风险的比较，因而在国际上得到广泛的应用。一般来说，评分定级法的整个评分定级过程分为以下四个阶段：

第一阶段：确定考察风险因素，如负债率、战争次数、人均收入等。

第二阶段：确定风险评分标准。分数越高，风险越大。例如，负债率 10%以下为 1—2 分，10%—15%为 3 分，15%—25%为 4 分，25%—50%为 5 分，50%—80%为 6 分等。

第三阶段：将所有项目的分数汇总，确定该国的风险等级。风险等级越高，则说明风险越大。

第四阶段：进行国家间的风险比较，确定投资的方向。

（三）预先警报系统

预先警报系统是 1975 年联邦德国经济研究所制定的一系列重要的国家经济指标。通过这种指标系统可以用于观测国家风险状态，以期在国家风险出现之前预先警报，提醒投资者注意。这个系统主要由以下指标组成：偿债比率、本金偿还比率、负债比率、负债对出口比率、负债对外汇储备比率、流动比率、偿息额对国民生产总值比率、经常项目收支逆差对出口额比率、物价上涨率、货币供给增长率、财政赤字对国内生产总值比率、国际货币基金借款对本国在该组织份额的比率、年固定资产形成额对国内生产总值比率、国际银团对该国贷款的加息率。通常在进行政治风险评估时要有选择地运用其中一部分指标，其中较为常用的有：

1. 偿债比率

该比率表示一国偿付外债的能力，一般认为该比率在10%以下，表明该国拥有较强的偿还能力，当该比率高于25%时，则意味着可能面临债务困难，存在着不能归还到期债务的可能。这一指标的计量公式是：

$$偿债比例=\frac{外债当年还本付息额}{当年出口商品与劳务额}\times 100\%$$

2. 负债比率

该比率表示一国的经济规模和外债的关系。一般认为该比率低于15%较好；当高于30%时，则容易发生债务危机。这一指标的计量公式是：

$$负债比例=\frac{本国全部公私外债余额}{当年国民生产总值}\times 100\%$$

3. 负债对出口比率

该比率用以衡量一国短期内偿还全部外债的能力。在当前发展中国家短期债务所占比重日益增加的情况下，该比率越低，说明该国不易发生债务危机。一般认为，该比率的危险界限为100%左右。这一指标的计量公式是：

$$负债对出口比率=\frac{本国全部公私债务余额}{当年出口商品与劳务额}\times 100\%$$

4. 流动比率

该比率表明一国外汇储备相当于进口额的月数，一般认为相当于5个月进口额的外汇储备是比较充足的，低于一个月进口额的外汇储备则是危险的。这一指标的计量公式是：

$$流动比率=\frac{外汇储备余额}{月平均进口的外汇支出额}\times 100\%$$

（四）风险指数法

进行国际投资活动的企业可以借鉴一些进行国际风险评估的专门机构提供的风险指数进行政治风险的评估。国际上主要的风险指数有以下几种：

1. 国家风险国际指南（ICRG）

该指南由美国纽约国际报告集团编制，每月发布一次。国家风险国际指南分为政治、金融和经济三部分，其中政治因素分析占50%，后两项分别各占25%。指标模型是：

$$CPFER=0.5\times(PF+FF+EF)$$

在上式中，*CPFER* 表示政治、金融、经济综合指数，以 0—100 分表示，分数越高则表示风险越低。*PF* 表示全部政治指数，包括领导权、法律、社会秩序及官僚化程度等 13 个指标；*FF* 表示全部金融指标，包括停止偿付、融资条件、外汇管制的损害程度及政府毁约等 5 个指标；*EF* 表示全部经济指标，包括物价上涨、偿付外债比率及国家清偿能力等 6 个指标。*CPFER* 是针对每一个具体国家而言的，它考察各个国家不同时期综合风险指数及其变化情况，便于国际投资者掌握国家政治风险的状态和变化趋势，比较不同国家的政治风险，决定投资的方向。

2. 富兰德指数

富兰德指数是 20 世纪 60 年代末期，美国 F. T. 汉厄教授设计的考察国家政治风险大小的一种评价指数。该指数以 0—100 表示，指数越高，则表示风险越低、信誉地位越巩固。该指数是三个定性定量环境评级体系的综合指标。其中定量评级体系侧重于评估一国的外债偿付能力，包括对外汇收入、外债数量、外汇储备状况及政府融资能力四个方面的评分。定性评级体系主要考察该国的经济管理能力、外债结构、外汇管制状况、政府贪污渎职程度以及政府应付外债困难的措施这五个方面的评分。环境评价体系包括三个指标系列，即政府风险指数、商业环境指数、社会政治环境指数。上述三个评级体系在富兰德指数中所占比重分别为 50%、25%和 25%。与指数相配合，美国商业情报研究所还定期发表富兰德报告，公布各国的基本统计数字和分析人员的评价。富兰德指数及报告基本包括了主要债务国和贸易国的风险环境的分析，是进行国际投资的重要参考依据。

3. 欧洲货币国家风险等级表

该表是由国际金融界权威刊物《欧洲货币》编制并在每年秋季公布的，侧重于反映一国在国际金融市场上的形象与地位的指数。它主要考察的内容以及各项内容所占的比重分别为：(1)进入国际金融市场的能力，占 20%，包括在外国债券市场、国际债券市场、浮息债券市场、国际信贷市场以及票据市场上筹措资本的能力；(2)进行贸易融资的能力，占 10%，主要是指通过无追索权的大型贴现而融资的能力；(3)偿付债券和贷款本息的记录，占 15%；(4)债务重新安排的顺利程度，占 5%；(5)政治风险状态，占 20%；(6)金融二级市场上的交易能力及转让条件，占 30%。

4. 日本公司债研究所国家等级表

这是日本公司债研究所每年以图表形式公布国家风险分析的报告，为日本投资者了解风险状况服务。国家等级表采取评分制，以 0—10 分表示，10 分表示该国国家政治风险最低。国家等级表按 14 个项目对一个国家的经济状态进行逐项评分。这 14 个项目是：内乱、暴乱及革命危险性，政权的稳定性，政策的持续性，产业结构的成熟性，经济活动的干扰性，财政政策的有效性，金融政策的有效性，经济发展的潜力，战争的危险性，国际信誉地位，国际收支结构，对外支付能力，对外资的政策，汇率政策。根据综合评分确定该国风险等级序列，该序列A、B、C、D、E按风险程度从低到高排列。

三、政治风险的防范

既然国际投资活动面临着政治风险，那么在对政治风险进行评估之后，如何有效地采取措施防范和规避政治风险，最大限度地降低损失，这对国际投资者来说更为重要。

(一)投资前期的政治风险防范

1. 办理海外投资保险

在许多工业化国家，如美国、英国、日本、德国、法国等，都设有专门的官方机构对私人的海外投资提供政治风险的保险，如美国海外私人投资公司(OPIC)，英国的出口信贷保证部(ECGD)，日本通商产业省的海外投资保险部等。海外投资保险承保的政治风险包括国有化风险、战争风险和转移风险三类。一般做法是：投资者向保险机构提出保险申请，保险机构经调查认可后接受申请并与之签订保险单。投资者有义务不断报告其投资的变更状况、损失发生状况，且每年定期支付费用。当风险发生并给投资者造成经济损失后，保险机构按合同支付保险赔偿金。

2. 与东道国政府进行谈判

投资者在投资前要与东道国政府谈判，并达成协议，以尽量减少政治风险发生的可能性。这类协议要明确：(1)子公司可以自由地将股息、红利、专利权费、管理费用和贷款本金利息汇回母公司；(2)划拨价格的定价方法，以免日后双方在划拨价格问题上产生争议；(3)公司缴纳所得税和财产税参照的法律和法规；(4)发生争议时采用的仲裁法和仲裁地点。

(二)投资中的政治风险防范

1. 生产和经营战略

这种战略是投资者通过生产和经营方面的安排，使得东道国政府实施征用、国有化或没收政策后，无法维持原公司的正常运转，从而避免被征用的政治风险。(1)在生产战略上，要控制住两点：一是控制原材料及零配件的供应。进口原材料和零配件虽然运输成本较高，交货时间较长，但它可以保证投入品的来源和质量，免受东道国政府的控制，还可以有效地降低政治风险，因为东道国即便征用该企业，也无法获得生产所必需的原材料和零配件，无法维持企业正常运转，征用后无法收到原有效果。二是控制专利及技术诀窍。投资者将专利、技术诀窍控制在手中，一旦公司被征用，东道国没有专利和技术诀窍，就无法维持原有的正常经营。(2)在营销战略上，通过控制产品的出口市场以及产品出口运输及分销机构，使得东道国政府接管该企业后，失去了产品进入国际市场的渠道，生产的产品无法出口，这样做可以有效地减少被征用的风险。如秘鲁在征用马可纳公司后，发现自己反而失去了进入国际铁矿市场的渠道，结果不得不与马可纳公司重新谈判。

2. 融资战略

这种战略是投资者通过对公司融资渠道的有效管理，达到降低政治风险的目的。其中一种方式是积极争取在东道国金融市场上融资。尽管在东道国金融市场上融资成本较高，并有可能受到东道国政府紧缩银根、使筹资成本提高的影响，但这样做可有效地防范政治风险。因为东道国政府对该公司实行歧视性政策或经营上的限制，会影响东道国本身金融机构的利益，因而在采取征用措施时，东道国不得不慎之又慎。

第二节　汇率风险管理

一、汇率风险概述

汇率风险又称外汇风险，是指在国际经济活动中，由于未能预期到的汇率变动而给跨国企业可能带来经济损失的风险。企业在跨国经营中遇到的汇率风险主要为三种：交易上的汇率风险、折算上的汇率风险和经济上的汇率风险。

(一)交易风险

交易风险是指已经达成而尚未完成的用外币表示的经济业务，因汇率变动而可能发生损益的风险。交易风险涉及两类项目：一是已经列入资产负债表中的应收和应付账款项目，如进出口贸易应收应付款、外汇借贷款等；二是资产负债表外会引起未来的应收和应付账款的项目，如远期购售合同、应付租赁费用、尚未履行的客户订单等。

例如，某英国公司销售一批货物给美国进口商，30 天后美国进口商付货款 160 000 美元。签订合约时，即期汇率为 1 英镑＝1.60 美元。英国公司期望 30 天后可按目前汇率 1 英镑＝1.60 美元收取 100 000 英镑(160 000÷1.60)。但 30 天后，若汇率上扬至 1 英镑＝1.80 美元，则英国公司收到的货款仅为 88 889 英镑(160 000÷1.80)，比期望收入减少 11 111 英镑(100 000－88 889)。反之，若 30 天后，汇率下调到 1 英镑＝1.40 美元，则英国公司收到 114 286 英镑(160 000÷1.40)的销售收入，比预期收入增加 14 286 英镑(114 286－100 000)。可见，交易风险既可能发生汇兑损失，也可能发生汇兑收益。

(二)折算风险

折算风险是指由于汇率变动使分支公司和母公司的资产价值在进行会计结算时可能发生的损益。在国际投资活动中，跨国公司在每一个会计年度期末，需要将各分支公司的财务报表合并成汇总报表。在将分支公司以东道国货币计价的会计科目折算成母国货币的过程中，由于汇率变动而可能给跨国企业带来损失。折算风险带来的收益和损失，只是一种会计概念，并不表示该跨国公司实际的或已经发生的收益和损失。折算风险反映在会计报表的资产、负债和权益等各个科目上。

例如，美国某跨国公司在英国的一家子公司的账面上资产价值为 50 万英镑，按当时汇率 1 英镑＝2.20 美元，反映在美国母公司汇总会计报表中，该子公司资产价值为 110 万美元。一年后，英镑贬值，汇率由原先的 1 英镑＝2.20 美元变成 1 英镑＝1.85 美元，此时美国母公司会计账簿上该英国子公司的资产价值降为 92.5 万美元(50×1.85)，发生了 17.5 万美元(110－92.5)的折算损失。

(三)经济风险

经济风险是指由于汇率变动引起跨国公司的经营环境发生变化，导致业务现金流可能发生变更而产生经济损益的风险。经济风险存在于跨国经营的各个方面，因为汇率变动意味着各国同种商品之间的比价和一国不同商品之间的比价都要发生变化，这种价格体系的变化，会改变国内及国际市场上的生产条件和需求结构，从而影响跨国公司的经营活动。

例如，某子公司所在地货币对母国货币贬值，则这种贬值对母公司业务现金流的影响可以从以下两个方面分析。

1. 销售收入的变化

贬值后，子公司的销售收入取决于贬值后销售量的变化，定价策略以及贬值前的竞争激烈程度。(1)假定贬值前子公司的产品内销于东道国市场且没有进口替代品与之竞争。则贬值后，子公司的产品在东道国市场的售价没有改变，以东道国货币计价的销售收入保持不变但折算成母公司货币计价的销售收入下降，使母公司的业务现金流减少，其减少的幅度等于货币贬值的幅度。(2)假定贬值前子公司的产品内销于东道国市场且该市场还存在激烈的进口替代品的竞争。则贬值后，其进口替代品价格上涨，削弱了进口替代品的竞争实力。相比，子公司产品价格相对下降，其在国内市场上销售额上升，销售收入的增长幅度还取决于国内市场对该产品的需求弹性。但销售收入的增长可以部分抵消由于货币贬值而使母公司业务现金流减少的影响。(3)假定贬值前子公司产品全部出口，则贬值后，该产品在国际市场上价格相对下降，销售量增加，但销售收入的增长幅度还取决于国际市场上对该产品的需求弹性和国际市场上该产品竞争的激烈程度。

2. 生产成本的变化

子公司所在地货币贬值，则子公司生产产品的成本变动可通过三种情况分析：(1)子公司在东道国境内购入的投入品成本可能会因为东道国货币贬值而下降，但下降的幅度不会超过货币贬值幅度，因而对母公司的业务现金流的影响不大。(2)由于东道国货币贬值，使得子公司进口投入品成本上升，其上升幅度等于货币贬值的幅度。当进口投入品比例较高且替代性较差，会引起生产成本的大幅度上升，对母公司的业务现金流影响较大。(3)随着生产成本的上升，则子公司的行政管理费用和对流动资金的需求也有所增加，使母公司的业务现金流轻微下降。

二、汇率预测

当今世界各国多实行浮动汇率制，汇率变动不定，给国际投资活动带来了许多不确定性因素。准确、及时地对汇率变动进行预测，这是汇率风险管理的第一步。

(一)汇率预测的内容

对于汇率的变动，主要从三项内容来进行预测。

(1)汇率变动的方向。货币内在价值的提高或降低，引起汇率的变动，这决定跨国公司是得到收益还是遭受损失。

(2)汇率变动的幅度。这决定着跨国公司得到收益或是遭受损失的程度大小。

(3)汇率变动的时间。这决定着跨国公司得到收益或是遭受损失的时间。

(二)影响汇率的因素

汇率，作为一国货币对外价值的表现形式，受到经济、政治、社会等多种因素的影响。一般对汇率的预测需要重点把握五项因素。

1. 国际收支

国际收支是指一国在一定时期内全部对外经济往来中所发生的收入和支出。当一国国际收支出现顺差时，表现在外汇市场上外汇的供给大于需求，对该国货币的需求上升，因而该国货币汇率上升，外国货币汇率下降。反之，当一国国际收支出现逆差时，表现在外汇市场上外汇的供给小于需求，则出现本国货币汇率下降，外国货币汇率上升。

2. 相对通货膨胀率

货币对外价值的基础是其内在价值。如货币的内在价值降低，则对外价值的表现形式汇率也将随之下降。自从纸币在全世界范围内取代金属铸币流通后，通货膨胀率几乎在各国都有不同程度的发生。因此，考察通货膨胀率对汇率的影响时，要考察相对通货膨胀率。一般来说，相对通货膨胀率持续较高的国家，由于其货币的内在价值下降得较快，则其汇率也将随之下降。

3. 相对利率

利率作为使用资金的代价或放弃使用资金的收益，也会影响汇率水平。当利率相对较高时，使用本国货币资金成本上升，外汇市场对本国货币的供应相对减少；同时，相对较高的利率吸引外资流入，使外汇市场上外国货币的供应相对增加，对本国货币的需求上升。这样，相对较高的利率推动着本国货币汇率的上扬。

4. 国际储备

较多的国际储备表明政府干预外汇市场、稳定货币汇率的能力较强。因此，储备增加能加强外汇市场投资者对本国货币的信心，因而有助于本国货币汇率的上扬；反之，储备减少则会诱导本国货币汇率的下调。

5. 宏观经济政策

一国政府为协调宏观经济而采取松紧不一的货币政策和财政政策，将会对该国货币汇率产生影响。实行扩张性货币政策，导致货币供应量增加，利率下调，大量资本外流，外汇市场对本国货币的需求下降，导致本国货币汇率下降。实行扩张性财政政策将直接导致需求膨胀，进口增加，外汇市场对外国货币的需求增加，导致本国货币汇率下降。

（三）汇率预测的方法

除了通过上述基本因素预测汇率变动外，还可以通过技术分析法来预测汇率走势。技术分析法是指以过去的汇率变动为分析基础，按照一定的方式机械地预测今后汇率变动趋势，该分析过程排斥了一切人为的判断。

1. 过滤规则

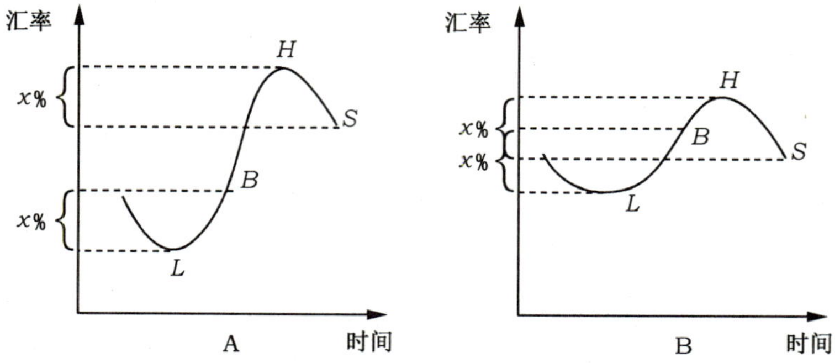

图 11—1　过滤规则

过滤规则（Filter Rule）是指汇率从最近的最低点上升了一定程度 $x\%$ 就买入外汇，并且从最高点下跌了 $x\%$ 后就卖出。见图 11—1，L 点表示最近汇率的最低点，H 点为最近汇率的最高点。汇率从 L 点回升 $x\%$ 至 B（Buy）点就应该买入外汇，汇率从 H 点跌落 $x\%$ 至 S（Sell）点就应该卖出外汇。B 点与 S 点的差距，即为买卖外汇的损益。从图 11—1 的 A、B 的对照分析中可得出，当 H 点与 L 点的距离与两倍的 x 值相比，差距越大，采用过滤规则，买卖外汇获利就越大；反之，若 H 点与 L 点的距离小于两倍的 x 值，过滤规则则无法应用来获利。因此，这种方法中，x 值的设定是个非常关键的技术问题，x 值设定不同，结果也不相同。

2. 市场动向指数

市场动向指数（Index of Market Momentum）的计算方法很简单，用当天的汇率值除以几天前的汇率值，得到市场动向指数，指数大于 1，就表示汇率今后要上升，则应该买入外汇；指数小于 1，就表示汇率今后可能要下跌，则应该卖出外汇。这种方法假定汇率变动方向不变，若当天的汇率值已处于最近汇率的最高点或最低点，则这种方法预测汇率变动趋势将无效。

三、汇率风险的防范

汇率风险防范的目的是为了减少由于汇率变动而给跨国企业国际经营造成的负面影响。

(一)交易风险和折算风险的防范

交易风险和折算风险的防范对策和规避技术主要有以下几种：

1. 利用远期外汇市场套期保值

跨国企业在国际购销业务活动中，从签约到清算债权债务，通常要间隔 30—90 天，大型设备的支付期将会更长。企业可以利用远期外汇市场套期保值，针对每一笔以外币计价的应收和应付账款，根据收(付)的时间和金额，卖出(买入)相同币种、相同交割期、相同金额的一笔远期外汇，从而将汇率变动造成的损失以套期交易成本的方式固定下来。

例如，某日本进口商向中国某贸易公司购买一批价值 10 000 元人民币的货物，合同约定货款在 30 天后支持，交易发生日的汇率为 1 人民币＝18.705 日元。日本进口商预计 30 天后人民币升值、日元贬值，为避免增加货款支出，日本进口商签订一份 30 天期、按既定远期汇率购买人民币的远期合同，远期汇率 1 人民币＝18.735 日元，则日本进口商将在 30 天后向期货商支付 187 350 日元以购买 10 000 元人民币支付给中国贸易公司。日本进口商利用期货市场的直接成本为 300 日元(187 350－187 050)。若日本进口商对汇率变动预期正确，30 天后人民币升值、日元贬值，即期汇率变为 1 人民币＝18.755 日元，如果日本进口商不进行远期期货套期保值，将不得不在 30 天后支付 187 550 日元购买 10 000 元人民币，增加的支出为 500 日元(187 550－187 050)，而利用期货市场则节约了 200 日元(500－300)。可见，在汇率发生不利变动的情况下，利用外汇期货市场，虽然增加了操作成本，但它使承担的成本固定下来，消除了承担更高成本的风险。

2. 利用货币市场套期保值

外国投资者在货币市场上，针对每一笔外币计价的应收和应付账款，根据收(付)的时间和金额，通过借贷款创造出相同币种、相同期限、相同金额的应付和应收账款。

例如，某英国企业从新西兰进口一批价值为 5 000 000 新西兰元的商品，6 个月后以新西兰元付款。已知英镑对新西兰元的即期汇率为 1 英镑＝2.66 新西兰元，若英镑的年利率为 8%，新西兰元的年利率为 10%，为避免由于新西兰元汇率上升给英国企业造成损失，英国企业为在 6 个月后得到 5 000 000 新西兰元付给新西兰出口商，需在新西兰货币市场存入 4 761 905 新西兰元[5 000 000÷(1＋10%÷2)]，即需要在英国市场借入 1 790 190 英镑(4 761 905÷2.66)，才可兑换到 4 761 905 新西兰元存入新西兰货币市场。6 个月后，该企业可从新西兰货币市场取出 5 000 000 新西兰元支付给新西兰出口商，同时在英国货币市场上偿还贷款本息和 1 861 797 英镑[1 790 190×(1＋8%÷2)]。这样，无论 6 个月后汇率如何变动，英国企业在货币市场采取套期保值措施，都会将支付成本固定下来，从而避免了由于汇率变动带来的风险。

3. 提前或推迟支付

在对汇率变动进行正确预测的基础上，采取提前或推迟支付手段，以规避外汇风险。具体来说，当预测本币汇率要上升，尽快收回外币债权和其他应收款，推迟支付外币债务和其他应付款；反之，则相反操作。这种做法一般多用于跨国公司内部，即母公司与子公司、子公司与子公司之间，因为采取提前或推迟支付手段来规避风险等于将外汇风险转嫁给交易对方，必受到对方的抵制，目的不易达到。以下就这一案例说明跨国公司内部提前支付手段的应用。

例如，ABC是一家美国跨国公司，其丹麦的一家子公司从其以色列的子公司借入200万以色列镑以支付进口货款。结算条件：90天到期，期初汇率为1克朗＝0.5以色列镑，1克朗＝0.2美元。母公司、丹麦子公司和以色列子公司的资产净值见表11－1。

表11－1　　ABC母子公司资产结算变更之一

ABC丹麦子公司（万克朗）		ABC以色列子公司（万以色列镑）		ABC美国母公司（万美元）	
现金	100	应收账款	200	现金	20
存货资产	400	资产净值	200	存货资产	80
应付账款	400			资产净值	100
资产净值	100				

若克朗在结算到期前下跌10％，即1克朗＝0.45以色列镑，1克朗＝0.182美元。则母公司、丹麦子公司和以色列子公司的资产净值如表11－2所示，丹麦子公司和ABC美国母公司资产净值均有所下降。

表11－2　　ABC母子公司资产结算变更之二

ABC丹麦子公司（万克朗）		ABC以色列子公司（万以色列镑）		ABC美国母公司（万美元）	
现金	100	应收账款	200	现金	18.2
存货资产	400	资产净值	200	存货资产	72.7
应付账款	440			资产净值	90.9
资产净值	60				

若丹麦子公司对以色列子公司的结算提前到克朗下跌之前进行，汇率变动的影响将基本消除，如表11－3所示。

表11－3　　ABC母子公司资产结算变更之三

ABC丹麦子公司（万克朗）		ABC以色列子公司（万以色列镑）		ABC美国母公司（万美元）	
现金	100	现金	200	现金	98.2
资产净值	100	资产净值	200	资产净值	98.2

4. 平行贷款

平行贷款是指两个不同母国的跨国企业间，分别向对方的子公司提供当地货币贷款。双方贷款按约定期限用当地货币偿还，并按预先达成的贷款利率分别向对方支付利息。

例如，一家美国跨国公司 A 在英国设有子公司，而一家英国跨国公司 B 在美国设有子公司。美国 A 公司在英国的子公司需要英镑，英国 B 公司在美国的子公司需要美元。在此情况下，可运用平行贷款，即美国 A 公司将美元贷给在美国的英国子公司，而英国 B 公司将等值的英镑贷给在英国的美国子公司（见图 11－2）。这种做法既满足了各自子公司对货币的需求，同时又避免了母公司直接投资所可能带来的汇率风险。

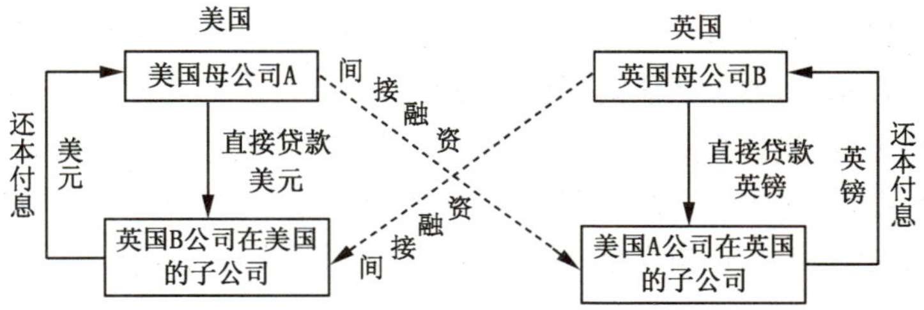

图 11－2　一个假设的平行贷款的例子

5. 选择计价货币

在对汇率进行预测的基础上，合理选择软、硬币。所谓硬币是指汇率坚挺且有升值趋势的货币，所谓软币是指汇率疲软且有贬值趋势的货币。一般来说，在国际经济活动中，当对方国家货币是软币时，从对方国家进口商品应尽量争取使用对方货币结算，向对方国家出口商品应尽量争取使用本国货币或硬币结算。当对方国家货币是硬币时，从对方国家进口商品应争取使用本国货币或软币结算，向对方国家出口商品应尽量使用对方货币结算。

（二）经济风险的防范

经济风险防范的目的是为了减少由于汇率的意外变动而给企业的业务现金流造成的损失。杰克魁（L. L. Jacque）指出，防范经济风险的最佳管理模式，是通过调整销售收入和投入品的币种组合，使得未来销售收入的变化与投入品成本变化两者可以相互抵消。防范经济风险的对策有：

1. 分散化经营战略

在这种战略指导下，跨国公司将经营业务深入到各个不同国家和不相连的各个行业中，通过分散化经营降低汇率变动所带来的经济损失，使整个公司业务现金流的波动较小。因为汇率变动会使母公司下的部分子公司在生产和销售上的有利影响部分地抵消其他子公司在生产和销售上的不利影响，从而降低对整个公司经营活动的影响。这种战略的理论依据是:一种货币升值带来的收益可以部分弥补另一种货币贬值所带来的损失。

2. 营销管理战略

在这种战略指导下,跨国公司的做法是:当子公司所在国货币贬值时,母公司指令子公司可通过扩大销售额或提高产品定价来增加销售收入,部分抵消由于子公司所在国货币贬值而使母公司业务现金流减少的损失。

在国际市场上,子公司所在地货币贬值,同时会使子公司产品在国际市场上的价格相对下降,使子公司在定价策略上有了较大的灵活性,在出口市场上有了较强的竞争实力。例如,出口市场上某种产品的需求缺乏弹性,则子公司可以提高出口产品的价格(以子公司所在地货币计),直到与贬值幅度相等,销售收入的增长(以子公司所在地货币计)可以弥补母公司业务现金流的减少。反之,若该产品在出口市场上需求富有弹性,则可维持原有定价,扩大出口市场的占有额,增加销售收入。

在东道国市场上,如果贬值前不存在强有力的进口品与之相竞争,则最佳策略是维持产品价格不变,使损失降至最低。若存在强有力的进口产品与之相竞争,则子公司所在地货币贬值,对进口产品不利,子公司可以根据东道国市场对产品需求弹性的大小,决定其是提高产品价格还是维持产品价格不变,扩大销售额,来增加子公司的销售收入。

3. 生产管理战略

在这种战略指导下,当子公司所在地货币贬值时,母公司应安排子公司用国内投入品替代成本上涨的进口投入品,从而维持其生产成本的原有水平。例如,20 世纪 70 年代初,随着美元的大幅度贬值,美国福特汽车公司增加国内投资生产引擎等投入品,减少从英国和德国的引擎进口。当子公司所在地货币升值时,子公司产品在国际出口市场上价格相对上升,引起销售额的下降,导致销售收入的减少。母公司应安排子公司增加具有高附加值的新产品的生产,促进产品的升级换代及提高制造差别产品的能力,维持子公司产品在国际市场上的份额,从而抵消因货币升值而使出口收入下降的损失;或通过增加进口投入品的比例或转向生产成本更低的国家或地区进行投资,以降低生产成本,获得较高收入。

第三节　经营风险管理

一、经营风险概述

经营风险是指企业在进行跨国经营时,由于市场条件和生产技术等条件的变化而给企业可能带来损失的风险。经营风险一般由下列风险组成:

(一)价格风险

价格风险是指由于国际市场上行情变动引起的价格波动,而使企业蒙受损失的可能性。因为引起价格变动的因素很多,所以价格风险是经常性和普遍性的。

(二)销售风险

销售风险是指由于产品销售发生困难而给企业带来的风险。销售风险产生的原因主要有:市场预测失误,预测量与实际需求量差距过大;生产的产品品种、式样、质量不适应消费者需要;产品价格不合理或竞争对手低价倾销;广告宣传不好,影响购销双方的信息沟通;销售渠道不适应或不畅通,从而影响产品销售。

(三)财务风险

财务风险是指整个企业经营中遇到入不敷出、现金周转不灵、债台高筑而不能按期偿还的风险。

(四)人事风险

人事风险是指企业在员工招聘、经理任命过程中存在的风险。它产生的原因有:任人唯亲,排挤贤良;提拔过头,难以胜任;环境变化,原有工作人员不能胜任。

(五)技术风险

技术风险是指开发新技术的高昂费用,新技术与企业原有技术的相容性及新技术的实用性如何都可能给企业带来一定的风险。

二、经营风险的识别

风险的识别是风险管理的前提。风险识别的内容是:第一,有哪些风险应当考虑;第二,引起这些风险的主要因素是什么,以及这些风险造成的后果程度如何。风险识别的方法主要有三种。这三种方法同样适用于政治风险和汇率风险的识别。

(一)德尔菲法

这是美国著名咨询机构兰德公司于20世纪50年代初发明的。它具有以下特点:一是参与者之间相互匿名,对各种反应进行统计处理,反复进行意见测验。二是提意见的专家要来自不同的专业,各专家之间没有密切联系,不考虑个人的权威、资历、口才、劝说、压力等因素。德尔菲法实施的步骤是:

(1)确定可以明确回答的问题,问题条目可由风险识别的组织者或参与者单方面决定,也可由双方共同商定。

(2)将问题以通讯方式寄给参与者,或在会议上发给与会者,但要保证参与者不能面对面。

(3)问询可分两轮或多轮进行,每一轮反复都带有对每一条目的统计反馈,它包括中位值或一些离散度的测量数值,必要时要提供全部回答的概率分布。

(4)随着每次反复所获得信息量的减少,由组织者决定在某一轮停止反复。

这种方法强调集中众人智慧,可使预测更为准确。一般地讲,专家组越多,预测所需的时间越长,风险识别的可信度就越高。

(二)头脑风暴法

头脑风暴法又称智暴法,是一种刺激创造性、产生新思想的方法。这种方法由美国的奥斯本于1939年提出，首先用于设计广告的新花样，随后逐渐推广运用到其他领域。这种方法可以在一个小组内进行，也可以由多名个人完成，然后将他们的意见汇集起来。头脑风暴法用于国际投资风险识别时，一般要提出这样一些关键性问题：进行国际投资活动会遇到哪些风险？这些风险的危害程度如何？组织者为避免重复、提高效率，应当首先将已取得的分析结果作会议说明，使与会者不必在重复性问题上再花时间，从而促使他们打开思路再去寻找新的风险形态及其危害。头脑风暴法在实施中要遵循如下规则：

(1)禁止对他人所发表的意见提出任何非难，避免言词上的武断或上纲上线。

(2)尽可能要求提出新思路，新思路数量越多，出现有价值设想的概率就越大。

(3)要重视那些不寻常的、有远见的、貌似不太切合实际的思想，思路要越宽越好。

(4)将大家的思路或思想进行组合和分类。

智暴专家小组一般应由技术人员组成：风险分析或预测专家，国际投资领域中的技术或财务专家，了解或把握国际投资运动规律知识的高级专家，具有高级逻辑思维能力的专家。组织者对头脑风暴法的结果要进行详细的分析，既不能轻视，也不可盲目接受。

(三)幕景识别法

由于影响国际投资经营风险的因素很多，实践中需要有一种能够识别关键因素及其影响的方法。幕景分析法就是为了适应这种需要而产生出来的以识别风险关键因素及影响程度为特点的方法。一个幕景就是一项国际投资活动未来某种状态的描绘或者按年代的概况进行的描绘。这种描绘可以在计算机上进行计算和显示，也可用图表、曲线等进行描述。

幕景分析法的重点是：当某种因素变化时，整个情况会是怎样的，会有什么风险，对投资者的资产价值会带来何种程度的损失。

幕景分析的结果是以易懂的方式表示出来的。一种方式是对未来某种状态的描述；另一种方式是描述一个发展过程，即未来若干年某种情况的变化链。

幕景分析要经过一个筛选、检测和评判的过程。即先要用某种程序将具有潜在风险的对象进行分类选择，再对某种风险情况及其后果进行观测、记录和分析，最后要根据症状或其后果与可能起因的关系进行评价和判断，找出可疑的风险因素并进行仔细检查。

但是，幕景分析法有其局限性。因为所有的幕景分析都是围绕着分析者目前的考虑、价值观和信息水平进行的，很可能产生偏差。因此，在进行风险识别时，需与其他方法结合使用。

三、经营风险的规避

(一)风险规避

风险规避是指事先预料风险产生的可能性程度，判断导致其产生的条件和因素，在国际投资活动中尽可能地避免它或改变投资的流向。风险规避是控制风险最彻底的方法，采取有效的风险规避措施可以完全消除某一特定风险，而其他控制风险手段仅在于通过减少风险概率和损失程度，来削减风险的潜在影响力。但由于风险规避牵涉到放弃某种投资机会，从而相应失去与该投资相联系的利益，因此，风险规避手段的实际运用要受到一定的限制。常见的规避风险的方式有四种：

(1)改变生产流程或产品。如开发某项新产品，若花费的成本很高且成功的把握性较小，则可通过放弃新产品的研制或购买该产品技术专利来规避风险。

(2)改变生产经营地点。如将企业由一国转移到另一国，或由一国内某一地区转移到另一地区，以规避地理位置缺陷的风险。

(3)放弃对风险较大项目的投资。

(4)闭关自守。坚持生产经营自成体系，不受任何国家政治、经济因素的干扰。

(二)风险抑制

风险抑制是指采取各种措施减少风险实现的概率及经济损失的程度。风险抑制不同于风险规避。风险抑制是国际投资者在分析风险的基础上，力图维持原有决策，减少风险所造成的损失而采取的积极措施；而风险规避虽可以完全消除风险，但企业要终止拟订的投资活动，放弃了可能获得的收益。

风险抑制的措施很多。例如，在进行投资决策时，要做好灵敏度分析；开发新产品系列前，要做好充分的市场调查和预测；通过设备预防检修制度，减少设备事故所造成的生产中断；搞好安全教育，执行操作规程和提供各种安全设施以减少安全事故。

(三)风险自留

风险自留是指投资者对一些无法避免和转移的风险采取现实的态度，在不影响投资根本利益的前提下自行承担下来。风险自留是一种积极的风险控制手段。它会使投资者为承担风险损失而事先做好准备工作，修正自己的行为方式，努力将风险损失降到最低程度。在国际经济活动中，所有的国家和企业事实上都承受着不同程度的风险，有意识地加以控制，可以增强自身的安全性。投资者自身承受风险能力取决于它的经济实力。经济实力雄厚的大企业，可以承担几十万或上百万美元的意外损失，而经济实力薄弱的小企业，则难以承担较大的风险损失。

风险自留的措施是，企业采用自我保险的方式将风险接受下来。采取这种措施，企业要定期提取一笔资金作为专项基金，以供将来发生意外灾害或事故时抵偿损失之用。

(四)风险转移

风险转移是指风险的承担者通过若干经济和技术手段将风险转移给他人承担。风险转移可分为保险转移或非保险转移两种。保险转移是指投资者向保险公司投保，以缴纳保险费为代价，将风险转移给保险公司承担。在承保风险发生后，其损失由保险公司按合同进行补偿。非保险转移则是投资者不是向保险公司投保而是利用其他途径将风险转移给别人，如签合同、订保证书等。例如，某承包者如果担心承包工程中基建项目所需的劳动力和原材料成本可能提高，他可以通过招标分包商承包基建项目，以转移这部分的风险。又如，在风险较大的国家投资时，投资者应要求当地信誉较高的银行、公司或政府为之担保，一旦发生损失后，可以从担保者那里获得一定的补偿。

四、中国企业投资风险防范的实践

根据中国公司法务研究院(2017)对126家中资企业的调研，其中：央企占比26%，其他国企占比16%，民企占比25%，外资企业占比16%，中外合资企业占比12%，混合所有制企业占比5%。企业对“走出去”面临的风险和采取的防范措施，主要包括五个方面：

(一)项目立项阶段

中资企业“走出去”首先面临的问题是项目信息的获取。项目信息的主要来源包括政府部门介绍、行业组织介绍、同业介绍、中介机构介绍。少部分企业还通过客户推荐、全球项目招投标信息、自己咨询研究，以及通过电子认证联盟组织、东道国当地分支机构等方式和渠道获取境外投资项目信息。

企业“走出去”所需了解的信息(按序排列)包括：东道国投资法律概况、投资建厂流程与审批情况、税务优惠与税收体制信息、劳工问题、外汇制度、行业信息、环境保护要求、知识产权制度、反垄断制度等。

同时，较多企业表示，有关境外投资机构的设立、并购、参股、增资扩股等方案设计，项目风险评估，东道国政府审批流程及审计资料准备等方面的信息较难获取。

为获取有效信息及专业服务，99%的企业在“走出去”时均聘请了第三方服务机构，如咨询公司、会计师事务所、律师事务所。其中，过半数企业均选择聘请境外的外资机构提供服务。在选择第三方机构时，多数企业看重该第三方机构是否有相关投资领域的专家、该机构的品牌和声誉，以及该机构在东道国是否有分支机构。第三方水平如何？41.9%的企业表示第三方服务机构提供的意见没有针对性，40.3%的企业表示第三方服务机构的业务范围有限，38.7%的企业则表示第三方服务机构缺乏对双方市场的了解。尽管如此，从客户满意度上看，在已聘请第三方服务机构的受访对象中，有2家企业对境内内资机构所提供的服务不满意，有1家企业对境外第三方机构的服务不满意。境外第三方机构的整体满意度较高。

(二)尽职调查阶段

尽职调查首先要考虑费用安排。34%的企业投入的尽职调查的预算额度为项目金额的0.1%以下；26%的企业投入的预算额度为1%—5%；仅3%的企业投入项目金额的5%以上进行尽职调查。

尽职调查的内容包括：第一，相关市场调查和评估。如目标企业的市场占有率、主要竞争对手、行业发展前景、目标企业的可持续竞争优势调查、目标企业的组织机构、股权结构和人员构成(包括管理人员背景调查)。第二，目标企业的管理制度、信息汇报系统、经营模式和激励机制。包括工资福利、员工股权激励计划、认股安排、养老金计划。第三，目标企业的资产、负债、现金流量等财务信息。包括历史财务数据评估、财务预测的假设前提、财务预测方法及其准确性、票据核实等。第四，目标企业的产品和服务概况。包括产品和服务类型、产品服务质量、品牌价值、生产线、生产设备、配套设施、研发水平、知识产权、营销网络、对外投资项目等。第五，目标企业的签约和执行情况。包括销售和采购订单的完成情况、雇佣合同信息、租赁信息等。

但是，对投资环境的调查流于形式。针对投资环境的调查，企业对东道国商务/法律/税赋环境的一般性概况调查较为关注，其次是国际投资环境、东道国安全审查情况、双边税收协定及劳工政策等。然而在实践中，却存在部分尽职调查工作流于形式的问题。针对存在的问题，企业必须确立尽职调查结果的审核及反馈机制。首先，应由法务、财务、业务部门等共同确立尽职调查的目标、需求及标准，必要时可由尽职调查负责人对管理层进行访谈以确立需求；其次，尽职调查负责人应按要求进行调查包括对目标企业高管的背景调查和面对面访谈；再次，在尽职调查负责人返回调查结果后，应由参与部门审核，如有需要，可安排澄清和提出进一步问题；最后，设置专员对相关资质、证照进行查验。

(三)经营管理阶段

1. 战争、内乱是主要的政治风险

中资企业认为，东道国最大的政治风险为东道国战争、内乱；其次为东道国法律对外国投资者的保护不充分，东道国政府行政效率低。东道国国有化、征收、征用风险相对较小。

2. 东道国政府审查问题目前尚未突显

(1)较多中资企业尚未遇到东道国政府审查。在接受东道国政府审查的受访对象中，环保审查、反垄断审查、反商业贿赂调查是主要的审查情形。其他形式的调查还涉及东道国国家安全审查、反倾销调查、技术审查以及信息披露方面的调查。从地域上看，中资企业在南美、澳洲遭遇反垄断审查的比率较高；东欧、南亚、澳洲区域的投资还面临环保审查；东南亚、北美、欧洲、港澳台地区的反商业贿赂、反腐败调查要求也相对较高。

(2)东道国本地化要求。过半数的中资企业会选择按照当地政府的要求操作或寻找当地合作伙伴，46.9%的企业会与当地政府签订投资保护协议。其中，在南美地区的投资者多选择与东道国政府签订投资保护协议；在中亚地区的投资者则倾向于选择当地合作伙伴。

3. 利率和价格风险为中国企业所面临的主要市场风险

中资企业在“走出去”过程中面临众多的东道国市场风险。其中，过半数企业遇到过利率(汇率)调整风险和商品原材料价格剧烈波动的市场风险。

4. 五分之一的中资企业遭遇群体性劳资纠纷

83%的企业在“走出去”后,会选择聘用当地员工,且近半数的企业所聘用的当地员工占海外常驻员工总数的50%以上。在用工过程中,有21%的企业曾遭遇群体性劳资纠纷。其中,南亚、欧洲、北美、非洲的群体性劳资纠纷比例较高。

5. 资源整合遭遇沟通难问题

在资源整合阶段,较多企业认为影响企业有效整合境外资源的主要因素是与当地政府沟通不畅、当地政府腐败、行政效率低、经济不稳定,未能掌握投资开发领域的相应技术、知识和管理技能,企业文化冲突。其中,企业文化冲突因素在澳洲十分显著,其次是中东、中亚、南美。

(四)融资税务

1. 以自有资金为主要投资来源

九成以上的企业主要使用自有资金进行对外投资;超过八成的企业的融资比例为50%以下,且资金出境渠道以传统的外管局审批方式进行。见图11—3。

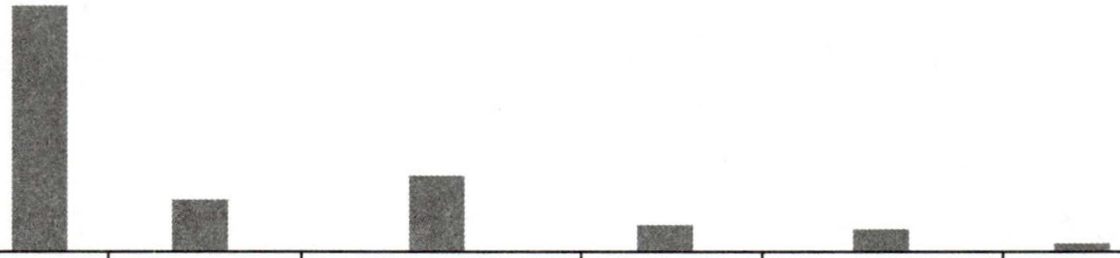

外管局审批投资	跨国公司外汇资金池调拨(如自贸区双向资金池)	人民币境外放款:银行帮助境内企业将贷款发放给境内企业的海外关联公司,以补充境外关联公司的流动资金	外币境外放款(如上海自贸区外币境外放款)	QDII(合格境内机构投资者)、深圳的QDIE(合格的境内投资企业)等	其他(请注明)
85.4%	16.7%	25.0%	8.3%	6.3%	2.1%

资料来源:中国公司法务研究院《2015—2016中国企业“走出去”调研报告》。

图11—3　中国企业资金出境的渠道

2. 税务面临合规性操作问题

大多数企业在“走出去”过程中采取了税收筹划机制,过半数的企业采取了在避税港或有税收优惠政策的国家、地区设立机构的方式以减免税收(见图11—4)。24%的中资在境外投资项目的运营中曾经遇到过税务争议。发生频率较高的前三项争议类型是:税务操作未满足当地合规要求、当地政府的税收歧视、境外项目的税务管理混乱(见图11—5)。从东道国税务争议情况看,主要发生在南亚、北美、欧洲。

造成以上税务争议的原因,中资企业认为主要是:对东道国税收法律法规不了解、未充分利用外部资源、企业不重视、与东道国政府沟通不畅。

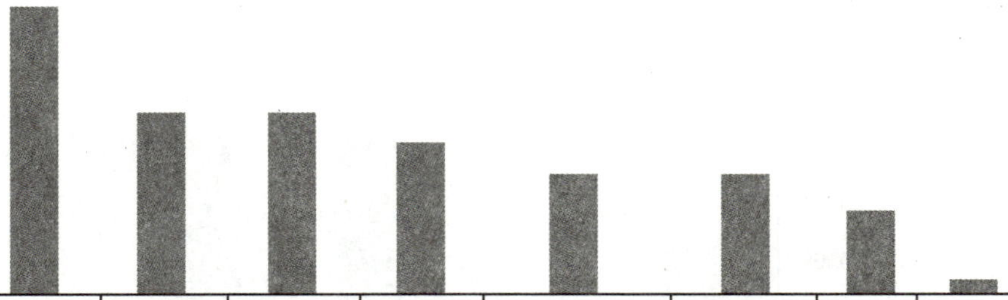

在避税港或有税收优惠政策的国家、地区设立机构	采取混合的投资方式：股权和贷款	安排中间控股公司以减免相应税收	利用税收政策进行抵免、扣减，如购买特定设备	将知识产权许可给目标公司收取使用费，或向目标公司提供技术服务收取服务费，以减免税收	利用税收政策进行延期纳税，如分期收款、赊销、代销	没有	其他（请注明）
53.3%	33.3%	33.3%	26.7%	22.2%	22.2%	15.6%	2.2%

资料来源：中国公司法务研究院《2015—2016中国企业“走出去”调研报告》。

图11—4 中国企业在税收筹划时安排的机制

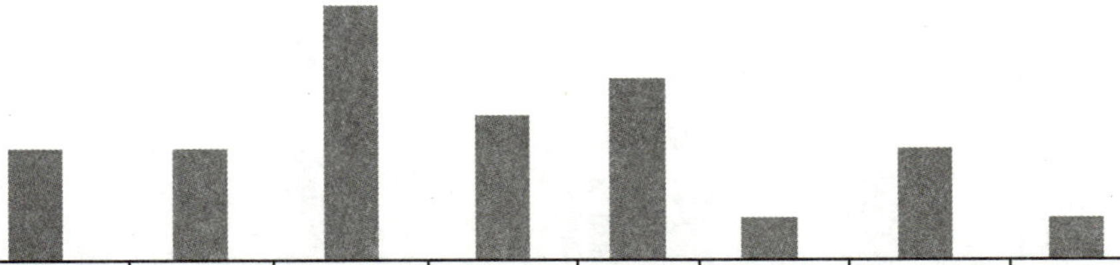

不当的税务披露，如在税务稽查时未正确披露信息，导致多缴税	不当节税筹划增加后续的税务违规风险	税务操作未满足当地合规要求	境外项目的税务管理混乱	当地政府的税收歧视	产生税务争议时，不知道如何应对	违反当地税收的申报要求	其他（请注明）
18.8%	18.8%	43.8%	25.0%	31.3%	6.3%	18.8%	6.3%

资料来源：中国公司法务研究院《2015—2016中国企业“走出去”调研报告》。

图11—5 中国企业遇到的与税务相关的争议或问题

（五）争议解决

1. 争议类型

在中国企业走出去的过程中，有过半数的企业牵涉入当地民事诉讼程序或仲裁程序，23.7%的企业遭到行政处罚，7.9%的企业涉及刑事诉讼程序，见图11—6。

（1）在所民事涉纠纷领域，合同纠纷、股权与合作纠纷、劳资纠纷、知识产权许可及侵权争议是主要的纠纷类型。涉案金额人民币1亿元以上的占23%。

（2）在所涉刑事诉讼程序多数发生在北美、南亚、欧洲和澳洲。

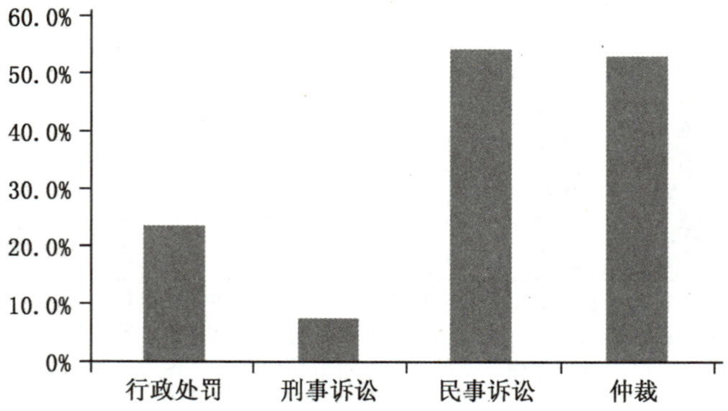

资料来源：中国公司法务研究院《2015—2016 中国企业"走出去"调研报告》。

图 11－6　中国企业在"走出去"过程中遭遇过的程序或处罚

2. 争议解决机制及费用

总体而言，中资企业更倾向于通过国际常设仲裁机构和自行和解的方式解决境外投资争议。见图 11－7。

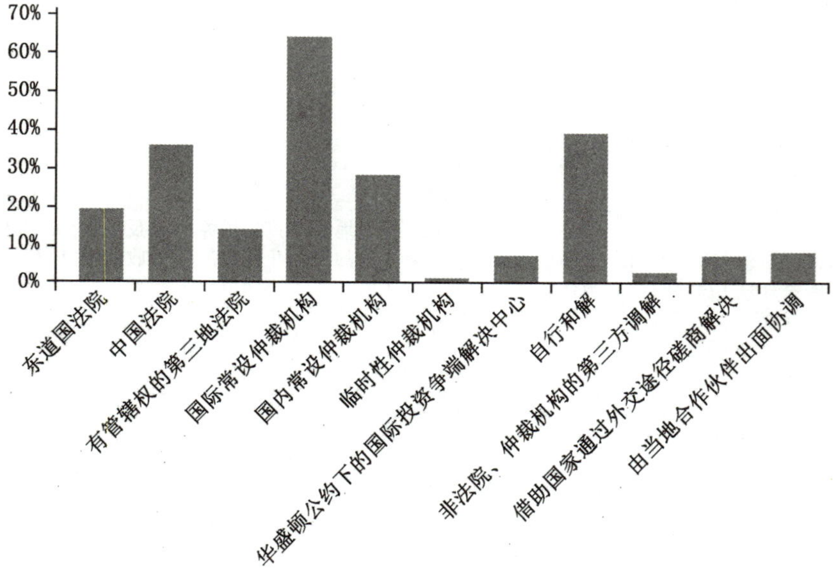

资料来源：中国公司法务研究院《2015—2016 中国企业"走出去"调研报告》。

图 11－7　企业更倾向于争议的解决机制

(1)在涉及纠纷时，91%的企业会选择聘请纠纷当地的律师。对于当地律师的选择，71.7%的企业通过国内合作机构的推荐聘请。见图 11－8。

(2)针对诉讼和仲裁的平均花费，多数的企业为人民币 10 万—100 万元。但南美、北美、澳洲的争议解决花费较大。

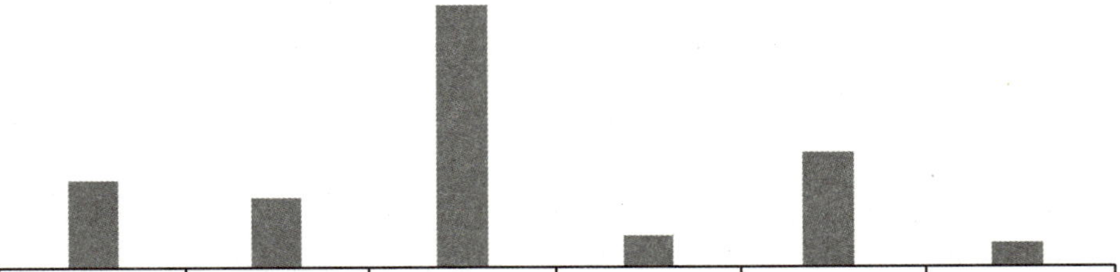

家人、亲戚、朋友、同学、同行推荐	网站搜索	国内合作机构的推荐，如国内律所、投行对东道国当地律师的推荐	宣讲会、高峰论坛等平台	政府部门、行业组织介绍	其他（请注明）
23.9%	19.6%	71.7%	8.7%	30.4%	6.5%

资料来源：中国公司法务研究院《2015—2016 中国企业"走出去"调研报告》。

图 11－8　中国聘请当地律师的途径

3. 争议解决结果

针对涉案标的最大的诉讼或仲裁的结果，50％的企业以和解、调解结案，32％的企业胜诉，仅 5％的企业败诉。其中，企业败诉案件发生在中东、南亚、南美。

以上调研结果表明：针对境外投资风险，目前 93.1％的企业通过前期的尽职调查减轻或避免风险；63.8％的企业设立了标准合同流程及专职合同审查人员；55.2％的企业购买了保险；50％的企业借助传统的合同约定方式进行风险控制。值得关注的一个好现象是：大部分企业十分重视企业法务在境外投资中的风险控制角色。在合同审批流程上，41％的企业采取法务人员一票否决制。73％的企业拥有独立的法务团队，并且，自项目决策阶段起即跟踪项目直至完成；9％的企业的法务团队在项目实施阶段才介入；2％的企业的法务团队则在项目退出后的纠纷解决阶段才进入。过半数（55％）的企业以商务团队领导项目，法务团队辅助并全程参与的方式开展海外项目。

阅读文献

1. 中国公司法务研究院：《2015—2016 中国企业"走出去"调研报告》，https://max.book118.com/html/2016/0508/4285190.shtm。

2. Saidrahman Totakhil：《中冶江铜艾娜克铜矿项目投资风险管理研究》，载于兰州理工大学学位论文，2019 年。

3. 朱铁成：《日本八佰伴败在何处——日本八佰伴集团的失败案例分析》，载于《现代商业》2009 年第 2 期。

4. 曾杰：《中国企业对美国直接投资面临的新态势及对策》，载于《经济论坛》2021 年第 1 期。

5. 贺立龙：《美国对华投资并购安全审查的最新进展、未来趋势与应对策略》，载于《对外经贸实务》2021 年第 4 期。

6. 任淮秀:《国际投资学》(第四版),中国人民大学出版社 2015 年版。

习题及案例分析

一、名词解释

1. 国际投资风险
2. 国有化风险
3. 转移风险
4. 交易风险
5. 折算风险
6. 经济风险
7. 经营风险

二、简答题

1. 什么是政治风险?如何有效地预防政治风险?
2. 简述影响汇率变动的因素。
3. 经营风险有哪些?规避经营风险的措施有哪些?

三、论述题

在国际投资活动中如何消除汇率变动给企业经营活动带来的负面影响?

四、案例分析

中国企业在美国投资的政治风险

2018 年 8 月,经特朗普总统批准,美国实施《外国投资风险评估现代化法案》(Foreign Investment Risk Review Modernization Act,简称 FIRRMA),两个月后发布了《FIRRMA 试点计划》,2020 年 3 月 FIRRMA 法案全面执行。该法案对外国企业对美国投资的具体产业和技术做出了更严格的限制,对于某些特定交易实施强制申报制度,目的在于对涉及军工、通信等高新科技领域、房地产领域的交易进行审查,阻止外国投资者获得美国关键技术,以保障美国的经济、军事安全。美国政府下属的美国外资投资委员会(Committee on Foreign Investment in the United States, CFIUS)负责监管对美直接投资,关注的问题是其能否对美国国家安全构成潜在威胁,现代化法案明显体现了特朗普政府的贸易保护主义倾向。

受贸易摩擦以及 CFIUS 对中国投资审查收紧的影响,2017 年中国企业对美国直接投资骤降了 62.2%,之后的 2018、2019 连续两年对美投资存量占比呈现持续回落态势。

从安全审查的结果来看,首先,美国加大对中资企业赴美投资的审查力度,技术寻求型投资阻力更大,旨在阻止中国企业在新兴产业的投资。被 CFIUS 阻拦的交易主要集中于半导体、AI 人工智能、电子通讯设备、网络信息安全等新兴产业领域,像华为、中兴等中国科技巨头企业首当其冲。反过来,对中资企业在低端领域的投资阻碍力度较小。如低端制造业、服务业、传统工商业等没有技术性可言、对国家安全暂不能构成威胁的领域，CFIUS 不会强加阻拦。例如，经营范围以地产、酒店服务、消费娱乐为主的万达集团在对 AMC 影视集团进行并购时，进展十分顺利，在短时间内就完成了收购并顺利上市。

试从本章政治风险管理角度提出中国应对美国安全审查的对策建议。

日本八佰伴(Yaohan)惨败在哪儿

八佰伴是日本最大的百货公司之一，在 20 世纪 90 年代全盛时期，八佰伴在全球 16 个国家拥有 400 多家百货公司，以雄霸世界零售业第一把交椅而扬名。1997 年 7 月，八佰伴宣布破产，向法院申请“公司更生法”保护。当时八佰伴的负债额达到 1 613 亿日元，是日本战后最大的一宗企业破产案。

法院在调查中发现，导致八佰伴破产的致命原因有三：一是，八佰伴低估经营非核心业务的风险，在急速成长过程中，八佰伴逐渐背离了百货和超市的主业，而发展地产、食品加工和娱乐等辅业。然而，随着金融风暴的冲击，集团的这些辅业变成了负资产。这些辅业都为八佰伴带来了沉重的负担。二是，八佰伴低估了扩张业务的风险，1990—1996 年，短短 6 年间，八佰伴在中国内地的零售点由零扩张到 50 多家。在扩张的过程中，它明显低估了扩张业务的风险，加上八佰伴当时遇上国家宏观调控，为了实现集团主席的梦想，只好通过信贷进行扩张。面对预期更差的回报及不断扩大的资金需求，八佰伴最终陷入难以自拔的困境。三是，八佰伴低估了开发海外新兴市场的风险。1972 年，八佰伴将巴西视为第一海外市场，但当时的巴西经济动荡，它只得惨淡收场。20 世纪 90 年代初，八佰伴开始进军中国市场，并将总部迁至中国上海。但由于中国消费者当时还未能完全接受超市和百货公司的销售模式，中国消费力还处于比较低的消费水平，再加上遇到国家宏观调控和国内合资伙伴已核准资金不能如期到位等问题，引致资金回报率不断下滑，辛苦经营了十多年的八佰伴终于以清盘结束业务。

结合本章经营风险管理内容，谈一谈中国公司从中可获得什么启示。

参考答案

一、名词解释

1. 答：国际投资风险是指在特定环境下和特定时期内客观存在的可能导致国际投资经济损失的状况。

2. 答：国有化风险是指东道国对外国资本实行国有化、征用或没收政策而给外国投资者造成的经济损失。

3. 答：转移风险是指在跨国经济往来中所获得的经济收益，由于受东道国政府的外汇管制政策或歧视性行为而无法汇回投资国而可能给外国投资者造成的经济损失。

4. 答：交易风险是指已经达成而尚未完成的用外币表示的经济业务，因汇率变动而可能发生损益的风险。

5. 答：折算风险是指由于汇率变动使分支公司和母公司的资产价值在进行会计结算时可能发生的损益。

6. 答：经济风险是指由于汇率变动引起跨国公司的经营环境发生变化，导致业务现金流可能发生变更而产生经济损益的风险。

7. 答:经营风险是指企业在进行跨国经营时,由于市场条件和生产技术等条件的变化而给企业可能带来损失的风险。

二、简答题

1. 答:政治风险是指在国际经济往来中,由于未能预期到的政治因素变化而给国际投资活动可能带来经济损失的风险。政治风险的防范措施包括:办理海外投资保险;与东道国政府进行谈判;掌握生产和经营策略的主动权;从东道国市场筹得资金以分散政治风险。

2. 答:影响汇率变动因素:国际收支,相对通货膨胀率,相对利率,国际储备和宏观经济政策。

3. 答:经营风险包括价格风险、销售风险、财务风险、人事风险和技术风险。预防经营风险事先做好识别经营风险发生,风险发生后可采用风险规避、风险抑制、风险自留和转移风险措施。

三、论述题(提示)

答:事先做好汇率的预测工作,对交易和折算风险可采用远期套期保值、货币市场套期保值、提前或推迟支付外币、平行贷款和选择合适的计价货币。对于经济风险防范可采用分散化经营策略、营销管理策略和生产管理策略。

四、案例分析(提示)

1. 答:中国公司从中可获得的启示是:从政府层面上考虑,可以加强政府间的对话与协商。从企业层面上考虑,可以诚信申报,避开敏感行业和领域,并考虑多样化的投资区位。

2. 答:日本八佰伴带着 1 000 余亿日元巨债的遗憾退出了历史舞台。它所揭示的残酷现实对正在跻身国际市场竞争的中国企业无疑是一种宝贵的警策。

(1)中国公司必须时刻具有度的风险意识,采取稳扎稳打的经营战略,审时度势、量力而行,在经营好原有业务、巩固好现有市场的基础上,再谋求下一步的新发展。切不可急功近利,舍本求末。

(2)在进入国际市场的时候,一定要对目标市场有深入的尽职调查和风险评估,不同的目标市场和目标顾客在各个不同的地区和国家差异很大,因此因地制宜,根据东道国实际情况做出,制定详细可行的经营风险规避预案,牢牢守住风险防范的底线,具有十分重要的现实意义。断然不可凭主观判断,盲目扩张。

(3)人才是公司最宝贵的第一生产力,公司必须注重人力资本的培养和利用。充分发挥人才的主动性和创造力,形成自有专利和技术诀窍优势,恰当处理内部和外部各个环节,打通现金流渠道,加强企业的国际竞争力。

第五编

中国的国际投资

随着世界经济和科技的迅猛发展，国际分工与合作进一步加强，国与国之间的联系已由传统的商品层次和流通领域扩展到要素、服务层次和生产领域，从国际贸易发展到国际投资和国际经济合作。全球直接外资呈谨慎乐观局面。在2012年的滑坡之后，全球直接外资再度增长，在2013年流入量增长9%，达14 500亿美元。国际投资活动成为推动世界经济发展的重要因素之一。中国自确立改革开放的方针以来，积极投身于国际投资活动。到2020年，中国的外资流入达到1 444.0亿美元，已连续27年成为利用外资最多的发展中国家。中国的对外投资1 329.4亿美元，成为发展中国家重要的资本输出国。中国在国际投资舞台上发挥着越来越重要的作用。本编主要分析中国利用外资和中国对外投资的现状、方式和管理。其中第十二章着重考察中国直接利用外资、中国对外借款和中国企业海外上市这三种方式及管理；第十三章着重分析中国对外投资的战略选择和政策管理，包括对外投资的方式、区域、行业选择以及对外投资的管理。

第十二章　中国利用外资

中国利用境外资金发展本国经济成为促使中国经济持续、快速、健康增长的重要因素之一。利用外资已成为中国经济活动中不可分割的部分，其重要作用日益得到人们的重视。本章在概述中国利用外资的基础上，具体分析了中国利用外商直接投资、中国对外借款以及中国企业海外上市的情况。

第一节　中国利用外资概况

一、中国利用外资的发展历程

中华人民共和国成立70多年来，随着国内和国际政治经济形势的变化，中国利用外资的状况也相应发生了巨大的转变。1978年开始的改革开放和1992年邓小平“南方谈话”这两次重大事件对中国对外开放带来转折性机遇，以此为界，我们可将中国利用外资状况划分成三个阶段。

（一）第一阶段（1949—1978年）

新中国成立初期，中国利用外资有了一定的发展，但由于受到当时历史条件的限制，规模和数量都十分有限。

1.50年代利用政府贷款方式引进外资

新中国成立初期，为迅速恢复和发展经济，中国政府通过与苏联政府签订协议，从苏联取得了74亿旧卢布（约合15亿美元）、年利率为2.5%的长期贷款。这批贷款主要用于第一个五年计划期间的重点建设项目。同时又从苏联进口156项技术设备，配合国内建设项目，为中国社会主义工业化打下了初步的基础。

这一时期的特点是：利用外资规模小，外资来源渠道单一，外资投向自主选择性小，实行的是高度集中的外资配置体制，即由中央政府直接确定利用外资的具体项目。

2. 六七十年代主要利用商业贷款方式引进外资

60年代末，中国利用外资的来源转向西方国家，主要形式有出口信贷和吸收外汇存款。截至1977年，实际签订协议200余项，协议金额35亿美元。在1978年利用外资出现陡增，当年签订50个项目，协议金额达78亿美元。这些资金被用于国内数十个大型基础工业项目的设备引进，进而增强了中国的经济实力。

这一时期的特点是：仍然沿袭过去那种高度集中的外资配置体制，外资利用的决策仍由中央决策机构作出。外资来源主要为较高利率的商业性贷款，加大了融资的成本。此外，项目上马前未经过严格的经济技术论证，投资效益较差。同时，外资的使用和偿还基本上是相脱节的，偿债的压力主要集中在中央财政上。

（二）第二阶段（1979—1991 年）

党的十一届三中全会以来，中国政府将对外开放确立为基本国策，其宗旨是：积极发展对外经济技术合作、交流和贸易往来，吸收利用国外资金和先进技术，发展生产力，加速我国社会主义现代化建设进程，鼓励外商投资开始成为中国对外开放政策的重要组成部分。自此，中国利用外资开始进入到一个崭新的发展阶段。

1. 利用外资规模的扩大化

自从 1979 年实行对外开放以来，我国利用外资规模逐年扩大，增势迅猛。1979—1991 年期间，我国累计实际利用外资 796.28 亿美元，年均利用外资 61.25 亿美元，其中对外借款 433.39 亿美元，占 54.4%，外商直接投资 233.48 亿美元，占 29.3%，外商其他投资额 35.37 亿美元，占 4.4%，该阶段对外借款成为我国利用外资的主要形式。

表 12－1　　1979—1991 年中国实际利用外资概况　　单位：亿美元

年　份	总　计	对外借款	外商直接投资额	外商其他投资额
1979—1983	144.38	117.55	18.02	8.81
1984	27.05	12.86	12.58	1.61
1985	46.47	26.88	16.61	2.98
1986	72.58	50.14	18.74	3.70
1987	84.52	58.05	23.14	3.33
1988	102.26	64.87	31.94	5.45
1989	100.59	62.86	33.92	3.81
1990	102.89	65.34	34.87	2.68
1991	115.54	68.88	43.66	3.00
小　计	796.28	433.39	233.48	35.37

资料来源：《中国统计年鉴（2001）》，中国统计出版社 2002 年版。

2. 利用外资方式的多样化

在利用外资的方式上，中国采取国际上通用的多种灵活的方式来吸引外资，既有外国政府和国际金融机构的优惠贷款，也有外国商业银行贷款、出口信贷和发行国际债券，既有利用外国直接投资，也有通过向海外投资来利用外资，同时在利用外商直接投资中，采取中外合资经营企业、外商独资经营企业、中外合作经营企业、中外合作开发、外商投资股份制企业方式以及 BOT 方式等多种形式。

3. 外资配置体制的转变

这期间，我国建立起将外资与国内投资分开管理和分别核算的利用外资体制。在计划管理上，将外资分为“借用国外资金计划”和“吸收国外投资计划”，根据项目规模分级审批；在法制管理上，制定了一系列有关规范和管理外资的法律和法规；在投资立项管理上，建立起严格的项目可行性研究和项目可行性研究报告评估的管理制度；外资分别归国家计委、财政部、经贸部和中国人民银行分工管理，共同负责；将外国政府和国际金融机构的贷款归国家统一管理，分别使用；实行国家统借统还、国家统借部门自还、部门自借部门自还的办法管理其他借款。

由于这一时期我国实行了改革开放的政策，国际关系得到了全面的发展，同时我国的投资环境也较以前有了大幅度的改善，我国对外资的吸引力大大增强，利用外资上了一个台阶。

（三）第三阶段（1992—2012 年）

自从 1992 年邓小平发表“南方谈话”之后，中国利用外资的步伐进一步加快，随着沿海 6 座城市、边境 13 座城市和内地 18 座省会城市的全面开放，我国利用外资朝着全方位、多层次方向扩展。1992—2009 年我国共利用外资 10 753.45 亿美元，速度增长迅速，年均利用外资 543.9 亿美元，是前一阶段的 9.7 倍，2008 年由于欧美发达国家受到金融危机的严重冲击，全球投资的目光向亚洲转移，我国利用外资达到了创纪录的 952.53 亿美元，而其中最主要部分的外商直接投资增长速度达到年均 16.53%，成为中国利用外资规模扩展的最主要因素。2019 年末达到 1 381.35 亿美元（见表 12—2）。

表 12—2　　1992—2019 年中国实际利用外资概况　　单位：亿美元

指标 年份	实际使用金额总计	对外借款	外商直接投资	外商其他投资
1992	192.03	79.11	110.08	2.84
1997	644.08	120.21	452.57	71.3
2000	593.56	100	407.15	86.41
2001	496.72	—	468.78	27.94
2002	550.11	—	527.43	22.68
2003	561.4	—	535.05	26.35
2004	640.72	—	606.3	34.42
2005	638.05	—	603.25	34.8
2006	670.76	—	630.21	40.55
2007	783.39	—	747.68	35.72
2008	952.53	—	923.95	28.58
2009	918.04	—	900.33	17.71
2010	1 088.21	—	1 057.35	30.86

续表

年份 \ 指标	实际使用金额总计	对外借款	外商直接投资	外商其他投资
2011	1 176.98	—	1 160.11	16.87
2012	1 132.94	—	1 117.16	15.78
2013	1 187.21	—	1 175.86	11.34
2014	1 197.05	—	1 195.62	1.44
2015	1 262.67	—	1 262.67	0
2016	1 260.01	—	1 260.01	0
2017	1 310.35	—	1 310.35	0
2018	1 349.67	—	1 349.67	0
2019	1 381.35	—	1 381.35	0

注：(1)数据由商务部提供。从2001年起，外商投资合同金额和实际使用外资额均不包括对外借款。从2007年起商务部不再对外公布外资合同金额数据。(2)外商其他投资的“其他”项中含当年对外发行股票额。

资料来源：国家统计局网站，www. stats. gov. cn。

自1992年以来，外商直接投资成为中国利用外资的最主要方式，占利用外资总额由1992年的57.3%上升到2000年的68.65%，对外借款方式保持相应稳定，一直维持在100亿美元上下。2001年以后，外商直接投资占利用外资总额(不包括对外借款)的比例基本维持在95%以上。而在外商其他投资方式中主要有加工装配、海外发行股票、国际租赁和补偿贸易，其中补偿贸易是外商其他投资的主要方式，国际租赁有所上升，海外发行股票成为我国利用外资的一种积极有益的补充形式(见表12—3)。

表12—3　　1999年、2012年和2019年中国实际利用外资方式情况　　单位：亿美元，%

方　式	1999年		2012年		2019年	
	实际利用额	所占比例	实际利用额	所占比例	实际利用额	所占比例
总计	526.59	100	1 132.94	100	1 381.35	100
对外借款	102.12	19.39				
外国政府贷款	33.16	32.47				
国际金融机构贷款	26.06	25.52				
出口信贷	10.25	10.04				
外国银行商业贷款	24.65	24.14				
对外发行债券	8.00	7.83				
外商直接投资	403.19	76.57	1 117.16	98.61	1 381.35	100
合资经营企业	158.27	39.25	217.06	19.16	317.79	23.00

续表

方　式	1999年		2012年		2019年	
	实际利用额	所占比例	实际利用额	所占比例	实际利用额	所占比例
合作经营企业	82.33	20.42	23.08	2.04	33.40	2.42
外资企业	155.45	38.56	861.32	76.03	936.1	67.77
外商投资股份制企业	2.92	0.72	15.7	1.39	80.84	5.85
合作开发	3.83	0.95	0.0		0.0	
其他	0.37	0.09	0.0		0.0	
外商其他投资	21.28	4.04	15.78	1.39		
对外发行股票	6.1	28.67	7.27	46.07		
国际租赁	1.85	8.69	0.0	0.0		
补偿贸易	0.13	0.61	0.95	6.02		
加工装配	13.21	62.08	7.56	47.91		

资料来源：国家统计局网站，www.stats.gov.cn。

在这期间，外商投资的产业结构日益趋向合理。改革开放初期，外商投资企业产业结构趋同化现象非常严重，其产业分布主要表现为原有工业结构的繁衍，投资以工业为主，主要投向机械、汽车、电子通讯设备制造、化工、轻工、纺织等行业，且所占比例甚大。而在近些年，以土地开发为重点的房地产业成为我国吸引外商竞相投资的亮点和热点；卫生、体育、福利、教育、文化、艺术、科学技术等也开始受到重视，产业结构进一步趋向合理。同时，随着改革开放的深入，允许外商投资的领域也在不断拓宽，金融、保险、航空、货运代理、零售业、农业、外贸、律师、会计等领域也逐步向外资开放，外资由劳动密集型加工项目向技术密集型、高附加值产业发展，由短期小型项目向中长期大型项目转变，众多知名跨国公司大集团也纷纷来华投资或增加投资，到2012年，全世界500强跨国公司已有约490家在华投资了4 000余个项目，设立各种研发中心达到1 600余家，中国已成为世界上吸引外资最多的发展中国家。

2001年我国加入世界贸易组织(WTO)，这标志着我国对外开放进入了一个新的发展阶段，同时这也意味着作为对外开放重要内容的利用外资也面临着一个新的发展机遇和挑战。

(四)全面开放新阶段(2013年至今)

自2013年以来，外商直接投资规模增长，但增速放缓。外商直接投资总额2013年为1 239.1亿美元，2014年为1 285.0亿美元，2015年为1 355.8亿美元，2016年为1 337.1亿美元，2017年为1 363.2亿美元，2018年为1 383.1亿美元，2019年为1 412.3亿美元，2020年(1—8月)为890.0亿美元。这一期间，年均实际使用外资1 339.37亿美元。见表12－4。

表 12—4　　1992—2020 年我国实际使用外资金额占全社会固定资产投资比重

年　份	全社会固定资产投资		实际使用外资金额*（亿美元）	占固定资产投资比重（%）
	（亿元人民币）	（折合亿美元）		
1992	8 080.1	1 465.22	110.07	7.51
1996	22 974	2 763.22	417.25	15.1
2001	37 213.5	4 496.013	468.78	10.43
2002	43 499.9	5 255.515	527.43	10.04
2003	55 566.6	6 713.374	535.05	7.97
2004	70 477.4	8 515.054	606.3	7.12
2005	88 773.6	10 837.02	603.25	5.57
2006	109 998.2	13 798.41	658.21	4.77
2007	137 323.9	18 059.43	747.68	4.14
2008	172 828.4	24 884.94	923.95	3.71
2009	224 598.8	32 879.34	900.33	2.74
2010	278 121.9	41 084.56	1 057.35	2.57
2011	311 485.1	48 226.47	1 160.11	2.41
2012	374 694.7	59 357.58	1 117.16	1.88
2013	446 294.1	72 061.96	1 175.86	1.63
2014	512 020.7	83 352.98	1 195.62	1.43
2015	561 999.8	90 231.81	1 262.67	1.40
2016	606 465.7	91 303.57	1 260.01	1.38
2017	641 238.4	94 972.96	1 310.35	1.38
2018	645 675	97 572.31	1 349.66	1.38
2019	560 874.3	81 303.81	1 381.35	1.70
2020	527 270.0	76 444.75	1 444.0	1.89

* 这里的实际利用外资仅指实际外商直接投资额。

资料来源：国家统计局网站，www.stats.gov.cn。

随着我国对外资准入的限制不断放宽，服务业外资流入占比逐年增加。制造业吸引 FDI 占比从“十二五”初期的 40%左右下降至 2016—2018 年的 28%。服务业吸引 FDI 流入占比不断上升，其中，受房地产调控政策影响，房地产业 FDI 流入在这一期间逐步下降，占全部 FDI 流入的比重从“十二五”时期 24%的均值下降至 2016—2018 年的 15%；金融业 FDI 流入显著增长，2015 年金融业 FDI 流入占比由此前的 2%—3%大幅上升至 12%，规模达 150 亿美元，2016—2018 年虽然有所下降，但依然维持在较高水平，其 FDI

流入占全部FDI流入的比重均值为7%；租赁和商务服务业吸引FDI流入占比从“十二五”时期8%的均值上升至2016—2018年的13%；信息传输、计算机和软件业吸引FDI流入从“十二五”时期占比2%的水平上升至2016—2018年的10%。

与此同时，高技术产业吸引FDI规模显著增加。2016—2018年，我国高技术制造业累计吸引FDI 329.4亿美元，高技术服务业累计吸引FDI 592.7亿美元，占同时段FDI流入的比重分别为8% 和14.5%。其中，高技术制造业吸引外资以电子及通信设备制造业为主，其次是医药制造业；高技术服务业吸引外资以信息服务业为主，其次是科技成果转化服务和研发与技术服务。2019年，高技术制造业、高技术服务业新设外商投资企业数量分别为1 266家和9 045家，实际使用外资金额分别为133.7亿美元和256.9亿美元。

表12—5　2019年外商直接投资高技术产业情况　单位：亿美元

行业	企业数	实际使用外资金额
总计	40 910	1 412.3
其中：高技术产业	10 311	390.6
高技术制造业	1 266	133.7
高技术服务业	9 045	256.9

资料来源：中华人民共和国商务部《2020年中国外资统计公报》。

2018年，全国新设立外商投资企业60 533家，同比增长69.8%；合同外资额达5 000万美元以上的大项目近1 700个，同比增长23.3%，显示外商对华投资信心仍然强劲。2019年，新设立外商投资企业40 910家，虽然同比下降32.4%，但实际使用外资金额1 412.3亿美元，同比增长了2.1%，规模居全球第2位，占2019年全球FDI总量的9.2%，占我国全社会固定资产投资比重为1.7%。

在这期间，自贸区试点打造改革开放升级版。2013年以来，中国为积极探索对外开放新形式，构筑全方位对外开放新格局，倒逼政府管理体制改革提速，开始启动自由贸易区试点，在6年时间里，先后通过了4个批次17个自贸区试点方案（见表12—6），中国对外开放迈入全方位、全区域、全领域、全体系对外开放新阶段。

表12—6　中国自贸区试点区域情况

批次	时间	简要描述
一	2013.09	（1）上海：推进政府职能转变，探索资本项目可兑换，扩大金融服务业对外开放，推动外商投资管理体制改革。
二	2015.04	（1）广东：建设金融业对外开放试验示范窗口和深入推进粤港澳服务贸易自由化。（2）天津：围绕构筑开放型经济新体制，建设京津冀协同发展示范区。（3）福建：提升政府治理水平，深化两岸经济合作，加快建设21世纪海上丝绸之路核心区。

续表

批次	时间	简要描述
三	2017.03	(1)辽宁:加快市场取向体制机制改革,推动结构调整,着力打造提升东北老工业基地发展整体竞争力和对外开放水平的新引擎。(2)浙江:探索建设舟山自由贸易港区,推动大宗商品贸易自由化,提升大宗商品全球配置能力。(3)河南:加快建设贯通南北、连接东西的现代立体交通体系和现代物流体系的要求,着力建设服务于"一带一路"建设的现代综合交通枢纽。(4)湖北:有序承接产业转移,建设一批战略性新兴产业和高技术产业基地,发挥其在实施中部崛起战略和推进长江经济带建设中的示范作用。(5)重庆:发挥战略支点和连接点重要作用,加大西部地区门户城市开放力度,带动西部大开发战略深入实施。(6)四川:加大西部地区门户城市开放力度,建设内陆开放战略支撑带,打造内陆开放型经济高地,实现内陆与沿海沿边沿江协同开放。(7)陕西:打造内陆型改革开放新高地,探索内陆与"一带一路"沿线国家经济合作和人文交流新模式。
四	2019.08	(1)江苏:提高境外投资合作水平,强化金融对实体经济支撑,支持制造业创新发展。(2)河北:开展国际大宗商品贸易,支持生物医药与生命健康产业开放发展。(3)黑龙江:加快实体经济转型升级,建设面向俄罗斯及东北亚的交通物流枢纽。(4)广西:畅通国际大通道,打造对东盟合作示范区,打造西部陆海联通门户港。(5)山东:培育贸易新业态新模式,加快发展海洋特色产业,探索中日韩三国地方经济合作。(6)云南:创新沿边跨境经济合作模式和加大科技领域国际合作力度。

资料来源:刘建丽,《新中国利用外资70年:历程、效应与主要经验》,载于《管理世界》2019年第11期。

二、中国利用外资的效应

在相当长的时间内,外资企业一直作为短缺资金和技术的供给者、更高效率的生产组织者、更高水平的企业制度载体和市场体系参与者以及高质量的就业岗位提供者而存在。理论上而言,中国引进外资既存在正面的补缺效应、增长效应和带动效应,也存在负面的财富流失、结构失衡和挤出效应,但总体而言,随着中国外资政策的逐渐完善和内资企业竞争力的不断提升,中国利用外资完全能够做到趋利避害。70年利用外资的历程表明,对外开放和引进外资是中国实现快速工业化和经济赶超的必要条件,外资尤其是外商直接投资对中国的经济发展和市场制度建设起到了积极的促进作用。

(一)补缺与启动效应

1. 外资外智助力中国形成完整工业体系

经过70年的发展,中国从一个积贫积弱的农业国发展为GDP排名世界第二的工业大国,而且是目前世界上现代工业体系最完整的国家,外资在这一跃迁过程中发挥了不可或缺的作用。新中国成立后短暂而曲折的利用外资过程,奠定了中国重工业的基础格局。在新中国遭受西方国家经济封锁的情况下,苏联几乎成为新中国当时唯一的技术外源国。在缺乏国际产业合作环境的情况下,中国只能采取跨越式、追赶型工业化路径。经过几十年的建设，中国的重工业体系从无到有，实现了产业升级和自主技术能力的突破，正是基于苏联援助期间形成的工业基础架构。在重工业优先发展战略下，早期华侨投资对于东南沿海轻工业的发展起到了积极的促进作用。改革开放之后，工业领域的外资更多投向了汽车、机械以及电子电器、纺织服装、食品饮料等轻工业产品的生产制造，竞争性领域的外资进入促进了产业效率提升和产业分工的细化，由此，中国逐渐形成世界最完整的工业体系，继日本之后成为新一代“世界工厂”。①

2. 外资弥补了经济建设中的“双缺口”，起到了经济增长“启动机”作用

1978 年，中国人均 GDP 为 381 元，人均储蓄仅 21.9 元，外汇储备仅 1.67 亿美元。为增加居民收入，形成有购买力的市场，就必须扩大生产，为此，要购买国外先进装备，但又面临外汇短缺的困境。在此情况下，引进出口导向型外资能够同时解决多重矛盾。通过图 12－1 可知，1985—1992 年中国实际利用外资与居民储蓄、外汇储备余额增长构成双“8”字形关系，在 1988 年之后，国民储蓄余额与外汇储备余额增长速率都超过实际利用外资增速，这表明，经过改革开放后发展外向型经济和引进外资 10 年的积累，大大带动了居民储蓄的增长，缓解了经济建设中外汇储备不足的压力，引进外资起到了弥补“双缺口”的作用。外资企业的进入和乡镇企业的崛起，通过就业效应增加居民储蓄，从而带来购买力的增长，这会刺激产出进一步增加，市场上商品供不应求的状况大大改善，在这一正向循环之下，中国消费品市场逐步由卖方市场向买方市场转变。

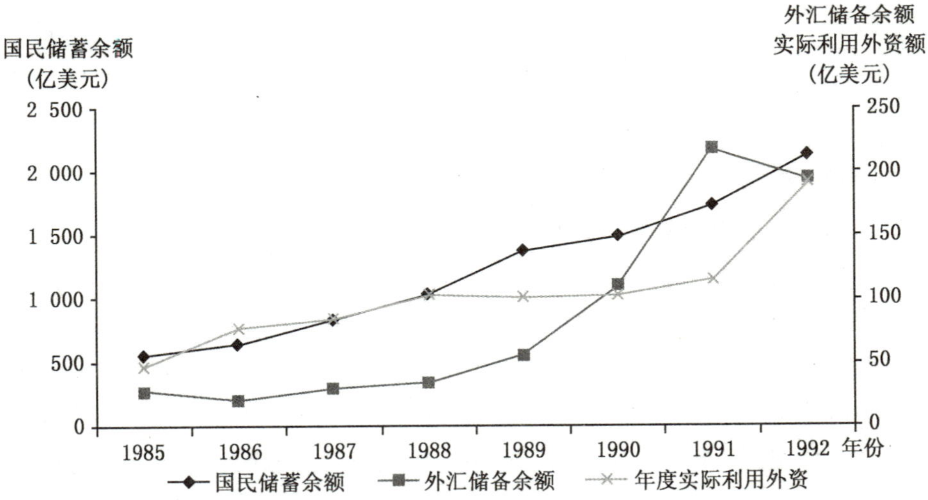

资料来源：国家统计局、中国人民银行、国家商务部。

图 12－1　1985—1992 年中国实际利用外资与国民储蓄、外汇储备余额增长

① 刘建丽：《新中国利用外资 70 年：历程、效应与主要经验》，载于《管理世界》2019 年第 11 期。

（二）增长拉动效应

1. 外资企业作为相对高效率的投资者直接拉动经济增长

改革开放初期资金和商品严重短缺，使外资对于经济增长的边际效用非常高。从拉动经济增长的“三驾马车”——投资、消费和出口来看，在资本极度短缺的市场中，外商直接投资不仅直接增加建设资金存量，还由于其生产效率普遍高于内资企业，因而其投资的经济增长效应更显著。“七五”、“八五”期间，我国工业外商投资企业资产合计仅占全部工业总资产的1/10，但其提供的工业总产值超过全部工业的1/4、工业增加值的1/4，贡献了工业利润的近1/3和应交增值税的1/5。1991年，外资企业贡献了中国工业总产值的26.5%，其中一半来自外商独资企业。罗余才和严俊（2002）对20世纪90年代国际直接投资对中国经济增长的实证研究分析表明，FDI每增加1%，GDP将增加约0.4%，说明FDI流入对中国GDP增长的影响是正面的。2019年，商务部国际贸易经济合作研究院提供的数据表明：外资经济在产值规模迅速扩张的同时，税收也随之增加，长期以来已经成为财政收入的重要来源之一。

表12—7　　1992—2017年外商投资企业税收统计（不包括关税和土地费）　　单位：亿元

年度	全国税收收入	其中：外资企业税收	占全国（%）
1992—2012	1 089 510.54	132 073.69	12.12
2013	107 900.09	22 574.93	20.92
2014	116 331.90	24 920.60	21.42
2015	124 892.00	24 817.20	19.87
2016	140 504.00	25 659.20	18.26
2017	155 739.30	29 185.10	18.70

资料来源：国家商务部国际贸易经济合作研究院《跨国公司投资中国40年》，2019年。

2. 从贸易促进效应来看，外资对中国出口的带动作用非常显著

从2009年起，中国成为世界第一制造大国、世界第一大出口国，2013年成为世界货物贸易第一大国。现在已有220项产品产量居全球第一，出口产品遍布世界230多个国家和地区，工业制成品占90%以上。可以说，外商投资作为对外贸易的中坚力量，在中国对外贸易发展过程中扮演了重要的角色。1978—1991年，中国累计实际利用外资250亿美元，外资企业进出口总额占中国外贸总额的比重由0.1%提高到了21.3%。1992年邓小平南方谈话以后，中国的改革开放掀起了新一轮热潮，吸收外商投资连续两年实现150%的增长，对外贸易也进入了快速发展阶段，贸易规模持续扩大。到2000年，全国进出口总额实现4 742.97亿美元，较1978年增长了近22倍，外商投资企业进出口规模占中国外贸总额的比重也上升至49.91%，奠定了外资在中国外贸发展中的主导地位。加入WTO以后，中国的对外贸易跨上了新的台阶。2004年进出口额突破1万亿美元大关，外商投资企业进出口总额占比更是跃至50%以上，

2007 年达到高峰，占比攀升至 57.76%。2008 年金融危机后，由于国际贸易环境恶化、国内要素成本上升等，外商企业净出口贡献率下降，但总体仍保持在 45%左右。

表 12—8　　1987—2018 年外商投资企业进出口额及比重　　单位：亿元

年度	全国进出口	外商投资企业进出口	占全国(%)
1987—1991	54 825.20	757.07.00	1.38
1992—2012	264 008.84	139 991.27	56.90
2013	41 589.93	19 190.93	46.14
2014	43 015.27	19 840.46	46.12
2015	39 530.33	18 346.15	46.41
2016	36 855.57	16 874.13	45.78
2017	41 045.04	18 391.36	44.81
2018	46 230.38	19 680.69	42.57

资料来源：国家商务部国际贸易经济合作研究院《跨国公司投资中国 40 年》，2019 年。

3. 外商直接投资通过产业关联产生投资带动和乘数效应

改革开放初期，沿海开放区域引进外资以外向型加工贸易企业为主，对于国内经济体系而言，引资地成为三资企业加工制造的"飞地"，外资企业与内资企业之间的产业关联度很低。进入 20 世纪 90 年代之后，随着我国对出口加工型企业偏好的降低、我国企业对外资配套能力的提升以及外资配套型投资增加，外资企业在我国的产业关联度明显提升，乘数效应放大。例如，根据 1992 年，日资企业在我国的配套率仅为 20%左右，到 2000 年，日资企业在我国的配套率已上升到 57.3%。再如，大众集团进入中国之初，为了实现零部件的本地化配套，先后动员了全球多家零部件企业来华投资，跟随大众而来的国际零部件企业与此后上海大众培养和带动起来的国内零部件企业一起，构成了中国汽车工业最初的供应链体系。1985 年，上海大众开始批量生产桑塔纳轿车，1987 年，该车的国产化率仅为 2.7%。在大众集团和上海市的共同努力下，1989 年国产化率迅速提升至 60.09%，1991 年已经达到 70%。①

(三)竞争效应

1. 竞争强度增大刺激内资企业提升技术水平和商业化经营能力

1992 年之前，中国逐渐向外资敞开大门，但外向型企业居多，以让渡生产要素为主。1992 年之后，中国对外开放才真正向让渡市场转变，进入中国的外资企业不仅享受到中国土地、人力资源等生产要素，而且能够分享中国日益增长的需求市场，这一变化给内资企业带来的影响是，开放市场中的竞争主体增多，竞争强度增大，内资企业要在市场竞争中争得一席之地，必须提升商业化经营能力。与外资企业相比，缺乏市场

① 刘建丽：《新中国利用外资 70 年：历程、效应与主要经验》，载于《管理世界》2019 年第 11 期。

化竞争经验的中国企业，通常在技术水平、营销能力、品牌意识方面存在劣势，为提升竞争力，外资进入会刺激中国企业在技术创新和商业化经营方面进行提升。2001年中国加入WTO之后，社会各界一片“狼来了”的呼声，舆论对市场竞争冲击的担忧可见一斑。近20年的事实证明，开放和引进外资总体上提升了中国企业的竞争能力，中国在家电、通信设备、通信电子等领域，都已经通过开放竞争培育出了世界级先进制造企业。

2. 外资进入通过产业组织结构优化提升产业效率

跨国公司的进入，在加剧市场竞争的同时，直接提升了产业的市场集中度。21世纪初，外商投资企业一度占据微电子、移动通讯、轿车、制药、工程机械等行业前十大企业的2/3以上席位，很大程度上改变了当时一些产业“低、小、散”的竞争格局，促进了产业组织结构的优化，改变了一些产业通过价格战等方式进行低端、恶性竞争的状况，提升了产业组织效率。同时，外资进入后的竞争压力迫使内资企业通过兼并重组提升企业规模实力，加速了产业组织结构优化，提升了产业的规模经济水平和产业运行效率。

（四）技术溢出与创新促进效应

1. FDI通过技术溢出促进中国产业结构升级

外商投资企业对内资企业的水平技术溢出主要通过人才流动机制实现，而非直接的技术转让，因此，要准确衡量外资的技术溢出效应是困难的。例如，尽管早期的合营企业存在实际管理权限不对等、外方机构官僚主义等问题，但在当时制度框架下，这种利用外资的方式是对快速学习国外技术和管理经验的积极探索，这些合营企业为中国培养了一批技术与业务骨干，为之后独立自主进行工业生产奠定了基础。改革开放后，以汽车产业为例，30多年来合资企业培养了大量技术和管理人才，本土汽车企业的技术和管理骨干几乎都得益于合资企业的培养。无论是本土企业奇瑞、吉利，还是一汽奔腾、上汽荣威，这些自主品牌的管理、技术负责人都有在合资企业工作历练的经历。FDI还通过产业链合作对关联企业产生纵向技术溢出，唐宜红等（2019）利用1998—2009年的数据实证检验表明，FDI通过行业间后向关联对中国企业产生显著的创新溢出效应。罗军（2016）则研究发现，在FDI进入程度高的制造业，FDI前向关联效应对技术创新有促进作用。

2. 外资企业通过更为密集的创新投入促进增长动能转换

2011年以来，我国加速从要素驱动向创新驱动转变。作为创新主体的企业，其创新活动与创新产出直接相关。对于同类规模的企业，其创新活动密集度很大程度上决定了其创新产出。2009年，外资企业数量占大中型工业企业总数的38.9%，其创造的利润总额为38.1%，略低于企业数占比，其他涉及创新活动和创新产出的指标比重均低于企业数占比，这表明2009年大中型外资的创新投入密集度和单个企业创新产出不及内资企业；2015年，虽然外资企业数量占比大幅下降，但其利润占比和各创新指标占比均明显高于企业数比重，表明外资企业利润创造能力大幅提升，创新投入密集度也较6年前大幅提高，尤其是研发人员占比大大高于企业数占比，这表明外资企业研发机构规模更大。各地鼓励外商投资企业在华设立研发中心的政策和举措已经收到成效。

(五)就业促进效应

1. FDI提供了数以千万计的就业机会

(1)直接带动就业。直接带动就业是指外商投资企业在中国投资所带动的就业人员数量的增加，主要取决于外商投资的方式、规模、行业等。从投资方式来看，流入中国的外资一直以绿地投资为主，直接的就业效应比较大。从规模方面来看，首先，中国吸收外商投资的规模增加较快，2002年中国首次超过了美国，成为全球吸引外商投资最多的国家。2018年国家统计数据表明，外商投资企业户均吸纳就业人数为96人，而全国企业户均吸纳就业人数约10人，外商投资企业户均吸纳就业人数是全国企业近10倍。从外资流入的产业来看，外商投资的产业以劳动密集型产业为主。这与中国劳动力资源丰富、跨国公司追求低成本劳动力的战略分不开。尽管1992年以后，外商投资的技术密集型和资金密集型行业比重提高，但1992年以后中国吸收外商投资规模急剧扩大，外商投资规模的扩大弥补了单位外资直接就业带动效应降低的不足。1987年，中国城镇外商投资企业就业人数21万人，而到2016年，外商投资企业就业人数已经达到2 666万人，占当年城镇就业人口数量的6.44%，30年间增加近126倍。2017年，外商投资企业就业人数有所下降，但仍占当年城镇就业人口数量的6.07%。

表12—9　　1987—2017年外商投资企业在中国就业数量　　单位:万人

年度	城镇就业人员	港澳台商企业	外商投资企业	港澳台与外商企业合计
1987—1991	76 333	80	250	340
1992—2012	524 829	9 668	11 790	21 458
2013	38 240	1 397	1 566	2 963
2014	39 310	1 393	1 562	2 955
2015	40 410	1 344	1 446	2 790
2016	41 428	1 305	1 361	2 666
2017	42 462	1 290	1 291	2 581

资料来源:国家商务部国际贸易经济合作研究院《跨国公司投资中国40年》,2019年。

(2)间接促进就业。一是，外商投资具有乘数作用，会创造间接就业机会。外商投资规模扩大会提供新的就业机会。二是，产业间、产业内的关联带动效应，即外商投资企业对同行业其他厂商或上下游相关厂商雇佣人数的影响。《1994年世界投资报告》的估计，跨国公司海外分支机构每雇佣1名员工，就为当地间接地创造1—2个关联就业机会。国际劳工组织的实证研究则表明，外商投资企业为前后向关联产业创造的就业机会比其直接雇佣的人数高2—3倍。因此，外商投资企业通过关联效应间接创造的就业机会往往远远大于其直接创造的就业机会。从外商投资带动中国就业情况来看，直接带动就业效应从1992年以后开始减弱，而关联带动就业效应增强。导致就业直接带动效应降低的原因首先同外商投资的行业分布有关，从1992年开始，更多的外资开始从轻工、纺织等劳动密集型行业转向重化工、汽车、电子、家用电器、通讯设备等资金密集型和技术密集型行业。其次，外商投资的方式从绿地投资向并购发展，通过并购方式进入中国的外商投资企业有可能导致直接就业的减少。然而，外商投资的汽车、电子等行业，都具有较强的产业关联度，它吸引众多的中小企业集聚在外资企业周围，为之提供配套服务。这样原先不具备国际竞争力的中小企业就可以通过为在华跨国公司提供生产配套或者相关服务，从而参与到跨国公司全球化的经营战略体系中。这些中小企业所带动的就业往往是外商投资企业直接带动就业的许多倍。

2. FDI提升了就业质量

外商投资对中国就业质量的影响最直接的表现就是工人工资水平的提升，而这背后的重要因素是外资企业对人力资本投资的重视。

(1)外商投资大力投资于人力资本改善中国人力资本状况。改革开放初期，外商投资企业的一个重要考虑就是充分利用中国劳动力资源丰富和工资成本较低的优势。随着中国市场化的不断深入，简单地利用廉价的劳动力逐渐不能满足需要。技术和资本密集型企业的竞争优势是建立在高素质人力资源的基础上，为了使其技术、设备能够有效运转和经营方针能有效贯彻，外商投资企业愈加重视技术和管理人才的培训，大型跨国公司都有一整套成熟的员工培训计划，通过这种培训，帮助中国的就业人员快速提高工作技能和管理能力。跨国公司通过培训效应、示范效应、竞争效应和联系效应等途径促进了中国的人力资本积累。

(2)增加了工资收入。外商投资企业的报酬制度是市场化的。由于外商投资具有相对密集的资本投入和比较先进的技术水平，其所雇佣职工的人力资本也较高，要支付相对较高的工资，并且采用效率工资的方式。从中国就业人员平均工资来看，外商投资单位城镇就业人员平均工资一直以来远高于城镇就业人员平均工资水平。根据《中国统计年鉴》的数据，自1993年以来，除若干年份(如2009—2012年间的4年)略低于股份有限公司城镇就业人员平均工资外，外商投资单位城镇就业人员平均工资一直处于包括国有单位、城镇集体单位、股份合作单位、联营单位、有限责任公司等所有企业类型城镇就业人员平均工资的最高水平。

3. FDI改善了就业环境

(1)外商投资企业以劳动契约的方式录用员工。这突破了城乡身份障碍和所有制藩篱，劳资关系市场化、法制化特征鲜明，通过实施一套市场化、效率化的人力资源录用、考评与薪酬管理制度，并与每个职工的人力资本禀赋和工作努力程度紧密挂钩。

(2)外商投资促进了中国劳动力区域间的转移。外商投资在东部沿海的集中促进了东部沿海地区的产业集聚，东部沿海地区农村丰富的劳动力储备也有利于大量外商投资企业在该地区的建立与发展，整个沿海地区快速发展的工业化又引发了劳动力从中西部向东部流动。这一方面缓解了中西部剩余劳动力就业问题，同时也满足了东部地区经济快速发展的需要。中西部人口转移到东部沿海地区就业已成为中国一个可观的“现象”。

(3)外商投资促进了中国劳动力市场制度与国际接轨的步伐。2002 年中国加入 WTO，开始全面融入全球经济，加速与国际规则接轨成为增强中国企业在世界范围内竞争力的重要条件，外商投资企业实施的是国际通行的规范化劳动用工制度，给中国提供了一个良好的示范和学习平台，使国内企业和政府部门可以利用外商投资企业的劳动力制度外溢，汲取成功经验，推动相关制度改革。

(六)制度催化与管理示范效应

1. 外资进入倒逼市场化制度体系加速建立

改革开放之初，与市场经济相适应的制度一片空白，外资成为市场化制度体系的催化因子。以《中外合资经营企业法》的诞生为例，上海大众作为最早开始谈判的中外合资企业，1978 年上海方面就与德国大众进行接触，谈判过程持续了 6 年。在无先例可循的情况下，双方合作直接推动了 1979 年《中外合资经营企业法》的诞生。大众集团还促成了中国专利保护体系的建立。为提供技术支持，大众集团曾给予中方 16 项专利，但当时，国内根本没有建立专利保护机构，更不用说专利保护立法。基于双方的合作，德国专利局对中国专利保护体系的建立给予了大力支持。1982 年出台的《中华人民共和国商标法》和 1984 年颁布的《中华人民共和国专利法》，作为市场经济体系中的基本法律，都得益于外资进入后的需求牵引。

2. 外资企业通过示范效应提升了中国企业公司治理水平和管理水平

外资企业作为现代公司治理结构、先进企业制度和先进管理方式的示范者，在进入中国后，为本土企业提供了近距离学习的机会。对于改革进程中的国有企业和成长中的民营企业，外资企业尤其是大型跨国公司是现代公司治理体系和进管理方式的标杆，通过合资合作和人员流动等方式，中国企业得以学习这些标杆企业的治理结构、制度规范和管理模式，加速了自身现代企业制度的建立和管理水平的提升，在外资企业带动下，中国逐渐成长起一批在国际市场崭露头角的先进制造业企业。

三、中国利用外资的经验

(一)将利用外资作为对外开放的重要组成部分，并与时俱进地进行理论和政策创新

1978 年党的十一届三中全会，提出了实行对外开放的基本经济政策，并把利用外资作为我国对外开放的重要组成部分，在对外开放的“试验田”——经济特区首先拉

开引进外资的序幕。随着我国对外开放进程的不断推进，我国利用外商投资行业准入从一般加工制造业到金融等服务业扩展到负面清单以外的所有行业，利用外资的区域从经济特区到沿海、沿江及沿边开放城市，再到内陆省会及其他地区，利用外资方式从合作合资到外商独资再到股份制等各种创新形式都实现了渐进式的开放，相应地，利用外资的理论与政策也在不断创新。具体来看，改革开放初期，依据“缺口”理论，我国主要实行有差别的特殊待遇的优惠政策来吸引外资，逐步实现利用外商投资弥补我国在储蓄、投资、外汇、技术等方面的缺口的目的；加入世界贸易组织以后，主要依据“比较优势”理论，对外资加强引导和监管，实行更加公平透明的国民待遇，通过利用外资，实现促进经济发展和技术进步，更好地参与全球价值链，从而提高我国的对外开放水平。

（二）将利用外资与国家经济发展规划有机结合起来，不断提升利用外资的质量和效益

我国政府依据利用外资主要是为经济发展服务的目的，将利用外资与经济发展的总体目标、经济结构调整和均衡发展等紧密结合，对外商来华直接投资的规模、产业与区域进行引导，不断提高利用外资的质量和效益。具体来看，首先在利用外资规模上，政府总是根据今后一段时期国民经济总体发展规划，确定利用外资的大致规模；其次在利用外资的产业选择上，将利用外资与我国产业政策和产业升级目标相结合，多次对 1995 年颁布的《外商投资产业指导目录》进行修订，以便引导外资由劳动密集型向资本密集型再到知识技术密集型产业转移，以此来适应我国经济转型升级的需求，不断提高利用外资的质量；最后在利用外资的区域布局上，我国政府加大了对中西部地区利用外资的支持力度，专门颁布并多次修订《中西部地区外商投资优势产业目录》，实行有差别化的产业政策，鼓励外商投资向中西部地区倾斜，不断提高外商投资的效益。

（三）将利用外资与发挥我国比较优势有机结合，激活国内微观市场主体活力，建立现代市场经济体系

改革开放初期，我国实行的是出口导向的利用外资战略，使得我国充分发挥了人工、土地等资源要素价格低等比较优势。另外，随着我国经济体制改革的不断推进，特别是大中型国有企业的改革重组，通过投资主体多元化战略，也为利用外资和民营经济的发展提供了广阔空间。这些因素结合在一起，真正激活了国内微观市场主体活力，形成了巨大的国内消费市场，最终借助外资形成了我国制造业在全球的比较优势，让我国经济真正嵌入全球价值链中，通过全球市场化的分工和运行规则，让现代市场经济体系在中国真正扎根。

（四）我国不断发展壮大的国民经济和更加完善的投资环境，为利用外资提供了最坚实的基础

外资在全球进行区位选择时，首要考虑的就是一个国家或地区经济发展的实力空

间和投资环境。改革开放以来，随着国内生产总值的快速增长，我国利用外资的规模也随之快速扩大。同时，不断发展壮大的国民经济实力，也进一步强化了我国在市场规模潜力、完备的产业体系配套能力、高效的基础设施水平等方面的优势，从而使我国形成对外资的强大吸引力。另外，我国对外资发展所需的软环境也特别重视。自1979年起逐步建立和修订了一系列保障外资健康发展的政策法规体系，2019年颁布的《中华人民共和国外商投资法》成为中国外资工作的基础性法律，真正做到对外资依法管理，尤其是近几年，我国公平、透明、开放的营商环境也越来越被外资所认可。[①]

第二节　中国利用外商直接投资

一、中国利用外商直接投资的发展阶段

党的十一届三中全会确立了改革开放的方针以来，中国利用外商直接投资取得了举世瞩目的成绩。截至2012年底，外商直接总投资28 330.18亿美元，外商直接投资作为我国利用外资的最为主要的形式，对国民经济的发展起了极为重要的推动作用。

我国吸收外商直接投资主要经历了以下六个发展阶段。

(一)起步阶段(1979—1986年)

在改革开放初期，由于我国有关利用外资的立法还不太完善，外商对在中国投资还有很多顾虑，同时，国内各种基础设施还比较落后，外商基本上都是持试探的态度，我国利用的外商直接投资较少。

这一阶段，我国共批准外商直接投资项目10 052个，平均每年为977个，协议外资额为191.59亿美元，平均每年为23.95亿美元，实际利用外资额为65.95亿美元，平均每年为8.24亿美元。这期间吸引外商直接投资主要来自港澳台地区，以劳动密集型的加工项目和宾馆、服务设施等第三产业项目居多，且大多集中在广东、福建等沿海省市，内地吸引外资还处于刚起步阶段。

(二)稳步发展阶段(1987—1991年)

1986年10月国务院制定并颁布了《鼓励外商投资的规定》，对外商投资于先进技术企业和产品出口企业给予了更多税收上的优惠，1987年12月国家有关部门制定了指导外商投资方向的有关规定，以促进外商投资产业结构的改善，1988年党中央和国务院又决定将沿海经济开发区扩展到北方沿海的辽东半岛、山东半岛及其他沿海地区的一些市、县，批准海南建省并设立海南经济特区，1990年又决定开发开放上海浦东新区，并加大了对我国交通、通讯和能源等基础设施的投资，所有的这些对改善外商投资环境、吸引外商直接投资起到了积极的推动作用。

---

① 李志翠、马雪梅、陈颖：《改革开放以来中国利用外资的实践、成效、经验及对策》，载于《国际贸易》2019年第12期。

这一阶段，我国共批准外商直接投资项目 34 208 个，平均每年 6 841 个，协议外资额为 331.79 亿美元，平均每年为 66.36 亿美元，实际利用外资额为 167.53 亿美元，平均每年为 33.5 亿美元。这期间外商的投资结构有了较大的改善，生产性项目及产品出口企业大幅度增加，投资区域有所扩大。

（三）高速发展阶段（1992—1995 年）

1992 年邓小平视察南方发表重要讲话之后，我国加快了对外开放的步伐。国务院决定进一步开放 6 个沿江港口城市、13 个内陆边境城市和 18 个内陆省会城市，从而在全国范围内形成全面开放的格局，使得利用外商直接投资在广度和深度上都有了很大的发展。

这一阶段，我国共批准外商直接投资项目 216 761 个，其中 1992 年当年就批准了 48 764 个，超过前 13 年项目的总和，平均每年 54 190 个，协议外资额为 3 435.22 亿美元，平均每年为 858.81 亿美元，实际利用外资额为 1 098.1 亿美元，平均每年为 274.53 亿美元。1993 年起我国实际利用外商直接投资金额跃居发展中国家的第一位，仅次于美国，一直名列世界第二。这期间除了外商投资的金额有了大幅度增长之外，在投资方式上，外商也越来越倾向于独资经营，并且一些新的利用外资方式也开始出现，如 BOT 方式、利用证券市场吸引外资等。

（四）调整发展阶段（1996—2000 年）

为了适应国内外形势的变化要求，自 1996 年开始我国对利用外资政策进行了适当的调整，主要有：一是国家计委、经济贸易委员会和对外贸易经济合作部于 1995 年 6 月 20 日联合颁布了《指导外商投资方向暂行规定》和《外商投资产业指导目录》，将外商投资项目划分为鼓励、允许、限制和禁止四类；二是调整了外商投资企业的减免税政策，从 1996 年 4 月 1 日起，逐步取消对外商投资企业的资本性货物进口的税收优惠政策；三是试点并推广了加工贸易的台账制度。1996 年 4 月 1 日，我国实行加工贸易台账制度的城市有 25 个，1997 年 7 月 1 日起全国统一推行加工贸易台账制度。

这一阶段，我国共批准外商直接投资项目 104 621 个，平均每年 20 924 个，协议外资额为 2 799.86 亿美元，平均每年为 559.97 亿美元，实际利用外资额为 2 134.79 亿美元，平均每年为 426.96 亿美元。虽然与第三阶段相比，年均批准外商投资项目数和协议利用外资额有了很大的降低，但单个项目实际利用外资额由原先的 50 万美元上升到 204 万美元，且外资的实际利用率也由 31.97%上涨到 76.25%，大大提高了外资的实际利用情况。这期间，外商投资的各方面结构都发生了较大变化：越来越多的大型跨国公司进入中国，外商投资企业的资金来源结构和技术结构有了进一步的改善，资金和技术密集的大型项目和基础设施项目增加，外商投资的平均项目规模不断扩大，外商投资的领域进一步拓宽，第三产业开始了利用外资的试点，中西部地区利用外资状况有了很大的改善。

（五）成熟稳定阶段（2001—2012 年）

自从我国 2001 年加入世贸组织后，拓宽了外商投资领域，2002 年 4 月 1 日我国实施了新修订的《指导外商投资方向规定》和《外商投资产业指导目录》，此后又多次修订《外商投资产业指导目录》，新的产业政策和目录明显加大了对外商投资的开放力度，鼓励类外商投资项目由加入世贸组织前的186条增加到351条，而限制类则由112条减少到87条，放宽了外商投资的股本限制，原来禁止类外商投资的电信、燃气、热力、供排水对外开放，进一步开放银行、保险、商业、外贸、旅游、运输、会计、审计、法律等服务贸易领域，放宽了外商投资中西部地区的股本和行业限制。同时，鼓励外商投资发展循环经济、清洁生产、可再生能源和生态环境保护，对我国稀缺或不可再生的重要矿产资源不再鼓励外商投资。一些不可再生的重要矿产资源不再允许外商投资勘查开采，限制或禁止高物耗、高能耗、高污染外资项目准入。投资软、硬环境的改善以及我国经济的持续良好发展态势促使了外商投资信心的增强，2012年我国新批准外商直接投资项目24 925个，实际利用外资1 132.94亿美元，利用外商直接投资突破了1 000亿美元大关，外商投资制造业大型项目明显增加，零售等服务业吸收外资步伐加快，在华跨国公司追加投资增加。

表12—10　各阶段我国利用外商直接投资年均指标对比

项　目	第一阶段（1979—1986年）	第二阶段（1987—1991年）	第三阶段（1992—1995年）	第四阶段（1996—2000年）	第五阶段（2001—2020年）
年均批准项目数（个）	977	6 841	54 190	20 924	33 803
年均协议外资额（亿美元）①	23.95	66.36	858.81	559.97	—
年均实际利用外资额（亿美元）②	8.24	33.51	274.53	426.96	984.26
平均项目实际利用外资额（万美元）	84.34	48.98	50.66	204.05	291.17
外资实际利用率（%）②/①	34.41	50.50	31.97	76.25	—

资料来源：根据国家统计局统计数据计算得出，http://www.stats.gov.cn/tjsj/ndsj。

（六）高质量发展阶段（2013年至今）

党的十八大以来，中央政府大力推动构建开放型经济新体制。2014年《外商投资项目核准和备案管理办法》出台，外商投资项目管理开始由全面核准制转向普遍备案和有限核准。2015年，国务院通过《中共中央国务院关于构建开放型经济新体制的若干意见》，目标是形成全方位开放新格局，实现开放型经济治理体系和治理能力现代化，构建互利共赢、多元平衡、安全高效的开放型经济新体制。十八届五中全会提出，要形成对外开放新体制，全面实行"准入前国民待遇＋负面清单"制度，有序扩大服务业对外开放。之后修订的《外商投资产业指导目录》中，对外资禁止和限制的产业种类进一步减少。2018年以来，中国外资管理体制加速转型，"放管服"改革提速，吸引外资的手段由优惠政策转向投资便利化。2019年，全国人大通过新的《外商投资法》，促进了外商投资稳定增长。

这一阶段，我国共批准外商直接投资项目238 099个，平均每年为34 014个，实际利用外资额为8 935.52亿美元，平均每年为1 276.50亿美元。2019年，5 000万美元以上的大项目有1 300多个。巴斯夫、埃克森美孚、特斯拉等百亿以上级别的大项目已加快落地。苹果、迪卡侬、埃森哲等世界500强和行业龙头企业在中国设立了地区总部或研发中心，跨国药企阿斯利康将上海研发平台升级为全球研发中心等。

二、外商直接投资的方式分析

中国利用外商直接投资的方式有：中外合资经营企业、中外合作经营企业、外资企业（外商独资经营企业）、中外合作开发、外商投资股份制企业和其他方式。在20世纪80年代前半期，中国利用外商直接投资的基本格局是合作经营占优势，合资经营次之，独资经营刚起步，合作开发则很少。1986年情况发生变化，合资经营企业数和投资金额首次超过合作经营企业，成为我国外商直接投资的主要方式。进入90年代，中国利用外商直接投资的方式向多元化方向发展，外资企业（外商独资经营企业）的比重不断提高，1997年其项目数首次超过合资经营企业，2000年其投资金额首次超过合资经营企业，目前外资企业（外商独资经营企业）已上升为我国利用外资的最主要的形式（参见表12—11、表12—12）。

表12—11　　中国利用外商直接投资流量中各方式构成　　单位：%

项目＼年份	1979—1985	1986	1991	1995	1997	2000	2002	2009	2011	2012
在外商直接投资项目数中所占所占比重										
合资经营企业	29	67	65	55.3	42.86	37.49	30.38	18.28	18.06	17.47
合作经营企业	59	39	4	12.9	11.3	7.86	4.67	1.66	1.02	0.67
外资企业	2	1	27.1	31.8	45.72	54.58	64.89	79.97	80.79	81.65
外商投资股份制企业					0.03	0.036	0.056	0.09	0.13	0.21
合作开发					0.09	0.036	0.012			
在外商直接投资金额中所占比重										
合资经营企业	34	50	53.1	43.5	43.08	35.23	28.42	19.18	18.46	19.43
合作经营企业	62	49	21.1	19.5	19.73	16.2	9.59	2.26	1.51	2.07
外资企业	4	1	23.8	36.9	35.77	47.41	60.15	76.29	78.62	77.10
外商投资股份制企业					0.64	0.32	1.32	2.27	1.41	1.41
合作开发					0.79	0.94	0.52			

资料来源：根据1995年和2014年《中国统计年鉴》资料计算得出，2002年和2009年数据来自商务部外资统计，http://wzs.mofcom.gov.cn。

表12—12　　外商直接投资主要方式特点比较

项　目	合资经营企业	合作经营企业	合作开发企业	外资企业	外商股份制企业
法律依据	中外合资经营企业法	中外合作经营企业法	中外合作经营企业法	外资企业法	公司法
法律地位	中国法人	中国法人型或合伙型	合作各方自为法人	中国法人	中国法人

续表

项　目	合资经营企业	合作经营企业	合作开发企业	外资企业	外商股份制企业
法律形式	有限责任公司	有限责任公司	有限责任公司	有限责任公司	股份有限公司
经营类型	股权式	契约式	契约式	股权式	股权式
企业最高权力机构	董事会	董事会或联合管委会	联合管委会	董事会或其他形式的经营管理机构	股东大会
管理方式	共同经营管理	共同管理或一方管理或委托第三方管理	共同管理或一方管理或委托第三方管理	独家管理	股东大会下设执行机构董事会和行使监察职责的监事会
收益分配	按各方注册资本的比例分配	按合同约定分配	按合同约定分配	按章程的规定分配	按股票份额分配股利
投资收回	资本股权在合营期内不得减少、不许抽回、不能擅自转让；只能从净利润中回收或结业清算时收回	各方投资在合作期内可提前收回	各方投资在合作期内可提前收回	与合资企业相同	股东在交易所内可随时转让股票
结业清算	清偿债务后的剩余资产按各方注册资本的比例分配	外商在合作期内先行收回投资的，企业全部固定资产归中方所有，不再清算	外商在合作期内先行收回投资的，企业全部固定资产归中方所有，不再清算	清偿债务后的剩余资产归外方所有	清偿债务后的剩余资产按股东持有的股份比例分配

截至2019年12月，中国累计设立外商投资企业1 001 635家，累计实际使用外资金额达22 904.7亿美元。其中，外资企业数量占全部外商直接投资企业的58.6%；中外合资企业占比35.2%；中外合作企业占比6.1%。

表12—13　　外商直接投资方式情况（截至2019年末）

投资方式	企业数（家）	实际使用外资金额（亿美元）
中外合资企业	352 076	5 645.50
中外合作企业	61 089	1 127.50
外资企业	586 795	14 274.1
外商投资股份公司	1 048	503.50
其他	627	1 354.20
总计	1 001 635	229 047

资料来源：中华人民共和国商务部《2020年中国外资统计公报》。

（一）中外合资经营企业

中外合资经营企业又称股权式合资经营企业，是依据《中华人民共和国中外合资经营企业法》建立的企业。它是外国公司、企业或其他经济组织或个人，按照平等互利的原则，经中国政府批准，在中国境内同中国公司、企业或其他经济组织共同举办的合资经营企业，是中国直接利用外资的主要形式之一。中外合资经营企业一般具有以下特征：(1)合资经营企业是中国企业与外国投资方在中国境内共同举办的企业；(2)合资经营企业的法律地位为中国法人；(3)合资经营各方需共同投资、共同经营、共享利润、共担风险；(4)合资经营企业的组织形式为有限责任公司。

（二）中外合作经营企业

中外合作经营企业又称契约式合营企业，是依据《中华人民共和国中外合作经营企业法》设立的企业。它是由中外双方的合作者(可以是公司、企业或其他经济组织形式)通过协商，并在协议或合同中明确规定双方的权利和义务而组成的一种企业形式。合作双方的出资、合作条件、收益或者产品的分配、风险和亏损的分担、经营管理方式和合作企业终止对财产归属等事项均是由中外双方签订的合同所确定。中外合作经营企业的主要特点有：(1)合作经营企业可以组成具有法人资格的实体，实行有限责任公司；也可以以自己的法人身份进行合作，组成非法人式的合作经营企业。(2)合作经营各方可以以自己所拥有的各种方式出资。(3)允许外方从营业收入中或从设备折旧中收回投资。(4)法人式企业设立董事会及经营管理机构进行管理，非法人式企业由合作各方派代表组成联合管理机构共同管理或委托合作一方或合作者以外的第三方进行管理。

（三）外资企业

外资企业又称外商独资经营企业，是依照中国有关法律在中国境内全部资本由外国公司、企业或其他经济组织或个人投资设立的企业。其主要特征为：(1)是经中国政府批准注册的外资股份为100%的纯外资股权的经济实体，但不包括外国的企业、公司或其他经济组织在中国境内的分支机构。(2)外资企业的财产全部归外国投资者所有，经营管理权为外国投资者所掌握，外国投资者享有企业全部利润并独自承担经营风险和亏损。(3)外资企业的组织形式为有限责任公司，经批准也可以为其他责任形式，外国投资者对企业的责任适用于中国的法律和法规的规定。

（四）外商投资股份制企业

外商投资股份制企业又称外商投资股份有限公司，是指依据我国《公司法》和有关规定设立，公司全部资本由等额资本构成的，股东以其所认购的股份对公司承担责任，公司以全部财产对公司债务承担责任，中外股东共同持有公司股份，外国股东购买并持有的股份占公司注册资本25%以上的企业法人。外商投资股份制企业的主要特征有：(1) 外商投资股份制企业是近年来新出现的一种利用外商直接投资的方式，是在我国证券市场不断扩大、企业股份制改造日趋深入的背景下产生的。截至2012年，我国共设立外商投资股份制企业442家，实际利用外资84.7亿美元。(2)在投资方式上，外商投资股份制企业的外商股东以货币资本认股投资，而中外合资经营企业则是以现金、实物、无形资产、土地使用权等作价出资。(3)在股份形式上，外商投资股份制企业的全部资本分为等额股份，股份采取股票形式，而中外合资经营企业的全部资本为股权，以资本股权计算出资比例，以出资比例分享利润和承担风险。(4)在股权流动上，外商投资股份制企业的股东在证券交易所内可以随时将其股票转让，但发起人股份的转让必须在公司设立登记3年后进行，并经公司原审批机关批准。(5)在组织机构上，外商投资股份制企业的最高权力机构是股东大会，下设执行机构董事会和行使监察职责的监事会，而中外合资经营企业的最高权力机构是董事会，不设股东大会和监事会。(6)在设立方式上，外商投资股份制企业的设立方式比较复杂，分为发起设立和募集设立。发起设立是指由发起人认购公司应发行的全部股份而设立的公司；募集设立是指由发起人认购公司应发行股份的一部分，而其余部分则向社会公开募集设立的公司。

(五)中外合作开发企业

中外合作开发是指外国公司同中国公司合作进行本国资源开发的一种合作形式，是目前国际上在自然资源领域广泛采用的一种经济合作方式，其最大的特点是：高风险、高投入、高收益，主要适用于大型自然资源如石油、天然气、矿石、煤炭、森林等的勘探、开发和生产项目。截至2012年，我国共签订中外合作开发合同191个，合同外资金额160亿美元，实际利用外资140.1亿美元。

我国分别于1982年1月和1993年10月颁布了《中华人民共和国对外合作开采海洋石油资源条例》和《中华人民共和国对外合作开采陆上石油资源条例》，明确规定在维护国家主权和经济利益的前提下，允许外国公司参与合作开采中国的石油资源。中外合作开发一般都采用国际招标方式，外国公司可以单独也可以组成集团参与投标。中标者与中方签订合作勘探开发合同，确定双方的权利和义务，合同期限一般在30年以内。合作开发合同经外经贸主管部门批准后生效，整个开发周期一般分为勘探、开发和生产三个阶段。勘探阶段由外方承担全部费用和风险，在勘探期内，如果在合同确定的区域范围内没有发现有开发价值的油气田，则合同即告终止，中方不承担任何补偿责任。如果在合同确定的区域范围内发现有开发价值的油气田，则进入开发阶段，中方可以通过参股的方式(一般不超过51%)与外方共同开发，按双方商定的出资比例共同出资。油田在进入正式生产阶段后，应按法律规定缴纳有关税收和矿区使用费，中外双方可按合同确定的分油比例以实物方式回收投资与分配利润。当遇到亏损风险时，则由各方分别承担。

在中外合作开采海洋石油资源时，中国政府对自然资源享有永久主权，国家授权中国海洋石油总公司统一负责中国对外合作开采海洋石油的业务，中外合作双方一般是采取非法人式的契约式合营，并不组成一个真正意义上的企业，而是在平等互利的基础上签订石油合同，按照石油合同所规定的权利和义务进行合作，中外双方仍是两个独立的法人，双方之间仅为合同关系。目前，中外合作开采海洋石油资源主要是采用风险合同与联合经营相结合的模式。

(六)BOT投资方式

BOT(Build-Operate-Transfer)投资方式有时也称为公共工程特许权，即建设—

经营—转让，典型的 BOT 方式是指：政府同私营机构（在中国表现为外商投资）的项目公司签订合同，由该项目公司承担一个基础设施或公共工程项目的筹资、建造、运营、维修及转让。在双方协定的一个固定期限内（一般为 15—20 年），项目公司对其筹资建设的项目行使运营权，以便收回对该项目的投资、偿还该项目的债务并赚取利润。协议期满后，项目公司将该项目无偿转让给东道国政府。截至 2012 年底，我国利用 BOT 方式的外资项目已达 152 个。BOT 作为一种新的利用外资的方式，与传统的利用外资方式的不同表现在：

（1）BOT 方式的主体一方为东道国政府部门，另一方为私营机构的项目公司，而传统利用外资的方式，其主体一般是企业与企业之间或者政府与政府之间。

（2）BOT 项目的实施是一项复杂的系统工程，需要金融、贸易、保险、技术引进、工程承包、土地、交通能源、通讯、广告等各种行业的相互协调与合作，尤其需要东道国政府的强有力支持。

（3）BOT 方式下对项目建设方式的选择，一般采用国际招标，而传统利用外资的方式则一般不通过招标。

（4）BOT 方式的资金来源，主要是国际金融机构提供的无追索权贷款。采用 BOT 方式，可以允许政府参股。而传统的利用外资方式，其注册资本以外的贷款，也不是无追索权的贷款，同时亦不允许政府投资。

（5）BOT 方式的经营管理，通常是在东道国政府的许可范围内，由项目公司按自身的管理模式进行操作，而传统的利用外资方式，则按东道国有关法律及双方的约定来进行操作。

（6）BOT 方式合作期满后，项目公司将该项目无偿移交给东道国政府，而传统的利用外资方式，在期满后，外方一般按合同的约定将标的转让给东道国企业。

BOT 投资方式在其发展过程中出现了一系列演变方式，主要有以下几种：BOO（Build-Own-Operate），意为建设—拥有—经营，是指投资人依据政府的特许权进行融资、建设并经营某项基础设施，但最后并不将此基础设施转让给政府和公共部门。这一模式只适应一些规模较小、非垄断性、高盈利性的建设项目；BOOT（Build-Own-Operate-Transfer），意为建设—拥有—经营—转让，是指投资人根据政府的特许权进行融资，建成后拥有产权，并进行经营管理，在规定期满后将产权和经营权一并转让给政府，这种模式多用于一些建设和期限较长的项目；另外，还有 BOOST（Build-Own-Operate-Subsidize-Transfer），即建设—拥有—经营—补贴—转让，BTO（Build-Transfer-Operate），即建设—转让—经营，BLT（Build-Lease-Transfer），即建设—租赁—转让，BT（Build-Transfer），即建设—转让，BMT（Build-Manage-Transfer），即建设—管理—转让等。这些模式都是由 BOT 派生来的，但又各有其特点，在技术环节和经济措施上有所区别。

三、外商直接投资的结构分析

中国的外商直接投资结构主要包括产业结构、地区结构和来源结构这三个方面，对外商投资来说，为确保投资收益的最大化，应尽可能地将有限的资金投向最能获利和获利最快、最多的地区和产业，而对我们来说，为使外商直接投资的流入能促进我国生产技术水平的提高和产品出口竞争力的增强，应将外资引向最合适的地区和产业。因此，合理安排外商直接投资结构是我们在引资过程中应加以注意的问题。

(一)外商直接投资的产业结构

对外开放初期，我国总体经济发展水平较低，为尽快改变这种现状，国家对外商直接投资的产业有明确的规定，如对允许设立外商合资经营企业的行业规定有：(1)能源开发、建筑材料工业、化学工业、冶金工业；(2)机械制造工业、仪器仪表工业、海上石油开采设备的制造业；(3)电子工业、计算机工业、通讯设备的制造业；(4)轻工业、纺织工业、食品工业、医药和医疗器械工业、包装工业；(5)农业、牧业、养殖业；(6)旅游业和服务业。然而，从外商投资实际情况来说，外商总是倾向于回收期短、收益高的行业。1979—1990 年，外商投资的行业占外资总额的比重为：工业部门 58%，房地产公共服务业 22%，农业部门 2.85%，交通运输部门 1.18%，建筑部门 1.8%，商业部门 4.15%，科技部门 0.12%，这种产业结构布局与我国利用外资促进“经济的发展和科学技术水平的提高，有利于社会主义现代化建设”的发展目标是不相适应的。为改变这种状况，我国政府于 1995 年 6 月 20 日公布了《指导外商投资方向暂行规定》，将外商投资项目分为鼓励、允许、限制和禁止四类。

(1)鼓励类分 18 个产业，主要涉及高新技术、先进技术、能改进产品性能、提高档次、开拓新市场、环境保护、综合利用资源等项目。

(2)限制类分 15 个产业，主要涉及国内已开发的技术、吸引外资试点、稀有金属开采、国家统筹规划的项目等。

(3)禁止类分 13 个产业，主要涉及危害国家安全和社会公共利益、污染环境、破坏自然资源、特种工业等项目。

(4)允许类，是指凡不属于鼓励类、限制类和禁止类的项目。

然而，由于第二产业普遍具有投资回收期较短、投资见效快、盈利水平高的特点，目前外商投资仍然集中于第二产业，尤其是第二产业中的制造业，大约占到 50%；投资于第一产业的比例则明显较低，一直维持在 2%以下，这与我国第一产业在国民经济中的重要地位极不相称；第三产业中发展也极为不平衡，金融业、房地产业所占比重较大，在 10%以上，而科技水平含量较高的科学研究、技术服务和地质勘查业所占比重极低，仅 1%左右(见表 12－14)。外商投资产业结构不合理，加剧了我国产业结构的失衡，不利于我国国民经济的健康发展，同时也促使我们思考如何在新形势下采取积极有效措施，引导外商合理投资，调整我国产业结构。

表 12—14　　中国外商直接投资产业结构分布　　单位：万美元，%

产业类型	行　业	2008 年		2012 年		2016 年		2019 年	
		外商实际直接投资额	比重	外商实际直接投资额	比重	外商实际直接投资额	比重	外商实际直接投资额	比重
	总计	9 239 500	100	11 171 600	100	12 600 100	100	13 813 500	100
第一产业	农、林、牧、渔业	119 102	1.29	206 220	1.85	189 770	1.51	56 183	0.41
第二产业	采矿业	57 283	0.62	77 046	0.69	9 634	0.08	219 044	1.59
	制造业	4 989 483	54.00	4 886 649	43.74	3 549 230	28.17	3 537 022	25.61
	电力、燃气及水的生产和供应业	169 602	1.84	163 897	1.47	214 677	1.70	352 398	2.55
	建筑业	109 256	1.18	118 176	1.06	247 744	1.97	121 551	0.88
第三产业	交通运输、仓储和邮政业	285 131	3.09	347 376	3.11	508 944	4.04	453 316	3.28
	信息传输、计算机服务和软件业	277 479	3.00	335 809	3.01	844 249	6.70	14 68 232	10.63
	批发和零售业	443 297	4.80	946 187	8.47	1 587 016	12.60	904 982	6.55
	住宿和餐饮业	93 851	1.02	70 157	0.63	36 512	0.29	97 180	0.70
	金融业	57 255	0.62	211 945	1.90	1 028 901	8.17	713 206	5.16
	房地产业	1 858 995	20.12	2 412 487	21.59	1 965 528	15.60	2 347 188	16.99
	租赁和商务服务业	505 884	5.48	821 105	7.35	1 613 171	12.80	2 207 283	15.98
	科学研究、技术服务和地质勘查业	150 555	1.63	309 554	2.77	651 989	5.17	1 116 831	8.09
	水利、环境和公共设施管理业	34 027	0.37	85 028	0.76	42 159	0.33	52 242	0.38
	居民服务和其他服务业	56 992	0.62	116 451	1.04	49 038	0.39	54 218	0.39
	教育	3 641	0.04	3 437	0.03	9 437	0.07	22 248	0.16
	卫生、社会保障和社会福利业	1 887	0.02	6 430	0.06	25 411	0.20	27 186	0.20
	文化、体育和娱乐业	25 818	0.28	53 655	0.48	26 732	0.21	62 986	0.46

资料来源：国家统计局网站，www.stats.gov.cn。

最近 8 年，外资投资领域聚焦新兴产业，第三产业利用外资比例进一步提高。从实际使用外资金额来看，外商直接投资分布行业前五排序情况见表 12—15。

表 12—15　　中国外商直接投资主要产业情况(截至 2019 年末)

年　份	主要产业
2013	制造业(占比 38.7%)、房地产业(占比 24.5%)、批发和零售业(占比 9.9%)、租赁和商务服务业(占比 9.9%)、科学研究、技术服务和地质勘查业(占比 9.9%)
2014	制造业(占比 33.4%)、房地产业(占比 30.0%)、租赁和商务服务业(占比 10.4%)、批发和零售业(占比 7.9%)、交通运输、仓储和邮政业(占比 3.7%)

续表

年 份	主要产业
2015	制造业(占比 31.4%)、房地产业(占比 22.9%)、批发和零售业(占比 9.5%)、租赁和商务服务业(占比 8.0%)、交通运输、仓储和邮政业(占比 3.3%)
2016	制造业(占比 28.17%)、房地产业(占比 15.6%)、租赁和商务服务业(占比 12.8%)、批发和零售业(占比 12.6%)、信息传输、计算机服务和软件业(占比 6.7%)
2017	制造业(占比 25.57%)、信息传输、计算机服务和软件业(占比 15.96%)、房地产业(占比 12.86%)、批发和零售业(占比 12.6%)、租赁和商务服务业(占比 12.77%)
2018	制造业(占比 30.51%)、房地产业(占比 16.65%)、租赁和商务服务业(占比 13.98%)、批发和零售业(占比 12.6%)、信息传输、计算机服务和软件业(占比 8.64%)
2019	制造业(占比 25.6%)、房地产业(占比 17.0%)、租赁和商务服务业(占比 15.98%)、信息传输、计算机服务和软件业(占比 10.63%)。科学研究和技术服务业(占比 8.1%)

资料来源:国家商务部外资司统计数据。

从质量上看,这一期间,虽然房地产业利用外资的比重一直占据重要地位,但是,科技研发服务业、零售批发业等增长十分迅猛,成为服务业中利用外资增长最迅速的行业。当然,制造业比重下降包含了外资撤出的影响,例如,近几年,苏州工业园一些声名赫赫的跨国公司,如耐克、阿迪达斯、飞利浦、紫兴、希捷等外资工厂相继关闭撤出,但理性来看,部分外资撤出符合中国产业升级趋势,中国企业也有大量成本节约型对外投资,这是中国新旧动能转换的必经阶段。

2019 年,第一、二、三产业新设外商投资企业数量分别为 424 家(占比 1%)、6 262 家(占比 15.3%)、34 224 家(占比 83.7%),实际使用外资金额分别为 4.4 亿美元(占比 0.3%)、422.3 亿美元(占比 29.9%)、985.5 亿美元(占比 69.8%)。从行业门类看,外商直接投资主要集中于制造业,房地产业,租赁和商务服务业,信息传输、软件和信息技术服务业,批发和零售业,金融业,科学研究和技术服务业;以上 7 个行业的新设外商投资企业数量占比为 89.0%,实际使用外资金额占比 89.2%。

(二)外商直接投资的区域结构

改革开放之初,由于我国鼓励外商在沿海开放城市投资,并且沿海地区具有交通、技术、人才等方面的优势,使得外商投资的 90% 多集中在东部沿海地区(见表 12—16)。近些年,国家制定了一系列鼓励外商向中、西部投资的优惠政策,使得东部地区外商直接投资的比例有所下降,但是从总额上仍然维持在 85%以上,中、西部地区面积加起来占到全国总面积的 2/3 以上,而吸引的外商直接投资只占到 15%左右。外商直接投资绝大部分仍集中在东部地区。外商直接投资区域分布的不平衡,扩大了东西部地区经济发展的不平衡,加剧了我国地区之间人民生活水平的差异,不利于我国经济的平稳增长。2000 年是我国利用外商直接投资重点地区转变的关键年:国务院决定实施西部大开发战略,加快中西部地区的开发,从政策到资金上都向中西部地区倾斜，这必将促进我国外商直接投资区域结构的进一步调整。

表 12－16　　1983—2018 年我国外商直接投资地区分布

年　份	实际利用外商直接投资额地区分布(万美元)					地区分布比例(%)		
	总计	地方	东部	中部	西部	东部	中部	西部
1983	91 596	57 655	53 579	647	3 429	92.93	1.12	5.95
1986	187 489	137 317	124 218	5 958	7 141	90.46	4.34	5.20
1991	436 634	412 556	388 949	16 846	6 761	94.28	4.08	1.64
1992	11 00 751	1 072 308	980 241	72 582	19 485	91.41	6.77	1.82
1993	2 751 495	2 734 174	2 388 799	242 799	102 576	87.37	8.88	3.75
1994	3 376 650	3 308 831	2 908 721	259 934	140 176	87.91	7.86	4.24
1995	3 752 053	3 693 033	3 246 351	332 427	114 255	87.90	9.00	3.09
1996	4 172 500	4 166 437	3 653 833	392 417	120 187	87.70	9.42	2.88
1997	4 525 704	4 490 109	3 855 930	478 765	155 414	85.88	10.66	3.46
1998	4 546 275	4 528 389	3 949 021	442 022	137 355	87.21	9.76	3.03
1999	4 031 871	3 993 482	3 504 974	374 741	113 767	87.77	9.38	2.85
2000	4 071 481	4 033 289	3 541 112	370 002	122 172	87.80	9.17	3.03
2001	4 687 759	4 636 700	4 072 777	420 823	143 100	87.84	9.08	3.09
2002	5 274 286	5 274 126	4 587 460	518 566	141 100	86.98	9.83	2.68
2003	5 350 467	5 294 028	4 580 478	592 000	121 550	86.52	11.18	2.30
2004	6 063 000	6 063 000	5 220 600	668 000	174 400	86.11	11.02	2.88
2005	7 240 600	6 032 500	5 355 800	482 600	194 100	88.78	8.00	3.22
2006	6 946 800	6 302 100	5 692 200	392 200	217 700	90.32	6.22	3.45
2007	8 352 100	7 476 800	6 563 700	545 000	368 100	87.79	7.29	4.92
2008	10 831 200	9 239 500	7 834 000	743 600	661 900	84.79	8.05	7.16
2012	12 789 000		1 098 450	102 480	779 800	85.90	8.00	6.10
2013	14 768 270		11 953 290	1 125 810	885 810	80.94	7.62	6.00
2014	12 850 200		10 421 512	1 336 421	1 092 267	81.10	10.40	8.50
2015	13 557 700		10 954 622	1 450 673	1 152 405	80.80	10.70	8.50
2016	13 371 100		11 004 415	1 283 626	1 083 059	82.30	9.60	8.10
2017	13 632 000		11 246 400	1 335 936	1 049 664	82.50	9.80	7.70

续表

年 份	实际利用外商直接投资额地区分布(万美元)					地区分布比例(%)		
	总计	地方	东部	中部	西部	东部	中部	西部
2018	13 831 000		11 299 927	1 396 931	1 134 142	81.70	10.10	8.20

注:(1)2004年以前数据中,东部包括:北京、天津、辽宁、河北、山东、江苏、上海、浙江、福建、广东、海南、广西。中部包括:黑龙江、吉林、山西、河南、湖北、湖南、安徽、江西、内蒙古。西部包括:新疆、西藏、甘肃、青海、陕西、贵州、云南、宁夏、四川、重庆。(2)2004年以后数据中,东部包括:北京、天津、河北、辽宁、上海、江苏、浙江、福建、山东、广东、海南。中部包括:山西、黑龙江、吉林、安徽、江西、河南、湖北、湖南。西部包括:内蒙古、广西、四川、重庆、贵州、云南、陕西、甘肃、青海、宁夏、新疆、西藏。

资料来源:(1)根据历年《中国统计年鉴》数据资料计算得出;(2)2004年以后数据来自商务部外资司。

(三)外商直接投资的来源结构

外商投资的前提条件是要有良好的投资环境,这既包括有硬环境(如交通运输、通讯等基础设施),也包括软环境(如政策法规、人员素质等)。对外开放初期,由于我国投资环境与其他国家相比存在很大差距,因此,前来的国家和地区不多,其中主要以港澳厂商为主,在1979—1990年期间,港澳厂商累计在内地投资的项目数和合同金额分别占到全国总数的62.4%和53.4%,排在其后的美国则仅有3.59%和9.5%,日本为3.56%和6.6%,其余各国如新加坡、德国、英国、澳大利亚、加拿大等国的投资项目数和合同金额均不足2%。

进入21世纪以来,来华投资的国家和地区不断增加,许多大型跨国公司也纷纷来华设厂,外商直接投资的来源结构情况也由相对集中而逐步地扩散化:2019年对华实际投资金额名列前15位的国家/地区是:香港地区(963.0亿美元)、新加坡(75.9亿美元)、韩国(55.4亿美元)、英属维尔京群岛(49.6亿美元)、日本(37.2亿美元)、美国(26.9亿美元)、开曼群岛(25.6亿美元)、荷兰(18.0亿美元)、澳门地区(17.4亿美元)、德国(16.6亿美元)、台湾地区(15.9亿美元)、萨摩亚(11.9亿美元)、英国(8.6亿美元)、法国(7.9亿美元)、爱尔兰(6.6亿美元)。

四、新时期外商直接投资的战略调整

加入世贸组织后,我们将直接面对经济全球化和投资自由化的发展趋势,这对我国吸引外资既创造了前所未有的机遇,同时也带来了严峻的挑战,这要求我们进一步调整外商投资战略取向,改善外商投资环境,增强综合竞争力水平,努力将我国吸引外商投资提高到一个新的发展水平。

(一)投资方式的调整

目前我国利用外商直接投资的方式主要以合资和独资企业为主,单一的投资方式,限制了我国利用外资规模的继续扩大,而当今世界直接投资中最明显的趋势则是跨国公司的国际购并活动十分活跃,通过借鉴国际上通行购并的经验和做法,结合中国经济体制特点和企业的具体情况,积极探索新的外商投资方式,拓宽外商投资渠道,加紧完善和制定以购并方式进行外商投资的可操作性政策规定，鼓励跨国公司通过受让股权、买断资产等不同方式参与国有企业的改组、改造；同时，跨国公司可以向国有企业转让先进技术、先进管理经验，从而推动国有企业的改组、改造，实现社会资源的优化配置，促进我国企业管理和产业结构更趋合理。为此，我们需要加快制定跨国购并方面的法规、发展相关的中介机构、完善企业产权交易市场、建立跨国购并审查制度等，按市场规则构建企业购并、重组等行为的法规和体制框架，允许外资以国际流行的方式整合国内企业资源，包括竞争性行业的国有企业，进而促使中国利用外资的总体质量再上一个台阶。

(二)投资结构的调整

随着经济的全球化趋势和知识经济时代的发展，全球产业结构呈现出两大趋势：一是高新技术产业在各国 GDP 增加值中和出口总值中所占的比重在不断增加；二是服务业占 GDP 的比重进一步提高。为此，加入世贸组织以后我们在制定利用外商直接投资产业政策时应考虑以下两个方面。

1. 鼓励外商投资高新技术产业以及相关配套产业

一方面积极为外商创造条件发展大规模集成电路、生物工程等高新技术产业，鼓励外商投资企业引进、开发和创新技术，促进外商投资兴办资金技术密集型项目，设立更多的先进技术型项目，并适时在企业注册资本比例限制、工业产权出资条件等方面加大政策引导力度，进一步完善创业投资企业的相关规定，为高科技企业的创办和发展创造条件；另一方面也可适度发展劳动密集型的加工制造业，吸引外商投资于其配套产业，鼓励外商投资企业的原材料本地化配套，推动国内中小企业(包括乡镇企业)加强对外合作，引进先进适用技术，为大型外商投资企业配套，使中国企业能够顺利进入跨国公司全球生产和销售网络渠道中。

2. 进一步扩大服务贸易领域的对外开放程度

根据经济发展的需要以及我国加入世贸组织所做的承诺，服务业特别是金融保险、电信服务、商业、运输等领域的市场准入限制将陆续取消，我国的服务领域今后将进一步加大对外开放，为此，我们需要尽快颁布外商投资会计、教育、商业、外贸、医疗等方面的法律规范，健全统一规范公开的外商投资服务领域市场准入制度，从而积极、稳妥、有序地全面实现服务领域的对外开放。在金融保险领域中，要有步骤地取消对外资银行和外资保险公司在服务对象和地域等方面的限制。逐步扩大外资银行开办人民币业务和国内客户业务的范围，适时推进外资参与国内商业银行的股份制改造，允许股份制商业银行引入国外战略投资者，优化股权结构。逐步放开外资保险公司经营国内客户的财险、再保险业务和部分寿险业务，鼓励有条件的国内保险公司引入外资。在保证中方控股的前提下，适当引入国外有较好资质的机构投资者设立中外合资证券经营机构，从事债券、B 股交易、基金管理等证券业务。在电信服务领域中，要积极引导外商投资开展增值电信业务，允许外商在一定范围内以投资方式适当开展移动通信业务，固定电信业务以外资参股为主要引资形式，引入国外战略投资者，改革和优化中国电信的股权结构。在商业领域中，在对国内大型商业企业进行重组、改制的基础之上，通过引入外资来优化股权结构，吸引外商投资于商业零售企业、商业批发企业、大型连锁商店等。积极推进旅游业的对外开放，吸引外资开办合资旅行社，完善旅游设施，开放旅游资源，促进国内旅游业的发展。稳步扩大交通运输、建筑、律师、会计、咨询等行业的对外开放，并鼓励采用中外合资、合作方式。认真探索通过中外合资、合作方式吸引外资，引进国外服务业的现代理念、先进的经营管理经验、技术手段和现代市场运作方式，改善中国服务业结构，进而提高中国服务业的水平。

（三）投资地区的调整

目前，外商在我国的直接投资主要分布在东南沿海地区，尤其集中于珠江三角洲及闽南地区和长江三角洲地区，中西部地区偏少，这主要是由历史原因造成的。因此，加入世贸组织后，我国利用外资的地区战略将发生改变，由以往以地区倾斜政策为主转变为以产业倾斜政策为主，同时由东部沿海地区，逐步实现向中、西部地区推进。实施西部大开发战略，积极鼓励外商向西部地区投资，努力为西部地区扩大吸收外资创造条件。国家将推动中西部地区有关外商投资政策的贯彻落实，针对中西部地区的实际情况，进一步适当放宽服务领域吸收外资的条件，放宽对中西部地区外商投资项目的国内融资条件，加大对中西部地区产业政策倾斜力度，拟订出新的《中西部地区吸收外资优势产业目录》，适当扩大目录的范围，促进外资投向西部地区的基础设施、矿产资源、旅游资源开发、生态环境保护、农牧业产品加工等科技项目，进一步鼓励在沿海已设立的外商投资企业向中西部地区进行再投资。

（四）投资环境的调整

由于区域经济的竞争已从简单的企业间、产业间或者城市间，逐步扩大为一个区域对另一个区域的竞争，而竞争的焦点也转变为投资环境的好坏。因此，投资环境的改善，已经成为加入世贸组织后我国利用外资战略调整的重要内容。过去我国对待外资的政策表现为两个极端：一方面是歧视性待遇，例如限制投资行业、限制股权比例等；另一方面则又提供部分优于内资企业的措施，如税收的减免等。前者明显违背了国民待遇原则；而后者则构成了对国内企业的不公平，也抑制了国内企业成长。二者都构成了对公平竞争市场的扭曲，也都有损世贸组织精神。加入 WTO 后，中国利用外资政策将从税收激励机制为主的优惠政策转向以公平竞争机制为主的规则政策。在减少优惠待遇、实行国民待遇的同时，也将逐步减少对外国投资者的市场准入限制（除特定行业外）和非国民待遇，改善综合投资环境，促进市场公平竞争。如在涉外税收方面，通过调整和改革，将取消内外资企业在税种、税率和税收待遇上的差别，改变内外税法分立的状况，通过分阶段的改革，最终实现内外税制的全面统一，从而为内外资企业创造一个平等的竞争环境。为此，引资战略由注重优惠政策的出台转变到改善和创造良好的投资环境上来，并通过建立、健全的法律制度、提高透明度、完善社会信用制度、维护竞争秩序等措施来实施这一战略转变。

（五）投资法律规范的调整

改革开放以来，中国形成了以《中外合作经营企业法》、《中外合资经营企业法》和《外资企业法》三部法律为核心的外商投资企业法律体系，为引进外资奠定了法律基础。截至2018年底，中国依据“外资三法”设立的外商投资企业达96万家。然而以“外资三法”为基础的法律体系早已不适应当代社会发展。一是逐案审批制管理模式让外商投资企业设立仍旧存在较多门槛，审批流程长，耗时久，导致引入外资效率低的问题。二是内外资的平等性问题，早些年对外商投资企业给予特殊照顾，但同时外商也反应，某些领域缺少公开透明的机制，让他们觉得受到了不平等待遇。三是“外资三法”关于外商投资企业的经营活动和组织形式等条款和《公司法》存在重复甚至相悖。为了进一步扩大对外开放，促进外商投资，保护外商投资合法权益，规范外商投资管理，促进社会主义市场经济健康发展，2020年颁布出台了《中华人民共和国外商投资法》。通过调整，要使外资立法符合WTO的规则和中国对外所作出的承诺，增强外资法律规范的透明度、规范性和完备性；要加强与外资有关的知识产权保护方面的立法和执法力度，切实改善投资软环境；要逐步改变外商投资方面的涉外法律规范与国内其他法律规范分别存在的状况，为最终实现两者的完全统一创造条件。调整外资法律规范的最终目的是建立和完善统一公平的市场竞争法律环境，保护国内外投资各方的利益，促进和保护合理竞争，为国内外企业创造一个可以按照国际惯例进行投资、经营并获利的良好环境。

第三节　中国的对外借款

一、中国对外借款概况

1979年确定对外开放的国策以来，中国步入了利用外资促进经济发展的快车道。经过20多年的发展，目前，中国借用国外贷款无论从规模、渠道、结构上都有了很大的发展，对外借款已成为中国利用外资的重要组成部分。

（一）外债规模的稳定化

自1979年以来中国开始对外举债，经历了一个由少到多再到逐步稳定的发展过程，1979—1983年，中国处于对外借款的初步阶段，外债余额增长较慢，年均增长约8亿美元左右，外债总体规模有限；1984—1988年，中国对外借款进入一个迅速增长阶段，外债余额年均增长约81.93亿美元，年均增长率达到56.9％，1989—1995年外债进入一个均衡增长阶段，借用外债增长速度开始减慢，外债余额年均增长约93.27亿美元，年均增长率达22.58％，进入1996年，我国借用外债增长速度更为缓慢，外债余额年均增长约74.66亿美元，年均增长率仅为6.4％，截至2002年底中国外债余额为1 685.38亿美元，2003年以后，我国外债又开始较快增长，外债余额年均增长约为315.73亿美元，年均增长率达14.72％（见表12—17）。

表 12－17 **2002—2013 年我国外债余额、结构情况** 单位:亿美元

项目 \ 年份	1995	1996	2000	2001	2002	2003	2004	2005	2006	2007	2008	2009	2010	2011	2012	2013
外债余额	1 065.9	1 162.75	1 457.3	1 848.0	1 863.3	2 087.6	2 474.9	2 810.5	3 385.9	3 892.2	3 901.6	4 286.5	5 489.4	6 949.9	7 369.9	8 631.7
比上年增长(%)		9.1	—4.02	—*	0.83	12.04	18.55	13.56	20.47	14.95	0.24	9.87	28.06	26.61	6.04	17.12
按债务类型分																
外国政府贷款	220.58	221.64	246.1	237	244.23	254.20	322.08	271.95	276.66	300.57	324.73	349.23	320.84	332.99	310.45	265.15
在债务余额中所占比例(%)	20.7	19.06	16.89	12.82	14.49	12.18	13.02	9.68	8.17	7.72	8.32	8.15	5.84	4.79	4.21	3.07
国际金融组织贷款	147.99	167.39	263.5	275.7	277.02	264.67	251.01	267.88	278.11	283.71	270.54	333.75	355.46	350.00	340.98	332.80
在债务余额中所占比例(%)	13.9	14.40	18.08	14.92	16.44	12.68	10.14	9.53	8.21	7.29	6.93	7.79	6.48	5.04	4.63	3.86
国际商业贷款及其他	697.33	773.77	947.7	1 335.3	1 164.13	1 568.73	1 901.81	2 270.67	585.17	546.11	534.59	469.42	563.16	705.46	687.55	133.54
在债务余额中所占比例(%)	65.4	66.55	65.03	72.26	69.07	75.14	76.84	80.79	17.28	14.03	13.70	10.95	10.26	10.15	9.33	1.55
按偿还期限分																
中长期债务余额	946.74	1 021.67	1 326.5	1 195.3	1 155.5	1 165.9	1 242.9	1 249.0	1 393.6	1 535.3	1 638.8	1 693.9	1 732.4	1 941.0	1 960.6	1 865.4
在债务余额中所占比例(%)	88.8	87.87	91.02	64.68	62.02	55.85	50.20	44.44	41.16	39.45	42.00	39.52	31.56	27.93	26.60	21.61
短期债务余额	119.16	141.08	130.8	652.7	707.8	921.7	1 232.1	1 561.4	1 992.3	2 356.8	2 262.8	2 592.6	3 757.0	5 009.0	5 409.3	6 766.3
在债务余额中所占比例(%)	11.2	12.13	8.98	35.32	37.98	44.15	49.80	55.56	58.84	60.55	58.00	60.48	68.44	72.07	73.40	78.39

* 自 2001 年起外债余额按新口径统计,故未计算该项。

资料来源:国家外汇管理局,www.safe.gov.cn。

2014 年达到峰值，随后逐年下落(见表 12—18)。

表 12—18　　2014—2020 年我国外债余额、结构情况　　单位:亿美元

项目＼年份	2014	2015	2016	2017	2018	2019	2020
外债总额头寸	17 799.0	13 829.8	14 158.0	17 579.6	19 827.5	20 572.8	24 008.1
比上年增长(%)	106.21	−22.30	2.37	24.17	12.79	3.76	3.65
广义政府	1 134	1 114	1 239	1 687	2 323	2 709	2 949
短期	73	30	122	170	197	102	104
货币与存款	0	0	0	0	0	0	0
债务证券	73	30	122	170	197	102	104
贷款	0	0	0	0	0	0	0
贸易信贷与预付款	0	0	0	0	0	0	0
其他债务负债	0	0	0	0	0	0	0
长期	1 061	1 084	1117	1 516	2 126	2 607	2 845
SDR 分配	0	0	0	0	0	0	0
货币与存款	0	0	0	0	0	0	0
债务证券	511	615	697	1 006	1 640	2 145	2 389
贷款	549	469	421	510	487	462	456
贸易信贷与预付款	0	0	0	0	0	0	0
其他债务负债	0	0	0	0	0	0	0
中央银行	427	430	555	234	296	363	399
短期	105	132	89	108	178	254	252
货币与存款	105	132	89	108	149	108	118
债务证券	0	0	0	0	29	146	134
贷款	0	0	0	0	0	0	0
贸易信贷与预付款	0	0	0	0	0	0	0
其他债务负债	0	0	0	0	0	0	0
长期	322	298	466	126	118	109	147
SDR 分配	101	97	94	100	97	97	96
货币与存款	0	0	0	0	0	0	0
债务证券	26	55	0	0	0	0	0
贷款	0	0	0	0	0	0	0
贸易信贷与预付款	0	0	0	0	0	0	0
其他债务负债	195	147	372	27	21	12	51
其他接受存款公司	9 166	6 120	6 042	8 455	8 987	9 180	9 937
短期	8 123	5 020	4 677	6 696	7 236	6 823	7 372
货币与存款	4 925	3 184	3 022	4 249	4 685	4 113	4 411
债务证券	52	755	460	709	638	535	498
贷款	3 143	1 081	1 194	1 722	1 894	2 150	2 358
贸易信贷与预付款	0	0	0	0	0	0	0

续表

项目＼年份	2014	2015	2016	2017	2018	2019	2020
其他债务负债	2	0	0	15	18	25	105
长期	1 043	1 100	1 364	1 760	1 752	2 357	2 565
货币与存款	0	0	0	0	0	0	0
债务证券	547	657	800	1 147	1 290	1 633	1 768
贷款	495	442	562	606	454	715	787
贸易信贷与预付款	0	0	0	0	0	0	0
其他债务负债	1	1	2	7	8	9	10
其他部门	5 125	4 272	4 277	5 212	5 923	5 923	5 592
短期	3 940	3 041	3 126	3 978	4 579	4 288	3 910
货币与存款	0	0	1	1	2	3	1
债务证券	39	9	4	28	36	27	18
贷款	613	355	285	354	568	543	491
贸易信贷与预付款	3 285	2 673	2 833	3 461	3 862	3 580	3 184
其他债务负债	3	3	4	133	111	136	216
长期	1 184	1 231	1 151	1 234	1 343	1 635	1 682
货币与存款	0	0	0	0	0	0	0
债务证券	201	211	217	319	453	705	756
贷款	919	868	782	726	696	687	669
贸易信贷与预付款	59	48	50	62	69	64	57
其他债务负债	7	104	101	127	125	179	200
直接投资:公司间贷款	1 948	1 894	2 045	1 991	2 299	2 398	2 447
直接投资企业对直接投资者的债务负债	1 685	1 590	1 505	1 331	1 492	1 482	1 500
直接投资者对直接投资企业的债务负债	3	2	18	44	48	100	113
对关联企业的债务负债	261	301	523	616	759	816	834
中长期债务余额	4 817.0	4 955.7	5 497.6	6 127.2	6 936.0	8 519.7	
在债务余额中所占比例(%)	27.06	35.83	38.83	34.85	34.98	41.41	
短期债务余额	12 982.0	8 874.1	8 660.4	11 452.4	12 891.5	12 053.1	
在债务余额中所占比例(%)	72.94	64.17	61.17	65.15	65.02	58.59	

注:(1)自 2015 年起,改按国际货币基金组织数据公布特殊标准调整外债统计口径并公布全口径外债数据;(2)2020 年数据更新至 6 月末。

资料来源:国家外汇管理局网站。

(二)外债方式的多元化

从外债的借用方式来说,主要有外国政府贷款、国际金融组织贷款、国外银行及其他金融机构贷款、出口信贷、国际金融租赁、对外发行债券等多种方式。由表 12－18 可知,截至 2020 年 6 月末,我国全口径(含本外币)外债余额为 150 964 亿元人民币

（等值 21 324 亿美元，不包括中国香港特区、中国澳门特区和中国台湾地区对外负债，下同），较 2019 年末增长 751 亿美元，增幅为 3.7%。其中：广义政府外债余额为 20 880 亿元人民币（等值 2 949 亿美元），占 14%；中央银行外债余额为 2 825 亿元人民币（等值 399 亿美元），占 2%；银行外债余额为 70 348 亿元人民币（等值 9 937 亿美元），占 46%；其他部门（含直接投资：公司间贷款）外债余额为 56 911 亿元人民币（等值 8 039 亿美元），占 38%。

（三）外债结构的合理化

中国借用外资的期限结构、债务工具结构和币种结构也相应逐步趋于合理化。表 12－19 数据表明：在期限结构方面，中长期外债余额为 64 352 亿元人民币（等值 9 090 亿美元），占比 43%；短期外债余额为 86 612 亿元人民币（等值 12 234 亿美元），占比 57%。短期外债余额中，与贸易有关的信贷占比 39%。在债务工具方面，贷款余额为 33 696 亿元人民币（等值 4 760 亿美元），占比 22%；贸易信贷与预付款余额为 22 945 亿元人民币（等值 3 241 亿美元），占比 15%；货币与存款余额为 32 072 亿元人民币（等值 4 530 亿美元），占比 21%；债务证券余额为 40 123 亿元人民币（等值 5 667 亿美元），占比 27%；特别提款权（SDR）分配为 679 亿元人民币（等值 96 亿美元），占比 0.5%；直接投资：公司间贷款债务余额为 17 324 亿元人民币（等值 2 447 亿美元），占比 11.5%；其他债务负债余额为 4 125 亿元人民币（等值 583 亿美元），占比 3%。在币种结构方面，本币外债余额为 56 899 亿元人民币（等值 8 037 亿美元），占 38%；外币外债余额（含 SDR 分配）为 94 065 亿元人民币（等值 13 287 亿美元），占 62%。在外币登记外债余额中，美元债务占 84%，欧元债务占 7%，港币债务占 4%，日元债务占 2%，特别提款权和其他外币外债合计占比为 3%。比较有特点的是，债券和货币存款余额增加是外债增长的主要表现形式。2020 年上半年，债券和货币与存款余额分别增加 374 亿美元和 306 亿美元，对外债余额增长贡献率分别为 50%和 41%。在全球负利率环境下，中国经济持续稳定恢复，债券市场持续开放，人民币债券受到外国投资者青睐。此外，随着中美利差持续走阔，非居民在境内银行存款规模增加。国家外汇管理局认为，我国外债主要指标均在国际公认的安全线以内，外债风险总体可控。

表 12－19　1985—2019 年中国外债期限结构

项目/年度	外债余额（十亿美元）	中长期外债			短期外债			短期外债与外汇储备的比例
		余额（十亿美元）	比上年增长	占总余额的比例	余额（十亿美元）	比上年增长	占总余额的比例	
1985	15.83	9.41	—	59.4%	6.42	—	40.6%	242.8%
1986	21.48	16.71	77.6%	77.8%	4.77	－25.7%	22.2%	230.2%
1987	30.20	24.48	46.5%	81.1%	5.72	19.9%	18.9%	195.7%
1988	40.00	32.69	33.5%	81.7%	7.31	27.8%	18.3%	216.8%
1989	41.30	37.03	13.3%	89.7%	4.27	－41.6%	10.3%	76.9%
1990	52.55	45.78	23.6%	87.1%	6.77	58.5%	12.9%	61.0%

续表

项目/年度	外债余额（十亿美元）	中长期外债			短期外债			短期外债与外汇储备的比例
		余额（十亿美元）	比上年增长	占总余额的比例	余额（十亿美元）	比上年增长	占总余额的比例	
1991	60.56	50.26	9.8%	83.0%	10.30	52.1%	17.0%	47.4%
1992	69.32	58.47	16.3%	84.3%	10.85	5.3%	15.7%	55.8%
1993	83.57	70.02	19.8%	83.8%	13.55	24.9%	16.2%	63.9%
1994	92.81	82.39	17.7%	88.8%	10.42	−23.1%	11.2%	20.2%
1995	106.59	94.68	14.9%	88.8%	11.91	14.3%	11.2%	16.2%
1996	116.28	102.17	7.9%	87.9%	14.11	18.5%	12.1%	13.4%
1997	130.96	112.82	10.4%	86.1%	18.14	28.6%	13.9%	13.0%
1998	146.04	128.70	14.1%	88.1%	17.34	−4.4%	11.9%	12.0%
1999	151.83	136.65	6.2%	90.0%	15.18	−12.5%	10.0%	9.8%
2000	145.73	132.65	−2.9%	91.0%	13.08	−13.8%	9.0%	7.9%
2001	203.30	119.53	—	58.8%	83.77	—	41.2%	39.5%
2002	202.63	115.55	−3.3%	57.0%	87.08	4.0%	43.0%	30.4%
2003	219.36	116.59	0.9%	53.2%	102.77	18.0%	46.8%	25.5%
2004	262.99	124.29	6.6%	47.3%	138.71	35.0%	52.7%	22.7%
2005	296.54	124.90	0.5%	42.1%	171.64	23.7%	57.9%	21.0%
2006	338.59	139.36	11.6%	41.2%	199.23	16.1%	58.8%	18.7%
2007	389.22	153.53	10.2%	39.4%	235.68	18.3%	60.6%	15.4%
2008	390.16	163.88	6.7%	42.0%	226.28	−4.0%	58.0%	11.6%
2009	428.65	169.39	3.4%	39.5%	259.26	14.6%	60.5%	10.8%
2010	548.94	173.24	2.3%	31.6%	375.70	44.9%	68.4%	13.2%
2011	695.00	194.10	12.0%	27.9%	500.90	33.3%	72.1%	15.7%
2012	736.99	196.06	1.0%	26.6%	540.93	8.0%	73.4%	16.3%
2013	863.17	186.54	−4.9%	21.6%	676.63	25.1%	78.4%	17.7%
2014	1779.90	481.70	—	27.1%	1298.20	—	72.9%	33.8%
2015	1382.98	495.57	2.9%	35.8%	887.41	−31.6%	64.2%	26.6%
2016	1415.80	549.76	10.9%	38.8%	866.04	−2.4%	61.2%	28.8%
2017	1757.96	612.72	11.5%	34.9%	1145.24	32.2%	65.1%	36.5%
2018	1982.75	693.60	13.2%	35.0%	1289.15	12.6%	65.0%	42.0%
2019	2057.28	851.97	22.8%	41.4%	1205.31	−6.5%	58.6%	38.8%

注：(1) 自 2001 年起，我国按照当时的国际标准对原外债口径进行了调整，并将未来一年内到期的中长期外债纳入短期外债（剩余期限）统计，由于调整后的外债数据与 2000 年及以前年度的外债数据不具可比性，故未计算上表中 2001 年“外债余额比上年增长”项。(2)2015 年，我国按照国际货币基金组织数据公布特殊标准(SDDS)调整了外债统计口径并对外公布全口径外债数据，将人民币外债纳入统计，并按签约期限划分中长期和短期外债。为保证数据的可比性，本表将 2014 年末外债数据相应调整为全口径外债数据，由于全口径外债数据与此前外债数据（原口径为外币外债数据）不具可比性，故未计算上表中 2014 年“外债余额比上年增长”项。(3)自 2016 年起，按照国际收支平衡表修正数据对本表中上一年数据进行相应调整。

资料来源：国家外汇管理局(2020)。

二、中国对外借款方式分析

(一)政府贷款

从1979年起,中国政府陆续与日本、科威特、丹麦、比利时、意大利等国签订使用该国政府贷款的协定。到2020年6月末,中国所借广义政府外债余额为2 949亿美元,占债务余额的14%,其中:贷款余额为456亿美元,占比15.5%;债务证券为2 493亿美元,占比84.5%。使用外国政府贷款是中国利用外资的重要渠道之一。

1. 中国使用外国政府贷款的原则

中国在利用外国政府贷款时,始终坚持了独立自主、自力更生、无损国家主权、不附加任何政治条件、平等互利、友好合作、不强加于人的原则,并在此基础上经过双方充分协商,共同确定贷款的规模和条件。

2. 中国使用外国政府贷款的种类

一是项目贷款和商品贷款,这是根据政府贷款的用途来划分的,项目贷款是外国政府承诺对中国确定的建设项目所需一定金额的贷款,商品贷款是外国政府承诺对中国用于购买机器、工具、材料、物资等商品所需一定金额的贷款;二是无息贷款和计息贷款,这是按政府贷款是否支付利息来划分的,无息贷款是借款国无需向贷款国支付利息而仅偿还本金的贷款,计息贷款是借款国须按照协议规定的利息率和费率计算应偿还的利息和费用向贷款国按期还本付息的贷款;三是混合贷款,这是指在使用外国政府贷款的同时,必须连带使用贷款国一定比例的出口信贷,这两种贷款作为一个整体的借款即称为混合贷款。此外,外国向中国提供政府贷款所使用的货币大多规定是以贷款国的货币计算的,少数国家也有规定以第三国货币计算的。

(二)国际金融组织贷款

国际金融组织贷款主要是指国际货币基金组织、世界银行及所属的国际开发协会和国际金融公司、联合国国际农业发展基金、亚洲开发银行等国际金融组织对其会员国或其他国家提供的贷款。自1981年至今,中国利用世界银行、亚洲开发银行等国际金融组织贷款项目累计达457个,承诺贷款金额约为657.5亿美元,并累计获得国际金融组织赠款28亿多美元。其中70%分布在中西部,涉及交通、能源、城建、环保、农业和农村发展、教育、卫生、工业等国民经济重点领域,为促进中国经济和社会发展发挥了积极的作用。

1. 国际货币基金组织贷款

国际货币基金组织贷款一般是在成员国出现国际收入暂时不平衡时,以卖给外汇的形式向成员国提供一定期限的贷款。一般期限为3—5年,贷款利率较低,贷款额度受会员国缴纳份额限制,与其份额大小成正比。中国于1980年恢复了在国际货币基金组织的代表权,在1981年和1986年出现较大外贸逆差时,曾借用过国际货币基金组织的贷款。虽然,国际货币基金组织贷款不能直接用于建设项目,但在国际收支不平衡的情况下，却能起到一定的缓解作用。

2. 世界银行贷款

中国于1980年恢复在世界银行的合法地位，利用世界银行贷款进行了一批交通运输、能源、农业、教育等国家重点项目建设。近几年来，世界银行贷款方式有所变化，增加了一些与政府调整和改革相关的内容，在项目中尽可能包括管理体制改革、价格问题研究、成本研究、产品销售与市场等方面的内容。

3. 联合国国际农业发展基金贷款

联合国国际农业发展基金贷款是用于帮助发展中国家发展农业，尤其是粮食方面的生产，以实现消除贫困和营养不良这两个基本目标。其贷款条件和期限分为三类：优惠贷款，每年收1%的服务费，偿还期为50年，宽限期为10年；中等贷款，年利率为4%，偿还期为20年，含宽限期5年；普通贷款，年利率为8%，期限为15—18年，宽限期为3年。目前，该基金对中国贷款采用1%和4%利率交替使用原则。我国自1980年1月加入该会成为成员国，目前只借用少量贷款，用于北方草原、畜牧业发展和河北农业发展。

4. 亚洲开发银行贷款

亚洲开发银行贷款是对亚太地区国家提供资金和技术援助，促使亚太地区经济的发展。该贷款分为三类：普通资金贷款、亚洲开发基金贷款和技术援助基金。中国利用亚洲开发银行贷款主要投向能源、交通、社会发展等项目。

(三)国际商业贷款

国际商业贷款是指在国际金融市场上以商业条件筹得资金。国际商业贷款形式多样，贷款方式较之国际金融组织贷款和外国政府贷款简单，采购范围广，投向限制小，使用上较为灵活。但这类贷款还款期限短，利率和综合成本较高。

1. 国外银行及其他金融机构贷款

它是指中国的借款人向境外的商业银行和其他金融机构以借贷方式筹措的资金。第一，从贷款形式上来看，有的是由一两家国外银行向借款者提供的银行双边贷款，金额在1亿美元以下；有的是由一家银行牵头，多家外国银行参加，联合向某一借款人提供较大金额的长期国际银团贷款，金额在1亿美元到10亿美元之间，是目前国际上筹集大量中长期商业贷款资金的主要途径。第二，从贷款利率上来看，有固定利率和浮动利率两种，后者较为普遍。浮动利率一般为基准利率，如由伦敦同业银行拆放利率加上一个加息率组成。此外，每笔贷款还要支付一定比例的承诺费、管理费、代理费和杂费等。第三，从贷款期限上来看，短期贷款期限在1年以下，一般以解决银行及金融机构间短期流动资金的不足；中长期贷款期限在1年以上，少则2—3年，长达15年，它一般作为项目贷款，主要解决中长期资金的不足。截至2020年6月，我国借用国外商业及其他金融机构贷款余额3 060亿美元。

2. 出口信贷

它是指大宗设备和技术上，出口国政府为了支持扩大本国出口和加强国际竞争，通过政府给予利息补贴并提供担保，鼓励本国商业银行对本国的出口商或外国进口商及银行提供贷款，以解决买方支付的需要。出口信贷得到出口国政府的支持，这主要体现在三个方面：一是使出口商从而也使进口商取得比金融市场条件更为优惠的信贷资金；二是银行可以从政府拥有的金融机构得到充足的资金供应和利息补贴；三是出口信贷保险机构对本国的出口提供买方到期不付款的风险担保。

尽管出口信贷的利率比市场利率略低，通过这种方式可解决所需的巨额资金，而且出口商的竞争可使借款人有多个选择机会，但是由于出口信贷必须与购买货物联系，有时出口信贷条件虽好，但该国设备不一定适用，且设备价格有可能比公开招标高。此外，出口信贷只能用于购买特定设备，不能用于进口原料或支付当地费用。

3. 国际融资租赁

它是国际经济合作中的一种新形式，是商品信贷和金融信贷同时进行筹措资金的特殊形式。它的特点是由融资租赁公司垫付资金购买设备(拥有设备所有权)租给用户使用(拥有设备使用权)，用户定期支付租金。租赁期满后，承租人有权在退租、续租或留租三种方法中选择。租赁业务有利于租金周转，对承租人来说，一次性投资少，并可以很快形成生产能力，可保证经常使用先进设备，减少自购带来的过时风险。因此，它适宜于办理长期的、大型的、巨额的设备租赁，如电子计算机、成套设备、建筑机械、飞机、轮船等。但是，与其他筹资方式相比，它的租金往往相对较高，因为它要包括融资租赁公司的借款利息和公司利润，如设备使用不当，租金有可能成为企业的沉重负担。到 2013 年底，中国外债余额中国际融资租赁额达 97.36 亿美元。

(四)对外发行债券

对外发行债券是指一国的政府、金融机构、企业等在国际债券市场上以外国货币或境外货币为面值发行债券。对外发行债券须经国外信用评级机构的评级，选择承购商，确定债券的利率、偿还期限和发行价格，在适当的时间、地点以最佳的方式出售债券。虽然对外发行债券的手续较复杂，但投资者既可以根据国内融资需要灵活筹措境外资金，又可以扩大在国际债券市场的知名度。

中国向境外发行债券始于 1982 年，当时中国国际信托投资公司在日本发行了 100 亿日元武士债券(指外国发行人在日本发行的以日元标价的外国债券)，这是新中国成立后首次在国际资本市场上通过发行债券来筹集国外资金。随后中国建立了国际债券发行窗口制度，中国银行、中国投资银行、交通银行、中信公司等十家金融机构被指定为对外发债窗口，从而促使中国国际债券融资工作有了长足的发展，融资数额迅速增加。截至 2013 年底，我国对外发行债券余额为 79.23 亿美元。对外发行债券种类主要有日元公募债券、日元私募债券、欧洲日元债券、欧洲美元债券、亚洲美元债券、日元武士债券和美国扬基债券等(见表 12－20)。2020 年，中国对外发行债券总额为 2 062.23 亿美元，其中：企业债券占比 69.3%；金融债券占比 27.9%；可转债券占比2.8%。债券筹资主要用于国内基础工业和基础设施的建设，如原料、能源、交通运输和通讯等，对中国的经济发展起了重要作用。

表12—20　　2000—2020年中国对外债券发行情况　　单位：亿美元

项目	债券发行总额	金融债	企业债	可转债	1年及以下	1—3年	3—5年	5—10年	10年以上
2000年	44.50		44.50					37.50	7.00
2001年									
2002年	5.00		5.00						5.00
2003年	8.90	6.00		2.90					8.90
2004年	1.90			1.90					1.90
2005年	8.90		7.90	1.00					8.90
2006年									
2007年	12.50		12.50						12.50
2008年									
2009年	7.00		7.00						7.00
2010年	25.00		10.00	15.00					25.00
2011年	98.00	40.00	58.00					74.00	24.00
2012年	212.50	41.00	171.50					175.50	37.00
2013年	225.25	16.50	208.75					192.75	32.50
2014年	343.77	138.57	189.85	15.35				262.84	80.93
2015年	388.50	144.80	206.85	36.85				270.22	118.29
2016年	734.53	282.27	394.26	58.00			387.85	211.01	135.67
2017年	1 456.88	608.02	817.51	31.35		7.04	671.28	385.06	393.50
2018年	1 495.98	581.51	877.54	36.93		720.45	414.71	248.45	112.37
2019年	2 082.86	528.57	1480.99	73.30		978.83	639.20	307.93	156.90
2020年	2 162.23	603.08	1498.46	60.70	139.71	635.58	694.34	448.91	243.70

资料来源：wind数据库。

三、中国对外借款的管理

外债是一把“双刃剑”，对一国经济而言既是一种外部资源，又是一种潜在负担，如果利用得好，可以弥补国内建设资金的不足，促进国民经济快速稳定发展；但如果外债规模过大，债务结构不合理，外债管理不善，则可能导致债务危机，给国民经济带来极大的危害，20世纪80年代拉美国家的债务危机就很好地说明了这一点。1998年，我国南方对外举债的窗口公司——广东国际信托投资公司及其三家全资子公司被宣告破产，从而引发了一系列中国对外举债的财务危机。这为我们敲响了警钟。加强外债管理已经成为提高一国借债能力和债务清偿能力的必要条件。

（一）适度外债规模的评判

外债规模的适度性是外债管理的中心环节，那什么是适度外债规模呢？从理论上来说，最适度外债规模是外债的边际收益等于外债边际成本时的外债量。通常外债的边际成本是一个外生变量，外债的边际收益则由本国国内因素决定，这包括国内配套能力、对外资的消化吸收能力、劳动力素质和国际国内市场能力等。根据经济学中的效益最大化原理而得出的外债适度规模，充分利用了国内闲置的生产资源，使得外债取得了最大的经济效益。从现实生活上讲，最优外债规模很难得到，因为现实经济中存在许多限制，适度外债规模受到国际、国内诸多因素影响，其中任一因素的变化都可能导致适度外债规模的变化。因此，适度的外债规模并不是一个固定的数值，而是一个有一定弹性的区间。我们可从影响外债适度规模的诸多因素来考虑外债的适度规模。

1. 静态适度外债规模

从静态上分析，由偿债能力决定的适度外债规模，国际上通常采用偿债率、负债率、债务率这三个指标来评价（参见表12－21）。

(1)偿债率＝当年偿还外债本息/当年贸易和非贸易外汇收入×100％≤25％

它是分析、衡量外债规模和一国偿债能力的重要指标，一般国际上通用的比率为20％左右，最高不超过25％，20世纪90年代以来我国偿债率指标处于有升有降的波动状态，最高年份为1999年的11.3％，远远低于国际警戒线。

(2)负债率＝当年外债余额/当年国民生产总值×100％≤20％

它是用来考察一国对外负债与整个国民经济发展状况的关系，其比值的高低反映了一国GNP对外债的负担能力，国际上认为的安全比率一般不超过20％，随着我国对外借款的稳步增长，外债余额逐步扩大，进入20世纪90年代以来，我国负债率指标有所增长，一直在15％上下波动，1994年更是达到17.1％，进入21世纪，该指标有所下降，近年来一直维持在13％以下。

(3)债务率＝当年外债余额÷当年贸易和非贸易外汇收入×100％≤100％

它反映该国对外举债能力的大小，国际上通常认为该比率不应超过100％，否则外债余额过大，外债负担过重，外汇收入难以满足对外还债的需要。20世纪90年代初，我国债务率非常高，接近警戒线，随着我国出口的增长，外汇收入的增长速度远远快于外债余额的增长速度，导致我国债务率指标逐渐走低，到了2005年仅有33.6％，说明我国的偿债能力明显增强。

表 12－21　**2000—2019 年中国外债风险指标统计**　单位：%

项目＼年份	2000	2001	2002	2003	2004	2005	2006	2007	2008	2009
偿债率	9.2	7.5	7.9	6.9	3.2	3.1	2.1	2.0	1.8	2.9
负债率	12.0	15.2	13.8	13.2	13.4	13.0	12.3	11.0	8.5	8.4
债务率	52.1	67.9	55.5	45.2	40.2	35.4	31.9	29.0	24.7	32.2
外债规模增长率	－4.0	16.7	－0.9	12.04	18.55	13.56	20.47	14.95	0.24	9.87
GDP 增长率	8.5	8.3	9.1	10.0	10.1	11.4	12.7	14.2	9.7	9.4
出口增长率	27.8	6.8	22.4	34.6	35.4	28.4	27.2	25.9	17.3	－16.0
项目＼年份	2010	2011	2012	2013	2014	2015	2016	2017	2018	2019
偿债率	1.6	1.7	1.6	1.6	2.6	5.0	6.1	5.5	5.5	6.7
负债率	9.0	9.2	8.6	9.0	17.0	12.5	12.6	14.3	14.3	14.3
债务率	29.2	33.3	32.8	35.6	69.9	58.6	64.4	72.6	74.8	77.8
外债规模增长率	28.06	26.61	6.04	17.12	106.21	－22.30	2.37	24.17	12.79	3.76
GDP 增长率	10.6	9.6	7.9	7.8	7.4	7.0	6.8	6.9	6.7	6.1
出口增长率	31.3	20.3	7.9	7.8	6.0	－2.9	－7.7	7.9	9.9	0.5

资料来源：《中国统计年鉴》、国家外汇管理局网站。

2. 动态适度外债规模

由于外债规模、出口收入和经济规模都是变动的，因而适度的外债规模应当是一种动态的平衡。在国际上通常使用两个指标来衡量。

(1)外债利用系数＝外债增长速度/国民生产总值增长速度×100%≤100%

该指标反映了举借外债对国民经济发展的促进作用。若这一比率小于 1，说明借入的外债是用于改善国内基础设施或发展国内生产建设项目，推动了国民经济发展，意味着外债利用效率较高；反之，则说明外债使用不当，意味着在未来年份 GNP 中将有越来越多的部分被外债吃掉，说明外债利用效率低下。一般认为，外债利用系数应小于 1。1990—1999 年这十年间，我国外债余额的平均增长速度为 14.07%，而国民生产总值(GNP)的平均增长速度仅为 9.55%，低于外债的增长速度，而进入 21 世纪，我国外债余额的平均增长速度则降到 3.93%，远低于国民生产总值(GNP)平均 7.8% 的增长速度，这说明进入 21 世纪我国外债利用效率有显著的提高，对国民经济起到了积极的促进作用。

(2)出口创汇系数＝外债增长速度/出口创汇收入增长速度×100%≤100%

该指标反映了举借外债对商品和劳务出口的促进程度。若这一比率小于 1，说明外债用于出口行业的投资高或效益好，外债推动了借债国对外贸易的发展；反之，说明外债可能是用于国内消费或非生产建设项目，国际收入状况没有得到改善，也预示偿债困难。一般认为，出口创汇系数应小于1。从总体上看，我国20世纪90年代出口创汇系数平均值为0.76，小于1，这说明外债多用于国内生产性建设项目的投资或出口行业的投资，出口创汇较高，外债利用推动了我国对外贸易的发展。

（二）适度外债规模的管理

对外借款规模必须保持适度性，否则过重的债务负担将影响国民经济发展，因而加强借款规模管理是必要的。中国对借款管理的要求是：统一领导、分工负责、加强管理、严格控制。借款管理总目标是：适度控制外债规模，合理安排债务结构，确保外债清偿能力；有效经营运用外债资金，取得最大的社会经济效益，促进本国经济的发展。为实现对借款规模管理目标，可采用的措施有：

(1)扩大出口创汇。通过产业政策、科技投入和加强管理来提高中国产品的国际竞争力，从而扩大出口，增加外汇收入，增强对外清偿能力。一方面通过下放外贸权，加强出口协调，另一方面通过汇率并轨，使得人民币汇率下浮，使得出口增长较快，外汇收入增加。

(2)抑制对借款的过度需求。一方面要压缩过大的投资规模，减少不合理的对外借款；另一方面要继续深化企业改革，使企业做到真正地自主经营和自负盈亏。通过财务约束，使得企业能正确地评价债务负担，抑制对借款的不合理需求。

(3)提高借款资金的运用效率。首先，要加强对借款方的财务约束。其次，要选择正确的借款资金投向，尽可能投向出口创汇比较明显的领域。这样投资的效果易把握，且可以减少汇率风险。

(4)合理安排借款结构。在期限结构上，应以中长期债务为主，短期债务的比例要低于25%。在来源结构上，政府贷款、国际金融组织贷款等利率较优惠的贷款应保持较高的比重。在币种结构上，应做到对外借款的币种与出口创汇的币种相对一致，以规避汇率风险。在利率结构上，应尽可能使用固定利率、降低浮动利率的比重。这样做有利于控制利率风险和降低融资成本。

第四节　中国企业海外上市

在中国证券市场建立之初，中国就在积极探索证券市场国际化之路。1992年初上海证券交易所上市了中国第一只人民币特种股——电真空B股，允许境外投资者直接购买中国企业的股份，从而打开了中国企业融通外资的新渠道。这是中国证券市场向国际化迈进的第一步，到2010年2月，已有108家企业在深沪两地发行B股，市价总值达1 740亿元。随着境内上市B股获得成功，中国政府积极筹划将中国企业推向国际证券市场，到境外特定的交易所发行上市。1993年6月，第一家国有企业——青岛啤酒股份有限公司在香港上市成功，揭开了中国企业境外上市的序幕。1994年8

月和10月，山东华能电子开发股份有限公司和华能国际电力股份有限公司分别成功地在纽约证券交易所上市，共筹集资金9.6亿美元，开辟了国有企业海外上市的新市场。此后，越来越多的境内企业在海外成功上市，仅2016年就有118家境内企业在境外发行股票上市，其中有108家在香港实现IPO，募资1 553.22亿元，另有10家企业分别在美国纳斯达克(5家)、纽交所(3)家、澳大利亚(1家)与新交所(1家)实现IPO，募资149.36亿元。

一、中国企业海外上市的利弊分析

海外上市能给中国企业带来不少益处，但同时也不可忽视它的不足之处。企业在进行融资决策时，必须全面权衡比较，才能作出最佳的决策。

(一)海外上市的优点

1. 为企业发展筹集到所需资金

中国处于社会主义的初级阶段，资金不足成为制约经济发展的重要因素。通过海外上市募集资金，缓解经济发展中企业资金不足的矛盾，有利于中国经济的腾飞。一方面，通过海外上市募集外汇资金可用来引进一些先进的技术和设备，保证企业技术和设备的更新换代，并且没有占用国家的外汇用款额度，不构成直接的对外负债。另一方面，通过海外上市，打开了企业未来筹资的大门。若企业经营状况较好，业绩尚佳，则在未来可以较小的成本通过其他融资工具筹措资金，并为以后其他国有企业上市创立良好的途径。

2. 进一步完善公司法人治理结构和现代企业制度

加入WTO以后，我国企业海外上市首先要求自己按照上市地法律法规组建股份有限公司。目前，国内的一些上市公司虽然也建立起公司法人治理结构，但是企业政府化倾向浓厚，企业生产经营管理并没有按照现代企业制度要求去实施，通过海外上市，企业将迈出国门，面对激烈的国际市场竞争环境，则将进一步促使企业深化内部改革，完善自主经营、自负盈亏、自我约束、自我发展的现代企业制度。同时，企业海外上市还要受到当地证券管理机构的监管和国际公认的会计、财务制度及其他法律法规的约束，这又促使企业加强规范化的运作水平，使企业真正成为国际性企业。

3. 扩大企业在国际上的知名度

对于那些致力于拓宽海外市场、进行跨国经营的中国企业，通过海外上市不仅筹得发展所需的资金，而且扩大企业在海外的知名度和声誉，使其不花广告费用即可获得良好的宣传效果。通过海外上市，企业利用境外的信息和资金优势，加强自我宣传，树立企业的国际品牌形象，有利于企业开拓海外市场、进行跨国经营。同时，通过示范效应，将带动更多的国内企业上市，促使更多的企业走出国门、走向世界。

(二)海外上市的不足

1. 控股权分散

海外上市意味着企业将丧失部分的股权，这将对企业的经营决策带来一定的影响，同时也增加了企业被收购的风险。因此，企业在海外上市过程中，对股本结构的设计，既要关注证券交易所上市规则的要求，又要确保国家对企业的控制权和保证在海外上市的股份达到一定的比例以筹集到所需资金，而且要有一定数量的投资者，保证股票的良好流通性。另外，还要考虑一些其他因素，比如，海外上市企业股份达到一定比例后(25%以上)，可以享受中外合资经营企业的有关优惠待遇，享有进出口权和开设外汇账户的便利条件。

2. 信息的公开

在海外上市必须按照证券交易所所在地的法律和法规要求，有义务和责任定期向投资者进行信息披露，公开上市公司有关经营、财务方面的资料和信息。这样，有可能使那些与上市公司竞争的对手对公司的业绩有较深的了解，并采取对策干扰公司的市场竞争，这对公司经营活动是不利的。同时，公开信息需投入一定的人力、财力、物力以保证信息的持续性，这无形中增加了企业的开支。

3. 跨国界的风险

海外上市将会给企业带来跨国界的经营风险。别国经济波动的不利影响将通过证券市场，引起中国企业股票价格的巨幅波动，从而给中国经济发展带来不必要的影响。

二、中国企业海外上市的模式

(一)中国企业境内通过B股上市

20世纪90年代初，中国国内证券市场有了较大的发展，但还存在着不成熟的地方:法律法规不健全，市场监管十分薄弱，交易设施缺乏、可靠性差，人民币不可自由兑换。在此情况下，中国不具备向境外投资者开放国内证券市场的条件，于是中国企业首先在境内发行以人民币标明面值，专供境外投资者以外汇进行买卖的人民币特种股B股。一方面为企业发展募集所需资金，另一方面通过逐步开放国内市场，促使各方面条件日益完善和成熟。截至2019年，共有97只B股上市，发行总股数292.0亿股(见表12—22)。相对于A股市场，由于B股市场规模较小、股票集中在少数投资者手中、上市公司质量欠佳、市场定位偏差等多方面原因，造成我国B股市场长期处于相对低迷的状态。这种状况已经引起有关管理部门的高度重视，正在采取措施，加强B股市场的发展。1995年年底，国务院颁布了《关于股份有限公司境内上市外资股的规定》，随后国务院证券委员会颁布了《股份有限公司境内上市外资股的实施细则》，B股市场的法律监管体系才日益完善。1997年年初，中国证券监督管理委员会批准发行33家公司新B股计划。它们是一批行业独特、规模较大、效益较好、具有发展潜力、合乎境外投资者偏好的企业。1999年6月3日，为了稳定市场信心，中国证监会发出了《关于企业发行B股有关问题的通知》，取消发行B股企业的所有制限制和预选制，2001 年 2 月 19 日又宣布 B 股市场将向境内居民开放。这两项措施无疑是给沉寂的 B 股市场带来了巨大的活力，取消发行 B 股上市公司的所有制限制并提高上市公司的质量将有助于改善 B 股市场的基本面，而 B 股市场将向境内居民开放无疑大大增加了 B 股市场的资金供给。B 股市场是中国证券市场国际化阶段性产物，随着条件成熟，中国证券市场将与国际接轨，A 股和 B 股市场的合并也将成为一种必然趋势。

表 12—22　　2002—2019 年 B 股发行情况统计

项目＼年份	2002	2003	2004	2005	2006	2007	2008	2009	2010
B 股上市股票数(只)	111	111	110	109	109	109	109	108	108
发行总股数(亿股)	179.34	189.62	208.91	227.47	238.34	253.84	270.35	273.49	282.97
市价总值(亿元)	802.57	937.23	746.22	619.73	1 289.94	2 553.15	799.88	1 812.11	2 202.05
流通市值(亿元)	765.81	872.60	690.17	602.08	1 272.38	2 537.83	794.79	1 802.69	2 193.31
项目＼年份	2011	2012	2013	2014	2015	2016	2017	2018	2019
B 股上市股票数(只)	108	107	106	104	101	100	100	99	97
发行总股数(亿股)	296.52	282.38	283.79	277.35	270.98	282.13	284.74	291.08	292.00
市价总值(亿元)	1 448.26	1 582.29	1 673.92	1 723.79	2 211.05	1 913.12	1 831.21	1 376.13	1 311.00
流通市值(亿元)	1 442.24	1 575.32	1 663.57	1 713.89	2 199.76	1 902.70	1 821.82	1 366.14	1 304.00

资料来源：上海、深圳证券交易所，CSMAR 数据库，《证券市场导报》。

(二)中国企业在境外直接上市

中国企业在境外直接上市是指中国境内注册成立的股份有限公司作为境内法人直接申请在境外证券交易所上市交易，如通常所说的，中国企业在香港联交所上市的、以港元认购和交易的 H 股和在纽约证交所上市的、以美元认购和交易的 N 股。中国企业境外上市具有一些有利的因素：一是中国经济高速发展，而发达国家经济相对处于缓慢发展阶段，中国企业对境外投资者的吸引力颇大，境外投资者对中国股票上市保持较高的热情。二是海外上市公司要受到上市证券市场所在国法律的约束，境外证券市场法律法规完备规范，对上市公司管理严格，要求财务会计标准符合国际惯例和信息披露持续规范，这有利于上市公司经营运行机制的转变，更好地树立国际企业的形象。三是海外市场具有资金丰富、流动性强、规模大的二级市场，足以支持大规模发行股票筹集资金，同时发达的二级市场有利于保持股票价格的稳定，维持上市公司在海外市场上的良好声誉。正因为如此，海外上市企业不仅要符合国家产业发展政策，而且在企业资产及预期发行量方面均需达到一定的规模要求，在有关部委推荐后，经中国证券委、国家计委、国家体改委、国家经贸委一致同意后才可获准海外上市。在这种严格的选择标准和审批程序下，保证了中国海外上市企业的质量。

表 12—23　　中国企业在香港市场交易情况统计

年份	成交额					市场总值	
	H股数（只）	股数（百万股）	占市场总数百分比（%）	成交金额（百万港元）	占市场总值百分比（%）	市场总额（百万港元）	占市场总额百分比（%）
2000	47	117 925.78	6.01	164 309.62	5.74	85 139.58	1.78
2001						99 813.09	
2002						129 248.37	
2003	64	217 082.27	19.99	501 496.87	22.12	403 116.50	7.36
2004						455 151.75	
2005	80	247 604.08	18.24	949 155.23	26.46	1 280 495.01	15.78
2006	95	523 738.79	31.55	2 521 764.08	39.26	3 363 788.46	25.39
2007	104	874 087.85	19.64	7 748 899.57	46.93	5 056 820.09	24.62
2008	110	817 352.32	39.23	6 130 592.75	48.53	2 720 188.76	26.53
2009	116	848 968.80	23.55	5 152 805.63	44.56	4 686 418.75	26.37
2010	128	597 873.58	17.33	4 700 842.42	38.29	5 210 324.73	24.88
2011	139	633 718.06	23.75	4 662 787.32	38.84	4 096 659.80	23.47
2012	148	569 310.59	29.07	3 681 421.40	38.77	4 890 925.94	22.36
2013	158	631 298.16	25.79	4 217 366.31	37.85	4 906 583.21	20.52
2014	179	662 386.88	20.16	4 398 535.08	35.27	5 723 993.53	22.99
2015	206	870 624.56	15.98	6 882 112.86	39.95	5 157 109.86	21.11
2016	218	651 424.90	19.91	3 983 132.61	36.02	5 316 159.06	21.74
2017	228	760 526.96	20.91	5 571 571.42	34.71	6 758 944.23	20.05
2018	243	853 428.61	29.07	6 636 842.92	34.33	5 937 289.44	19.98
2019	262	756 694.68	28.91	4 994 786.05	32.12	6 423 518.74	16.88

资料来源：香港证券交易所。

由于中小型高科技企业在成长阶段往往不具有在海外主板市场上市的条件，而二板市场以其独立的运作，独立的管理系统、交易系统和监管体系为中小型高科技企业上市创造了条件。为全面落实国家科技产业化政策，我国政府积极支持境内成长型企业特别是高科技企业到香港创业板上市或是与我国证监会签署监管合作备忘录或谅解备忘录的国家和地区的二板市场上市融资。

表 12－24　　中国企业在香港创业板和主板市场上市的基本条件对比

项　目	创业板市场	主板市场
盈利要求	不设最低盈利要求	以往 3 年合计 5 000 万港元盈利(最近一年须达 2 000 万港元)
营业记录	须具备递交上市申请前 24 个月的“活跃业务记录”	须具备 3 年的业务记录
主营业务	须主力经营一项业务,而非两项或多项不相干业务	并无有关具体规定
股票最低市值	无具体规定,但实际上在上市时不能少于 4 600 万港元	上市时市值须达 1 亿港元
最低公众持股量	若公司上市时市值≤40 亿港元,则最低公众持股量须为 25%,涉及金额至少须达到 3 000 万港元 若公司上市时市值>40 亿港元,则最低公众持股量须为 20%,或使公司在上市时由公众人士持有的股份的市值至少达到 10 亿港元,两者取其高者	5 000 万港元或已发行股本的 25%(取其高者) 市值超过 40 亿港元,则占已发行股本可降低到 10%
管理层股东/高持股量股东/控股股东的最低持股量	上市时必须共持有已发行股本不少于 35%	无特别限制
竞争业务	只要于上市时并持续地作出全面披露,董事、控股股东、主要股东及管理层股东均可进行与申请人有竞争的业务(主要股东则不需要作持续全面披露)	只要于上市时并持续地作出全面披露,董事及控股股东均可进行任何与申请人有竞争的业务
盈利预测	非必须作出盈利预测	非必须作出盈利预测
会计报告	涵盖至少 24 个月(或 12 个月,视情况而定)的“活跃业务记录” 可按照香港公认会计原则或国际会计准则编制 若申请人已于或同时于纽约证券交易所或 NASDAQ 市场上市,可根据美国公认会计原则编制	涵盖 3 个财政年度(豁免公司除外) 若在联交所寻求第一上市,可按照香港公认会计原则或国际会计准则编制 若在海外上市或在联交所寻求第二上市,可按照美国公认会计原则编制

(三)中国企业在海外通过存托凭证间接上市

所谓存托凭证(Depository Receipt),是指国外受托金融机构在取得发行国股份公司股票的基础上发行的一种替代性证券。它代替原股票在国外市场流通,以克服不同证券管理制度的差异。海外发行存托凭证的优越性在于:第一,存托凭证在海外市场的证券交易所注册后,可自由地在海外柜台市场或交易所内进行交易,避免海外市场国家对外国公司发行股票的严格规定,克服不同国家不同证券管理制度所带来的差异。第二,存托凭证比海外直接上市的普通股在跨国界交易中更为方便。这是因为:

其一，存托凭证的发行和上市交易是通过公司所在地的保管机构和国外受托机构间相互协调完成的，存托凭证所代表的普通股在整个交易过程中一直留在当地的交割系统里，而不发生转移。特别是由存托机构提供派息、外汇兑换、代理事务、代户处理及注册等服务，使存托凭证的跨国界交易更为便捷。而普通股的跨国界交易就比较复杂，涉及不同交割系统内的交割与过户，因而交割较慢，交易成本较高，市场的流动性较低。其二，海外存托凭证与国内普通股存在可换性。即存托凭证的持有人可将存托凭证在海外市场交易，也可将存托凭证通过经纪人缴回存托机构，由存托机构取消存托凭证，并指示国内保管机构将该存托凭证所代表的股票在当地市场出售。海外发行存托凭证的不利之处在于，发行结构复杂，涉及发行公司、保管机构、存托机构和证券商四方的关系协调，保持有效运作所需的成本较高。

（四）中国企业在境外买壳间接上市

所谓买壳上市，是指通过收购另一家已在海外证券市场上市的公司即空壳公司的全部或部分股份，取得对上市公司实际的管理权，然后注入本国国内资产和业务，以达到海外间接上市的目的。自 1992 年首都钢铁公司收购了香港上市公司东荣钢铁 51%的股份开始，掀起了中国境内企业境外买壳上市的高潮。买壳上市的优越性表现在：第一，可以避免遵守国外证券市场严格的上市标准和繁杂的上市程序的要求，使得暂不能上市的境内企业在短期内通过注入内地资产收购境外企业达到上市的目的，节省了时间，降低了进入成本，迅速进入海外市场。第二，成功地收购和集资有利于企业形象的树立，有利于企业开拓国际市场，拓宽业务范围，组建跨国公司。当然，买壳上市也有不足之处：一是寻找一家合适的壳公司较为不易。因为壳公司要求股本结构适当分散，资产值和股票市值较低，业务简单或与国内企业经营业务相近，便于收购成功后业务的重组，账目清楚，借款少而可变卖资产多，有利于买壳成功。二是收购的风险通常较大，若遇到被收购公司的抵制，则可能导致收购成本过高或收购失败。

（五）中国企业利用控股公司间接上市

通过在海外注册一家控股公司，对中国国内希望到境外上市的公司进行控股，以控股公司的名义到海外申请上市，将所筹集到的资金投回国内企业，达到国内企业境外间接上市的目的。1992 年沈阳金杯汽车有限公司的华晨控股在纽约招股上市，华晨控股即为在百慕大注册的沈阳金杯汽车的控股公司。其有利的一面在于：控股公司是境外法人，在海外注册，遵守的是当地的公司法、证券法规和会计制度，易取得海外上市资格，省去了国内复杂的审批程序，在目前国内会计、审计、法规制度尚未与国际接轨的情况下，不失为一种方便的途径。其不利的一面在于：由于是以境外法人资格在海外上市，无益于提高中国企业的海外知名度和声誉，也不利于中国企业运行机制的转换和规范。同时，通过控股公司间接上市有可能规避国内的监管，也不利于国内证券监管工作的有效开展。

阅读文献

1. 国家商务部:《2020 年中国外资统计公报》,www. mofcom. gov. cn/。

2. 国家商务部:《2019 年中国对外投资发展报告》,www. mofcom. gov. cn/。

3. 国家商务部国际贸易经济合作研究院:《跨国公司投资中国 40 年》,http://www. caitec. org. cn/n3/sy_zzjg_ywbm/。

4. 刘建丽:《新中国利用外资 70 年:历程、效应与主要经验》,载于《管理世界》2019 年第 11 期。

5. 李志翠、马雪梅、陈颖:《改革开放以来中国利用外资的实践、成效、经验及对策》,载于《国际贸易》2019 年第 12 期。

6. 聂平香、张彩云:《我国利用外资创新发展的路径探析》,载于《中国国情国力》2020 年第 2 期。

7. 高健智:《境外融资 20 家企业上市路径解读》,清华大学出版社 2017 年版。

习题及案例分析

一、名词解释

1. 中外合资经营企业
2. BOT 方式
3. 出口信贷
4. 偿债率
5. 买壳上市
6. 自由贸易试验区

二、简答题

1. 简述中国利用外资的效应。
2. 试比较外商投资股份制公司与中外合资经营企业的不同之处。
3. 保持借款规模适度的管理措施有哪些?
4. 分析中国企业海外上市的利与弊。

三、论述题

试述新时期中国吸引对外直接投资的战略调整。

四、案例分析

IBM 在华投资

IBM(国际商业机器公司)1914 年创立于美国,是世界上最大的信息工业跨国公司,拥有全球雇员 30 多万人,业务遍及 160 多个国家和地区。IBM 与中国的业务关系始于 1934 年,为北京协和医院安装了第一台商用处理机,随着中国改革开放的不断深入,IBM 在华业务日益扩大,在 20 世纪 80

年代中后期，IBM先后在北京、上海设立了办事处。1992年IBM在北京成立国际商业机器(中国)有限公司，这是IBM在中国的首家独资企业，此举使IBM掀开了在华业务的新篇章。随后，IBM中国有限公司又在广州、上海、沈阳、深圳、南京、成都、西安和武汉建立了分公司，从而进一步扩大了在华业务覆盖面。1995年IBM在北京成立了IBM中国研究中心，成为IBM在全球设立的8个研究中心之一。

为了进一步发挥IBM的全方位优势，IBM在组织机构、管理模式、产品技术及客户服务等各方面进行了重大调整与改革，成立了IBM大中华地区，改变了以产品划分为基础的传统模式，实施以行业划分为基础的发展战略，20多年来，IBM的各类信息系统已成为中国金融、冶金、石化、交通、制造业、商品流通业等许多重要业务领域中最可靠的信息技术手段。目前IBM在中国的员工已近3 000人，成立了8家合资公司和2家独资企业。

通过以上背景材料，试对IBM公司在华投资动机进行分析。

东方现代农业成功赴澳上市

2015年10月19日，东方现代农业控股集团有限公司(东方现代，DFM)在澳大利亚证券交易所(ASX)成功上市，募集资金4 000万澳元。地处江西赣州市的东方现代农业主要从事绿色有机农产品的生产和销售。通过全资运营实体赣州中国现代农业有限公司在中国进行橘子、脐橙、柚子、茶树果的培植和销售，是2014年中国第二大柑橘生产和销售公司，占全国行业总收入的1%。东方现代农业IPO所募集资金中的98%来自澳大利亚本土和国际机构投资者。首募总额在澳交所上市的中概股中属最高。同时，东方现代农业也得以成为在澳交所上市的同类企业中规模最大的一家。

通过上述背景资料，试对东方现代农业成功赴澳上市的意义进行分析。

参考答案

一、名词解释

1. 答：中外合资经营企业又称股权式合资经营企业，是依据《中华人民共和国中外合资经营企业法》建立的企业，是外国公司、企业或其他经济组织或个人，按照平等互利的原则，经中国政府批准，在中国境内同中国公司、企业或其他经济组织共同举办的合资经营企业。

2. 答：BOT方式也称为公共工程特许权，即建设—经营—转让，是指政府同私营机构(在中国表现为外商投资)的项目公司签订合同，由该项目公司承担一个基础设施或公共工程项目的筹资、建造、运营、维修及转让。在双方协定的一个固定期限内(一般为15—20年)，项目公司对其筹资建设的项目行使运营权，以便收回对该项目的投资、偿还该项目的债务并赚取利润。协议期满后，项目公司将该项目无偿转让给东道国政府。

3. 答：出口信贷是指在购买大宗设备和技术上，出口国政府为了支持扩大本国出口和加强国际竞争，通过政府给予利息补贴并提供担保，鼓励本国商业银行对本国的出口商或外国进口商及银行提供贷款，以解决买方支付的需要。

4. 答：偿债率是指当年偿还外债本息与当年贸易和非贸易外汇收入之比，它是分析、衡量外债规模和一国偿债能力的重要指标。

5. 答：买壳上市是指通过收购另一家已在海外证券市场上市的公司即空壳公司的全部或部分

股份，取得对上市公司实际的管理权，然后注入本国国内资产和业务，以达到海外间接上市的目的。

6. 答：自由贸易试验区是指在贸易和投资等方面比世贸组织有关规定更加优惠的贸易安排，在主权国家或地区的关境以外划出特定的区域，准许外国商品豁免关税自由进出。

二、简答题

1. 答：中国利用外资的效应表现在：(1)补缺与启动效应；(2)增长拉动效应；(3)竞争效应；(4)技术溢出与创新促进效应；(5)就业促进效应；(6)制度催化与管理示范效应。

2. 答：外商投资股份制企业与中外合资经营企业不同之处在于：外商投资股份制企业是指依据《公司法》和有关规定设立，公司全部资本由等额资本构成，股东以其所认购的股份对公司承担责任，公司以全部财产对公司债务承担责任，中外股东共同持有公司股份，外国股东购买并持有的股份占公司注册资本25%以上的企业法人；而中外合资经营企业是依据《中华人民共和国中外合资经营企业法》建立的企业，是外国公司、企业或其他经济组织或个人，按照平等互利的原则，经中国政府批准，在中国境内同中国公司、企业或其他经济组织共同举办的合资经营企业，具体在投资方式、股份形式、股权流动、组织机构和设立方式上也有所区别。

3. 答：保持适度外债规模的管理措施主要有：(1)扩大出口创汇，通过产业政策、科技投入和加强管理来提高中国产品的国际竞争力，扩大产品出口，增加外汇收入，增强对外清偿能力；(2)抑制对借款的过度需求，减少不合理的对外借款；(3)提高对借款资金的运用效率，选择正确的借款资金投向；(4)合理安排借款结构，在期限结构上，应以中长期债务为主，在来源结构上，政府贷款、国际金融组织贷款等利率较优惠的贷款应保持较高的比重，在币种结构上，做到对外借款的币种与出口创汇的币种相对一致，以规避汇率风险，在利率结构上，尽可能使用固定利率、降低浮动利率的比重。

4. 答：中国企业海外上市的有利之处在于：(1)为企业发展筹集到所需资金，缓解经济发展中企业资金不足的矛盾，有利于中国经济的腾飞；(2)有利于进一步完善公司法人治理结构和现代企业制度；(3)有利于扩大企业在国际上的知名度，树立企业的国际品牌形象。不利之处在于：控股权分散、信息的公开、跨国界的风险等。

三、论述题(提示)

答：中国吸引对外直接投资的战略调整，主要有以下方面：一是投资方式的调整，通过借鉴国际上通行购并的经验和做法，结合中国经济体制特点和企业的具体情况，积极探索新的外商投资方式，拓宽外商投资渠道，加紧完善和制定以购并方式进行外商投资的可操作性政策规定；二是在投资结构的调整上，一方面积极鼓励外商投资于高新技术产业以及相关配套产业，另一方面进一步扩大服务贸易领域的对外开放；三是在投资地区的调整上，由东部沿海地区，逐步实现向中、西部地区推进，通过实施西部大开发战略，积极鼓励外商向西部地区投资，努力为西部地区扩大吸收外资创造条件；四是在投资环境的调整上，进一步改善和创造良好的投资环境，通过建立健全的法律制度，提高透明度、完善社会信用制度、维护竞争秩序等措施；在投资法规的调整上，全面修订和完善我国现行的外商投资法规及其实施细则，使外资立法符合WTO的规则和中国对外所作出的承诺，增强外资法规的透明度、规范性和完备性。

四、案例分析(提示)

1. 答:IBM公司在华投资的动机主要有:首先,看重的是中国巨大的市场容量,其次,中国稳定的政治、稳步的经济增长速度、优惠的政策条件以及廉价的生产要素是吸引IBM公司来华投资的重要因素。

2. 答:东方现代农业成功赴澳上市的意义是:东方现代农业抓住中澳自贸协定(FIT)给两国农产贸易带来的巨大机会,作为第一家赴澳上市的中国农业概念股,东方现代农业算是首个“吃螃蟹”的。这一选择不仅使其收获了海外资本市场的支持,也在业绩成长上突飞猛进,成为中国最大的柑橘企业,品牌价值迅速提升。其次,东方现代农业成为中国企业赴澳上市的样板,自此,全国农产品企业掀起了赴澳上市的热潮。

第十三章　中国对外投资

中国对外投资加强了国际经济间的交往，如同迄今为止的对外贸易那样，逐步使中国成为世界经济整体的必要组成部分。本章在描述中国对外投资概况的基础上，介绍中国对外投资的方式、区域和产业选择，进一步提出加强我国对外投资的政策管理。

第一节　中国对外投资概况

随着改革开放步伐的加快和企业实力的增强，我国企业跨国投资也蓬勃开展起来，成为主动参与全球化的重要力量。1979 年国务院颁布的经济改革措施中明确规定允许出国办企业，并于当年 11 月在日本东京建立起第一家中外合资企业“京和股份有限公司”，自此开辟了中国企业跨国投资的道路，对外投资从无到有，从小到大逐步初具规模，并成为对外经济活动的一个重要组成部分。截至 2019 年，中国 2.75 万家境内投资者在国(境)外共设立对外直接投资企业(以下简称“境外企业”)4.4 万家，分布在全球 188 个国家(地区)，年末境外企业资产总额 7.2 万亿美元。对外直接投资累计净额(以下简称“存量”)达 21 988.8 亿美元，其中，股权投资 12 096.7 亿美元，占 55%；收益再投资 6 866.4 亿美元，占 31.2%；债务工具投资 3 025.7 亿美元，占 13.8%。投资领域主要涉及租赁和商务服务业、批发和零售业、金融业、信息传输/软件和信息技术服务业、采矿业等。我国对外直接投资流量 1 369.1 亿美元，蝉联全球第二位。

一、中国对外投资发展阶段分析

中国对外投资的发展状况，按照时间序列可以划分为以下几个阶段。

(一)第一阶段(1979—1986 年)

此阶段是中国企业对外投资和兴办海外企业的起步阶段。1979 年 8 月，国务院明确提出了“允许出国办企业”的经济改革措施，从而拉开了中国对外投资的序幕，1983 年国务院正式授权外经贸部审批和归口管理企业的对外投资活动。这期间，我国共兴办海外投资企业 277 家，平均每年兴办企业 35 家，中方投资总额累计为 2.83 亿美元，年平均对外直接投资 3 159.38 万美元，企业平均规模为 91.25 万美元(见表

13—1)。这一阶段的特点是,对外投资主体主要是专业经贸公司和部分省市国际经济技术合作公司,对外投资企业规模较小,开办的企业数目也较少,分布在40多个国家和地区,投资的领域主要集中在饮食、承包建筑工程、金融保险和咨询服务等行业。

表13—1 中国非贸易性境外企业及直接投资情况(1979—1986年)

项目 \ 年份	1979	1980	1981	1982	1983	1984	1985	1986	合计
兴办境外企业数(个)	4	13	13	13	18	47	77	92	277
中方直接投资额(万美元)	53	3 090	256	318	870	8 066	8 051	7 551	28 255

资料来源:《中国对外经济贸易年鉴(1988)》,中国对外经济贸易出版社;《当代中国的对外经济合作》,中国社会科学出版社1989年版。

(二)第二阶段(1987—1992年)

此阶段是中国企业对外投资和兴办海外企业的较快发展阶段。这期间,共批准兴办非贸易性境外独资、合资企业1 131家,平均每年兴办企业188个,中方对外直接投资额合计达13.697亿美元,平均每年新增直接投资2.28亿美元,企业平均规模为121万美元(见表13—2),分别为前8年相应指标的5.4倍、7.2倍和1.3倍,其中1991年、1992年兴办境外企业数562个,是1979—1990年期间的2倍多。这一阶段的特点是,参与海外投资的国内企业类型增加,不仅外经外贸企业而且一批条件较好、有一定国际经营经验、相当技术基础和管理水平较高的大型工业企业、商贸物资企业、科技企业及金融保险企业等也参与到竞争中来,进行多项大规模的对外投资,投资的地理分布广、覆盖面大,到1992年投资的地区已遍布世界120多个国家和地区;投资领域扩大到资源开发、加工、生产装配、工技贸结合等领域。

表13—2 中国非贸易性境外企业及直接投资情况(1987—1992年)

项目 \ 年份	1987	1988	1989	1990	1991	1992	合计
兴办境外企业数(个)	124	169	119	157	207	355	1 131
中方直接投资额(亿美元)	3.5	1.53	2.3	0.747	3.67	1.95	13.697

资料来源:根据《中国对外经济贸易年鉴(1993)》整理。

(三)第三阶段(1993—1998年)

此阶段为中国企业对外投资和兴办海外企业的调整发展阶段。由于20世纪90年代初整个国民经济发展中出现经济发展过热、投资结构不合理、物价上涨过快等现象,从1993年开始,国家决定实行经济结构调整,紧缩银根,让过热的经济软着陆。与此相对应,海外投资业务也开始进入清理和整顿时期,国家主管部门对新的海外投资实行严格控制的审批政策,并对各部门和各地方已开办的海外企业进行重新登记,海外投资的发展速度开始放慢。在这六年间,中国对外直接投资为9.94亿美元,平均每年新增投资1.66亿美元,批准设立海外企业1 000家左右(见表13—3)。在这一阶段的后期，通过对以往海外投资经验教训的总结和对中国企业国际竞争力现实状况的分析，中国政府提出了发展海外投资新的战略方针：鼓励发展能够发挥我国比较优势的对外投资，更好地利用两个市场、两种资源；组建跨行业、跨部门、跨地区的跨国经营企业集团；在积极扩大出口的同时，要有领导、有步骤地组织和支持一批有实力有优势的国有企业"走出去"，主要是到非洲、中亚、中东、东欧、南美等地投资办厂。新的海外投资战略方针的提出，预示着海外投资即将出现新一轮快速发展时期。

表 13－3　　　　中国非贸易性境外企业及直接投资情况（1993—1998 年）

项目＼年份	1993	1994	1995	1996	1997	1998	合计
兴办境外企业数（个）	294	106	119	103	158	253	1 033
中方直接投资额（亿美元）	0.96	0.66	1.06	2.94	1.96	2.36	9.94

资料来源：根据《中国对外经济贸易年鉴（1999）》及有关资料整理。

（四）第四阶段（1999—2002 年）

此阶段为中国企业对外投资和兴办海外企业的快速发展阶段。从 1999 年开始，为了推动出口贸易的发展，加快产业结构的调整，向海外转移国内成熟的技术和产业，中国政府提出鼓励有实力的国内企业到海外投资，通过开展境外加工装配、就地生产就地销售或向周边国家销售，带动国产设备、技术、材料和半成品的出口，扩大对外贸易。上述新的政策措施被系统地概括成为"走出去"战略。为了加快实施"走出去"战略，外经贸部先后向 100 多家企业颁发了"境外加工贸易企业批准证书"，由境外加工贸易而引发的海外投资将成为今后中国海外投资的一个新的增长点，这种类型海外投资的加快发展还将导致海外投资主体、方式和行业结构出现新的变化。这期间，我国共批准兴办非贸易性境外企业 1 125 家（见表 13－4），平均每年兴办企业 280 多个，中方对外直接投资额合计达 29.1 亿美元，平均每年新增直接投资 7.3 亿美元，是前一阶段的 4.4 倍，这是继 20 世纪 80 年代中期和 90 年代初期两个增长高潮之后开始出现的又一个新的增长高潮。2002 年中国境外投资项目中方平均投资额为 281 万美元，是历年境外投资项目中方平均投资额的 2.1 倍，中方投资额在 100 万美元以上的项目有 65 个；同时，高科技企业在对外投资活动中崭露头角，一批以通信网络、应用软件等高科技产品开发为主的国内高科技企业，通过在中国香港和美国等地设立公司，加快了建立国际营销网络的步伐。

表 13－4　　　　中国非贸易性境外企业及直接投资情况（1999—2002 年）

项目＼年份	1999	2000	2001	2002	合计
兴办境外企业数（个）	220	243	312	350	1 125
中方直接投资额（亿美元）	5.9	5.51	7.86	9.83	29.1

资料来源：根据《中国对外经济贸易年鉴（2003）》及有关资料整理。

(五)第五阶段(2003—2012 年)

此阶段为中国企业对外投资和兴办海外企业新的快速发展阶段。2003 年 3 月,国务院进行机构改革,组建了主管国内外贸易和国际经济合作的商务部。2003 年以来,中国累计实际对外直接投资金额以年均超过 60%的速度增长。2008 年,中国非金融类对外直接投资 418.6 亿美元,同比上涨 68.5%,境外企业实现销售收入 5 343 亿美元,同比上涨 58.3%,境内投资者通过境外企业实现的进出口额为 1 792 亿美元,其中出口 321 亿美元,较上年增长 29.4%。截至 2008 年末,境外企业就业人数达 102.6 万人,其中雇用外方员工 45.5 万人。对外投资合作带动了国内设备及原材料出口,拉动了国内就业,更增加了中国企业的国际竞争力。为了进一步实施"走出去"战略,近年来,中国出台了多方面的措施鼓励和促进企业对外投资。例如,商务部大幅减少审批事项、下放审批权限,会同有关部门制定多项支持政策,涉及财税、金融、保险、外汇和出入境等诸多方面,鼓励各类金融机构积极为企业"走出去"提供信贷支持和金融服务。随着中国"走出去"战略实施的深入,中国的对外投资事业必将蓬勃发展。

表 13—5　　2003—2012 年中国对外直接投资流量和存量情况

项目＼年份	2003	2004	2005	2006	2007	2008	2009	2010	2011	2012
流量(亿美元)	28.5	55.0	122.6	211.7	265.1	559.1	565.3	688.1	746.5	878.0
存量(亿美元)	332	448	572	906.3	1 179.1	1 839.7	2 457.6	3 172.1	4 247.8	5 319.4

注:2003—2005 年数据为中国非金融类对外直接投资统计数据,2006—2008 年数据为全行业对外直接投资数据。

资料来源:《2013 年度中国对外直接投资统计公报》。

(六)第六阶段(2013 年至今)

此阶段为中国企业对外投资和兴办海外企业的飞速发展阶段。在党中央、国务院的领导下,各部门积极推动"一带一路"建设,稳步开展国际产能合作。2013 年,中国对外直接投资净额为 1 078.4 亿美元 ,较上年增长 22.8%;中国 1.53 万家境内投资者在国(境)外共设立对外直接投资企业 2.54 万家。2014 年,中国对外直接投资净额为 1 231.2 亿美元 ,较上年增长 14.2%,其中对"一带一路"沿线国家的直接投资净额为 136.6 亿美元;中国 1.85 万家境内投资者设立对外直接投资企业近 3 万家。2015 年,中国对外直接投资净额为 1 456.7 亿美元 ,较上年增长 18.3%,其中对"一带一路"沿线国家的直接投资净额为 189.3 亿美元;中国 2.02 万家境内投资者设立对外直接投资企业近 3.08 万家。2016 年,中国对外直接投资净额为 1 961.5 亿美元 ,较上年增长 34.7%,其中对"一带一路"沿线国家的直接投资净额为 153.4 亿美元;中国 2.44 万家境内投资者设立对外直接投资企业近 3.72 万家。2017 年,中国对外直接投资净额为 1 582.9 亿美元,同比下降 19.3%,其中对"一带一路"沿线国家的直接投资净额为 201.7 亿美元；中国 2.55 万家境内投资者设立对外直接投资企业近 3.92 万家。2018 年，中国对外直接投资净额为 1 430.4 亿美元，同比下降 9.6%，其中对“一带一路”沿线国家的直接投资净额为 178.9 亿美元；中国 2.7 万家境内投资者设立对外直接投资企业近 4.3 万家。2019 年，中国对外直接投资净额为 1 369.1 亿美元，同比下降 4.3%，其中对“一带一路”沿线国家的直接投资净额为 186.9 亿美元；中国 2.75 万家境内投资者设立对外直接投资企业近 4.4 万家。境外企业向投资所在国家（地区）缴纳各种税金总额 560 亿美元；年末境外企业从业员工总数 374.4 万人，其中，雇用外方员工 226.6 万人，占 60.5%，较上年末增加 38.9 万人。有关部门积极引导有条件的中国企业“走出去”，发展质量稳步提升。

表 13－6　　2013—2019 年中国对外直接投资流量和存量情况

项目 \ 年份	2013	2014	2015	2016	2017	2018	2019
流量（亿美元）	1 078.4	1 231.2	1 456.7	1 961.5	1 582.9	1 430.4	1 369.1
存量（亿美元）	6 604.8	8 826.4	10 978.6	13 573.9	18 090.4	19 822.7	21 988.8

资料来源：根据《中国对外直接投资统计公报》（2013—2019）整理。

二、中国对外投资发展的特点

（一）投资主体多元化

与国内目前投资体制改革形成的多元化投资主体相适应，中国企业对外直接投资主体也包括了各种所有制、各种行业、各个地区和各种经营规模的企业。无论是国有企业、集体企业，还是三资企业、私营企业以及中小型企业，都积极地跨出国门，加入对外直接投资的行列之中，并且有少数的中国跨国公司已跃居发展中国家（地区）最大跨国公司之列。根据联合国出版的《2009 年世界投资报告》，在 2007 年按国外资产排名的发展中国家最大的 100 家非金融类跨国公司中，中国中信集团公司、中国远洋运输（集团）总公司、中国建筑工程总公司、中国石油天然气集团公司、中国中化集团公司、联想集团、中国交通建设集团有限公司、中国重汽、中国海洋石油总公司、中兴通讯股份有限公司、中国五矿集团公司等 11 家公司榜上有名，中国香港占了 27 家，中国台湾占了 14 家，新加坡占了 11 家，韩国占了 5 家，巴西占了 3 家等。但在目前投资主体多元化的格局中，国有大中型企业仍占据主导地位，它们可分为以下四种类型：

1. 金融型

这主要是以中国银行、中国中信集团公司和一部分保险公司等为代表。4 家国有专业银行已在海外开设 500 多个分支机构，遍布亚洲、美洲、大洋洲和欧洲等国际和区域性金融中心，各项存款余额达 500 多亿美元，贷款余额 270 多亿美元（见表 13－7）。其中，中国银行占据首位，中国银行通过其海外分支机构在国际资本市场上筹集国内发展所需资金，向海外企业发放贷款并进行一系列非信贷业务的投资。中国国际信托投资公司以资金为纽带，全方位发展在金融、贸易、生产、技术、服务、航空、信息等领域的投资，兴办了30多家海外企业，海外投资总额已超过30亿元人民币，成为具有相当规模和实力的综合型国际化集团。2019年末，中国国有商业银行共在美国、日本、英国等51个国家(地区)开设97家分行、66家附属机构，员工总人数达5.1万人，其中，雇用外方员工4.4万人，占86.3%。2019年末，中国共在境外设立保险机构16家。对外金融类直接投资存量2 545.3亿美元，其中，对外货币金融服务类直接投资1 439.4亿美元，占56.6%；保险业71.3亿美元，占2.8%；资本市场服务(原证券业)153.5亿美元，占6%；其他金融业881.1亿美元，占34.6%。

表13—7　中国在境外设立的最大的金融企业(截至1992年)　单位：百万美元

名　称	所在地	资产	分支机构数(个)	雇员人数(人)
中国银行香港银行	中国香港	—	26	1 700
中国银行澳门银行	中国澳门	—	21	1 000
Kwangtung Province Bank	中国香港	7 030	23	1 300
Kinchen Banking	中国香港	6 500	31	1 100
中国银行东京分行	日本	6 600	1	125
中国银行伦敦分行	英国	6 010	4	198
China and South Sea Bank	中国香港	3 910	39	1 900
中国银行新加坡分行	新加坡	2 570	3	535
中国银行纽约分行	美国	1 920	2	210
中国银行卢森堡分行	卢森堡	750	1	31
厦门国际银行	中国香港	660	19	1 600
交通银行香港分行	中国香港	110	28	2 000
华侨商业银行	中国香港	—	21	900
宝生银行	中国香港	—	13	800

资料来源：鲁桐，《中国企业海外经营：对英国中资企业的实证研究》，载于《世界经济》2000年第4期。

2. 贸易型

这主要是以华润集团、光大集团、中国化工进出口公司、中国五金矿产总公司等专业性外贸公司为代表。其中，中国化工进出口公司自1988年向国务院实行国际化经营承包以来，以贸易为主，兼营对外直接投资业务，海外企业营业额目前已超过37亿美元，国外资产额、销售额、生产额、盈利额和雇员人数超过总公司的25%，已符合国际跨国公司的营业业绩要求。这些贸易性大公司利用长期从事进出口贸易所积累起来的国际营销经验和拥有广泛的国外客户等优势，率先走出国门，发展对外投资，成为目前中国对外直接投资的最主要力量。其进行跨国投资的主要动机：一是建立进出口商品的国外基地，利用国外丰富资源，既可以加工生产并直接销往国外，又可以向国内销售；二是绕过国外贸易壁垒，扩大中国商品在世界市场上的占有份额。

3. 工业型

这主要是以首钢、二汽、赛格等大型国有工业企业为代表。这些企业集团有规模、技术、产品和人才等方面的优势，为了增强其在市场经济中的竞争能力，它们走出国门，在海外兴建跨国企业。首钢自 1988 年以来已在欧、美和港澳地区兴办独资、合资企业近 20 家，目前海外资产约 1.5 亿美元，这些海外企业 50%以上属于钢铁业。同时，中信公司在澳大利亚波特兰开设铝厂，中国化工进出口总公司在美国开办炼油厂，成都恩威公司也在泰国曼谷开设了分厂。这类大企业从事跨国投资一般都避开国际大跨国公司的锋芒，在国际市场上的不同部分、技术的不同层次、生产的不同工序、产品的不同类型上向国际市场渗透，它们的投资动机一是利用相对成熟的技术扩大技术和产品出口，二是利用国外的资源。

4. 窗口型

这主要是指各省市地方政府和中央有关部委在港澳地区举办的，以收集信息为主要任务的综合性公司，如广东省的粤海公司、福建省的华闽公司、重庆市的渝丰公司等。目前，它们已成为中国在海外进行投资的重要活动者，其中一些已发展成广泛涉及贸易、制造、运输、金融、房地产等业务的多角化企业集团，同时也包括以联想、四通集团为代表的技术型跨国集团。它们以高技术、特有技术、适用技术为后盾，发挥技术优势，在海外投资设点以接近市场、扩大市场，同时跟踪反馈世界最新技术动向，发挥“窗口”的作用。

（二）投资行业多样化

中国企业从事对外投资中所涉及的行业领域极为广泛，从工业品制造加工到农牧副渔；从资源开发、交通运输到餐饮旅游、咨询服务；从综合贸易到金融、房地产等行业，并且行业范围不断扩大。对外投资的行业涉及呈明显的时间性特征，最初集中在承包工程、饮食、金融保险、咨询服务等行业，逐步扩展到服务贸易、资源开发、工农业生产、科技开发、交通运输、医疗卫生、房地产、旅游等行业。2019 年，中国对外直接投资涵盖了国民经济的 18 个行业大类。其中，流向传统租赁和商务服务、制造、金融、批发和零售业的投资均超过百亿美元。租赁和商务服务业保持第一位（418.8 亿美元），制造业位列第二（202.4 亿美元），金融业第三（199.5 亿美元），批发和零售业第四（194.7 亿美元），信息传输/软件和信息技术服务业第五（54.8 亿美元）。在此之前，2015 年海尔以 55.8 亿美元，将通用电气家用公司收入囊中；2016 年比亚迪在加州建立首个海外全资大巴工厂后，又启动了美国兰开斯特工厂二期工程；2017 年腾讯控股股份有限公司收购芬兰 Supercell 公司 84.3%股权；国家电网公司收购巴西 CPFL 项目等。

表 13—8　截至 2019 年中国海外投资行业流量和存量情况　单位:亿美元

行业	租赁和商务服务业	制造业	金融业	批发和零售业	信息传输/软件和信息技术服务业	采矿业	其他行业
投资流量	418.8	202.4	199.5	194.7	54.8	81.3	247.6
投资存量	7340.8	2001.4	2545.3	2955.4	2022.1	1754.0	33373.5

资料来源:国家商务部、国家统计局、国家外汇管理局《2019 年中国对外直接投资统计公报》。

(三)投资区域分布广

中国对外投资区域重点从最初集中在亚洲、非洲的发展中国家扩展到北美、西欧和亚太一些比较发达的国家和地区,呈现出多方位发展趋势。截至 2019 年末,中国对外直接投资存量分布在全球的 188 个国家(地区),占全球国家(地区)总数的 80.7%。其中:在亚洲的投资存量为 14 602.2 亿美元;拉丁美洲为 4 360.5 亿美元;欧洲为 1 143.8 亿美元;北美洲为 1 002.3 亿美元;非洲为 443.9 亿美元;大洋洲为 436.1 亿美元。尽管中国海外企业的投资区域呈多元化发展,但是投资并非均匀地分布在各个国家/地区,而是有重点的相对集中在亚洲、拉丁美洲、欧洲和北美洲(见图 13—1)。

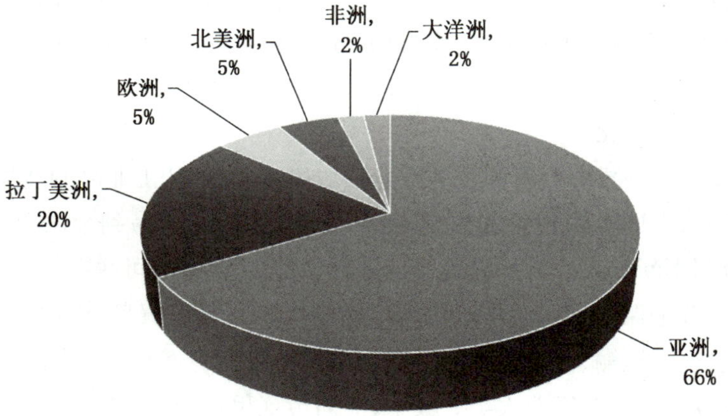

资料来源:国家商务部、国家统计局、国家外汇管理局《2019 年中国对外直接投资统计公报》。

图 13—1　截至 2019 年末中国海外直接投资区域分布

截至 2019 年底,中国在海外投资最多的(按投资存量)15 个国家和地区见表 13—9。

表 13—9　2019 年中国海外投资存量前 15 位国家/地区

序号	国家(地区)	投资存量(亿美元)	比重(%)
1	中国香港	12 753.6	58.0
2	开曼群岛	2 761.5	12.6

续表

序号	国家(地区)	投资存量(亿美元)	比重(%)
2	英属维尔京群岛	778.0	6.5
4	美　国	526.4	3.5
5	新加坡	1344	2.4
6	澳大利亚	380.7	1.7
7	荷　兰	238.5	1.1
8	英　国	171.4	0.8
9	印度利西亚	151.3	0.7
10	德　国	142.3	0.7
11	加拿大	140.9	0.6
12	卢森堡	139.0	0.6
13	俄罗斯联邦	128.0	0.6
14	中国澳门	98.5	0.4
15	瑞　典	85.8	0.4

资料来源:国家商务部、国家统计局、国家外汇管理局《2019年中国对外直接投资统计公报》。

(四)投资规模的扩大化

从中国海外投资发展阶段来看,前期中小型企业承办的项目居多,项目平均规模小,大型项目数量有限,所占比例较低。原因是作为第三世界国家和国际直接投资领域的后起者,中国企业的经济实力不强,国际经营的经验和人才不足。据统计,到1996年底,共创办5 045家境外企业中,中方投资金额达57.2亿美元,平均每个投资企业的中方投资额只有113.4万美元。这种投资规模不仅远远低于发达国家跨国公司国外子公司每家约600万美元的平均规模,也低于其他发展中国家约260万美元的平均投资规模,甚至低于苏联、东欧各国约140万美元的平均投资规模。然而,随着我国对外投资的进一步发展,投资行为更加趋于理性,大中型项目增多,技术含量提高。2019年中国境外投资存量已达到21 988.8亿美元,境外企业数量超过44 000多家,这意味着我国对外投资规模逐步扩大化,中方参与投资的大型项目不断增加。同时,一批以通信网络、应用软件等高科技产品开发为主的国内高科技企业也在对外投资活动中崭露头角。

(五)投资方式多样化

中国企业对外投资的方式越来越多种多样,有的以现汇出资,有的以从国外获得贷款出资,有的以国内机械设备等实物出资,还有的以国内的技术专利或专有技术出资。从中国海外投资企业的所有权结构来看,据不完全统计,采用合资方式的企业约占80%,独资的中国企业相应较少。即便在1979—1993年期间,中方平均投入最高年份也仅占项目总投入的62.25%，其余的资金通过与东道国合资来解决，这是因为，在某些发展中国家，对外资控股额有一定的限制；在工业化国家，中方投资者通过合资可以学习外方的管理方法、技术诀窍；中国企业跨国经营经验不足，对有关的东道国的政策、法律与社会环境不熟悉，为此需要外方合作者加以引导和支持；中国企业自有资金短缺，政府又采取了十分严格的外汇管理政策，为加速扩大对外直接投资，导致大多数海外企业选择以合资的方式建立。采取合资的方式，能吸收和利用当地合作伙伴的优势和长处，享受东道国优惠政策的同时，也可避免或减少政治风险。近年来，为弥补国内资金短缺，中国企业除以国内自有资金和国内融资投入为主之外，还有以出售中方商标和许可证，以技术入股、设备入股、商品入股等形式进行投资的，部分企业甚至利用国外贷款、发行国际债券、采用金融租赁等灵活多样的筹资手段，如1990年，上海电缆研究所在马来西亚建立马中电缆公司，中方以提供全套设备和技术入股。中信公司下属的加拿大纸浆厂，全部投资通过以加拿大银行为首的银行集团取得贷款，中信澳大利亚波特兰铝厂，采用金融租赁，创下了全部资金利用融资来筹集的中国海外投资先例。

三、中国发展对外投资的作用

（一）对外投资是当代国际经济联系的主要形式

进入新世纪，随着科学技术尤其是现代信息技术的高速发展，国际分工和国际技术经济合作进一步加强，经济全球化、一体化进程使得国际贸易越来越难以满足各国参与国际技术、经济交流的要求，国际投资成了国际经济活动的重要形式，成为推动全球经济高速发展的引擎。对外投资的发展规模、水平已成为一国经济发展水平和国际竞争实力的衡量标志，并成为各国参与国际经济活动的主要形式。中国作为世界大家庭中的重要成员，所取得的令人瞩目的经济成就和对外开放的经济本质，都决定其需要通过对外投资的方式参与国际经济的交往，为全球经济发展作出应有的贡献。

（二）对外投资有利于充分地利用国外自然资源

自然资源并非均匀地分布在世界各国，各国都难以靠自给自足来满足经济发展所需要的所有自然资源。中国虽地大物博、资源丰富，但一些重要资源的人均占有量却低于世界平均水平，国家每年需花大量外汇从国外进口钢材、铝、铁矿砂和某些稀有金属。随着中国经济的不断发展壮大，对资源的需求也日益增加，资源短缺已成为中国经济发展的重要制约因素。而资源产品通过一般的贸易进口，不仅市场供应不稳定，而且价格易受国际市场的冲击而发生波动，为此，开展对外投资活动、开发利用国外资源，建立稳定的国外资源供应渠道是十分必要的，它将有助于减缓中国能源、原材料供应紧张局面，保持国民经济的稳定增长。如中国铁矿资源丰富、但矿石含铁品位较低，开采困难，不能满足钢铁业发展的需要。1988年，中国冶金进出口公司与澳大利亚合作经营恰那铁矿项目，总投资2.8亿澳元，中方占40%。1990年投产，当年就超额完成年产300万吨铁矿石计划，所有矿石已全部运往中国，预计在30年的合作期内，将运回中国2亿吨(每年近千万吨)的高品位铁矿石，为中国钢铁业发展提供了长期、稳定、高质量的铁矿资源。

(三)对外投资有利于充分利用国外资金

到国外办企业所需要的资金不一定都要出自国内，有相当一部分可以在国外筹集，从某种意义上来说是在境外利用外资。通过国外完善的金融市场，筹措所需贷款，在双方认为最理想的投资地区，选择有前景的预期效益好的行业，运用双方的技术优势，开办企业。如在1986年，中信公司通过国际融资1亿美元购买了澳大利亚波特兰炼铝厂10%的股份，而这笔资金是由国际上12家银行所提供的，贷款期限为12年。通过这种方式，大大缓解了企业资金的短缺，为我国企业开拓国际市场创造了良好的条件。

(四)对外投资有利于扩大出口，加快经济国际化的进程

中国通过对外投资推进了对外出口的发展，如中国在发展中国家开办的合营企业，一般由中方提供设备、物资、技术作为投资，则扩大了国内成套设备和物资的出口；在国外合资开办制造和加工、装配生产企业，则可以扩大国产原材料、辅助材料和半成品的出口，在合作企业中以技术入股，则带动了专利、专有技术、商标权和软件技术的出口。此外，中国企业在海外投资办厂，能够做到迅速准确地了解国际市场行情，并将这些信息及时反馈到国内，从而减少了出口中的盲目性，及时输出国外市场适销的商品。更为重要的是，在目前国际贸易保护主义盛行的情况下，在海外投资办企业，抵制了外国政府的贸易保护主义，带动中国商品进入国际市场，避开一些国家所设立的关税和非关税壁垒，加快了经济国际化的进程。

(五)对外投资有利于吸取同时代各国发展的优秀成果

根据弗农的产品生命周期理论，只有当技术或产品成熟或达到标准化时，通过对外投资输出技术，对企业才是最有利的。吸收外商来华投资，重点是引进了对方成熟或标准化技术，而难以获得最先进的技术。对外投资则有利于打破国际技术经济封锁，可主动、直接地学习和利用对方控制转让的先进科技成果，了解和掌握国际经济和科学技术发展的动向。同时，将国内的企业置身于国际竞争环境中，有利于学习国外有效的管理经验和方法，培养和造就一批训练有素、能胜任国际竞争的技术和管理人才，便于企业实地了解和熟悉国际市场经济的运行机制。这些信息和经验的取得，反过来又有助于提高国内引进外资和外国技术的能力，从而取得对外投资的双重经济效益。

四、中国对外投资的前景展望

近年来，世界经济进入金融危机以来最动荡时期，贸易争端加剧、地缘政治紧张等国际社会各类不稳定因素增多，多国对外资实施更为严苛的监管审查，全球外商直接

投资回报率难以提升。面对并不乐观的国际投资大环境，中国坚持稳中求进的工作总基调和经济高质量发展，国内宏观经济平稳向好，国家创新能力持续提升，通过实施更大规模的减费降税和更高力度的营商环境改善举措不断提升企业的综合竞争能力，在国际社会加强与“一带一路”和金砖国家的投资合作，坚决维护多边投资贸易体制，中国企业“走出去”在直面多重挑战的同时，也迎来新的发展机遇。

(一)动中维稳的国际环境为中国对外投资提供了新的发展机遇

1. 世界性经贸组织作用的不断加强使国际市场仍保持秩序性特征

世界贸易组织、世界银行、国际货币基金组织以及联合国贸发会议等有关组织机构对世界经济的发展发挥着重要作用，对世界资金、技术、商品和人才流动具有引导力，对国际经贸的健康发展和国际经济秩序的稳定起到了促进和协调作用。2019 年以来，尽管全球经济增长下行态势明显、国际形势复杂多变，中国与印度等金砖国家的投资合作积极开展，不断巩固提升。作为全球最主要的发展中经济体，中国与印度、俄罗斯、巴西等金砖国家在世贸组织改革、反对贸易保护主义、维护多边贸易体制等方面有望密切配合，为提振全球外国直接投资合作和中国对外直接投资的发展创造良好国际环境。2020 年岁末，《中欧全面投资协定(CAI)》完成，为中欧相互投资提供更大的市场准入、更高水平的营商环境、更有力的制度保障、更光明的合作前景。

2. 世界经济全球化趋势使国际市场呈现出开放性特征

经济全球化使世界各国经济形成“你中有我，我中有你”的局面，也促使国与国之间的依存度显著加强。国际货物、服务、资金、技术和市场高度融合，相互间的贸易和资本流动也随着一体化进程的加剧日益增强。这种开放的国际市场环境促进了跨国公司全球化的发展。

3. 区域经济一体化进程的日益加快使世界市场呈现出割据性特征

20 世纪 90 年代以来，区域经济一体化和集团化趋势的加强，使国际市场环境形成了开放与封闭共存的局面，在给一些国家和企业提供了机遇的同时，又形成了新的挑战。区域一体化带来了巨大的区域整合作用。区内关税和其他贸易障碍的消除带来区内商品甚至生产要素的自由流动；分割的小市场形成大市场，使大规模生产效益可以实现；同时，各成员国交通、能源、通讯、金融和劳动力市场的联合也带来了外部经济效益。面对区域一体化的国际环境，中国企业应积极利用其有利因素，通过积极参与亚太地区经济合作，充分利用区内各种资源优势，开辟北美及东亚市场；同时，也应力争到欧洲联盟、北美自由贸易区等区域组织中开展直接投资，既可以避开这些区域组织对区外国家贸易的障碍，又可以充分受益于其区域整合的巨大效应。

4. 金融市场的全球化极大地推动了对外直接投资的发展

金融市场的全球化与自由化为企业的跨国经营提供了良好的投融资环境，同时也便利了企业跨国的兼并与收购活动。中国企业在选择金融自由化程度高的区位进行投资，便于进行融资方式的选择和金融工具之间的替换，以降低融资成本和财务风险，同时还可以实现产销经营和资本经营相结合。因此，良好的金融环境会产生金融效应，极大地便利了企业对外直接投资的发展。

5. 全球经济结构调整为中国企业实施“走出去”战略提供了难得的机遇

尽管冷战结束后的全球局势并未完全太平，但是和平与发展乃是当今世界的主题。目前，无论发达国家还是发展中国家，都在根据本国经济的实际进行产业结构的调整。南亚、中东、非洲和拉美国家产业结构的调整速度很快，部分领域的结构调整还打破了梯度推进的旧框框，呈现出跳跃性发展的势头，尤其是允许外国公司通过收购或参股方式投资基础电信、油气田开发等敏感行业，为我国产业的国际转移提供了广泛的市场空间和机遇。

6. 中美第一阶段经贸协议为贸易投资领域深化双向合作提供了互利共赢的机会

2020 年 1 月，中美签署第一阶段经贸协议，提振了投资人对世界经济向好和对外投资的信心，为包括中国“走出去”企业在内的全球跨境投资带来利好。中美双方就知识产权、技术转让、食品和农产品、金融服务、汇率和透明度、扩大贸易、双边评估和争端解决等方面达成一致，美方将履行分阶段取消对华产品加征关税的相关承诺，实现加征关税由升到降的转变。

(二)不断改善的国内环境加快了中国对外投资的步伐

1. 政策环境不断完善

1999 年，政府提出要实施“走出去”战略，相继出台了一系列鼓励企业开展境外带料加工装配业务的优惠政策。2000 年国家经贸委提出了要采取切实有效的措施，严格贯彻上年颁布的《关于鼓励企业开展境外带料加工装配业务意见的通知》，推动境外加工贸易健康发展。这些措施主要包括：(1)创造有利于企业“走出去”的宽松环境，减少和消除阻碍企业直接进入国际市场的因素。突出企业的投资主体行为，对影响企业“走出去”的审批权进行清理；减少对企业的审批，取消或减少对企业实行的不必要的干预，对必须审批的项目大大简化手续、缩短周期、减少环节；同时，在使用外汇、人员出国、设备原材料出口以及退税方面也放宽审批条件。(2)规范企业境外投资行为。一方面，建立和完善法律法规，组织制定包括境外加工贸易在内的一整套境外投资法规体系；另一方面，为避免境外投资重复建设、自相竞争，商务部正和有关部门一起制定总规划，力争使境外加工贸易有计划、有步骤地展开。(3)积极扶持“走出去”的企业。对有可能成为“走出去”排头兵的企业，要在债转股、优先上市、富余人员再就业等方面给予支持，使这些企业能够轻装上阵，加大这些企业的技术改造力度，促使其提高产品技术、质量、性能和档次，尽快缩小与世界先进水平的差距。同时促进企业加强联合，实现优势互补，增强竞争力，达到共同“走出去”的目的。(4)为企业“走出去”提供服务。重点是为企业提供必要的市场信息和法律咨询，帮助企业了解国际市场的需求状况和投资环境，研究分析产业、产品和企业的优势；加强人员培训，尽快培养和造就一批跨国经营的管理人才。(5)加强监管。改变只批不管和批管脱节的现状，重点抓好两个方面的管理，即审批管理和后期管理。国家对对外直接投资工作的高度重视为我国企业“走出去”提供了良好的国内外政策环境。2018 年以来，中国通过稳步实施“对外投资创新行动计划”，完善“走出去”企业管理服务方式，制订企业海外合规经营管理指引等举措，不断提升对外投资质量效益，培育国际贸易投资新竞争优势。当前，中国与相关国家共建“一带一路”已得到全球 160 多个国家（地区）与国际组织的积极响应和参与，在顶层设计、重大项目、规划对接、互联互通和企业行动等方面的不断取得新的成果。

2. 企业海外投资的保障机制逐步建立

2000 年 11 月 20 日，世界银行集团负责私营部门发展的成员之一——“多边投资担保机构”（MIGA）与中国人民保险公司（PICC）签署协议，其目的为促进中国企业在其他发展中国家的投资。中国于 1991 年加入 MIGA，如今已经开展了从基础设施建设到制造业等不同领域的投资项目 1.13 亿美元，占 MIGA 在该地区项目的 21%。我国已有上百家企业到非洲、拉美、中东和俄罗斯、东欧地区及周边地区开展投资，中国人保与 MIGA 协议的签署，增强了中国企业的项目出口、境外建厂的政治风险规避与防范能力。当前，我国的有关部门已着手研究建立我国企业海外投资的风险保障机制，这将有助于中国企业走出国门开展海外投资。

3. 国家竞争力和创新能力持续提升

稳健的国家竞争力和持续提升的国家创新能力为中国企业对外直接投资奠定了良好的支撑。根据世界经济论坛发布的《2019 年全球竞争力报告》，在 2019 年全球竞争力指数中，中国排名 28，与 2018 年排名相同，分数为 73.9，比 2018 年高 1.3 分，是排名最高的金砖国家。与此同时，中国积极鼓励企业开展研发创新。2019 年，中国欧盟商会和罗兰贝格咨询公司联合发布的一项年度商业信心调查报告显示，对中国在研发资金投入、创新人才培养等方面的信心不断提升，62%的受访欧盟企业认为中国本土企业的创新能力与欧盟在华外商投资企业相当甚至更强，38%的受访企业认为中国的创新和研发环境高出全球平均水平，而 2016 年仅 15%的企业持此观点。根据联合国世界知识产权组织（WIPO）发布的《2019 年全球创新指数报告》，中国位列全球第 14，较上年提高 3 个位次，连续第 4 年保持提升态势。

4. 中国加入 WTO 为中国企业对外投资提供了更加广阔的空间

加入 WTO 使中国不断融入世界经济大潮之中，中国企业可以享受世贸组织成员方已就货物、服务和与贸易有关的投资方面相互开放市场达成的协定和协议的权利；可以同世贸组织成员方企业进行公平和无扭曲的竞争，免受歧视、倾销和补贴的伤害；有权获得世贸组织其他成员方完整的贸易政策与措施的资料，为制定市场开拓战略提供可靠的依据；有权要求政府保护自己的知识产权免受世贸组织其他成员的侵犯。世贸组织为中国企业与外国企业纠纷提供了一个新的解决问题的渠道。因此，中国“入世”为中国企业走向世界、开展国际化经营提供了更加广阔的空间和发展机遇。企业可以充分发挥自身的竞争优势，把生产和贸易的边疆扩展到所有世贸组织成员方，进行世界范围内的投资贸易活动，加大“走出去”的力度；可以在国际金融市场上融资，以比较低的成本采购原材料、零部件；还可以在世界范围内广招人才，共享知识，共享信息和管理资源，不断给企业注入新的活力。

5. 中国企业自身实力的不断增强奠定了对外投资的深厚基础

中国已经拥有一批具有一定实力并在国际上享有盛誉的企业，如中国石油化工集团、中国化工进出口总公司、首钢、宝钢、海尔集团、联想集团等，这些企业管理科学，经营机制先进，信誉好，产品有出口，有一定的跨国经营和海外投资办厂的经验，比较优势明显，且中国大多数大型企业或企业集团都已制定了国际化的经营策略，他们都将成为我国对外投资和跨国经营的主力军。

第二节　中国对外投资战略的选择

对外投资战略是指对外投资者在认真分析自身条件、国际投资市场行情和其他对外投资者实力的基础上，依照某些共同原则，制定出科学的投资战略和措施。我们在对我国企业对外投资动因进行分析的基础上，具体考察中国企业对外投资方式、对外投资区域、对外投资产业的选择。

一、中国企业对外投资动因分析

（一）寻求市场优势

所谓市场优势，是指东道国市场存在着吸引企业前往投资的因素，这些因素具体包括市场规模及潜力、市场消费模式、市场竞争状况、市场基础条件与第三国市场准入状况等。我国企业为寻求市场优势而进行对外直接投资的动机具体表现在：

1. 开辟国外市场，为国内趋于饱和的产品寻求出路

20 世纪 90 年代以来，我国家电业、汽车业生产能力迅速扩张，国内市场已趋饱和，特别是近几年内需不振，许多行业出现生产能力相对过剩的局面。因此，为了扩大产品销路，发掘国外消费市场潜力，一些企业进行海外投资当地生产。例如，海尔集团在美国创建海尔美国公司，专门销售海尔冰箱、空调，目前已经在美国小型空调和冰箱市场上占领了很高的市场份额。

2. 保持原有市场和扩大新市场

由于地区集团化和贸易保护主义抬头，各国纷纷设置贸易壁垒来限制进口产品，使我国承担进出口业务的一些外贸企业原有的出口市场受到威胁。为了绕过各种贸易障碍，这些企业走出国门，采用直接投资的手段，以直接占领市场、保持出口份额。还有的企业采用“迂回进入”战略，到能进入第三国市场的东道国进行投资，以突破配

额限制，进入更大的市场。例如，广州珠江钢琴厂通过并购德国露迪斯海玛品牌，主攻美国高档钢琴市场，目前已占领了美国40%的立式钢琴市场份额。

3. 寻求高消费层次的市场，转移技术优势

我国在航天、原子能、生物工程、激光技术、超导材料等方面已接近或达到世界先进水平，但是这些新技术产品在国内市场需求不足、利用率低，而在国际市场则前景广阔。限于科技产品更新快的压力，国内市场成长又缓慢，拥有这些技术和相关产品的企业于是通过在消费和需求层次比较高的发达国家进行直接投资生产与销售，以获得产品市场份额。例如，2002年京东方投资3 080万美元收购了韩国现代集团旗下的现代显示技术株式会社，主打笔记本、台式电脑，成为世界第九大液晶平板显示屏生产商。

（二）寻求资源优势

这里的资源优势是一个广义的概念，它不仅包括东道国矿产、森林、渔业、耕地、水域等自然资源，还包括科技、信息、劳动力、资金与熟识关系等社会资源。拥有上述资源的东道国是谋求资源优势的企业理想中的投资场所。

1. 寻求丰富的自然资源和人力资源

由于国内矿产、森林、渔业、耕地等自然资源的紧缺，国内不少企业纷纷投资海外，有的通过开采取得自然资源，直接控制资源来源；有的直接利用当地特有资源，投入部分资金，生产国际市场畅销产品。与此同时，随着国际竞争的白热化，对高质量研究开发人才的需求也日益增长。一些企业纷纷着手建立全球性的开发网络，利用其投资所在地区的人才优势、智力资源，直接参与国际先进科技领域的开发与合作，以在全球竞争中抢占制高点。例如，中国宝钢集团在巴西与世界最大的钢铁矿石公司——巴西国内铝厂成立了合资公司，在当地建立了规模达80亿美元的工厂。这为宝钢集团在中国高端扁钢生产提供了丰富的高档铁矿资源。

2. 寻求先进技术

为弥补自身科技力量的不足，许多国内企业积极开展跨国技术导向型投资，购买或兼并东道国具有技术优势的企业以获得最新的内部技术资料和情报，或者通过建立合资、合作企业，直接参与先进技术和管理技能的学习、消化和吸收。例如，中国华为集团在美国硅谷和达拉斯、印度班加罗尔、瑞典斯德哥尔摩等地投资，建立了8个研发机构，利用国外智力资源，使研发国际化，研制和领导了部分最新科技潮流产品。

3. 利用国外资金

在国际资本市场发达的国家，融资渠道多，贷款条件优惠，服务信用好，获得国际资本的机会远比国内多。于是，我国一些企业为解决国内资金短缺及融资渠道不畅的矛盾，将有限的资金投入到发达国家和其他发展中国家进行投资，以吸引更多的资金。具体途径有：(1)通过与东道国企业合资开办企业，利用对方资金；(2)利用自己的信誉和东道国合作方的信誉，向东道国金融机构贷款筹集资金；(3)通过融资租赁方式进行

融资。

4. 信息获取型

信息在当今瞬息万变的国际市场是一种重要的战略性资源，各省、市地方政府和中央有关部委纷纷在港澳地区设立以收集信息为主要任务的窗口型公司，一些企业也通过在海外设立子公司、研发机构，以及时捕捉世界范围的新信息，开发出符合母公司战略要求的新技术、新产品。

(三)寻求环境优势

这里说的环境优势只包括东道国优越的政治环境、法律环境、经济环境和文化环境等方面。

1. 寻求政策优惠

一些国家为了吸引外资，在税收、融资、外汇管理和关税等方面实行优惠政策，不仅增强了东道国的区位优势，而且还能使企业获得超过当地的比较利益。据统计，我国境外非贸易直接投资最多的国家是美国，约占中方非贸易性投资总额的16%，这就是由于美国各个州、县、市各级政府为吸引投资制定了许多优惠政策，只要新设企业在当地投资雇用了员工，就可以享受包括减免税在内的各种优惠政策，因此吸引了我国一批企业前去投资。

2. 寻求产业群集

我国一些在国际上有竞争优势的企业开始把眼光投向某些特定的地理群集，如美国的硅谷、英国的苏格兰科技区、印度的班加罗尔等，因为这里具有要求严苛的买方、专门化的供方、高级人力资源、金融机构和发展完善的支持机构。他们在这些地区进行直接投资，寻求的是一种高技术产业群集所能带来的区域创新优势。例如，2013年中海油旗下的海洋石油工程(珠海)有限公司参与苏格兰科技公司无人石油平台建设，合同金额达25亿英镑。

3. 寻求效益型投资

因为资本总是向利润率最高的地区流动，并向那里的其他生产要素形成最佳配置。20世纪90年代以来，世界各国特别是发展中国家都为国际资本的进入提供了税率优惠政策和良好的投资环境，在这种投资利益推动下，我国也积极稳妥地开展了向发展中国家经济效益最高的地区投资，通过充分利用不同的东道国的相对优势，达到成本最小化和利润最大化。

(四)发挥自身优势

为发挥自身优势而走出国门也是我国企业对外直接投资的动因，具体表现在：

1. 发挥技术优势

我国的航天、超导、生物工程及某些具有关键技术的行业，其技术水平在世界上居领先地位，拥有这类技术的企业为了输出自己的优势技术，纷纷到西欧、北美及亚太地区的一些发达国家进行直接投资。同时，与非洲、拉美等一些发展中国家相比，中国的家电、纺织、食品加工等成熟技术具有明显的适用性，因而我国这类产业的企业选择到这些发展中国家去投资。

2. 发挥传统产品的优势

我国的中药、园林、烹调技术等传统产品具有鲜明的特色，为特定消费者所钟爱。因此，在侨民集中的地区进行直接设厂投资，生产特殊产品，是中国跨国公司发展境外直接投资的一种特有优势。

3. 发挥低廉产品成本的竞争优势

物美价廉是我国跨国公司抢占市场份额的秘密武器。由于中方派出人员和输出设备、零部件的费用价格较低，加之广告费、管理费所占比重不高，中国跨国企业生产的产品能以较低的价格进入东道国市场，进而扩展到第三国市场和国际市场。

（五）其他非经济性质动因

需要注意的是，还有一些非经济性质的动因推动我国企业的跨国经营。如有的企业希望通过在国外开设子公司来壮大企业声誉，塑造企业形象，即使国外投资效益暂时不够理想，但可以获得扩大国内市场的好处；有的企业通过跨国投资，有一定的外汇收入，可以改善与政府有关部门的关系，提高与主管部门讨价还价的地位；有的企业不顾自身实际情况，盲目追风，见别的企业出去了，也急着上马立项；还有一些在海外的公司是通过行政性行为逐步形成的，总的局面是数量不少，但竞争力不强，这些公司中相当部分演变成了行政性的接待站，有部分公司经营不善，亏损严重。这些投资动机都是非经济性的、企业未成熟的非理性行为，在中国海外投资动机中占有一定的比重。

二、中国企业对外投资方式的选择

企业对外投资有多种方式，如独资经营、合资经营、合作经营、证券投资等。各种方式均有一定的利弊。投资方式的选择就是根据企业自身的条件、东道国的对外投资政策以及国际金融市场行情等情况而选定最能实现投资目标，取得较好经济效益的投资方式。中国对外投资方式主要包括对外直接投资和对外证券投资，另外，我国对外经济援助也是一种非严格意义上的对外投资。

（一）对外直接投资方式的选择

对外直接投资方式分为两种：一种是股权参与，另一种是非股权参与。所谓股权投资（Equity Investment），是指以资金形式投资国外经营企业，并对企业拥有全部或部分所有权和控制权的投资。我国企业在对外直接投资时若采取股权投资形式，需要从以下方面加以考虑。

1. 企业自身的实力

从企业本身的实力来看，股权参与方式的选择有三种：

（1）对于技术先进、规模大、管理水平较高、在市场上处于优势的企业，由于拥有先进技术、拳头产品，有雄厚的经济实力，有过硬的品牌，有完善的国际营销渠道和销售网络，如果对东道国的资源和市场没有什么特殊的要求，且东道国经济实力较弱，在设立海外企业时对股权要求较高，则可以建立拥有全部股权的海外企业即独资企业或拥有绝大多数股权(拥有 95%以上)。

(2)对于技术上不太先进，产品在市场上没有达到垄断的程度，缺乏强有力的营销网络和销售渠道，海外经营能力并不太强的企业，若对东道国的资源和市场有一些特殊要求，一般对海外企业股份不能要求太高，应采取多数股权(拥有海外企业股权51%—94%)的方式。

(3)对于技术水平一般、产品也毫无特色、规模较小、管理水平不高，并且竞争上没有特殊优势的一般中小型企业，如果对进入国际投资市场的经验还不丰富，对国际经济环境和东道国情况尚未全面了解，则应采取少数参股(拥有海外企业股权在 49%以下)的方式，以求得在激烈的国际投资竞争中先站稳脚跟，取得经验后，争取将来投资业务的拓展。

2. 东道国的特点

拥有股权的多少与东道国投资环境背景有关，例如，对欧盟和独立意识较强的发展中国家，如在东南亚国家，实行少数股权比较适宜，因为这些国家对外国公司在本国投资的控股比重有各种形式的限制，并且对外国投资商戒备心较强，不利于企业大力开展海外经营活动。采用少数股权有利于减少中国企业在这些国家的海外经营风险。一方面，投资较少可以分散和减少经营不善的风险；另一方面，由于吸收和利用东道国的投资，必然会调动东道国全力经营的积极性，促使东道国政府在贷款、税收、销售、运输等多方面给予优惠和支持。因此，相对于多数股权来说，有利于减少中国企业海外经营风险。

一般来说，发展中国家对外资的限制较严，但近年来，随着国际投资环境的变化，多数发展中国家由原先排斥、严加限制和实行国有化转向鼓励、利用与适当限制相结合的方向。中国对外投资选择股权参与，要注意这种转变趋势，在发展中国家的一定行业、领域，根据实际情况适当提高对股权的要求。2019 年，中国企业对外直接投资方式，以对外股权投资为主，对外股权投资净流出 849 亿美元；2020 年上半年，对外股权投资净流出 382 亿美元，主要投向制造业、租赁和商务服务业、采矿业。

所谓非股权投资(Nonequity Investment)，是指不以持有股份为主要目的的投资方式，包括技术授权、管理合同、生产合同、共同研究开发、合作销售、共同投标和共同承揽工程项目等。其中，技术授权和管理合同是通过提供技术和管理收取一定的提成费，生产合同是指通过向当地企业提供设备、原材料、生产方法、操作工艺等，按合同获取一定的利益，但生产活动由当地企业自行负责，合作经营、合作开发也都是属于非股权投资的。通过非股权投资，既可以减少投资，又可以通过利用技术、管理和销售机制获得相应的利润；同时还可以通过这些先进技术、管理和销售渠道对当地企业施加影响。因此，在对发展中国家进行投资时，如果技术、管理、营销非常复杂，东道国也无力经营这类项目，同时我国企业在技术、管理、营销等方面有充足的优势，可以考虑非股权参与。这样可以使自己不承担风险，但实际上能对企业实施控制。

（二）对外证券投资

虽然对外证券投资在中国对外投资总额中所占的比重还较小，但中国通过在国际证券市场上购买外国债券和股票来进行国际投资活动的事例已屡见不鲜，例如，中国国际信托投资公司通过国际融资，于 1986 年投资澳大利亚波特兰炼铝厂，拥有 10% 的股权，两年后盈利数千万美元。对外证券投资具有直接投资难以达到的某些优点，主要表现在：第一，证券投资可以部分解决中国对外投资资金不足的问题。因为投资股票仍然可以达到逐步渗透、控制企业的目的，它可使投资者能够充分利用其他投资者的资金，而且在股份制企业中，往往不需要占有全部股份，而只需要占有其中部分股权，有时仅为 10%—20% 即可以控制一个企业，收到相应的收益，同时，还可输出母国相对占优势的产品和技术。第二，利用证券投资，可以降低对外投资的风险。一旦投资的企业无利可图，或经过一段时间的经营，投资者认为已收到应有的成效，投资者可通过证券市场收回投资，免受更大的损失。当然，对外证券投资对投资者自身素质要求较高，投资者对证券和证券市场必须有一定的了解和经验，否则也会造成很大的损失。近些年来，我国一些公司在美国和其他国家也作了一些证券投资的有益尝试，但真正将其作为我国对外投资战略中的重要一环，还需要今后进一步的发展。

2019 年，我国对外证券投资净流出 894 亿美元。其中，股权投资 293 亿美元，债券投资 601 亿美元。从对外证券投资的渠道看：一是境内银行等金融机构合计净购买境外证券 510 亿美元；二是我国居民通过“港股通”和“基金互认”等渠道净购买境外证券类资产 322 亿美元；三是合格境内机构投资者（QDII 及 RQDII）投资非居民发行的股票和债券合计 62 亿美元；四是增持境外银行承兑远期信用证（附汇票）3 亿美元。2020 年上半年，我国对外证券投资净流出 751 亿美元。其中，股权投资净流出 459 亿美元，债券投资净流出 292 亿美元。从对外证券投资的渠道看：一是境内居民通过“港股通”和“基金互认”等渠道购买境外特别是中国香港股市股票 390 亿美元；二是境内银行等金融机构投资境外股票和债券 291 亿美元；三是合格境内机构投资者（QDII 及 RQDII）投资非居民发行的股票和债券合计 52 亿美元；四是我国居民购买非居民境内发行债券 18 亿美元。对外证券投资的增长表明我国投资者在全球资产配给上有较高的主动性和敏感性。

中国对外投资方式中仍以对外直接投资为主，但应该适当扩大对外证券投资的比重，并促使证券投资向直接投资转化。在对外直接投资中主要以股权式合资企业为主，但也要根据各个东道国的投资政策、投资环境、企业竞争情况、投资行业的特点以及对外投资企业的内部优势，实事求是地选择合适的投资方式，逐步实现投资方式的多样化。

三、中国企业对外投资区域的选择

对外投资的区域选择，就是确定在哪个国家和地区投资能够获得最佳的经济效益，评估对外投资的中长期效益。在分析区位条件时，应侧重于对该地区区域优势进行分析，包括地理位置、自然资源、民族习惯、禁忌、与他国的关系、政治稳定程度、政府办事效率、法律保障、经济发展重点及前景、交通运输、税收政策、劳动力来源、土地成本等多种因素。下面简要分析各个地区的区位优势。

（一）发达国家和地区

欧洲、美国、日本以及包括澳大利亚、加拿大等国在内的 20 余个西方工业发达国家，是目前世界上对跨国投资者最具吸引力的地区。其吸引力主要来自以下几方面的区位优势。

（1）市场容量大，现实购买力强。这些国家拥有 12 亿人口，国内生产总值占世界生产总值的 2/3 左右，人均国民产值最低的也在 1 万美元以上，最高的超过 10 万美元，这无疑是目前世界上规模最大的地区市场。

（2）消费水平高，需求多种多样。比如我国南充市的丝绸衬衣，在欧美不少国家，一批职业白领可达每日消费一件的水平。

（3）社会分工高度细化，有着相当丰富的投资机会。

（4）金融环境优越，资本市场发达。在欧美等国家，拥有为数众多的金融机构和金融工具，金融自由化程度较高，可以降低融资成本和财务风险。同时，充分利用其雄厚的资本市场，能够确保有市场潜力的技术或产品立即获得启动资金，迅速转化成生产力，并且通过股票上市、购并等运作大量扩充资本，从而给企业带来高额回报。中国的风险企业更应努力去利用发达国家的资本市场。

（5）物质力量雄厚，科学技术发达。欧美等国家都具有完备的基础设施，为企业的发展提供了便利条件。同时，这些国家科学技术高度领先，是世界最新科技信息的主要来源地。中国有实力的大企业都力争走向这些区域，通过合资办厂或在这些地方设立研究开发机构，直接获得先进技术与管理经验，掌握最新信息。如广东格兰仕企业（集团）公司 1998 年投资 2 000 万美元，在美国西雅图设立了研究开发中心，利用当地先进技术和人才，跟踪世界最新技术，自己研究开发新技术、新产品。目前，这个研究开发中心已开发出声控微波炉、远程控制微波炉、网络微波炉等 20 多个世界首创的微波炉品种，其产品在欧洲市场占有率已达 30%以上。

截至 2018 年底，中国企业在北美洲 3 个国家和地区设立的境外企业超过 6 200 家，占境外企业总数的 14.5%。其中在美国设立的境外企业超过 5 500 家，数量仅次于中国香港，排名第二。从投资存量看，主要分布在美国（755.1 亿美元）、加拿大（125.2 亿美元）、百慕大群岛（83.2 亿美元）。这些投资主要投向制造业（203.6 亿美元）、采矿业（170.8 亿美元）、金融业（131.6 亿美元）、租赁和商务服务业（69.2 亿美元)、信息传输/软件和信息技术服务业(69.2亿美元)。而在欧洲,中国设立的境外企业近4 600家,占境外企业总数的10.7%。从投资存量看,主要分布在英国(198.8亿美元)、荷兰(194.3亿美元)、卢森堡(153.9亿美元)、德国(136.9亿美元)、瑞典(69.0亿美元)、法国(66.0亿美元)、瑞士(50.0亿美元)、意大利(21.5亿美元)、挪威(20.0亿美元)。这些投资主要投向制造业(334.3亿美元)、采矿业(228.2亿美元)、金融业(175.8亿美元)、租赁和商务服务业(114.1亿美元)、批发和零售业(55.9亿美元)。

从总体上看,中国的技术水平与发达国家的总体水平却有较大差距,但从某些具体行业或项目上看,中国企业的技术差距还不像总体判断那么大。在某些方面,如软件技术、某些微电子产品和家用电器等,已同一些发达国家的水平相当接近,个别技术甚至超过了某些发达国家,如航天技术和某些遥控遥测技术。此外,由于产品周期的变化和产业结构的调整转移所提供的大量机会,以及诸如贸易业、房地产业等大量非技术型投资领域的存在,技术的差距还不是中国企业进入发达国家的障碍。因此,中国企业已具备相对优势到发达国家投资,并充分利用发达国家的区位优势来获取自身成长和壮大。

(二)东亚、南亚的周边国家和地区

东亚、南亚的周边国家和地区,由于地域的邻近,这里无疑是中国跨国发展的一个战略重点区域,该地区的区域优势主要表现在:

(1)拥有大量人口,是世界上最具潜力的大区域市场。

(2)这些国家和地区正大力发展经济,对外国投资者实行不同程度的优惠政策。

(3)经济技术水平同我国比较接近,中国的不少产品和技术在该地区有着广阔的潜在市场。它们中的一些国家或地区,特别是东亚几个新兴的工业化国家或地区,近几年来经济活跃,成长迅速,这一方面创造了较大的现实市场,另一方面也正在形成相对优越的投资环境。

(4)有相似的语言文化背景和广大的华侨群体。这些华侨不仅熟悉所在国的投资环境,而且与国内保持着各种不同程度的联系,借助华侨的力量,有利于减少中国企业投资的进入障碍,同时又增加了对中国传统产品和一些特殊产品的需求。

截至2018年底,中国企业在亚洲46个国家和地区设立了境外企业超过2.4万家,占境外企业总数的57.0%,主要分布在中国香港(投资存量达11 003.9亿美元,下同)、新加坡(500.9亿美元)、印度尼西亚(128.1亿美元)、中国澳门(88.7亿美元)、马来西亚(83.9亿美元)、老挝(83.1亿美元)、韩国(67.1亿美元)、柬埔寨(59.7亿美元)等。其中,在香港特别行政区设立的境外企业近1.4万家,占到中国境外企业总数的三成。香港特别行政区是中国设立境外企业数量最多、投资最活跃、最集中的目的地。这些投资主要投向租赁和商务服务业(存量7 751.3亿美元,下同)、批发和零售业(1 583.3亿美元)、金融业(1 532.5亿美元)、制造业(1 104.8亿美元)以及采矿业(787.2亿美元)。

东亚、南亚的周边国家和地区与发达国家相比，其投资环境并不算优越，但其经济的发展水平与市场状况为中国企业相对优势的发挥提供了广阔的空间，因此，中国企业在该区域寻找区位优势的同时，应更侧重发挥自身相对优势，保护和扩大中国传统的出口市场，同时加快和推动中国“有进有退，有所为、有所不为”的产业结构的调整和转移。

（三）东欧地区和俄罗斯以及其他独联体国家

东欧地区和俄罗斯等国正在成为世界上另一个迅速崛起的吸引投资的热点地区。

（1）过去一段时间这些国家曾经同中国有着长期经济、技术以及社会文化方面的交往和联系，中国不少企业和部门对它们的产业技术和社会环境等有着较为深入的了解。

（2）这些国家拥有仅次于西方工业化国家的技术经济基础以及相当丰富的自然资源，是一个极有潜力的区域大市场和资源供给地。

（3）这些国家过去经济战略上的失误，为中国一些具有比较优势的消费品工业，如传统的轻工、纺织、食品、新兴的家用电器等，向其内部市场进入、扩展提供了广泛的机会。例如，天歌牌防寒羽绒服大举进军东欧及俄罗斯市场，长虹公司在俄罗斯开办电视机生产企业，等等。

对这一区域，中国企业应以谋求区位优势和发挥自身相对优势并重，积极开展海外直接投资。

（四）非洲地区

非洲地区资源丰富、劳动力便宜，经济发展与地区合作势头在加强。1996 年可以说是非洲地区合作年，非洲统一组织第 32 届会议通过了加快非洲一体化进程的决议；同年初，肯尼亚、坦桑尼亚和乌干达三国首脑会议宣布建立东非合作组织，西非 16 国也决定于 2005 年建立西非经济同盟，并进一步密切与英语和法语国家的经贸关系；同年 8 月，南部非洲 12 国首脑会议签署贸易协议，决定逐步消除货物和贸易壁垒，争取在 8 年时间内实现贸易自由化，一个广泛合作的非洲大市场即将形成。中国企业对非洲的投资始于 20 世纪 80 年代，到 2008 年底，中国的企业在非洲的 46 个国家投资兴建了 1 600 多家独资或合资合作企业，投资总额约为 78.04 亿美元，投资领域比较集中在基础设施建设、石油产品加工、捕鱼、农业、轻工日用品等行业；投资区域比较集中的国家是南非、尼日利亚、埃塞俄比亚、赞比亚、埃及、苏丹和阿尔及利亚等国。

截至 2018 年末，中国企业在非洲地区的 52 个国家设立的境外企业超过 3 600 家，占境外企业总数的 8.6%。主要分布在南非（投资存量达 65.3 亿美元，下同）、刚果（金）（44.4 亿美元）、赞比亚（35.2 亿美元）、埃塞俄比亚（25.7 亿美元）、尼日利亚（24.5 亿美元）、安哥拉（23.0 亿美元）、阿尔及利亚（20.6 亿美元）、加纳（18.0 亿美元）、津巴布韦（17.7 亿美元）、肯尼亚（17.6 亿美元）。这些投资主要投向建筑业（存量 147.6 亿美元，下同）、采矿业（104.8 亿美元）、制造业（59.7 亿美元）、金融业（50.7 亿美元)、租赁和商务服务业(29.7 亿美元)。随着非洲大陆自贸区协议于 2019 年 7 月的实施,国际社会未来将越来越重视非洲经济发展以及其对全球可持续发展的改善作用,进一步增强对非洲经济的支援与合作意愿。

近年来,非洲进入政治社会转型和经济发展换挡两者既相互促进又相互制约的"新常态"时期,形势演变错综复杂。鉴于目前非洲仍是世界上最贫穷和最落后的地区,对于这一区域,中国企业应积极采取重点市场开拓战略,即首先选择一些经济和政治条件比较好的国家,利用自己的行业优势进行重点突破,并以此为中心,逐渐向周边地区扩展。

(五)"一带一路"相关国家

"一带一路"倡议提出以来,已在实践中取得了一系列丰硕成果。"六廊六路多国多港"的互联互通架构基本形成,一大批合作项目落地生根。截至 2021 年 3 月,中国先后与 140 个国家、31 个国际组织签署了 205 份共建"一带一路"合作协议。在中国与"一带一路"相关国家经济合作方面,跨境直接投资是一个关键和核心的领域,2013—2020 年,中国对"一带一路"相关国家的对外投资累计 1 314.5 亿美元。

投资国别(地区)覆盖较广,重点地区投资较为集中。从投资存量看,位列前 10 的国家是新加坡、俄罗斯联邦、印度尼西亚、马来西亚、老挝、哈萨克斯坦、阿联酋、柬埔寨、泰国、越南。

投资行业日趋多元化。从投资存量看,主要分布在制造业(占比 21.7%)、租赁和商务服务业(占比 19.1%)、批发和零售业(占比 15.6%)、电力热力供应业(占比 10.2%)、采矿业(占比 9.9%)、建筑业(占比 7.0%)、金融业(占比 5.8%)等。

现在,"一带一路"的"朋友圈"越来越大。未来"一带一路"的国际影响力、合作吸引力还将不断释放。但也应当看到,"一带一路"建设在取得重大进展的同时,挑战和风险也逐步显现,必须引起足够的关注,以避免在对外投资中可能带来的风险损失。"一带一路"沿线部分国家局势不稳、政治关系复杂、社会环境不稳定,东道国的汇兑和征收风险影响中国投资收益。同时,中东、西亚等地区因其丰富的自然资源蕴藏量历来是西方国家争夺的战略要地。未来,在推动"一带一路"建设过程中,中国企业应提高对外直接投资风险意识,规避东道国政治风险、经济风险、金融风险、社会风险和文化风险等,本着互利共赢的原则寻找可以合作的盈利空间,同时做好尽职调查,掌握应对政治法律市场等风险的能力,循序渐进展开合作,并提供可持续的社会产品,特别是应在建设项目的筛选评估上做足功课,降低长周期基建项目的投资运营风险。

综上所述,中国企业海外投资的区域选择应以巩固和扩大对发展中国家和地区的海外直接投资为基本取向,充分发挥自身相对竞争优势;以加快发展对发达国家直接投资为主导方向,积极利用其区位优势;同时,积极慎重发展对东欧、独联体、非洲等国家和地区的直接投资,实施全方位、多元化、多层次的投资区位分布战略。

四、中国企业对外投资的产业选择

选择投资产业不仅要分析该产业所处的发展阶段和发展前景、产品供求状况、竞争和目标市场情况、产业的整体生产技术水平、本企业在该产业中有无优势，还要考虑到东道国对该产业的投资政策和法规及东道国的经济发展水平。因此，我国企业现阶段对外投资的产业选择，既要遵循当代国际直接投资的一般规律，又必须从我国企业产业成长的阶段性特征出发，经过全面、系统的分析，扬长避短，只有这样才能在激烈的国际市场竞争中占据有利地位，获得最大的投资效益。根据我国现阶段实际情况，应重点发展以下产业进行对外投资。

（一）发展中国家投资产业的选择

由于发展中国家情况千差万别，因而在这些国家选择产业投资也是多种多样的。主要集中于以下方面。

1. 注重资源开采

许多发展中国家自然资源十分丰富，但因本国生产技术水平的限制，资源得不到开发。我国企业在平等互利、共同发展的原则下，在维护东道国经济利益的基础上进行资源的合作开发，受到东道国政府广泛的欢迎，然而由于资源开发行业存在投入资本多、周期长、运输任务重、投资区位有限以及潜在政治风险较大等不利因素，需要慎重进行投资选择。

2. 提供适用技术

由于受资金、技术、劳动、就业等因素的影响，发展中国家经济长期处于不平衡状态，单一的经济结构仍然存在。在已建成的制造工业结构中，多为劳动密集型工业，需要大批适用的中间技术。中国经济已形成较为完整的工业体系，许多生产技术已趋于成熟，可向发展中国家提供适用性强、实用价值高的技术。

3. 发展对外承包

对外承包工程以提供劳动力资源、建筑设备、建筑材料等实物形式，参与项目工程建设，是一种对外投资活动。在发展中国家具有广阔的工程承包市场，中国工程承包公司应由单一功能扩大到多功能，采取多种形式，实现多产品、多元化经营。

（二）发达国家投资产业的选择

针对发达国家经济发展水平高、产业门类齐全的情况，考虑到中国企业的优势，中国企业对发达国家的投资应主要选择以下方面。

1. 扩大机械行业

除继续拓展在一些国家（如美国、加拿大、澳大利亚等）的资源开发（如森林、渔业、矿业等）外，还要扩大机械产品的装配、维修业。中国近年来加强了对机械零配件等加工行业的投入，劳动熟练程度已明显提高，但因受国内市场需求限制，机械加工生产能力过剩。而当今美国、西欧国家机械加工行业市场潜力很大，中国企业可以通过提供设备、技术、散件、配件和劳动力，在这些国家加工整体后再投入国际市场。例如，中国徐工集团位居世界工程机械行业第五位，不仅在德国控股拥有全球成套混凝土机械领先技术的施维英公司，还在德国、美国、奥地利、印度等5国打造了制造基地，加速提升了集团国际化的实力和水平。又如，浙江万向集团收购了美国UAI公司的大部分股份，主要制造和销售汽车制动器及零部件等系列产品。

2. 输出民族轻工业

要利用中国民族工业的优势，大力发展具有民族特色的轻工业。据国际市场预测，这类工业产品的市场需求较为旺盛。由于以前一直没有重视生产技术的更新，导致产品种类少，花色单调，因而缺乏竞争力。应在开展对外投资活动中，加强对现有民族工业的技术改造，提高产品质量，增加花色品种，从而增强竞争力。在发达国家开展具有中国民族特色的食品工业、服装工业、陶瓷工业及餐饮业的投资，具有广阔的前景。

3. 探索服务产业

要积极发展房地产、金融业的投资。对发达国家的房地产、金融业进行投资不受技术的限制，有利于中国企业对外投资的开展，且能掌握有关方面的知识，同时对中国国内房地产和金融市场的完善和发展也会起到一定的帮助作用。

4. 加强高科技产业

今后要加大对发达国家的前瞻性高科技产业的学习性投资，经过充分科学的可行性研究，通过对发达国家新技术产业投资，购并高科技目标市场企业，以控股方式获取其所拥有的先进技术。

第三节　中国对外投资的管理

经过了40多年的改革开放，中国对外投资虽然取得了相当显著的成效，已逐步建立了境外投资管理的制度框架，企业境外投资能够做到有章可循，但在对外投资政策方面仍存在不少亟待我们进一步解决的问题。发展对外投资将是一个长期的、艰巨的战略任务，这客观上要求我们必须切实加强对外投资的管理。

一、中国现行的对外投资政策

（一）基本原则

中国在对外投资方面应当遵循“平等互利、讲究实效、形式多样、共同发展”的原则。

1. 平等互利

这是指中国对外投资企业的一切经营活动，都要遵循所在国的法律，依法经营，依法纳税,派往海外企业的人员都要遵守所在国(地区)的一切法律,尊重当地的风俗习惯。中外合作(资)双方平等协商,共同参与企业经营决策和管理,按投资比例或协议规定共享利益、共担风险。

2. 讲求实效

这是指一切要从实际需要和可能的条件出发,尽量选择优先发展的领域、行业,投资规模量力而行,力求投资少、见效快。坚持经济效益第一,通过对外投资,学习、引进国外企业先进的管理经验和技术,改善经营,降低成本,加强市场营销,实现企业利润的最大化。

3. 形式多样

这是指在投资方式、投资比例和经营方式上可以多种多样、不拘一格。在经营方式上,可以采取责任有限公司,也可采取股份有限公司;既可采用股权式合资经营的方式,也可采用契约式合资经营方式,还可采用中方独资经营方式;在投资方式上,可以现汇作为投资,也可以设备、材料、技术、劳务等来进行作价投资。

4. 共同发展

这是指通过中外共同投资和共同经营,既可使投资双方获得利润,也可以使中国和所在国直接或间接获得相应的经济利益和社会效益。许多发展中国家有丰富的资源等待开发利用、民族工业亟待发展,以中国的设备、技术、材料作为投资,在这些国家开办合资、合作经营企业,开发利用所在国的自然资源、人力资源和当地市场,可以达到取长补短、相互受益、共同发展的目的。

(二)法律规范

1979 年至今,国内用于调整对外直接投资的法规主要有:原对外经济贸易部 1984 年发布的《关于在国外和港澳地区举办非贸易型合资经营企业审批权限和原则的通知》;原对外经济贸易部在 1985 年制定的《关于在国外开设非贸易性合资经营企业的审批程序和管理办法》;国家外汇管理局 1989 年颁布的《境外投资外汇管理办法》;国家外汇管理局 1990 年颁布的《境外投资外汇管理办法实施细则》;国家国有资产管理局、对外贸易经济合作部和海关总署 1993 年联合发布的《关于用国有资产实物向境外投入开办企业的有关规定》等。现行国内法规主要是针对审批和外汇、国有资产管理等几方面做了规定。2018 年颁布实施的《企业境外投资管理办法》,以及 2020 年颁布实施的《中华人民共和国外商投资法》、《中华人民共和国外资企业法》充分彰显了新时期我国进一步扩大对外开放、积极促进外商投资的决心和信心,这些被寄予厚望的开放型法律必将对中国对外投资产生重大影响。在国际法规范方面,主要是我国与其他国家缔结的一系列双边投资协定、税收协定等双边条约以及我国加入和缔结的国际公约,中国政府已经和近 90 个国家签订了双边投资保护协定,与 60 多个国家签订有避免双重征税协议,为我国企业到这些国家投资提供了法律保障基础。

(三)管理措施

1. 项目审批

海外投资项目的审批是目前我国政府对境外投资管理的主要内容。1983 年以前，中国的对外投资的企业无论是以何种方式出资，无论投资额大小，一律报国务院主管部门审批。外经贸部根据中国对外投资企业发展的实际情况，于 1985 年制定并颁布了《关于在境外开办非贸易性企业的审批程序和管理办法的试行规定》，有力地促进了中国对外投资企业的健康发展。自 1993 年开始，外经贸部又本着要建立一套科学完善的境外投资企业管理办法的精神，研究制定了《境外投资企业的审批程序和管理办法》，以适应对外直接投资企业的发展，加强管理，使对外投资企业真正起到扩大我国对外经济贸易和促进企业国际化经营的作用。

改革开放以来，我国对外投资实行的是一种“分级管理，多元审批”的分散监管体制。2004 年 7 月，国务院做出了《关于投资体制改革的决定》，明确提出改革项目审批制度，落实企业投资自主权。对于企业不使用政府投资建设的项目，一律不再实行审批制，区别不同情况实行核准制和备案制。中方投资 3 000 万美元及以上资源开发类境外投资项目，以及中方投资用汇额达 1 000 万美元及以上的非资源类境外投资项目由国家发展和改革委员会核准。上述项目之外的境外投资项目、中央管理企业投资的项目报国家发展和改革委员会、商务部备案；其他企业投资的项目由地方政府按照有关法规办理核准。国内企业对外投资开办企业（金融企业除外）由商务部核准。为进一步配合我国“走出去”战略的实施，商务部进一步简化对外投资的审批，制定了《境外投资管理办法》并于 2009 年 5 月 1 日起实施。2018 年，国家发改委进一步出台了《企业境外投资管理办法》，明确规定中方投资额 3 亿美元及以上的，报备国家发展改革委；中方投资额 3 亿美元以下的，报备省级政府发展改革部门。

2. 外汇资金的管理

在对外投资的外汇与境外资产管理方面，由于资本在国际的自由流动增加了各种套利、套汇行为发生的可能性，进而会对一国的金融稳定带来一定的威胁。因此，中国在外汇方面实行了较为严格的管理制度。国家外汇管理总局及其分局是境外有关外汇事宜的管理机关，负责境外投资的外汇风险审查和外汇资金来源审查，以及对投资资金的汇出和回收，投资利润和其他外汇收益汇回的监督和管理。国家国有资产管理局负责对用境外投资的国有资产进行资产评估和产权登记以及国有资产增值的监督管理。政策法律依据主要是 1989 年经国务院批准、由国家外汇管理局发布的《境外投资外汇管理办法》和 1990 年的《境外投资外汇管理办法实施细则》。1993 年 12 月 28 日公布的《中国人民银行关于进一步改革外汇管理体制的公告》，宣布自 1994 年起取消各类外汇留成、上缴和额度管理制度，这使得上述两个文件的部分内容已不再适用。

外汇资金管理具体的法律规定包括：第一，凡是拟以外汇资金在境外投资的境内投资者应向外汇管理部门提交必要的资料和证明；第二，凡是拟以原材料、工业产权等形式在境外进行投资的境内投资者，必须提交投资所用物资设备、原材料、工业产权等的外汇价格资料和国有资产产权登记表；第三，境内投资者在最后获准汇出投资外汇资金时，应按其汇出外汇资金总额的5%在外汇管理部门指定的银行专门账户缴存汇回利润的保证金；第四，境内投资者来源于境外投资的利润或者其他外汇收益，必须在当地会计年度终了后6个月内调回境内，办理外汇结存；第五，境外投资企业依法宣告停业或解散后，其外汇资金不得擅自挪作他用或存放境外。

2019年，中国推动新一轮的对外开放，中企“走出去”保持活跃。伴随中企的国际化发展，企业对跨境资金管理的需求越来越大、要求也越来越高。这一年，外汇局先后出台了《跨国公司跨境资金集中运营管理规定》、《关于进一步促进跨境贸易投资便利化的通知》。新政的出台，为市场主体升级跨境资金管理提供了契机。具体的规定包括：第一，大幅简化外债和境外放款登记。地方外汇管理局向主办企业出具备案通知书时，根据经备案集中的额度为其办理一次性外债登记和(或)境外放款登记，主办企业无需分币种、分债权人(或债务人)逐笔办理外债(或境外放款)登记。第二，主办企业在办理国内资金主账户内资本项目外汇收入支付使用时，无需事前向银行逐笔提供真实性证明材料。第三，调整优化账户功能。跨国公司国内资金主账户为主办理跨境资金集中运营各项业务；确有需要的，可以选择一家境外成员企业开立NRA账户(境内银行为境外机构开立境内外汇账户)集中运营管理境外成员企业资金。第四，承包工程企业经外汇局登记，可在境外开立资金集中管理账户，境外资金集中管理账户的收入范围为从境外业主或境内划入有关工程款，以及从同一主体开立的境外同一国家(或地区)其他承包工程项目账户划入资金；支出范围为向境内调回工程款、有关境外工程款支出，以及向同一主体开立的境外同一国家(或地区)其他承包工程项目账户划转资金。第五，取消“每笔外债最多可以开立3个外债专用账户”、“每个开户主体原则上只能开立1个境外汇入保证金专用账户”、“每笔股权转让交易的股权出让方仅可开立1个境内资产变现账户”等限制，相关市场主体可根据实际业务需要开立多个资本项目外汇账户。

3. 境外投资监管

国家发改委和省级政府发改委部门根据境外投资有关法律法规和政策，联合同级政府有关部门建立协同监管机制，通过在线监测、约谈函询、抽查核实等方式对境外投资进行监督检查，对违法违规行为予以处理。

监管范围包括：第一，投资主体通过其控制的境外企业开展大额非敏感类项目的，投资主体应当在项目实施前通过网络系统提交大额非敏感类项目情况报告表，将有关信息告知国家发改委。第二，境外投资过程中发生外派人员重大伤亡、境外资产重大损失、损害我国与有关国家外交关系等重大不利情况的，投资主体应当在有关情况发生之日起5个工作日内通过网络系统提交重大不利情况报告表。第三，投资主体在项目完成之日起20个工作日内通过网络系统提交项目完成情况报告表。

(四)促进政策

世界各国都对本国企业的对外投资活动给予一定的政策优惠。为鼓励企业和其他经济组织进行对外直接投资，开办企业，发展跨国经营，参与国际分工合作，中国政府根据国际惯例制定了一些鼓励和扶植政策措施。主要体现在以下几个方面。

1. 金融支持

在金融支持方面，举办海外资源开发或投资较多的生产性企业，国内投资者除自筹部分资金外，可向国家银行申请优惠贷款（包括外汇和人民币），国家发改委可视对外直接投资企业情况给予资金方面的扶持。如中国在西非、美国阿拉斯加的渔业合作项目，以及在巴西、澳大利亚等国家投资的木材加工、铁矿开采等项目的部分资金就是国家给予的优惠贷款。

2017 年中国人民银行等部门联合发布的《关于金融支持制造强国建设的指导意见》，明确提出金融机构要根据企业“走出去”需要，进一步优化完善海外机构布局，提高全球化金融服务能力。要积极运用银团贷款、并购贷款、项目融资、出口信贷等多种方式，为制造业企业在境外开展业务活动提供多元化和个性化的金融服务。支持“走出去”企业以境外资产和股权等权益为抵押获得贷款，提高企业融资能力。支持制造业企业开展外汇资金池、跨境双向人民币资金池业务，支持制造业企业在全口径跨境融资宏观审慎管理政策框架下进行跨境融资。支持符合条件的境内制造业企业利用境外市场发行股票、债券和资产证券化产品。

中国进出口银行把建设成为“既支持外贸出口、又支持境外投资的国家出口信用机构”作为其发展目标，推动了一批有实力的中国企业开展跨国经营，该行通过为境外加工贸易、对外承包工程、资源合作开发等各种形式的境外投资提供优惠条件的信贷、保险、担保等配套政策性金融服务，有力地促进了我国境外投资规模的不断扩大，推动了一批比较有优势的国有企业的国际化经营，支持国内企业“走出去”。1999 年中国进出口银行先后为中国华源集团有限公司在墨西哥建设 10 万锭棉纺织厂、中国纺织机械集团有限公司在秘鲁合资兴建 10 万锭棉纺厂、海尔集团在美国建立电冰箱生产基地等项目分别提供了 6.5 亿元、5.63 亿元和 1.65 亿元人民币的大额信贷支持，有效地解决了企业对外投资的资金问题。同时，进出口银行把对外援助与“走出去”结合起来，利用我国政府对外优惠贷款支持国内企业在受援国投资建厂、承包工程、合作开发资源。目前，为苏丹石油开发、赞比亚纺织厂等一批援助项目提供了优惠贷款，这些项目的成功实施，既促进了受援国的经济发展，也推动了国内企业的跨国经营。进出口银行还开办了境外投资保险业务，为国内企业规避境外投资的政治风险提供保障。1999 年，进出口银行为中国纺织机械集团有限公司在秘鲁合资兴建棉纺厂项目承保了 7 800 多万美元的境外投资险，保证了该项目的顺利实施。2000 年进出口银行承保出口信用险达到 12.3 亿美元，比上年增长 3 倍多；办理对外担保 2.3 亿美元；共支持 132 亿美元的机电产品、成套设备和高新技术产品出口；对外承包工程和对外投资达 13.7 亿美元。

2. 税收减免

在国际税法体系方面，截至2018年，中国已与107个国家/地区签署税收协定，覆盖“走出去”企业对外投资经营的主要国家和地区，先后与印度、荷兰、印度尼西亚、丹麦、澳大利亚、韩国等10余个国家的税务主管当局就跨境涉税争议开展相互协商，有效保护了中国对外投资企业的利益。同时，在税务总局官方网站发布75份国别投资税收指南，为“走出去”纳税人提供税收法律法规方面的指引，帮助企业有效规避境外税收风险。

在税收减免方面，境内投资者从境外投资所分得的外汇利润或其他外汇收益，在其按期调回境内并办理结汇手续后，允许该境内投资者对其外汇额度，自该境内企业设立之日起，5年以内全额保留自用，不必加成上缴；5年后，20%上缴国家，80%留给境内投资；对资源开发项目的产品凡纳入国家进口计划的，享受同等关税待遇和补贴。对远洋渔业中方船舶捕捞运回的渔货，可免征进口关税；对在发展中国家不能获得可兑换货币的对外直接投资企业以中方投资者分得的利润购买或以易货贸易形式换回的不需要的其他产品(国家限制进口的除外)，如果经营有亏损，可申请减免进口关税(但属于产品返销国内的应按规定缴纳进口关税)；鼓励用国产设备、材料作为境外合营企业的中方投资，并免征出口税；等等。另外，凡属于国家需要进口的对外直接投资企业的产品，按同质同价条件，纳入国家计划后，优先安排进口。对于不能纳入国家计划的进口产品，允许海外企业的国内投资者在自负盈亏的前提下，自行经销，对于国内投资者以利润形式分得的产品，允许运回国内和自行销售。2017年，为更好地鼓励中国企业“走出去”获取境外资源、市场、技术等关键要素，国家将企业抵免层级由三层扩大至五层。企业委托境外进行研发活动所发生的费用，按照费用实际发生额的80%计入委托方的委托境外研发费用。境外研发费用不超过境内研发费用2/3的部分，可以按规定在企业所得税前加计扣除。

二、中国现行对外投资管理中存在的问题

近些年来，中国在对外投资政策取向上发生了重大的转变，从单项的“引进来”转变为双向的“引进来”与“走出去”相结合的发展战略，这样必然要伴随着相应政策和体制的调整。先前颁布的一些零散的规范海外投资行为的法律法规，也越来越不适应当前促进中国企业进行对外投资的需要。总的来说，目前中国对外投资管理中主要存在以下几个问题。

(一)缺乏宏观管理的规划和指导

长期以来，在制定产业规划时，我国注意结合不断变化的国内外经济形势，及时调整产业政策，发布产业信息，促进并引导产业结构调整，根据国内外市场变化公布优先发展产品目录。为配合国内经济建设，我国同样重视引进外资的产业政策制定和调整。“九五”以来，为适应产业结构调整，扩大引进外资需要，先后多次修改了“指导外商投资产业目录”，使我国利用外资工作在发展中国家一直位居前列。而我国的对外

投资规划和指导工作则相对显得薄弱。目前我国利用外资和对外投资额的比例为1∶1.27,这一比例与20世纪90年代相比虽然已有很大提高,但仍大大低于发达国家的1∶1.4。究其原因,一方面是改革开放国内经济建设需要大量资金投入,重点放在利用外资和技术引进上,境外投资则相对放在次要地位;另一方面是我国对外投资主要集中在资源开发、生产加工、装配、承包工程和咨询服务等行业,有条件、有能力进行海外非贸易投资的企业并不多,重点也不在海外,所以表现在政策层面就显得缺乏系统规划和指导依据,政府未能很好地发挥宏观引导作用。

(二)审批程序繁琐

我国对境外投资项目现在仍然沿用“逐级审批,限额管理”制度。这种体制意味着不论是地方自行审批的项目还是中央审批的项目,都要按有关规定,经相应部门审查逐级上报,几经反复才能拿到项目批复文件,加上企业再办理其他相关手续,如贷款、外汇、设备订购、海关等。一个项目从“考察—立项—审批—筹备—投资—建设”,没有两年的时间很难完成这样的冗长过程。例如,珠光集团现有的5个海外项目中,只有墨西哥和巴西的项目是经过国家审批下来的,其中墨西哥的项目花了两年多才批下来,巴西的项目则批了3年。这样“部门多、手续繁、效率低、周期长”的审批程序不仅会挫伤企业的积极性,严重的还会延误商机。

(三)立法严重滞后

随着“走出去”步伐的加快,政策法规的积极促进作用和限制约束作用更会显得十分重要,而至今,我国除了在海外投资的审批、外汇管理及国有资产海外监管等方面颁布了两个法规外,尚未颁布海外投资援助的专门法规,既没有整体规定,也没有单项立法。税收优惠、金融支持和信息服务等零星的法规也只是散见于其他相关法律文件之中,缺乏整体性,不能充分体现国家鼓励海外投资发展的宗旨,严重滞后于我国对外投资发展的需要。

(四)国内立法与国际立法缺乏协调

我国对外投资立法与国际立法在协调方面存在着明显的问题,具体表现在以下几个方面:(1)有关“投资者”的规定,我国对外投资立法对投资主体的规定过于狭窄,一般是指在工商行政机关注册的具有法人资格的,经国家批准具有法人资格的,经国家批准具有对外合作经营权的公司、企业或其他经济组织,这一规定不仅将我国公民排斥在对外投资的主体之外,而且对一些法人组织也人为地规定了严格的限制条件。然而,我国在与法国签订的《中法保护投资协定》对投资者却是这样界定的:“具有缔约任何一方国籍的自然人,依据缔约任何一方法律成立并在其领土内设立公司总部的直接或间接控制的各种经济实体或法人。”我国签订的大多数双边条约都作出了类似的规定,因此,国内立法中应将投资主体扩大为包括我国公民在内的更为广阔的范围。(2)有关国民待遇的问题,在具体的实施过程中,经常会因为产业政策的限制而成为“次国民待遇”,或因地方政府间竞争而成为“超国民待遇”。(3)在开业权问题上,通常国际上(如北美自由投资区投资框架)不反对外资在任何部门的投资,但在补充清单中列出了各国保留限制的个别部门。而在1997年中国外经贸部修订的外资管理行业目录中,明确了受鼓励、限制、禁止的三类部门,且不断有类似的临时性行政措施出台。(4)在透明度要求问题上,目前我国有150多条法律和管理规定适用于外资,但管理体系较为混乱,执行标准不一,对于国际投资来说加大了不确定性风险。(5)在争议解决问题上,我国是多项国际仲裁协定的成员国,但中国政府更愿意通过调解程序和会议的方法解决问题,使得外国投资者认为中国在处理争议问题上过于缓慢,仲裁结果执行相当困难。

(五)管理政策中存在漏洞

尽管我国现行海外投资立法主要集中体现在对投资的审批和监管方面,国家相继制定和颁发了有关的行政规章和实施细则,但随着市场经济发展,对外投资项目从行业到数量不断增加,投资主体呈多元化趋势,这就给境外投资企业的监管带来新问题,主要表现在:(1)境内投资单位以机器设备等实物形态进行投资时,存在实物资产未经资产评估、作价的情况,从而损害了国有资产所有者利益。(2)境外企业在进行国有资产产权登记时,如果产权归属模糊不清,国有资产就有流失的可能性,境外资产以"个人名义"持有,造成国有资产流失的现象时有发生。(3)境外利润不汇回,以各种名义抽逃资金的现象屡禁不止。(4)一些企业为了避税或为了少上缴利润而设立多本账,财务管理不规范,财务报告和审计制度不落实。(5)境外企业目标管理不明确,具体考核指标也不尽合理。分析其原因,一方面是对外直接投资审批立法本身存在着许多"法律漏洞",或过于笼统和原则化,可操作性不强;另一方面是执法不严,多头管理混乱,没有统一法定专职的监管机构。

三、进一步提高我国对外投资管理水平

对外投资是一种涉及因素多、管理幅度大、技术要求高、宏观调控性强、复杂的高层次投资经营活动,在我国经济发展到一个新阶段,境外投资成为调整产业结构、发展本国经济、参与国际生产和国际分工的一个重要组成部分,随着我国企业"走出去"步伐的加快,现行政策法规的限制约束作用就显得尤其突出,为更好地促进中国对外直接投资的发展,利用好两个市场、两种资源,充分发挥对外投资对经济发展的积极作用,我们需要从以下五个方面进一步提升我国对外投资管理的水平。

(一)完善对外直接投资立法工作

完善对外投资立法,可以使对外直接投资工作做到有法可依、有章可循,逐步走上法制化的轨道。我国现行对外投资政策中所存在的种种问题大部分是由于我国投资管理框架凌乱,法律、法规间的兼容性和操作性不佳所造成的。因此,首先应对既有法规进行全面清理,规范国内的投资法制环境,从立法的角度来讲,应尽快制定一部调整海外投资基本关系的专门法律,就海外企业的定义、经营主体、审批程序、经营范围、产

业政策、所有权形式、法律形式、经营模式、资金融通及调出调入方法、企业内部管理体制、利润分配及投资、双重征税等问题作出法律规定，使我国的海外企业有严格的国内法律约束和监督。

（二）完善海外投资管理服务体系

中国现有的海外投资企业实力薄弱，面对一个日趋复杂的全球化市场，要促使他们成功地“走出去”，没有政府的支持和协调，单靠企业自身的市场选择是不可能在竞争中获胜的。因此，必须加强对海外投资企业的宏观调控，完善海外投资管理服务体系。通过建立一个国家级权威性的对外直接投资管理机构，从战略的高度根据国民经济发展的需要和国际经济环境的变化，将对外直接投资与引进外资纳入一个系统中加以考虑，负责制定我国境外投资的产业选择、项目选择、企业选择和投资区位选择计划：第一，对于资源开发型项目由国家统筹安排，调度资金，组织国有大型企业或国有大公司实施；第二，对于有国际竞争力的产品，使用技术由中央和地方政府协调，选择投资方向，指导企业投资；第三，对于先进技术和专利技术的投资方式和合作方式，在不违反国家经济安全的情况下，以国家今后有限发展的产业产品目录等作为指导企业境外投资的基本依据；第四，我国是一个多民族国家，一些民族的习俗、用品与国外一些国家（地区）相同或相近，要研究我国民族特色行业、企业、产品“走出去”的可行途径、地区和方法。另外，对外直接投资管理机构还可以利用优势搜集国内外各行业对外投资的典型事例，提供有关国家吸引外资的政策、经济、文化、法律环境以及竞争对手、合作伙伴的准确翔实的情况，形成信息资料系统，供国内投资者和研究人员使用。

（三）建立海外投资保险制度

海外投资保险制度是资本输出国旨在保护和鼓励本国海外投资，通过特设的或指定的保险机构对海外投资者在投资所在国（即东道国）所面临的政治风险提供直接保险，一旦海外投资者的投资与投资利益因东道国发生政治风险而遭受损失，即由该保险机构予以补偿，然后由其代表国家替代海外投资者的地位向东道国代位索赔的一种国内法律制度。保护国内企业境外投资的利益是政府工作的重要内容，虽然目前我国已经与多国签订了双边和多边投资和保险协定，但由于国内尚未建立相应的海外投资保险制度，对国内企业的海外投资保护的工作仍相当弱，而目前我国跨国经营的企业中在发展中国家占很大部分，政治风险发生的可能性相对较大，为保证我国企业投资的利益与安全，鼓励他们积极对外投资，海外投资保险制度的建立就显得尤为重要。

（四）出台适当的金融与财政政策

1. 放宽金融政策，扩大海外企业的融资渠道

对符合国家产业发展战略和整个宏观经济利益的某些投资项目，比如制造业、服务业、高新技术领域，国家金融机构应给予优惠信贷；有条件地取消外汇汇回保证和外汇贷款 1∶1 的抵押制度，增加外汇留成比例，给予海外投资企业更多优惠性的政策贷款；发展一些诸如货币互换、远期外汇买卖之类的金融创新工具，帮助减少外汇风险，降低企业

融资成本；对金融机构建立安全性和盈利性的对称激励机制，调动它们放贷的积极性；大力发展合作金融等专门为跨国企业服务的金融机构，为信用较好的跨国企业提供优惠信贷服务；成立海外投资发展基金，为海外投资企业提供与项目有关的资助；为企业在海外获得银团贷款、租赁提供担保以及金融服务。

2. 减免税收，积极鼓励企业对外投资和利用利润再投资

对于海外投资企业给予一定期限的减免税优惠；对资源开发型境外投资项目的产品给予关税优惠；对于海外投资带动的出口设备、原材料和中间产品可予以免征关税，对海外企业用不可兑换的当地货币购汇的产品给予关税减免；对境外子公司股利免征所得税，实行税收减免；对已批准的境外投资项目给予出口退税；参考日、德做法，将海外投资者投资前 3 年的投资总额的全部或部分划分为储备金，并在其应税所得额中扣除该储备金的数额，使海外投资者在投资初期可暂不纳税或减少纳税。

（五）加强对海外投资企业的监督与管理

对海外投资企业的监管主要体现在两个方面：事前监管与事后监管。

1. 事前监管

事前监管主要是通过对海外投资企业的审批来实现。改革境外投资项目审批办法。现行管理体制造成的审批程序复杂冗长，不利于企业走出去抢占国际市场，应该放宽有关限制条件，简化审批手续。首先，放宽审批权限，由国务院有关部委联合制定境外投资宏观调控指标体系和法规文件，在明确中央政府和地方政府权力的前提下，放宽地方政府对境外投资项目限额审批权限，加强沟通，严肃事前通报制和事后备案制，对违反中央规定，不符合境外投资条件，造成投资事故的要追究行政责任。其次，简化审批手续，改变层层上报、多层管理的局面。只要是境外投资项目，无论投资结构、投资方式如何，均一次编制项目建议书即可行性报告，报政府主管机构审批。再次，对境外投资企业申请进行分类管理原则，对于不符合我国境外投资产业方向选择、产品在国内外市场竞争力弱、企业经营业绩不好、管理水平不高的境外投资项目，属于限制发展项目，要进行严格审批，防止失败；反之，属于鼓励发展项目，应给予积极支持，简化审查；介乎二者之间的属于普通项目，进行一般审查。最后，对各种所有制企业要一视同仁，只要具备条件并符合国家有关规定，都要在政策框架允许的条件下给予支持，提供帮助，包括贷款、外汇、人员出境、进出口经营权等方面。

2. 事后监管

事后监管主要是指对国有企业进行海外投资的监管，要管理好境外的国有资产，促使其保值增值，防止国有资产流失。建立、健全以财务管理为核心的各项管理制度，加强经营核算，严格按照东道国的规定设账，聘请当地注册律师和会计师审计，照章纳税。按当地法律经营是海外企业生存和发展的根本，并且有利于保证国有资产的安全，在发生非法侵占国有资产的事件后，能迅速获得当地的司法救济。

阅读文献

1. 国家商务部:《2019 年中国对外投资发展报告》,www. mofcom. gov. cn/。

2. 国家商务部、国家统计局、国家外汇管理局:《2019 年中国对外直接投资统计公报》,www. mofcom. gov. cn/。

3. 陈涛涛、吴敏、金莹、徐润:《投资拉美:中国企业的多案例分析》,载于《国际经济合作》2020 年第 9 期。

4. 朱晨、杨晔:《本土企业与跨国公司合作研发诱发机制研究》,载于《科研管理》2018 年第 10 期。

5. 陈苏、杨晔:《外资风险投资在中国内地投资影响因素研究》,载于《财经论丛》2016 年第 11 期。

6. 杨晔、潘峤、杨大楷:《企业社会责任投资研究》,载于《新会计》2016 年第 4 期。

7. 杨晔、计小青:《上海国际金融中心建设服务"一带一路"战略研究》,格致出版社、上海人民出版社 2017 年版。

习题及案例分析

一、名词解释

1. 股权投资
2. 非股权投资
3. 港股通

二、简答题

1. 中国对外投资发展的特点有哪些?
2. 简述中国开展对外投资的作用。
3. 试述中国对外投资的基本原则。
4. 简述"六廊六路多国多港"。

三、论述题

试述目前中国对外投资管理中存在的问题及相应对策。

四、案例分析

华为技术有限公司积极承担社会责任

2011 年,华为与摩洛哥国立邮电大学合作建立了区域第一个华为网络技术学院,这是摩洛哥目前推广 IP 技术以及培养 ICT 人才最大的机构。2010 年,华为在印度启动了 E-HOPE 农村教育项目,计划在三年内向印度 1 000 所公立学校提供电脑、互联网连接等设备和 IT 信息技术培训。届时每年将会有30万名在校学生从该项目中受益。2011年，肯尼亚遭受60年以来的罕见大旱，旱灾波及约350万人。为支持肯尼亚红十字会的救灾行动，华为积极参与“肯尼亚人拯救肯尼亚”活动，捐赠了940万肯尼亚先令用于人道主义救援。

华为2012年全球销售收入达到2 202亿元人民币，同比增长8%。净利润154亿元人民币，同比增长33%。华为不仅实力超群，而且履行社会责任也毫不含糊。特别是在消除数字鸿沟、关爱员工、公平经营、绿色环保、社会公益、供应链CSR管理、利益相关方沟通、安全运营八大方面的社会责任的理念、承诺及实践成效，体现了华为公司为促进社会、经济与环境的和谐与可持续发展，成为各国良好的企业公民所做的努力与贡献。通过履行社会责任，造福当地人民，促进共同发展，赢得当地民众的尊敬和信任，建立良好的企业和品牌形象。

试通过华为公司的行动来分析说明中国企业“走出去”应如何承担社会责任。

国家电网投资巴西

1. 投资过程。国网公司在巴西的投资过程可以分为并购进入、常规绿地项目投资和特高压项目三个阶段。

2001年，受欧债危机的影响，巴西经营输电特许权业务的西班牙公司ACS有意出售部分资产来缓解资金压力。当时正在谋划国际化发展的国网公司及时抓住机会，对ACS的资产进行尽职调查，最终国网公司凭借出价更高、信誉更好、付款更快等优势成功并购这批资产。为适应当地法律要求，以及出于风险隔离的需要，国网公司在当地成立国家电网巴西控股公司，作为国网公司在拉美地区的输电资产投资平台，开始走入巴西市场。随着2012年欧债危机持续发酵，西班牙ACS公司又有了资产重组的需求。基于此前良好的合作经历，这次ACS公司主动向巴控公司表达出售资产的意愿。通过对标的资产的考察，巴控公司认为标的资产与第一次并购的资产存在协同效应。经过统筹考虑，巴控公司收购了ACS公司出售的7个资产。

第一次并购完成后，巴控公司于2011年与巴西国家电力公司联手中标首个绿地常规项目(LNT)。2012年，巴控公司与巴西州属电力公司联合投标，成功中标特里斯皮尔斯输电特许权一期项目(TP)。2016年巴控公司独立中标TP二期项目。

2014年，巴控公司和巴西国家电力公司联手中标巴西首个特高压输电项目——美丽山一期项目。基于此前绿地项目的合作经验，巴控公司与合资伙伴在美丽山一期项目中实现有效分工，项目公司的CEO和CFO由巴控人员担任，CTO和CMO则由合资伙伴成员担任。2015年，巴西正值经济危机，同时巴控公司的本地合作伙伴涉嫌受贿，在这种背景之下，巴控公司选择独资竞标美丽山二期项目。

2. 投资动机。国网公司投资巴西主要是出于市场寻求型动机。基于国内电力市场逐渐趋于饱和，国网公司于2007年制定国际化战略，寻求海外业务的发展机会。2008年金融危机爆发，全球经济陷入动荡，大量的欧美企业开始抛售海外资产，给国网公司走向海外市场提供了机会。此外，巴西的能源市场需求条件与中国类似，都存在远距离、大容量的电力输送需求。这些因素都给以推广特高压技术为战略目标的国网公司提供了并购进入并实行长期投资的现实条件。

3. 投资能力。国网公司在巴西的成功投资主要得益于国内早期的能力积累，国际化经历，以及在巴西发展过程中逐步搭建的能力。至2010年投资巴西之前，国网公司已成为全球最大的公共设施企业之一。国网公司在早期国际化阶段主要以海外劳务合作、国际工程承包类项目为主，这些国际化业务为国网公司积累了一定的国际化人才和经验。在进入巴西之前，国网公司就在国内组织过多次语言和业务培训，帮助外派人员快速熟悉巴西的投资环境。公司通过采取恰当的本土化策略，例如，雇用本地环评精英来弥补自身环评征地短板；遵从巴西文化习惯，在下达工作任务前召集相关人员开会，向与会人员详细说明工作要求并达成共识。此外，还通过组织员工生日派对、组织汉语学习班等形式来拉近中巴员工的距离，逐步搭建起跨文化管理的能力。

4. 投资策略。国网公司投资巴西可分为市场进入、初期发展和成熟发展三个阶段。针对不同阶段的发展需求，国网公司采取了不同的本土化策略。

5. 投资结果。国网公司投资巴西不仅取得商业上的成功，也符合巴西电力行业发展的长远利益。

从商业角度看，一方面，国网公司投资巴西满足了自身市场寻求型的发展需求，成功将特高压技术引进巴西，达到自身将先进成熟的电力技术推向海外的战略目标。另一方面，在独资建立美丽山二期项目的过程中也引进国内优秀的承包商和供应商，带动国内相关产业的共同发展。

巴控公司在当地的投资建设也符合巴西电力行业发展的长远利益。不仅推动巴西电力行业的技术进步，而且在绿地项目建设过程中，巴控公司向本地承包商和设备商大量采购，客观上带动了本地承包商和供应商的发展。此外，对于建成在运的项目，巴控公司凭借自身运营能力优势，在巴西电力体制的特征下，实现了符合巴西国情的电网稳定、安全运营。正因为如此，巴控公司在当地的投资获得了当地监管机构、合作伙伴以及媒体的高度认可。

从国家电网投资巴西的案例可以获得什么启示？

参考答案

一、名词解释

1. 答：股权投资是指以资金形式投资国外经营企业，并对企业拥有全部或部分所有权和控制权的投资。

2. 答：非股权投资是指不以持有股份为主要目的的投资方式，包括技术授权、管理合同、生产合同、共同研究开发、合作销售、共同投标和共同承揽工程项目等。

3. 答：港股通，是指投资者委托内地证券公司，通过上交所设立的证券交易服务公司（SPV），向联交所进行申报，买卖规定范围内的联交所上市的股票。

二、简答题

1. 答：中国对外投资发展的特点有：投资主体的多元化、投资行业的多样化、投资区域分布广、投资规模的扩大化和投资方式的多样化。

2. 答：中国对外投资的作用主要表现在：(1)有利于充分地利用国外自然资源，建立稳定的国外资源供应渠道，从而减缓中国能源、原材料供应紧张局面，保持国民经济的稳定增长；(2)有利于充分利用国外资金，缓解了企业境外投资资金的短缺，为我国企业开拓国际市场创造良好的前景；(3)有利于绕开贸易壁垒，扩大出口，加快经济国际化的进程；(4)有利于学习国外有效的管理经验和方法，培养和造就一批训练有素，能胜任国际竞争的技术和管理人才，实地了解和熟悉国际市场经济的运行机制。

3. 答：中国对外投资的基本原则为：(1)平等互利。是指中国对外投资企业的一切经营活动，都要遵循所在国的法律，依法经营，依法纳税，派往海外企业的人员都要遵守所在国(地区)的一切法律，尊重当地的风俗习惯。中外合作(资)双方平等协商，共同参与企业经营决策和管理，按投资比例或协议规定共享利益、共担风险。(2)讲究实效。是指一切要从实际需要和可能的条件出发，尽量选择优先发展的领域、行业，投资规模量力而行，力求投资少、见效快，坚持经济效益第一。(3)形式多样。是指在投资方式、投资比例和经营方式上可以多种多样、不拘一格。(4)共同发展。是指通过中外共同投资和共同经营，既可使投资双方获得利润，也可以使中国和所在国直接或间接获得相应的经济利益和社会效益，以达到取长补短、相互受益、共同发展的目的。

4. 答：为推进“一带一路”建设，我国提出“六廊六路多国多港”的建设框架思路。“六廊”是指中蒙俄、新亚欧大陆桥、中国—中亚—西亚、中国—中南半岛、中巴、孟中印缅国际经济合作走廊；“六路”是指铁路、公路、水路、空路、管路、信息高速路互联互通路网；“多国”是指选取若干重要国家作为合作重点；“多港”是指构建若干海上支点港口。

三、论述题(提示)

答：目前中国对外投资管理中存在的问题主要有：(1)缺乏宏观管理的规划和指导；(2)审批程序繁琐；(3)立法严重滞后；(4)国内立法与国际立法缺乏协调；(5)管理政策中存在漏洞等。

进一步提升我国对外投资管理的水平应从以下方面入手：(1)进一步完善对外直接投资立法工作；(2)进一步完善海外投资管理服务体系；(3)建立海外投资保险制度；(4)出台适当的金融与财政政策；(5)加强对海外投资企业监督与管理。

四、案例分析(提示)

1. 答：从华为公司承担社会责任的行为我们可以看到中国的企业“走出去”应该结合自身优势，因地制宜，积极勇于承担社会责任，提高社会效益。

2. 答：国家电网投资巴西的案例，可以获得的启示是：(1)中资企业对外投资具有合理动机——开拓海外市场的需要。(2)在对外投资前，企业在国内和早期国际化过程中均积累了一定的投资能力。(3)企业选择了符合东道国市场规则的进入方式和本土化策略，通过采取本地合资、本地雇用、本地管理等本土化策略克服了中国与东道国投资环境的差异带来的挑战。(4)企业的对外投资都实现了与东道国的互利共赢，符合“一带一路”倡议共商共建共享的精神内涵。

附录一　各章节学习要点和课时安排

本教材课时安排拟设两个方案，甲方案 72 课时(4 课时/周×18 周)，乙方案 54 课时(3 课时/周×18 周)，以满足不同学校对课程教学安排的要求，两个方案均含课堂讨论 5 课时。各章节具体的学习要点和课时安排见下表。

章　节	学习要点	掌握程度	课时安排	
			甲方案(72 课时)	乙方案(54 课时)
第一编　国际投资导论			11.0	9.0
第一章　国际投资概述			5.0	4.0
第一节　国际投资的基本概念	1. 国际投资的定义和内涵	掌握	1.0	0.7
	2. 国际投资的分类及其比较	掌握		
	3. 国际投资的性质	熟悉		
第二节　国际投资的产生与发展	1. 国际投资形成与发展的各阶段	了解	1.0	0.7
	2. 国际投资不断发展的原因	掌握		
第三节　国际投资区域与行业发展格局	1. 近期各地区国际直接投资发展的特点	熟悉	2.5	2.2
	2. 近期国际直接投资的行业发展格局	熟悉		
第四节　国际投资学的基本范畴	1. 国际投资学的研究内容及与相关学科的关系	了解	0.5	0.4
	2. 国际投资学的研究方法	了解		
第二章　国际投资理论			5.0	4.0
第一节　国际直接投资理论	1. 早期的资本流动理论	了解	2.5	2.0
	2. 国际直接投资的主流优势理论	掌握		
	3. 发展中国家国际直接投资的适用理论	熟悉		
	4. 中小企业国际直接投资的适用理论	熟悉		
第二节　国际间接投资理论	1. 证券组合理论、CAPM 理论、APT 理论和国际证券组合理论的主要内容	掌握	2.5	2.0
	2. 期权定价理论、投资行为金融理论的主要内容	熟悉		
课堂讨论	以案例研究为主的分组讨论和讲解(学生课下提前准备)		1.0	1.0
第二编　国际投资主体			16.0	13.0
第三章　跨国公司			5.0	4.0
第一节　跨国公司的产生与发展	1. 跨国公司的内涵界定、国际化度量指标	掌握	1.5	1.0
	2. 跨国公司发展的各个阶段及其特点	熟悉		
第二节　跨国公司经营战略与组织结构演变	1. 价值链的内涵	掌握	2.5	2.2
	2. 跨国公司职能一体化和地域一体化战略的演变及各种战略的特点	掌握		
	3. 跨国公司组织结构的演变及各种组织形式的特点	熟悉		

续表

章 节	学习要点	掌握程度	课时安排	
			甲方案（72课时）	乙方案（54课时）
第三节 跨国公司投资与世界经济	1. 跨国公司对世界经济发展的综合影响	掌握	1.0	0.8
第四章 跨国金融机构			6.0	5.0
第一节 跨国银行	1. 跨国银行的定义及其特点	掌握	3.0	2.5
	2. 跨国银行发展的各个阶段	了解		
	3. 跨国银行近期发展的主要特征	掌握		
	4. 跨国银行不断发展的原因	掌握		
	5. 跨国银行的组织形式	熟悉		
	6. 跨国银行在国际投资中的作用	掌握		
	7. 跨国银行监管的动向	熟悉		
第二节 非银行跨国金融机构	1. 跨国投资银行的业务特点及其在国际投资中的作用	掌握	3.0	2.5
	2. 跨国投资银行的发展特点	熟悉		
	3. 共同基金的概念及其发展的动因	掌握		
	4. 对冲基金的概念、特点	掌握		
	5. 对冲基金的现状及前景	熟悉		
	6. 养老金和保险公司在国际投资中的参与	了解		
第五章 官方和半官方投资主体			4.0	3.0
第一节 官方国际投资	1. 官方国际投资的内容及其特点	掌握	2.0	1.5
	2. 官方国际投资的各种形式及其运作特点	熟悉		
第二节 半官方国际投资	1. 半官方机构的主要功能	了解	2.0	1.5
	2. 主要的半官方机构及其投资管理	了解		
课堂讨论	以案例研究为主的分组讨论和讲解（学生课下提前准备）		1.0	1.0
第三编 国际投资客体			13.0	11.0
第六章 实物资产与无形资产			4.0	3.0
第一节 实物资产	1. 实物资产的取得方式及其优缺点	掌握	2.0	1.5
	2. 跨国购并的类型及最新进展	掌握		
	3. 实物资产的各种营运方式及其特点	熟悉		
第二节 无形资产	1. 无形资产的取得方式	掌握	2.0	1.5
	2. 跨国公司 R&D 全球化的特点	掌握		
	3. 跨国公司战略联盟的类型及发展动因	掌握		
	4. 无形资产的各种营运方式	熟悉		
第七章 金融资产			8.0	7.0
第一节 国际债券	1. 国际债券的概念及分类	掌握	3.0	2.5
	2. 国际债券市场的发展	了解		
	3. 欧洲债券市场的发展及其特点	熟悉		
	4. 国内债券市场的发展及国债市场国际化的情况	了解		
	5. 中国国债市场国际化的相关情况	熟悉		

续表

章　节	学习要点	掌握程度	课时安排	
			甲方案（72 课时）	乙方案（54 课时）
第二节　国际股票	1. 国际股票的概念、类型和最新进展 2. 直接海外上市的国际股票的情况 3. 海外存托凭证的概念、类型及其发展 4. 欧洲股权的概念及其发展 5. 中国证券市场的开放：双 Q 制度	掌握 熟悉 掌握 掌握 掌握	3.0	2.5
第三节　金融衍生工具	1. 金融衍生工具的概念及其类型 2. 金融衍生工具发展的国际经济背景 3. 全球金融衍生工具市场的最新进展 4. 中国金融衍生工具的发展	掌握 了解 熟悉 熟悉	2.0	2.0
课堂讨论	以案例研究为主的分组讨论和讲解（学生课下提前准备）		1.0	1.0
第四编　国际投资管理			21.0	12.0
第八章　国际投资环境			5.0	3.0
第一节　国际投资环境概述	1. 国际投资环境的概念及其分类 2. 国际投资环境的特点	掌握 掌握	1.0	0.5
第二节　国际投资环境因素分析	1. 国际投资环境各种构成因素及其内涵	了解	1.5	1.0
第三节　国际投资环境评价	1. 国际投资环境评价原则和评价形式 2. 各种国际投资环境评估方法	熟悉 熟悉	2.5	1.5
第九章　国际投资政策管理			5.0	3.0
第一节　国际投资效应分析	1. 国际直接投资对东道国的各种效应及其机理 2. 国际直接投资对投资国的各种效应及其机理	掌握 掌握	2.5	2.0
第二节　东道国国际投资政策	1. 东道国各种国际投资政策的主要内容	熟悉	1.0	0.5
第三节　投资国国际投资政策	1. 发达国家对外投资政策的主要内容（重点是海外投资保险制度） 2. 发展中国家对外投资政策的主要内容	熟悉 熟悉	1.5	0.5
第十章　国际投资法规管理			5.0	2.5
第一节　国际直接投资法规	1. 投资国国内法规范的主要内容（重点是海外投资保险制度） 2. 发达国家东道国的国内法规范 3. 发展中国家东道国的国内法规范 4. 双边性国际法规范的类型及其发展 5. 区域性国际法规范及其代表 6. 全球性国际法规范及其进展（重点是 TRIMs 和 MAI）	熟悉 了解 了解 熟悉 了解 熟悉	2.5	1.5
第二节　国际间接投资法规	1. 国际证券法规管理 2. 国际投资基金法规管理 3. 国际期货、期权的法规管理	了解 了解 了解	1.5	0.5
第三节　国际投资争端的解决	1. 非司法解决方式及其类型 2. 准司法解决方式及主要的机构 3. 司法解决方式及其类型	了解 了解 了解	1.0	0.5
第十一章　国际投资风险管理			5.0	2.5

续表

章　节	学习要点	掌握程度	课时安排 甲方案（72 课时）	课时安排 乙方案（54 课时）
第一节　政治风险管理	1. 政治风险的概念及其类型	掌握	1.5	1.0
	2. 政治风险评估的各种方法	了解		
	3. 政治风险的防范方式	熟悉		
第二节　汇率风险管理	1. 汇率风险的概念及其类型	掌握	2.0	1.0
	2. 影响汇率的因素及汇率预测的方法	熟悉		
	3. 汇率风险的防范方式	熟悉		
第三节　经营风险管理	1. 经营风险的概念及其类型	掌握	1.5	0.5
	2. 经营风险的识别方式	了解		
	3. 经营风险的规避方式	熟悉		
课堂讨论	以案例研究为主的分组讨论和讲解（学生课下提前准备）		1.0	1.0
第五编　中国的国际投资			11	9.0
第十二章　中国利用外资			5.0	4.0
第一节　中国利用外资概况	1. 中国利用外资的发展历程	了解	0.5	0.4
	2. 中国利用外资的作用	掌握		
第二节　中国利用外商直接投资	1. 中国利用外商直接投资的发展阶段	了解	2.0	1.8
	2. 外商直接投资的方式分析	掌握		
	3. 外商直接投资的产业结构分析	熟悉		
	4. 外商直接投资的区域结构分析	熟悉		
	5. 外商直接投资的来源结构分析	熟悉		
	6. 吸引外商直接投资的战略调整	熟悉		
第三节　中国的对外借款	1. 中国对外借款概况	了解	1.5	1.0
	2. 中国对外借款方式分析	熟悉		
	3. 中国对外借款的管理	掌握		
第四节　中国企业海外上市	1. 中国企业海外上市利弊分析	掌握	1.0	0.8
	2. 中国企业 B 股上市模式	熟悉		
	3. 中国企业境外直接上市模式	熟悉		
	4. 中国企业境外间接上市模式	熟悉		
第十三章　中国对外投资			5.0	4.0
第一节　中国对外投资概况	1. 中国对外投资发展阶段分析	了解	1.5	1.0
	2. 中国对外投资的特点	掌握		
	3. 中国发展对外投资的作用	熟悉		
	4. 中国对外投资的前景展望	熟悉		
第二节　中国对外投资战略的选择	1. 中国对外投资的方式选择	熟悉	2.0	2.0
	2. 中国对外投资的区域选择	了解		
	3. 中国对外投资的产业选择	了解		
第三节　中国对外投资的管理	1. 中国现行的对外投资政策	了解	1.5	1.0
	2. 中国现行的对外投资管理中存在的问题	熟悉		
	3. 加强对外投资的管理	掌握		
课堂讨论	以案例研究为主的分组讨论和讲解（学生课下提前准备）		1.0	1.0

注：掌握程度的次序是：掌握＞熟悉＞了解。

附录二　中英文词汇对照表

A

ADR　美国存托凭证

Agency　代理处

AID, Agency for International Development　美国国际开发署

AIF　欧盟另类投资基金

APT, Arbitrage Pricing Theory　套利定价模型

ASCMs　补贴与反补贴措施协议

ASX　澳大利亚证券交易所

B

Bank Holding Company　银行持股公司

BIS　国际清算银行

BLT, Build Lease Transfer　国际工程建设租赁转让模式

BMT, Build Manage Transfer　国际工程建设管理转让模式

BOO, Build Own Operate　国际工程建设拥有经营模式

BOOT, Build Own Operate Transfer　国际工程建设拥有经营转让模式

BOT, Build Operate Transfer　国际工程建设经营转让模式

BPT, Behavioral Portfolio Theory　行为组合理论

Branch　分行

BRICS Development Bank　金砖国家开发银行

BT, Build Transfer　国际工程建设转让模式

BTO, Build Transfer Operate　国际工程建设转让经营模式

Buyer's Credit　买方信贷

C

CAI　中欧全面投资协议

CAPM, Capital Asset Pricing Model　资本资产定价模型

CDR　中国存托凭证

CEO　首席执行官

CFIUS　美国外资投资委员会

CFO　首席财务官

CML, Capital Market Line　资本市场线

Co-financing　混合贷款

Conciliation　调解

Confiscation　没收
Consortium Bank　财团银行
CSSF　卢森堡金融业监管委员会

D

DR, Depositary Receipts　存托凭证

E

Edge Act Corporation　爱治法公司
Equity Related Bonds　与股权相联系的债券
Euro Bonds　欧洲债券
Euro Dollar　欧洲美元
Euro Equities　欧洲股权
Export Credit　出口信贷
Expropriation　征用

F

FDI, Foreign Direct Investment　海外直接投资
Filter Rule　过滤规则
Financial Assets　金融资产
Financial Derivative Instrument　金融衍生工具
FIRRMA　外国投资风险评估现代化法案
Fixed Rate Bonds　固定利率债券
Floating Rate Bonds　浮动利率债券
Foreign Bonds　外国债券
Foreign Correspondent Bank　国外代理行
FPEI, Foreign Portfolio Equity Investment　海外证券投资
FSR, Foreign Sales Ratios　外销比例

G

GATS　服务贸易总协定
GDR, Global Depositary Receipts　全球型存托凭证
GE, Grant Element　赠与成分
Global Bonds　全球债券
Government Loan　政府贷款

H

Hedge Fund　对冲基金

Hedging 套期保值

I

IAIS 国际保险监督官协会

IBRD 国际复兴开发银行

ICRG 国家风险国际指南

ICSID, International Centre for Settlement of Investment 解决投资争端国际中心

IDA 国际开发协会

IFC 国际金融公司

IIA 国际投资协定

IMF 国际货币基金组织

Index of Market Momentum 市场动向指数

Intangible Assets 无形资产

Interbank Offer Rate 同业拆借利率

International Direct Investment 国际直接投资

International Indirect Investment 国际间接投资

International Investment 国际投资

International Money Market Instruments 国际货币市场工具

Investment Bank 投资银行

IOSCO 国际证监会组织

ISDS 投资者—国家争端解决

L

Loan Syndicate 贷款辛迪加

Long-run Investment 长期投资

M

M&A 兼并与收购

MAI 多边投资协议

Market Maker 做市商

Mediation 调停

Merchant Bank 商人银行

MIGA, The Multilateral Investment Guarantee Agency 多边投资担保机构

Mixed Loan 混合贷款

MNEs, Multinational Enterprises 多国公司

Mutual Fund 共同基金

N

NASDAQ　纳斯达克

Nationalization　国有化

O

ODA, Official Development Assistance　官方发展援助

OECD　经合组织

OECF, Overseas Economic Cooperation Fund　日本海外协力基金

OIL　折衷理论

OPIC, Overseas Private Investment Corporation　美国的海外私人投资公司

OSR, Outward Significance Ratio　外向程度指数

P

Private Investment　私人投资

Project Tied Loan　项目结合的贷款

Prospect Theory　期望理论

Public Investment　官方投资

Q

QDII, Qualified Domestic Institutional Investor　合格境内机构投资者

QFII, Qualified Foreign Institutional Investor　合格境外机构投资者

R

R&D　研究和开发

RCEP　区域全面经济伙伴关系协定

Representative　代表处

Risk-Return Approach　风险—收益考察法

RQDII　人民币合格境内机构投资者

S

Short-run Investment　短期投资

SMEs　中小企业

SML, Security Market Line　证券市场线

Speculation　投机

Subsidiary　附属行

Supplier's Credit　卖方信贷

T

Tangible Assets 实物资产

The Association of International Bond Dealers 国际证券交易商联合会

The Co Managers 协同经理行

The Lead Manager 牵头经理行

The Underwriters 承销行

TNCs，Transnational Corporations 跨国公司

TNI，Transnationality Index 跨国经营指数

Transnational Bank 跨国银行

TRIMs 与贸易有关的投资措施

TRIPs 与贸易有关的知识产权协定

U

UCITS 欧盟可转让证券集合投资计划

UNCTAD 联合国贸发会议

Underwriting Syndicate 承销辛迪加

Universal Banking System 全能银行制度

W

World Bank Group 世界银行集团

参考文献

1. 联合国贸发会议:《2020 世界投资报告》,UNCTAD 网站。

2. 联合国贸发会议:《2019 世界投资报告》,UNCTAD 网站。

3. 联合国贸发会议:《2018 世界投资报告》,UNCTAD 网站。

4. 联合国贸发会议:《2017 世界投资报告》,UNCTAD 网站。

5. 联合国贸发会议:《2016 世界投资报告》,UNCTAD 网站。

6. 世界银行集团:《2021 年全球经济展望》,worldbank 网站。

7. 世界银行集团:《2020 年全球经济展望》,worldbank 网站。

8. 世界银行集团:《2019 年全球经济展望》,worldbank 网站。

9. 世界银行集团:《2018 年全球经济展望》,worldbank 网站。

10. 世界银行集团:《2017 年全球经济展望》,worldbank 网站。

11. 世界银行集团:《2016 年全球经济展望》,worldbank 网站。

12. 世界银行:《世界银行 2020 年度报告》,www. shihang. org/zh/about/annual-report。

13. 世界银行:《世界银行 2019 年度报告》,www. shihang. org/zh/about/annual-report。

14. 世界银行:《世界银行 2018 年度报告》, www. shihang. org/zh/about/annual-report。

15. 国际货币基金组织:《2021 世界经济展望》, www. imf. org/zh/publications/WEO/issues/2021/03/23。

16. 国际货币基金组织:《2020 世界经济展望》, www. sgpjbg. com/info/publications/20533. html。

17. 国际货币基金组织:《2019 世界经济展望》,www. jingjinews. com/t/201901220910. html。

18. 国际货币基金组织:《2018 世界经济展望》, www. news. cri. cn/zaker/20180717/f2f9c880-4aef-42f6-b434-27a1d3f2b81f. html。

19. 麦肯锡全球研究所:《中国与世界——理解变化中的经济联系》,http://www. 199it. com/archives/902841. html。

20. 中国美国商会:《2021 中国商务环境调查报告》, http://www. 199it. com/archives/1218159. html。

21. 中国美国商会:《2020 中国商务环境调查报告》,https://hy. chnmc. com/hyjj/hysj/2020-03-15/8535. html。

22. 国家商务部:《中国对外投资合作发展报告 2020》,www. mofcom. gov. cn/.

23. 国家商务部:《中国对外投资发展报告 2019》,www. mofcom. gov. cn/.

24. 国家商务部:《中国对外投资发展报告 2018》,www. mofcom. gov. cn/.

25. 国家商务部:《中国对外投资发展报告 2017》,www. mofcom. gov. cn/.

26. 国家商务部:《中国对外投资发展报告 2016》, www. mofcom. gov. cn/。

27. 国家商务部、国家统计局、国家外汇管理局:《2019 年中国对外直接投资统计公报》, www. mofcom. gov. cn/。

28. 国家商务部、国家统计局、国家外汇管理局:《2018 年中国对外直接投资统计公报》, www. mofcom. gov. cn/。

29. 国家商务部、国家统计局、国家外汇管理局:《2017 年中国对外直接投资统计公报》, www. mofcom. gov. cn/。

30. 国家商务部、国家统计局、国家外汇管理局:《2016 年中国对外直接投资统计公报》, www. mofcom. gov. cn/。

31. 国家商务部国际贸易经济合作研究院:《跨国公司投资中国 40 年》, http://www. caitec. org. cn/n3/sy_zzjg_ywbm/。

32. 中国公司法务研究院:《2015—2016 中国企业"走出去"调研报告》, https://max. book118. com/html/2016/0508/4285190. shtm。

33. 浙江大学金融研究所、中国人民大学国际货币研究所:《2019 全球银行业国际化报告》, http://www. aif. zju. edu. cn/achievements/detail/1634. html。

34. 清华大学国家金融研究院:《2019 全球证券投资基金行业年度回顾》,载于《清华金融评论》2019 年第 12 期。

35. 刘建丽:《新中国利用外资 70 年:历程、效应与主要经验》,载于《管理世界》2019 年第 11 期。

36. 李志翠、马雪梅、陈颖:《改革开放以来中国利用外资的实践、成效、经验及对策》,载于《国际贸易》2019 年第 12 期。

37. 洪俊杰、杨志浩、芈斐斐:《研判新形势下经济全球化趋势》,载于《世界经济》2021 年第 2 期。

38. 许亚云、韩剑:《新一代国际投资规则影响因素及未来路径——基于 BITs 和 TIPs 的量化研究》,载于《国际金融研究》2021 年第 2 期。

39. 张幼文:《世界经济学的基础理论与学科体系》,载于《世界经济研究》2020 年第 7 期。

40. 吴福象、汪丽娟:《解码中国 OFDI:历史轨迹、发展潜力与布局优化——基于国内国际双循环视角》,载于《经济学家》2021 年第 4 期。

41. 陈菁泉、王永玲、张晶:《考虑社会责任的跨国企业对外投资社会政治风险防控博弈分析》,载于《系统工程理论与实践》2021 年第 41 卷第 1 期。

42. 史丹、余菁:《全球价值链重构与跨国公司战略分化——基于全球化转向的探讨》,载于《经济管理》2021 年第 2 期。

43. 杜军、费卉卉、李沫、焦媛媛:《跨国公司海外 R&D 机构区位选择过程影响因素研究》,载于《管理学报》2011 年第 5 期。

44. 田素华、李筱妍:《中国国际直接投资双向发展的内在机制——基于人均 GDP 视角》,载于《复旦学报(社会科学版)》2021 年第 2 期。

45. 中国驻日使馆商贸处:《日本吸引外资的主要政策措施及我国对日投资情况分析》,载于《对外经贸研究》2002 年第 9 期。

46. 林泰、郑利红:《国际证监会组织的作用与局限——基于国际证券监管合作的视角》,载于《经济与管理》2011 年第 1 期。

47. 李晓林:《解读国际保险监督官协会的监管思路》,载于《中国金融》2007 年第 2 期。

48. 任泽平:《发达国家实施加速折旧的经验与我国的选择》,载于《经济纵横》2014 年第 3 期。

49. 郭宏、伦蕊:《新冠肺炎疫情下全球产业链重构趋势及中国应对》,载于《中州学刊》2021 年第 1 期。

50. 周凌霄:《东道国文化环境对跨国公司直接投资行为的影响及启示》,载于《现代经济探讨》2007 年第 1 期。

51. 聂平香、张彩云:《我国利用外资创新发展的路径探析》,载于《中国国情国力》2020 年第 2 期。

52. 朱民:《2021:全球金融的震荡变局》,载于《国际金融》2020 年第 12 期。

53. 钟红:《国际债券市场发展的现状和趋势》,载于《国际金融》2017 年第 8 期。

54. 吴长凤、魏佳:《债券市场对外开放的演进与启示》,载于《中国外汇》2020 年第 12 期。

55. 郝毅:《数字金融新发展》,载于《国际金融》2019 年第 12 期。

56. 徐民辉:《"一带一路"背景下跨国公司主体作用发挥研究》,载于《时代金融》2021 年第 2 期。

57. 王坤:《跨国公司研发国际化的动因分析》,载于《企业管理与改革》2013 年第 2 期。

58. 曾杰:《中国企业对美国直接投资面临的新态势及对策》,载于《经济论坛》2021 年第 1 期。

59. 陈涛涛、吴敏、金莹、徐润:《投资拉美:中国企业的多案例分析》,载于《国际经济合作》2020 年第 9 期。

60. 黄梅波、张博文:《政府贷款与对外直接投资:日本经验及启示》,载于《亚太经济》2016 年第 6 期。

61. 胡锦萍:《利用出口信贷和项目融资推进对外经济合作——就对外承包工程案例探讨融资对东南亚地区"走出去"项目经济的发展》,载于《经济观察》2014 年第 13 期。

62. 朱铁成:《日本八佰伴败在何处——日本八佰伴集团的失败案例分析》,载于《现代商业》2009 年第 2 期。

63. 贺立龙:《美国对华投资并购安全审查的最新进展、未来趋势与应对策略》,载于《对外经贸实务》2021 年第 4 期。

64. 戴丽君:《泰国近五年投资环境及其经济数据分析》,载于《企业改革与管理》2016 年第 21 期。

65. 朱晨、杨晔:《本土企业与跨国公司合作研发诱发机制研究》,载于《科研管理》2018 年第 10 期。

66. 陈苏、杨晔:《外资风险投资在中国内地投资影响因素研究》,载于《财经论丛》2016 年第 11 期。

67. 杨晔、陈蓉、邱知奕:《风投机构联盟网络演变与联合投资行为研究》,载于《科技进步与对策》2021 年第 5 期。

68. 罗纳德·哈里·科斯:《企业的性质》(中文版),百度文库,https://wenku.Baidu.com/view/c8633e5980c758f5f61fb7360b4c2e3f56272538.html。

69. 拉奥:《新跨国公司:第三世界企业的发展》,百度文库,https://baike.Baidu.com/item/%E6%8A%80%E6%9C%AF%E5%9C%BO%E6%96%B9%E5%8C%96%E7%9O%86%E8%BA/9。

70. 埃德温 J. 埃尔顿:《现代投资组合理论与投资分析(原书第 9 版)》,机械工业出版社 2017 年版。

71. 乔治·彭纳齐:《资产定价理论》,东北财经大学出版社 2009 年版。

72. 赵蓓文:《国际投资学理论前沿》,上海社会科学院出版社 2017 年版。

73. 中国人民银行金融稳定分析小组:《2020 中国金融稳定报告》,中国金融出版社 2020 年版。

74. 走出去智库:《中国走出去观察:全球投资并购案例与实务》,机械工业出版社 2017 年版。

75. 朱智洺、符磊、丁绪辉:《跨国公司经营与管理》,清华大学出版社 2018 年版。

76. 高健智:《境外融资 20 家企业上市路径解读》,清华大学出版社 2017 年版。

77. 杨晔、计小青:《上海国际金融中心建设服务“一带一路”战略研究》,格致出版社、上海人民出版社 2017 年版。

78. 任淮秀:《国际投资学(第四版)》, 中国人民大学出版社,2015 年版。

79. 孔淑红:《国际投资学》(第五版),对外经济贸易大学出版社 2019 年版。

80. 卢进勇、杜奇华、杨立强:《国际投资学》(第二版),北京大学出版社 2017 年版。

81. 綦建红:《国际投资学教程》(第四版),清华大学出版社 2016 年版。

82. 阎敏:《国际投资学》,清华大学出版社 2015 年版。

83. 黄志勇:《国际投资学》,清华大学出版社 2014 年版。

84. 章昌裕:《国际投资学》,东北财经大学出版社 2009 年版。

85. 百度文库:《国际投资学教材案例汇总——文档资料》,https://wenku.baidu.com/view/2542c1c8326c1eb91a37f111f18583d049640fea.html。

86. 斯蒂芬·海默:《国内企业的跨国经营:对外直接投资的研究》,载于美国麻省理工学院博士学位论文,1960 年。

87. Saidrahman Totakhil:《中冶江铜艾娜克铜矿项目投资风险管理研究》,载于兰州理工大学学位论文,2019 年。

88. 昝丙艳:《中国对外直接投资的政策与制度研究》,载于对外经济贸易大学国际经济贸易学院学位论文,2019 年。

89. 李倩雯:《〈中国加拿大促进保护投资协定〉若干规则研究》,载于西南政法大学学位论文,2015 年。

90. 蔡丽:《土库曼斯坦共和国投资法律制度研究》,载于新疆大学学位论文,2012 年。

91. 王泽:《国际股票市场间的风险动态传播模式识别及预警研究》,载于中国地质大学学位论文,2020 年。

92. Ren B , Liang H , Ying Z. *An Institutional Perspective and the Role of the State for Chinese OFDI*. Palgrave Macmillan UK,2012.

93. Casanova L , Miroux A. *Forty years of opening up: Policy support and Chinese OFDI expansion*. 2020.

94. Chang L,Li J,Cheong K C,Goh L T. Can Existing Theories Explain China's Outward Foreign Direct Investment in Belt and Road Countries. *Sustainability*. 2021,13(3).

95. Chen C L. Impact of China's Outward Foreign Direct Investment on Its Regional Economic Growth. *China & World Economy*. 2018,26(3):1—21.

96. Chou K H,Chen C H,Mai C C. The impact of third-country effects and economic integration on China's outward FDI. *Economic Modelling*. 2011,28(5):2154—2163.

97. Deng T T,Hu Y K,Yang Y. How geographic,cultural,and institutional distances shape location choices of China's OFDI in tourism? —An empirical study on B&R countries. *Asia Pacific Journal of Tourism Research*. 2019,24(8):735—749.

98. Ding T,Ning Y D,Zhang Y. The Contribution of China's Outward Foreign Direct Invest-

ment (OFDI) to the Reduction of Global CO_2 Emissions. *Sustainability*. 2017,9(5).

99. Fu Y, Supriyadi A, Wang T. China's Outward FDI in Indonesia: Spatial Patterns and Determinants. *Sustainability*. 2018,10(12).

100. Guo Y Q. A Study on the Impact of Environmental Regulation of Countries along the Maritime Silk Road on China's OFDI. *Journal of Coastal Research*. 2020:306—309.

101. He C F, Xie X Z, Zhu S J. Going global: understanding China's outward foreign direct investment from motivational and institutional perspectives. *Post-Communist Economies*. 2015,27(4): 448—471.

102. Hong J, Zhou C Y, Wu Y R, Wang R C, Marinova D. Technology Gap, Reverse Technology Spillover and Domestic Innovation Performance in Outward Foreign Direct Investment: Evidence from China. *China & World Economy*. 2019,27(2):1—23.

103. Jiang X Y, Chen Y F, Wang L J. Can China's Agricultural FDI in Developing Countries Achieve a Win-Win Goal? —Enlightenment from the Literature. *Sustainability*. 2019,11(1).

104. Li C C, Luo Y, De Vita G. Institutional difference and outward FDI: evidence from China. *Empirical Economics*. 2020,58(4):1837—1862.

105. Li F C, Yu C. OFDI and Home Country Structural Upgrading: Does Spatial Difference Exist in China? *Emerging Markets Finance and Trade*. 2020,56(7):1532—1546.

106. Liu M H, Qian X W. Provincial Interdependence and China's "Irrational" Outward Foreign Direct Investment. *Open Economies Review*. 2021,32(1):153—181.

107. Lu Y, Lu Y L, Zeng K, Li Y D. China's Outward Foreign Direct Investment and the Margins of Trade: Empirical Evidence from "One Belt, One Road" Countries. *China-an International Journal*. 2018,16(1):129—151.

108. Luo C Y, Chai Q Y, Chen H Y. "Going global" and FDI inflows in China: "One Belt & One Road" initiative as a quasi-natural experiment. *World Economy*. 2019,42(6):1654—1672.

109. Luo Y D, Xue Q Z, Han B J. How emerging market governments promote outward FDI: Experience from China. *Journal of World Business*. 2010,45(1):68—79.

110. Ma S Z, Liu M H. Spatial correlation effect of China's outward foreign direct investment in countries along the One Belt and One Road. *Pacific Economic Review*. 2020,25(2):228—249.

111. Maurin C, Yeophantong P. Going Global Responsibly? China's Strategies Towards "Sustainable" Overseas Investments. *Pacific Affairs*. 2013,86(2):281—303.

112. Ruan Z H, Liu W H, Na S Y, Tan X H, Xue T Q. Regional Marketization, OFDI, and Sustainable Employment: Empirical Analysis in China. *Sustainability*. 2019,11(15).

113. Shen J, Li L. Host countries' growth opportunities and China's outward FDI. *Asian-Pacific Economic Literature*. 2017,31(2):78—95.

114. Shen L, Koveos P, Zhu X D, Wen F, Liao J X. Outward FDI and Entrepreneurship: The Case of China. *Sustainability*. 2020,12(13).

115. Song C Y, Shi S H, Chen J M, Nijkamp P, Li X J. The Influence of Emigration on Tourism Outward Foreign Direct Investment: Evidence from China. *Journal of Travel Research*. 2020,59(4):631—641.

116. Song Y G, Hao F, Hao X Z, Gozgor G. Economic Policy Uncertainty, Outward Foreign Di-

rect Investments, and Green Total Factor Productivity: Evidence from Firm - Level Data in China. *Sustainability*. 2021,13(4).

117. Sun C F,Shao Y M. The Effect of Economic Cooperation on China's Outward Foreign Direct Investment—A Spatial Panel Data Approach. *Emerging Markets Finance and Trade*. 2017,53(9):2001—2019.

118. Sutherland D. Do China's "national team" business groups undertake strategic-asset-seeking OFDI? *Chinese Management Studies*. 2009,3(1):11—24.

119. Wang B J,Gao K L. Forty Years Development of China's Outward Foreign Direct Investment: Retrospect and the Challenges Ahead. *China & World Economy*. 2019,27(3):1—24.

120. Wang F,Liu J,Su C. Outward Foreign Direct Investment and Export Performance in China. *Canadian Public Policy-Analyse De Politiques*. 2017,43: S72—S87.

121. Wang H Y,Hu X Y. China's "Going-Out" Strategy and Corporate Social Responsibility: Preliminary Evidence of a "Boomerang Effect". *Journal of Contemporary China*. 2017,26(108): 820—833.

122. Wang S J,Wang L. Study on the Export Effect of China's Outward Foreign Direct Investment-An Empirical Research Based on Investment Intensity and Investment Breadth. *Transformations in Business & Economics*. 2018,17(3C):379—395.

123. Wang X T,Qi Y W. The Impact of Institutional Distance on Innovation Performance of OFDI Enterprises: Comparison of Coastal and Inland Regions in China. *Journal of Coastal Research*. 2020:166—170.

124. Wang Y,Bi R,Liu Q. Grey Incidence Analysis on Relationship between China's OFDI Industry Layout and Industrial Structure Optimization. *Journal of Grey System*. 2016,28(1):36—44.

125. Wu Y G,Song Y G,Deng G Y. Institutional Environment,OFDI,and TFP Growth: Evidence from China. *Emerging Markets Finance and Trade*. 2017,53(9):2020—2038.

126. Yao S J,Wang P,Zhang J,Ou J H. Dynamic relationship between China's inward and outward foreign direct investments. *China Economic Review*. 2016,40:54—70.

127. Yao S J,Zhang F,Wang P,Luo D. Location Determinants of China's Outward Foreign Direct Investment. *China & World Economy*. 2017,25(6):1—27.

128. Zhang S,Chen C L. Does Outward Foreign Direct Investment Facilitate China's Export Upgrading? *China & World Economy*. 2020,28(5):64—89.

129. Zhao J,Lee J. The Belt and Road Initiative,Asian infrastructure investment bank,and the role of enterprise heterogeneity in China's outward foreign direct investment. *Post-Communist Economies*. 2021,33(4):379—401.

130. Zhao T. National Distance and China's OFDI:Research based on the "Belt and Road" countries. *Applied Economics Letters*. 2021,28(10):835—839.

131. Zhou C Y,Hong J,Wu Y R,Marinova D. Outward foreign direct investment and domestic innovation performance: evidence from China. *Technology Analysis & Strategic Management*. 2019,31(1):81—95.